Cirque Olympique

CIRQUE-OLYMPIQUE

Les animaux ont toujours eu le privilège de nourrir l'homme et de l'amuser. Pauvres bêtes !... Ce n'est pas assez que le chien aille à la chasse, qu'il garde le toit domestique, il faut encore qu'il sache jouer aux cartes ou aux dominos. On arrache le singe à ses forêts pour l'habiller en soldat, lui commander l'exercice ou le faire danser sur la corde ; lorsque l'animal le plus modeste, le plus laborieux, l'âne, a porté à la halle les provisions de la semaine, un maître cupide ne rougit pas de le caparaçonner et de lui apprendre à désigner la personne la plus amoureuse de la société; le serin qui nous charme par son ramage, est quelquefois obligé, pour avoir un grain de mil ou un brin de mouron, de s'atteler à un petit carrosse, ou de faire le mort. Les pigeons sont facteurs de la grande poste, en attendant qu'ils soient mis à la crapaudine...

Pauvres bêtes!... les hommes sont vos tyrans... vos bourreaux!... Vous êtes bien bons de ne pas vous révolter!... A votre place je demanderais une charte!... Mais non, je ne vous le conseille pas; les grenouilles se souviennent encore de ce qu'il leur en a coûté pour avoir demandé un roi!...

Puisque tant d'animaux ont brillé par l'intelligence, le cheval ne pouvait pas, lui, le plus beau, le plus noble de tous, rester en arrière dans le mouvement intellectuel qui s'est aussi opéré parmi les bêtes.

Le cheval, cette belle conquête que l'homme a faite... le cheval devait jouer un grand rôle parmi les animaux devenus comédiens; aussi c'est avec orgueil, avec reconnaissance, que je consacre un chapitre à ces acteurs quadrupèdes : acteurs modestes qui, pour appointements, ne demandent qu'un picotin d'avoine; pour scène un manège, pour costume une selle, pour feux deux ou trois morceaux de sucre, et pour souffleur un fouet de poste.

Le manège de Franconi existait bien avant le Directoire ; quelques années avant la révolution, un Anglais, nommé Astley, avait importé en France ce genre de spectacle.

Franconi père succéda à Astley au faubourg du Temple, où un manège avait été construit. Dans l'origine, ce spectacle consistait seulement en des exercices d'équitation, des tours de souplesse, et de petites parades à deux interlocuteurs.

Peu à peu, ce genre reprit de l'extension ; un théâtre ayant été bâti dans le manège, on y joua des pantomimes. Quelques-unes de celles qui avaient été représentées sur la scène de la Cité furent reprises : *la Mort de Turenne*, *le Damoisel et la Bergerette*, *la Fille Hussard*, ou *le Sergent Suédois*, etc., etc.

Franconi père quitta pour un temps son local du faubourg du Temple, et fit bâtir un nouveau manège sur l'emplacement de l'ancien couvent des capucines ; il y fit de brillantes affaires et céda son établissement à ses enfants, Laurent et Minette Franconi, qui allèrent l'exploiter à Mont-Thabor. De là, la véritable origine du *Théâtre du Cirque-Olympique*, dirigé longtemps par les deux frères, et abandonné par eux depuis dix ans.

Ce fut dans les derniers jours de décembre de l'année 1807 que Franconi père, ayant cessé d'être propriétaire et directeur, confia une belle entreprise, qu'il avait fondée lui-même, à ses deux fils. Les deux troupes d'écuyers, qui avaient été séparées un moment, reparurent ensemble à Mont-Thabor. On y joua une pantomime de Cuvelier, appelée *la Lan-*

terne de Diogène. Le titre seul suffit pour indiquer le sujet de cet ouvrage.

Diogène cherche un homme et n'en trouve point. C'est en vain que l'on montre à ses yeux les héros de chaque siècle, il ne souffle pas sa lumière et continue sa recherche. Enfin, le buste du héros français paraît entouré de tous les braves compagnons de sa gloire, et des trophées indiquent ses victoires ; alors, notre philosophe étonné éteint son flambeau, en s'écriant : *Je l'ai trouvé.* On juge de l'effet que devait produire une pareille allégorie en 1807.

Les frères Franconi ne jouèrent pas longtemps* dans le quartier des Capucines ; comme on commençait à y bâtir beaucoup,

---

* Le 2 janvier 1817, M. Comte, le physicien, rouvrit la salle du Mont-Thabor ; mais la direction eut à peine un mois d'existence. Il avait obtenu l'autorisation de jouer des pièces à tableaux, sous la condition que les acteurs seraient séparés du public par une gaze, et que dans les entr'actes ils feraient des tours de physique.

ils firent faire des réparations et des agrandissements à leur Cirque du faubourg du Temple, et y retournèrent le 8 novembre 1809. On lit dans le *Mémorial dramatique* de l'année 1810 :

« Une foule considérable de curieux et « d'amateurs s'est portée au Cirque de « MM. Franconi. On a jeté d'abord un « coup d'œil sur les changements qui ont « été faits à la salle et hors la salle, d'après « les plans et sous la conduite de M. Dubois, jeune architecte*. Sous la galerie, « une nouvelle façade, ornée des attributs « analogues au genre de cet établissement, « décore l'entrée. Le vestibule est agrandi, « un nouveau rang de loges est établi « dans tout le pourtour de la salle. L'amphithéâtre, au-dessus des loges gril-

* C'est le même qui était architecte des bâtiments de Monseigneur le prince de Bourbon ; il est frère de M. Dubois, homme de lettres, qui a été directeur de l'Opéra et de la Gaîté, auteur d'une foule de jolis ouvrages joués sur tous les théâtres de Paris.

(4)

« lées, en face du théâtre, est remplacé « par des loges fermées, richement déco- « rées ; les colonnes ont de nouveaux « chapiteaux ; la salle est peinte à neuf, « le théâtre a grandi en largeur, en hau- « teur et en profondeur ; on y a pratiqué « de nouvelles issues pour faciliter les « manœuvres des chevaux. Enfin, l'avant- « scène rapprochée d'un plan vers le « cirque, est ouverte par de grands pilas- « tres, avec loges et arrières-loges, for- « mant quart de cercle ; ce parti a été « adopté par l'architecte, pour ne pas « masquer la vue du théâtre à toutes les « places de côté.* »

C'est de cette époque que date l'ère de gloire dans laquelle marchera cette grande entreprise. MM. Franconi peuvent passer, à juste titre, pour les plus habiles écuyers qui se soient vus ; ils sont parvenus, à

* C'est cette salle qui a été incendiée en 1826. Une maison considérable a remplacé le manège d'Astley, qui avait été fondé en 1790.

force d'adresse et de patience, à faire faire à leurs chevaux des choses dont beaucoup d'hommes seraient incapables. Ces acteurs à quatre pieds ont brillé sur presque tous les théâtres de Paris ; à la Porte-Saint-Martin, à Louvois, à la Cité, aux Victoires Nationales, voire même à l'Académie impériale et royale de musique. *Le Triomphe de Trajan* les a vus orner le char du grand empereur, et *la Belle au bois dormant*, après avoir dormi cent ans, s'est éveillée pour se voir traînée par eux au palais de son royal amant.

Cuvelier, ce pantomime fécond, original; Cuvelier, la providence des muets, qui aurait pu fonder un théâtre pour les élèves de l'abbé Sicard, composa plus de cinquante ouvrages pour le Cirque-Olympique.

La Femme Magnanime, *Frédégonde et Brunehaut*, *Richard-Cœur-de-Lion*, *le Renégat*, *les Français dans la Corogne*, *la Mort de Kléber*, celle *de Poniastowski*, *Gérard de Nevers et la Belle Euriante*, *Mazeppa*, etc., etc., obtinrent des succès longs et productifs.

Dans ces canevas dramatisés, les frères Franconi prouvèrent qu'ils étaient aussi bons pantomimes qu'habiles écuyers ; ce qui ne contribua pas pour peu à l'effet que produisaient ces mimodrames, c'était le jeu brillant et pathétique de madame *Minette Franconi*, douée d'une figure aussi belle qu'expressive ; il était impossible de mimer avec plus de grâce, de force et de sentiment ; comme ses gestes disaient tout ce qu'elle voulait dire, elle pouvait se passer de parler*.

Depuis sa fondation jusqu'à ce jour, ce spectacle, d'un genre particulier, a compté des écuyers très remarquables. Indépendamment des frères Franconi, de leur fils, de leur sœur, de leur femme, on y a vu défiler, depuis quarante ans, des hommes étonnants de force et d'agilité. Bastien, Bassin, Lagoutte père (si drôle dans la scène de Passe-Carreau du *Tail-*

* Madame Minette Franconi (née Lequien) est morte en 1832.

leur) ; Auriol, surnommé le Petit-Diable mais un artiste qui a tout éclipsé, par sa grâce et son audace, c'est Paul, surnommé l'Aérien, Paul, l'homonyme de celui dont la gloire a retenti à l'Académie royale de musique ; l'écuyer Paul nous a fait croire au *centaure Chiron*, tant l'homme et le cheval sont identiques. Puis des écuyères, des amazones charmantes, les dames Lucie, Varnier, Antoinette et Armantine Jolibois ; et comme s'il n'eût pas suffi de ses propres richesses, le Cirque-Olympique a reçu chez lui tout ce que l'étranger possède de rare et de curieux. Le Cirque-Olympique a été le bazar où les phénomènes des quatre parties du monde ont été exposées, comme des produits d'industrie.

On y a vu des jongleurs indiens, des sauteurs chinois, des acrobates italiennes, les deux sœurs Romanini, sylphides terrestres, se tenant sur un fil d'archal, comme l'oiseau sur la branche, le papillon sur la fleur ; on y a vu des géants, des colosses ; enfin, un nain célèbre, M. Harvy-Leach, est venu nous prouver que le talent ne se mesure pas à la taille...

A présent que j'ai payé aux hommes le tribut d'éloges que je leur devais, qu'il me soit permis de m'occuper des animaux, en me pardonnant ma brusque transition. Que de célébrités je vais avoir à enregistrer !...

Tout Paris n'a-t-il pas admiré l'adresse et l'obéissance du fameux cerf *Coco*, coco si gentil, si bien apprivoisé, que toutes les jolies femmes ne craignaient pas, au nez même de leurs maris, de lui donner à manger dans la main en lui caressant son bois ; et cette chèvre acrobate, espèce de Taglioni portant barbe au menton, dansant comme une sylphide sur une corde raide ; et le cheval gastronome, mangeant, buvant comme un convive du caveau, dont j'ai l'honneur d'être membre...; et ce jeune tigre, se promenant dans le manége avec la mignardise et la câlinerie du chat, croquant des gimblettes et léchant la joue des enfants, comme le ferait un caniche ou un chien de Terre-

Neuve ; et l'éléphant Kiouny, acteur colosse, le Désessart du Cirque-Olympique ; masse agissante et pesante, acteur profond et rêveur. Dans *l'Eléphant du roi de Siam*, MM. Ferdinand Laloue et Léopold, ont fait faire à Kiouny de véritables prodiges. Kiouny distribuait des fleurs aux dames, Kiouny rendait hommage aux mânes du souverain défunt, Kiouny protégeait le roi légitime contre l'usurpateur, le délivrait de sa prison, et, véritable Blondel, le faisait couronner à Siam, comme autrefois Jeanne-d'Arc avait fait sacrer Charles VII à Reims. La scène du banquet royal et la gavotte dansée par Kiouny excitèrent l'admiration de la multitude.

Je n'oublierai pas M. Martin dans sa forêt vierge, forêt dont les arbres étaient de fer-blanc, forêt close, non par des murs, des haies vives, des sauts de loups, mais avec de bons treillages, bien serrés, à petites mailles, par ordonnance du préfet de police, qui a dû s'interposer entre les ours et les spectateurs. Voyez-vous M. Martin, nouveau Daniel dans la fosse aux lions, jouant au naturel un rôle de chasseur avec des acteurs naturels, des tigres, des hyènes, des panthères, et autres artistes de la même espèce.

Ah! si l'on avait dit, il a y cinquante ans, au comparse qui revêtissait la peau de l'ours des *Deux Chasseurs* (où feu Doztainville était si drôle) ; si l'on avait dit aux figurants chargés de faire les pieds du chameau dans *la Caravane du Caire :* « Un jour, on se passera au théâtre de comparses et de figurants pour tenir l'emploi de bêtes ?... un jour on rira en voyant pendus dans un coin de magasin *votre peau d'ours*, *votre tête de lion*, *vos pieds d'éléphant*, *vos bosses de chameau*, *vos cornes de cerf...* » Figurants et comparses auraient répondu avec indignation : « Qui donc nous remplace ?...— Qui vous remplacera ?... des bêtes !... — Des bêtes ?... — Oui, des bêtes !... — Jamais !... jamais !... » eussent répondu comparses et figurants... Eh ! bien, le règne des bêtes est venu... J'ai peur qu'il soit long.... car leur intelligence confond celle de beaucoup d'hommes, qui se croyaient des gens d'esprit.

Dans la nuit du 15 au 16 mars 1826, un incendie, dont rien ne put arrêter les effets, a détruit la salle et le théâtre. Dès le 17 et le 18, les théâtres de Madame et de l'Ambigu ont donné des représentations au bénéfice de MM. Franconi ; cet exemple honorable a été suivi par tous les autres spectacles de Paris et des principales villes de France ; indépendamment de cela, des souscriptions ont été ouvertes et l'on s'est empressé de venir au secours du directeur, ainsi que des acteurs et employés. Le roi, les princes, les princesses du sang, le ministre de l'intérieur, celui de la maison du roi, monsieur le préfet de la Seine, leur ont alloué des sommes qui, réunies au montant des représentations et des souscriptions, les ont mis à même de réparer le désastre dont ils avaient été victimes. Ils ont de plus obtenu du ministre de l'intérieur un nouveau privilège de dix ans, avec l'autorisation de faire construire une salle nouvelle sur un emplacement très favorable, boulevard du Temple, entre l'hôtel Foulon et l'ancien Ambigu.

Alors les frères Franconi mirent leur entreprise en actions; MM. Ferdinand Laloue, Vilain de Saint-Hilaire et Adolphe Franconi furent chargés des destinées de la nouvelle administration.

Le 31 mars 1827, le nouveau Cirque fut ouvert ; une pièce en trois actes, *le Palais, la Guinguette et le Champ de Bataille**, indiquait assez par son titre que le genre de ce spectacle serait le genre héroïque, les tableaux populaires et les scènes de bataille. De nouveaux comédiens vinrent en aide aux anciens; d'abord Francisque, vieil acteur qui avait eu quelques succès au théâtre de la Cité ; Demouy, qui avait débuté à la Comédie-Française; Edouard et Chéri, Thibouville,

* De MM. Carmouche, Dupeuty et Brazier.

Signol ; mesdames d'Hautel, Caroline de Larue, Valmont, Gratienne, Tigée et mademoiselle Millot, cette belle et grande personne qui avait débuté toute jeune au théâtre de la Gaîté, et qui chantait ce couplet du *Marquis de Carabas*, que le gamin et la grisette ont su par cœur.

Vous souvient-il d'une prairie,
Où nos moutons allaient paissant ?
Petite fille assez jolie
Avec vous les gardait souvent.
C'était moi qui voulais vous plaire,
Vous retrouvant dans ces cantons,
Je suis la petite bergère
Qui s'en revient à ses moutons.

La petite bergère avait depuis abandonné houlette et moutons, pour porter le casque du dragon ou le bonnet du grenadier. Mademoiselle Millot a brillé dans beaucoup de mimodrames ; nous l'avons vue souvent en vivandière, versant la goutte aux vieux soldats, et les suivant à Moscou, à Vienne, à Berlin, comme dit la chanson de Béranger... Nous l'avons vue dans les insurrections populaires (du Cirque-Olympique) montée sur l'affût d'un canon, chantant la *Marseillaise* et la *Carmagnole* ; elle était si belle sous le costume d'une femme du peuple, que nous serions volontiers devenu révolutionnaire avec elle.

Le Cirque-Olympique n'est pas un spectacle comme les autres, c'est une exception, une excentricité ; sous ce rapport, je pense qu'il devrait être encouragé.

A Rome, il y avait des cirques, des amphithéâtres pour le peuple ; on y représentait des scènes de gladiateurs ; je voudrais voir construire à Paris une salle qui contiendrait dix mille personnes, une scène vaste en proportion, mais où l'on ne représenterait que des sujets nationaux ; ce serait le lycée où le peuple irait faire son cours d'histoire.

A la révolution de juillet, M. Ferdinand Laloue avait bien compris l'époque ; aussi a-t-elle été la plus brillante entre toutes celles que ce genre a traversées. On doit l'avouer, jamais spectacle plus grand, plus beau, plus national n'avait été offert au public. *La Prise de la Bastille*, *l'Empereur et les Cent-Jours*, *les Polonais*, *l'Homme du Siècle*..., ont surpassé en décors, en magnificence, en mise en scène, tout ce que l'on avait eu jusqu'alors. Ces ouvrages ont ressuscité le grand homme, ils nous l'ont montré à Brienne, au pont d'Arcole ; nous avons failli le voir sauter rue Saint-Nicaise ; nous l'avons suivi en Egypte, à Marengo, à Wagram, à Austerlitz, à Moscou ; nous l'avons retrouvé à Champaubert, aux buttes Chaumont ; nous l'avons escorté à Fontainebleau, à l'île d'Elbe, à Sainte-Hélène; nous avons assisté à ses funérailles, à son apothéose : nous ne l'avons quitté que dans le ciel...

Le Cirque-Olympique nous a saturés de gloire... étouffés sous les lauriers... Plus on montrait le grand homme au peuple, plus le peuple battait des mains ; il était ivre de son empereur, ce pauvre peuple, qui lui avait donné, pour faire des bulletins, tout son or et tout son sang ; partout où l'on montrait l'homme du destin, le peuple criait : Encore ! encore... toujours ! toujours...

En 1812, Napoléon était loin de prévoir qu'il serait apothéosé vingt ans plus tard sur presque tous les théâtres de son ancien empire.

A l'apogée de sa gloire, en 1808, on avait risqué de le mettre en scène aux Jeux-Gymnastiques*, dans un tableau militaire de M. Apdé, intitulé : *le Passage du Mont-Saint-Bernard*. Un acteur, nommé Chevalier, avait endossé la capote grise et le chapeau du petit caporal. Le succès fut prodigieux, éclatant ; pendant quatre mois, la salle était comble, on croyait que cela ne finirait jamais. On a dit, à cette époque, que le vainqueur de l'Italie avait assisté, dans une petite loge grillée, à l'une des représentations de cet ouvrage... Si cela est vrai, Napoléon a dû se montrer satisfait de l'accueil qu'il re-

* Salle de la Porte Saint-Martin.

cevait par procuration ; l'enthousiasme que produisait cette grande figure, quand elle apparaissait sur le sommet glacé du Saint-Bernard, ne peut se décrire. Il faut avoir vu cela pour s'en faire une idée...

Après la révolution de juillet, Napoléon sembla reconquérir un moment sa popularité ; on aurait dit que le prestige dont ce nom avait été environné voulait se réveiller...... Alors, directeurs et auteurs se mirent en tête de ressusciter le grand homme ; on le tira de son tombeau de Sainte-Hélène, on le montra de nouveau à la foule, avec sa pose silencieuse, méditative... avec son front chauve, son regard d'aigle... Il semblait dire : Qu'est-ce que ce bruit?... ces pavés?... ces barricades ?... la France est-elle donc encore menacée ?... Qu'on me donne une épée ? Oh ! rendez-moi mon épée du pont d'Arcole... Et ma garde? où est-elle ?... Mais le peuple lui disait : Non... tu ne peux plus rien faire pour moi... ton rôle est fini pour la France... mais tu as été si grand acteur que nous voulons te voir encore... t'applaudir encore... te faire un dernier adieu.

Alors, nous avons vu les empereurs surgir de tous les côtés... J'aurais peine à vous en dire le nombre !... L'acteur Chevalier a été empereur aux Jeux-Gymnastiques ; Frédérick-Lemaître à l'Odéon ; Cazot, empereur aux Variétés ; Génot, empereur à l'Opéra-Comique ; Gobert, empereur à la Porte-Saint-Martin ; Béranger, empereur au Vaudeville ; Joseph, empereur à la Gaîté ; Francisque, empereur à l'Ambigu ; Edmond, empereur chez Franconi ; le petit Isidore, empereur chez M. Comte ; enfin, notre folle à nous, nos amours, Virginie Déjazet, a été aussi empereur aux Nouveautés et au Palais-Royal. Notez que je ne vous parle pas des empereurs de Belleville, de Montmartre, du Mont-Parnasse, ni de ceux des arrondissements de Sceaux et de Saint-Denis.

Dans cette recrudescence de napoléonisme, on négligeait l'emploi des Trial, des Brunet, des Potier ; on demandait aux correspondants des théâtres, des figures graves, des fronts découverts. Bon nombre de comédiens oubliaient l'ancien répertoire pour apprendre le *Petit-caporal à Brienne*, *Bonaparte à Toulon*, *Napoléon en Egypte*, etc. Gobert marchait sur le boulevard les deux mains derrière le dos ; lorsque Francisque vous disait bonjour, sa parole était brève et saccadée ; Frédérick-Lemaître se passait gravement la main sur le front... Edmond ne prenait plus de tabac que dans la poche de son gilet qu'il avait fait doubler en cuir !... Cazot même... le bon Cazot tirait quelquefois l'oreille du costumier, comme Napoléon faisait quand il était satisfait d'un de ses généraux. Enfin, nous étions partout encombrés d'empereurs, partout de grands hommes au théâtre et de nains dans le monde.

Eh ! bien, ce que le Cirque a fait pour Napoléon, ne pourrait-il le faire pour tout ce qui serait noble et grand ?... Nos fastes sont intarissables ; notre histoire, un puits sans fond ; c'est le tonneau des Danaïdes. Je le répète, je voudrais voir un théâtre national dans le genre du Cirque ;

(12)

mais établi sur une plus grande échelle. Malheureusement, cette entreprise aura toujours de la peine à se soutenir par ses seules ressources. Son budget ressemble aux nôtres, il est énorme... Pour y produire de l'effet, il faut cent personnes dans le Cirque : ajoutez à cela trente chevaux à nourrir, des écuyers à payer, des décorations brillantes, des costumes éblouissants... Vous verrez qu'il est impossible que les recettes suffisent à un luxe pareil. Un succès tel grand qu'il soit ne couvrirait jamais les dépenses ; ensuite, on ne peut guère espérer dans l'année qu'une seule pièce à vogue extraordinaire. Eh ! bien, si vous en rejouez deux qui n'attirent pas la foule, vous reperdez ce que vous avez gagné ; c'est donc, à mon avis, une exploitation fort difficile à soutenir. Le Cirque-Olympique, fermé depuis deux mois, vient de rouvrir. Le ministre de l'intérieur a donné à M. Dejean, propriétaire de la salle, le privilège de ce théâtre. Ce privilège durera jusqu'au 31 décembre 1850. Cette autorisation sera personnelle à M. Dejean, et il ne pourra la céder. Les pièces qu'il fera représenter pourront être en un, deux, trois ou quatre actes, mêlées ou non de chant ; mais sous la condition expresse que des exercices équestres entreront toujours dans l'action des ouvrages, même des vaudevilles, et que les représentations théâtrales devront toujours être précédées ou suivies de manœuvres de cavalerie et d'exercices de manège. M. Dejean jouit, en outre, du bénéfice de la décision ministérielle du 26 mai 1835, qui accorde au directeur du Cirque-Olympique l'autorisation de donner aux Champs-Elysées des exercices de chevaux et des scènes de cavalerie.

Ce privilège assez étendu, peut fournir au directeur-propriétaire des moyens d'utiliser un théâtre qui a coûté des sommes immenses à bâtir ; nous félicitons l'autorité de son bon vouloir, et nous faisons des vœux pour que cet établissement, aussi utile qu'intéressant, triomphe des obstacles que son grandiose et ses dépenses nécessitent. L'existence de plus de cent personnes s'y trouve attachée, il serait malheureux de ne pas le voir prospérer... M. Ferdinand Laloue reste chargé de la mise en scène, la direction du manège est confiée à M. Adolphe Franconi.

Allons, courage, mon vieux Cirque-Olympique, tu peux avoir encore de brillantes destinées.. Ecuyers au manège !.. acteurs, sur vos planches !.. Cirque-Olympique, que les hommes et les chevaux te soient en aide !...

LE PALAIS,

LA GUINGUETTE

ET LE CHAMP DE BATAILLE,

PROLOGUE D'INAUGURATION,

EN TROIS TABLEAUX, A GRAND SPECTACLE, MÊLÉ DE CHANT, DANSES, COMBATS, ÉVOLUTIONS MILITAIRES, APOTHÉOSE;

PAR

MM. BRAZIER, CARMOUCHE ET DUPEUTY,

MISE EN SCÈNE DE M. FRANCONI JEUNE,

DÉCORS DE MM. DUMAY ET GOSSE,

Représenté pour la première fois, à Paris, au Cirque-Olympique, le 31 mars 1827.

PARIS,

SE VEND AU CIRQUE-OLYMPIQUE,

ET AU MAGASIN DE PIÈCES DE THÉATRE,

DERRIÈRE LE THÉATRE FRANÇAIS, N° 51.

1827.

PERSONNAGES DU PROLOGUE.

PERSONNAGES.	ACTEURS.
M. FLANARD	MM. VERNAL.
UN MARCHAND DE TISANE	ACHILLE.
AZUR, GÉNIE AÉRIEN	Mlle OCTAVIE.
PROMENEURS, PETITS GÉNIES.	

PERSONNAGES DE LA GUINGUETTE.

FAVORI, HUSSARD.	MM. OCTAVE.
GALOP, COCHER	EDMOND.
CRIQUET, TAMBOUR	DUBOIS.
FANCHON, BLANCHISSEUSE	Mmes MILLOT.
SOPHIE, FLEURISTE	SORAND.
MILITAIRES DE TOUTE ARME, GARÇONS ET FILLES D'AUBERGE, OUVRIERS ENDIMANCHÉS, PEUPLE, etc.	

PERSONNAGES DU PALAIS.

FRANÇOIS Ier, ROI DE FRANCE.	MM. DEMOUY.
LE CHEVALIER BAYARD	DELOMÉ.
LÉONARD DE VINCI	PHILIBERT.
TRIBOULET, FOU DU ROI	TIBOUVILLE.
MARGUERITE DE NAVARRE, SOEUR DE FRANÇOIS Ier.	Mmes BUSSY.
MADAME DE RANDAN	MILLOT.
SEIGNEURS, PAGES, DAMES D'HONNEUR, HOMMES D'ARMES, PEUPLE.	

PERSONNAGES DU CHAMP DE BATAILLE.

UN COLONEL FRANÇAIS	MM. BASSIN.
UN PORTE-DRAPEAU	TÉLÉMAQUE.
DEUX OFFICIERS.	AHN fils. / PAIN.
UN SERGENT	FERIN père.
UN OFFICIER SUPÉRIEUR ESPAGNOL	PAUL.
DEUX CHEFS DE GUÉRILLAS	REBARD. / HUOT.
UNE VIVANDIÈRE.	Mme GRACIENNE.
TROUPES FRANÇAISES A PIED ET A CHEVAL, GUÉRILLAS, CAVALIERS ET FANTASSINS.	

IMPRIMERIE DE DAVID,
BOULEVART POISSONNIÈRE, n° 6.

PROLOGUE.

(*Le théâtre représente le Boulevard du Temple devant le Jardin Turc.*)

SCÈNE PREMIÈRE.

FLANARD, PROMENEURS.

LES PROMENEURS.

AIR : *Faut d'la vertu.*

La seul' prom'nade qu'a du prix,
La seule dont je suis épris,
La seule où j'm'amuse, où c'que j'ris,
C'est l'boul'vard du Temple à Paris.

FLANARD.

Du café Turc au Colysée
Que d'attraits pour les amateurs !
Des bons rentiers c'est l'Élysée,
Et le paradis des flâneurs.

REPRISE, *en chœur.*

La seule, etc.

SCÈNE II.

FLANARD, ROBINET.

ROBINET.

AIR : *des Cancans.*

V'là l'coco ! (*bis.*)
Qu'est c'qui veut boire à gogo ?
Pour deux liards,
Aux boul'vards,
Chacun peut
Boir' tant qu'il veut.

Chez l'traiteur, l'homme l'plus fin
N'est pas sûr de boir' du vin,
Mais chez le marchand d'coco
On est sûr que l'on boit d' leau.

V'là l'coco, etc.

Le riche boit à grands frais
Glace, orgeat, groseill', sorbets;
Moi, j'rafraîchis tout l'été
La petite propriété!
V'là l'coco, etc.

A la fraîche... qui veut boire!

FLANARD.

Tiens, te voilà, père Robinet! Il paraît que tu viens chercher pratique chez moi?

ROBINET.

Comment ça, chez vous, monsieur Flanard?

FLANARD.

Eh bien! oui, chez moi... Le matin, je déjeune au café Turc; dans la journée, je m'amuse à examiner, depuis le Cadran-Bleu jusqu'au Château d'eau, les boutiques, les passans, les caricatures; l'après-midi j'écoute les annonces et les parades, spectacles gratis où l'on ne m'a encore volé qu'un mouchoir... A la brune, je prends ma demi-tasse au café Vincent, et ensuite, jusqu'à onze heures du soir, je juge les coups de la poule au café de la Gaîté. Tu vois donc bien qu'étant sur le boulevard du Temple, je puis dire que je suis chez moi...

ROBINET.

Vous êtes donc toujours flâneur.

FLANARD.

Toujours.

Air : *J'ai vu le Parnasse des dames.*

Qu'on m'approuve ou qu'on me condamne,
Par goût je flâne en me levant;
Après déjeuné je reflâne,
Et reflâne encore en dînant.
Le soir, en gagnant ma cellule,
Je flâne, et dis en me couchant :
Je voudrais être somnambule,
Afin de flâner en dormant.

ROBINET.

Eh bien! moi aussi je flâne; mais ce n'est pas de la même manière. (*Il fait aller sa sonnette.*) Dame, écoutez donc, aussi, tout le monde ne peut pas être rentier; si tout le monde était riche, qui est-ce qui vendrait de la tisane?

FLANARD.

Il paraît que ça va toujours bien, la tisane?

ROBINET.

Ah! dame! dans ces quartiers-ci... et ça ira encore mieux...

Il paraît que le nouveau Cerque est achevé et qu'il ouvre aujourd'hui.

FLANARD.

Encore un théâtre de plus, c'est une calamité !

ROBINET.

Qu'est-ce donc que vous dites-là, vous?

FLANARD.

Certainement... ça dégarnit les promenades, ça dépeuple les cafés... ça désorganise les parties de dominos à quatre.

ROBINET.

Ah ça ! est-ce que vous comptez pour rien les artisses que ça occupe, les familles que ça fait vivre, et nous autres fauburiens que ça amuse ?

FLANARD.

Ça ne m'amuse pas, moi.

ROBINET.

Laissez donc, plus il y a de théâtres sur les boulevards et plus ça nous amène de la société...... J'vais toujours me placer devant le nouveau Cerque... Il y a déjà du monde; j'y cours.

FLANARD.

(*Il regarde.*) Du monde déjà ! En effet...

ROBINET.

Ah ! monsieur Flanard, quelle queue !... C'est ce soir qu'on ouvre les chevaux de M. Franconi, faut que j'sois là.

(*Les promeneurs repassent en chantant :*)

La seule promenade, etc.

SCÈNE III.

FLANARD, *seul.*

Ah ! mon Dieu... Encore des fous qui vont porter leur argent dans le gouffre des bureaux de spectacles... Avoir un goût aussi dépravé... Si l'on pouvait y entrer pour rien, je ne dis pas... ce serait plus moral à mes yeux. (*Ici on entend une musique aérienne. Regardant en l'air en s'en allant*) Eh ! bien qu'est-ce que j'aperçois donc là? (*On voit paraître un char entouré de nuages.*) Qu'est-ce que c'est que ça... Voilà un équipage d'un nouveau genre... C'est sans doute une voiture à vapeur.

SCÈNE IV.

FLANARD, AZUR.

AZUR, *sortant de son chariot à l'aide de la main que lui offre Flanard.*

FLANARD, *allant au génie et lui donnant la main.*
Permettez, jeune homme.

AZUR.

Je vous remercie, brave homme, de m'avoir donné la main pour descendre de mon équipage; si je puis vous être utile, disposez de moi. Je me nomme Azur; je suis le génie qui préside au destin et à la construction de toutes les salles de spectacle.

FLANARD.

A son costume, j'aurais parié que c'était quelque maître maçon.

AZUR.

AIR *de l'Enfant de Paris.*

Je suis le génie et le protecteur des théâtres,
Et chez les Français
C'est moi qui préside aux succès;
De ces jeux brillans dont nous sommes tous idolâtres,
De cet art charmant
Qui sait instruire en amusant.
Ma main embellit
Construit
Chaque salle
Rivale,
Et sait leur trouver des spectateurs
Et des acteurs;
Mais pour qu'à chacun il plaise
A la scène française,
Je n'espère plus
Trouver un autre Manlius!
Je suis le génie, etc.

Ami du vrai beau,
Naguère j'attendris votre âme,
Au touchant tableau
Des malheurs du jeune Jocko;
Et c'est moi qui fis,
Pour la gloire du mélodrame,
Aboyer jadis
Le noble chien de Montargis.

Je suis le génie, etc.

FLANARD.

En ce cas, vous devez avoir de la besogne : car, Dieu merci, je crois qu'il en pleut des théâtres. Nous voyons de belles choses par le temps qui court : des théâtres dans tous les coins de Paris pour amuser le peuple et l'empêcher de se battre et de s'enivrer... les célérifères pour aller plus vite... le gaz pour y voir plus clair, et les souscriptions....

AZUR.

Arrêtez, monsieur, arrêtez; le mot de souscription ne doit être prononcé ici qu'avec respect et reconnaissance.

Air *de Céline.*

Que l'incendie ou la tempête
Cause chez nous un grand malheur,
La bienfaisance est toujours prête :
Chacun suit l'élan de son cœur.
Le banquier, le marchand, l'artiste,
Chacun apporte son denier;
Tous les Français sont sur la liste,
Et le roi s'y met le premier.

AZUR.

Je veux faire de vous un habitué du nouveau Cirque que je viens de construire !..

FLANARD.

En ce cas, monsieur l'architecte, je vous fais mon compliment; vous allez vite en besogne ; en cinq mois, ça montait, ça montait comme un champignon.

Air : *de Julie.*

Le premier mois je vis la devanture;
Le second mois tous les murs étaient faits;
Le mois d'ensuite on parlait de peinture.
Dans les travaux, en voyant ces progrès,
Je me dis : l'architecte comble
Les vœux d'un directeur expert.
Et quand je vis le théâtre couvert,
Mon étonnement fut au comble. (*bis.*)

Qu'est-ce que vous allez jouer dans ce théâtre ? Des mélodrames bien noirs, des coups de fusils, des coups de sabre. Vous reprendrez sans doute vos exercices pédestres et équestres, reverrons-nous le quadrupède ?

AZUR.

Air : *Vaudeville de la Bouquetière.*

Vous reverrez maint cheval qu'on renomme,
Par son travail intelligent :

La Coquette, le Gastronome,
Et l'Aboukir et le Régent,
Qu'aimait un public indulgent;
Cirque, chevaux, nous allons tout vous rendre.

FLANARD.

Je les croyais au rivage du Styx;
C'est un miracle. Le Phœnix
Va donc renaître de sa cendre.

AZUR.

(Tenez, voilà mes ouvriers qui m'apportent mon bouquet.

Petits Génies. Ils sont vêtus en Amours p rtant les attributs des différens métiers qui ont été nécessaires à la construction du Cirque. Ils arrivent par une trappe, sur la ritournelle du Maçon.)

FLANARD.

Comment ce sont ces petits marmots que vous appelez vos ouvriers?

AZUR.

Je n'en ai jamais eu d'autres!..

FLANARD.

Je conçois qu'avec de petits gaillards comme ça on puisse faire d'assez jolie besogne. (*Il caresse les enfans.*) Nous avons donc bien travaillé; nous avons donc bien battu le plâtre, bien porté des moëllons, bien scié des pierres de taille. (*A lui-même.*) C'est inconcevable les progrès de la jeunesse! Si ça continue, les enfans seront des hommes faits, et au lieu de les envoyer en nourrice, on les enverra à leur bureau, au Palais, à la Bourse... Des compagnons comme ça doivent vous avoir fait une vraie bonbonnière.

AZUR.

Si vous le voulez, je puis vous la faire voir.

FLANARD.

Parbleu! oui; et ce que vous m'avez dit commence même à piquer ma curiosité.

AZUR.

Je puis vous donner à l'instant même une idée des divers genres que nous nous proposons d'adopter.

FLANARD.

Soit, j'y consens (*Apart.*) Je flânerai et cela ne me coûtera rien.

AZUR.

En ce cas, suivez-moi; pour commencer gaîment, je vais vous conduire à la guinguette.

FLANARD.

A la guinguette, un homme comme moi!

AZUR.

Vour verrez tout le monde et personne ne vous verra; d'ailleurs vous y serez en bonne compagnie.

(*Montrant le public.*)

FLANARD.

Est-ce que vous auriez la complaisance de me donner une place dans votre équipage?

AZUR.

Volontiers.

(*A un signe d'Azur, les petits génies se mettent en marche, et Flanard les suit, son parapluie à la main. L'orchestre reprend la marche.*)

LE THÉATRE CHANGE.

LA GUINGUETTE.

(Le théâtre représente le jardin d'une guinguette, un orchestre, des tables, des cabinets.)

SCÈNE PREMIÈRE.

MADAME CANON, GARÇONS ET FILLES DE CABARET.

CHOEUR.

AIR : *Quand des ans.*

Allons, morbleu! r'troussons nos manches!
L' beau temps nous a favorisés;
A la Courtille, les dimanches,
On n' reste pas les bras croisés.

MADAME CANON.

Que chacun aille à sa besogne;
Toi, va-t-en vite à tes fourneaux;
Toi, va m' fair' du vin de Bourgogne,
Pendant que j' f'rai du vin d' Bordeaux.

REPRISE.

Allons, morbleu! etc.

MADAME CANON.

Comm' chez nous il vient à la ronde
Des amans de tous les quartiers,
Vous n' donn'rez pas à tout le monde
Les cabinets particuliers.

REPRISE.

Allons, morbleu! etc.

(Les garçons et filles sortent.)

SCÈNE II.

MADAME CANON.

Bravo! bravo! Va-t-on flûter aujourd'hui chez moi! comme le commerce va marcher!.. Je ne vais savoir à qui entendre... Madame Canon...du veau!... Madame Canon, de la salade et desœufs durs dessus! Madame Canon, madame Canon!... Paix donc, que je leur crie, vous me brisez les oreilles avec votre Canon... Quoique ça, le soir il y a du plaisir quand on compte la recette, et que l'on voit que les écus y sont.

AIR *du Fleuve de la vie.*

C'est vraiment drôle, à la Courtille,
De voir tous ces bons ouvriers
V'nir, au milieu de leur famille,
Boire et chanter à plein gosier.
Après un' goguette bien ample,
Et de vin rouge et de vin blanc,
Ils redescendent, en roulant,
Tout le faubourg du Temple.

(*On entend le bruit d'une voiture.*)

MADAME CANON.

Ah! ah! v'là M. Jean Galop, le cocher de fiacre.

GALOP.

C'est vrai, ma petite mère : je viens d'amener à Romainville une épicière de la rue Saint-Denis. et un commis des Trois Sultanes. Il n'y aurait-il pas d'indiscrétion à avaler un polichinel sus le pouce?

MADAME CANON.

Avec plaisir, Jean Galop; les cochers de fiacre ont ça de bon, qu'ils ont toujours soif. Pierre! Pierre! servez monsieur.

MADAME CANON.

Je la connais l'épicière, dites donc, Jean Galop. Vous devez en voir de drôle dans votre état.

GALOP.

Je vous en réponds, petite mère. Eh bien! du vin donc.

SOPHIE, *dans la coulisse.*

Je te dis que je veux que tu t'en viennes; t'as assez bu, Criquet.

GALOP.

Dieu me pardonne, c'est la voix de ma nièce la fleurisse..

MADAME CANON.

Je crois qu'il y a du déchet dans ses amours; il paraît que M. Favori, le hussard, lui fait des traits. Je vous laisse avec elle. (*Elle sort*)

SCÈNE III.

GALOP, SOPHIE.

SOPHIE.

Voyons, Criquet, veux-tu venir? ou sinon. .

GALOP.

C'est toi, Sophie ! Quoi t'est-ce que tu fais donc ici ?

SOPHIE.

Ah ! c'est vous, mon oncle Galop ; je vous trouve là bien à point... Je viens chercher mon frère Criquet : il veut toujours boire, il est gris comme une ardoise...

GALOP, *buvant.*

Quel malheureux défaut il a, ce jeune homme !...

SOPHIE.

Il a bu trois bouteilles à lui tout seul, et il veut ne pas s'arrêter.

GALOP.

Trois bouteilles, ça n'est pas raisonnable. (*Il appelle.*) Garçon, encore un petit père-noir.

(*Un garçon lui apporte du vin.*)

SOPHIE.

Si vous voyiez dans quel état il est !

GALOP.

Ah ça ! pourquoi donc qu'il s'est mis en patrouille d'à si bonne heure ?

SOPHIE.

Parce qu'il a du chagrin de ce qui m'arrive... Vous savez bien M. Favori, le hussard qui m'faisait la cour pour le mariage et qui devait m'épouser dans un mois ?

GALOP.

Oui.

SOPHIE.

Eh ben, il me plante là.

GALOP.

Et dit-on pour qui l'oiseau gazouille à c't'heure?

SOPHIE.

Il gazouille pour la grande Fanchon, la blanchisseuse de fin.

GALOP.

Fanchon ?

SOPHIE.

Vous pensez bien que mon frère, qui est militaire, vu qu'il est tambour, ne peut pas dévorer un affront pareil; il dit qu'il poursuivra M. Favori partout, il dit qu'il le tuera.

CRIQUET, *dans la coulisse.*

Où c'qu'il est ? où c'qu'il est ?

SOPHIE.

Tenez, le v'là qui recommence. Mon oncle, aidez-moi à le reconduire chez nous. (*A part.*) Si je peux remener mon frère... J'ai mon projet... et la blanchisseuse...

SCÈNE IV.

LES MÊMES, CRIQUET *en uniforme de tambour.*

SOPHIE *à Galop.*

AIR : *du Comte Ory.*

Tenez, le v'là qui s'avance,
Tâchez d'le maint'nir un peu.

CRIQUET, *gesticulant.*

Qu'il paraisse en ma présence,
Et l'huzard verra beau jeu !...

GALOP, *à Sophie.*

Ma p'tite, laisse-moi faire.

CRIQUET.

Le huzard me le payera ;
Et puisqu'il cherche une affaire,
Avec moi l'huzard l'aura.

SOPHIE, *à Criquet.*

J' suis ta p'tit' sœur Sophie.

CRIQUET.

Lui m'tuer, je l'en défie.
Une, deux, v'lan!
Pif et pan !
L'huzard est sur l'flanc.

GALOP *et* SOPHIE.

Criquet, tu n'as plus ta raison ;
Faut t'en r'tourner à la maison.

CRIQUET.

Non.
Une, deux, v'lan !
Pif et pan !
L'huzard est sur l' flanc.

GALOP

Est-ce que tu ne m'reconnais pas Criquet ?

CRIQUET, *le regardant.*

Attendez donc que je vous dévisage ; il me semble que si, mon ancien.

SOPHIE.

C'est notre oncle Galop.

CRIQUET.

Ah ! oui... Mais voyez-vous, mon oncle ? il faut que votre neveu venge l'honneur de la famille... Ah ! le hussard veut faire aller ma sœur !

GALOP.

Ecoute, Criquet, Favori manque au sesque; il a tort, tu le retrouveras et je promets de t'aider.

SOPHIE.

Oui, mais rentrons chez nous; il ne faut pas se battre quand on a du vin.

CRIQUET.

Au contraire...

AIR: *Dans la Vigne a Claudine.*

J'ai lu dans un grimoire,
Quoiqu' vous disiez ici,
Qu'il est prudent de boire,
Pour combattre un enn'mi,
Quand le vin rend l'œil trouble,
C'est l' moment d' l'attaquer.
Comme on voit son homm' double,
On ne peut pas l' manquer.

SOPHIE.

Mon oncle, tâchez donc de le mettre dans votre fiacre.

CRIQUET.

Du tout, voyez-vous? Favori va venir ici... Je l'attends de pied ferme.

(*Il fait un faux pas.*)

GALOP, *le relevant.*

Holà... ho... ho... Tu chopes, toi!

CRIQUET.

Je vas droit à lui, et je lui dis:.. Favori... t'es t'une joli homme, c'est bien; tu te conduis mal, c'est mal. T'es cavalier, je suis fantassin; t'es t'hussard, je suis tapin; mais vois-tu, il y a huzards et huzards, tapins et tapins; on ne m'engourdit pas... Je connais les flas et les ras. Tire ta latte et marche à moi!

GALOP.

Allons, Criquet... faut t'en venir.

CRIQUET.

Pas de ça, Lisette... Marche à moi

SOPHIE.

Ah! mon Dieu, mon oncle, si Favori venait..

CRIQUET.

Marche à moi! j'obéis à l'honneur comme à la canne du tambour-maître... Allons, l'huzard, dans les prés Saint-Gervais, habit bas, viens là-bas, là-bas dans les lilas: il y a de l'ombrage et du feuillage.

AIR : *Ah! quel plaisir d'être soldat!*

Ah! quel plaisir
De s' rafraichir
D'un coup d' briquet
Dans un bosquet.
Chez nous c'n'est pas pour rire
Qu'l'honneur est à l'ordre du jour;
Dès qu'il parle, l'on entend dire
Au capitaine comme au tambour :

Ah ! quel plaisir, etc.

J'dirai-z-au malin qui s' cabre,
Viens-t'en au lilas sans pareil,
Tu n'peux risquer qu'un coup d' sabre;
Mais tu n'crains pas les coups d'soleil.
Ah ! quel plaisir, etc.

GALOP.

Allons, Criquet, donne-moi le bras, et marche à la gloire!

CRIQUET.

C'est ça, mon oncle, vous n'avez pas oublié la manœuvre L'huzard est mort.

(*Ici madame Canon rentre en scène et va parler avec Sophie.*)

GALOP.

Il est mort!...

CRIQUET.

Et enterré !...

GALOP.

Et enterré !...

Reprise de l'air, ensemble.

Ah ! quel plaisir
De s'rafraîchir
D'un coup d'briquet
Dans un bosquet.

(*Ils sortent tous trois.*)

SCÈNE V.

MADAME CANON, FANCHON, *un grand panier de blanchisseuse sous le bras.*

FANCHON, *posant son panier sur une table.*

Bonjour, madame Canon; comment que ça va aujourd'hui?

MADAME CANON.

Bien, et vous?

FANCHON.

Comme vous voyez ; je viens tard, n'est-ce pas ? c'est que j'ai eu de la besogne pardessus la tête.

MADAME CANON.

Me rapportez-vous ma camisole et mes bonnets ?

FANCHON.

Oui, et les chemises fines à cols de vos deux petits garçons.

MADAME CANON.

Voyons un peu. (*Elle va pour fouiller dans le panier.*)

FANCHON.

Un moment, ne me chiffonnez pas mon panier ; tout est en ordre, et je ne m'y reconnaîtrais plus. Votre linge est en dessous.

MADAME CANON.

Voyons.

FANCHON.

AIR : *Vaudeville de l'Etude.*

Ah ! ne dérangez rien de grâce ;
V'là les faux cols d'un pauvre auteur,
Les manchettes d'un homme en place,
Le jabot d'un solliciteur,
Ça c'est l'linge d' mam'zell' Palmire,
Qui porte, d'un air impudent,
Des marabouts, un cachemire,
Et n'a qu'une rob' en attendant.

MADAME CANON.

Il n'en manque pas comme ça, de belles dames qui font leur poussière sur le pavé de Paris.

FANCHON.

Oui, oui, tout ce qui reluit n'est pas or, et je vois ça dans mon état.

MADAME CANON.

Viendrez-vous tantôt ?

FANCHON.

Pourquoi pas ?

MADAME CANON.

Pour rien ; c'est qu'on a parlé sur vous.

FANCHON.

A cause de quoi ?

MADAME CANON.

A cause de M. Favori, ce bel husard qui vous en conte.

FANCHON.

Eh bien ! est c'que ça regarde quelqu'un ?

MADAME CANON.

C'est mamselle Sophie qui se plaignait; elle disait comme ça, qu'une blanchisseuse...

FANCHON.

Une blanchisseuse, après?. ...

MADAME CANON.

Oh! rien... mais...

FANCHON.

AIR : *Du noble éclat du diadême*, etc.

J'voudrais bien voir que l'on s' permisse
D' tenir des propos de d'ssus moi.
Un' blanchisseus' vaut un' fleurisse;
Pour c'qu'est d'l'état n'ya donc pas d'quoi.
Le hussard m'a parlé d'mariage;
Il dit qu' Sophie a d' trop grands airs.
Si c't homm' veut changer d'esclavage,
Il est libre d' porter mes fers.

MADAME CANON.

Du moment que vous le prenez comme ça...

FANCHON.

N'y a pas deux manières de le prendre.
(*On entend fredonner dans la coulisse.*)

MADAME CANON.

Tenez, le v'là ce M. Favori avec ses camarades.

SCÈNE VI.

LES MÊMES, FAVORI, *en hussard*, PLUSIEURS SOLDATS.

CHOEUR.

AIR : *Pierrot, Pierrot.*

Du vin, du vin, du vin;
Nous nous f'sons gloire
De bien boire.
Du vin, du vin, du vin,
Voilà notre refrain.

FAVORI, *apercevant Fanchon.*
La rencontre est aimable....
Allons, mamzelle Fanchon,
Venez vous mettre à table,
Et f'sons sauter le bouchon.
Du vin, du vin, du vin, etc.

FANCHON.

Ah ça! monsieur Favori, à nous deux à cet'heure; il faut que vous vous prononciez aujourd'hui pour ou contre le mariage; je ne peux pas rester le bec dans l'eau comme l'oiseau sur la branche.

FAVORI.

De quoi, belle Fanchon, charmante blanchisseuse, vous méfireriez-vous de moi?

FANCHON.

Ecoutez, vous faites le joli cœur auprès du sesque en général.

FAVORI.

(*A part.*) Et en particulier. (*Haut.*) Que voulez-vous, cela tient à l'état; comme le militaire est recherché, il est entreprenant... Je suis z'hardi, et ça m'a réussi mainte fois.

AIR : *de Joconde.*

Les ennemis et les femmes
Rarement m'ont résisté.
Chez ces messieurs, chez ces dames,
J'enlèv' tout d'autorité!
Quand j'en trouv' d'un peu cruelles,
Je les soumets par la douceur.
V'là pourquoi, z'auprès des belles,
On m'a surnommé l'engeôleur;
On m'a nommé l'en, nommé l'engeôleur;
Nommé l'en, l'en, l'en, nommé l'engeôleur.

FANCHON.

(*Même air.*)

Vot position z'est chanceuse;
Sachez, hussard accompli,
Qu'l'honneur de la blanchisseuse
N'a pas encor un fait un pli.
Si c'est pour le mariage,
J' vous permets un mot d' douceur;
Si c' n'est qu'un enfantillage,
Vous r' pass'rez, monsieur l'engeôleur.
Monsieur l'en, l'en, l'en, monsieur l'engeôleur.
Monsieur l'en, l'en, l'en, monsieur l'engeôleur.

FAVORI.

Belle Fanchon, si la grande difficulté ne roule que là-dessus, ce soir à la brune vous aurez ma solution. Nous pouvons causer des petites préliminaires en nous rafraîchissant; venez, Fanchon, prendre place à la table des amis, vous y trouverez des hommages et des respects....

FANCHON.

Pour ça, j'en suis sûre.

SCÈNE VII.

LES MÊMES, SOPHIE; *elle paraît dans le fond, habillée en tambour.*

FAVORI.

Le militaire est poli envers son amie, puisqu'il l'est envers toute femme quelconque. (*Ils se mettent à table.*)

SOPHIE, *à part.*

J'ai pris, pendant qu'il dort à la maison, les habits de mon frère Criquet; sous ce costume je puis observer M. Favori. .. (*Les apercevant.*) C'est lui! c'est elle...

FAVORI.

Fanchon, à votre santé. (*Il boit.*)

SOPHIE, *à part.*

Dieu! quel coup!

FAVORI.

A nos amours! puissent-ils semer des roses tout le long de la route!

FANCHON.

Avec plaisir...

SOPHIE, *à part.*

Je n'y tiens plus.

FAVORI, *à ses amis.*

Quel est donc ce militaire qui vient boire près de nous? il a l'air de nous regarder.

SOPHIE, *s'étant assise à une table, près de Favori et de ses camarades, un garçon lui apporte du vin.*

Je ne veux rien.

UN GARÇON.

Vous n'êtes pas ici dans un café.

FAVORI, *en regardant Sophie.*

Il faut consumer, camarade, quand on vient dans un endroit public.

SOPHIE.

Laissez. Cela me servira de contenance...

UN SOLDAT.

C'est une recrue.

UN SOLDAT.

Un nouveau tapin.

FAVORI, *se levant.*

Attendez donc, nous allons rire: je vais lui faire une farce. (*Il va à la table où est Sophie, et dit en avalant le verre de *vin qu'elle vient de verser :*) Celui qui boit tout seul n'est pas digne de vivre.

SOPHIE, *timidement.*

Ah! ça, dites donc, camarade, ce n'est pas honnête, ce que vous faites là!...

FAVORI.

Non, mais c'est farce.

SOPHIE.

N'y revenez pas... ou sinon...

FAVORI.

Qu'est-ce que tu ferais, apprenti tambour?

SOPHIE.

Parce qu'on n'a pas des moustaches comme vous, il ne faut pas avoir un air.

FANCHON

Venez ici, monsieur Favori, laissez donc c't'enfant-là.

SOPHIE, *s'animant.*

Dites donc, vous, la blanchisseuse, au lieu de faire ici les beaux bras, vous feriez mieux d'aller repasser le linge de vos pratiques, qui disent comme ça que vous mettez trop d'empois et pas assez de savon.

FAVORI.

Dis donc, si tu voulais bien ne pas mêler mademoiselle dans tes propos; sais-tu qui qu'elle est?

SOPHIE.

Pardine! qu'est-ce qui ne connaît pas mam'zelle Fanchon, blanchisseuse de fin, qui loge vis-à-vis la caserne. Au lieu de se mêler de notre conversation, elle ferait mieux d'être plus scrupuleuse sur sa conduite, et de ne pas prendre les amans de celles qui n'ont que tout juste leur compte.

FANCHON.

C'est trop fort, et je vais...

FAVORI.

Laissez, laissez-moi faire... je vas le corriger. (*Il prend Sophie par le bras.*) Allons, tapin, avance ici à l'ordre.

SOPHIE, *à part.*

Qu'est-ce que je vas devenir! (*Haut.*) Il faut que je trouve un témoin.

FAVORI.

Voilà deux lapins qui sont bons là... T'en prendras un et moi l'autre...

SOPHIE, *voulant se sauver.*

Mais...

FAVORI ET LES SOLDATS.

En garde, en garde.

SOPHIE, *à part.*

Je n'en puis plus, je vais me trouver mal.

FAVORI, *la prenant brusquement.*

Allons, allons, habit bas, quitte ta veste.

SOPHIE, *effrayée.*

Quitter ma veste! moi devant tout le monde!

TOUS EN CHOEUR.

AIR : *Des Cancans.*

Habit bas! (*bis.*)

SOPHIE, *se défendant.*

Je n'y consentirai pas.

TOUS.

Habit bas! (*bis.*)

SOPHIE.

Je me trouve mal, hélas!

(*Elle s'évanouit.*)

SCÈNE VIII.

LES MÊMES, CRIQUET, *les bras nus en chemise.*

Ma sœur m'a pris
Mes habits
Mais j'viens trouver les amis;
Et j'veux fair' voir au malin
C'que peut l'sabre d'un tapin.

TOUS, *entourant Sophie.*

Habit bas! (*bis.*)
Le tambour ne répond pas.
Habit bas! (*bis.*)
Le tambour ne s'battra pas.

FAVORI.

Eh bien, tambour, mon brave... Allons revenons à nous. (*Il regarde et la reconnait.*) Que vois-je, Sophie, mon objet, la sœur à Criquet!

CRIQUET, *s'oubliant.*

Présent.

TOUS.

Criquet!

CRIQUET.

Oui, c'est moi, malin, et c'est toi que je cherche, hussard. Allons! (*Il tire son sabre.*)

SOPHIE, *revenant à elle.*

Mon frère!

CRIQUET, *se mettant en garde.*

Allons, allons, cavalier! ...

FAVORI, *tirant son sabre.*

On y est.

FANCHON, *se jetant au milieu.*

Arrêtez! *(Tableau.)*

SCÈNE IX.

LES MÊMES, JEAN GALOP, MADAME CANON, FILLES ET GARÇONS DE CABARET.

CHOEUR.

AIR : *Ah! quel bonheur, il retrouv' sa fille chérie...*

Empêchons-les
De s'faire
Une mauvaise affaire,
Et forcez-les
De rengainer leurs briquets.

CRIQUET, *à Favori.*

Parc'qu'on t'appelle l'engeôleur,
Tu voulais faire aller ma sœur;
Mais tu n'es qu'un mauvais farceur
Et tu m'paieras cette noirceur.

TOUS, EN CHOEUR.

Empêchons-les
De s'faire
Un' mauvaise affaire,
Et forçons-les
De rengainer leurs briquets.

GALOP.

Un moment, un moment; faut d'abord parler, ensuite on sera libre de tirer le bancal s'il y a urgence.

CRIQUET.

C'est ça; le père Galop est un vieux casse-gamelle, il a servi dans le train d'artillerie.

GALOP.

Pendant vingt ans, et j'ose me flatter que mon caisson roulait mieux que mon sapin : vous me direz ça dépend des chevaux.

CRIQUET.

Voilà l'affaire, messieurs et mesdames... M. Favori,

ici présent, en conte à ma sœur Sophie depuis un mois, et au moment de signer son engagement sur le contrôle de la mairie, il sort des rangs, il désalte et va faire de belles promesses à ma prétendue. Est-ce bien?

GALOP.

C'est mal... militaire.

FANCHON.

Un moment, un moment; comme j'ignorais que les choses étaient si avancées avec la fleurisse, je donne ma démission. Monsieur Favori, vous n'êtes qu'un monstre!...

FAVORI, *souriant.*

Vous n'êtes pas la première qui me le dit; on croirait que c'est le mot d'ordre de toutes les jolies femmes.

SOPHIE.

Fi, que c'est vilain de changer comme ça!

FAVORI.

Sophie, pardonnez-moi z'une petite échauffourée de garnison? Que voulez-vous? les hussards c'est de la cavalerie légère...

SOPHIE.

Je vous pardonne.

GALOP.

Mais à demain la noce, parce qu'avec vous autres, il vaut mieux tenir que de courir.

FAVORI, *lui baisant la main.*

Trop heureux de rentrer dedans vos chaînes, vu qu'étant fleurisse elles seront émaillées de fleurs.

SOPHIE.

C'est joli.

FANCHON.

Et vous, monsieur Criquet.

FAVORI, *à ses amis.*

Lui, c'est un petit jobard, il va lui demander pardon.

CRIQUET.

Mamzelle Fanchon, me pardonnerez-vous de m'être emporté dans un moment de vivacité?

FAVORI, *à part.*

Qu'est-ce que je disais?

FANCHON.

Oui, je vous pardonne, qu'il n'en soit plus question; nous ferons les deux noces ensembles.

CRIQUET.

Merci.

FAVORI.

Père Galop, vous serez notre oncle à tous, vos nièces

n'auront qu'à se glorifier de leur choix, et le civil et le militaire jouiront d'une félicité charmante et indissoluble.

VAUDEVILLE.

TOUS.

AIR : *On cherche à vous séduire.*

Amis de la goguette,
Gaîment accourez tous;
Venez à la guinguette,
C'est toujours, fêt' chez nou.
(*On reprend en dansant.*)

MADAME CANON, *au public.*
Mon auberge commence ;
Si l' zèle est c' qu'il vous faut,
Avec de l'indulgence
Payez-nous votre écot.
Amis, etc

CRIQUET, *au public.*
Pour vous ma baguette roule;
Mon succès s'ra réel,
Si vous venez en foule
Dès que j'battrai l'rappel.
Amis, etc.

FANCHON, *au public.*
Si j'suis assez heureuse
Pour vous plaire en ce lieu ;
Chaqu' jour la blanchisseuse
Mettra les fers au feu.
Amis, etc.

FAVORI, *au public.*
Je viens de m'introduire
Dans un' bonne maison,
Et le hussard désire
N'pas changer d'garnison.
Amis, etc.

GALOP, *au public.*
Comm' cocher, je n'peux feindre
Qu'je r'dout' bien des cahots,
Mais je ne puis pas craindre
Qu'on s'plaigne ici des chevaux.
Amis, etc.

(*Après cette ronde, un ballet grivois.*)

INTERMÈDE.

(*Le théâtre change et représente de nouveau le boulevard du Temple.*)

FLANARD, AZUR.

AZUR, *sortant de dessous terre.*

Par ici, monsieur Flanard, donnez-moi la main!

FLANARD, *montrant sa tête.*

Où diable me conduisez-vous?

AZUR.

Sur le boulevard du Temple.

FLANARD, *moitié dehors.*

Vous êtes sûr. (*Il regarde.*) C'est, parbleu! vrai... Quel chemin m'avez-vous fait prendre?

AZUR.

Vous êtes passé dans les dessous du théâtre...

FLANARD.

Il paraît que vous m'aviez enfoncé, jeune homme. (*Il sort tout à-fait*) Ah! je m'y reconnais...

AZUR.

Je vous en ferai voir bien d'autres.

FLANARD.

Ma foi, je ne sais pas si tout le monde sera de mon avis, mais ce petit tableau de la guinguette que vous venez de me faire voir m'a paru assez drôle et vos acteurs n'ont pas mal été.

AIR : *de la Robe et des Bottes.*

J'ai remarqué dans cette pièce
Votre hussard : c'est un très-bon vaurien;
Votre tambour a de la gentillesse,
Votre cocher marche assez bien;
Votre Fanchon a la mine joyeuse,
Elle a des yeux, des attraits, des discours;
Et si Fanchon était ma blanchisseuse
Moi je mettrais un jabot tous les jours.

Ah ça! est-ce que vous n'allez pas nous jouer le genre noble? Je voudrais que vous eussiez des gaillards comme j'en ai vu autrefois... M. Lekain, M. Larive, M. Brizard, M. Molé...

Voilà des gens comme il vous en faudrait, qui viennent avec de grands manteaux d'écarlate rouge... des casques... des turbans, et qui disent avec de grosses voix sourdes (*déclamant*) :

Le temps de l'Amérique est à la fin venu...
Chaque peuple à son tour a régné sur la terre...
Et par droit de conquête et par droit de naissance...

Et ainsi de suite.

AZUR.

Ah! j'entends... de l'héroïque, du chevaleresque.

FLANARD.

Oui, des choses ronflantes... Le chevaleresque ne doit pas vous gêner, avec la quantité de chevaux que vous avez.

AZUR.

Vous serez satisfait. (*On entend une musique.*) Précisément cette musique et ces petits chevaliers m'annoncent que nous allons être transportés dans un palais.

FLANARD.

Dans un palais!... vous me fermez la bouche.

(*La musique continue; des petits chevaliers sortent de dessous le théâtre, portant des trophées d'armes, traversent la scène; Flanard les suit enchanté et ils disparaissent par la coulisse.*)

LE THÉATRE CHANGE.

LE PALAIS.

Le théâtre représente une petite salle de palais qui n'occupe que deux plans.

SCÈNE PREMIÈRE.

MARGUERITE DE NAVARRE, MADAME DE RANDAN; PAGES, DAMES DU PALAIS.

MARGUERITE.

MESDAMES, qu'aujourd'hui le plaisir nous rallie;
François premier, vainqueur, revient de l'Italie.
Le jour, qui de mon frère a marqué le retour,
Est un jour de bonheur et de gloire et d'amour.
Vous êtes, je le vois, fières de la nouvelle :
Quand l'amant est vainqueur, la victoire est si belle!
Et vous allez revoir tous vos preux chevaliers;
Ils vont à vos genoux déposer leurs lauriers.
Déjà le ménestrel va chantant sur sa harpe
Le héros triomphant grâces à son écharpe,
Ou grâce au souvenir de celle qu'il chérit.
Madame de Randan, cet espoir vous sourit :
Je l'ai lu dans vos yeux.

MADAME DE RANDAN.

Oui, l'honneur de la France
Fut toujours de mon cœur la plus chère espérance,
Et je crains des combats le dangereux hasard.

MARGUERITE.

Surtout quand loin de vous ils entraînent Bayard.

MADAME DE RANDAN.

O ciel! que dites-vous... Croyez, chère princesse...

MARGUERITE.

Malgré votre secret je sais votre tendresse.

Bayard est un héros, et c'est un grand honneur
Que d'avoir un amant *sans reproche et sans peur*.
Le premier point surtout plairait à bien des femmes!

MADAME DE RANDAN.

Admise en votre cour, même au rang de vos dames,
Mais veuve d'un époux qui fut disgracié,
De mon sort qui voudrait accepter la moitié?

MARGUERITE.

Croyez-moi, de la cour les fâcheuses disgrâces
Ne tiennent pas long-temps contre l'esprit, les grâces;
Jamais en défaveur on ne voit la beauté:
C'est le roi qui l'a dit.

MADAME DE RANDAN, *baissant les yeux*.

Il a tant de bonté!

MARGUERITE.

Chacun de ses sujets alors ici le pense,
Et vous pouvez former une noble alliance.
La fortune avec vous eut des torts bien nombreux;
Mais en vous unissant au plus noble des preux,
Le roi peut réparer...

MADAME DE RANDAN.

Ah! je vous remercie!...
Dans ce remercîment mon âme s'est trahie;
Mais seule vous savez!...

MARGUERITE.

Ne craignez point d'éclat:
Pour nous de tels secrets sont des secrets d'état;
N'ayez pas peur qu'ici ma bouche vous dénonce...
Mais j'entends Triboulet: sa sonnette l'annonce.

SCÈNE II.

LES MÊMES, TRIBOULET, *en costume fantasque, et portant un bonnet auquel est un petit grelot. Il tient un énorme registre à la main.*

TRIBOULET.

Oui, mesdames, c'est moi,
Le seigneur Triboulet, le pauvre fou du roi.

Ne faites pas ici sur moi des épigrammes :
Car si vous le vouliez, je serais fou des dames.

MARGUERITE.

Ah ! le pauvre insensé !

TRIBOULET.

Riez de ma folie,
Déraisonner toujours est ma philosophie.
Monsieur Clément Marot, poëte plein d'esprit,
A rimé mon portrait, et voilà ce qu'il dit :
« Triboulet fut un fou, de la tête écorné,
» Aussi sage à trente ans que le jour qu'il fut né ;
» Chacun contrefaisant, chanta, dansa, prêcha,
» Et toujours en riant personne ne fâcha. »

MARGUERITE.

Le seigneur Triboulet croit qu'on lui porte envie.

TRIBOULET.

Oui, j'ai des envieux, le fait est avéré ;
Plus que moi bien des gens ont le cerveau timbré.
N'est-ce donc pas un fou que ce grand homme mince,
Qui pour la gouverner demande une province,
Et ne peut gouverner sa femme et ses enfans ?
Ne sont-ce pas des fous ces héros si vaillans
Qui s'en vont par amour, suivant votre caprice,
Armés d'acier trempé, lance en main, dans la lice,
Et qui, pour soutenir l'honneur de vos appas,
Vont se faire casser les jambes et les bras ?
Qu'ils s'escriment, d'accord, pour vous maintenir belles,
Mais jamais pour prouver que vous êtes fidèles...
Ils sont fous, archifous, je soutiendrai cela.

MARGUERITE.

Mais quel est ce registre ?

TRIBOULET.

Eh ! justement voilà
Les archives des fous, transcrites par ma plume.
De mon petit recueil c'est le premier volume ;
J'en ferai le journal des traits intéressans
De ceux que je verrai détrôner le bon sens.
J'y voulais mettre au rang des beaux traits de folie
La gloire que le roi rapporte d'Italie.

MARGUERITE.

Quoi! vous voulez fronder la guerre de Milan,
Et ternir les lauriers cueillis à Marignan!
Ce combat glorieux, cette belle victoire
Aura toujours sa place aux pages de l'histoire.

TRIBOULET.

Qu'importe la victoire? elle expose le roi,
S'il eût trouvé la mort, je perdais mon emploi.

MADAME DE RANDAN.

Afin de rendre heureux ses sujets, son empire,
Qu'à maintenir la paix maintenant il aspire.

MARGUERITE, *souriant.*

Eh! bien nous l'en prierons.

(*Elle va pour sortir.*)

TRIBOULET

Au salon du château,
Vous allez le trouver contemplant un tableau
Que Raphaël Urbin vient d'envoyer de Rome.

MARGUERITE.

Allons voir un grand prince admirer un grand homme.

(*Elles sortent.*)

SCÈNE III.

TRIBOULET, *seul.*

Et nous de notre emploi remplissons le devoir.
Ce qui doit arriver est facile à prévoir;
Parmi tant de flatteurs qui vont être à la piste:
Je mettrai bien encor quelques fous sur ma liste,
Près de François premier je vois nos courtisans
Prodiguer à propos ou le blâme ou l'encens.
Si le roi ne dit mot, ils baisseront le verbe;
Si le roi dit: c'est bien, ils crieront: c'est superbe!

(*Il sort. Le théâtre change et représente la galerie du château; un grand tableau, sur un chevalet, se trouve à gauche.*)

SCÈNE IV.

FRANÇOIS Ier, LÉONARD DE VINCI, BAYARD, DU-BELLAY, MARGUERITE DE NAVARRE, MADAME, DE RANDAN, HOMMES D'ARMES, PAGES, SEIGNEURS, ETC.

(*Au changement, tous ces personnages sont grouppés comme dans la belle gravure de M. Jazet, et représentant François premier, admirant le tableau de Raphaël au milieu de sa cour.*)

FRANÇOIS PREMIER.

Messieurs, je le prédis, le nom de Raphaël,
Dans les siècles futurs doit briller immortel...
Léonard de Vinci, n'est-ce pas ta pensée ?

LÉONARD DE VINCI.

Par ce tableau sa gloire est à jamais fixée.

FRANÇOIS PREMIER.

Raphaël ! Léonard ! à nos peintres français,
Enseignez pour toujours le chemin du succès !
Je veux de vos talens enrichir ma patrie,
Et conquérir les arts aux champs de l'Italie.
Dans la Grèce ils brillaient avant ses longs revers ;
Mais ils se sont enfuis, car ils craignent les fers.
De leur premier berceau, Soliman les exile :
Dans ma cour aujourd'hui je leur donne un asile ;
J'en veux faire à prix d'or rassembler les débris
Et transporter Athène aux remparts de Paris.
Je récompenserai le talent le plus mince :
Un artiste à mes yeux vaut mieux qu'une province.
Accourez donc, auteurs et savans peu connus,
Près de François premier vous serez bienvenus.
Et si je n'aggrandis mes états, ma puissance,
J'augmenterai du moins la gloire de la France.

TOUS.

Honneur à notre roi ! vive François premier !

FRANÇOIS PREMIER.

J'ennoblirai toujours le courageux guerrier.
La Trémouille, Bayard, parlez en confiance :
Tous mes soldats ont droit à ma reconnaissance.

TRIBOULET.

Si vous continuez, bientôt chacun, je croi,
Sans me faire aucun tort, deviendra fou du roi.

FRANÇOIS PREMIER.

Vous ne demandez rien... Bayard laisse à l'histoire
Le soin d'apprécier, d'honorer sa mémoire.

BAYARD.

Bayard, en ce moment, ne forme qu'un seul vœu :
Ma vie est à mon prince, à ma dame, à mon Dieu !

FRANÇOIS PREMIER.

D'un noble chevalier voilà bien le langage !

MADAME DE RANDAN, *à part.*

Que va-t-il demander?

BAYARD.

A celle qui m'engage
Je désire accorder et ma main et ma foi.

FRANÇOIS PREMIER.

Puisses-tu nous donner des fils dignes de toi !
J'y consens de grand cœur.

MADAME DE RANDAN.

Ah ! que je suis heureuse !

MARGUERITE, *bas.*

D'un hymen aussi beau vous serez glorieuse.

FRANÇOIS PREMIER.

Celle que tu choisis doit plaire à tous les yeux ;
Il faut, près de ma sœur, qu'elle habite ces lieux.
Qu'à la bien recevoir Marguerite s'apprête ;
Je veux que pour ma cour ce soit une conquête.

BAYARD.

Je reçois comme un ordre un désir si flatteur.

TRIBOULET, *à part.*

Si j'étais le mari, je dirais : serviteur.

FRANÇOIS PREMIER.

Avant de nous livrer aux jeux qui nous attendent,
Bayard, c'est un honneur que mes vœux te demandent :
Qu'au nom de Marignan, ici, François premier,
Par les mains de Bayard soit armé chevalier !

BAYARD.

D'autres méritent mieux cette faveur insigne ;
Parmi tant de héros vous prenez le moins digne.

FRANÇOIS PREMIER.

Toujours ta modestie égale ta vertu.
Mais cède à mon vouloir... Me refuseras-tu ?

BAYARD.

Un plus brave...

FRANÇOIS PREMIER.

En est-il ? non, foi de gentilhomme.

TRIBOULET.

Je n'en connais pas un de Paris jusqu'à Rome.

BAYARD.

En vous faisant honneur, moi seul en recevrai.

FRANÇOIS PREMIER.

Dans un instant, messieurs, que tout soit préparé.
Vous, ma sœur, rassemblez ici toutes les belles ;
Il n'est, pour des Français, point de fête sans elles.
Par leur aspect toujours mes yeux sont enchantés ;
Je veux vous voir briller, parmi tant de beautés,
Comme une marguerite au sein des fleurs écloses.
Sans femmes une cour est un printemps sans roses.
(*Tout le monde sort ; les hommes les premiers, et les dames ensuite par la gauche. Marguerite, dont Bayard a pris la main par ordre du roi, passe d'abord, et au moment où madame de Randan va pour sortir, François premier l'arrête.*)

SCÈNE V.

FRANCOIS PREMIER, MADAME DE RANDAN.

FRANÇOIS PREMIER.

Restez, belle Randan ; souffrez que, sans témoin,
Je puisse vous parler : mon cœur en a besoin.

MADAME DE RANDAN, *à part.*

Qu'entends-je ? O ciel ! et pourquoi ce mystère ?...
(*Haut.*)
Sire, vos volontés...

FRANCOIS PREMIER.

Ce n'est qu'une prière ;
Et dans cet entretien qu'ici je veux avoir,
[illegible] bonté bien plutôt qu'au devoir.

MADAME DE RANDAN.

Si l'on vous écoutait, sire, un pareil langage...

FRANÇOIS PREMIER.

Qui pourrait s'étonner quand je vous rends hommage?
Chacun m'approuverait; mon choix en est garant.

MADAME DE RANDAN, *embarrassée.*

Sans doute chacun sait que vous êtes galant.

FRANÇOIS PREMIER.

Vous avez, je le sais, déploré mon absence?

MADAME DE RANDAN.

Oui, je vous attendais... Comme toute la France,
Comme tous vos sujets, je ne formais qu'un vœu.

FRANÇOIS PREMIER.

Comme tous mes sujets... madame, c'est bien peu.
Quand je nourris, pour vous, une discrète flamme;
Quand votre souvenir seul occupait mon âme;
Car c'est lui, je le jure, au milieu des combats,
Qui m'aidait à combattre et soutenait mon bras.
Votre nom m'aurait fait vaincre une armée entière,
Et je croyais le voir gravé sur ma bannière.
Pour vous revoir enfin je quitte mes drapeaux;
Aujourd'hui l'ennemi vous devra son repos:
Mon duché de Milan, je vous le sacrifie,
Et peut-être, sans vous, j'étais roi d'Italie.

MADAME DE RANDAN, *souriant.*

De ce crime d'état on pourrait m'accuser.

FRANÇOIS PREMIER.

Je le regrette peu; je puis vous excuser.
Quand on est à genoux, à quoi sert la puissance?...
Donnez à mon amour un rayon d'espérance.

MADAME DE RANDAN, *timidement.*

Vous m'offrez votre amour... L'hymen doit me lier...
Et mon cœur n'aimera jamais qu'un chevalier...

FRANÇOIS PREMIER.

Que dites-vous, madame? Aujourd'hui je veux l'être!
Paré de vos couleurs, que je puisse paraître
Au tournois que demain...

(*Il va pour se mettre à genoux.*)

MADAME DE RANDAN.

Sire, vous oubliez
Que c'est moi qui devrais me trouver à vos pieds!
J'aime depuis long-temps...

FRANÇOIS PREMIER.

Un autre a su vous plaire;
Grand Dieu! qu'avez-vous dit?... Quel est le téméraire?

MADAME DE RANDAN, *à part.*

Ah! je n'ose avouer!...

FRANÇOIS PREMIER.

Ici, nommez-le moi!
Qui donc est, dans ma cour, le rival de son roi?

MADAME DE RANDAN.

Ah! vous n'en avez point, pour l'honneur, le courage;
Mais pouvons-nous choisir quand notre cœur s'engage?
Près de nous vos sujets seraient bien malheureux,
Si vous pouviez toujours vous montrer avant eux.
Sans vous avoir connu, ma foi fut enchaînée,
Et l'hymen...

FRANÇOIS PREMIER.

Pour qu'ici votre main soit donnée,
Il faut que j'y consente; et c'est trop exiger.
Vos rigueurs ont suffi; cessez de m'affliger.

MADAME DE RANDAN.

Sire, un pareil refus devient une disgrâce,
Et loin de votre cour à jamais il me chasse...
Ce jour est le dernier qu'en ces lieux je verrai.

FRANÇOIS PREMIER.

Mais sais-je, en vous perdant, si je vous oublierai?

MADAME DE RANDAN.

Recevez mes adieux...

(*Ici on voit Triboulet paraître dans le fond.*)

FRANÇOIS PREMIER.

Ah! je vous en supplie!
Ne pouvez-vous briser la chaîne qui vous lie?

MADAME DE RANDAN.

Un roi qui, sur l'honneur, se guide constamment,
Doit chérir les sujets qui tiennent leur serment.

SCÈNE VI.

FRANCOIS PREMIER, TRIBOULET.

TRIBOULET, *riant avec éclat.*

Ah! ah! ah! ah! ma foi, vive l'extravagance!

FRANÇOIS PREMIER, *vivement.*

Qui se permet?...

TRIBOULET?

C'est moi.

FRANÇOIS PREMIER.

Que fais tu là?

TRIBOULET.

Silence!

FRANÇOIS PREMIER.

Réponds...

TRIBOULET, *prenant gaîment ses tablettes.*

Je vous inscris sur le livre des fous;
Aimer une beauté qui ne veut pas de nous,
C'est faire, selon moi, la plus grande folie.

FRANÇOIS PREMIER.

Peut-on ne pas chérir une femme jolie?

TRIBOULET.

Mais vouloir de son cœur devenir le tyran,
Il faut perdre l'esprit ou se faire sultan.
Formez-vous un harem de deux cents odalisques,
D'en être dédaigné vous n'aurez pas les risques;
Vous pourrez imiter les Turcs dans leur sérail,
Ils sont aimés en gros et jamais en détail.
Moi, si vous le voulez, j'ai l'allure caduque,
J'en ai les qualités, je serai votre eunuque.

FRANÇOIS PREMIER.

Finis tes sots discours, ils sont hors de saison.

TRIBOULET.

Vous-même qui parlez, vous perdez la raison
En adorant ici la maîtresse d'un autre.

FRANÇOIS PREMIER, *avec colère.*

Ah! parle, quel est-il?

TRIBOULET.

Quel courroux est le vôtre ?

FRANÇOIS PREMIER, *avec emportement.*

Réponds-moi sur le-champ. Réponds-moi; quel est-il ?

TRIBOULET.

Encor; voudriez-vous l'envoyer en exil,

(*D'un ton tragique.*)

L'appeler en champ clos. Mais qu'auriez-vous à dire,
Si c'était moi, seigneur !...

FRANÇOIS PREMIER.

Pour Dieu cesse de rire.
Quel est l'audacieux ? Nomme-le sans retard.

TRIBOULET.

C'est un de vos amis... le chevalier Bayard !

FRANÇOIS PREMIER.

Bayard!

TRIBOULET.

Ça doit calmer votre fureur jalouse,

FRANÇOIS PREMIER.

Qu'il n'espère jamais l'obtenir pour épouse !..

TRIBOULET.

Le roi le veut, c'est juste, il ne peut avoir tort.

FRANÇOIS PREMIER.

Le trouble, le dépit... redoublent mon transport.

TRIBOULET.

Il va pourtant venir vous donner l'accolade,
Il faudra l'embrasser comme un bon camarade;
Du nom de chevalier il doit vous honorer
Et de l'éperon d'or ici vous décorer.

FRANÇOIS PREMIER.

Le presser sur mon cœur !

TRIBOULET.

Si ça vous embarrasse,
Je me fais chevalier et je prends votre place.
Quelqu'un paraît : mon prince, ayez un air plus doux.

FRANÇOIS PREMIER.

Ah ! qu'il va m'en coûter pour cacher mon courroux !

SCÈNE VII.

LES MÊMES, MARGUERITE DE NAVARRE.

MARGUERITE, *s'approchant du roi.*

(*A elle-même.*) (*A demi-voix.*)
Elle n'est point ici... Prince, on vient de me dire,
Que madame Randan de la cour se retire,
Le saviez-vous, mon frère ?... il faudra l'empêcher.

FRANÇOIS PREMIER.

C'est encore un secret, nous devons le cacher.

MARGUERITE.

Un départ si subit... ce ton plein de colère...
J'ai peur de deviner...

FRANÇOIS PREMIER.

Il était nécessaire...

MARGUERITE.

Ah! mon frère !...

FRANÇOIS PREMIER, *la priant.*

Silence.

MARGUERITE.

Au lieu d'un malheureux,
Je vois qu'en nous quittant, elle en va faire deux.

SCÈNE VIII.

LES MÊMES, BAYARD, LEONARD DE VINCI, LA TREMOUILLE, DUBELLAY, SEIGNEURS, DAMES, CHEVALIERS, ECUYERS, PAGES, ETC.

(*Toute la scène se remplit de personnages de la pièce et des assistans, pour la cérémonie qui va avoir lieu.*)

BAYARD.

Peuple, guerriers, savans, soutiens de la couronne,
Contemplez un grand roi qui descend de son trône,
Et qui brigue l'honneur de venir humblement
Aux genoux d'un soldat déposer son serment.
(*Au roi.*)
Vous avez dans les camps partagé nos alarmes;
Vous êtes dispensé de la veille des armes:

Mais cet engagement que vous prenez ici,
Vous impose des lois, et ces lois, les voici :
En tous lieux, en tout temps, en toute circonstance,
Prêter à l'opprimé le secours de sa lance,
Savoir toujours servir avec fidélité,
Son pays et son Dieu, son prince et la beauté ;
Toujours franc et loyal, toujours exempt de blâme,
Respecter d'un ami les biens, l'honneur, la dame ;
Mais si la conscience un jour vient à faillir,
D'une faute, long-temps, n'avoir pas à rougir,
Et qu'à peine commise elle soit réparée...
De cet ordre fameux, telle est la loi sacrée :
Sans remords pouvez-vous ici la recevoir ?

FRANÇOIS PREMIER, *ému et d'un ton pénétré.*

D'un loyal chevalier, quoi! c'est là le devoir ?
Bayard, ici ta voix éclaire ma jeunesse.
Ah ! pardonne à ton roi, pardonne à sa faiblesse.
D'un homme vertueux quel est donc l'ascendant ?
Pages, courez, cherchez madame de Randan.

(*Les pages sortent.*)

BAYARD.

(*A part.*)

Vous paraissez ému... Quel est donc ce mystère.

MARGUERITE, *avec amitié.*

Je reconnais le roi ; je retrouve mon frère.

SCÈNE IX.

LES MÊMES, MADAME DE RANDAN, *précédée des pages.*

MADAME DE RANDAN.

Sire, j'allais partir ; j'allais quitter ces lieux ;
Je voulais éviter de pénibles adieux.

BAYARD, *regardant fièrement François premier.*

Son trouble m'a tout dit.

FRANÇOIS PREMIER.

Restez, restez, Madame :
Le roi veut couronner votre constante flamme ;
Je ne sais que Bayard qui soit digne de vous.

MADAME DE RANDAN.

Ah! sire, vous daignez...

BAYARD.

Je tombe à vos genoux.

FRANÇOIS PREMIER

Bayard à mes genoux!... Lève-toi, je l'ordonne,
Car on pourrait penser que c'est moi qui pardonne.

(Bayard se relève; une musique éclatante se fait entendre; il fait un signe aux pages, qui sortent et rentrent ensuite portant des carreaux de velours cramoisi; sur l'un est un éperon, sur l'autre un grand livre d'or, et le troisième pour mettre le genou du roi lors de la cérémonie.)

BAYARD.

La Trémouille, approchez, soyez parrain du roi;
Que votre illustre nom soit garant de sa foi.

(La Trémouille s'approche et se met à la gauche du roi.)

Venez, belle Randan! et vous, reine accomplie,
Prêtez un nouveau charme à la chevalerie.

(Les pages, d'après les ordres de La Trémouille, apportent au fur et à mesure les attributs dont ils sont porteurs; le roi prête serment sur le haubert, et La Trémouille chausse l'éperon de chevalier; le roi s'agenouille sur le coussin, Bayard tire son épée et en frappe trois coups du plat sur le cou du roi.)

Monarque de la terre, en ce jour solennel,
Au nom du Dieu puissant qui règne dans le ciel,
Au nom des guerriers saints qui veillent sur la France,
Reçois, de tes hauts faits la digne récompense;
Deviens plus noble encor, noble François premier :
Tu n'étais qu'un grand roi, je te fais chevalier.

(Il donne l'accolade au roi, qui se relève; La Trémouille donne la main au roi et le reconduit à la place où il était avant la cérémonie. Pendant cette pantomime, l'orchestre exécute une musique majestueuse.)

BAYARD, *regardant son épée.*

Ma compagne... ah! combien tu vas devenir fière,
De l'immortel honneur d'avoir donné pour frère

A Baudouin, à Roland, ce noble fils de Mars,
Qui sait joindre au laurier la palme des beaux-arts.
Dans les siècles futurs on chantera ta gloire,
Et tu viens d'ajouter une page à l'histoire.
Aussi, j'en fais serment, même aux jours du malheur,
Quand tout serait perdu, tout, excepté l'honneur,
Jamais du sang français tu ne seras trempée :
Ce n'est qu'à Bayard mort qu'on prendra son épée.

TRIBOULET.

Qu'on s'amuse à présent, rendez le roi joyeux ;
Quand les princes sont gais, les peuples sont heureux.

(*Ballet et fête héroïque.*)

INTERMÈDE.

(Le théâtre change et représente de nouveau le boulevart du Temple.)

FLANARD, *dans une loge d'avant-scène.*

C'est fort joli... C'est charmant : dites, monsieur Azur... monsieur Azur, où êtes-vous donc ?

AZUR.

Par ici, monsieur Flanard.

FLANARD, *entrant en scène.*

Ma foi, mon cher ami, je crois que je suis enchanté : vos chevaliers ont des poumons d'enfer et des costumes brillans... Voilà comme j'entends la comédie... J'avoue cependant que je m'attendais à quelques coups de fusil.

AZUR.

Qu'à cela ne tienne, monsieur Flanard, je vais vous faire voir un tableau de ce genre. Nos auteurs ont l'intention de célébrer toutes les gloires et les sujets ne leur manqueront pas.

AIR : *Pégase est un cheval*, etc.

Ils ont montré sur notre scène,
Dans plus d'un ouvrage applaudi,
Duguesclin, Villars et Turenne,
Kléber et Poniatowski.
Auteurs, héros de toute sorte,
Nous en verrons toujours ici.

FLANARD.

D'après ça...

Pégase est un cheval qui porte
Les grands hommes chez Franconi... (*bis.*)

AZUR.

Tenez, tenez, monsieur Flanard, voici l'avant-garde... Suivez ces vieux guerriers.

(*Les petits génies reparaissent vêtus en grenadiers, Flanard et Azur les suivent. Le théâtre change.*)

LE

CHAMP DE BATAILLE.

(*Le théâtre représente une épaisse forêt. Il fait nuit.*)

SCÈNE PREMIÈRE.

Au lever du rideau, plusieurs Espagnols sont grouppés autour des arbres. Ils attendent leur chef. Plusieurs d'entr'eux dorment.

SCÈNE II.

Le chef arrive, et leur annonce qu'un bataillon de la garde royale doit traverser la forêt pour rejoindre le corps d'armée, et qu'il leur sera facile de se rendre maîtres d'eux. Les Espagnols expriment le désir de les combattre. On entend une marche guerrière; les Espagnols écoutent et se cachent afin de les surprendre.

SCÈNE III.

On voit arriver quelques éclaireurs français qui se dispersent dans la forêt. Le bataillon qui les suit arrive, et se range en bataille. Le colonel ordonne un instant de repos.

SCÈNE IV.

Une vivandière distribue la goutte aux soldats. Scène de bivouac.

SCÈNE V.

Les Espagnols profitent de cette occasion, et fondent à l'improviste sur les Français. Aussitôt les soldats reprennent leurs rangs, et culbutent les Espagnols. Pendant cette action, le porte drapeau à été atteint d'une balle au bras; il est poursuivi par deux chefs espagnols, qui veulent profiter de son isolement pour s'emparer de son drapeau. Le brave militaire oublie ses souffrances pour défendre le précieux gage qui lui a été confié, et préfère la mort à la honte d'abandonner son drapeau : il combat avec chaleur et parvient à se débarrasser de ses deux assaillans; mais, trahi par ses forces et la blessure qu'il a reçue, il va succomber, accablé sous les coups d'un plus grand nombre d'ennemis, lorsque quelques-uns de ses camarades arrivent; mais eux-mêmes ne peuvent résister au nombre; ils vont périr, lorsque le bataillon, à la recherche de son drapeau, paraît, fait fuir les Espagnols, et emporte le drapeau.

SCÈNE VI.

La vivandière, séparée du bataillon par le combat, cherche une retraite avec sa cantine; mais elle se trouve assaillie et se défend avec de deux pistolets, elle fait feu, et donne la mort à deux soldats; le reste prend la fuite.

SCÈNE VII.

Un grenadier poursuit un des Espagnols; après une vigoureuse résistance de part et d'autre, ce dernier succombe.

SCÈNE VIII.

Les révoltés, serrés de près par les soldats français, cherchent leur salut dans une prompte fuite; mais ils sont cernés de toutes parts; ils mettent bas les armes, demandent grâce, et sont faits prisonniers.

(*Tableau général.*)

SCÈNE IX.

Azur paraît avec M. Flanard; à un signe qu'il fait avec sa baguette, le theâtre change, et représente une décoration allégorique et une apothéose du nouveau Cirque-Olympique.

DÉCORATION D'INAUGURATION

DU CIRQUE-OLYMPIQUE.

Sur un piédestal où sont écrits en lettres d'or ces mots : *à Charles dix*, *à la France*, est posé le buste de Sa Majesté. Autour de ce piédestal sont grouppés Charlemagne, Philippe-Auguste, Louis XII et Louis XIV. Près du piédestal est assis Henri IV, en grand costume royal. Il a remis son épée à la France qui lui fait serment de défendre les armes des Bourbons; près d'elle est son bouclier sur lequel sont jetés des lauriers. Le génie de l'histoire inscrit sur une table d'or les noms des rois et des guerriers qui ont illustré la France par leurs vertus ou leurs talens militaires. La paix, l'olivier à la main, précède les arts et les invite à venir célébrer toutes les gloires françaises.

A droite, un porte-drapeau, tenant l'étendart royal sur lequel est écrit le nom du Trocadero, précède les gardes royaux. Sur des nuages à gauche, des héros bardes, accompagnés de jeunes femmes couronnées de fleurs, semblent célébrer sur leur harpe la gloire des Français.

Sur le second plan sont grouppés, pêle-mêle, des rois et des héros de tous les âges. Ainsi, à côté de Catinat se trouve Montébello; le bon Charles V, près du courageux Pepin-le-Bref; le brave Dunois, le général Lecourbe, reçoivent les félicitations de Kleber. Le grand Condé, Louis VIII, le maréchal de Villars, Gaston de Foix, le maréchal Bessières le grand Turenne, Charles VI, Jean-Bart, et plusieurs soldats de tous les règnes, se mêlent à tous ces héros.

Sur un plan un peu plus rapproché, le brave général

Desaix, auprès de Poniatoswki. Plus loin l'intrépide Lassalle, accompagné de son fidèle chasseur, et tenant dans sa main la capitulation de Stettin, monument de la gloire française.

Le troisième plan est occupé par Louis XIII, Charles VII, Jeanne-d'Arc, Philippe-le-Bel, et des soldats de différens corps. Au milieu du tableau, l'œil est ébloui par un temple éclatant d'une lumière dont les rayons éclairent tous les grouppes, ainsi que la devanture du nouveau Cirque peinte sur le rideau de fond à gauche. Deux figures planent dans les airs, et représentent deux génies, portant chacun une légende; sur l'une on lit : *Gloire française*, et sur l'autre, on ne voit qu'un seul mot : *Souscription*. Ces deux légendes traduisent d'une manière éloquente et ingénieuse, la pensée générale qui règne dans ce magique tableau. Les deux peintres distingués auxquels il est dû, MM. Gosse et Dumay, ont voulu montrer à tous les yeux le spectacle d'une partie des hommes célèbres qui ont illustré notre nation, et en même temps exprimer par un seul mot la reconnaissance des propriétaires du nouveau Cirque.

(*Apres ce dernier tableau la toile tombe.*)

FIN.

AU RIDEAU!

OU

LES SINGERIES DRAMATIQUES,

REVUE-PROLOGUE,

Par MM. COGNIARD Frères.

Représenté pour la première fois, sur le théâtre du Cirque-Olympique, le 9 décembre 1834.

Prix : 1 Fr. 50.

PARIS,
MARCHANT, ÉDITEUR, BOULEVART S.-MARTIN, 12;
BARBA, LIBRAIRE, PALAIS-ROYAL.

1834.

PERSONNAGES.	*ACTEURS.*
L'ART DRAMATIQUE.	Mlles MAILLET.
LA LOUANGE.	LAURENCE.
LA CRITIQUE.	SIGNOL.
ARIEL (*de la Tempête*).	LÉONTINE.
L'OPERA COMIQUE.	MM. PERRIN.
LE COMTE DE SAINT-GERMAIN. (*du Vaudeville.*)	EDMOND.
LE DUC.	NEUVILLE.
JUDITH (*du Palais-Royal*).	Mlle LÉONTINE.
CHARLES III (*de la Porte-St-Martin*) / GILBERT (*de Marie Tudor*).	M. FONTALARD.
UN AUVERGNAT (*le Théâtre Nautique.*)	MM. LAUTMANN.
LE JUIF ERRANT.	PERRIN.
ROBERT MACAIRE.	FONTALARD.
BERTRAND.	NEUVILLE.
UN ECUYER (*le Cirque Olympique*).	STOLKLEY.

PERSONNAGES MUETS,

LEA (*de l'Opéra*).
CALIBAN, *idem.*
UN PIERROT.
CHINOIS.
CLOWNS.
THEATRES.
ECUYERS, etc., etc.

Impr. de J.-R. MEVREL,
Passage du Caire, 54.

AU RIDEAU!

REVUE-PROLOGUE.

Le théâtre représente une riche galerie ouverte sur des jardins brillans de fleurs et de verdure. A gauche, sur le premier plan, une espèce de trône élevé sur des masques de théâtre, des instrumens de musique, des manuscrits, etc., etc.

SCÈNE PREMIERE.

L'ART DRAMATIQUE, Deux Enfans à ses pieds, LES THÉATRES.

Au lever du rideau, une femme vêtue d'un assemblage de costumes de théâtres est mollement étendue sur les coussins du trône; c'est l'art dramatique; elle doit être moitié romaine, moitié orientale. A ses pieds, deux enfans représentant le genre classique et le genre romantique, jouent avec des pantins. L'un est en costume de romain, l'autre habillé à la Henri III.

Tous les théâtres représentés par des muses, forment des groupes autour de l'Art Dramatique assoupi, et chantent.

CHOEUR.

Air : *Silence.* (2e acte du Sylphe; nocturne de Carcassi.)

Silence! silence!
Que chacun de nous
Calme sa souffrance
Par des chants bien doux.

Enfin sa tristesse
Succombe au sommeil,
Puisse l'allégresse
L'attendre au réveil.

Reprise.

Silence! silence!
Que chacun de nous
Calme sa souffrance
Par des chants bien doux.

L'ART DRAMATIQUE, *sortant de son assoupissement.* — *Aux théâtres.* Que me voulez-vous?.. me rendre vos devoirs... Hé, par le ciel! laissez-moi. Chacun de vous ne représente-t-il pas un des temples où chaque soir on me sacrifie au goût *dépravé* du moment? N'êtes-vous pas cause de l'état de langueur qui me mine et me consume? Répondez!.. Théâtres de la grande ville... moi, l'Art Dramatique!.. ne m'offrez-vous pas chaque soir en holocauste aux fantaisies d'un public avide et blasé?.. Ah!.. laissez-moi... laissez-moi, je vous l'ordonne; je veux être seule, votre présence ajoute à mes tourmens. (*Montrant les deux enfans.*) Emmenez aussi mes fils, les enfans du classique et du romantisme, mais ne les laissez pas seuls ensemble, ils se battraient. (*Les deux enfans qu'on a rapprochés par mégarde, s'allongent des coups de pieds et des soufflets. On les sépare aussitôt.*) Vous le voyez, ils ont hérité des procédés délicats de leurs pères. . Allons, sortez!

Les théâtres sortent emmenant les deux enfans.

Reprise du chœur.

Silence! etc.

SCENE II.

L'ART DRAMATIQUE, *seule.*

Qui pourra donc chasser l'ennui qui m'oppresse?.. Se voir mourir langoureusement, et ne pouvoir trouver de remède à son mal! Ah! c'est affreux!.. (*Elle se dirige vers son trône; une musique mélodieuse se fait entendre.*) Qu'entends-je?..

SCENE III.

L'ART DRAMATIQUE, LA LOUANGE, LA CRITIQUE.

La Louange paraît sous le costume d'une nymphe couverte de fleurs; La Critique, sous les traits d'une vieille femme ayant un martinet à la main.

ENSEMBLE.

LA LOUANGE ET LA CRITIQUE.

Air *de la Clochette.*

Nous voilà! *bis.*
L'amitié nous invite,
Nous voilà! *bis.*
Reçois notre visite,
Nous voilà! (*Cinq fois.*)

L'ART DRAMATIQUE. Vous, mes sœurs, la Louange et la Critique?

LA CRITIQUE. Oui, chère sœur... nous venons... (*Elle envisage l'Art Dramatique.*) Ah! mon Dieu! est-ce que vous êtes malade?

LA LOUANGE. Comme vous paraissez souffrante?

LA CRITIQUE, *à part*. Je crois l'Art Dramatique dans un état inquiétant.

LA LOUANGE. Pauvre sœur! si j'avais su, je serais venue plus tôt vous rendre visite, et vous consoler...

L'ART DRAMATIQUE. Me consoler!.. toi, la Louange... Hélas! ne passes-tu pas ton temps à vanter, à préconiser ceux qui m'ont mis dans l'état où je suis?

LA LOUANGE. Je suis trop bonne... c'est peut-être vrai... mais si vous saviez!.. que d'adorateurs sont chaque jour à mes genoux?

Air : *Dérider le front royal.*

Ils me montrent tant de ferveur!
Comment ne pas se laisser toucher l'ame.
Ils s'adressent tous à mon cœur,
Et moi, j'ai le cœur d'une femme.

LA CRITIQUE, *à l'Art Dramatique.*

Chez moi, ma sœur, il n'en est point ainsi,
Ce fouet vengeur, pour vous je le consomme.
Sans doute, je suis femme aussi,
Mais pour frapper, j'ai la poigne d'un homme.
Oui, pour frapper, j'ai la poigne d'un homme.

(*Montrant son fouet.*) Aussi, voyez... comme il est usé; c'est en votre honneur que je l'ai arrangé ainsi, et vous m'en devez bien un autre.

L'ART DRAMATIQUE. Ainsi donc, mes chères sœurs, mes théâtres sont toujours les mêmes.

LA CRITIQUE. Toujours des monstruosités, des atrocités ou des nullités, ce qui n'empêche pas les spectacles demandés.

L'ART DRAMATIQUE. Et moi, je languis, je succombe sous le poids de ces œuvres dans lesquelles on trouve tout, excepté le bon sens.

LA LOUANGE. Que voulez-vous? le goût est au bizarre... au fantasque.

LA CRITIQUE. Le goût a bien peu de goût.

LA LOUANGE. Vous êtes trop difficile, mais laissons cela. (*A l'Art Dramatique.*) Songeons plutôt, ma chère sœur, à votre guérison.

L'ART DRAMATIQUE. Hélas! que faire? j'ai si peu d'espoir!

LA LOUANGE. Pourquoi ne pas essayer des productions nouvelles?

LA CRITIQUE. Le ciel l'en préserve!.. Ne sont-ce pas les œuvres dramatiques qui l'ont mise dans l'état où elle est?

LA LOUANGE. Qu'importe! Cherchons le remède dans le mal. Depuis qu'elle ne fréquente plus ses temples, peut-être s'y est-il glissé quelque chef-d'œuvre inaperçu?.. un seul pourrait opérer la cure que nous désirons.

LA CRITIQUE. Un chef-d'œuvre! comme vous y allez, ma mie! vous n'avez donc pas lu mes feuilletons?

LA LOUANGE. Oui, vous les avez écrits à la campagne, sur les rapports de vos amis.

LA CRITIQUE. Vous êtes une insolente. (*A l'Art Dramatique.*) Ma sœur, ne l'écoutez pas.

LA LOUANGE. Suivez mes conseils, au contraire... laissez là toute prévention, et essayons d'une revue dramatique.

LA CRITIQUE, *à l'Art Dramatique.* N'en faites rien, ma sœur, vous vous en repentiriez.

LA LOUANGE, *à la Critique.* Vous êtes la plus méchante des femmes.

Air *du verre.*

Si l'on dit oui, vous dites non,
Tout, selon vous, est pitoyable.

LA CRITIQUE.

Sans doute, c'est que rien n'est bon.
Est-ce donc moi qui suis coupable?

LA LOUANGE.

Vous ne voyez que les défauts,
Dans votre cœur la haine abonde.

LA CRITIQUE.

Depuis que je hais tous les sots,
Oui, je hais presque tout le monde.
Depuis que je hais tous les sots,
J'ai bien peu d'amis en ce monde.

L'ART DRAMATIQUE. Assez de disputes, mes sœurs, ménagez-moi, de grace!

LA LOUANGE. Consentez-vous à ma proposition?

L'ART DRAMATIQUE. Je m'abandonne à toi, si ça ne fait pas de bien...

LA CRITIQUE. Ça fera du mal... car l'ennui est une terrible maladie. Enfin, puisque vous le voulez.

L'ART DRAMATIQUE. Vous nous tiendrez compagnie, ma sœur la Critique?

LA CRITIQUE. J'y consens, ne fut-ce que pour jouir de mon triomphe! Qu'ils paraissent donc ces ouvrages, ces réputations si vantées par ma sœur; je les attends!

Elle agite son martinet. L'Art Dramatique va au fond et fait un signe. tous les Théâtres reviennent.

SCENE IV.

CHOEUR.

Air *de l'Homme du siècle.*

Votre voix nous appelle
Pour prouver notre zèle,
Ici nous accourons,
Ordonnez, nous obéirons.

L'orchestre joue l'air une seconde fois.

LA CRITIQUE. Mes petits chéris, il s'agit de nous envoyer tout de suite ce que vous avez de plus neuf, et surtout de moins ennuyeux. Dépêchez-vous, et que les entr'actes ne soient pas trop longs, ou je siffle!..

Elle tire de sa ceinture un énorme sifflet. Les Théâtres s'inclinent. Un grand roulement de cymbales.

SCÈNE V.

Les Mêmes, *puis* ARIEL, LÉA *et* CALIBAN.

L'orchestre exécute la musique de ballet de l'Opéra, au moment où Fernando soulève la tempête. Un éclair traverse le théâtre.

LA CRITIQUE. Une tempête? ça sent l'Opéra.

Un groupe paraît; c'est Ariel, Caliban et Léa. Caliban est couché aux pieds de Léa qui est assise sur un banc de gazon. Ariel debout sur le banc les considère en souriant.

ARIEL, *saute légèrement à terre.*

Air : *Et vogue ma nacelle.*

Sans crainte des critiques,
L'Opéra de nos jours,
Par des danses magiques
Enchantera toujours.
Au diable l'art qu'on prône!
Au diable le progrès! *bis.*
La danse est sur le trône,
Le reste vient après. *bis.*
Ah, ah! *bis.*
A nous seuls les succès!

(*A l'Art Dramatique*) Vous voyez devant vous les trois des principaux personnages de notre belle Tempête.

Il fait des pliés et des changemens de jambes avec distraction.

LA CRITIQUE. Elle ne fait pas beaucoup de bruit...votre Tempête.

ARIEL. Voici Léa, la timide, la naïve Léa... (*Il prend Léa par la main et veut la conduire devant l'Art Dramatique; elle se défend timidement.*) Allons, ne faites pas la bégueule... (*Il la conduit.*) Une révérence, du velours dans les genoux. (*Léa fait la révérence.*) Très bien! Ce laid personnage, (*Il montre Caliban.*) c'est le gnôme Caliban.

LA CRITIQUE. Vous faites bien de le dire, car il n'en a que le nom. Pauvre Shakespeare! comme ils l'ont massacré, ton Caliban!.. (*Caliban fait deux ou trois grimaces et prend une pause.*) Tu as beau faire la grimace, ça ne signifie pas grand' chose.

ARIEL. Quant à moi, je m'appelle Ariel, je suis un génie!

Il fait des battemens.

LA CRITIQUE. Vraiment? Je croyais qu'il n'y avait aucune espèce de génie dans votre ballet; mais, puisque vous le dites, je veux bien vous croire. C'est égal, si je connaissais l'auteur de votre Tempête, je lui dirais : Votre intrigue est bien mal... nourrie.

LA LOUANGE. Allons, allons, ma sœur, il faut excuser la faiblesse de l'ouvrage en faveur du luxe qu'on y a déployé.

LA CRITIQUE. Et depuis quand, s'il vous plaît, un beau cadre a-t-il rendu bonne une mauvaise peinture?

ARIEL. Vieille censure... va!.. si je ne me retenais... je crois que je la battrais...

LA CRITIQUE. Tâchez plutôt de battre un huit.

LA LOUANGE.

Air : *Un page aimait la jeune Adèle*

Vraiment, ma sœur, vous êtes trop rigide!
Soyez plus calme et vous jugerez mieux ;
A ce théâtre, où le bon ton préside,
N'avez-vous pas assez de merveilleux?

LA CRITIQUE.

A l'Opéra, moi, je veux des miracles;
J'en veux beaucoup, j'en veux à l'infini.
Eh! n'ont-ils pas pour franchir les obstacles,
Les ailes de Taglioni? *bis.*

ARIEL, *à Léa et à Caliban.* Ce que nous avons de mieux à faire, je crois, c'est de nous échapper en glissades.

Musique de sortie. Ils forment quelques groupes avant de quitter la scène.

SCENE VI.

L'ART DRAMATIQUE, LA LOUANGE, LA CRITIQUE.

L'ART DRAMATIQUE. Je ne vais pas mieux.

LA CRITIQUE. Je crois bien, ça n'est pas fait pour ça.

LA LOUANGE. Attendons... patience!!.

LA CRITIQUE. Passons à un autre. C'est, je crois, le tour de l'Opéra-Comique. Qu'il vienne!

On entend une musique funèbre. Un buste, couvert d'un voile noir, et placé sur un piédestal, sort de dessous terre. Le théâtre de l'Opéra-Comique pleure d'un côté, de l'autre est Georges de la Dame-Blanche.

L'ART DRAMATIQUE, *se levant.* Qu'est-ce que cela?

Georges montrant le buste.

Air : *Des mains de Melpomène en pleurs.*

C'est notre ami, c'est notre bienfaiteur,
Qui, pour toujours, a quitté cette vie,
Ah! plaignez-nous, plaignez notre douleur;
Il est là-haut avec tout son génie.
O Boïeldieu, notre France, aujourd'hui,
En te pleurant t'adresse ses louanges.
Pour embellir le concert de ses anges,
Le ciel avait besoin de lui. *bis.*

La musique continue. L'Art Dramatique et la Louange prennent chacune une couronne et vont la poser sur le buste. La Critique laisse tomber son martinet et s'incline.

CHOEUR.

Adieu, pauvre ménestrel,
Adieu, refrain d'amour et de guerre;
Chantons tous, sous la bannière,
Des chevaliers d'Avenel.

Tout disparaît. — Musique.

LA CRITIQUE. Voilà de nouveaux personnages; je reprends mon martinet.

Elle le ramasse. L'Art Dramatique va reprendre sa place. On entend un grand bruit de grelots.

LA CRITIQUE. Je crois entendre les grelots du Vaudeville.

SCÈNE VII.

Les Mêmes, LE COMTE DE SAINT-GERMAIN.

LE COMTE DE SAINT-GERMAIN.

Air : *Il n'est pas de Royaume* (De la Fiancée de Lamermoor.)

Je viens du Vaudeville,
Où j'obtiens des succès,
Par mon esprit facile
Je sais captiver... mais
Il faut se méfier
Je passe pour sorcier,
Eh!
Le trépas, je l'affronte,
Avec dédain;
Car vous voyez le comte
De Saint-Germain.

Au rideau!

Reprise du chœur.

Le trépas il l'affronte,
Avec dédain ;
Car c'est bien lui le comte
De Saint-Germain.

L'ART DRAMATIQUE. Le comte de Saint-Germain...

LE DUC. Lui-même; un énorme farceur, non... c'est-à-dire c'est moi qui suis un énorme farceur... lui c'est un gaillard, un séducteur.

LE COMTE. Dont voici l'histoire... Pour lors, j'ai trente ans et un très joli costume, j'adore une femme mariée fort belle qui a un gros mari fort bête.

LE DUC. Le gros mari... fort bête... c'est moi, ne faites pas attention. (*Montrant le comte.*) Il est très insolent.

LE COMTE. On m'accuse de faire de l'or, on me condamne à être brûlé vif... cela touche la dame mariée, on me brûle en effigie, je suis heureux en réalité.

LE DUC. Hélas! il n'est que trop vrai... grand misérable!.. après ça depuis un an que je suis marié, je n'ai pu encore donner à la France un héritier de ma souche... mais c'est égal... vous m'avez fait... suffit, continuez.

LE COMTE. Je pars pour l'Allemagne, et tout en travaillant dans mon laboratoire, je trouve la mort dans un alambic... me voilà mort, fort bien.

LE DUC. Cela t'apprendra à t'occuper de ma postérité... et à me faire... continuez.

LE COMTE. Puis tout à coup... je deviens mon fils et j'aime une jeune fille qui a une mère.

LE DUC. Il y a beaucoup de jeunes filles comme ça dans le monde.

LE COMTE. J'ai encore trente ans et un très joli costume... je vais épouser la jeune fille lorsque la mère me reconnaît... Ciel! c'est le comte de Saint-Germain! on me cherche querelle, je me bats, je suis tué... fort bien.

LE DUC. Je ne dis pas le contraire.

LE COMTE. Après cela je deviens le fils du fils que j'étais.

LE DUC. C'est un imbroglio! c'est gentil!..

LE COMTE. J'ai toujours trente ans et un très joli costume... J'arrive à la cour de Louis XV, un farceur de roi de seize ans... on m'envisage, ah! mon Dieu! est-ce bien possible! c'est le comte de Saint-Germain!.. Un sorcier, dit le roi... qui est fin comme Gribouille, il faut qu'il me fasse de l'or... or, j'accepte; mais le roi n'en veut plus, parce qu'il retrouve les diamans de la couronne qui étaient perdus.

LE DUC. C'est par les diamans que finit la pièce.

LE COMTE. C'est un dénouement brillant.

LE DUC. On peut se faire monter en épingle.

L'ART DRAMATIQUE. Tout cela me paraît fort peu clair.

LA LOUANGE. Il y a de l'intérêt, de la gaîté, que faut-il de plus dans un vaudeville ?..

LA CRITIQUE. Mais je n'y vois qu'une chose, c'est que monsieur avait promis de faire de l'or, et que je crains bien....

LE COMTE. Pas de méchanceté, je vous prie... car... (*Reprenant la fin de la ballade.*)

Il faut se méfier,
Je passe pour sorcier,
Eh !
A défaut de victoire
Et de butin,
Je m' nourrirai de poires
De Saint-Germain.

CHOEUR.

A défaut, etc.

Le comte et le duc sortent

SCENE VII.

Les Mêmes, *excepté* LE COMTE DE SAINT-GERMAIN.

L'ART DRAMATIQUE. Mais d'où vient donc cette odeur de tabac ? pouah !

LA CRITIQUE. C'est Judith, du théâtre du Palais-Royal.

LA LOUANGE. L'une de mes protégées.

LA CRITIQUE. C'est sans doute son tabac qui l'a mise en bonne odeur auprès de vous.

SCENE VIII.

JUDITH, *entrant sur la ritournelle de l'air et fumant une cigarette.*

Air : *Je chante, je danse, je chante.*

Je fume, (*ter.*)
Moi je raffole de cette coutume ;
Ce qu'il me faut dans mon hamac
C'est un vent frais et l'odeur du tabac. *bis.*

Je voudrais des cigarettes, qu'est-ce qui a des cigarettes... vivent les cigarettes !

L'ART DRAMATIQUE. Comment! se permettrait-on maintenant de fumer au théâtre ?

LA CRITIQUE. Hélas ! oui, c'est que voyez-vous, cette petite femme-là a le diable au corps.

LA LOUANGE. J'espère que vous n'avez pas grand chose à lui reprocher.

LA CRITIQUE J'ai à lui reprocher ses bouffées de tabac ; elle fume dans toutes les pièces, et il faut bon gré mal gré que le public en ait plein la gorge.

JUDITH. Doucement, madame la critique, regardez nos recettes et vous verrez que le siècle est au tabac, et que vous avez tort de me blâmer.

Air : *Allons Babet il est bientôt dix heures.*

Le bon public m'adore et m'idolâtre,
Il est charmant, tout lui va tout lui plaît.
Depuis qu'on voit fumer à mon théâtre
L'on ne va plus à l'estaminet,
Car mon théâtre est un estaminet.
Avant un mois je veux quitter la pipe ;
Toujours fumer, c'est trop doux, c'est du miel,
Ce qu'il me faut, c'est du substantiel.
Tabac divin ! fidèle à mon principe
Je veux bientôt te prendre au naturel ! *bis.*

LA CRITIQUE. Vous le mâcherez alors... ça sera gentil !

JUDITH. D'ailleurs, accusez nos auteurs, c'est leur faute et non la mienne.

LA CRITIQUE. Je veux bien en convenir... j'accuse donc vos auteurs.

LA LOUANGE. N'accusons personne... (*A Judith.*)

Air : *Républicains quel cortége s'avance.*

Quand tu parais, le plaisir t'accompagne,
Et l'on n'entend jamais que des bravos !
Laisse, Judith, critiquer ma compagne,
Il lui faut bien quelques petits propos,
C'est sa nature, il lui faut des propos. *bis.*
Ecoute ici le conseil d'une amie,
Pour nous charmer, va, ne change jamais, *bis.*
Bois, fume, ou danse au gré de ton envie,
Avec toi seule on obtient des succès.

JUDITH, *s'inclinant.* Je suivrai vos avis, je pars... mais...

Air : *Bolero espagnol.*

Dès qu'on m'appellera
Ah ! ah ! ah ! ah !
Je serai-là.
Sur le cigare
Je suis forte déjà,
Ah ! ah ! ah ! ah !
Mais j' le déclare,
D' la pipe et cætera
Ah ! ah, ah, ah :
Le tour viendra,
Il me faut plaire
Et s'il me faut pour ça

Boire à plein verre
Vite on se grisera
Ah! ah, ah, ah!
Rien n'm'arrêtera.

Elle va pour sortir, Charles III paraît et la prend par le bras et l'amène sur le devant de la scène.

SCÈNE IX.

L'ART DRAMATIQUE, LA LOUANGE, LA CRITIQUE, JUDITH, CHARLES III.

CHARLES III, *à Judith.* Oh! ne sors pas ainsi... tu vois que je pleure, tes yeux sont mouillés aussi, toi.

JUDITH. Moi, pleurer... vous me faites rire.

CHARLES III. Tu souffres de me voir souffrir... merci!.. cette Mariana, vois-tu... pourquoi ne te dirais-je pas?.. les rois ont des faiblesses comme les autres hommes...

JUDITH. Tiens?.. je ne vois pas pourquoi ils n'auraient pas des faiblesses comme les autres... ces pauvres rois?..

CHARLES III. Cette Mariana, c'est la première femme, la seule que j'aie aimée... la seule qui m'ait vraiment aimé. (*Avec émotion.*) et qui n'a aimé que moi, elle, j'en suis sûr; car c'est une femme à part, celle qui m'a fui quand elle a su que j'étais un prince, celle qui s'est dérobée à mes yeux depuis vingt ans, plutôt que d'accepter rien de celui qui l'avait abusée par un faux mariage, c'est une femme à part.

JUDITH. Vous me faites l'effet d'un homme sensible, moi j'aime la sensibilité, je raffolle de la sensibilité, mais la vôtre est-elle vraie... ou est-ce de la fausse?

CHARLES III. Ignoble calembourg... Je suis Charles III, voyez-vous; j'ai aboli l'inquisition, voyez-vous; je représente un membre du théâtre St-Martin, voyez-vous; aussi j'ai un cœur d'homme, des mains d'homme, une poitrine d'homme.

JUDITH. Et cœtera, et cœtera, et cœtera...

L'ART DRAMATIQUE. Vos drames qui n'en finissent jamais, ne nous parlent que d'adultères.

LA CRITIQUE. d'empoisonnemens, de parricides, d'infanticides, de suicides... c'est insipide.

LA LOUANGE. Ah! c'est montrer trop de sévérité mes sœurs, et ce théâtre, quoi qu'on en puisse dire, a beaucoup fait pour l'art dramatique...

JUDITH. Ça n'empêche pas qu'on y fait l'amour d'une façon... moi qui vous parle, je m'y suis vue forcée de rougir...

CHARLES III. Je n'ai pas le bonheur de vous amuser, je vais m'en aller, voyez-vous...

LA CRITIQUE. Allez-vous-en, voyez-vous; je ne vous retiens pas.

Le costume de Charles III disparaît tout à coup, et l'acteur se trouve sous les habits de Lokroy rôle de Gilbert de Marie Tudor.

JUDITH. Allons, voilà Gilbert de Marie Tudor, à présent...

L'ART DRAMATIQUE. Décidément ce théâtre en veut à ma santé!..

GILBERT, *à Judith.* Jeanne, m'aimes-tu?.. Jeanne, m'aimes-tu?..

JUDITH, *à l'Art Dramatique.* Mademoiselle Jeanne lui répond ingénuement. (*A Gilbert.*) Gilbert, je voudrais vous baiser les pieds...

GILBERT. Jeanne, m'aimes-tu?.. m'aimes-tu?.. Ah! tout cela ne me dis pas que tu m'aimes... c'est de ce mot-là que j'ai besoin, Jeanne.. De la reconnaissance, toujours de la reconnaissance... Oh! je la foule aux pieds la reconnaissance, je veux de l'amour ou rien. Jeanne, depuis seize ans tu es ma fille, tu vas être ma femme maintenant; je t'avais adoptée, je veux t'épouser. Dans huit jours!.. tu sais, tu me l'as promis, tu as consenti, tu es ma fiancée. Oh! oh!.. tu m'aimais quand tu m'as promis cela, ô Jeanne! depuis plusieurs mois il me semble que quelque chose est changé en toi; depuis trois semaines surtout, Jeanne, je veux que tu m'aimes... moi, je suis habitué à cela, je veux que tu m'aimes; tu es toujours triste et préoccupée à présent... est-ce que tu ne m'aimes plus?.. je suis un bon ouvrier, un honnête homme, sans doute; mais je voudrais être un brigand, un voleur et un assassin et être aimé de toi... Jeanne!.. si tu savais comme je t'aime!..

L'ART DRAMATIQUE. Ah! ça, est-ce réellement une pièce ou une plaisanterie, une gageure?..

LA CRITIQUE. Non pas, non pas; c'est très sérieusement comique.

L'ART DRAMATIQUE. Dans les vingt lignes que monsieur a debitées, j'ai compté trente fois le verbe aimer..

LA CRITIQUE. C'est de la nouvelle école.

GILBERT. Oh! par ma mère, n'en dites pas de mal... de la nouvelle école, vous ne m'avez donc pas compris, vous; je vais recommencer... moi...

LA CRITIQUE. Non, non, sortez, on vous en prie.

GILBERT, *furieux.* Malheur à vous! je sors, je sors... (*Sur un autre ton.*) Viens Judith... un temps de galop...

JUDITH. Ça me va?..

Musique de galop. Ils sortent en galopant.

SCENE X.

Les Mêmes, *excepté* JUDITH *et* CHARLES, *puis* LE THÉATRE NAUTIQUE.

On entend chanter dans les coulisses ce refrain.

A l'eau *bis.*
Voilà le : orteur d'eau !
A l'eau *bis.*
Voilà le porteur d'eau !

Le Théâtre Nautique est représenté par un gros Auvergnat ayant le costume d'un porteur d'eau; deux garçons portant chacun deux sceaux d'eau sur leurs épaules, le suivent.

L'AUVERGNAT.

Air de la porteuse d'eau.

Je chuis du théâtre Nautique,
Et ch' puis dir' son plus grand soutien.
Dans l'eau je noye la Critique,
Aussi, je ne redoute rien,
J' conduisons ma barque sans peine,
Car, porteur d'eau je connais la Seine,
Auchi, faut v'nir voir comme c'est beau,
Notre grand théâtre fait d'eau !..

LA CRITIQUE. Comment Faydeau...

L'AUVERGNAT. Eh oui, fait avec de l'eau... quand je dis fait d'eau...il lui avait chucchédé au théâtre Faydeau...mais comme les chants ne faisaient pas de bonnes recettes, que ça n'était pas solide, on s'est dit: mettons du liquide à la place, et c'hest depuis che temps que je crie :

A l'eau, *bis.*
Voilà le porteur d'eau,
A l'eau, *bis.*
Voilà le porteur d'eau!

LA CRITIQUE. *montrant les deux porteurs.* Est-ce que ces messieurs sont des artistes de votre théâtre?..

L'AUVERGNAT, *riant.* Des artichtes... eux... ch'te bêtise, che chont mes commis qui vont remplir le bachin pour la représentachion de ce soir... Vous ne savez donc pas le proverbe qui dit : les sceaux sont ichi bas pour nos menus plaisirs... Allons, partez, vous autres, si vous avez trop d'eau, vous la garderez pour demain... cha chervira pour la cascade... (*Les deux porteurs s'éloignent.*) Maintenant, me chera-t-il permis de dépoger mes chivilités aux pieds de l'Art Dramatique?..

LA CRITIQUE. L'Art Dramatique ne vous connaît, pas mon cher ami...

L'AUVERGNAT. L'Art Dramatique ne me connaît pas... par egemple... vous n'avez donc pas vus mes *Ondines*, mon *Guil-*

laume-Tell, et mon ballet *Chinois*... ah!.. faut voir cha, comme c'hest réglé, aligné, compassé... Nous avons des danchcurs et des dancheuses qui tournent au commandement comme des soldats Pruchiens!.. Dà!..

LA CRITIQUE. C'est justement cela qu'on vous reproche...

L'AUVERGNAT. On nous reproche chela, il faut qu'on choit bien diffichile... voulez-vous voir une reprégentachion de Nautique?..

LA CRITIQUE. De vos Tics?..

L'AUVERGNAT. Je ne dis pas de mes tics, je dis nautique. Ah! bon, je comprends, vous faites des calembourgs; c'est bien usé. N'importe! vous allez juger. (*Il va au milieu et se met à crier.*) A l'eau! oh! à l'eau! oh! (*Deux chinois et deux chinoises entrent en scène se groupent, et restent ensuite immobiles.*) Regardez-moi cha, comme ch'est pogé, cha ne bouge pas plus que des morceaux de bois... Voilà le grand talent, cha resterait comme cha, sans remuer, pendant chix semaines chi l'on voulait!

LA CRITIQUE. On dirait des figures de cir

L'AUVERGNAT. Vous allez voir comme cha va au commandement!.. Attenchion! Nous allons exécuter une schène d'amour sur l'air de la Marquise espagnole. (*L'orchestre joue l'air de la Marquesa d'Almaëgui, d'Amédée de Beauplan. Après la ritournelle, le groupe s'anime et exécute une scène d'amour, faisant un geste saccadé par note de musique.*) Bien! allez! un peu plus de molesse dans les coudes; mouillez vos lèvres et animez vostre sourire; remarquez qu'ils font un geste sur chaque note de musique, che qui est la preuve d'une intelligence notable. A présent, vous allez voir! Hop!..

Au cri de hop! les danseurs restent immobiles dans leur position.

LA CRITIQUE. Permettez! je trouve cela fort gracieux; mais je ne vois rien de nautique là-dedans.

L'AUVERGNAT. Vous tenez donc beaucoup... à voir de l'eau?

LA CRITIQUE. Dam! êtes-vous nautique ou n'êtes-vous pas nautique?

L'AUVERGNAT. Du moment que vous y tenez, je vas faire apporter nostre bachin. (*Au dehors.*) Holà! le bachin! (*Deux petits chinois apportent un baquet plein d'eau et le placent au milieu du théâtre. Sur le baquet est écrit : Privilége.*) Voilà! Vous le trouvez peut-être un peu petit nostre baschin... Bah!.. il cherait plus grand que cha cherait la même chose. Maintenant... attention! Une schène nautique, ch'il vous plaît! (*Le groupe s'anime encore. Un danseur veut embrasser une dansesue, qui le repousse; il est au désespoir, et menace de se précipiter dans les ondes.*) Bien! hop!

(*Ils s'arrêtent*) Vous voyez ! si l'on ne le tient pas, l'infortuné va che noyer dans le bachin.

LA CRITIQUE. Se noyer? il y a tout au plus de quoi prendre un bain de pieds.

L'AUVERGNAT. Ah ! je vois que vous êtes trop diffichile, et que vous ne voulez pas vous mettre au courant de nostre théâtre.

LA LOUANGE, *tirant l'Auvergnat à part.* Laissez-la dire... tout Paris sait apprécier les talens de votre habile chorégraphe, et depuis long-temps sa place est marquée sur notre premier théâtre lyrique.

L'AUVERGNAT. En attendant ce jour-là, ma bonne demoiselle, je m'en vas crier autre part...

Reprise de l'air.

A l'eau ! *bis.*
Voilà le porteur d'eau !
A l'eau ! *bis.*
Voilà le porteur d'eau !

Les deux chinois emportent le baquet et sortent avec l'Auvergnat et les deux chinoises.

SCENE XI.

Les Mêmes, *puis* LE JUIF-ERRANT.

LA CRITIQUE. Eh bien, ma sœur, ne voulez-vous pas en rester là de notre revue?

LA LOUANGE. Et pourquoi, s'il vous plaît?

LA CRITIQUE. Cela s'explique.

LA LOUANGE. Ne voyez-vous pas qu'elle a l'œil plus brillant, le teint plus coloré.

L'ART DRAMATIQUE. En effet, mes sœurs, dans chacun de ces ouvrages qui viennent éveiller un peu ma curiosité, il y a çà et là quelques parcelles de talent qui me rendent un peu d'espérance.

LA CRITIQUE. Continuons donc !

Une musique infernale se fait entendre, quatre diables paraissent d'abord avec des torches qu'ils agitent; puis on entend trois coups de tamtam, une fusée traverse le théâtre, et le Juif-Errant paraît sous le costume de l'Enfer en vieux chanteur ayant un violon à la main.

Au rideau ! 3.

SCENE XII.

Les Mêmes, LE JUIF-ERRANT, *puis* L'ARCHANGE.

LE JUIF.

Air de la complainte.

Est-il rien sur la terre,
De plus incohérent
Que la pièce vulgaire,
Du pauvre Juif-Errant...
Un destin saugrenu,
Le pousse à l'Ambigu.

(*Parlant.*) Deuxième couplet!

Il change de figure
Comme de vêtement;
Mais y n'chang' pas j' vous l' jure...
L'ennui qui vous surprend!
Il veut prouver beaucoup
Y n' prouve rien du tout.

(*Id.*) Troisième couplet!

Pour prix de son blasphême
L'ange a dit : Mécréant!
Tu marcheras toi-même,
Pendant plus de mille ans...
A l' voir toujours marchant
Dieu qu'y d'vient fatigant!

(*Id.*) Quatrième couplet!

LA CRITIQUE, *qui l'a interrompu après chaque couplet.* Ah! assez! assez!

L'ART DRAMATIQUE. Vous êtes le Juif-Errant?

LE JUIF. Juif-Errant, comme vous dites, cinquième acte, partie comique, au momoment où j'arrive en enfer, on ne sait pas comment. Ah! je suis bien malheureux!..

LA CRITIQUE. Qu'avez-vous donc?

LE JUIF. Ce que j'ai! ce que j'ai! (*Un coup de tonnerre.*) Ah! je l'entends! le voici! le voici!

L'ARCHANGE, *une épée flamboyante à la main.* Marche! marche! marche!

LE JUIF, *se mettant à arpenter le théâtre de gauche à droite et parlant tout en marchant.* A vos ordres, Michel, à vos ordres; vous voyez si je suis à plaindre! ajoutez à cela que j'ai perdu ma fille, que je cherche continuellement ma fille, et qu'il faut que je marche pendant des siècles pour retrouver ma fille.

Il marche toujours.

LA LOUANGE. Mais votre marche est d'un bon rapport, et chaque pas que vous faites vous est largement payé.

LE JUIF, *sans s'arrêter.* Cela vous plaît à dire ; mais je voudrais bien vous voir avec un grand scélérat d'Archange comme celui que j'ai toujours sur les talons. (*Il s'arrête un peu.*) Tenez, ça me tient là, dessous les jarrets, et puis au bas des reins ; c'est bien gênant!

L'ARCHANGE. Marche! marche! marche!

LE JUIF, *se remettant à marcher.* Comme c'est amusant! (*Le contrefaisant.*) Marche! marche! on croirait entendre bêler un mouton : c'est tout ce qu'il sait dire... (*A la Louange.*) O Vous qui m'avez adressé une parole consolante! merci, jeune fille, merci, tenez, tenez!

Il tire de sa poche une poignée de billets et les met dans la main de la Louange.

LA LOUANGE. Qu'est-ce que cela?

LE JUIF. Ce sont...

L'ARCHANGE. Marche! marche!

LE JUIF, *se remettant à marcher.* Archange Michel, que le diable t'emporte! En vain je veux rester parmi vous... le Juif-Errant a quelque chose qui l'éloigne malgré lui de l'Art Dramatique. (*Il recule comme entraîné par une main invisible.*) Ah! ah! grace! grace!

Les diables l'entourent en agitant leurs flambeaux et sortent avec lui.

LA LOUANGE. Que m'a-t-il donc laissé dans la main?

LA CRITIQUE, *prenant un billet.* Voyons! (*Elle lit.*) « On payera un franc de droits... pour... » Oh! oh! cela suffit! Bientôt le pauvre Isaac ne se plaindra plus de marcher toujours!

L'orchestre joue très fort l'air de : *C'est pour savoir si le printemps s'avance, etc.* — Robert Macaire entre sous le costume de l'acte du commissaire: et portant sur son dos en guise de hotte un petit théâtre de carton.

SCENE XIII.

L'ART DRAMATIQUE, LA LOUANGE, LA CRITIQUE, ROBERT MACAIRE.

L'ART DRAMATIQUE. Ah! mon Dieu!.. quel est cet homme qui ose se présenter ici sous un pareil costume... et que porte-t-il sur son dos?

ROBERT MACAIRE. Mon costume... c'est un négligé galant... mon nom est fort connu à l'Auberge dite des Adrets, et ce que je porte sur mes épaules, c'est le théâtre des Folies Dramatiques... (*S'en débarrassant.*) Ouf! c'est fatiguant... mais heureusement... c'est lucratif... (*Faisant sonner de l'argent dans son gousset.*) Quibus... pour papa... nanan pour ma famille... et allez donc!

LA CRITIQUE. Ce monsieur que vous voyez, ma chère sœur, vient de tenir un cours de vols et d'escroqueries, qui a été fort suivi pendant près de quatre mois; c'est l'illustre Robert Macaire... qui a attiré la foule par ses exercices.

ROBERT, *l'interrompant.* Multipliés et incomparables... Premier exercice... je fais le mouchoir, une deux... le mouchoir est floué... (*Il dérobe le mouchoir de la critique qui ne s'aperçoit de rien.*) Second exercice... (*Il tire un jeu de cartes et fait sauter la coupe.*) Manière de toujours gagner au jeu... une deux., j'ai fait sauter la coupe... c'est ce que nous appelons l'exercice républicain... parce que le roi se retourne à tout coup... Troisième exercice...(*Il tire un pistolet.*) Avec cet instrument et avec une balle on peut se procurer jusqu'à six cents balles sur le grand trimard... et allez donc!

LA CRITIQUE. Tout cela est fort gentil, je vous en fais compliment... on a bien raison de dire: le théâtre est l'école des mœurs... Et qu'allez-vous faire, maintenant?..

ROBERT. Je vas vous dire, ma vieille... après avoir donné au théâtre St-Martin deux cents représentations de la dernière représentation de l'Auberge des Adrets... En usez-vous?

Il présente du tabac à la Critique, en faisant crier sa tabatière.

LA CRITIQUE. Non, merci.

ROBERT. J'ai fait conditionner Robert Macaire, ou la suite de l'Auberge des Adrets... et maintenant...

LA CRITIQUE. Maintenant?

ROBERT. Maintenant, je fais faire la suite de Robert Macaire, et je m'enleverai à la fin dans deux ballons... parce que je trouve ce dénouement fort spirituel et fort piquant.

LA CRITIQUE. Je vous conseille d'y faire adapter des parachûtes.

ROBERT. Ceci est méchant, est-ce que nous voudrions blaguer papa, hein? ma vieille?..

Il se mouche avec le mouchoir qu'il a volé.

LA CRITIQUE. Ma vieille! ma vieille... eh bien, dites donc... c'est mon mouchoir que vous avez là.

ROBERT, *riant.* Ho! ho, oh, oh!.. distraction!.. je vous demande un million de pardons.

On entend chanter dans la coulisse.

La tendre Annette
S'en va seulette
Sur la coudrette
Chanter le Robin-des-Bois.

ROBERT. Qu'entends-je? je connais cette romance... et l'instrument qui la joue ne m'est point étranger...
(*Chantant.*) Pourquoi?

BERTRAND, *entrant en scène.*

C'est pour savoir si le printemps s'avance ..

Reconnaissant Robert Macaire. Ciel!

ROBERT, *idem.* Bah! mais je connais ce polisson-là!

BERTRAND. Macaire! mon Oreste! je te retrouve enfin! le ciel en soit loué!

ROBERT. Ah! un instant! pas de scène de reconnaissance... tu me le promets?

BERTRAND. Je le jure sur ton crâne... Privé de ton appui tutélaire, enfant égaré parmi les hommes, je me suis ravalé jusqu'à me faire professeur de musique pour les conducteurs d'omnibus.

ROBERT. Oh! quelle catastrophe! alors, causons .. (*Lui prenant la tête dans les deux mains et le regardant.*) Ce pauvre Bertrand! tu es toujours horriblement laid! n'importe, ta laideur est aimable.

BERTRAND. Flatteur... eh bien, qu'allons-nous faire maintenant, car je ne te quitte plus... vois-tu, Bertrand sans Macaire, c'est un aveugle qui a perdu son caniche... n'est-ce pas que nous ne nous quitterons plus?

ROBERT. Ta candeur me captive... touche là... je veux bien encore t'associer à ma fortune... Oh! infamie à celui que l'amitié ne touche pas et qui reste insensible aux plus douces émotions de la nature... viens dans mes bras, veins!

Bertrand le serre de toutes ses forces.

BERTRAND. Oh! oui, racommodons-nous.

ROBERT. Tu m'étouffes!

BERTRAND. Restons bien long-temps comme cela... restons comme cela pendant six semaines!

ROBERT, *le repoussant rudement.* Tu me coupes toute espèce de respiration.

Au moment où ils se séparent, un pierrot, costume de Debureau, paraît entre eux deux.

BERTRAND. Que nous veut cet homme de couleur?

Le pierrot fait des mines à Robert Macaire.

ROBERT. C'est un pierrot de la grosse espèce.

LA CRITIQUE. Pardieu! il me semble reconnaître cette figure enfarinée.

ROBERT, *à la Critique.* Vous êtes plus avancée que moi, ma vieille bonne femme.

BERTRAND. Attends donc... et oui, c'est le Potier des Titi.

LA CRITIQUE. C'est l'ami intime de l'Ane mort et de la Femme guillotinée.

ROBERT. Eh bien, que me veux-t-il... ce blanc monsieur?

Le pierrot lui explique par gestes qu'il est envoyé pour l'engager, qu'il gagnera beaucoup d'argent.

BERTRAND Bien, bien, je crois comprendre.

ROBERT, *à Bertrand d'un air sévère.* Hein?..

BERTRAND, *sur le même ton.* Non, je dis, je crois comprendre...

ROBERT. Bertrand, vous êtes un bavard. (*Bertrand veut parler.*) un impitoyable bavard... (*Au pierrot.*) Nous causerons de cela plus tard, funambule.

BERTRAND. Fi donc!..

ROBERT. Quest-ce que c'est?

BERTRAND. Non, je dis... fi donc!.. aux Funambules...

ROBERT, *lui donnant un coup de pied.* Bertrand, vous n'entendez rien, absolument rien à la triture des affaires, partout où l'on paie largement, on peut louer momentanément son talent, c'est mon sentiment.

BERTRAND. Hé bien, partons pour l'Amérique.

ROBERT, *reculant de trois pas.* Pour l'Amérique... moi... je quitterais cette belle France, patrie des beaux-arts et de l industrie, et des belles manières, pour l'Amérique!.. pays qui a emprunté à notre civilisation les impôts, les bottes à revers et les gendarmes... oh! non, non, non, France, je te reste; ton aspect fait battre mon cœur; je reste dans ma patrie.

LA CRITIQUE. Restez dans votre patrie tant que vous voudrez, mon cher; mais si vous m'en croyez, laissez un peu de côté votre Auberge des Adrets, les Robert Macaire et les Bertrand, on en a par-dessus la tête.

ROBERT. Enchanté d'avoir fait votre connaissance. (*A Bertrand et au Pierrot.*) Allez, mes enfans, allez m'attendre, je suis à vous dans deux minutes. (*A Bertrand.*) Tu mettras la clé chez le charcutier.

BERTRAND. Chez monsieur Tartampion? bon...

On entend un grand bruit de fanfares.

SCENE XIV.

L'ART DRAMATIQUE, LA LOUANGE, LA CRITIQUE, UN ÉCUYER.

L'ART DRAMATIQUE. Qu'est-ce que cela.

LA LOUANGE. Ne reconnaissez-vous pas à ces fanfares le théâtre qui nous fait assister à toutes nos gloires militaires?

LA CRITIQUE. Le Cirque-Olympique?

LA LOUANGE. Précisément.

Nouveau bruit de fanfares, un écuyer le fouet à la main, entre en scène, il est suivi de la troupe équestre.

L'ÉCUYER.

Air *flic flac d'Adam.*

Flac, flic, flac, à ch'val ou sur mes jambes
Adroit et coquet
Je fais toujours claquer mon fouet;
Flac, flic, flac, je suis des plus ingambes
Pour faire des sauts,
Chaqu'soir on me rompra les os.

Salut à l'Art Dramatique.

L'ART DRAMATIQUE. Votre présence dans mon palais, a lieu de me surprendre, mon cher, car vous n'avez rien de commun avec l'art dramatique.

L'ÉCUYER. Excusez-moi, mais je me croyais le droit de me présenter ici après avoir fait jouer tant d'ouvrages qui, à défaut de la qualité, avaient au moins la quantité.

LA CRITIQUE. Oui, avec vos batailles, vous nous avez jeté de la poudre aux yeux, mais, graces à vos bombardemens, à vos combats, vos pièces devenaient une charge continuelle. Enfin, jusqu'à présent, avec vos tableaux magiques, vos frais immenses vous avez fait beaucoup pour le public, sans doute, mais pour l'art, rien.

L'ÉCUYER. Arrière donc, le passé; à l'avenir, maintenant.

LA CRITIQUE. Bon.

L'ÉCUYER. Ne l'avez-vous pas dit, que nos grognards et nos conquêtes ont usé trop les planchers de notre théâtre?.. au magasin donc, les mousquets et l'artillerie, au magasin les drapeaux de l'empire et les habits brodés de nos généraux... Nous réveillerons plus tard tous ces vieux souvenirs du drame, maintenant, du drame, et de gais couplets; mais toujours des décors, du luxe et du spectacle, car aucun théâtre ne peut lutter avec nous dans ce genre... Le public qui paye doit être traité en seigneur, et aucuns sacrifices ne nous coûtent pour le bien servir... Nous aurons des rires pour les bons vivans, des larmes pour les ames tendres, et de la variété pour tous. D'une part, à notre manége, nos chevaux, nos exercices périlleux; de l'autre, du tragique, des féeries, et des farces...

LA LOUANGE. Bravo!..

L'ÉCUYER.

Air : *Voilà (bis.) tout le secret.*

Toujours chercher à plaire,
Au public notre ami!
Et pour le satisfaire,
Ne rien faire à demi!
Marcher sans perdre haleine
Vers de nouveaux progrès,

Pour prix de notre peine
Chez nous, voir des succès
Et la caisse bien pleine
Voilà tous mes projets
Voilà *(ter.)* tous nos projets. *bis.*

LA CRITIQUE. Peste! vous n'êtes pas difficile...

L'ART DRAMATIQUE, *se levant, à l'écuyer.* Vous venez de piquer ma curiosité; je suis en belle humeur, et puisque vous nous avez promis du drame, je veux dès ce soir honorer votre théâtre de ma présence.

L'ÉCUYER. Que d'honneur.

L'ART DRAMATIQUE. Partons donc.

L'ÉCUYER. Oh! c'est inutile.

L'ART DRAMATIQUE. Comment?

L'ÉCUYER. Grace à l'habileté des machinistes, votre palais vient d'être transporté au Cirque Olympique; et si vous voulez avoir la bonté de rester chez nous jusqu'à onze heures et demie, nous allons vous montrer un échantillon de notre nouveau répertoire.

L'ART DRAMATIQUE. Très volontiers, j'accepte.

LA LOUANGE. Et moi aussi.

LA CRITIQUE, *montrant son martinet.* Et moi aussi.

LA LOUANGE, *à l'art Dramatique.* Allons nous placer.

L'ART DRAMATIQUE. Moi, l'art dramatique dans la salle! non pas; ma place est sur la scène; je tâcherai d'y rester.

LA LOUANGE, *à la critique.* Partons, ma sœur et tâchons de trouver des places.

LA CRITIQUE. Vous courez risque de rester à la porte, ma pauvre sœur; mais moi, je ne manquerai pas de place, je vous jure.

Air : *Oui, je promets d'agir en bon soldat.*

Au revoir donc, oui, je vais me placer,
Grace à mon nom, partout je communique,
En bas, en haut, je saurai me glisser
En tous lieux, vous savez, se fourre la critique.

LA LOUANGE, *au public*

C'est, par malheur, la triste vérité;
Partout déjà, pour elle on se dérange
Ce soir, ici, réservez par bonté
Un petit coin, messieurs, pour la louange.
rentrée de tous les personnages.

CHŒUR GÉNÉRAL.

Air *Fra Diavolo.*

Accourons bien vite
Vers l'art dramatique;
Un destin magique
Calme sa douleur,
L'ennui, la souffrance
Fuient sa présence,
Déjà l'espérance
Renaît dans son cœur.

FIN.

(1)

ACTE II, 1er TAB. SCÈNE XII.

AUSTERLITZ,

ÉVÉNEMENS HISTORIQUES EN TROIS ÉPOQUES ET HUIT TABLEAUX,

Par MM. Prosper et Francis Cornu,

MUSIQUE DE M. FRANCASTEL; BALLET DE M. BARTHOLOMIN; MISE EN SCÈNE DE M. FERDINAND LALOUE; DÉCORS DE MM. FILASTRE ET CAMBON;

Représentés pour la première fois, à Paris, sur le théâtre du Cirque-Olympique, le 20 janvier 1837.

ACTE PREMIER.

PREMIER TABLEAU.

Le théâtre représente un des faubourgs de Pavie. Une rue assez escarpée monte et conduit à la porte de la ville. A gauche, aux deuxième et troisième plans, une petite église dans laquelle les Français ont établi un poste.

PERSONNAGES.	*ACTEURS.*	*PERSONNAGES.*	*ACTEURS.*
BONAPARTE, général en chef. . .	M. Gobert.	LE PRÉSIDENT DE LA MUNICIPALITÉ.	M. Camille.
L'EVÊQUE D'IMOLA.	M. D'Harcourt	UN MOINE.	M. Henry.
LANNES, colonel.	M. Gauthier.	UN HABITANT.	M. Paul.
HAQUIN, général	M. Chéri.	PRÊTRES ITALIENS, OFFICIERS ET SOLDATS FRANÇAIS, MOINES, SOLDATS, PAYSANS ITALIENS.	
PLICK, grenadier.	M. Parent.		
L'ENFUMÉ, enrôlé volontaire. . .	M. Pierrard.		

La scène est à Pavie, en 1796.

SCENE PREMIERE.

PLICK, GRENADIERS, UN SERGENT, *commandant le poste*, HABITANS.

(Au lever du rideau, Plick est assis devant le poste, entouré de ses camarades, et tient à la main un ordre du jour dont il fait lecture... Quelques habitans sont groupés çà et là sur la place... Ils forment comme une chaîne du poste à la porte de la ville, et semblent attendre un signal du côté de la ville.)

PLICK. Aussi vrai que je m'appelle Plick, grenadier de la trente-deuxième, je pleure en relisant ce bulletin-là.... (*S'adressant aux habitans.*) Ecoutez donc aussi, vous autres, habitans de la ville de Pavie, écoutez ça, et vous verrez que vos vainqueurs ne sont affligés de la goutte en aucune partie de leur physique. (*Il lit.*) « Soldats! » c'est à nous qu'on disait ça... « vous avez » remporté, en quinze jours, six victoi» res, » rien que ça, dites donc? l'ancien régime en aurait eu pour six mois, et il se serait joliment croisé les bras par là-dessus... canard d'ancien régime! « pris vingt » et un drapeaux... » si ça continue, nos citoyennes finiront par s'en faire des robes nationales... « cinquante-cinq pièces de ca» non... » ça n'est pas perdu pour l'ennémi, il lui en reviendra quelque chose..... « Vous avez fait quinze mille prison- » niers... » Quel coup de filet! voilà des gaillards en congé provisoire... « tué plus » de dix mille hommes... » Pour ceux-là, c'est différent... congé définitif... « Dé- » nués de tout, vous avez suppléé à tout, » vous avez gagné des batailles sans ca- » non... » flatteur de général!... et nos canons de fusil donc! ça nous faisait de l'artillerie légère! « passé des rivières sans » pont... » c'est vrai qu'en traversant les ruisseaux du pays on se mouillait agréablement les oreilles... « fait des marches » forcées sans souliers... » nous faisions moins de bruit, voilà tout... « bivouaqué » sans eau-de-vie... » on ne dira pas qu'on nous montait la tête... « sans pain. » J'ai vu le moment où nous allions manger la peau de nos tambours. « Les soldats » de la liberté étaient seuls capables de » souffrir ce que vous avez souffert... grâ- » ces vous en soient rendues, soldats! etc. » Voilà un crâne général qui entortille joliment son monde ; c'est égal, il nous mènera loin, celui-là... et je crois qu'on se souviendra long-temps de l'année 1796, de l'armée d'Italie, et du général Bonaparte.

UN MOINE, *à part.* Le signal se fait bien attendre.

UN HABITANT. Il faut être prudent quand on veut réussir.

PLICK. Et je dis qu'on fait son chemin au pas de course. Lannes, qui était notre camarade, a été nommé colonel sur le champ de bataille, et il est l'intime du général en chef, et il n'en est pas plus fier pour ça... aussi, après Bonaparte, c'est mon héros à moi, et... Ah! je vois ce que c'est, sergent, voilà mon tour de faction... passe-moi un peu mon fusil, toi, là-bas... c'est égal, je déclare que nous avons du guignon d'être en garnison dans une ville gaie comme une sacristie, et de monter la garde devant des églises, et à la barbe des Capucins, tandis que les autres déjeunent avec une victoire tous les matins... enfin, on ne peut pas manger de tous les gâteaux... et peut-être que le nôtre est au four à l'heure qu'il est.

(On entend, du côté de la ville, des sons de cloche qui font faire un mouvement à tous les habitans, qui semblent l'attendre.)

LE MOINE, *bas.* Enfin!

UN AUTRE. Tenons-nous prêts!

PLICK. Qu'est-ce que c'est que ça? l'heure de la messe est passée... est-ce qu'on veut nous régaler de vêpres?

LE MOINE, *bas.* Oui, de Vêpres siciliennes

SCENE II.

LES MÊMES, UN OFFICIER MUNICIPAL.

L'OFFICIER, *au sergent.* Monsieur le sous-officier, le feu vient de se déclarer au grand hôpital.

LES FRANÇAIS. Le feu!

L'OFFICIER. Les secours les plus prompts sont nécessaires, car la violence de l'incendie est telle que les habitans osent à peine travailler à en arrêter les progrès... ce poste est peu important.....

LE SERGENT. Oui, monsieur le municipal, nous vous comprenons; nous sommes habitués au feu, nous autres; il ne fera pas plus chaud là qu'à Montenotte et à Millésimo. Suivez-moi, vous autres; Plick est assez grand pour garder le poste à lui tout seul... allons, marchez devant, municipal, et courez vite, car nous avons de bonnes jambes.

(Ils sortent.)

SCENE III.

PLICK, LE MOINE, LES HABITANS.

PLICK, *se promenant.* Il est gentil, le poste!

LE MOINE, *au fond.* Ils courent à la mort, car nos frères ont juré d'exterminer tous ces ennemis du trône et de l'église... excepté celui-là (*montrant Plick*), ils sont maintenant tous dans la ville.

PLICK. Me laisser là pour garder cette bicoque, quand mon petit Joseph, mon fils est peut-être là, au milieu de l'incendie... c'est que c'est un rude gaillard, tambour de naissance; quand il a débuté dans la partie, il aurait pu se cacher dans sa caisse.

LE MOINE. Ecoutez!

(On entend une fusillade.)

PLICK. Oh! oh! est-ce que l'hôpital était chargé à mitraille?

LE MOINE, *tirant son poignard.* L'attaque est commencée... mort aux Français!

PLICK, *armant son fusil.* Il y a du grabuge là bas, dis donc, mal chaussé?.. pousse au large, ou je te réponds du geste.

UN HABITANT, *qui a passé derrière lui, et qui le frappe.* Tu n'en auras pas le temps.

(Plick tombe sur le coup. La fusillade est violente dans la ville.)

LE MOINE. Donnons aux campagnes le signal convenu... dix mille paysans armés l'attendent... Que ce signal parte de ce saint temple, nos ennemis l'avaient souillé; mais notre vengeance va purifier...

(Il agite la cloche, dont le bruit domine celui de la mousqueterie. Bientôt des bandes de paysans débouchent de tous côtés... Ils sont en armes et répètent le cri de *Mort aux Français!*.. Bientôt on voit sortir de la ville la municipalité tout entière.)

SCENE IV.

LES MÊMES, LE PRÉSIDENT *de la municipalité.*

LE PRÉSIDENT. Victoire!

TOUS. Victoire!

LE PRÉSIDENT. Les Français, surpris, attaqués de toutes parts, ont été rejetés dans la citadelle, où ils espèrent en vain se défendre et lutter contre nous... Habitans de Pavie, l'heure de la vengeance a sonné... les armées autrichiennes écrasent, en ce moment, les troupes françaises, et leur insolent général.. Si Bonaparte et ses soldats échappent à Beaulieu et à ses intrépides guerriers, ils trouveront, pour leur couper la retraite, les braves de Pavie, de Binasco et de Milan.. de Milan qui, à l'heure où je vous parle, se lève tout entière contre nos ennemis... . Italiens! rappelez-vous ce qu'ont dit et prouvé nos pères.. l'Italie est le tombeau des Français.

LE MOINE. Donnons l'assaut à la citadelle, massacrons, jusqu'au dernier, ces Français qui se croyaient invincibles.

LE PRÉSIDENT. Avant la fin du jour, ils seront à nous... dans quelques heures, nous aurons à tourner contre eux les canons que Milan doit nous envoyer.

LE MOINE. Qu'avons-nous besoin de canons? n'avons-nous pas la protection divine?.. A l'assaut!

TOUS. A l'assaut!

LE PRÉSIDENT. Arrêtez! oubliez-vous que la citadelle est forte, que trois cents Français s'y sont renfermés, et qu'ils ont fait le serment de s'y défendre jusqu'à la mort?.. nous perdrions inutilement nos plus braves soldats... attendons l'artillerie de Milan, et, jusque là, prions, mes amis, prions pour le succès de nos armes.

(Quelques habitans qui occupent la porte du fond s'écartent avec respect.)

UN HABITANT. Monseigneur l'évêque d'Imola!

SCENE V.

LES MÊMES, L'ÉVÊQUE, *suivi des domestiques portant sa litière.*

(A la vue de l'évêque, chacun s'incline.)

LE PRÉSIDENT. Monseigneur, c'est Dieu qui a permis qu'en l'absence de notre digne prélat, votre seigneurie s'arrêtât dans notre ville... pourquoi vous éloignez-vous au moment où la bonne cause triomphe ? oh! restez, restez au milieu de nous, et appelez sur nos armes la bénédiction du Très-Haut.

L'ÉVÊQUE. Moi!

LE MOINE. Monseigneur, entrez dans ce saint temple que nos ennemis avaient profané; montez à l'autel... puis, bénis par vous, nous courrons à la victoire.

L'ÉVÊQUE. Dites au meurtre... Faites-moi place, je n'ai pas de prières pour des assassins.

LE MOINE. Quel langage!

L'ÉVÊQUE. Il ne devrait pas vous étonner, si, avec la robe, vous aviez aussi le cœur et les pensées d'un véritable religieux... vous le comprendriez si vous aviez sur les lèvres des paroles de clémence au lieu de cris de fureur..... Je ne vous connais pas, prêtre qui portez un poignard à la ceinture... notre mission n'est pas la même sur cette terre... vous y prêchez le carnage... moi, le pardon... Dieu, qui nous voit, nous jugera. Arrière, prêtre, je ne vous connais pas.

LE MOINE. Est-ce donc un crime de défendre son pays, sa liberté?

L'ÉVÊQUE. Non, quand le combat est franc et loyal, quand de part et d'autre chacun se fie en Dieu et en son bon droit; mais, quand le poignard remplace l'épée... quand la trahison tient lieu de courage... quand le champ de bataille est un guet-apens, honte aux vainqueurs dans cette exécrable lutte! honte et anathème sur eux... pitié et prière pour les vaincus... Si j'entrais dans ce temple dont vous avez ensanglanté les degrés, ce serait pour vous maudire... Laissez-moi donc partir... ne forcez pas mes yeux à voir de nouvelles perfidies, de nouveaux crimes!.. Et vous, moine, vous dont le fanatisme a fait un homme de sang, donnez-moi cette arme.. . donnez-la-moi.... ou quittez ce costume qu'on ne doit voir sur un champ de bataille que lorsqu'il faut secourir et consoler.

LE MOINE. Monseigneur, quand les Français seront chassés d'Italie, j'irai dire au Saint-Père ce que j'ai fait, et je pourrai bien être nommé évêque d'Imola à votre place... Gardez vos prières; moi, je garde mes armes.

PLICK, *se soulevant.* Monseigneur, si personne ne veut de vos prières, moi, qui en ai grand besoin, je vous en demanderai une petite en passant.

LE MOINE. Un ennemi, vivant encore?

(On va s'élancer sur Plick et l'achever. L'évêque lui fait un rempart de son corps.)

L'ÉVÊQUE. Qu'allez-vous faire?

UN HABITANT. Le tuer! c'est un ennemi.

L'ÉVÊQUE. C'est un chrétien, mes frères!

LE MOINE. Confessez-le, monseigneur, et laissez-nous en finir avec lui.

L'ÉVÊQUE. Non, vous n'accomplirez pas ce meurtre inutile.

LE PRÉSIDENT. Monseigneur, si vous prenez cet homme sous votre protection, il n'a plus rien à craindre.

PLICK, *à part*. C'est bien là-dessus que j'avais compté... (*Haut.*) Monseigneur, je n'en ai pas pour long-temps à rester dans ce monde, et je voudrais régler mes affaires, afin de passer dans l'autre droit comme si je passais l'inspection.

L'ÉVÊQUE. Parlez, mon ami, je suis prêt à vous entendre.

(Sur un signe de l'évêque, tout le monde s'éloigne.)

LE PRÉSIDENT, *à un des municipaux*. Le renfort que nous attendons de Milan tarde bien.... allez à sa rencontre..... pressez sa marche!.. allez! (*Quelques hommes sortent. A d'autres.*) Venez recevoir les ordres de la municipalité.

(Pendant que les habitans entourent le président et l'écoutent, l'évêque et Plick sont seuls à l'avant-scène.)

L'ÉVÊQUE. Maintenant, mon ami, rassemblez vos forces et...

PLICK. Oh! j'en ai encore plus qu'il n'y paraît... quand le lion n'est pas le plus fort, il fait le renard; je suis touché; mais quelques jours à l'hôpital... et il n'y paraîtra plus... Pourtant, monseigneur, j'ai une chose importante à vous dire, et si importante que je vous prie de l'écrire sur vos tablettes; ce qu'il me serait impossible de faire moi-même, par une foule de raisons...

L'ÉVÊQUE. Mais une confession ne s'écrit pas, mon ami.

PLICK. Oh! c'est que ma confession ne ressemble pas à une confession de bonne femme... écrivez, monseigneur... Je vous ai entendu parler à ces gredins-là, tout-à-l'heure, quand je faisais le mort, et je sais à qui je me confie.

L'ÉVÊQUE, *qui a pris ses tablettes* J'écris.

PLICK. « Mon cher Lannes.... » c'est à dire, non... la discipline avant tout... « Mon colonel, je te préviens que nous » avons été trahis... la garnison surprise » s'est retirée dans la citadelle; elle n'y » pourra pas tenir deux heures. »

L'ÉVÊQUE. Qu'entends-je! mais c'est un avis que vous voulez faire tenir aux vôtres...

PLICK. Sans doute, et, comme il s'agit de sauver la vie de trois cents braves gens, et de mon fils entre autres, de mon fils, pauvre garçon de quinze ans, qu'il assassineraient, voyez-vous, je me suis adressé à vous, monseigneur, qui, dans cette affaire, n'êtes ni Italien ni Français, mais qui êtes un honnête homme et un bon prêtre.

L'ÉVÊQUE. Achevez.

PLICK. « Si tu ne tombes pas ici comme » la foudre, la 32e sera veuve de trois » cents maris... arrange-toi là-dessus. Si » notre général en chef n'est pas trop » loin, annonce-lui la chose... Adieu, mon » colonel, que Dieu et Bonaparte nous » sauvent!

» PLICK. »

L'ÉVÊQUE. Et qui portera cet avis?

PLICK. Moi!

L'ÉVÊQUE. Toi?.. mais ta blessure...

PLICK. J'ai les jambes au complet et assez de sang dans les veines pour faire encore une étape; peut-être en route rencontrerai-je quelques cavaliers qui me mettront en croupe, ou qui se chargeront de ma lettre... Le difficile, c'est de me tirer d'ici; j'ai encore compté sur vous, monseigneur. Ces gens-là me croient bien malade, et ne tiennent pas à conserver mes reliques... demandez leur...

L'ÉVÊQUE. Oui, je comprends... si je puis vous sauver, comptez sur moi; je ne vous demande en retour du service que je vais vous rendre, à vous et aux vôtres, que la promesse d'être clément... Ces gens-là sont bien coupables, sans doute; mais, quand ils seront vaincus, ils ne seront plus que malheureux.

PLICK. Je vous réponds, monseigneur, que mon premier coup de fusil ne tuera personne, je tirerai en l'air, à votre intention; et, si Plick peut quelque chose de plus, à votre tour, monseigneur, comptez sur lui.

L'ÉVÊQUE. C'est bien. (*Haut.*) Cet homme a besoin de secours; j'espère le sauver; puis-je le faire porter dans ma litière?

LE PRÉSIDENT. Nous nous dessaisirions difficilement d'un prisonnier qui pourrait devenir un otage; mais, quant à ce moribond... nous vous l'abandonnons, monseigneur.

PLICK. Gare à toi, municipal, ce moribond va drôlement jouer des jambes tout-à-l'heure.

L'ÉVÊQUE, *à ses domestiques.* Portez cet homme dans ma litière?

PLICK, *bas.* Je n'y resterai que le temps d'être hors de vue de ces brigands-là. (*Se penchant vers l'évêque.*) Monseigneur, avec Lannes et Bonaparte, vous allez être à présent ma seconde trinité.

L'ÉVÊQUE. Partons!

SCENE VI.

Les Mêmes, *hors* L'ÉVÊQUE *et* PLICK.

LE MOINE. Mes frères, que les scrupules de l'évêque d'Imola ne refroidissent pas votre ardeur; je prierai, moi, je prierai le Dieu fort, le Dieu des armées, et son ange exterminateur marchera devant nous.

SCENE VII.

Les Mêmes, UN HABITANT.

LE PRÉSIDENT. Eh bien! apercevez-vous sur la route les secours que nous attendons?

L'HABITANT. Non... mais sur le chemin nous avons vu venir à nous un officier supérieur français, accompagné d'un cavalier seulement; il se dirige sur Pavie, et paraît sans défiance.

TOUS. Qu'il meure!

LE MOINE. Attendez... si cet homme est général, un ordre signé de lui doit faire ouvrir les portes de la citadelle... C'est un capitaine qui commande ce détachement qui nous résiste encore, et ce capitaine doit obéissance à son supérieur... Il faut arracher l'ordre à ce Français que le ciel nous envoie.

UN HABITANT. Le voilà!

LE PRÉSIDENT. J'approuve ce moyen.

SCENE VIII.

Les Mêmes, LE GÉNÉRAL HAQUIN, *à cheval, suivi d'un* Hussard.

LE GÉNÉRAL. Que de monde sur cette place! je croyais qu'on avait établi un poste dans ce faubourg?

LE MOINE. Monsieur l'officier, le chef de la municipalité de Pavie désire vous demander quelques renseignemens; si vous vouliez descendre de cheval...

LE GÉNÉRAL. Impossible... j'ai des dépêches à porter au quartier-général; laissez-moi continuer ma route.

LE MOINE. Pardon; mais il faut...

LE HUSSARD. Mon général, si vous voulez arriver avant la nuit?..

LE MOINE. Général!... vous êtes général?..

LE GÉNÉRAL. Sans doute.

LE MOINE. Alors vous n'irez pas plus loin.

(On se jette sur le général et son hussard... On les enlève de dessus leurs chevaux et on les renverse.)

LE GÉNÉRAL. Misérables! A moi, Français, à moi!

LE MOINE. Appelle, appelle tes camarades... ils ne t'entendront pas... Pavie a changé de maître... Pavie a levé l'étendard de la révolte... Pavie sera le tombeau des soldats de Bonaparte.

LE GÉNÉRAL. Trahison! trahison!!

LE PRÉSIDENT. Général, vous pouvez échapper à la mort... écrivez au capitaine qui défend la forteresse de livrer ce poste, qui, tôt ou tard, tomberait en notre pouvoir; écrivez cela, et vous vivrez...

LE GÉNÉRAL. Moi, commander une lâcheté à de braves soldats? oh! jamais! ils ne m'obéiraient pas d'ailleurs.

LE MOINE. Ecris ou meurs!

LE GÉNÉRAL Tue-moi donc... car, entre la mort et le déshonneur, un Français n'hésite pas.

LE MOINE. Eh bien!..

(Il lève son poignard. Dans ce moment un coup de canon se fait entendre.)

LE PRÉSIDENT. Ah! c'est le canon de Milan!

UN HABITANT, *accourant.* Non... c'est le canon de Bonaparte.

TOUS. De Bonaparte!!

L'HABITANT. Oui... il a appris la révolte de Pavie et de Binasco, et, comme la foudre, il est revenu sur ses pas... Binasco a voulu se défendre... et Binasco n'existe plus!.. Voyez, voyez à l'horizon les flammes de l'incendie.

LE MOINE. Lannes et ses grenadiers arrivent sur nous! Aux armes!

TOUS. Aux armes!

LE MOINE. Nous avons pour nous Dieu, la bonne cause et le nombre... la victoire est certaine... retranchons-nous dans nos maisons... défendons-nous seulement quelques heures, et les renforts de Milan décideront la défaite de nos ennemis pris entre deux feux.

LE PRÉSIDENT. Je vais faire garnir les remparts... emmenez ces deux hommes... Ces otages nous répondront de la vie de ceux des nôtres qui tomberaient au pouvoir des Français. (*Un coup de canon plus rapproché.*) Voilà nos ennemis!.. aux armes!... aux armes!...

(Les officiers municipaux rentrent dans la ville, entraînant avec eux le général Haquin qu'ils ont bâillonné, ainsi que son hussard. Le moine fait occuper et créneler toutes les maisons, et ne cesse d'agiter la cloche de l'église. A ce bruit, des paysans armés arrivent encore. Le moine leur indique des postes... Les murailles se garnissent aussi de défenseurs... Enfin des paysans arrivent en désordre, poussés par la cavalerie française, ayant Lannes à sa tête, et sabrant les fuyards.)

SCENE IX.

LES MÊMES, LANNES.

(Lannes et ses cavaliers descendent dans le cirque. Des maisons, le moine et les siens font feu sur eux. Les cavaliers quittent leurs chevaux, et avec leurs carabines assiégent chaque maison, qu'ils reprennent les unes après les autres. Le faubourg est emporté quand Bonaparte suivi de son état-major paraît.)

SCENE X.

LES MÊMES, BONAPARTE.

LANNES. Général, le faubourg est à nous; mais la ville est forte, et dix mille hommes la défendent.

BONAPARTE. Eh bien! douze cents Français vont la prendre... Lannes, fais avancer mes grenadiers?

(Un bataillon de grenadiers vient garnir le cirque.)

BONAPARTE, *à un aide-de-camp.* Colonel, allez dire à ces gens-là que j'ai brûlé Binasco, et que, s'ils ne m'ouvrent pas leurs portes... que, s'ils ne me livrent pas les chefs de cette exécrable révolte, je raserai Pavie... allez!

(Le colonel déployant son mouchoir l'agite et est introduit dans la place.)

LANNES. Général, la ville a trente mille habitans, je sais que dix mille paysans s'y sont renfermés... nous passerons difficilement sur le corps d'ennemis aussi nombreux.

BONAPARTE. Avec du canon on passe partout.

(La porte de la ville se rouvre et le parlementaire revient.)

LE COLONEL. Général, ils refusent de se rendre.

BONAPARTE. C'est bien, colonel, nous avons là des parlementaires qui seront plus éloquens que vous... Faites avancer vos pièces?

(Le commandement de Bonaparte s'exécute... Les pièces amenées tirent sur les portes de la ville... les sapeurs achèvent de les abattre... Après une vive fusillade, Lannes fait une charge au galop, et va entrer dans la ville, quand le drapeau blanc flotte sur les murailles... La municipalité de Pavie descend de la ville et s'agenouille devant Bonaparte.)

BONAPARTE. Point de grâce, point de pitié pour les traîtres! je brûlerai votre ville... Grenadiers, emparez-vous de ces magistrats indignes qui ont encouragé la révolte, de ces moines qui ont prêché le carnage, ils seront fusillés.

TOUS. Grâce! grâce!

(Le général Haquin est amené par les habitans.)

BONAPARTE. Vous ici, général?

LE GÉNÉRAL. Prisonnier des habitans de Pavie, je vous demande aussi grâce pour eux, car ils auraient pu me tuer, et ils ne l'ont pas fait.

BONAPARTE. Et la garnison que j'avais laissée dans cette ville?

LE GÉNÉRAL. Est retranchée dans la citadelle.

BONAPARTE. Eh bien! Général, courez à la forteresse, et sachez les pertes qu'ont faites nos soldats?

(Le général sort.)

LE PRÉSIDENT. Que voulez-vous faire, général?

BONAPARTE. Si un seul des nôtres est tombé victime de votre infâme trahison, n'espérez pas de merci... j'élèverai des ruines de votre ville une colonne sur laquelle je ferai graver ces mots: *Ici était la ville de Pavie.*

SCENE XI.

LES MÊMES, LE GÉNÉRAL HAQUIN, LES OFFICIERS ET SOUS-OFFICIERS DE LA GARNISON.

(Les officiers et sous-officiers accourent en désordre et se précipitent dans les bras de leurs camarades, puis jettent leurs chapeaux en l'air, en criant: Vive notre général! vive la république!)

BONAPARTE, *au général Haquin.* Eh bien! général?

LE GÉNÉRAL HAQUIN. Il ne manque qu'un seul homme de la garnison, c'est le grenadier Plick.

BONAPARTE. Plick! n'est-ce pas celui qui nous a fait parvenir l'avis qui a pressé notre marche?

LANNES. C'est lui-même; sans doute, ce brave aura été victime de son dévouement... général, Plick était mon ami..... c'était le meilleur soldat de la 32me.

LE SERGENT. Général, Plick était de la compagnie, nous vous demandons vengeance!

LES FRANÇAIS. Vengeance!

BONAPARTE. Vous l'aurez; grenadiers, à vous, ces hommes! (*En montrant les municipaux.*) Chasseurs, prenez des torches, des flambeaux; artilleurs, des paquets de poudre : Pavie ne doit plus être dans une heure qu'un monceau de décombres ! Italiens, vous saurez après cela ce que vaut la vie d'un Français..... Allez !

(Au moment où l'on va exécuter cet ordre, Plick paraît au fond, à demi couché sur le bidet de la vivandière.)

SCENE XII.

LES MÊMES, PLICK.

TOUS. Plick !

PLICK. Moi-même. Merci, mon général, de ce que vous vouliez faire pour moi ; vous m'alliez donner un enterrement de première classe, à ce qu'il paraît ; si les coquins ne m'ont pas tué, ce n'est pas leur faute ; mais enfin j'en suis quitte pour peu de chose, et je vous supplie, mon général, de ne me mettre pour rien dans le compte que vous avez à régler avec ces paroissiens-là.

BONAPARTE. Avant de punir, je dois récompenser ; ces braves gens te doivent leur salut... que veux-tu ?

PLICK. Rien pour moi, mon général ; mais j'ai un grand garçon de fils, brave et ignorant comme son père, et qui ne sera jamais que du bois dont on taille les caporaux, si vous ne le faites pas raboter un peu dans une école quelconque.

BONAPARTE. Quel âge a ton fils ?

PLICK. Quinze ans.

BONAPARTE. Son nom ?

PLICK. Paul-Joseph Plick.

BONAPARTE. C'est bien.

PLICK. Merci, mon général ! ah ! vivandière, je te remercie de m'avoir retiré du fossé, d'où je ne croyais plus sortir ; grâce à toi, je verrai peut-être mon fils colonel.

UN OFFICIER. Mon général, tout le clergé de Pavie vient à votre rencontre pour obtenir grâce pour cette cité.

BONAPARTE. Je pardonne... mais, vous, que j'avais chargés d'une mission d'ordre et de paix, vous, magistrats indignes, vous répondrez de votre conduite ; vous êtes tous mes prisonniers... Messieurs, entrons dans Pavie.

(Au moment où il va franchir la porte, le clergé vient à sa rencontre, les cloches sonnent.)

DEUXIÈME TABLEAU.

VÉRONE.

Une salle du palais qu'habite Bonaparte.

PERSONNAGES.	*ACTEURS.*	*PERSONNAGES.*	*ACTEURS.*
BONAPARTE	M. Gobert.	LE MOINE	M. Henri.
LANNES	M. Gauthier.	PLIK	M. Parent.
RAMPON	M.	LE CAPITAINE GÉRARD	M. Lémance.
LASALLE	M. Ferdinand.	Officiers de l'État-Major.	

SCENE PREMIERE.

LANNES, LASALLE, RAMPON, OFFICIERS.

LANNES. Bonaparte n'est pas encore sorti de son cabinet ; de fâcheuses nouvelles sont arrivées de Vérone... Vaubois vient d'essuyer un revers... il a bravement attaqué les Autrichiens ; mais le nombre l'a emporté... une terreur panique s'est emparée d'une partie de sa division, et il n'a pu se rallier qu'au défilé de Calliano.

LASALLE. Dieu veuille qu'il ne soit pas coupé dans sa marche et qu'il arrive avant les Autrichiens aux importantes positions de la Corona et de Rivoli, qui couvrent la route du Tyrol ; je plains sincèrement ce pauvre capitaine Gérard qui, dans ce moment, annonce cet échec à notre général.

RAMPON. On vient.

LANNES. C'est lui... c'est Bonaparte.

SCENE II.

LES MÊMES, BONAPARTE *suivi d'un* OFFICIER.

BONAPARTE *à part.* Un revers ! oh ! mes ennemis le paieront cher ! (*Haut.*) Messieurs, Vaubois a été vaincu... ses troupes ont lâché pied devant Alvinzi. La 39e et la 85e se sont laissé saisir d'une terreur panique et ont entraîné le reste de la division... Lannes, tu mettras à l'ordre du jour de l'armée, tu feras écrire sur les drapeaux, que la 39e et la 85e ne font plus partie de l'armée d'Italie.

L'OFFICIER. Ah ! général...

LANNES. Je ne ferai pas cela.

BONAPARTE. Tu le feras.

LANNES. Non, général, vous ne déshonorerez pas tant de braves d'un trait de votre plume ; je vous rappellerai ce que vous a dit déjà l'intrépide capitaine Gérard, qui pleure là de honte et de rage, je vous répéterai que la division Vaubois s'est battue contre des ennemis trois fois plus nombreux... Général, vous ferez dire à la 39e et à la 85e qu'elles formeront l'avant-garde de l'armée, et vous les entendrez crier en passant sur le corps des divisions autrichiennes : « Nous sommes encore de l'armée d'Italie!... » Bonaparte, tu leur diras cela, n'est-ce pas?

(Les autres officiers se joignent à Lannes.)

BONAPARTE, *à part.* Oui, car ce ne sont plus des soldats qu'il me faut, ce sont des lions... (*A l'officier qui est sorti avec lui de son cabinet.*) Je permets à la 39e et à la 85e de se faire tuer à l'avant-garde.

L'OFFICIER. Merci, mon général.

(Il salue et sort.)

BONAPARTE. Messieurs, pour être critique, notre position n'est pas désespérée; tenons-nous prêts, nous partirons cette nuit.

RAMPON. Je vous disais bien qu'il faudrait songer à la retraite.

BONAPARTE *à Lannes.* Reste, toi!...

SCENE III.

BONAPARTE, LANNES.

LANNES. La retraite, tu l'entends, Bonaparte, comme toi, sans doute, ils la jugent indispensable.

BONAPARTE, *avec dépit.* La retraite ! oh! non pas.

LANNES. Que veux-tu faire? La situation n'est pas désespérée, dis-tu? Notre gauche, réduite à huit mille hommes, peut, à chaque instant, être culbutée de la Corona à Rivoli, et alors tu te trouveras enveloppé à Vérone... Les deux divisions Masséna et Augereau comptent à peine quinze mille bayonnettes; que peux-tu, avec cela, contre quarante mille hommes? L'artillerie, qui nous avait toujours servi à contrebalancer la supériorité de l'ennemi, ne peut plus se mouvoir dans des chemins que la pluie rend impraticables... Encore, si on nous donnait des secours proportionnés à nos périls!... mais on nous abandonne au fond de l'Italie.... on nous laisse seuls aux prises avec deux armées. Après avoir versé notre sang dans des milliers de combats, nous serons ramenés sur les Alpes... Nous reviendrons sans honneur et sans gloire; et on dira : « Voilà les fugitifs d'Italie ! ! »

BONAPARTE *vivement.* Ecris : « Citoyens » directeurs, ma position n'est plus tenable, les renforts demandés et promis » depuis si long-temps arriveront trop » tard.... L'armée d'Italie, réduite à une » poignée de monde, est épuisée.... Les » héros de Lodi, de Castiglione et de Bassano sont morts pour leur patrie ou à » l'hôpital.... Joubert, Lannes, Victor, » Murat, Dupuis, Rampon, Ménard, sont » blessés..... nous sommes abandonnés » ici... ce qui me reste de braves voit sa » perte infaillible; peut-être, l'heure du » brave Augereau, de l'intrépide Masséna, » est près de sonner... Si j'avais reçu la » 83e, forte de 3,500 hommes connus à » l'armée, j'aurais répondu de tout.... » peut-être, si vous tardez, encore ne » sera-ce pas assez de quarante mille » hommes...... Citoyens directeurs, vous » répondez à la France de son armée d'Italie... Ne la forcez pas à vous dire un » jour : Qu'avez-vous fait de mes légions?» (*Il signe.*) Ferme cette lettre et qu'elle parte à l'instant!.... Aujourd'hui, repos aux troupes; demain, selon les mouvemens de l'ennemi, nous agirons... Va! Rentre chez toi, ta blessure a besoin de ménagemens.

LANNES. Qu'est-ce que ma blessure?... Qu'elle me tue!... et la France n'aura perdu qu'un soldat.

BONAPARTE. Lannes, en toi la France perdrait un héros et Bonaparte un ami.

LANNES. Oh! plus qu'un ami... un frère!... Triomphant ou vaincu, puissant ou proscrit, aux jours de gloire comme aux jours de malheur, Bonaparte, je serai là... toujours là!...

(Ils se serrent la main. Lannes sort.)

SCENE IV.

BONAPARTE *seul.*

(Après avoir suivi Lannes des yeux, il reste un moment en silence, puis court à une table et agite violemment la sonnette... Un domestique paraît.)

BONAPARTE. Mes cartes d'Italie!... (*Le domestique sort.*) Battre en retraite... perdre le fruit de tant de combats... de tant de sang versé... rentrer dans cette France qui déjà croyait en Bonaparte ?... oh! non, je ne fuirai pas.... je ne sortirai d'Italie que vainqueur ou mort... (*Il se penche sur ses cartes.*) Si Alvinzi se réunit à Davidowich, ces deux armées nous écraseront... Sur quel champ de bataille attirer ces deux ennemis? Ah! Ronco!... oui, Ronco... oh! là, je les tiendrai.... je les tiendrai!... Oui, mon étoile, tu ne m'as pas abandonné!... Cette nuit, l'ordre sera donné à l'armée de prendre les armes dans le plus grand silence...Au lieu de nous porter en avant, nous rétrograderons... tout le monde croira à la retraite; mais, à quelque distance de Vérone, je fais un à gauche, je reviens sur mes pas.... Après quelques heures de marche, j'arrive à Ronco, où un pont de bateaux sera jeté; je repasse le fleuve... Arrivé à Ronco, tout est gagné; car, au milieu de ces marais, l'avantage du nombre est tout-à-fait annihilé.. à gauche, je puis tomber sur les Autrichiens... S'ils tendaient d'escalader Vérone.... à droite, en tombant sur les derrières d'Alvinzi, je puis lui enlever ses parcs d'artillerie et ses bagages.... Oui, quand ils me croiront fuyant devant eux, mes boulets leur apprendront que je suis à leur arrière-garde.... Nous sommes sauvés!... nous somme sauvés!... (*Il sonne vivement..*) Lannes!.. le colonel Lannes!.. à l'instant!...

SCENE V.

BONAPARTE, LANNES.

BONAPARTE. Viens, je te disais bien que tout n'était pas perdu... nous les battrons, mon ami, nous les battrons, aussi vrai que tu es brave... mets-toi là et écris : « Ordre à Masséna de remonter sur Gumbione et de prendre l'ennemi en queue, » s'il marchait sur Vérone... à Augereau, » de marcher à droite et de déboucher sur » Villa-Nova... Ordre à Lasalle, Rampon, » de faire prendre les armes et de faire » filer sans bruit toutes nos troupes par la » porte de Milan..... qu'ils annoncent aux » soldats, aux habitans, que nous battons » en retraite. » Comprends-tu mon projet?

LANNES. Oui... nous tournerons Alvinzi.

BONAPARTE. Il croit nous tenir... et c'est lui qui sera pris.

LANNES. Oh! Bonaparte, je finirai par t'admirer plus encore que je ne t'aime.

BONAPARTE. Tais-toi et écris.

(*Bruit au dehors.*)

SCÈNE VI.

LES MÊMES, PLICK, UN AIDE-DE-CAMP.

BONAPARTE. Qu'est-ce?

PLICK, *à l'aide-de-camp.* Pardon, mon capitaine, laissez-moi raconter ça moi-même. Général, voilà la chose. Je suis du poste qui a l'honneur de vous garder... je fumais une pipe en grognant, car les choses vont assez mal pour ça, sans qu'il y ait de votre faute pourtant, nous vous rendons justice. Tout-à-coup je vois un sournois de moine qui passe devant le poste, je le regarde à deux fois... et je reconnais un gaillard de capucin, un des révoltés de Pavie!.... Ça me paraît louche... je lui mets la main dessus... je dis la chose au capitaine, qui me permet de le fouiller, et, en fait de relique, nous trouvons sur notre Tartufe deux pistolets..... je lui dis : Si c'est avec ces burettes-là que tu dis la messe, tu pourras bien l'aller chanter dans l'autre monde.

BONAPARTE. Merci, mon brave; retourne à ton poste..... Capitaine, faites venir cet homme? (*A un autre Officier.*) Vous, portez ces ordres... et que l'état-major vienne prendre ses instructions.

SCENE VII.

BONAPARTE, LANNES, LE MOINE, PLICK.

PLICK. Minute, ça n'est pas tout, il y a encore un petit papier que le sergent recommande à votre attention.

BONAPARTE, *prenant la lettre.* Une lettre du général Alvinzi au podesta de Vérone. (*Lisant.*) « L'homme que je vous envoie » est sûr et dévoué; il passera au milieu » des rangs ennemis et bravera la mort s'il » le faut pour servir notre cause; vous » pouvez tout lui confier; quelque chose » que vous entrepreniez, je suis en mesure » de vous soutenir. » (*Haut, au Moine.*) Quel était ton projet?

LE MOINE. Te perdre, toi et ton armée.

BONAPARTE. Et comment?

LE MOINE. C'est mon secret!..

BONAPARTE. Je le devine... encore des vêpres siciliennes, fanatique et espion tout à la fois. (*Le regardant.*) Je me connais en homme, ce rôle ne te convenait pas... Sais-tu ce qui t'attend?..

LE MOINE. La mort!..

BONAPARTE. Oui, mais obscure, mais honteuse...

LE MOINE. Il y a toujours de l'honneur à mourir pour son pays.

BONAPARTE. Que ne te faisais-tu soldat?

LE MOINE. Cette robe... mes vœux!..

BONAPARTE. Ah! tu es prêtre... tu devais prier alors, tes pensées devaient être des pensées de paix et de charité... ta mis sion sur cette terre est une mission de pardon et d'oubli... tu l'as méconnue, je vais te la rappeler, moi, ton ennemi, moi qui te tiens en ma puissance et que toutes les lois militaires autorisent à t'envoyer à la mort... je te donne la vie...

LE MOINE. Qu'entends-je!..

BONAPARTE. Tu es libre, retourne à ton couvent, repens-toi et prie!..

LE MOINE. Je ferai mieux; général, vous me reverrez!...

(Il sort.)

UN OFFICIER, *entrant*. Messieurs les officiers de l'état-major.

SCENE VIII.

LES MÊMES, LASALLE, RAMPON, OFFICIERS.

BONAPARTE. Messieurs, nous partons, cette nuit... dans une heure... nous allons sortir de Vérone comme des fugitifs..... Dans trois jours nous y rentrerons en maîtres. Messieurs, le sort nous a mis dans une position telle, que nous pouvons dire sans forfanterie qu'il faut vaincre ou mourir. Une victoire complète à Ronco, et les renforts que j'ai demandés auront le temps d'arriver, et nous irons présenter la bataille sur le plateau de Rivoli... A cheval, messieurs!

TROISIÈME TABLEAU.

RIVOLI.

SCENE PREMIERE.

BONAPARTE, LANNES, OFFICIERS, SOLDATS.

BONAPARTE, *après avoir braqué sa lorgnette*. L'armée d'Alvinzi manœuvre dans la plaine, c'est ici qu'il faut l'attirer, car ici le nombre ne signifie plus rien. Général Victor, mettez-vous à la tête de votre division, que vos tambours appellent l'attention de l'ennemi. Allez!..

(Bonaparte, Lannes et ses officiers descendent en scène; l'armée défile devant lui et prend les positions qu'il indique... Bonaparte envoie un officier en reconnaissance pendant le mouvement des troupes. L'officier revient au galop.)

BONAPARTE. Eh bien! capitaine, qu'avez-vous vu?..

L'OFFICIER. Les Autrichiens se disposent à quitter la plaine, et une forte division semble vouloir se porter sur ce plateau...

BONAPARTE. Ah! je les tiens donc. Général Joubert, avec vos tirailleurs vous attirerez sur ce point les troupes qu'on vient de signaler; vous, général Reynier, prenez deux bataillons pour arrêter la cavalerie... Général Dupuis, gardez une demi-brigade pour fermer le col de Ronco... Vous, général Victor, après ce mouvement vous chargerez l'ennemi avec votre cavalerie. Lannes, suis-moi... Allons, messieurs, à vos postes... Soldats, cette bataille sera la dernière de la campagne.....

(Bonaparte monte à cheval. Toutes les dispositions qu'il a ordonnées sont prises; les tirailleurs attirent l'avant-garde de l'armée autrichienne. Le combat s'engage sur tous les points. Le général Victor, à la tête de sa cavalerie, repousse une division autrichienne, et, sur le champ de bataille, un moment dégarni, on établit une ambulance; des blessés sont amenés de tous côtés.

SCENE II.

PLICK, L'ENFUMÉ, LE SERGENT.

LE SERGENT. Ça chauffe, ça chauffe! J'ai eu mon affaire tout de suite...

PLICK. Et moi, je n'ai pas de chance: un coup de poignard le mois dernier, une balle aujourd'hui, ça va bien. Merci, garçon, sans toi je serais resté sur le flanc.

L'ENFUMÉ. C'est moi qui vous remercie, au contraire, grenadier; vous m'avez fourni l'occasion de me tirer un peu de la bagarre. C'est la première fois que je me mêle de remporter des victoires, et ça m'a un peu ému.

LE SERGENT. Oui, t'aimes mieux remporter des blessés.

L'ENFUMÉ. Oh! sergent, vous me piquez, vous m'avez rendu comme un lion, j'y retourne; qu'est-ce qu'il vous faut, sergent, un drapeau, un général, un caisson, une batterie? vous n'avez qu'à parler.

LE SERGENT. Tâche de rapporter tes jambes.

L'ENFUMÉ. Où sont-ils les Autrichiens, où sont-ils? il m'en faut douze pour moi tout seul.

(Il court en chantant et sort. — Roulement.)

LE SERGENT. Ça va recommencer, major.

(Les Autrichiens, cernés de toutes parts, arrivent en désordre. Les blessés français se groupent et croisent la bayonnette. Les divisions françaises garnissent tous les points élevés. Le général autrichien remet son épée au général Victor.)

CRIS. Vive notre général! Victoire!....

(Bonaparte et son état-major, sur le plateau de Rivoli, dominent ce tableau.)

ACTE DEUXIÈME.

EGYPTE.

Plage devant Alexandrie ; à gauche du spectateur la colonne de Pompée.

PERSONNAGES.	ACTEURS.
BONAPARTE.	M. GOBERT.
LANNES	M. GAUTHIER.
KLÉBER	M. AUGUSTE Z.
ALI-BEY	M. LAUTHEMANN.
EL-OUGHA	M. CHÉRI.
FLICK.	M. PARENT.
L'ENFUMÉ	M. PIERRARD.
LE SCHEICK EL-BECKRY.	M. PAUL.
ZULÉMA, sa sœur	Mme ALBERT.
LE SERGENT	M. SIGNOR.
UN ARABE.	M. ACHILLE.
UNE VEDETTE.	M. PAIN.

OFFICIERS, GÉNÉRAUX, SOLDATS FRANÇAIS, ARABES, ISMANS, MUPHTIS, KADYS, ESCLAVES, ODALISQUES, PEUPLE, ETC.

SCENE PREMIERE.

ALI-BEY, EL-OUGHA, ARABES, BÉDOUINS.

(Il ne fait pas encore jour. Aly-Bey et ses soldats dorment couchés çà et là sur leur plage. Des vedettes placées aux extrémités du camp improvisé veillent à la sûreté de leurs compagnons.)

UNE VEDETTE *de droite*. Qui est là ?...

UNE VOIX, *dans la coulisse*. Enfant du désert.

EL-OUGHA, *entrant*. Ali-bey !

ALI-BEY. Qui m'appelle?

EL-OUGHA. El-Ougha !...

ALI-BEY. El-Ougha ! toi, que veux-tu?

EL-OUGHA. Ils sont arrivés.

ALI-BEY. Qui?

EY-OUGHA. Les Français !...

ALI-BEY, *se levant*. Les Français !...

EL-OUGHA. Chargé par toi de rester cette nuit en observation sur la plage, j'ai vu la flotte de ces maudits, que l'enfer nous envoie, et qui, confians dans ce qu'ils appellent l'étoile de leur général Bonaparte, se flattent d'asservir l'Egypte comme ils ont fait de l'Italie.

ALI-BEY. Les Français !... et le Dieu des croyans ne les a pas engloutis dans les abîmes de la mer?...

EL-OUGHA. Un instant j'ai cru que la vengeance céleste allait éclater sur eux... le vent soufflait par violentes rafales... la mer se brisait avec furie sur les rescifs du rivage; la tempête était devenue terrible; mais elle n'a pu empêcher le débarquement de l'armée française; déjà trois divisions ont pris terre, et dans quelques heures tous nos ennemis auront foulé le sol de l'Egypte.

ALI-BEY. Ah ! malheur, malheur sur eux !... pas un ne reverra l'Europe.

EL-OUGHA. Dieu le veuille !..

ALI-BEY. Douterais-tu de la victoire ?... mais elle est certaine; dix mille de nos frères ne campent-ils pas là, sur cette plage, à quelques-centaines de pas de nous? Et, si, contre toute attente, nos efforts réunis étaient impuissans pour anéantir les téméraires qui osent nous défier, crois-tu qu'ils ne trouveraient pas leur tombeau sous les remparts d'Alexandrie... d'Alexandrie, que nous voyons là-bas, avec ses murs hérissés de canons, avec sa garnison nombreuse et dévouée, ses magasins de vivres de toute espèce, et son arsenal, son arsenal surtout, qui renferme des munitions de guerre pour suffire au siége le plus long? Va, soit ici, sur cette plage, soit là-bas, dans les larges fossés qui entourent Alexandrie, tous les Français seront exterminés.

UNE VEDETTE. Les Français!

ALI-BEY, *d'une voix forte*. Au combat ! enfans du désert ! au combat !...

(Tous se lèvent vivement, sautent sur leurs chevaux, et se disposent au combat. En ce moment un Arabe, accourant au galop, du côté d'Alexandrie, remet une dépêche à Ali-Bey.)

SCENE II.

LES MÊMES, UN ARABE.

L'ARABE. De la part du gouverneur d'Alexandrie !..

(Ali lit des yeux la dépêche. On entend battre la charge dans l'éloignement.)

EL-OUGHA. Voilà nos ennemis !... au combat !..

TOUS. Au combat !...

ALI-BEY. Arrêtez !.. en tombant si tôt sous nos coups, ces impies ne souffriraient point assez... donnons-leur une heure d'une affreuse agonie.

EL-OUGHA. Que veux-tu dire?

ALI-BEY. J'obéis à l'ordre de Mohamed El-Koraïm !.. (*Il prend un bâton, le plante et fixe la dépêche sur l'extrémité.*) Et maintenant, ne combattons que pour protéger notre retraite.

EL-OUGHA. Notre retraite?..

ALI-BEY. Fiez-vous à moi, et je vous engage ma tête en garantie d'un succès au-delà de tous vos vœux.

(Le bruit des tambours s'est rapproché. Bientôt Kléber paraît à la tête de sa division, qui marche au pas de charge, bayonnette en avant. Un faible engagement a lieu ; mais Ali et ses Arabes ne tardent pas à fuir et à laisser le champ de bataille libre aux Français.)

SCENE III.

KLÉBER, LE SERGENT, PLICK, L'ENFUMÉ, SOLDATS.

LE SERGENT. Courons!... courons sur eux!...

LES SOLDATS. Oui! oui!...

KLÉBER. Arrêtez! grenadiers! arrêtez!..

LE SERGENT. Laissez, général, laissez, nous allons embrocher tous ces oiseaux-là!...

KLÉBER, *d'une voix forte.* Grenadiers, halte!...

LE SERGENT. Alors, l'arme au pied, et immobile à nos places.

KLÉBER. C'est ici que nous devons attendre le reste de l'armée. (*Aux officiers.*) Messieurs, faites placer des sentinelles. et qu'on forme les faisceaux!

(On place des sentinelles.)

L'ENFUMÉ. Dites donc, sergent, c'est donc ici l'Egypte?... il nous a un peu mis dedans, le général en chef!... je vous trouve ça peu attrayant... C'était pas la peine de rester si long-temps entre le ciel et l'eau pour nous retrouver entre le soleil qui vous brûle les cheveux et le sable qui vous rôtit la plante des pieds... Mon maître d'école, qui m'avait dit que c'était superbe! que c'était le berceau du monde; merci, ça m'a plutôt l'air d'une grande poële à frire.

PLICK. Et je nous fais l'effet d'être les goujons de la chose; voilà trois heures que nous marchons dans cette fournaise africaine sans avoir rencontré un cabaret, pas le moindre bouchon... Rien que de l'eau, de l'eau chaude, et si propre, qu'en France un caniche n'en voudrait pas.

L'ENFUMÉ. Qu'est-ce qu'il y a donc au bout de cette perche?... un papier!..

PLICK. Minute... c'est peut-être l'adresse de quelque restaurateur des environs.

LE SERGENT. Donne-moi ça, que je le passe au général. Mon général! mon général.

KLÉBER, *qui causait avec les officiers, s'avançant.* Qu'est-ce donc, mon brave?...

LE SERGENT. Tenez, mon général, nous venons de trouver ça!..

KLÉBER, *lisant.* « Le schériff Mohamed El-Koraïm, gouverneur d'Alexandrie à Ali-Bey. La flotte française est » entrée dans l'anse du Marabout... Le » débarquement s'opère en ce moment.... » Une des divisions qui a touché terre, a » reçu l'ordre de marcher en avant et de » faire halte à la colonne de Pompée. Ne » t'oppose pas, brave Ali-Bey, au passage » de ces mécréans, laisse-leur croire qu'ils » n'ont qu'à se montrer pour faire fuir » leurs ennemis. Mais, quand ils seront » bien confians dans leur facile victoire, » toi, qui te seras réuni à tes frères du » désert, tu les envelopperas de toutes » parts. Séparés des leurs, dont ils ne pourront recevoir aucun secours, ils succomberont... Point de pitié pour ces infidèles... tu m'enverras leurs têtes!..

PLICK. C'est ça, les petits cadeaux entretiennent l'amitié... il a arrangé ça tou seul le marabout, et il faut pourtant notre consentement pour ça... Dites donc, les autres... qu'est-ce qui veut donner sa tête?

KLÉBER. Soldats, si nous sommes tombés dans un piége, il faut vendre chèrement notre vie!... A vos armes!...

(Tout le monde a repris ses armes.)

PLICK. Nous allons avoir du mauvais temps, voilà un gros nuage là-bas, y va nous pleuvoir...

L'ENFUMÉ. Quoi donc?..

PLICK. Des Arabes!..

LES SENTINELLES, *qui se replient.* Les Arabes! les Arabes!...

KLÉBER. Enfans!... il faut ici vaincre ou mourir!..

(Les Arabes cernent les Français de toutes parts.)

SCENE IV.

LES MÊMES, ALI-BEY, EL-OUGHA, ARABES.

(Le combat s'engage, le nombre va l'emporter sur la valeur, quand on entend un bruit de tambour à droite.)

KLÉBER. Courage, grenadiers!... voilà Bonaparte!...

(La lutte devient terrible. On se bat corps à corps, quand Bonaparte arrive au galop, suivi de son état-major et du reste de l'armée. Alors Ali-bey et ses arabes mis en déroute sont obligés de fuir.

SCENE V.

BONAPARTE, KLÉBER, GÉNÉRAUX, PLICK, LE SERGENT, L'ENFUMÉ, SOLDATS, LANNES.

KLÉBER. Général! vous êtes arrivé à temps!

BONAPARTE. Avec votre division, général, vous auriez tenu en échec toute l'armée ennemie... Soldats, voici l'ordre du jour! « Le général Kléber et sa division ont bien mérité de la patrie. » (*Il met pied à terre, et l'état-major en fait autant.*) Eh bien ! Lannes ! nous y sommes enfin !...

LANNES. Oui, mais c'est au Caire, qu'il faut arriver !..

BONAPARTE. Qui pourrait nous arrêter dans notre route?.. Les Mamelucks?... ils seraient cent mille, qu'ils ne m'empêcheraient pas de passer... Va, va ! quinze jours au plus, et le drapeau tricolore flottera sur les minarets du Caire. Messieurs, nous camperons sur cette plage, peut-être y passerons-nous la nuit.... Qu'on donne des ordres en conséquence.

(Les offici rs s'éloignent; et bientôt la plage représente l'aspect d'un camp.)

SCENE VI.

BONAPARTE, *seul.*

Alexandrie est la clef de l'Egypte, et puis, cette conquête donnerait de la confiance aux soldats. Si je le voulais... mais il faudrait, pour cela, sacrifier trop de monde, et je dois être économe du sang de mes braves... Pourtant il y a danger à différer l'assaut... je donnerais le temps à mes ennemis de concentrer leurs forces. Si le projet que j'ai conçu réussit...... Alexandrie ne pourra livrer qu'un combat... soutenir qu'un assaut... Allons, il n'y a pas un moment à perdre; l'entreprise est difficile... hardie... mais n'est pas impossible... il ne faut que faire le sacrifice de sa vie, et il n'est pas un seul de mes soldats qui ne soit prêt à me donner la sienne... (*Haut, à ses soldats.*) Holà ! mes braves !... un homme de bonne volonté !...

PLICK. Présent, mon général !..

LE SERGENT. Nous voilà, mon général !

SCENE VII.

BONAPARTE, PLICK, LE SERGENT, L'ENFUMÉ, SOLDATS.

BONAPARTE. C'est très-bien ; mais je n'ai besoin que d'un seul homme !.

PLICK. Toujours présent, mon général !

LE SERGENT. Eh bien ! il est bon là lui ! et nous, est-ce que nous ne sommes pas présens à l'appel?

PLICK. J'ai répondu le premier !

LE SERGENT. Ce n'est pas une raison !

L'ENFUMÉ. Certainement ! à la place du général, moi, je prendrais le plus jeune !

PLICK. Tenez, mon général, pas de préférence pour personne... Vous avez demandé un homme de bonne volonté, nous voilà tous... fermez les yeux... prenez au hasard.

LES SOLDATS. Oui, oui !..

BONAPARTE. Allons, je le veux bien.... approchez-vous, et formez le cercle au tour de moi !..

UN MATELOT, *s'avançant.* Arrêtez, général !

SCENE VIII.

LES MÊMES, LE MATELOT.

BONAPARTE. Qui es-tu? et que veux-tu ?

LE MATELOT. Est-ce que vous ne me reconnaissez pas, général? .

BONAPARTE. Non !..

LE MATELOT. Regardez-moi bien !

BONAPARTE. Je t'ai vu quelque part déjà.

LE MATELOT. A Vérone !...

BONAPARTE. Tu ne portais pas ce costume!...

LE MATELOT. Comment, général, vous, dont le regard sait reconnaître jusqu'au dernier de vos soldats, vous n'avez pas encore reconnu le moine de Vérone?... Avez-vous oublié que ce moine, amené devant vous, convaincu de son crime, obtint de vous son pardon et sa liberté?...

BONAPARTE. Ah ! c'est toi?..

PLICK. Oui, mon général, c'est bien lui !...

BONAPARTE. Eh bien ! que veux-tu?

LE MATELOT. Payer ma dette.

BONAPARTE. Comment cela?

LE MATELOT. Gracié par toi, te devant la vie, j'ai juré que désormais je te serais aussi dévoué que j'avais été acharné à ta perte... je t'ai suivi à Montebello, à Rastadt, à Paris, à Toulon, à Malte, et nulle part l'occasion ne s'est offerte de te donner un gage de ma reconnaissance et de mon inviolable attachement ; mais aujourd'hui cette occasion se présente, et je la saisis. Tu demandes un homme de bonne volonté pour une mission périlleuse, eh bien ! me voilà ! accepte... n'hésite pas... donne-moi la préférence sur eux... Plus que moi, je le sais, ces braves la méritent ; mais ils te sont trop précieux pour en sacrifier un seul. A moi donc ta mission.... à moi donc la mort, s'il le faut, pour m'acquitter de ce que je te dois.

BONAPARTE, *après l'avoir regardé.* J'accepte.

PLICK. Comment, général ?

BONAPARTE. Allez, allez, mes amis, je vous indemniserai bientôt.

PLICK. A la bonne heure !

L'ENFUMÉ. C'est égal, c'est toujours une occasion de manquée.

PLICK. Allons, petit rageur, viens te rafraîchir au soleil.

(Ils s'éloignent.)

SCENE IX.

BONAPARTE, LE MATELOT.

BONAPARTE. Approche, et écoute-moi.. tu es brave... tu ne crains pas la mort, c'est quelque chose; mais, dans l'affaire dont il s'agit, il faut peut-être plus d'adresse que de bravoure.

LE MATELOT. A Vérone... n'avais-je pas été choisi par Alvinzi?

BONAPARTE. Je n'y pensais plus... ainsi donc tu te fais fort de t'introduire dans Alexandrie?

LE MATELOT. Dans Alexandrie?

BONAPARTE. La tâche est difficile.

LE MATELOT. N'importe, je l'accomplirai, et, une fois dans la ville, que me restera-t-il à faire?

BONAPARTE. Te glisser dans l'arsenal et y mettre le feu.

LE MATELOT. Je le ferai.

BONAPARTE. Alors je te devrai Alexandrie, car l'arsenal contient des munitions de guerre pour soutenir un long siége; et, privé de ce secours, l'ennemi ne tiendra pas deux heures contre l'attaque de mes soldats.

LE MATELOT. Bonaparte, tu peux donner les ordres pour l'assaut d'Alexandrie.

BONAPARTE. J'attendrai l'explosion de l'arsenal.

LE MATELOT. Avant le coucher du soleil, je serai mort ou je t'aurai donné le signal de la victoire.

(Il sort précipitamment.)

SCENE X.

BONAPARTE, *puis* KLÉBER, BON, RÉGNIER.

BONAPARTE. Il réussira, j'en ai le pressentiment.

KLÉBER, *accourant.* Général, nous venons d'être instruits qu'une foule innombrable d'Arabes accourt du désert pour se réunir aux soldats d'Ali-Bey et nous livrer bataille.

BONAPARTE. Ces renseignemens sont-ils exacts?

KLÉBER. Je les garantis vrais et fidèles ; quelques heures encore, et nous nous trouverons pris entre deux feux.

BONAPARTE. Eh bien! nous nous battrons, n'est-ce pas, général Bon ? n'est-ce pas, général Régnier?.. nous nous battrons, et nous serons vainqueurs.

KLÉBER. Noble espoir, mais qui peut être déçu... nous serons dix contre cent. Général, il ne faut pas donner aux Arabes le temps de se réunir à Ali-Bey..... il faut marcher à l'instant sur Alexandrie, et enlever cette place au pas de charge.

BONAPARTE. Général Kléber, quand j'aurai besoin de vos conseils, je vous les demanderai, mais gardez-les pour ce moment-là.

KLÉBER. Quelle arrogance!

BONAPARTE, *à part.* Il m'a demandé deux heures pour accomplir sa mission... ô mon étoile, ne m'abandonne pas!

(Il s'éloigne.)

SCÈNE XI.

KLÉBER, BON, MENOU, LANNES, PLICK, LE SERGENT, L'ENFUMÉ, UN VIEILLARD, RÉGNIER, SOLDATS, *etc.*

UN VIEILLARD, *accourant.* Vengeance!.. vengeance!

LANNES. Vengeance... et de qui?

LE VIEILLARD. Du gouverneur d'Alexandrie, et de ses infâmes satellites. Ils pillent, ils égorgent tous les Européens.... femmes, vieillards, enfans; ils ne font grâce à personne... j'ignore encore comment j'ai pu me soustraire, moi, pauvre et faible vieillard, au massacre de tous mes frères... Oh! mais, par grâce, par pitié, vous pouvez peut-être arriver encore à temps pour arracher quelques victimes à leurs bourreaux... Courez, braves Français, courez, et, si vous ne pouvez nous défendre, au moins vengez-nous, vengez-nous.

LANNES. Bonaparte..... où est Bonaparte?

KLÉBER. Bonaparte refusera de faire prendre les armes, et de marcher au secours de nos frères.

LANNES. Ne croyez pas cela.

KLÉBER. Il refusera, vous dis-je.

LANNES. C'est impossible.

KLÉBER. Demandez au général Bon, au général Régnier: tout-à-l'heure ils l'ont entendu comme moi. Ah! sa conduite est étrange... Là-bas on massacre des infortunés qu'il pouvait sauver, et, dans un instant peut-être, nous-mêmes, nous succomberons accablés par le nombre de nos ennemis; mais la subordination militaire a ses bornes, et, quand il est patent qu'un général compromet toute une armée, il est du devoir de ceux qui sont sous ses ordres de méconnaître la voix du chef, et de se saisir du commandement.

LANNES. Que dites-vous là, Kléber?

BON. Il a raison.

RÉGNIER. Oui, oui.

KLÉBER. A Alexandrie! soldats, à Alexandrie!

TOUS. A Alexandrie!

SCENE XII.

LES MÊMES, BONAPARTE.

BONAPARTE, *paraissant*. Quel est ce bruit, et que voulez-vous?

KLÉBER. Nous voulons nous servir des armes que la république nous a données; nous voulons marcher sur Alexandrie, parce que l'humanité, le devoir, l'honneur, nous y appellent.

TOUS. Oui, oui... à Alexandrie.

BONAPARTE, *d'une voix forte*. Silence! (*Chacun se tait.*) Vous voulez marcher et combattre sans mon ordre? vous menacez de m'abandonner... malheureux, mais sans moi que serez-vous, où irez-vous?.. Vous voulez donc que je vous renie pour mes soldats?... Vous osez désobéir à votre général!... n'avez-vous plus confiance en celui qui vous commandait à Arcole, à Lodi, à Montenotte? soldats, avez-vous pu jamais douter de Bonaparte?

PLICK *et* LES SOLDATS. Non, non... vive le général Bonaparte!

BONAPARTE. Quant à ceux qui par leur silence coupable, ou leurs discours imprudens, ont autorisé cette misérable révolte, si je ne les en punis pas, c'est que je me trouve assez vengé par les acclamations unanimes de l'armée... mais je ne serais pas toujours aussi clément... Une autre fois, messieurs, je n'aurais égard ni au mérite ni au grade, et je ferais fusiller quiconque aurait l'audace de méconnaître mon autorité; ne l'oubliez pas, vous surtout, général Kléber.

KLÉBER, *avec embarras*. Général!

BONAPARTE. Je ne veux rien entendre... mais, pour vous mettre à même de réparer votre faute, je vous permettrai de marcher à la tête de vos grenadiers quand il faudra combattre. (*A part.*) Le délai que j'avais accordé à cet homme est expiré... A-t-il échoué? n'a-t-il pu pénétrer dans la ville? (*On entend une forte détonation.*) Ah! il m'a tenu parole... Alexandrie est à moi!

L'ENFUMÉ, *bas*. Sergent, qu'est-ce que c'est que ça? est-ce qu'ils ont miné leur Afrique pour nous faire sauter.

BONAPARTE. Soldats, vous vouliez marcher sur Alexandrie... eh bien! le moment est venu, formez vos rangs, que vos tambours battent la charge.

PLICK. Bon!

BONAPARTE. Général Régnier, vous resterez sur cette plage avec votre division, pour tenir en échec les Arabes qui pourraient tenter de nous inquiéter.

PLICK. Merci! moi, j'en suis, de la division Régnier.

(Les tambours battent la charge, Bonaparte s'est mis à la tête de son armée, tous défilent en criant: à *Alexandrie*.)

SCENE XIII.

RÉGNIER, PLICK, LE SERGENT, L'ENFUMÉ, SOLDATS.

PLICK. Faut avouer que nous avons du guignon... mourir de chaud et de soif, et ne pas déchirer une cartouche pour se rafraîchir!...

LE SERGENT. Que veux-tu? notre tour viendra peut-être; on ne peut pas avoir tous les bonheurs; nous avons eu celui de suivre le général Bonaparte... et, sois tranquille, il nous mènera loin.

PLICK. J'en suis pour ce que j'ai dit: il aurait pu mieux choisir que ce gredin de pays.

L'ENFUMÉ. Moi, qui avais promis à madame l'Enfumé, ma respectable mère, de lui envoyer un échantillon du pays.

PLICK. Eh bien! tu pourras lui faire tenir un crocodile ou une pyramide. Pardieu! j'y pense, je vas profiter de ce qu'on nous laisse là les bras croisés et les jambes en l'air pour écrire à mon petit Joseph... Ce pauvre garçon... je suis sûr qu'à l'heure qu'il est il s'échine à travailler dans son école militaire; je vas lui donner une fameuse leçon de géographie... mais il y a une difficulté, c'est que le maître d'école a oublié de comprendre l'écriture dans mon éducation. Oh hé! qu'est-ce qui sait écrire ici?

L'ENFUMÉ. Moi! et en bâtarde encore.

PLICK. Eh bien! viens ici, petit... s'il y a un coup de sabre à recevoir pour toi quelque part, tu me le diras; plante-toi là, et écris: « Mon cher fils, je t'écris de » l'Égypte, qui est un pays où je te re- » commande paternellement de ne jamais

» venir; c'est une espèce de four très-dé-» plaisant; je n'en ai encore vu que la » frontière, et je suis déjà noir comme ma » giberne; figure-toi qu'on a sur la tête » un scélérat de soleil à faire cuire un » bœuf en trois minutes, et sous les pieds un » sable excellent pour rôtir les marrons de » Lyon; les naturels sont si sauvages que » nous n'avons pu causer avec eux qu'à » coups de fusil; les animaux domesti-» ques de l'endroit sont de charmans cro-» codiles qui nous ont déjà avalé un sa-» peur et trois tambours-maîtres... avec » leurs cannes. Dans ma prochaine, je te » donnerai de plus grands détails; quant à » toi, porte-toi bien, travaille de même et » dépêche-toi d'avoir l'épaulette et l'épée. » Je ne veux pas mourir sans t'avoir pré-» senté les armes. Je t'embrasse, et suis » ton père. PLICK, grenadier de la trente-» deuxième.»

L'ENFUMÉ. Grenadier, voulez-vous me permettre d'écrire une petite poste-scrip-tum. « Je te prie... (c'est toujours vous » qui parlez) d'aller embrasser la veuve » l'Enfumé, poêlière fumiste, rue du Chat » qui pêche, n. 3, *bis*, de la part de son » fils Chrysostôme l'Enfumé, enrôlé vo-» lontaire; bien des choses aux amis, sans » oublier la Bourguignote dont il a conser-» vé le souvenir, la boucle de cheveux et » la paire de bas de laine qu'elle lui a tri-» cotée, en gage de son amour résigné. » PLICK, grenadier de la trente-deuxiè-» me. »

(On entend une vive fusillade.)

PLICK. Oh! oh! ça chauffe là-bas... Donne-moi ça.. (*Il serre la lettre.*) Et dire que je ne suis pas là!

(La fusillade continue.)

SCENE XIV.

LES MÊMES, UN CAVALIER, *blessé*.

PLICK. Eh bien! camarade, comment ça va-t-il là-bas?

LE CAVALIER. Je ne sais rien de posi-tif... mon pauvre cheval... il a reçu son affaire tout de suite.

PLICK. Enfin sommes-nous bientôt dans Alexandrie?

LE CAVALIER. Je crains que non, sur-tout si ce que j'ai entendu dire est vrai.

PLICK. Qu'est-ce qu'on dit donc?

LE CAVALIER. Que le général en chef est blessé dangereusement.

PLICK. Bonaparte?

LE CAVALIER. Après ça, c'est peut-être un faux bruit... mais tenez, voyez-vous ces grenadiers qui apportent un blessé?

L'ENFUMÉ. C'est un général.

PLICK. Un général!

SCENE XV.

LES MÊMES, KLÉBER, *apporté par des grenadiers*, UN CHIRURGIEN.

(Le chirurgien s'empresse auprès de Kléber, et lui prodigue des secours.)

LE CAVALIER. On ne m'avait donc pas trompé?... (*reconnaissant Kléber*) le général Kléber!

TOUS. Kléber!

PLICK. Kléber!.... allons, petit bon homme vit encore.

LE CHIRURGIEN. Toujours évanoui, mais non, il revient à lui!..

KLÉBER, *qui a repris ses sens, se lève et s'écrie*. Sommes-nous vainqueurs?..

LANNES, *entrant*. Oui, nous sommes vainqueurs... Alexandrie est à nous!..

KLÉBER. Vive la France!..

SCENE XVI.

LES MÊMES, LANNES.

LANNES. Mes amis, nous sommes maî-tres d'Alexandrie, Bonaparte vient d'en prendre possession, et il n'avait pas mis pied à terre que le gouverneur Koraïm, les imans, les schefcks et les schérifs ac-couraient pour lui rendre hommage; mais le général en chef a voulu que le premier exploit africain de l'armée expéditionnaire fût relevé par une éclatante inauguration; il a ordonné que les victimes de cette mémorable journée reposeraient au pied de la colonne de Pompée!.. (*On entend des roulemens de tambours.*) Entendez-vous ces sons funèbres? c'est le convoi qui s'ap-proche... Soldats, soyez prêts à rendre les honneurs militaires à vos braves frères d'armes.

(Tous les soldats prennent leurs armes et forment leur rang en silence.)

SCENE XVII.

LES MÊMES, BONAPARTE, L'ÉTAT-MAJOR, BON, MENOU.

(On apporte, sur des brancards, les soldats, et l'on s'arrête à la colonne de Pompée.)

BONAPARTE, *allant à Kléber*. Qu'avez-vous, général?

KLÉBER, *lui montrant sa blessure*. Vous m'aviez permis de marcher à la tête de mes grenadiers..... j'ai usé de la permis-sion.

BONAPARTE. Général, voilà comment on répare une faute... à l'avenir ne vous exposez plus ainsi... car ce sang qui coule est précieux pour la France !.... Soldats, votre destinée est belle, parce que vous êtes dignes de ce que vous avez fait et de l'opinion qu'on a de vous ; vous mourrez avec honneur comme les braves auxquels nous rendons en ce moment les derniers devoirs, ou vous retournerez dans votre patrie couverts de lauriers et de l'admiration de tous les peuples.

(En ce moment le matelot, couvert de sang et de poussière, accourt en criant.)

LE MATELOT. Bonaparte, Bonaparte !..

(Il tombe presque sans mouvement. Des soins lui sont prodigués.)

SCENE XVIII.

LES MÊMES, LE MATELOT.

BONAPARTE. C'est lui ! ne le laissons pas mourir !... vous ne savez pas tout ce qu'il a fait aujourd'hui pour nous... A tout prix, il faut le sauver.

LE MATELOT, *mourant*. Vain espoir !.. frappé à mort dans l'explosion de l'arsenal, je touche à mon dernier moment, mais je n'ai pas voulu mourir sans vous avoir revu... Général, ai-je bien payé ma dette ?

BONAPARTE. Au-delà !.. C'est moi qui suis maintenant ton débiteur.

LE MATELOT. Et bien ! votre main !...

BONAPARTE. La voilà !..

LE MATELOT. Vous ne me devez plus rien nous sommes quittes !.. Ah !..

(Il expire.)

BONAPARTE, *essuyant une larme*. Noble victime d'un généreux dévouement, nous ne sommes pas quittes encore l'un envers l'autre... Soldats !.. cet homme n'était pas Français cet homme n'était pas votre frère d'armes... mais il était digne d'être l'un et l'autre... c'était un brave... C'est à lui que nous devons Alexandrie !.. il est mort pour nous !.. soldats !... lui refuserez-vous une place à côté de vos frères !

TOUS. Non ! non !...

BONAPARTE. Eh bien ! préparez-vous à lui rendre les honneurs dus aux nobles victimes de cette glorieuse journée !..

(Sur un signe de Bonaparte, les soldats déchargent les armes, et font le salut d'usage en pareille circonstance.)

DEUXIÈME TABLEAU.

Le théâtre représente les jardins du scheick El-Beckry.

SCÈNE PREMIÈRE.

LE SERGENT, PLICK, L'ENFUMÉ.

LE SERGENT, *ils entrent de droite*. En v'là des jardins qui sont dans le soigné !..

L'ENFUMÉ. Dites donc, grenadier Plick, c'est encore plus beau que l'Ile-d'Amour, et le bois de Romainville.

PLICK. Ah ! dam ! le général en chef Bonaparte ne s'est pas embêté ! il s'est signé un billet de logement chez le particulier le plus huppé de la ville du Caire, le scheick El-Beckry.

L'ENFUMÉ. Ah ça ! qu'est-ce que c'est ça, un sec ?

PLICK. Un scheik ?.. ma foi, j'en sais rien, je ne connais pas les grades des marabouts d'Égypte ; pourtant le scheick me fait l'effet d'être le commissaire de police de l'endroit; seulement dans le pays les amendes se paient sur les talons... l'autre jour un flâneur de mauricaud m'avait soulevé ma montre..... je l'ai rattrapé, j'ai porté plainte... Je m'attendais à être indemnisé... le scheick a fait donner cinquante coups de latte sur la plante des pieds de mon voleur ; tout le monde m'a dit que je devais me trouver très-satisfait.

L'ENFUMÉ. En v'là une drôle d'amende.

LE SERGENT. Dis-moi donc, Plick : qu'est-ce que tu dis de la figure de ce scheick-là? Est-il franchement des nôtres? n'est-ce pas un chat qui fait patte de velours ?

PLICK. Le scheick El-Beckry ?.... Un sournois, lui, plus souvent !.... C'est un brave homme de musulman qui aime les Français autant que son café, et qui, pour nous, ferait mettre au vif tous les talons de ses administrés.

LE SERGENT. A la bonne heure !

PLICK. Il nous recrute un tas d'amis ; car il a beaucoup de crédit dans son arrondissement. Il paraît que la belle Zuléma sa sœur... a un faible pour nous et nous donne un fameux coup d'épaule... et je dis qu'elle en a de belles d'épaules..... c'est rond, c'est uni, comme ma giberne, et blanc comme ma buffleterie un jour d'inspection ; enfin c'est un vrai morceau de prophète ou de grenadier.

LE SERGENT. Bah !

PLICK. Oui, je la connais, nous sommes assez bien ensemble... j'ai été en faction devant son sérail... et, comme il faisait une chaleur à me calciner complètement, elle m'a envoyé...

L'ENFUMÉ. Un parasol ?

PLICK. Et non ! conscrit... un sorbet...

L'ENFUMÉ. Qu'est-ce que c'est que ça un sorbet ?..

PLICK. Je l'ai avalé si vite que je n'en ai pu saisir le signalement.

L'ENFUMÉ. Si on pouvait me mettre en faction devant son palais!...

PLICK. Tu verrais que c'est une bonne enfant, et pas fière du tout pour un obélisque.

LE SERGENT. Tu veux dire odalisque ?

PLICK. Ah ! dam ! écoutez donc, je ne sais pas encore l'égyptien sur le bout de la langue. Tiens voilà justement Mme Zuléma... Voyez un peu si elle n'est pas plus belle que la déesse Raison qu'on nous promène à Paris comme une curiosité... En voilà une qui serait soignée en Vénus, et dans le costume de l'emploi.

SCENE II.

LES MÊMES, ZULÉMA, UN CHEF D'ESCLAVES.

ZULÉMA. Oui, c'est dans ces jardins que la fête ordonnée par mon frère aura lieu ; allez donner tous les ordres nécessaires.

(L'esclave sort.)

PLICK. Hein! qu'est-ce que vous en dites, vous autres?

L'ENFUMÉ. Bien... très-bien... et puis, dites donc comme c'est ficelé ! que de diamans! on dirait une boutique de bijoutier qui se promène, ça m'éblouit!..

ZULÉMA, *à Plick.* Français, je t'ai déjà vu, n'est-ce pas ?

PLICK. Oui... altesse; j'ai eu l'honneur de me promener deux heures devant votre porte, sauf votre respect... je vous présente mon sergent, brave troupier..... vieux farceur qui se connaît en beau sexe, et qui pour le quart d'heure vous admire dans tous les sens...

LE SERGENT, *bas.* Nom d'un chien, quels yeux !

L'ENFUMÉ, *bas.* De vrais charbons!...

PLICK, *bas.* On y allumerait sa pipe... quoi !...

ZULÉMA. Comment vous trouvez-vous ici?

PLICK. Voilà, ma seigneurie ; nous ne sommes pas de service aujourd'hui, et nous comptions suivre en amateurs notre général, qui, comme vous le savez, va fêter votre Mahomet, ni plus ni moins que s'il était inscrit sur le calendrier. Je crois que le cortége ne tardera pas à se mettre en route, et nous l'attendons.

ZULÉMA. Ami, renvoie tes camarades, il faut que je te parle.

PLICK, *à part.* De quoi ! de quoi!..... est-ce que par hasard j'aurais subjugué l'obélisque?... Mes amis, la princesse me demande un tête-à-tête.

LE SERGENT. Vraiment?

L'ENFUMÉ. Est-il heureux ! je ferais si bien une infidélité à ma Bourguignote !

PLICK. Soyez sûrs et certains, camarades, qu'en toutes sortes de combats je soutiendrai l'honneur de la république... Allez un peu me chercher dehors... nous sommes quatre ici..... et c'est deux de trop.

LE SERGENT. Bonne chance... Allons, conscrit, ne lève pas comme ça les yeux en l'air... c'est pas pour toi que le four chauffe... demi-tour à gauche, marche !...

(Ils sortent.)

SCENE III.

ZULÉMA, PLICK, ESCLAVES.

(Sur un signe de Zuléma, les esclaves ont étendu un riche tapis, jeté des coussins, apporté un narquilé. Zuléma s'étend mollement sur les coussins. Plick la regarde avec admiration.)

PLICK. En v'là un pays voluptueux ! on se couche toujours ; je crois qu'elle est encore plus belle comme ça.

ZULÉMA. Approche.

PLICK. Vraiment, est-ce qu'elle voudrait me tenter comme ci-devant saint Antoine? je me laisserais délicieusement faire.

ZULÉMA. Place-toi là, je te le permets.

PLICK. Là-dessus ?.. (*Il enfonce dans les coussins.*) Oh! mais ! oh ! mais !.. ça devient de plus en plus divertissant, et si nous n'étions pas en plein air...

ZULÉMA. J'ai bien des choses à te demander.

PLICK. Altesse, je suis tout à votre service. (*A part.*) Ces diables de mauricauds me gênent considérablement. (*Haut.*) Princesse, est-ce que vous avez besoin de tous ces marrons d'Inde?.. j'aimerais autant...

ZULÉMA. Ne crains rien, nous pouvons parler devant eux, ces eunuques sont muets.

PLICK. Comment ! on leur a coupé la langue ! (*A part.*) Est-il permis d'abîmer comme ça le chef-d'œuvre de la divinité?..

ZULÉMA. Ecoute moi !... je ne connais pas les usages de ton pays... je ne sais pas comment on aime en France.

PLICK. Comme partout.

ZULÉMA. Non, sous votre ciel triste et froid, le cœur doit être glacé ; non, les Françaises ne savent pas aimer..... sous notre ciel brûlant, au contraire, l'amour commence avec la vie, et cet amour se lit malgré nous dans nos yeux, il s'échappe malgré nous de nos lèvres; c'est un feu qui dévore et qu'on ne saurait étouffer, et cet amour, il est là, dans mon cœur.

PLICK, *à part*. En v'là une de conquête; si ces diables de mauricauds n'étaient pas là!

ZULÉMA. J'ai voulu combattre cette passion, qui, comme un torrent, m'entraîne à ma perte peut-être!.. vains efforts... et celui pour lequel je suis prête à tout sacrifier, c'est un infidèle, un ennemi des croyans, c'est un Français, et ce Français n'est pas jeune et beau comme Desaix, imposant et fier comme Kléber!

PLICK, *à part*. Je n'ai pas cette prétention...

ZULÉMA. Il est pâle!

PLICK. Et même un peu jaune.

ZULÉMA. Son costume est toujours simple et modeste.

PLICK, *à part*. Il y a de bonnes raisons pour ça.

ZULÉMA. Mais son regard n'est pas celui d'un homme.

PLICK. Bah!

ZULÉMA. C'est celui de l'aigle...

PLICK. Allons, allons, elle me flatte l'Egyptienne... et elle ne me parle pas de ma moustache...

ZULÉMA. Aussi j'ai voué à cet homme tous les jours que le prophète m'a réservés, ce n'est plus que pour cet homme que Zuléma vit et respire.

PLICK. Ah!.. ma foi, je n'y tiens plus... les muets en diront ce qu'ils voudront. (*Haut.*) Belle étrangère, moi aussi je vous aime, et je vais vous prouver que l'amour en égyptien ou en français c'est absolument la même chose! (*Il veut l'embrasser; mais celle-ci a fait un bond en arrière, a tiré son poignard; au même instant les esclaves se sont jetés sur Plick et l'ont renversé.*) De quoi! de quoi!... ah ça! entendons-nous : est-ce qu'on tue les amoureux en Egypte?

ZULÉMA. Je ne te comprends pas.

PLICK. Et moi je ne vous comprends plus. Voyons, altesse... appelons les choses et les gens par leur nom : l'homme au regard d'aigle, ce n'est donc pas moi?..

ZULÉMA. Toi!.. parmi les infidèles, un seul pouvait me faire oublier ma croyance et mon devoir. Cet homme, c'est Bonaparte.

PLICK. Merci! en v'là une fausse manœuvre.

ZULÉMA. Et, si je t'ai ouvert mon cœur, à toi, c'est que l'autre jour tu m'as dit que cet homme était aussi ton héros et ton Dieu; si je t'ai parlé de lui, c'était pour t'en entendre parler à ton tour, c'était pour apprendre par toi quelques-unes de ses grandes actions.

PLICK. Vous ne pouviez pas mieux vous adresser; je sais ses victoires sur le bout du doigt, vu que l'ennemi me les a presque toutes numérotées sur le corps..... Je vous dirai donc.. . Minute, v'là la musique de la 32e qui vient se mettre à la tête du cortége... Bonaparte va sortir; en attendant que je vous en reparle, regardez-le, brûlante Egyptienne. (*A part.*) Etant enfoncé par le général en chef, il n'y a pas d'affront; c'est égal, la 32e vient de faire long feu...

ZULÉMA. Oui, c'est lui, c'est Bonaparte!

SCÈNE IV.

LES MÊMES, LA MUSIQUE; *puis* LES OFFICIERS ET LES GUIDES, BONAPARTE, SON ETAT-MAJOR.

BONAPARTE, *à ses officiers*. Oui, messieurs, le premier article de foi des peuples de ce pays est celui-ci : il n'y a pas d'autre Dieu qu'Allah, et Mahomet est son prophète... ne les contredites pas... agissez avec eux comme vous avez agi avec les Juifs, les Italiens, les protestans; ayez du respect pour leurs muphtis et leurs imans, comme vous en avez eu pour les rabbins et les évêques; n'oubliez pas que les légions romaines protégeaient tous les cultes.

ZULÉMA. Général, je vois venir à toi mon frère El-Beckry, le divan, et les ministres de notre sainte religion... ils viennent pour te rendre hommage, et te servir de guides jusqu'à la grande mosquée.

BONAPARTE. Et vous, belle Zuléma, ne nous quittez pas... et soyez certaine qu'aucun de nous ne touchera même votre voile.

(*Zuléma s'incline; en ce moment paraissent les scheicks, membres du divan, ayant à leur tête El-Beckry; ils sont suivis des esclaves et du peuple.*)

SCÈNE V.

LES MÊMES, EL-BECKRY, PLICK, LE SERGENT, L'ENFUMÉ, MEMBRES DU DIVAN, etc.

(*Après que les membres du divan ont salué Bonaparte, El-Beckry s'avance et dit.*)

EL BECKRY. Prince des Français, lumière des lumières, les membres du divan et le peuple du Caire t'offrent par ma voix l'expression de leur amour et de leur reconnaissance : non content d'avoir délivré l'Egypte du joug des odieux Mameloucks... tu rends à la religion son lustre et son éclat. Sois trois fois béni, entre tous les bénis de la terre.

BONAPARTE. Les Mameloucks, ce ramassis d'esclaves recrutés dans le Caucase et la Géorgie, tyrannisaient depuis longtemps la plus belle partie du monde... je suis venu, par la volonté de Dieu, de qui tout dépend, et l'empire des Mameloucks a été détruit... Scheicks, cadis, imans, et vous, peuple, nous allons nous rendre à la mosquée d'El-Aghar pour célébrer la fete de Mahomet, votre immortel prophète. (*Murmure d'approbation et de joie; après une pause et s'adressant aux membres du divan.*) Membres du divan, je suis content de votre conduite : mais le scheick El-Beckry surtout a bien mérité de la nation française... Son zèle, son dévouement à notre cause, sont dignes d'une haute récompense.... Scheick El-Beckry, je vous nomme gouverneur suprême de la ville du Caire.

PLICK, *bas.* Dites donc, sergent, le v'là monté en grade le commissaire...

(Deux officiciers d'ordonnance paraissent, portant, l'un, un coussin, l'autre une pelisse d'hermine. Le scheick s'avance et s'agenouille.)

BONAPARTE, *qui a pris la pelisse et l'attache au scheick.* Au nom de la république française, le général Bonaparte donne cette pelisse d'hermine au scheick El-Beckry. Et maintenant rendons nous à la grande mosquée d'El-Aghar; nous y prierons le Seigneur pour la prospérité de l'Egypte et pour la gloire de la France.

(Le cortége se forme et se met en marche ; quand tous se sont éloignés, Zuléma est restée, Ali-bey et El-Ougha paraissent, et tous deux viennent s'agenouiller devant Zuléma.)

SCENE VI.

ZULÉMA, ALI-BEY, EL-OUGHA, ESCLAVES.

ZULÉMA. Que voulez-vous?

ALI. Parler à la belle Zuléma, à la sœur du noble El-Beckry.

ZULÉMA. A moi?...

ALI. Oui, mais à toi seule.

ZULÉMA. Pourquoi ce mystère?

ALI. Parce que je suis proscrit, parce que ma tête est mise à prix, parce que je m'appelle Ali.

ZULÉMA. Ali!.. (*Aux esclaves.*) Retirez-vous!... retirez-vous!

SCENE VII.

LES MÊMES, *hors* LES ESCLAVES.

ZULÉMA. Que viens-tu faire dans cette ville, noble Ali? pourquoi affronter une mort inutile et certaine?

ALI. Si je suis venu, c'est qu'on m'a appelé; c'est qu'on m'a dit : L'Egypte peut être délivrée : du secret, du courage et du sang, voilà ce qu'il faut pour que le Caire soit libre.

ZULÉMA. Et qui t'a appelé? qui t'a dit cela?

ALI. Le plus ancien et le plus sûr de mes amis, celui qui, sous les dehors trompeurs de la servilité, cache une haine implacable à nos oppresseurs... El-Beckry.

ZULÉMA. Mon frère!...

ALI. Oui, il a conçu un projet qui doit assurer la perte des Français renfermés dans cette ville.

ZULÉMA. Que dis-tu? mon frère serait un traître!

ALI. Un traître... oh! non; honneur à celui qui se dévoue tout entier à la cause sainte; honneur à lui, qui s'est fait le chef d'une aussi dangereuse entreprise!

ZULÉMA. Un complot a donc été formé?

ALI. Sans doute!

EL-OUGHA, *bas.* Prends garde, seigneur.

ALI. Devais-je penser qu'El-Beckry avait un secret pour sa sœur?

ZULÉMA. S'il ne m'a pas confié ce projet, c'est qu'il a douté, non de ma discrétion, mais de mon courage; il ne sait pas que dans ce cœur de femme il y a autant de force et de dévouement que dans le sien peut-être. Parle, parle donc, noble Ali, et au moment du danger tu verras Zuléma marcher du même pas que toi, braver la mort, et la recevoir comme toi pour la défense et le salut de ceux qu'elle aime.

ALI. Je te reconnais à ce langage... El-Ougha, veille à ce que personne ne puisse nous surprendre.

ZULÉMA. Quel est ton espoir?

ALI. Sauver l'Egypte... Partout on regrette le pouvoir des Mameloucks, partout on fait des vœux pour qu'ils redeviennent les maîtres de ce pays, et, si les provinces ne se sont pas encore soulevées, c'est qu'elles attendent que le Caire leur donne le signal du massacre... Eh bien! ce signal, aujourd'hui le Caire le donnera.

ZULÉMA. Aujourd'hui?...

ALI. Tu connais nos usages.... le jour de la fête de Mahomet, au sortir des mosquées, au retour de la prière... toute la population mêlée, confondue sur les places de la ville, se livre au plaisir, au désordre même. El-Beckry m'apprend que rien ne sera changé. Bonaparte l'a voulu ainsi : tout-à-l'heure la foule se pressera donc sur nos places, et jusque dans ces jardins, où, par les ordres de ton frère, par les tiens même, une fête a été préparée... ici, comme dans la ville, vainqueurs et vaincus se réjouiront ensemble ; ici, comme dans la ville, circuleront à profusion dans les rangs de nos ennemis ces funestes liqueurs que la sagesse du prophète interdit à ses fidèles... boissons dangereuses qui troublent la raison, éteignent les forces, et qui nous livreront nos ennemis. Quand leur ivresse sera devenue du délire, quand leurs bras n'auront plus la vigueur de supporter le poids de leurs armes, quand ils ne pourront plus entendre la voix de leurs chefs, quand leurs genoux chancelans ne leur permettront même pas de fuir, alors, de cette terrasse, le signal sera donné ; à ce signal, tous les poignards sortiront du fourreau pour se plonger dans le cœur de nos ennemis : je me suis réservé le plus illustre de nos usurpateurs..... à moi l'honneur d'immoler Bonaparte.

ZULÉMA. Bonaparte !...

ALI. Qu'as-tu donc ? pourquoi ce trouble?... ton courage faiblirait-il déjà ?

ZULÉMA. Pardonne-moi... mais...

ALI. Zuléma, prends garde... je t'ai confié mon secret, mais, en échange, toi, tu me donnes ta vie. Dès cet instant mon regard ne te quittera plus... Zuléma, j'ai lu dans tes yeux plus de pitié que de haine pour nos ennemis ; mais je ne crains pas que tu nous trahisses, car, je te le répète, Ali ne te perdra plus de vue, et si tu dis un mot, si tu fais un geste pour nous dénoncer, le coup que je destinais à Bonaparte sera pour toi.

ZULÉMA. Ali, ta menace m'a moins effrayée que le doute que tu avais conçu : la mort de Bonaparte ou la mienne..... tu l'as dit ; eh bien, Ali, tu verras si Zuléma sait trahir.

EL-OUGHA. Voilà Bonaparte !

(Fanfares.)

ALI. Déjà !

EL-OUGHA. Seigneur, il faut éviter les regards de nos ennemis, jusqu'au moment où le signal nous apparaîtra.

ZULÉMA. Et ce signal, quel sera-t-il?

ALI. Zuléma, c'est ton frère qui doit nous le donner, demande-le-lui ; pour moi, je t'en ai trop dit déjà, peut-être. *(Bas.)* Ne nous éloignons pas trop... car il faut que cette femme reste toujours sous nos yeux et sous la pointe de nos poignards.

(Ils sortent. Le cortége reparaît, mais déjà il y a plus de désordre.)

SCENE VIII.

LES MÊMES, BONAPARTE, EL-BECKRY, PLICK, LE SERGENT, L'ENFUMÉ, ETAT-MAJOR.

CRIS. Vive Bonaparte !..

EL-BECKRY. Vous l'entendez, général, toujours des cris d'enthousiasme et d'amour... le peuple vient de vous fêter par ses acclamations; à mon tour maintenant. Par les soins de Zuléma, une fête digne de vous a été préparée, puis-je espérer que vous et vos illustres compagnons vous consentirez à passer ici le reste du jour?

BONAPARTE. J'ai voulu que mes soldats se confondissent avec le peuple dans cette journée tout entière consacrée à la joie ; mes officiers et moi, nous acceptons avec reconnaissance l'hospitalité que *vous nous* voulez bien offrir.

EL-BECKRY. J'avais encore une faveur à solliciter de vous, seigneur.

BONAPARTE. Parlez !

EL-BECKRY. Les habitans du Caire seraient heureux de voir encore une fois s'élever dans les nues ces feux merveilleux que vous avez apportés d'Occident, ces feux qui semblent avoir été dérobés au soleil, qui éclairent au même instant toute une ville de leurs mille couleurs, et qui, nous a-t-on dit, sont en Europe le complément magnifique de toutes les fêtes nationales.

PLICK. Il veut un feu d'artifice, le commissaire.

BONAPARTE. Votre demande vous est accordée !...

ZULÉMA, *à part.* Quel soupçon !...

BONAPARTE. Quel emplacement désignez-vous ?

EL-BECKRY. L'extrémité de cette terrasse ; ainsi ce feu sera vu de toute la ville.... me permettrez-vous encore de choisir le moment où cet admirable spectacle devra commencer ?

BONAPARTE. Mes artilleurs attendront vos ordres.

ZULÉMA. Plus de doute... c'est là le signal convenu... oh ! le sauver et mourir... *(Elle écrit à la hâte, pendant que Bonaparte cause avec son état-major.)* « On te trahit, » Ali-Bey est dans la ville.. les partisans des » Mameloucks s'arment... le signal con- » venu pour le massacre des tiens sera ce » feu même allumé à l'extrémité de la

» terrasse... tu sais tout; maintenant, que » ton Dieu te sauve et me frappe, car pour » toi j'ai dénoncé, j'ai perdu mes frères. » (*A part.*) Comment lui remettre cet avis? Ali est près de moi sans doute, et son regard suit tout mes mouvemens. Ah !.. (*A Plick.*) Français, veux-tu porter ce billet à Bonaparte?

PLICK, *à part.* Voilà qui est humiliant.

ZULÉMA. Tu hésites? mais il y va de sa vie.

PLICK. Hein?

ZULÉMA. Prends garde... car si on me voyait te glisser cette lettre, tu n'aurais pas le temps de la porter à ton maître.

PLICK. Diable! la petite poste ne s'exécute pas facilement ici... c'est égal, donnez toujours.

(Bonaparte semble indiquer l'endroit du feu d'artifice; il redescend la scène; les officiers exécutent ses ordres; Plick s'est approché de lui; Ali a paru, toujours enveloppé, et s'approche de Zuléma et de son frère.)

EL-BECKRY, *bas.* Le succès est sûr maintenant, la prudence de Bonaparte sommeille.

ALI. Et la trahison n'aura pas le temps de l'éveiller.

PLICK, *bas.* Pardon, mon général.

BONAPARTE. Que me veux-tu?

PLICK. J'ai une lettre pour vous. Il paraît que ce chiffon de papier vaut trois coups de poignard, car j'ai risqué ça pour vous l'apporter.

BONAPARTE. Donne.

PLICK. Si il est amoureux, il va me nommer au moins caporal.

BONAPARTE. C'est bien; va-t'en.

PLICK. Ça suffit, mon général. (*A part.*) Allons, voilà une campagne qui ne m'avancera pas beaucoup.

BONAPARTE. Si elle ne m'a pas trompé... malheur aux traîtres... Je serai sans pitié... Lannes, approche...

EL-BECKRY. Général, voulez-vous permettre que notre fête commence?

BONAPARTE. Certainement!

EL-BECKRY. Ne prendrez-vous pas la place qui vous a été réservée?

BONAPARTE, *à ses Officiers.* Suivez-moi, messieurs, j'ai des ordres à vous donner, et, dans leur exécution, je vous recommande avant tout discrétion et célérité.

(Bonaparte et ses officiers vont se placer sous un riche dais. Zuléma veut les suivre; Ali se place devant elle et l'arrête au même instant. Plick vient aussi près de Zuléma, et repousse brusquement Ali. Les danses commencent. Bonaparte ne cesse pas de donner des ordres; les officiers vont et viennent, un esclave vient s'agenouiller devant El-Beckry, qui aussitôt se lève.)

EL-BECKRY. Seigneur, on m'annonce que tout est prêt dans la salle du banquet.

BONAPARTE. Seigneur El-Beckry, vous êtes un hôte loyal et magnifique, un fidèle ami de la France, guidez-nous. (*A un officier.*) Mes ordres?..

L'OFFICIER. Seront ponctuellement exécutés.

BONAPARTE. C'est bien. (*A ses officiers.*) Messieurs, vous avez reçu vos instructions. Quant à toi, Lannes...

LANNES. Moi, je ne vous quitte plus, mon général.

BONAPARTE, *à part.* Doublons encore la confiance de nos ennemis. (*Haut.*) Soldats, j'ai consacré cette journée tout entière au plaisir... je vous cède la place... à votre tour, mes amis...

EL-BECKRY. Du vin, des liqueurs à pleines coupes... allez.

BONAPARTE. Entrons.

ALI, *bas à Zuléma.* Reste!..

SCENE IX.

ZULÉMA, PLICK, ALI, LE SERGENT, L'ENFUMÉ, SOLDATS, ARABES, *etc.*

LE SERGENT. Le général l'a dit, c'est à notre tour de nous en donner.

TOUS. A la danse!..

LE SERGENT. Allons, Grain d'orge, va chercher tes camarades, nous allons danser à grand orchestre.

TOUS. C'est ça...

L'ENFUMÉ. Dites donc, sergent, il y a disette de vivandières...

PLICK. Eh bien! en avant les obélisques! allons, les airs de France, ça leur donnera du cœur aux jambes... Français, la main à l'Egypte... fifres et tambours, en avant.

(La danse s'anime; on ne s'arrête que pour donner le temps aux danseuses de prendre leur part des rafraîchissemens. On apporte à boire à Plick, qui est debout devant Zuléma à demi couchée sur un divan. Ali est à ses pieds qui lui montre en souriant l'ivresse des soldats.)

PLICK. Merci, mauricaud; à votre santé, altesse. (*A part.*) C'est drôle, je commence à en voir deux altesses.

ALI, *bas à Zuléma.* Ils se livrent à nous.

ZULÉMA, *à part.* Et Bonaparte? que fait Bonaparte?

PLICK. Mon sergent, prenez garde à vous.

LE SERGENT. Sois tranquille, ça passera encore...

L'ENFUMÉ. Il est joliment fort, le punch égyptien; il me semble que je tourne dans la rue du Chat-qui-pêche. (*Prenant la main d'une danseuse.*) Bayadère, vous pouvez vous vanter de danser avec un homme ému.

LE SERGENT. En avant!

(Le désordre est à son comble; l'un embrasse sa danseuse, l'autre tombe; celui-là s'arrête pour boire. El-Beckry paraît. De tous côtés on voit des Arabes qui avancent la tête et ont la main sur leurs poignards.)

SCENE X.

LES MÊMES, BONAPARTE, LANNES, EL-BECKRY.

(A la vue de Bonaparte le tableau reste posé. Chacun semble attendre ou un ordre ou un signal. Les soldats crient tous: Vive Bonaparte!)

EL-BECKRY. Général, voici le moment de donner à la ville du Caire...

BONAPARTE. Le signal qu'elle attend, n'est-ce pas?.. voyez, seigneur El-Beckry, on a été au-devant de vos désirs.....

(On distingue la lueur du feu d'artifice.)

ALI, *se levant.* Amis! c'est l'heure de notre vengeance!

(Tous les Arabes se lèvent et semblent sortir de terre. Les Français surpris reculent.)

BONAPARTE. Traîtres! c'est aussi l'heure de ma justice! écoutez!..

(Moment de silence. De tous côtés on entend battre la charge.)

ALI. Nous sommes trahis à notre tour, Bonaparte, tes défenseurs arriveront trop tard.

(Il veut s'élancer vers lui; mais Lannes le repousse et le renverse.)

BONAPARTE. A moi, grenadiers.

(Des portes du manége sortent deux compagnies de grenadiers, derrière lesquels se rallient les Français. Le combat est bientôt terminé. Ali renversé se traîne jusqu'à Zuléma, qu'il frappe.)

ALI, *tombant.* Je te l'avais dit, Zuléma, a vie de Bonaparte ou la tienne.

ACTE TROISIÈME.

ALLEMAGNE.

Le théâtre représente une tente. Les bivouacs de l'armée française sont en vue du public.

PERSONNAGES.	*ACTEURS.*	*PERSONNAGES.*	*ACTEURS.*
NAPOLÉON	M. GOBERT.	LE SERGENT	M. SIGNOL.
LANNES	M. GAUTHIER.	PLICK	M. PARENT.
DUROC	M. CHÉRI.	LE COMTE DE HAUWITZ	M. CAMILLE.
JOSEPH PLICK, lieutenant	M. EDMOND.	GRENADIERS, SOLDATS.	

La scène est sur le champ d'Austerlitz.

SCENE PREMIERE.

PLICK, SOLDATS DE LA GARDE IMPÉRIALE.

LE SERGENT. Allons, camarades, encore un coup de main... L'empereur aimera mieux que tout soit arrangé par nous que par ses valets de chambre... Le manteau de l'empereur sur cette chaise... ici, sa petite table pour ses cartes et ses papiers... à merveille. Eh bien! Plick, tu ne nous aides pas?

PLICK. Non... non... je n'aime pas toutes ces dorloteries-là.

LE SERGENT. Tu plaisantes... Soldat, général ou empereur, il faut que chacun se donne ses aises... quand il le peut.

PLICK. Je vous répète, sergent, que je n'aime pas faire la guerre en petite-maîtresse

LE SERGENT. Petite-maîtresse? ah! ah! la garde impériale... petite maîtresse!..

PLICK. Riez... tant que vous voudrez, sergent, et vous aussi, camarades; mais je me rappelle que j'ai fait les campagnes de Sambre-et-Meuse sans habit et celles d'Italie sans souliers.. C'était le bon temps; soldats, officiers, généraux, nous mourions tous de faim, comme pairs et compagnons, à la bonne heure!... maintenant nous voilà pimpans comme des cardinaux, et nos capitaines sont dorés comme des calices...

LE SERGENT. Nos uniformes ne sont fichtre pas trop beaux pour nous... Ah ça! tu regrettes donc toujours ta république? Prends garde, Plick, prends garde... si l'empereur savait ce que tu dis quelquefois!

PLICK. Je me gênerais peut-être pour le lui répéter.... ça n'empêche pas que je l'aime. Oui, je l'aime, et j'en ai de bonnes raisons.

LE SERGENT. Je le crois; ton fils élevé à l'école militaire, et peut-être officier à l'heure qu'il est... c'est quelque chose.

PLICK. Et croyez-vous que je n'aie rien fait pour ça?.... Un coup de poignard empoché, la garnison de Pavie sauvée, je crois aussi que c'est quelque chose... Quant à la république, dont vous venez de parler, sergent, je m'en soucie comme des cendres de ma pipe; mais, au moins, dans ce temps-là, je disais à monseigneur le maréchal duc de Montebello..... Bonjour, Lannes; comment que ça te va? Allez donc lui chanter cet air-là maintenant?

LE SERGENT. Oh! dam! les rangs, les titres, tout ça rentre dans la discipline, et la discipline est une belle chose qui date de loin; elle nous vient des Romains... bons soldats, à ce que disent les proclamations.

PLICK. J'ai cependant entendu dire à un savant de l'armée d'Egypte que les soldats de César, qui était aussi un empereur, et un fameux, lui disaient sans façon : César, comment que tu te portes?

LE SERGENT. Fichtre! et César, qu'est-ce qui répondait?

PLICK. Parbleu! ça va tout seul : Bien, et toi?

LE SERGENT. Bigre!.. si ton savant ne t'a pas trompé, ça devait faire un empereur assez jovial... Mais voilà le nôtre... rangeons-nous.

(*La garde se met sous les armes.*)

SCENE II.

LES MÊMES, NAPOLÉON, GÉNÉRAUX, OFFICIERS.

NAPOLÉON. Que les cinquième, sixième et septième divisions continuent leur mouvement de retraite, et que le deuxième et le troisième corps viennent s'appuyer sur la droite de cette position? (*Aux officiers.*) Allez porter mes ordres?

LANNES. Une retraite? après avoir écrasé les Autrichiens à Ulm? après être entré à Vienne? Sire, est-ce parce que les ennemis ont trente mille hommes de plus que nous que nous battons en retraite?

NAPOLÉON, *gaîment.* Mais, trente mille hommes... c'est quelque chose.

LANNES. Moins que rien, sire; une bagatelle; vous nous l'avez prouvé plus d'une fois.

NAPOLÉON, *riant.* Eh bien! monsieur le curieux, ce n'est pas pour cette bagatelle que nous semblons nous retirer... prenez ma longue vue... examinez l'armée russe, que fait-elle?

LANNES, *après avoir regardé.* Morbleu! elle vient nous attaquer, je crois...

NAPOLÉON. Non, non, maréchal, pas encore; mais, pleine de confiance, elle quitte les hauteurs qu'elle occupait pour venir nous disputer la plaine, et c'est ce que je voulais... Messieurs, avant demain soir, cette armée sera à moi.

LANNES. Ah! sire, pardon, je ne suis qu'un fou.

NAPOLÉON. Vous êtes, mon cher Lannes, un de mes plus braves lieutenans...

LANNES. Je suis, du moins, un des plus dévoués... j'espère bien que vous ne m'oublierez pas demain.

NAPOLÉON. Voilà une nouvelle manière de demander un poste dangereux... c'est une habitude chez vous, maréchal!.... Duroc!.. quelles nouvelles de Paris?

DUROC. Ce rapport du ministre de la police...

NAPOLÉON, *prenant le papier.* Ah! bon... des commérages, le faubourg Saint-Germain désire que je sois battu... c'est naturel; je n'ai plus de biens à lui rendre, et les faveurs qu'il n'ose me demander, il peut les attendre d'un autre..... Comment donc! il arme contre moi... la Suède... le Danemarck... la Prusse...

DUROC. Quant à la Prusse, sire, il pourrait avoir raison; le comte de Haugwitz, premier ministre du roi de Prusse, est arrivé à Brünn... il a fait demander des passeports pour le quartier-général, et il vient, sans doute, pour nous signifier la déclaration de guerre de son maître.

NAPOLÉON. Eh bien! qu'il vienne!... nous, messieurs, allons voir si les mouvemens que j'ai ordonnés ont été exécutés... (*A part.*) Ah! j'oubliais!.. (*Haut.*) Sergent! (*Le sergent s'avance.*) N'avez-vous pas dans votre compagnie un nommé Plick, grenadier dans ma garde?

LE SERGENT. Oui, sire; et il est ici.

NAPOLÉON. Qu'il approche.

LE SERGENT, *appelant.* Grenadier Plick! l'Empereur veut vous parler.

PLICK, *sortant du rang.* Présent!

LE SERGENT, *bas, à Plick.* Tiens-toi bien, mon pauvre Plick!

NAPOLÉON, *le regardant.* Ah! te voila, vieux grognard!

PLICK, *à part.* Vieux grognard! allons, c'est sûr, on a fait des rapports.

NAPOLÉON. Tu es donc toujours soldat?

PLICK. S'il ne fallait que du courage et des blessures, il y a long-temps, sans me vanter, que je serais caporal.

NAPOLÉON. Mais, la croix..... pourquoi ne l'as-tu pas?

PLICK, *brusquement.* Demandez à ceux qui la donnent.

NAPOLÉON, *sévèrement.* C'est moi seul... (*A part.*) Mais je ne puis penser à tout et à tout le monde. (*Haut.*) Plick, je voulais te parler; mais je crois qu'il vaut mieux qu'un autre le fasse à ma place... Demeure ici, jusqu'à ce qu'un officier vienne te chercher de ma part... tu m'entends? (*L'empereur parle bas à un officier, puis s'approchant de Duroc et à part :*) Si ce soldat n'est pas tué demain, que son nom soit inscrit sur le livre de la Légion-d'Honneur! (*Duroc écrit l'ordre.*) Suivez-moi, messieurs!

SCENE III.

PLICK, LES SOLDATS.

LE SERGENT. Eh bien! Plick, tu as vu, tu as entendu... je t'avais prévenu, mon vieux.

PLICK. Oui, sergent, oui, je vois que

je ne suis pas dans de beaux draps!... le petit caporal a parlé tout bas à Duroc, qui a pris mon nom..... et puis cet officier qui va venir... (*Se grattant l'oreille.*) Diable!.. ça va mal... allons, allons, au petit bonheur! Au fait? qu'est-ce que j'ai à craindre? ils me fusilleront pas, peut-être!

LE SERGENT. Non, mais on pourrait bien te faire quitter la garde.

PLICK. La veille d'une bataille! mille noms d'un chien! qu'ils ne s'en avisent pas!

SCENE IV.

LES MÊMES, JOSEPH PLICK, LIEUTENANT.

JOSEPH. Le grenadier Plick est-il ici?

LE SERGENT. Le voilà, mon lieutenant! (*Aux Soldats.*) Éloignez-vous!.... laissons exécuter les ordres de l'empereur!

(Ils se retirent tous à l'écart.)

PLICK, *à part.* Me faire interroger par un blanc-bec! en voilà une sévère! (*Le regardant du coin de l'œil.*) Il a, cependant, un assez bon chique.

JOSEPH, *s'avançant.* Comment! vous ne me dites rien?

PLICK. Ce n'est pas à moi, lieutenant...

JOSEPH. Lieutenant! comment, vous ne me reconnaissez donc pas?

PLICK. Je ne crois pas avoir eu l'honneur... (*A part.*) Faut être poli!..

JOSEPH. L'honneur!.... mais regardez-moi donc!

PLICK, *se retournant.* Eh! mais... non... si... Dieu me pardonne, c'est Joseph!... mon fils!... mon fils!... (*Il le prend dans ses bras.*) Pardon, lieutenant!...

JOSEPH. Eh!.. mon père, embrassez-moi?

PLICK. Volontiers..... mais, vois-tu, c'est cette diable de discipline... dont nous parlions tout-à-l'heure avec le sergent... Sais-tu si les Romains embrassaient leurs lieutenans?

JOSEPH. La discipline ne me défend pas d'aimer mon père; elle ne vous commande pas de ne point embrasser votre fils.

PLICK. Tu as raison... et quand elle le défendrait... la nature forcerait la consigne... Te voilà donc lieutenant? mon chef! et il faut que je te respecte; c'est drôle, tout de même.

JOSEPH. Ce qu'il faut, mon père, pour moi, c'est que vous m'aimiez.

PLICK, *le regardant.* Mais c'est qu'il est bien tourné! je vois maintenant que le sergent n'avait pas tort... l'uniforme des officiers n'est que ce qu'il faut... Et depuis quand ici?

JOSEPH. Depuis hier... et lieutenant des guides de l'empereur depuis ce matin.

PLICK. C'est ça qu'il voulait me dire... Et moi qui croyais... Joseph, ne me parle plus...

JOSEPH. Comment?

PLICK. Tiens... franchement, j'ai mérité d'être fusillé.

JOSEPH. Vous, mon père?... c'est impossible.

PLICK. Mais, fichu blanc-bec, quand je te dis... Excusez, lieutenant?

JOSEPH. Eh! mon père, oubliez mon grade, ne voyez en moi que votre fils, votre Joseph, qui, bien que jeune, peut vous donner un bon conseil... Voyons, qu'avez-vous donc fait?

PLICK. Rien... mais j'ai parlé assez librement.

JOSEPH. De l'empereur?

PLICK. Ma foi, oui... sur lui et sur d'autres.

(Ici l'empereur, suivi de Duroc, paraît et fait signe qu'on ne lui rende aucun honneur... Il a entendu les derniers mots et il s'approche doucement.)

SCENE V.

LES MÊMES, NAPOLÉON, DUROC.

JOSEPH. Au nom du ciel! mon père, qu'avez-vous pu en dire?

NAPOLÉON, *gaîment, à part, et s'approchant.* Je ne serais pas fâché de le savoir.

PLICK. D'abord, je l'ai vu avec peine se faire empereur.

NAPOLÉON, *à part.* Sans doute, il aurait fallu le consulter.

PLICK. Je l'aimais mieux consul.

JOSEPH. Consul ou empereur, qu'importe le nom? un chef n'est-il pas aussi nécessaire à un état qu'un général à une armée?

NAPOLÉON, *à part.* Pas mal, pour une si jeune tête!

JOSEPH. Les mots ne signifient rien.

PLICK. Possible... Quant au petit caporal, s'il n'y avait que lui qui ait eu de l'avancement, je ne dirais rien... parce que c'est un cadet à part; mais de voir tous ces comtes d'un jour, tous ces ducs d'une semaine, tous ces nobles enfin, qui poussent comme des champignons, je te dis que c'est dur... Que diable! je ne me suis pas battu depuis dix ans, moi, et cinq cent mille autres, pour voir reconstruire tout ce que nous avons démoli avec tant de peine... Je me souviens des princes et des marquis de l'ancien régime... c'étaient des messieurs complètement embêtans... les grades étaient pour eux... les honneurs toujours pour eux... le droit même de mourir glorieusement, tant sur terre que sur mer... ils l'avaient seuls... Il fallait être ce qu'ils appelaient gentilhomme; j'ai vu ça.

JOSEPH. Mais, mon père, la noblesse de l'empereur...

PLICK. Ta!.. ta!.. ta!.. la noblesse est toujours la noblesse!.. c'est comme le vin qui est toujours le vin, avec cette différence que le nouveau... Suffit, je m'entends...

NAPOLÉON, *à Duroc*. Il est temps que j'arrive au secours de mon allié, sans quoi il pourrait bien être battu.

JOSEPH L'empereur!!

PLICK, *à part*. Ah! je suis pincé!

NAPOLÉON, *s'avançant*. Ainsi donc, monsieur Plick, vous n'aimez pas plus la noblesse que le vin nouveau?

JOSEPH. Croyez, sire, que mon père...

NAPOLÉON. Laissez-nous causer, monsieur le lieutenant... Voyons, Plick, tu n'aimes pas les nobles; mais, d'abord, les miens ne ressemblent guère à ceux que tu as connus. Ma noblesse, à moi, ce n'est pas la naissance qui la donne, c'est le mérite... ce sont les talens... c'est la vertu... Le fils d'un artisan, celui d'un petit fermier, seront ducs ou comtes, princes même, si je le crois dignes de ce rang.

PLICK. Je conviens que c'est quelque chose.

NAPOLÉON. Toi, qui es un vieux routier, qui as vu le monde, tu dois comprendre qu'il est des récompenses qu'un empereur doit pouvoir accorder sans appauvrir l'État; car, enfin, si je n'avais ni titres ni honneurs à accorder, il n'y aurait que l'argent qui pourrait récompenser les services. Ne vaut-il pas mieux dire au brave général, à l'artiste habile, au savant jurisconsulte: Je vous fais maréchal, comte, baron, que de leur dire, je vous donne cent, deux cent, trois cent mille francs? Et où le prendre cet argent? sur le peuple... car, en définitive, c'est toujours lui qui paie... non, non, je dois être meilleur ménager de sa bourse. Que lui importent, après tout, ces titres auxquels il peut prétendre? Quels priviléges emportent-ils? Les fils d'un comte ou d'un duc seront conscrits comme le fils d'un paysan... contribuables comme lui... Au contraire, j'exigerai plus d'eux... Ce que j'aurai accordé aux pères, il faudra que les fils me le rendent en dévouement, en services; avec moi, point de noblesse fainéante, oisive, insolente... Égaux devant la loi, tous les Français pourront marcher du même pas à la gloire ou à la fortune.

PLICK. Par ma foi, mon empereur, j'avoue que vous expliquez la chose de manière... Allons, allons, soit duc ou maréchal qui pourra, je ne m'en inquiète plus.

NAPOLÉON. Ton fils peut le devenir.

PLICK. C'est vrai, morbleu! vivent les maréchaux! vivent les ducs!

NAPOLÉON, *lui prenant la moustache*. Va, j'étais bien sûr que nous nous entendrions... Écoute, demain nous livrons bataille, et tu dois désirer de causer avec ton fils... je t'exempte, pour ce soir, de tout service, et voilà pour payer le souper que tu dois lui donner...... Prends... Il n'est pas convenable que le fils paie pour le père.

(Il lui remet quelques pièces d'or.)

PLICK. Puisque vous le voulez, merci, mon empereur; mais il n'était pas besoin de ça... Je vous ai toujours aimé... Mais, maintenant... que nous nous sommes expliqués..... ce n'est plus de l'amitié..... c'est... morbleu! je voudrais bien connaître quelqu'un qui ne fût pas votre ami...- Ah! ah! les Russes n'ont qu'à bien se tenir.

NAPOLÉON. Va..... va..... je compte sur toi.

PLICK. Viens, Joseph, je veux qu'on boive, ce soir, à la santé de l'empereur; et le premier qui renoncera.... suffit... il aura affaire à quelqu'un.

NAPOLÉON. Point de folies!... Il faut qu'à dix heures, au plus tard, chacun soit à son poste... Songe que la discipline....

PLICK, *à part*. Ah! voilà encore le grand mot... (*Haut.*) Soyez tranquille, mon empereur, tout se passera militairement, et d'ailleurs mon lieutenant sera là pour me rappeler à l'ordre.

(Il sort avec sont fils.)

SCENE VI.

NAPOLÉON, DUROC.

DUROC. Votre majesté est aussi satisfaite d'avoir battu en paroles un grenadier de sa garde qu'elle pourrait l'être de déjouer les ruses d'un diplomate autrichien.

NAPOLÉON. Duroc, je suis plus fier de cette victoire... avec un ambassadeur, je pourrai étonner, séduire... je n'agirai que sur l'esprit, mais, ici, j'ai gagné le cœur... Les paroles des puissans doivent remonter du peuple au sommet de la société; car le peuple seul est capable de ces convictions robustes qui décident du sort des empires. Jésus-Christ n'avait pour disciples que des pêcheurs, des gens obscurs ; et cependant il a fondé une religion qui règne depuis vingt siècles. L'heure du repos est arrivée... Duroc, j'ai été content de l'armée... La figure du soldat, riante et ouverte, me prouve la confiance qu'il a en son général... je ne la tromperai pas.... Le major-général a-t-il expédié tous mes ordres?

DUROC. Oui, sire.

NAPOLÉON. Alors, tout est fini pour aujourd'hui..... dormons... (*Il s'arrange sur la chaise près du feu, et s'enveloppe de son manteau.*) Dormez aussi.

DUROC. Je ne le pourrai.... je le sens... je n'ai pas, comme votre majesté, le privilége de commander à tout... même au sommeil.

NAPOLÉON. Mais, vous, qu'allez-vous faire?

DUROC. Je vais écrire à plusieurs de nos amis de Paris.

NAPOLÉON. Ecrivez... écrivez.... et moquez-vous bien d'eux... s'ils ont cru aux bavardages du faubourg Saint-Germain.

DUROC. J'ai mieux à leur dire, je vais leur faire part de nos espérances...... leur parler de nos projets... de l'avenir.... quelles belles pages la victoire de demain peut dérouler! je vous vois, sire, donnant la paix à l'Europe... abaissant la Prusse... contenant la Russie... relevant la Pologne... rentrant à Paris sous les arcs de triomphe que vous élèvera la reconnaissance des Français.... Allons, il ne m'écoute plus... il dort déjà... et d'un sommeil aussi calme que s'il était aux Tuileries... quel homme!.. Allons terminer ces lettres.

(Il ferme son portefeuille et rentre dans une autre partie de la tente. A peine Duroc est-il parti, qu'une musique mystérieuse se fait entendre. Des nuages garnissent le fond de la tente.)

NAPOLÉON, *s'agitant sur son lit de camp.* En avant, grenadiers!... Masséna!.. Lannes! en avant!... en avant!.. (*Des fanfares éloignées.*) Victoire!.... victoire!..... Vienne va nous ouvrir ses portes! (*Ici le panorama commence à se développer... Après la ville de Vienne, Napoléon continue.*) Soldats! la campagne est finie.... on nous attend en France... à Paris!.... à Paris!...

(Le panorama recommence à marcher, et Paris presque entier apparaît à Napoléon. Il voit en songe la route qu'il doit parcourir au retour : la Villette, le faubourg Saint-Martin, les boulevarts, enfin l'arc de l'Etoile. Aussitôt que les panoramas ont défilé, l'empereur se réveille, et le grenadier en faction à la porte de la tente est aperçu de nouveau.)

NAPOLÉON, *se levant.* Par ma foi, j'ai bien dormi.... (*Il regarde à sa montre.*) J'aurais pu, je crois, faire encore le paresseux... (*Il prête l'oreille.*) Pourvu que les Russes n'aient pas deviné le piége où je les attire..... Examinons encore les positions des deux armées?... C'est bien cela... Relisons le rapport adressé au quartier-général... Duroc... ah! ce pauvre Duroc!..... (*Il regarde dans la coulisse, à gauche.*) Comme il dort!..... en vérité, ce serait dommage de le réveiller.... (*Il va lui prendre son portefeuille.*) Oui, Masséna a raison ; si l'ennemi fait la faute de tourner le dos aux lacs glacés, il éprouvera une épouvantable défaite. (*On entend battre la diane dans le lointain.*) Voilà le jour! j'ai ma bataille!.. (*Se levant.*) J'ai ma bataille!... Duroc!... Duroc!... mes aides-de-camp!.. mes officier, d'ordonnance!.. que tout le monde entre!..... (*Il regarde, avec sa lunette, les mouvemens de l'ennemi.*) Les voilà en mouvement... je les devine.. ils vont chercher à isoler nos ailes de notre centre..... Courez prévenir Lannes et Murat des intentions de l'ennemi.

UN AIDE-DE-CAMP, *arrivant.* Sire, le comte de Haugwitz, ministre plénipotentiaire de Prusse, vient d'arriver aux avant-postes, et demande instamment à être présenté à votre majesté.

NAPOLÉON. Je le recevrai à la tête de ma garde... mes grognards sont des hommes que je présente avec orgueil à mes amis comme à mes ennemis. (*A Joseph, qui est au font de la tente.*) Avancez, jeune homme ; j'ai dit hier à votre père que tous les Français indistinctement pouvaient prétendre aux plus hauts emplois, aux plus grands honneurs.... je veux vous mettre sur le chemin... Vous voyez ce corps russe... déjà il a débordé notre aile gauche : montez à cheval, prévenez-les, et courez porter au maréchal Soult l'ordre d'attaquer Pratzen et Telnitz... il faut acculer les Russes sur les lacs glacés d'Augezd et de Monitz... Vous comprenez l'importance de votre mission, monsieur?

JOSEPH. Oui, sire, l'exécuter ou mourir.

(Il s'élance hors de la tente.)

NAPOLÉON. Il a du feu... cependant il est bien jeune.

FLICK, *sous les armes.* Ne craignez rien, mon empereur, je réponds de l'enfant.

NAPOLÉON. Ah! c'est encore toi! eh bien, je t'accepte pour caution ; je ferai encore davantage ; viens ici, mets-toi à genoux!

FLICK, *souriant.* J'ai fait mes prières, sire.

NAPOLÉON. A genoux, te dis-je! (*Tirant son épée.*) Je voulais te donner la croix après la bataille ; mais comme tu pourrais bien être tué...

PLICK. Dam ! il y a chance, mon empereur !

NAPOLÉON, *le touchant de son épée.* Je te fais chevalier de la Légion : sois brave, fidèle à la patrie et à l'honneur !

SCENE VII.

LES MÊMES, LE COMTE DE HAUGWITZ.

NAPOLÉON. Monsieur le comte, vous arrivez un peu tard, si c'est comme médiateur; mais, si vous venez comme ami, vous ne pouviez mieux choisir le moment... dans quelques heures vous pourrez m'offrir vos félicitations.

LE COMTE. Sire, personne ne les adresserait à votre majesté plus volontiers que moi... cependant, s'il m'était permis de parler avec franchise, j'oserais représenter à votre majesté que les armes sont journalières; les succès que vous avez obtenus jusqu'ici sont grands, je l'avoue; mais les forces qui vous étaient opposées ne sont point à comparer aux armées russes et autrichiennes; sire, ces armées sont belles, aguerries et pleines de confiance.

NAPOLÉON. Monsieur le comte, croyez-vous que nous en manquions ? écoutez les acclamations des soldats... c'est aujourd'hui l'anniversaire de mon couronnement, et mon armée s'est bien promis de le célébrer d'une manière digne d'elle.

LE COMTE. La paix, sire, vaut mieux qu'une victoire, qui souvent ne la procure pas.

NAPOLÉON. Nous ferons en sorte que celle-ci soit plus décisive que la capitulation d'Ulm et la prise de Vienne ; mais, tenez, monsieur le comte, je comprends tout l'embarras de votre position... et je vais vous mettre à votre aise... Vous étiez hier au milieu de l'armée russe, et vous êtes en ce moment devant moi..... vous avez des instructions..... si vous ne m'en faites part officiellement aujourd'hui, vous pouvez encourir demain une grande responsabilité... l'ennemi est devant nous..... une bataille se prépare..... elle est inévitable... certaines gens peuvent croire que les Russes seront vainqueurs ; mais moi, qui me connais en ces sortes de choses, je vous promets que je les battrai... ne me dites donc rien... je ne veux rien savoir..... allez attendre à Vienne l'issue de cette affaire... quelques heures suffiront, et demain je vous promets de recevoir de bonne grâce les félicitations dont la fortune aura probablement changé l'adresse.

(*Le comte salue profondément l'empereur et s'éloigne.*)

SCENE VIII.

LES MÊMES, JOSEPH PLICK *blessé.*

NAPOLÉON. Eh bien ! monsieur, mes ordres...

JOSEPH. Sont exécutés, sire ; le maréchal Soult attaque en ce moment l'ennemi.

NAPOLÉON. Celui qui sait aussi promptement obéir mérite de commander.... vous êtes capitaine... Messieurs, à cheval.

(*Il sort suivi de son état-major. Le théâtre change. Champ d'Austerlitz. Bataille.*)

FIN.

IMPRIMERIE DE Vᵉ DONDEY-DUPRÉ, RUE SAINT-LOUIS, Nº 46, AU MARAIS.

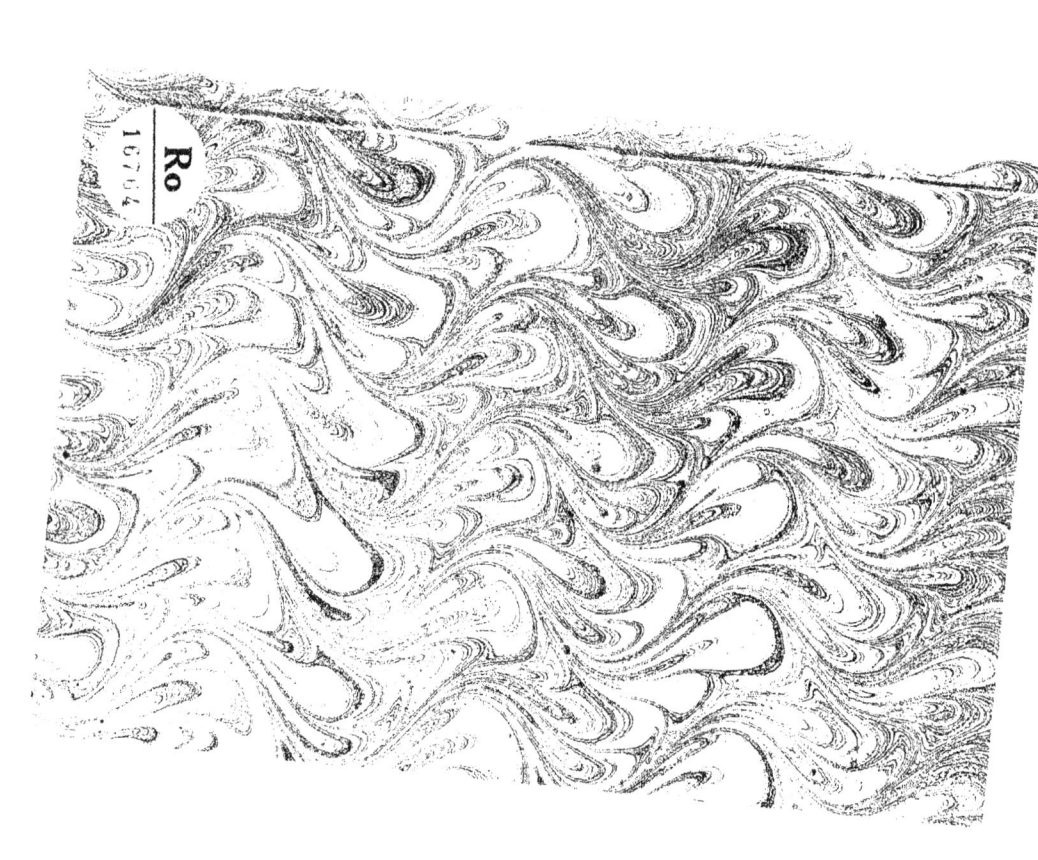

LA BELLE ESPAGNOLE,

OU

L'ENTRÉE TRIOMPHALE DES FRANÇAIS A MADRID,

SCENES EQUESTRES,

Militaires et Historiques, à grand Spectacle; en trois Parties;

Par M. J. G. A. CUVELIER;

Musique arrangée par M. D'HAUSSY;

Représentées pour la première fois, à Paris, au Cirque Olympique, le 14 Janvier 1809.

PARIS,
Chez Barba, Libraire, Palais-Royal, derrière le Théâtre Français, N°. 51.

1809.

PERSONNAGES.	ACTEURS.
ROSINA, ou la Belle Espagnole.	Mad. *Gougibus.*
S.-ALME, jeune adjudant commandant français.	*Franconi* cadet.
D. ALVARÈS, père de Rosina, ancien officier-général espagnol.	*Gougibus.*
D. TARTUFFOS, familier de l'Inquisition.	*Marcé.*
Un Inquisiteur.	*Saint-Martin.*
MARIALVA, duègne de Rosina.	Mad. *Tigée.*
Deux Généraux espagnols insurgés.	*S.-Martin* et *Rousseau.*
Deux Pages de D. Alvarès.	*Adolphe* et *Emile.*
Un Général de division français.	*Franconi* aîné.
Un Général de brigade français.	*Désorme.*
Deux Aides-de-Camp.	*Masse* et *Victor.*
Trois Spadassins espagnols.	
Un Brigadier et deux Gendarmes français.	
Quatre Soldats, ou Cavaliers français isolés.	
Un espion anglais.	
Un Boucher, chef d'insurgés.	
Un Geolier.	
Dona Véronica, pauvre femme espagnole, très-vieille.	
Insurgés espagnols.	
Peuple espagnol.	
Troupes françaises à pied et à cheval.	

La scène se passe dans un bourg, sur la route militaire, aux environs de Madrid, ensuite dans les faubourgs et à la porte de Madrid même.

AU LECTEUR.

J'éprouve dans cet ouvrage les mêmes difficultés qui se sont présentées quand j'ai voulu traiter les sujets intéressans *des Français en Pologne* et de *la Bataille d'Aboukir*; le Héros est trop grand pour que mes faibles pinceaux puissent saisir sa ressemblance, et la composition trop vaste pour un cadre aussi étroit que le Cirque. Je me plais donc à croire que le Public éclairé me jugera plus sur l'intention que sur l'exécution, et qu'il m'accordera l'indulgence dont il a bien voulu honorer jusqu'à ce jour mes faibles esquisses. CUVELIER.

LA BELLE ESPAGNOLE,

OU

L'ENTRÉE TRIOMPHALE DES FRANÇAIS

A MADRID,

Scènes équestres, militaires et historiques, en trois parties.

PREMIÈRE PARTIE.

Le théâtre représente une place publique dans un bourg; à gauche (de l'acteur) la maison du Commandant français; à côté est l'entrée d'un couvent; sur la porte, une croix; en face une autre maison, qui est celle de don Alvarès.

SCENE PREMIÈRE.

Les habitans du bourg dansent une farandolle vive et gaie.

Don Tartuffos vient donner à Rosina une sérénade burlesque.

Mariaiva paraît, et lui déclare qu'on ne veut pas recevoir ses hommages : il sort confus; la danse reprend.

Elle est interrompue par l'arrivée de plusieurs

spadassins à mine rébarbative qui examinent la maison du Commandant français, semblent menacer, s'envellopent dans leurs manteaux d'une façon mystérieuse, et sortent.

SCENE II.

La farandolle reprend ; le Brigadier des gendarmes français à cheval, vient apporter des dépêches au commandant.

SCENE III.

Le jeune St.-Alme, adjudant-commandant français, chargé du commandement de la place, sort de sa maison et développe les dépêches ; elles contiennent l'avis de se tenir sur ses gardes, attendu qu'une insurrection paraît menacer les Français.

Un gendarme à cheval accourt, et confirme cette fâcheuse nouvelle ; le commandant renvoie les gendarmes avec de nouveaux ordres.

SCENE VI.

Les habitans du bourg présentent au commandant plusieurs pétitions : il les reçoit avec bonté.

Don Alvarès paraît avec Rosina, sa fille ; elle est voilée et suivie par sa duègne et par ses deux pages. Le brave vieillard veut se jetter aux genoux du Commandant, qui l'en empêche gracieusement. L'Espagnol demande protection au chef français pour lui et pour sa fille ; elle lui est accordée sans hésiter.

St.-Alme charge un gendarme de veiller sur les propriétés de ce brave et digne militaire ; le gendarme affiche à la porte de la maison la sauvegarde accordée.

Le père remercie son bienfaiteur, et retourne chez lui avec sécurité ; sa fille, suivie de la duègne et de ses pages, entre dans le couvent ; elle est toujours voilée, et prolonge sur le jeune Français un long regard de remerciement ; celui-ci la suit des yeux, en admirant sa tournure et son élégance.

SCENE V.

Plusieurs cavaliers et soldats français isolés viennent demander le logement au Commandedant, qui fait viser leur route, et leur accorde des billets.

SCENE VI.

Don Tartuffos, familier de l'Inquisition, portant à son côté une grande rapière, paraît avec un Inquisiteur. Le Commandant les salue ; ils lui tournent le dos brusquement sans lui rendre son salut. Tartuffos rentre dans le couvent.

St.-Alme rit de leur morgue, et se retire dans son quartier.

SCENE VII.

Des spadassins à demi-ivres viennent se concerter avec le perfide Inquisiteur, qui sort après avoir donné ses ordres.

Les spadassins restent seuls.

SCENE VIII.

Rosina sort du couvent avec sa duègne et ses pages : Tartuffos lui donne la main. Les spadassins s'approchent, et veulent lui lever son voile : à cette insulte la Duègne et les pages s'enfuient, et le fanfaron Tartuffos tremblant, se cache dans un coin.

SCENE IX.

La belle Espagnole se débat au milieu des deux coquins qui lui manquent de respect, en exigeant qu'elle lève son voile.

St.-Alme sort de son quartier ; témoin de cette violence, il ne peut la souffrir ; il tire son épée, combat, et met en fuite les deux spadassins.

Rosina reconnaissante de ce service, lève son voile pour son libérateur. Il est ébloui de sa beauté.

SCENE X.

Don Alvarès, la duègne et les pages reviennent, et sont témoins de la généreuse galanterie du jeune Français ; ils l'en remercient, et se retirent dans leur hôtel.

Tartuffos, qui a repris du courage après le danger, prétend les accompagner ; don Alvarès le prie avec ironie, de se dispenser de ce soin.

St.-Alme sort d'un côté opposé.

SCENE XI.

Tartuffos est seul en scène, il se dépite, car

son cœur est touché depuis long-tems par les charmes de Rosina : il voit avec chagrin qu'un autre plus heureux, va peut-être lui plaire ; et que ce rival odieux est le Commandant français, qu'il déteste.

La nuit enveloppe petit-à-petit la scène de ses ombres.

SCENE XII.

L'Inquisiteur sort du couvent avec mystère ; il se concerte avec don Tartuffos. Ils font un signal, plusieurs insurgés paraissent ; ils forment le complot horrible d'assasiner les Français : cette nuit même, quand la cloche du couvent sonnera minuit, ils auront vécu.

Une inscription déployée aux yeux des conjurés, annonce ce massacre ; ils jurent tous de frapper sans pitié. L'Inquisiteur et Tartuffos distribuent de l'or et des poignards aux spadassins à gages qui se trouvent dans la multitude.

SCENE XIII.

Une patrouille de gendarmes à cheval paraît : tous les conjurés se cachent sous le grand portique du couvent.

SCENE VIV.

St.-Alme entre en scène ; il est rêveur, inquiet ; il rassemble le peu de soldats isolés qui se trouvent dans le bourg, il les fait armer, et les introduit dans son quartier, pour recevoir ses ordres et le défendre. Il laisse une sentinelle à la porte ; le brigadier des gendarmes attache son cheval près de la sentinelle, et suit le commandant.

SCENE XV.

Tartuffos se montre avec l'Inquisiteur et les spadassins : ils tirent leurs poignards, menacent la sentinelle et se cachent de nouveau.

L'un d'eux se roule dans son manteau, et employant une ruse infernalle, surprend le factionnaire et le tue : en cet instant, l'Inquisiteur et les conjurés reparaissent. La cloche du couvent donne le signal par un tintement lent et lugubre ; l'Inquisiteur encourage les conjurés, ils se précipitent pour enfoncer la porte du commandant français.

SCENE XVI.

Le brave St.-Alme que rien n'intimide, s'efforce d'appaiser cette émeute, on fait feu sur lui, il se retire dans son quartier.

Le brigadier des gendarmes veut monter à cheval ; Tartuffos a détaché adroitement les sangles ; dès que le brigadier met le pied à l'étrier, la selle tourne, il tombe par terre, et l'indigne Tartuffos l'assassine.

SCENE XVII.

Don Alvarès et Rosina essayent en vain de calmer les furieux ; la maison du commandant est attaquée, le peu de braves qui s'y trouvent, se défendent de leur mieux, mais ils sont forcés de céder au nombre. La maison est assaillie, brûlée, les

Français massacrés et le malheureux St.-Alme fait prisonnier.

Tartuffos triomphe, Rosina est mourante aux genoux du farouche Inquisiteur ; son père ne pouvant réussir à sauver le brave Français, se cache la figure pour ne pas être témoin de cette scène d'horreur : Marialva et les pages placés sur la terrasse de la maison, tendent vers le ciel leurs bras impuissans.

Fin de la première Partie.

II.me PARTIE.

(*Le théâtre représente une salle gothique, dans un vieux château, qui sert de quartier général aux insurgés. Cette gallerie est fermée au fond par une haute grille de fer, qui traverse toute la largeur de la scène, et à travers laquelle on distingue la campagne. Dans l'intérieur on voit un fauteuil, des tabourets, et une table couverte d'un drap rouge; à gauche sont des chaines scellées dans le mur; une lampe éclaire ces tristes apprêts.*)

SCENE PREMIERE.

Il fait nuit. La junte insurrectionnelle est assemblée : l'Inquisiteur la préside ; don Tartuffos y joue un rôle important : don Alvarès qui vient d'y être appellé, en sort bientôt avec indignation.

On introduit les chefs de la garde populaire, Tartuffos en est nommé le commandant : il prête serment en cette qualité.

Un espion Anglais paraît ensuite, sa dépêche promet cent mille hommes pour le maintien de la religion. (1).

(1) Fait historique.

Il fait apporter par deux jokeis, un ballot de billets de banque d'Angleterre, et un barril plein de pierres à fusil.

SCENE II.

La junte satisfaite, termine sa première séance en voyant défiler derrière la grille, à la lueur des torches, les différentes troupes des insurgés, armées d'une manière grotesque; on y distingue un canon traîné par des moines (1).

SCENE III.

On amène St.-Alme chargé de fers, on l'enchaîne à la muraille: un geolier dépose auprès de lui une cruche pleine d'eau et un pain noir.

SCENE IV.

Resté seul, le jeune Français déplore son infortune. Pourquoi n'a-t-il pas été assez heureux pour périr les armes à la main ? pourquoi faut-il mourir sans gloire et après une douloureuse agonie, quand il est si beau de perdre la vie aux champs de l'honneur ?..

Ces pensées l'accablent... revenu à lui, il cherche les moyens de s'évader... impossible !.. il remarque le pain sur lequel est tracé une croix, il le prend, le rompt... O bonheur! l'univers entier ne l'a pas abandonné, il est encore des ames compâtissantes; il a trouvé un billet dans le pain; ce billet est de

(1) Fait historique.

Rosina, il le lit, le baise, le presse sur son cœur.

SCENE V.

En ce moment, Rosina et sa duègne, couvertes de longs voiles, passent derrière la grille; elles font à St.-Alme des signes d'intelligence.

SCÈNE VI.

Tartuffos entre dans la prison, il a apperçu quelque chose, il regarde en dehors par la grille, mais Rosina a disparu avec rapidité.

Le lâche Espagnol menace son rival, celui-ci s'enveloppe dans sa dignité, et ne lui répond que par un sourire de pitié.

SCENE VII.

Un tribunal d'iniquité s'assemble! présidé, par qui, grand dieu!.. par Tartuffos!..

Il interroge le Français, que l'inquisiteur accuse; St.-Alme dédaigne de lui répondre; il est condamné à être fusillé, on lui fait lire sa sentence; l'injuste tribunal se dissout.

SCENE VIII.

On a laissé St.-Alme jusqu'à la pointe du jour à la garde de deux satellites, qui déposent leurs pistolets sur la table et se mettent à boire en insultant par leur joie grossière, à la douleur de leur triste victime.

SCENE IX.

Une vieille sœur de cet ordre respectable dévouée au service des prisons et des hospices, vient apporter un peu de nourriture et des consolations au prisonnier : les deux gardes la reçoivent avec brusquerie, mais lui permettent de remplir ses devoirs ; dès qu'elle est près de St.-Alme, elle saisit un instant favorable, se découvre, et lui laisse voir la belle et compâtissante Rosina, qui vient pour le sauver.

A cet effet, elle s'approche de la table et demande aux gardes un verre de vin pour le prisonnier ; ils la refusent d'abord, et ne l'accordent ensuite qu'à la condition qu'elle boira et trinquera avec eux : la fausse sœur accepte, passe un verre à St.-Alme, en remplit un autre pour elle-même, trinque avec les satellites à demi-ivres, et saisissant l'instant où ils boivent, saute sur leurs pistolets placés sur la table, et les met en joue.

La courageuse Rosina court au prisonnier pour briser ses fers, et payer ainsi la dette de reconnaissance qu'elle a contractée envers lui : les gardes veulent se jetter sur elle et la désarmer, mais l'intrépide Français s'est emparé des pistolets, il menace à son tour ses féroces gardiens, tandis que la fille d'Alvarès détache ses chaînes.

Il est libre : il a eu à peine le tems de baiser la main de sa belle libératrice : comment sortir !.. Il est un seul moyen, c'est d'escalader la grille : il va le tenter.

SCENE X.

Une patrouille d'insurgés passe dans le fond : St.-Alme court reprendre ses fers, Rosina ressaisit les pistolets ; aidé de son amant, elle tient en respect les deux gardes et les force de se cacher.

La patrouille a fait halte en dehors ; Tartuffos paraît derrière la grille, examine si tout est en ordre, St.-Alme feint de dormir, l'Espagnole et les gardes toujours maintenus par la crainte échappent à ses regards ; il sort, la patrouille s'éloigne.

SCENE XI.

St.-Alme respirant enfin, retourne vers sa libératrice, enchaîne les deux gardes à sa place, et franchit la grille.

SCENE XII.

Lorsqu'il est prêt à passer de l'autre côté, Tartuffos entre dans la prison : St.-Alme lui tire un coup de pistolet et le manque ; le poltron qui se croit mort, roule par terre, et se relève étonné de vivre.

SCENE XIII.

Le jour reparaît : soudain le pas de charge français bat dans le lointain ; St.-Alme court vers ses compatriotes : et Rosina tombant à genoux, remercie le ciel et se retire sans être reconnue.

SCENE XIV.

C'est dans ce moment que Tartuffos s'est relevé; l'Anglais accourt hors d'haleine, il ne sait où se cacher, non plus que l'Espagnol et l'Inquisiteur.

SCENE XV.

En même tems, les insurgés en déroute, se sauvent dans la campagne, et sont apperçus à travers la grille. Les Français victorieux, dirigés par St.-Ame, les poursuivent de près, la bayonnette dans les reins; la cavalerie française se répand dans la campagne et sabre les fuyards.

Fin de la deuxième partie.

III.me PARTIE.

(Le théâtre représente l'intérieur d'une mâsure dans les fauxbourgs de Madrid; à droite la porte, à gauche une fenêtre donnant sur la campagne.)

SCENE PREMIERE.

(On entend une forte canonade dans le lointain.)

La vieille dona Véronica, maitresse de la maison, qui a donné un asyle à don Alvarès, son bienfaiteur et à sa fille, écoute dans le fond, avec inquiétude, Don Alvarès est assis avec accablement; Rosina assise du côté opposé, verse des larmes.

Don Alvarès ne pouvant supporter l'incertitude dans laquelle il est plongé, prend la résolution de sortir.

Rosina pense un instant au généreux St.-Alme... tout à coup elle entend dans le lointain des chants de victoire.

Le père revient annoncer que les Français sont vainqueurs: tous sont dans la joie.

SCENE II.

Tartuffos accourt épouvanté, son habit déchiré, la figure pâle ; il raconte en tremblant les succès des Français : « Ils s'avancent, dit-il à Alvarès, ce » sont des diables, fuyez seigneur, ou vous êtes » perdu. »

Le brave Alvarès, victime d'une insurrection qu'il blâme et qui déshonore son pays, préfère attendre les vainqueurs, et remettre à leur générosité les jours de sa fille et les siens. Tartuffos n'est pas de cet avis ; il s'enfuit.

SCENE III.

Alvarès inquiet sur le sort de sa Rosina, plutôt que sur son propre sort, ne sait quel parti prendre pour la sauver. Après avoir long-tems réfléchi, il trouve un moyen digne de son âme noble et grande, c'est de tracer cet écrit adressé aux vainqueurs.

Neuf cents mille francs et la main de ma fille, au généreux Français qui la sauvera du déshonneur (1).

Il trace ces lignes, il les signe et cache cet écrit dans son sein pour s'en servir à l'occasion.

L'infortunée Rosina est inquiète, son père la rassure.

(1) Extrait des Bulletins.

Le bruit des combattans semble approcher, Alvarès se cache avec sa famille et la vieille Véronica.

SCENE IV.

Les insurgés entrent dans la chambre, ils tirent par la fenêtre sur les Français, quelques uns, en pillant la maison, découvrent la vieille Véronica, que ces furieux sont prêts à sabrer.

SCENE V.

Quelques braves Français ont escaladé la fenêtre, ils font feu sur les révoltés, les mettent en déroute, et sauvent généreusement la vieille femme en la prenant sous leur protection.

SCENE VI.

Don Alvarès se montre avec sa fille, en se confiant dans la générosité naturelle des Français: malheureusement l'un d'eux découvre l'écharpe du chef des insurgés, que don Tartuffos a jetté dans sa terreur panique.

A ce signe, les Français s'imaginent que don Alvarès est le général ennemi; ils vont l'emmener prisonnier: Rosine est arrêtée ainsi que son père; elle s'échappe, tire un poignard et menace son sein.

SCENE VII.

En ce moment critique, St.-Alme parait : il déclare à ses soldats qu'il connait don Alvarès, que ce brave Espagnol condamne les excès de ses compatriotes, enfin qu'il lui doit la vie, et répond de lui. Les soldats dociles à la voix d'un de leurs braves chefs, sortent avec respect.

SCENE VIII.

Don Alvarès montre à son libérateur l'écrit qu'il a tracé, et lui offre sa fortune et la main de sa fille. Le noble Français refuse la première et accepte la seconde.

Cependant le combat est engagé, il n'y a pas de tems à perdre, la famille espagnole sort pour se réfugier au quartier général français, sous les auspices de son jeune défenseur.

(*Le théâtre change et représente à gauche, une des portes de Madrid ; dans le fond une montagne, sur laquelle est dressée une riche tente, surmontée de l'aigle impériale ; à droite, vis-à-vis la porte, un arbre isolé.*

SCENE IX.

Deux grenadiers de la garde impériale française sont en faction sur la montagne, à l'entrée de la tente ; plus loin est un chasseur à cheval de ce noble corps : à l'entrée de la tente et en dehors sont des officiers supérieurs et aides-de-camp, le chapeau bas, attendant les ordres qu'un général leur apporte, et qu'ils s'empressent de porter.

A l'avant-scène, la porte de Madrid est gardée par des hommes du peuple de mauvaise mine : on distingue un boucher à leur tête (1).

SCENE X.

St.-Alme, Rosina et Alvarès paraissent, et sont reçus au bas de la montagne par un officier supérieur français, qui les conduit vers le quartier général.

SCENE XI.

Plusieurs escarmouches de cavalerie et d'infanterie ont lieu en avant de la porte. Les insurgés Espagnols tentent une sortie, ils sont vigoureusement repoussés ou faits prisonniers.

(1) Extrait des Bulletins.

SCENE XII.

Un général Français sort de la tente, et envoie un parlementaire aux insurgés.

SCENE XIII.

Le trompette parlementaire sonne : la porte s'ouvre : il déploye une sommation, elle présente ces mots :

Madrid est perdu, si avant une heure vous n'arborez le drapeau blanc. (1).

On bande les yeux au trompette, on l'introduit dans la place.

SCENE XIV.

Les têtes de colonnes françaises se présentent sur la montagne et en scène ; une batterie est placée de manière à batre en brêche ; la mêche est allumée, on n'attend que le signal, la cavalerie légère, impatiente de charger, est apperçue dans le lointain.

SCENE XV.

Le parlementaire revient avec deux généraux

(1) Extrait des Bulletins.

espagnols que le général français conduit à la tente (1); ils en sortent bientôt; l'un deux agite son mouchoir, aussitôt le drapeau blanc paraît sur la porte de Madrid à la place du drapeau des insurgés.

SCENE XVI.

Les ennemis sortent de la place et mettent bas les armes. L'armée française triomphante, fait son entrée dans la capitale des Espagnes (2).

SCENE XVII.

Avant tous ces mouvements, Tartuffos a paru; repoussé de la ville par les siens, il se cache sur l'arbre isolé. Bientôt il apperçoit et est venu se cacher au sommet de la ruine; il Saint-Alme seul et à cheval. Il ne peut plus contenir se rage; la jalousie et la vengence lui font oublier le danger; il tire deux coupe de pistolet, dans l'espoir de frapper à mort son rival; mais les balles, égarées par sa main temblante, se perdent dans les airs; deux cavaliers français placés au pied de la ruine apperçoivent à peine cette insigne thabison, qu'ils font feu sur le traître. Tartuffos tombe mort au bas du mur. L'Espagne est délivrée d'un de ses vils tyrans, et la fille d'Alvarès de son persécuteur.

SCENE XVIII et Dernière.

Dans cet instant les colonnes françaises ont fait

(1) Extrait des Bulletins.

(2) Extrait des Bulletins.

halte, et forment plusieurs cordons sur la scène. Les femmes espagnoles à genoux à l'entrée de la tente, présentent des rameaux d'olivier au Héros qu'elle est supposée renfermer. Un général soulève l'entrée de la tente pour recevoir cet hommage.... On distingue dans l'intérieur la couronne lumineuse de l'immortalité. Un officier supérieur de l'armée imperiale apporte l'amnistie accordée par le généreux vainqueur ; des enfans jettent des fleurs, les drapeaux insurgés sont baissés devant l'aigle des Français, et tous les personnages se dessinant à l'avant scène, indiquent avec admiration le tableau de gloire qui s'offre à leurs yeux, au bruit éclatant des fanfares et des tambours.

FIN.

De l'Imprimerie de HOCQUET ET COMP., rue du Fauxbourg Montmartre, n°. 4, au coin du Boulevard.

Pièces nouvelles qui se trouvent chez le même Libraire.

L'Assemblée de Famille, comédie en 5 actes et en vers, par M. Riboutté. 2 fr. 50 c.

Mlle. de Guise, opéra-comique en 3 actes, par Dupaty.

Menzikoff et Fœdor, opéra en 3 actes, par Lamartelière.

Cimarosa, opéra-comique en deux actes, par J.-N. Bouilly.

Ninon chez Mad. de Sévigné, comédie en un acte en vers, mêlée de chants, par M. Dupaty. 1 fr. 50 c.

L'Ecole des Juges, ou les Dangers de l'Erreur, drame en 3 actes, par M. Dubois. 1 fr. 50 c.

Haine aux Femmes, vaudeville en un acte de M. Bouilly.

Haine aux Hommes, vaud. en un acte, de Moreau et Francis. 1 fr. 20 c.

Haine aux petits Enfans, vaud. en un acte. 1 fr.

L'Ange tutélaire, ou le Démon femelle, mélodrame en 3 actes, par M. Pixérécourt. 1 fr.

La Tête de Bronze, ou le Déserteur hongrois, mélod. en 3 actes, par M. Augustin. 1 fr.

Ouvrages nouveaux.

Mémorial dramatique, ou Almanach des Théâtres, pour l'an 1809; dédié à Madame *Belmont*, et orné de son portrait. 1 fort vol. in-24. 1 fr. 50 c.

Les trois B, ou Aventures d'un Borgne, d'un Boiteux, et d'un Bossu; par Armand Charlemagne, auteur de l'Enfant du Crime et du Hazard. 4 vol. in-12. 7 fr. 50 c.

Secrétaire de la Cour Impériale et de la Noblesse de France, ou modèles de Placets, Pétitions et Lettres adressés à l'Empereur, à l'Impératrice, aux Princes et Princesses de la Famille Impériale, aux Grands Dignitaires, aux Maréchaux d'empire, aux Sénateurs, aux Conseillers d'Etat, aux Préfets, aux Présidens des Cours de Justice, aux Cardinaux, aux Archevêques et Evêques; précédé d'une Notice sur le Cérémonial observé à la Cour pour la réception des Ambassadeurs. 1 gros volume in-12, orné d'une gravure représentant les armes de la noblesse de France.

Les Jeux, Caprices et Bizarreries de la Nature; par Dorvigny. 3 vol. in-12. 6 fr.

Amour et Scrupule, 4 volumes in-12. 8 fr.

Nouveau Savant de Société, divisé en deux parties, la première contenant tous les jeux de société, la seconde un recueil de cent dix Tours; par M. du Cœur-Joly, Suivies de la manière de jouer le Boston, et de celle des jeux de Dames, avec une planche. *Seconde édition*, 2 gros vol. in-12, ornés de 14 fig. 6 fr.

LE BOULEVARD DU TEMPLE,

VAUDEVILLE EN UN ACTE,

Pour l'Ouverture de la nouvelle Salle de MM. Franconi.

Par MM. CUVELIER et BRAZIER;

Représenté, pour la première fois, à Paris, sur le Théâtre du Cirque Olympique, le 8 Février 1817.

SECONDE ÉDITION.

PARIS,

CHEZ BARBA, LIBRAIRE, PALAIS ROYAL,

DERRIÈRE LE THÉATRE FRANÇAIS, N°. 51.

De l'Imprimerie de Hocquet, rue du Faubourg Montmartre, n°. 4.

1817.

PERSONNAGES.	ACTEURS.
JEAN DÉTACHE, ancien militaire	M. *Melcourt.*
M. BESICLES, jeune mirliflor	M. *Delahaye.*
FIFI, commissionnaire	Mlle. *Céleste.*
LA PISTE, écuyer	M. *Charles.*
UN SOLDAT de la ligne	M. *Justin.*
M. BONHOMME, garde national	M. *Amable.*
UN FORT DE LA HALLE.	M. *Bassin.*
Mad. SAINVILLE, petite maîtresse	Mlle. *Lamarre.*
MATHURINE, habilleuse à l'Ambigu	Mlle. *Tigée.*
ANGÉLIQUE, sa fille, Marchande d'Oranges.	Mlle. *Maria.*
UNE MARCHANDE du marché du Temple.	Mlle. *Fanchonette.*
Passans.	

La Scène se passe sur le Boulevard du Temple.

LE BOULEVARD DU TEMPLE,

Comédie en un Acte.

Le théâtre représente le boulevard du Temple, ou du côté du jardin des Princes; à droite du spectateur, l'entrée du Café LE BRUN; *à gauche, la pompe et une partie du corps-de-garde: au fond, l'entrée du faubourg du Temple.*

SCENE PREMIERE.

MATURINE, ANGELIQUE, UN GARDE NATIONAL, *en faction à la porte du corps-de-garde.*

ANGÉLIQUE.

Mais, ma mère!...

MATHURINE.

Pas de raison!

ANGÉLIQUE.

Pourquoi t'est-ce que vous refusez d'm'entendre?

MATHURINE.

Ce mariage ne se fera pas.

ANGÉLIQUE.

Mon amour pour ce pauvre Jean?

MATHURINE.

Les convenances avant tout, mademoiselle, les convenances.

ANGÉLIQUE.

Mais, ma mère, Jean Détache me convient beaucoup.

MATHURINE.

Il ne me convient pas à moi; crois-tu que Mathurine, veuve Bon-Bec, habilleuse à l'Ambigu-Comique, dont le fils Fifi est premier commissionnaire à la porte de la Porte-Saint-Martin, consente jamais à donner la main d'Angélique, sa fille unique, la bouquetière et l'orangère privilégiée du théâtre de la Gaîté, et à qui encore? à un mauvais dégraisseur de deux liards!... Non, non, pas de ça, Lisette... Nous sommes propres dans not' famille, et nous n'avons pas besoin de dégraisseur.

ANGÉLIQUE.

Tiens, cet état-là en vaut bien un autre.

Air : *J'ai vu partout, dans mes voyages.*

L' métier de dégraisseur, je pense,
N'est pas si mauvais qu' vous l' croyez,
Car y a ben des gens d'importance
Qui n' sont qu' taches d' la tête aux pieds.

MATHURINE.

M'expliqu'ras-tu c' que tu rabaches ?

ANGÉLIQUE.

J' dis, ma mère, qu' si beaucoup d' gens
Vienn't chez nous s' faire enl'ver leurs taches,
Nous aurons d' la b'sogne pour queuqu' tems.

MATHURINE.

Chanson, chanson.

ANGÉLIQUE.

Jean Détache n'a rien que son petit commerce, c'est vrai : mais à force de détacher, on perce... et puis, c'est un brave soldat ! il a servi avec honneur, et tout ce qui touche à la gloire me tourne la tête... Que voulez-vous, ma mère?

Air : *Héros d'amour, touchant modèle.*

A mon cœur il a droit d' prétendre,
Et certe, il n' l'aura pas volé :
Car auprès d' moi quand il doit s' rendre,
Il march' toujours au *pas r'doublé.*

MATHURINE.

Une fois ton mari, ma chère,
L'hymen calmera ses transports,
Et tu s'ras ben heureuse alors
S'il arrive au *pas ordinaire.* (*bis*)

ANGÉLIQUE.

Je réponds de lui, il ne bronchera pas.

MATHURINE.

Va, ma pauvre enfant, on voit ben que tu ne sais pas ce que c'est qu'un militaire qui a fait de nombreuses campagnes.

Air : *Du partage de la richesse.*

Après quelque tems de ménage,
Plus lentement il marchera,
Et près de toi, selon l'usage,
Ton vainqueur se reposera.

ANGÉLIQUE.

Oui, mais avant pareille chose,
Il f'ra des exploits par milliers,
Et s'il faut qu'un jour il se r'pose,
Du moins ça s'ra sur ses lauriers.

LE GARDE NATIONAL, *à part.*

Pas mal! Diable, quelle petite gaillarde!

MATHURINE.

J'apperçois ton marchand de pierres à détacher... Je m'en vais lui donner sa graisse.

LE GARDE NATIONAL.

Tout en fesant ma faction, voyons un peu comment tout cela tournera.

SCENE II.

Les Précédens; JEAN DETACHE. *Il a une petite boîte sous le bras.*

JEAN DÉTACHE, *criant.*

Pierres à détacher... Qui veut des pierres à détacher.

MATHURINE, *appellant.*

Eh! par ici, par ici, monsieur de la propreté.

JEAN DÉTACHE.

Eh! eh! c'est vous, mère Mathurine?

MATHURINE.

Oui, c'est moi.

JEAN DÉTACHE.

Mamselle Angélique, comment se portent vos charmes aujourd'hui? (*Il veut lui prendre la main.*)

MATHURINE.

Pas d'gestes; vous en contez à ma fille, monsieur Jean Détache. Je le sais, je le vois, je l'entends.

JEAN DÉTACHE.

Eh! bien, quel grand mal à çà... Tenez, puisque vous savez tout, je ne veux plus rien vous cacher. J'aime votre fille, ou le diable m'emporte; et si vous voulez que nous serrions le nœud conjugal, vous n'avez qu'un oui zà dire, et votre fille ne dira pas un non.

Air : *Farilon, farila.*

Allons, soyez bonne mère,
Rendez-vous à mon ardeur;
Songez que vous pouvez faire
Vot' gendre du dégraisseur.
Vous n'avez pas un cœur de pierre
Pour vous r'fuser à mon bonheur!
Drès qu' l'hymen, oui dà,
M'enchaînera,
M'nuira

A c' gentill' brunette,
On en détachera
Larirette,
On en détachera
Larira.

ANGÉLIQUE et LE GARDE NATIONAL.

Il en détachera
Laritte etc.

Deuxième couplet.

JEAN DÉTACHE.

De la paix, j' goûtons les charmes,
Mais si l'on m'naçait l'État,
Si le Roi criait : aux armes!
Sur l'heur' je r'deviens soldat.
Bravant les dangers, les alarme,
J' veux être l' premier au combat
Quand l' tambour battra,
Qu' la charg' sonnera,
Qu'il faudra
Qu'une brèche soit faite...
On en détachera
Larirette,
On en détachera
Larira.

TOUS.

On en détachera, etc.

MATHURINE.

C'est fort bien de penser comme cela... mais ça ne me suffit pas... il faut du quibus en ménage ; sans ça, barnique.

ANGÉLIQUE.

Mais l'amour, ma mère, pourquoi t'est-ce donc que vous le comptez ?

MATHURINE.

L'amour, c'est de la fumée zet voilà tout. L'amour met en appétit, et quand on n'a pas de quoi le nourrir dans sa cage, il finit par s'envoler. Il faut que celui qui épousera ma fille, ait au moins une place qui corresponde aux nôtres.

ANGÉLIQUE.

Ah ! ma mère !

JEAN DÉTACHE.

Ah ! mère Mathurine !

MATHURINE.

Je vous ai dit mon dernier mot ; ainsi, Angélique, passe par ici... quant à toi, Jean, puisque tu as été soldat, tu dois connaître la manœuvre ?

JEAN DÉTACHE.

Mille boulets ! oui, je la connais.

MATHURINE.

Eh bien ! attention au commandement... Demi-tour a droite... pas accéléré... en avant, marche... file, et que je ne te revoie plus.

Air : *S'en revenant du village.*

Gagne moi bien vîte au larg
Et n' t'avis' pas
D' convoiter ses appas :
Si tu reviens à la charge,
Je te r'mettrai z'au pas...
(*En colère.*)
Faudra-t-il que j' te l' répète ?

ANGÉLIQUE.

Obéis donc...

JEAN.

Allons j' m'en vais, mais
Qu'il est dur de battre en r'traite,
Surtout pour un Français !

Ensemble.

MATHURINE.

Gagne moi bien vite au large

JEAN.

Quoi, tu m' dis d' gagner au large!
Je n' pourrai pas
Vivre loin de tes appas,
Et j' vas r'venir à la charge,
Mais en r'doublant le pas.

ANGÉLIQUE.

Nous avons d'vant nous d' la marge ;
Ainsi n' viens pas
Convoiter mes appas ;
Si tu r'venais à la charge,
Nous n' nous maririons pas.

SCENE III.

Les Précédens, LA PISTE.

LA PISTE, *arrive en chantant.*

« A pied, comme à cheval,
« Je n'ai pas mon égal. »

LE GARDE NATIONAL.

Ah ! ah ! voilà M. La Piste.

LA PISTE.

Eh bien ! qu'est-ce que je viens d'entendre?.. de l'humeur ! La paix, mes enfans, la paix... Allons, changement de main, au galop... Je veux que l'on se raccommode, moi.

MATHURINE.

Non, M. La Piste, non.

LA PISTE.

Comment! vous chagrinez ce pauvre Jean Détache, c'est ourtant un bon et brave garçon.

ANGÉLIQUE, *riant.*

Pour bon, j'en suis sûre; mais pour brave, c'est aux ennemis à savoir ça.

JEAN.

Ils le savent, mamzelle, ils le savent.

MATHURINE.

Il veut que je le marions avec Angélique, et il n'a pas tant seulement la plus petite place.

LA PISTE.

Mais si je lui en procurais une?

MATHURINE.

Ah! ce serait bien une autre affaire.

JEAN DÉTACHE.

Quoi! monsieur, sans me connaître?

LA PISTE

Est-ce que tous les braves gens ne se connaissent pas... Tu as servi?

JEAN DÉTACHE.

Pendant huit ans, avec honneur.

LA PISTE.

Dans l'infanterie ou dans la cavalerie?

JEAN DÉTACHE.

Oui et non; car, voyez-vous, j'étais toujours dans le train.

LA PISTE.

A merveille. Ainsi tu es au fait de tout ce qui concerne le détail des équipages?

JEAN DÉTACHE.

Parbleu!

(*On vient relever le garde national, et on met à sa place une autre sentinelle.*)

LA PISTE.

Air *de la Cavatine du Bouffe.*

Tu sais faire un att'lage?

JEAN.

Comm' vous.

LA PISTE.

Tu connais le fourage?

JEAN.

Comm' vous.

LA PISTE.

Tu sais mettre un' gourmette!

JEAN.

Comm' vous.

LA PISTE.

Et panser une bête ?

JEAN.

Comm' vous.

LA PISTE.

Eh! bien, mon ami, un nouveau spectacle va s'ouvrir à deux pas d'ici, là, à l'entrée du faubourg du Temple.

MATHURINE.

Comment, un nouveau spectacle ?

LA PISTE.

Oui, à pied et à cheval.

MATHURINE.

Est-ce que c'est là par hazard que vous voulez l'y faire avoir une place.

LA PISTE.

Pourquoi pas ?

(M. Bonhomme après avoir mis son fusil dans le corps-de-garde se rapproche du grouppe.)

MATHURINE.

Ah! bien il a le tems d'attendre, car c'te bâtisse-là n'avance guères.

M. BONHOMME.

Vous vous trompez ; c'est plus avancé qu'on ne pense. J'y suis entré le matin avec quelques-uns de mes camarades. Tout est presque fini ; et j'ai même remarqué certaines peintures qui feront plaisir à tous les bons français.

Air *du Pot de fleurs.*

Un artiste d' la capitale
A, dans l'histoir' du Grand Henri,
Choisi, pour embellir la salle,
Quelques beaux traits de c' prince chéri.

JEAN.

Il a fait là c' que la sagess' commande ;
Car pourrait-on trouver chez nous,
Si l'on voulait les représenter tous,
Une sall' qui fût assez grande ?

MATHURINE.

Eh! qu'est-ce qu'on y jouera, M. la Piste ?

LA PISTE.

Un peu de tout.

JEAN.

Et comment est-ce qui s'appellera ?

LA PISTE.

Le Cirque Olimpique.

TOUS.

Le Cirque Olympique?

LA PISTE.

Oui, enfin, c'est le spectacle de MM. Franconi; on y pourra chanter quelques couplets, représenter quelques petites scènes, et parler un peu dans les pantomimes.

JEAN.

Parler en pantomime? comment ça se pourrait ça?

LA PISTE.

Sans doute.

JEAN.

C'est donc le Cirque de la rue du Mont-Thabor qui vient dans le faubourg du Temple?

LA PISTE.

Justement.

ANGÉLIQUE.

Ils ont bien fait de venir ici : j'ai dans l'idée que ça leur portera bonheur.

JEAN.

Moi de même : car j'ai entendu dire que c'était là qu'ils avaient commencé.

Comme faisaient nos pères.

L' pèr' de ces écuyers fameux,
Qui leur servit d'exemple,
Dans le Faubourg du Temple
Créa ses courses et ses jeux.
Quoique fort sages,
Un peu volages,
Ses fils, bientôt, firent quelques voyages.
Oui, mais comm' il faut en finir,
Ils ne pouvaient pas mieux choisir.
Qu'avec plaisir
On les voit revenir
Achever leur carrière
Au berceau de leur père,
Dans le berceau, le berceau de leur père.

MATHURINE.

Ça va faire du bien dans le quartier.

LA PISTE, *à Jean.*

Je connais un des écuyers, et je te ferai placer.

MATURINE.

A l'écurie?

JEAN.

Ça me va.

ANGÉLIQUE.

Ah ! quel bonheur, mon cher Jean !

MATHURINE.

Laissez donc ; une place comme çà, ça ne flaire pas comme baume, ça ne te suffira pas.

JEAN.

V'là mon espoir qui s'envole.

M. BONHOMME.

Pas encore, mon brave garçon. Tu aimes Angélique, tu veux l'épouser, c'est tout simple... Elle t'aime de tout son cœur, elle y consent, c'est tout naturel ; la mère Mathurine s'y oppose, voilà qui n'est pas sage.

MATHURINE.

Possible ; mais je dis encore non.

M. BONHOMME.

Et moi, je dis oui.

MATHURINE.

Ça ne sera pas.

M. BONHOMME.

Ça sera.

MATHURINE.

Je jure...

M. BONHOMME.

Ne jurez pas.

MATHURINE

Mais...

M. BONHOMME.

Paix !... Je suis le commissionnaire du roulage de Lyon, ici, aux environs, je m'appelle Bonhomme, et je suis emporté comme un diable, et quand je dis : ça sera ; il faut que ça soit. D'abord, c'est qu'un garde national et un bon soldat ça se donne la main... Mais c'est assez. (*à Jean.*) Mon brave, et vous, M. Lapiste, entrons un moment au café Lebrun... On ne perd pas de vue le corps de garde, à la moindre alerte, on y est ; c'est commode. Nous allons arranger cette petite affaire en buvant un verre de liqueur à la santé de la mère Mathurine... Elle est excellente.

JEAN.

La mère Mathurine ?

M. BONHOMME.

Non, la liqueur... En avant les pierres à fusil.

MATHURINE, *à Angélique.*

Viens toi z'en.

M. BONHOMME.

Air : *Allons tous bras d'sus, bras d'sous.*

J' suis connu dans ma Légion
Pour n'êtr' pas trop ridicule,
Et l'on sait qu' dans l'occasion,
J' n' r'cule
Pas d'vant un canon.

S'il faut vider un flacon,
On me trouve à la riposte,
S'il arrive qu'un jeun' tendron
Avec gentilless' m'accoste,
J' suis au poste.

TOUS.

On l' connaît dans sa Légion
Pour n'êtr' pas trop ridicule;
Et l' luron,
Dans l'occasion
Ne r'cule
Pas d'vant un canon.

ANGÉLIQUE, *bas à M. Bonhomme.*

Je n' suis pas gard' national,
Mais quand mon amant m' fait signe
D'aller le r'joindre au Wauxhal,
Je r'tiens, sans être ben maligne,
La consigne. (*bis*)

M. BONHOMME.

J' suis connu dans ma Légion, etc.

TOUS.

On l' connaît dans sa Légion, etc.

(*Lapiste, Bonhomme et Jean entrent au café. Mathurine et Angélique sortent d'un autre côté.*)

SCENE IV.

M. BESICLES, Mad. SAINVILLE, Un Fort de la Halle, Un Soldat de la Ligne, Une Marchande du Temple.

LE FORT, *appelant.*

Par ici, vous autres.

CHŒUR.

Air *des petits Pâtés.*

Mes chers amis, nous y voici :
Dorénavant c'est par ici
Que nous devons nous rendre, si
Nous voulons revoir Franconi.

LE MILITAIRE.

Comme ma parsonnière
Aime les animaux,

Et qu' çà n' me coût'ra guère ,
J' la men'rons voir les chevaux :

LE FORT.

Moi , j' dirai z'à Javotte :
« Passe vîte un caraco ,
« Et viens toi z'en , Cocotte ,
« Voir un peu l' cerf Coco. »

TOUS.

Mes chers amis , nous y voici , etc.

LE FORT , *regardant Besicles.*

Qu'est-c' que chante donc, c' t' oiseau-là ?

BESICLES.

Dieux ! quel langage !

LE FORT.

C'est celui du port, mon homme.

MAD. SAINVILLE.

Quel motif a pu décider les administrateurs du Cirque à abandonner le quartier des Tuileries ?

BESICLES.

Ils ne l'abandonnent pas; ils y ont laissé des amis qui viendront les voir.

LE FORT.

Ils ont voulu se rapprocher des Guinguettes, des promenades publiques, du Boulevard du Temple; c'est le plus farce de tous les boulevards.

MAD. SAINVILLE.

Croyez-vous, mon cher Besicles, qu'ils aient bien fait de venir s'ensevelir dans un faubourg?

LE FORT.

Comment, s'ensevelir !... n'y a pas de crainte, ma petite femme, nous sommes de bons vivans, et je vous répondons que leurs succès iront un train de poste.

Air : *J'ons un curé patriote.*

En r'descendant d' la Courtille ,
Quand y gn'y aura du nouveau ,
On verra plus d'un bon drille
Prend'' son billet z'au bureau.
Faudra voir ce tapag'-là ,
Sur-tout quand on ouvrira...
Çà prendra , (*bis*)
Les lurons s'ront toujours là.

UNE MARCHANDE DU TEMPLE.

De notre marché du Temple ,
Quand j'allions chez Franconi ,
J' dis que la course était ample ;
Mais pis'qu' le v'là par ici ,
Le soir quand on détal'ra ,
Queuqu' fois Coco nous verra...

Çà prendra, (*bis*)
Les marchands s'ront toujours là.

UN MILITAIRE

Quand je ne s'rons pas d' service,
Et qu' j'aurons un' permission,
J' viendrai z'après l'exercice
Y faire un' petit' faction;
Et l'end'main à c' poste là,
Un camarade me r'levra...
Çà prendra, (*bis*)
La casern' s'ra toujours là.

M. BESICLES.

La nouveauté pour les belles,
A toujours beaucoup d'attraits;
Or donc, aux pièces nouvelles,
Elles viendront tout exprès;
Des lieux où la beauté va,
Jamais on ne s'enfuira...
Çà prendra, (*bis*)
Les galans sont toujours là.

mad. SAINVILLE.

Ma foi, je commence à croire que vous avez raison.

Sur l'entreprise nouvelle
J'avais tort de m'allarmer,
Ces écuyers, par leur zèle,
Se sont toujours fait aimer.
Quand leur théâtre ouvrira,
On les encouragera...
Çà prendra, (*bis*)
L'indulgence est toujours là.

TOUS.

Quand leur théâtre ouvrira, etc.

LE FORT.

Bravo, la petite mère, j'aime à vous entendre parler comme çà.

mad. SAINVILLE.

Mais comment voulez-vous qu'ils ouvrent à Paris : j'ai lu dans mon journal qu'ils étaient chez l'étranger, et mon journal ne se trompe jamais.

SCENE V

Les Mêmes, FIFI, MATURINE, ANGÉLIQUE, M. BONHOMME.

FIFI.

Mais, ma mère, quand je vous dis...

MATHURINE.

Mais explique-toi donc?

FIFI, *essouffle.*

Laissez-moi reprendre haleine.

ANGÉLIQUE.

Tu les a vus

FIFI.

Oui, je viens de les voir à la Barrière de Belleville..... Ils arrivent.... (*Tous donnent des signes de joie.*) Oui, oui, riez, riez.... mais moi, je ne ris pas. Si le Cirque du Faubourg du Temple attire la foule qu'est-ce que deviendra le Boulevard ? rien ; alors, moi, ma sœur, ma mère, nous v'là tous sur le pavé ; c'est dur.

M. BONHOMME.

Rassure-toi, mon homme... Ce n'est pas l'intention des directeurs du Cirque.

Air : *C'est la petite Thérèse.*

Sur cette machine ronde
Le bonheur doit être commun ;
Si l' soleil luit pour tout le monde,
L'argent roule pour chacun ;
Et comm' rien ne leur échappe,
Ces Directeurs, bons humains,
» Veul' tâcher d' mordre à la grappe,
» Mais sans nuire à leurs voisins. »

FIFI.

Ah ! ma mère, ah ! ma sœur, c'est toujours un fier déchet pour nous.

M. BONHOMME.

Tout s'arrangera, ou pour mieux dire, tout est arrangé. Tu continueras à faire tes commissions à la porte Saint-Martin, Mathurine d'habiller à l'Ambigu-Comique, Angélique vendra ses oranges à la grille du théâtre de la Gaîté, et tout le monde vivra.

ANGÉLIQUE.

Et Jean Détache, vous m'aviez promis.

M. BONHOMME.

Jean détache f'ra fortune en vendant des marons auprès du vestibule du Cirque.

MATHURINE.

Des marons? qu'est-ce que cela veut dire?

M. BONHOMME.

Tenez, le voilà.

SCENE VI.

Les Mêmes, JEAN.

JEAN, *en marchand de marons, la figure et les mains noires. Il arrive en chantant.*

« C'est tout chaud, c'est tout bouillant;
» C'est tout chaud, c'est tout brûlant. »

TOUT LE MONDE, *riant.*

Ah! ah! ah!

JEAN.

Me v'là placé, mère Mathurine.

MATHURINE.

Comme te v'la fait.

JEAN.

Air *de Calpigy.*

Je vois qu' vous riez de ma tournure
Et d' la couleur de ma figure;
C' n'est pas ma faut', sans contredit,
Si ma marchandis' me noircit. (*bis.*)
Je ne suis pas l' premier, je pense,
Que l'on ait vu, par circonstance,
Quelquefois, du matin au soir,
Changer, comm' moi, du blanc au noir.

LE FORT.

Il ne dit pas faux, l'camarade.

JEAN.

M. la Piste m'a dit que l'matin je serais employé aux travaux du manège, et M. Bonhomme que v'là m'a établi à la porte marchand de marons de Lyon pour le soir, en me fesant l'avance d'un sac... ainsi vous ne pouvez plus mettre d'obstacles à mon mariage avec Angélique.

MATURINE.

Mais ils ne sont pas encore arrivés.

JEAN.

Oh! pour ça si... j'venons de les voir descendre par le faubourg du Temple: c'était une défilade, un cortège... ça ne finissait pas.

Air: *Vive une femme de tête.*

Par la barrièr' de Bell'ville
En ordre ils sont descendus;
Çà formait un' longue file:
La queue allait aux Vertus.
J' parviens à m' faire une issue
Dans la foule des curieux...

Mais quel objet frapp' ma vue !...
C'est *Coco* qui m' saute aux yeux.
Qu'est-c' que j' vois qui trotte, trotte?
C'est l' cheval blanc du *Tailleur.*
Ceux qui *dansent la gavotte*,
Près du *Ch'val accusateur!*
Toute la troupe est complette :
Je reconnais *le Brillant*,
Je reconnais *la Coquette*,
Je reconnais *le Fringant*,
Le lion des Martyrs loin d' faire,
En route, l' moindre dégât,
Sous son bras tenait eu frère
Le tigre du Renégat ;
Enfin, dans le trouble extrême
Que m' causait ce brouhaha,
J'ai cru reconnaître même
Jusqu'à l'éléphant *Baba.*

(*Fifi remonte la scène et sort.*)

TOUS.

L'éléphant Baba!

LE FORT.

Bah! bah! çà ne se peut pas.

JEAN.

Il est possible que tout ce que j'ai vu m'ait donné la barlue, et qu'en parlant de l'éléphant, je *me trompe* : mais toutes les autres bêtes, je les ai vues, comme je vous vois.

Mad. SAINVILLE.

Ah! çà, mais je ne vous ai pas entendu nommer le fameux cheval *Regent* : est-ce qu'il n'y serait pas ?

JEAN.

Oh! que si fait... J'ai vu un cheval superbe que deux écuyers tenaient en main... Il était paré, caparaçonné, et il avait une housse tout en or. Ah! quelle housse! quelle housse!

M. BESICLES.

Ce doit être lui. Je serais charmé de le revoir. Ce cheval est tout à fait intéressant... n'est-il pas vrai ; belle dame ?

Mad. SAINVILLE.

Il faisait nos délices à Mont-Thabor... et cependant le public n'a fait que l'appercevoir.

JEAN.

Dame c'est qu'on dit comme ça qu'on a eu bien de la peine à en venir à bout.

Chacun dit qu'en Angleterre,
Personne n'a pu l' dompter,
Et qu'il vous flanquait par terre
Tous ceux qui voulaient l' monter.
Depuis qu'un écuyer d' France
S'est chargé de c't animal,
Il s'arrêt', r'cule, avance :
Enfin au plus p'tit signal,
Y prend l' trot,
Ou l' galop,
Sans souffler le moindre mot.

(*La Piste rentre en scène.*)

MATHURINE.

Tout çà est à merveille ! mais ce n'est pas une raison pour que j'donnions ma fille à ce garçon-là... car si le Cirque n'allait pas ouvrir ?

SCENE VII.

FIFI, *accourant et criant.*

Il est ouvert, il est ouvert.

ANGÉLIQUE.

Est-il possible ?

JEAN.

Me v'là marié.

MATHURINE.

A la bonne heure.

CHŒUR.

Ah ! quel plaisir !
Quelle ivresse
Enchanteresse !
Ah ! quel plaisir !
Comme on va se divertir !

(*Le théâtre change et représente la statue équestre d'Henri IV. Tout le monde se groupe autour. L'orchestre exécute l'air : Vive Henri IV.*)

TABLEAU FINAL.

LA HUSSARD,

OU

LE SERGENT SUÉDOIS,

PANTOMIME

EN TROIS ACTES ET A SPECTACLE;

Par J. G. A. CUVELIER.

Jouée deux cent cinquante fois, et reprise le 29 frimaire an VII, avec les combats équestres et évolutions, exécutés par la troupe du citoyen FRANCONY.

NOUVELLE ÉDITION.

A PARIS,

Chez BARBA, Libraire, palais du Tribunat, galerie derrière le Théâtre Français de la République, n.° 51.

AN XIII = 1805.

PERSONNAGES.	ACTEURS.
Le Comte de CAUBOR, général des armées de l'empereur.	M. LATOUR.
SOPHIE, sa fille.	M.lle MARIGNI.
LAURÉTO, sergent Suédois.	M. JEAULT.
Le vieux baron de TRAUFMANDORF.	M. PEROUD.
FRITZ-HÉBERT, vieux militaire.	M. SERIZE.
CATHERINE, sa fille.	M.me JEAULT.
CHRISTIERN, hussard, amant de Catherine.	M. JOLIVET.
SARA, vieille gouvernante de Sophie.	M.me LECOUTRE
BARBEROUSSE, partisan turc.	M. MARTIN.
Colonel des hussards de Caubor.	M. HYPOLITE.
Capitaine des hussards.	M. RAIMOND.
Le chef des Turcs à cheval.	M. PLACY.
Un factionnaire sur le rempart.	M. DEVERS.
Hussard de Caubor.	
Officiers et soldats de toutes armes.	
Turcs à pieds et à cheval.	
Danseurs et Danseuses.	

La Scène est en Allemagne, près de Belgrade.

LA

FILLE HUSSARD.

ACTE PREMIER.

Le théâtre représente une forêt : sur la gauche on voit une maisonnette.

C'est au confluent de la Save et du Danube, dans le sein d'une forêt antique, que le vieux Fritz-Hébert, retiré du métier des armes, a fixé son domicile avec une fille chérie.

Christiern, jeune hussard, a distingué Catherine des autres jeunes filles du village ; il a su lui inspirer le premier amour.

L'aurore ouvre à peine les barrières de l'Orient, Christiern a pénétré dans la forêt : il arrive près de l'asyle où repose Catherine, il a préparé un bouquet pour orner son sein ; il l'appelle ; mais en vain, elle est sourde à sa voix ; elle est sourde aux accents d'une romance que l'amour lui a inspirée.

Cependant la fenêtre s'ouvre, Christiern présente son hommage, il est impitoyablement refusé. . . La croisée se referme.

L'amant rebuté se plaint de son malheur, se tourne encore une fois vers cette demeure qu'habite un objet si cher, mais si cruel. Il se sent touché par une main qu'il croit inconnue. C'est celle de Catherine qui était sortie doucement, et s'était glissée légèrement derrière lui.

Il se retourne, court après elle, et l'attrape. La jeune fille trouve un expédient pour se dérober à ses transports, elle lui demande des fruits d'un noisettier qu'elle lui désigne.

Christiern, alerte, grimpe sur l'arbre, détache des fruits, les jette dans le tablier de Catherine, descend, et veut en recevoir le salaire. . . . Un baiser. . . Catherine résiste à ses empressemens; mais l'adroit hussard se glisse à son tour derrière elle, et l'embrasse à la dérobée. Cependant il entraîne son amie sur un gazon de verdure pour manger les fruits qu'il a cueillis... Tout-à-coup un obstacle vient, bien mal-à-propos, troubler un entretient qui n'était pas commencé... Le père arrive.

Quel embarras! Catherine hésite, Christiern reste debout sans mot dire. . . Le vieillard voit bien qu'il est un peu tard pour se fâcher. . . . Quand on ne peut rien gagner en grondant, demandez aux bonnes mamans ce qu'il faut faire: ce que fait notre vieux soldat. . . Pardonner.

Ce n'est pas tout. Les deux amans s'aiment, il faut combler leurs vœux, il faut les marier: Christiern jure à sa maîtresse un amour éternel; l'heureux père va le sceller des nœuds de l'hymenée.

Tandis qu'ils conversaient, un léger nuage s'était peu-à-peu étendu, et embrassait déjà une partie de l'horison. A l'approche de l'orage, le jeune couple et le vieux père se refugient dans la chaumière.

Tout-à-coup, à travers les éclats de la foudre, Barberousse et ses Turcs ont pénétré jusqu'à la chaumière dont ils enfoncent le porte. Elle est pillée en un instant. Christiern veut leur résister et défendre son amie ; il saisit un vieux sabre, et attaque un des agresseurs, qu'il poursuit jusqu'au fond de la forêt. Entraîné par son courage, il oublie sa bien-aimée, qu'il va perdre en voulant la sauver.

Fritz-Hébert oppose une résistance inutile, les brigands dédaignent ses impuissans efforts. Sa fille, sa Catherine, est enlevée à ses yeux, à la face du ciel qu'il invoque vainement.

L'orage avait cessé. Le vieillard, effrayé de l'affreux silence qui règne autour de lui, appelle en vain sa fille ; déjà il se livrait au désespoir, lorsqu'il voit arriver un ange libérateur ; c'est Lauréto.

Né sous un climat étranger, mais attaché au service de l'Allemagne, un trait de valeur lui a mérité le grade de sergent d'une compagnie de grenadiers. Il voit Fritz-Hébert ; son infortune le touche, il en apprend la cause ; il ne se borne point à de stériles consolations, il lui promet de lui rendre sa fille.

A sa voix, ses fidèles grenadiers approchent ; il va marcher avec eux contre les partisans Turcs : Fritz-Hébert suit des yeux ses généreux défenseurs, et les accompagne de ses vœux.

Un bruit éclatant de chasse fait retentir les échos de la forêt ; Fritz-Hébert s'éloigne. C'est dans cet endoit que des chasseurs viennent faire halte ; une jeune fille en élégant habit d'amazone, le comte de Caubor, son père, le vieux baron de Traufmandorf, odieux amant de Sophie, sont ceux pour qui l'on prodigue les égards. On prépare une collation : les chasseurs se livrent à leur appétit dévorant; le vieux baron veut se rendre aimable, il n'est que plus ridicule : il offre à Sophie des mets exquis, des rafraîchissemens, ses offres sont repoussées.

Le comte tire à part sa fille ; il lui représente les raisons importantes qui l'ont déterminé à l'accorder au baron. Nommé géuéral des forces destinées contre les Turcs, il lui faut des sommes considérables pour représenter d'une manière convenable à son rang. Il lui assure que son consentement peut seul faire son bonheur.

Sophie était ébranlée, son père la serrait dans ses bras, elle allait tout accorder; le baron montre sa figure détestée ; le voile de l'illusion est déchiré : Sophie s'évanouit.

L'attention générale qu'occasionne cet accident, est néanmoins détournée par l'arrivée d'un jeune militaire qui apporte Catherine en triomphe sur ses épaules.

C'est Lauréto, il est parvenu à l'arracher aux mains de ses ravisseurs. Il la ramène à son père. Fritz-Hébert raconte les détails de l'enlèvement au général; Lauréto ajoute qu'il les a poursuivis au-delà du Danube, et les a mis en déroute complète.

Le général le loue de son courage, et lui donne ordre de faire pousser plusieurs partis dans le bois, pour éclairer les bords du fleuve. Il se dispose à obeir. Le baron, persuadé que le danger est loin, croit qu'il n'est pas hors de propos de faire montre de bravoure ; il tire son épée et veut aller lui seul exterminer l'ennemi.

Sophie avait admiré la bravoure du sergent, et plus particulièrement sa bonne mine ; un coup-d'œil de comparaison entre un beau jeune homme et le vieux monstre qu'on lui destine, lui a enlevé tout son courage et toute sa résolution.

A peine le comte est-il resté seul avec sa fille et quelques personnes de sa suite, les Turcs, furieux de s'être vu ravir leur proie, s'étaient ralliés ; ils arrivent au lieu du rendez-vous, se jettent sur tout ce qui fait résistance, et enlèvent les chevaux.

Le général, abandonné de tous ses timides compagnons, fait seul bonne contenance, et serrant sa fille dans ses bras, il la couvre de son corps, et la défend avec son épée. Mais que peut le courage contre le nombre ? Entouré, désarmé, arraché des bras de sa fille, ils sont l'un et l'autre étroitement liés à deux troncs d'arbres.

Les Turcs veulent poursuivre leur victoire, et laissent leurs prisonniers à la garde de quatre d'entre eux.

Les Spahis se jettent avidement sur le reste des mets ; le vin du Rhin embrouille bientôt leurs têtes, peu accoutumées aux vapeurs spiritueuses du jus de la treille.

Mais, horrible spectacle pour un père ! . . . Sophie a à essuyer les outrages de ces brigands. Elle se voit en butte aux propositions les plus révoltantes. En vain le comte veut-il briser ses fers, il se consume en inutiles tentatives. Mais les Turcs, appésantis par l'excès de leur ivrognerie, s'endorment aux pieds d'un chêne touffu.

Lauréto revient dans ce lieu de désolation; il distingue son général et l'aimable Sophie attachés à des arbres, et leurs gardiens endormis auprès d'eux. Il se glisse le long de la bruyère, saute sur deux pistolets ennemis, les coups partent, deux Turcs passent, sans s'en appercevoir, du sommeil à la mort. Un troisième veut se défendre. De son large cimeterre, il assène un coup sur la tête de Lauréto, et l'atteint au-dessus de l'œil gauche. Celui-ci trouve un fusil sous sa main, et est bientôt vengé de sa blessure.

Oubliant sa propre douleur, il vole à Sophie, il brise ses liens, brise ceux de son père avec le secours de Fritz-Hébert, de sa fille et de Christiern accourus au bruit.

Le premier mouvement de Sophie est pour la nature, le second est pour la reconnaissance. A l'aspect du sang de son généreux défenseur, elle jette un cri d'effroi. Elle arrache le mouchoir qui couvre son sein, elle le déchire et en bande la blessure, qui, heureusement, est légère.

Cependant les coups de feu avaient fait replier les védettes : Christiern était revenu avec son amante et son beau-père.

Sophie détache un collier de perles, et veut eu récompenser son libérateur. Le généreux Lauréto le refuse... *On ne fait pas cela pour de l'argent.* Sophie en fait présent à Catherine.

Le général approuve le désintéressement de ce brave jeune homme; et, pour s'acquitter d'une manière plus convenable, il tend ses bras à Lauréto, l'y serre avec transport, et lui promet un avancement rapide. Lauréto part à la tête des troupes. Les chasseurs, Fritz-Hébert, et sa fille se retirent; il ne reste plus sur la scène que les trois cadavres et Barberousse, qui, heureusement pour lui, ne s'étant pas réveillé au bruit des pistolets, était demeuré sain et sauf. Il se

lève

lève enfin, et reconnaît que ses camarades sont morts et que les bouteilles sont vuides... Il en trouve cependant encore une, il s'en saisit, et boit à longs traits.

Le vieux baron vient rejoindre sa compagnie, mais ne la trouve plus ; il marche, sans s'en appercevoir, sur les cadavres, et se laisse tomber. Sa frayeur redouble en appercevant Barberousse. Ils tirent l'un et l'autre leur épée ; mais, persuadés réciproquement de la valeur de leur adversaire, ils se jettent à genoux. Le baron, présentant son épée par la garde, demande la vie. L'épée heurte la bouteille, la casse, et le Turc, se croyant atteint du même coup, tombe contre terre, et laisse au baron le temps de se relever et de s'esquiver.

Fin du premier acte.

ACTE II.

Le théâtre représente le parc du château du baron de Traufmandorf, chez lequel le comte et sa fille étaient reçus. Le fond du théâtre laisse voir l'intérieur des fortifications, surmontés d'une vieille tour ; une sentinelle se promène sur la plate-forme.

De retour au château, Sophie avoit saisi le premier moment favorable pour se rendre dans le parc. Là, assise, elle s'abandonne à de douces rêveries. La vieille Sara, sa nourrice, vient la joindre. La bonne femme, éclairée par une ancienne expérience, trouve dans la situation de Sophie quelque chose d'extraordinaire ; elle en démêlait confusément la cause ; elle parvient à lui en arracher la confidence, et lui prodigue ses consola tions. Sophie, craignant pour les jours de son amant, est prête à s'évanouir. Cependant, on frappe à la porte extérieure, la bonne ouvre, c'est Lauréto. C'est l'amant de Sophie qui vient timidement déclarer sa passion. Sophie l'écoute avec joie, et bientôt ils se jurent un amour qui ne finira qu'avec leur vie.

Tout-à-coup, au son des flageollets et des musettes, arrivent les jeunes garçons et les jeunes filles du village, conduits par Fritz-Hébert et ses heureux enfans. Les bonnes gens viennent offrir à leur aimable libérateur, la couronne due à son courage. Elle lui est donnée par les danseurs qui s'en disputent la gloire. Sophie unit les mains de Christiern et de la belle Catherine. Les danses continuent ; Sophie danse une allemande avec son cher Lauréto.

Sur ces entrefaites, le comte et le baron, attirés par le son des instrumens villageois, arrivent à l'improviste. A leur aspect, les plaisirs font place à la triste contrainte.

Le comte, surpris de la nouveauté de la fête, l'est bien davantage en croyant remarquer une intimité entre le sergent et sa fille. Ses regards sévères, promenés tour-à-tour sur eux, les font rougir et confirment ses soupçons.

Traufmandorf ressent un vif dépit en voyant les égards de Sophie pour ce beau jeune homme. Le général ordonne à Lauréto de se retirer. Il obéit, mais il se cache en tapinois dans la charmille.

Le comte de Caubor renouvelle à sa fille ses instances pour son union avec Traufmandorf. Elle refuse ; son amant craignant de la voir céder à la tyrannie, se rapproche d'elle, il est snrpris par le comte qui lui lance un regard menaçant. Tout est découvert. Lauréto et Sophie avouent leur tendresse mutuelle. Le comte indigné, mais ne voulant pas pousser au comble l'ingratitude envers son bienfaiteur, ordonne à Lauréto qu'il ait à se rendre sur-le-champ à son poste, et lui annonce qu'il lui procurera de l'avancement dans une autre colonne de l'armée.

Un soldat amène un espion tnrc; il montre au baron le plan de fortification qu'il avait déjà levé. Le baron sort avec eux.

Les préparatifs se font pour le départ. Le parc est rempli de soldats et de cavaliers; on se met en marche : Sophie suit de loin son cher Lauréto; enfin il disparaît.

Le baron, resté seul avec Sophie et sa bonne, croit le moment favorable pour faire une déclaration. Il veut se jetter aux genoux de Sophie, mais il tombe ridiculement par terre; décontenancé, il se laisse reconduire par Sara qui éclate de rire.

Sophie se désespère de voir partir son Lauréto, elle a peur de ne plus le revoir. Quelqu'un entre. Bonheur inespéré ! c'est lui ! il s'est dérobé secrètement, et vient dire un dernier adieu à Sophie. Elle lui donne une boucle de ses cheveux, et reçoit en retour le bandeau qui avait pressé la blessure de son amant, elle l'attache à son bras.

La bonne Sara, pour seconder les transports des amans, veille à la porte; mais le vieux baron les apperçoit de la platte-forme, il descend, il reproche à son rival ce qu'il appelle une honteuse désertion. Lauréto veut répliquer, Traufmandorf lève sur lui une canne infamante; Lauréto, indigné, saute sur la canne, oublie les lois sévères de la discipline, la brise, et tire son épée contre le baron.

Aux cris du major, les gardes accourent; l'infortuné sergent est en un instant chargé de chaînes, et Sophie confinée dans la tour.

La nuit étend son crêpe funèbre; des védettes sont placés de distance en distance, Christiern est placé au pied de la tour. Persuadé que c'est dans cet affreux séjour qu'est renfermée l'infortunée Sophie, il crie plusieurs fois : *qui vive ?* A cette voix que Sophie croit reconnaître, elle paraît au haut de la tour; elle veut sauver les jours de son amant, elle prie Christiern de favoriser son évasion. Celui-ci ne pouvant la détourner de son entreprise, lui conseille d'attacher son écharpe à l'un des créneaux de la tour, et de descendre à l'aide des trous que le tems a creusés dans le mur. Sophie s'y prépare, mais dans ce moment critique, la ronde-major passe, Sophie rentre : Christiern se remet à son poste.

Lorsque le danger est passé, Sophie attache son écharpe, en jette l'autre bout à Christiern, et descend. Elle est déjà dans ses bras : la sentinelle placée sur le rempart, crie trois fois *Werdaw.* (qui vive).... Point de réponse. Un coup de fusil part : Sophie, qui heureusement n'est point atteinte, tombe évanouie dans les bras de Christiern. Il l'a dépose derrière une bruyère qu'il recouvre de son manteau dont la couleur se marie, dans l'obscurité, avec la verdure. Il tire ensuite un coup de pistolet.

Le baron accourt avec ses gens. Christiern lui

dit qu'il a vu descendre un fantôme blanc de la tour, et prendre un chemin qu'il indique. Le baron s'emparant de la ceinture de Sophie, ne doute plus de son évasion. Il court à sa recherche : peine inutile. On ne la trouve pas. La garde rentre dans le château.

Christiern, au comble de la joie, va retrouver Sophie. Pour faciliter sa fuite, elle se couvre de son manteau, prend son bonnet, et s'achemine vers la demeure du bon Fritz-Hébert. Christiern, à genoux, rend grace au ciel de son succès.

Fin du second Acte.

ACTE III.

Le théâtre représente un bocage ; à gauche est Lauréto, enchaîné à un tronc d'arbre, à droite est la tente du général qui expédie ses ordres. Au milieu, les soldats entourent une vivandière qui leur sert à boire ; ils tirent aux dez à qui payera les différens écots. Des troupes rangées en bataille, partent pour leur destination.

Le comte de Caubor, touché de l'infortune du prisonnier, sentant la reconnaissance prendre le dessus sur sa fierté, allait rompre les chaînes du valeureux sergent, lorsque le vieux major arrive, l'instruit de la fuite de sa fille au moyen de son écharpe. Le général indigné, reprend toute sa sévérité, ordonne la convocation du conseil de guerre, et sort. Lauréto ravi d'apprendre l'évasion de Sophie, voudrait pouvoir la rejoindre, il voudrait briser ses chaînes, mais sa fureur est infructueuse ; ses gardiens le menacent de leur sabre s'il cherche à les secouer.

Les surveillans du sergent s'éloignent : un de ses amis propose de briser ses fers et de passer à l'ennemi. Lauréto repousse cette proposition ; mais accepte un coup de brandevin que le soldat lui donne pour le restaurer.

Christiern arive bientôt avec un jeune hussard que Lauréto, agréablement surpris, reconnaît être son amante. Sophie lui jure qu'elle le sauvera ou périra avec lui. Lauréto, résigné à la mort, la conjure de s'éloigner, il craint qu'elle ne soit reconnue ; Christiern, pour la mieux deguiser, ombrage ses lèvres de rose de moustaches postiches, et il disent adieu à Lauréto.

Le général revient, le conseil de guerre s'assemble. Lauréto est déchaîné ; le baron apporte en témoignage et la canne que Lauréto a brisée, et l'épée dont il a voulu le frapper ; celui-ci avoue les faits. Les membres du conseil de guerre le jugent coupable : le général prononce sa condamnation les larmes aux yeux.

Une pancarte, déployée aux yeux du sergent portant cette inscription, *les verges jusqu'à la mort*, annonce à Lauréto se sort affreux qui lui est réservé. Ce supplice infamant excite son indignation et son désespoir. En vain tous ses camarades se jettent aux pieds de leur général ; il demeure inflexible, et va ordonner les apprêts de l'exécution.

Le vertueux sergent annonce à son général que sa mort entraînera celle de Sophie, et que ses mânes s'élèveront contre lui.

Le lieutenans de Lauréto le console ; il lui permet d'avoir une entrevue particulière avac Christiern.

Celui-ci dit à son ami les derniers adieux et se charge, pour Sophie, d'une lettre que Lauréto écrit à la hâte.

Déjà la rue fatale est formée, Lauréto est dégradé et dépouillé de son uniforme; le comte, en cassant une baguette blanche, donne le signal du supplice; Lauréto en distribue lui-même les instrumens. Les baguettes sont levées.... Soudain un jeune hussard s'élance à travers les rangs et couvre Lauréto de son corps

Le comte indigné de son audace, le repousse, l'inconnu arrache ses fausses moustaches. Quel coup de foudre! Le comte reconnaît sa fille, sa Sophie. Elle tire de sa ceinture un pistolet, en pose le canon dans sa bouche, et menace de lâcher la détente au premier coup qui frappera son amant. Le comte, épouvanté, sent qu'il est père, détourne les yeux, et fait signe de la main de suspendre le supplice.

Mais bientôt il songe que, par cette faiblesse, il va porter à sa propre gloire et à la discipline un double coup irréparable; il s'arme de dissimulation, promet à sa fille la grace de Lauréto, et lui demande le terrible pistolet. Sophie, pleine de confiance dans son père, remet son arme. A peine le comte l'a-t-il reçue, ô trahison! il ordonne d'accomplir le vœu de la loi, et fait saisir à la fin Sophie et le coupable.

Déjà les soldats, devenus bourreaux malgré eux, allaient déchirer en lambeaux le corps du vertueux sergent: on entend, dans le lointain, un feu d'artillerie et de mousquéterie. Les védettes qui se replient, annonçent que le camp est surpris par les Turcs.

Cet accident suspend l'exécution. Lauréto est enchaîné, et Sophie gardée à vue. Le vieux baron menace son rival. Celui-ci, outré de sa forfanterie, veut se jeter sur lui, mais sa chaîne le retient; un de ses gardiens lui présente la pointe de son sabre pour le faire reculer. Traufmandorf se cache prudemment dans une tente.

La cavalerie turque traverse le camp et attaque les impériaux qui sont d'abord repoussés; l'escorte des deux captifs prend la fuite, à l'exception de deux. Christiern arrive, et supplie ses deux camarades d'abandonner leurs prisonniers. Ils refusent. Christiern leur présente ses pistolets. Ils prennent la fuite. Il romp les fers de Lauréto, qui prend une arme, ainsi que Sophie; ils se mêlent parmi les combattans.

L'asyle du baron est découvert pas un soldat turc qui le force de combattre, et lui porte un coup qui termine sa carrière.

Pendant l'action, le comte de Caubor avait été grièvement blessé : on le rapporte à sa tente, sur un brancard. Les Turcs attaquent son escorte, la mettent en fuite. Le comte se défend avec la lance de son drapeau, mais on la lui arrache. On allait le percer, lorsque Lauréto accourt, s'empare du drapeau, et terrasse celui qui s'en était emparé, tandis que Sophie, Christiern et les autres soldats avaient mis les Turcs en déroute complète.

Lauréto et Sophie se jettent aux pieds du comte, qui, pénétré d'admiration pour la générosité de ce jeune guerrier, ne balance plus à l'unir à l'objet de ses vœux.

FIN.

LES HOMMES DE LA NATURE,

ET

LES HOMMES POLICÉS,

PANTOMIME EN TROIS ACTES,

Dédiée à ceux qui n'entendent pas.

PRÉCÉDÉE ET SUIVIE

DES DEUX SILPHES

PROLOGUE ET EPILOGUE.

Dédiée à ceux qui entendent.

Par J. G. A. CUVELIER, *associé correspondant de la société Philotechnique.*

Représentée, à Paris, sur le Théâtre de l'Ambigu-Comique, le 1er Fructidor, an 9.

Tais-toi, ou dis quelque chose qui vaille mieux que le silence.

PITHAGORE.

A PARIS,

Chez BARBA, Palais-Égalité, galerie derrière le théâtre Français de la République, n°. 51.

AN IX.

PERSONNAGES.

Prologue et Epilogue.

UN SILPHE.	Mad. *Dacosta*.
UNE SILPHIDE.	Mlle. *Planté*.

Pantomime.

OHI, jeune homme sauvage.	C. *Vicherat*.
HÉA, jeune fille sauvage.	Mlle. *Pauline*.
MATRHÉA, mère d'Héa.	Mad. *Legras*.
RÔRU, chef de guerre des sauvages.	C. *Desprez*.
BADMAN, gouverneur anglais.	C. *Révalard*.
Un Capitaine de vaisseau anglais.	C. *Boicheresse*.
Un Sergent anglais.	C. *Delaporte*.
Un Caporal anglais, maître d'armes.	C. *Martin*.
Un Geolier, anglais.	C. *Dumont*.
Trois Officiers anglais.	C. *Thibouville*.
	C. *Barthelemy*.
	C. *Caranda*.
JONA, vieillard sauvage.	C. *Lebel*.

Deux négrillons.
Deux vieillards sauvages.
Trois musiciens sauvages.
Femmes et hommes sauvages.
Femmes Européanes et Bayadères.
Troupes anglaises et cipayes.
Deux schériffs anglais.
Matelots anglais.

Les Ballets sont du Cit. Richard.
Les Décorations du Cit. Philâtre.

La scène se passe, au Prologue, dans le vague des airs.

Et pour la Pantomime dans une isle du Nouveau Monde, habitée par des sauvages et des anglais.

PROLOGUE.

LES DEUX SILPHES.

Naturâ duce utendum est.... idem est beatè vivere et secundum naturam.
SENECQUE.

Le théâtre, environné de toutes parts de nuages, représente le milieu des airs. Les deux Silphes paraissent.

LE SILPHE.

MALGRÉ tout le respect que j'ai pour votre sexe, belle Silphide, vous me permettrez d'être d'un avis différent du vôtre.

LA SILPHIDE.

Eh ! quoi, mon cher Silphe, vous pourriez soutenir que les hommes policés sont moins vicieux que les hommes de la nature ?

LE SILPHE.

Sans doute, les institutions de tous les genres opèrent sur les hommes en société, comme la lime sur l'acier, qu'elle rend brillant.

LA SILPHIDE.

La comparaison est juste ; mais prenez-y garde, si la lime polit, elle use, et le brillant qu'elle donne est acheté aux dépens de la solidité.

LE SILPHE.

N'aimez vous pas à vous promener dans un jardin dont les arbres, taillés avec art, vous offrent des fruits à la hauteur de la main qui veut les cueillir ?

LA SILPHIDE.

Oui; mais lorsque je me rappelle que ces beaux fruits sont arrosés des larmes du cultivateur, dont le front, sans cesse courbé vers la terre, y verse la sueur pour la fertiliser; quand je songe que celui qui les fit mûrir ne doit pas en savourer les parfums, destinés aux Laïs seules ou bien aux modernes Lucullus; ma main s'arrête, mes désirs s'évanouissent, et je préfère ces fruits sauvages, dont l'âpreté rafraîchit ma bouche, sans faire battre mon cœur d'indignation.

LE SILPHE, *souriant.*

Vous peignez avec chaleur, Silphide, et j'ai bien peur de perdre ma cause. La raison est si froide auprès du sentiment! Pourtant, comme vous êtes femme, quoique d'une nature supérieure, permettez-moi de vous demander si vous n'aimeriez pas un rosier sans épine.

LA SILPHIDE.

Vous nous connaissez mal, beau Silphe, les plaisirs sans contrariétés ne plaisent pas aux dames.... Revenons à votre rosier. S'il n'avait pas d'épines, ses belles roses seraient dévorées par les insectes ou broutées par les animaux; si l'art les lui ôtait, il serait languissant.... à l'application s'il vous plaît; les hommes sont comme les rosiers; laissons-les comme la nature les a formés.

LE SILPHE.

Ainsi vous voudriez que l'homme, toujours rude, toujours sauvage, restât dans ses forêts, occupé toute sa vie à faire la guerre aux animaux timides ou bien à disputer son existence avec les bêtes farouches.

LA SILPHIDE.

Faire la guerre aux animaux sans défense, n'est-ce pas le plaisir le plus noble de vos grands?.... Vous trouvez que c'est un mal lorsque l'homme est forcé de disputer son existence aux animaux farouches qui veulent le dévorer.... Aux ordres d'un maître, ne va-t-il pas tous les jours la disputer avec ses semblables qui ne l'ont point offensé?

LE SILPHE.

L'homme sauvage fait aussi la guerre, c'est son premier métier.

LA SILPHIDE.

Il la fait pour sa défense personnelle.

LE SILPHE.

Il a aussi des maîtres qui le dirigent.

LA SILPHIDE.

Ils sont choisis par lui-même; ce sont toujours les plus braves, les plus généreux.... La victoire les désigne, la reconnaissance les nomme.

LE SILPHE.

Il est des peuples policés qui ont cet avantage.

LA SILPHIDE.

Il en est bien peu, et s'ils se rapprochent ainsi du vœu de la nature; ne voit-on pas que c'est un motif pour armer contr'eux tous les autres?

LE SILPHE.

Ecoutez : voici tous les crimes des hommes sauvages.

LA SILPHIDE.

Je vous suis, pour vous opposer tous ceux des hommes policés.

LE SILPHE.

Ils ne connaissent pas cet être éternel qui balance les mondes dans ses mains toutes puissantes.

LA SILPHIDE.

Ils adorent le soleil, qui en est l'image par son éclat et sa bienfaisance, et jamais ils ne maudissent leurs frères, pour ne pas penser comme eux.

LE SILPHE.

Les hommes sauvages, méconnaissant le lien sacré du mariage, prennent à l'aventure la femme qui semble flatter leurs désirs passagers.

LA SILPHIDE.

Les hommes policés les imitent tous les jours, après avoir prononcé le serment solemnel de n'en rien faire. Au moins les premiers ne trompent jamais leurs amis sous le masque de la bonne-foi; ils ne leur ravissent pas leurs biens en les caressant.

LE SILPHE.

Les enfans qui naissent de ces unions sont à toute la

horde ; aucun ne peut jouir véritablement du plaisir de la paternité.

L A S I L P H I D E.

Chez les hommes en société, souvent le père hésite en embrassant son fils ; plus souvent encore les enfans infortunés ne sont à personne.

L E S I L P H E.

Les sauvages dévorent leurs prisonniers de guerre...

L A S I L P H I D E.

Idée horrible !... Mais il est plus horrible encore de les entasser dans des cachots, et de les laisser mourir lentement de faim et de misère.

L E S I L P H E.

Avant de consommer le sacrifice, ils les jettent dans un brasier ardent, et leur font souffrir mille tortures.

L A S I L P H I D E.

Ce tableau me fait frémir. Cependant ces ennemis s'étaient armés contr'eux. S'ils eussent été vainqueurs, ils leurs destinaient le même sort. Dans la société, n'a-t-on pas vu mille fois torturer, brûler des hommes qui n'étaient pas des ennemis, qui ne menaçaient pas les jours des autres, qu'on appelait des frères égarés, et dont le seul crime était de ne pas penser comme tout le monde, ou d'être nés dans un climat différent ?

L E S I L P H E.

Les hommes de la société ont autour d'eux tous les secours pour soulager leurs maux.

L A S I L P H I D E.

Les hommes de la nature n'en éprouvent presque pas.

L E S I L P H E.

Ils ont des religions consolatrices.

L A S I L P H I D E.

Dites des cultes différens. La religion de l'honnête homme est une dans les déserts de l'Afrique comme dans les villes de l'Europe.

L E S I L P H E.

Ils ont, pour se sauver de l'ennui, la littérature et les arts.

LA SILPHIDE.

Les sauvages ne s'ennuient jamais.

LE SILPHE.

Ils se créent tous les jours des jouissances nouvelles.

LA SILPHIDE.

Qui deviennent des besoins, et bientôt des peines quand ils ne peuvent plus les satisfaire.

LE SILPHE.

Ils ont mille sensations inconnues dans les déserts.

LA SILPHIDE.

Les habitans des forêts ont l'amitié sans perfidie, l'amour sans remords, la gloire sans orgueil; tout cela vaut bien des sensations factices.

LE SILPHE.

Enfin, ils se font de bonnes lois.

LA SILPHIDE.

Les sauvages savent s'en passer....

LE SILPHE.

Je vois bien, aimable compagne, que nous aurons de la peine à tomber d'accord.

LA SILPHIDE, (*riant.*)

Il ne serait pas sage d'imiter vos hommes policés, en nous déchirant pour des opinions.

LE SILPHE.

On a du plaisir à avouer ses torts à une jolie femme... J'avoue donc....

LA SILPHIDE, (*l'interrompant.*)

N'avouez rien : nous pourrions bien avoir raison tous deux.

LE SILPHE.

Que voulez-vous dire?

LA SILPHIDE.

Que l'expérience doit être notre règle.... Ecoutez-moi.

LE SILPHE.

Je vous écoute.

LA SILPHIDE.

Nous planons en ce moment sur une des parties du monde habitée également par des hommes de la nature et des hommes policés ; plaçons-nous sur un de ces nuages, fixons nos regards sur cette terre nouvelle : un grand tableau va se dérouler à nos yeux ; nous n'entendrons pas ces pauvres humains, leur langage est si trompeur, que nous pourrions, tout génie que nous sommes, nous y laisser prendre comme les autres : c'est par leurs actions seules qu'il faut les juger, et c'est ainsi que nous déciderons la question que nous venons de débattre.

LE SILPHE.

J'y consens de bon cœur. Restons sur notre tribunal aërien une journée entière : c'est tout le tems qu'il faut pour bien voir et bien juger : mais à tout évènement, que notre discussion soit utile à l'humanité, et soyons prêts à user du droit qu'on nous accorde d'arrêter le vice triomphant et de secourir la vertu opprimée.

(*Ils s'enlèvent dans un nuage.*)

Fin du Prologue.

ACTE PREMIER.

Le théâtre représente, dans le fond, la mer, dominée à droite (de l'acteur) par un rocher; en avant, une campagne Indienne. A l'avant-scène, à droite, la cabane d'Héa. Sur les côtés, plusieurs autres cabanes. On apperçoit sur la mer le nuage lumineux qui cache les génies.

In facie legitur homo.

SCENE PREMIERE.

(*Il fait nuit*)

Au lever du rideau, Ohi et plusieurs jeunes sauvages sont rangés en demi-cercle, les jambes croisées et assis près de la cabane d'Héa ; ils fument le calumet de paix et viennent tour-à-tour lancer des bouffées de fumée à l'ouverture de la cabane.

(*Le jour paraît.*)

Ils annonçent qu'ils attendent avec impatience qu'Héa fasse un choix parmi eux; tous lui offrent leurs hommages.

Le premier apporte une massue, qu'il plante près de la cabane; le second, une peau de crocodile ; le troisième, une chevelure enlevées aux ennemis ; le quatrième, la dépouille d'un tigre qu'il a tué, et tous les autres, des présens à peu près semblables ; Ohi ne dépose qu'un épi de maïs au milieu de plusieurs fleurs Dès que les sauvages ont fait leurs offrandes à la beauté, ils se retirent mystérieusement.

SCENE II.

(*Il est tout à fait jour.*)

Héa sort de sa cabane ; elle examine tour-à-tour les différens présens de ses adorateurs : après un mur examen, elle prend l'épi de maïs et le presse sur son cœur.

SCENE III.

Matrhéa sort de la cabane, approuve le choix de sa fille et lui attache sur la tête les fleurs emblématiques qui entourent l'épi.

SCENE IV.

Les jeunes sauvages reviennent. Ohi jouit de son bonheur, tombe aux genoux d'Héa qui pose son pied sur la tête de son amant, tous les camarades d'Ohi le félicitent.

SCENE V.

Les femmes sauvages paraissent conduisant avec respect les anciens de l'habitation. Les anciens présentent le calumet de paix à Ohi et Héa, qui y fument l'un après l'autre.

SCENE VI.

Les guerriers s'avançent conduits par Roru. Ils offrent une peau de tigre à Ohi : il en décore ses épaules. Roru lui présente un arc et des flèches, en lui annonçant que désormais sa chasse doit nourrir sa compagne.

Pendant ce tems, on a élevé à gauche un autel de gazon ombragé de feuillage. Tous les sauvages se prosternent vers le soleil levant et l'invoquent.

Les anciens conduisent les deux époux à l'autel : ils sont liés l'un à l'autre par une guirlande de feuillages.

Roru coupe des cheveux sur le front d'Ohi, Matrhéa en coupe également sur le front de sa fille : les cheveux sont confondus et portés sur l'autel.

Deux jeunes garçons apportent un brandon emflammé par le frottement de deux morceaux de bois, le feu sacré s'allume sur l'autel et consume les cheveux. Pendant ce tems, Ohi et Héa, à genoux près de l'autel, se donnent le premier baiser conjugal, tandis que les guerriers les couvrent de leurs armes, les femmes de branches d'arbres, et que les anciens imposent les mains sur leurs têtes.

On exécute la danse du mariage.

Pendant la danse, le tems s'obsurcit, le tonnerre gronde, la mer s'agite.

On entend des coups de canon dans le lointain. La danse

est interrompue ; les sauvages effrayés, parcourent la scène en désordre, l'orage augmente et éclate avec violence.

SCENE VII.

On apperçoit sur la mer un yacht portant pavillon anglais, et balotté par la tempête. La foudre éclate, l'yacht est englouti, un seul homme paraît nager sur les flots, tout ses compagnons ont péri.

Les sauvages, voyant les dangers de cet homme, n'écoutent que la voix de l'humanité, bravent la tempête, se répandent sur le rivage, grimpent sur les rochers, et cherchent à donner tous les secours possible au malheureux qui se noye.

Après beaucoup d'efforts, ils parviennent à le tirer des flots ; ils le couvrent de peaux, le soulèvent dans leurs bras, le réchauffent sur leur sein et le portent auprès de l'autel. Cet homme est Badman, gouverneur de l'établissement anglais ; il est mourant et sans connaissance. Les sauvages, dirigés par Ohi et Héa, lui prodiguent les soins les plus empressés : tous leurs efforts paraissent infructueux, jusqu'au moment ou Héa, guidée par l'humanité, s'avise de lui introduire dans la bouche le tuyau du calumet, en soufflant avec force par l'autre bout.

Cet expédient, dicté par la nature, a rappelé la vie fugitive de l'anglais ; il revient à lui, jette ses regards étonnés sur tout ce qui l'environne, et paraît frappé surtout de la figure angélique d'Héa, qui suit tous ses mouvemens avec une joie mêlée d'inquiétude. Les premiers regards de cet homme rappellent l'idée du serpent réchauffé dans le sein de son bienfaiteur, et qui déjà médite de le percer.

A mesure qu'il reprend ses sens, il fixe Héa avec plus d'énergie ; déjà sa belle libératrice rougit et baisse les yeux devant l'œil hardi qui ose l'interroger ; déjà le trait de la jalousie sillone le front d'Ohi.

Les sauvages continuent de prodiguer leurs soins à celui qu'ils ont sauvé ; on lui apporte des fruits et des gâteaux d'igname : il les refuse pour accepter du vin qu'Héa vient de faire jaillir d'un palmier, et qu'elle a reçu dans une noix de coco. L'anglais semble boire l'amour avec ce breuvage, la jalousie d'Ohi s'en accroît.

On soulève Badman ; tout le monde s'empresse pour soutenir ses pas encore chancelans. On veut le conduire dans une cabane ; on l'engage à réparer ses forces par un doux repos. Il marche appuyé sur Héa. Tous les sauvages le suivent avec intérêt.

On entend un coup de canon à la mer. Les sauvages s'arrêtent avec inquiétude. Badman exprime un mouvement de joie féroce, qu'Ohi saisit.

SCENE VIII.

On apperçoit à la rade un vaisseau anglais qui se met en panne, et jette dehors sa chaloupe à un signal que Badman fait en agitant son écharpe qu'il a détachée.

Les sauvages se rassurent petit-à-petit, et examinent avec curiosité le bâtiment. Les anglais débarquent conduits par leur capitaine, qui témoigne la joie la plus vive d'avoir retrouvé le gouverneur. Les matelots et les soldats, par leur respect, annoncent assez que Badman est un homme puissant qui les commande.

Le gouverneur montre Héa au capitaine comme sa libératrice ; le capitaine veut embrasser Héa, qu'il trouve jolie ; Ohi passe fièrement entre elle et lui et l'en empêche.

Badman prend à part le capitaine : il lui annonce qu'il veut posséder Héa, et lui ordonne de chercher les moyens de l'enlever. L'officier lui déclare qu'il sera obéi, mais qu'il faut user d'adresse.

Aussi-tôt il donne des ordres. On apporte un gros barril d'eau-de-vie, et une malle pleine de clous, de morceaux d'acier, de verre, et autres bagatelles.

Les femmes se grouppent d'un côté près de la malle. Les hommes de l'autre côté s'asseyent, les jambes croisées, autour du barril qui contient la fatale liqueur. Ils boivent avec délice ; les femmes reçoivent les bijoux, et témoignent la plus vive surprise et la joie la plus extravagante.

Pendant ce temps, le capitaine complotte à part avec le perfide gouverneur. Héa semble séduite comme une autre par un collier de verroterie que le gouverneur lui présente.

Ohi seul craint une perfidie, s'écarte de la troupe, refuse de boire, et, attentif à tous les mouvemens du gouverneur, il prépare son arc et ses flèches.

A peine les sauvages ont-ils goûté l'eau-de-vie, qu'ils se lèvent chancelans, et, se prenant la main, se mettent à danser autour du barril avec une espèce de fureur. Les femmes, de leur côté, sautent de joie, et se mêlent dans des jeux variés, en songeant aux richesses qu'on vient de leur prodiguer.

Tout-à-coup, aux ordres du gouverneur, un soldat anglais, placé en sentinelle sur le rocher, tire un coup de fusil. Le vaisseau y répond par une canonade. Les sauvages, épouvantés et ivres, se croient morts, et tâtent avec surprise tous leurs membres. Les femmes se jettent la face contre terre. Les soldats anglais se précipitent sur les sauvages, et les massacrent avant qu'ils aient le temps de se mettre en défense; d'autres soldats saisissent les femmes, et veulent leur faire violence.

Le gouverneur et un officier s'emparent d'Héa et prétendent la conduire à la chaloupe. Héa se débat avec vigueur au millieu d'eux. Ohi, qui n'a pas perdu de vue sa maîtresse reparaît au milieu de la mêlée, et, bandant son arc, il ajuste le gouverneur, le manque et tue l'officier.

Aussi-tôt, il arrache le sabre de celui qu'il a renversé, se jette sur Badman et l'attaque avec tout le courage de l'amour et du désespoir. Bientôt il en est séparé par un grouppe de soldats, au milieu desquels il se débat en frappant au hazard destoc et de taille.

Au milieu de ce désordre, Héa est enlevée et conduite au vaisseau, d'ou elle tend les bras à son époux.

Ohi, voyant qu'il a perdu sa maîtresse, renverse tout ce qui l'environne, grimpe sur le sommet du rocher, tend les bras vers le ciel et se précipite dans la mer, croyant pouvoir suivre à la nage les ravisseurs de son amie.

Fin du premier acte.

ACTE II.

Le théâtre représente un sallon richement meublé dans le palais du gouverneur. De tous côtés respire le luxe de l'Europe, uni au luxe des pays chauds. A droite, on apperçoit la porte d'un cabinet, et plus loin un portrait de femme européane. A gauche est un sopha. Près du cabinet est une riche toilette et une grande glace couverte d'un voile.

Quidquid est in mundo est concupiscentia occulorum aut carnis, aut superbia vitæ.

SCENE PREMIÈRE.

Au lever du rideau, le gouverneur, mollement couché sur le sopha, fume des parfums dans une pipe élégante et longue, soutenue par deux négrillons. Il est environné d'une cour d'officiers et de femmes soumises à ses caprises. Il déploie tout le luxe et l'insolence des nababs. Deux femmes pincent du cistre, d'autres dansent devant lui vêtues en bayadères ; les dernières, un genou en terre, lui présentent, sur un riche plateau, des rafraîchissemens de différens genres. Le gouverneur semble ennuyé des honneurs qu'on lui prodigue, il fait retirer tout le monde et ordonne qu'on lui amène Héa.

SCENE II.

Aux ordres du maître, Héa paraît enchaînée et portée par deux cipayes qui se retirent avec respect après l'avoir couchée sur le sopha.

SCENE III.

Le gouverneur ôte les chaînes d'Héa; se jette à ses pieds et fait rétirer les officiers.

SCENE IV.

Héa commence à revenir de son évanouissement.

Badman se cache pour l'examiner.

Héa semble avoir fait un songe pénible, elle se rappelle, avec horreur, la scène qui vient de se passer, elle examine avec une espèce ve curiosité stupide de l'endroit ou elle se trouve, tont semble l'étanner et lui plaire, elle parcourt l'appartement, et, ne voyant personne, elle se rassure un peu.

Elle se trouve vis-a-vis de la toilette, elle se trouble à cette vue; la richesse de ce nouveau meuble la frappe, elle s'approche en examinant si personne ne peut la surprendre; elle lève la gaze qui couvre le miroir; quel est son étonnement! en voyant ses traits réfléchis par la glace? elle recule d'abord effrayée, puis se rapproche; elle veut porter la main sur l'image qui est devant elle, et s'étonne encore plus de ne pouvoir la palper; elle voit le portrait, va le toucher, le trouve uni, et conçoit que ce qu'elle voit dans la glace est aussi un portrait; mais le second portrait lui sourit, se fâche, boude et agit comme elle. Elle ne peut concevoir ce magique effet; elle présente le tableau à la glace qui le double, nouvel étonnement... sans deviner la cause, elle jouit de l'effet, se plait à se revoir, à sourire encore dans le miroir. Dans ce moment le gouverneur paraît derrière elle, la glace réfléchit ses traits odieux; Héa recule avec épouvante, elle va chercher derrière la glace et dans l'appartement, ne trouvant pas son persécuteur, elle se rassure et croit s'être trompée.

Alors elle ouvre la toilette, elle trouve sous sa main un diadême, des aigrettes, un collier de diamans; après les avoir essayés de cent manières, elle en pare sa tête et son col, en se servant du portrait comme d'un modèle, et son admiration pour elle-même redouble.... sa joie est au comble en trouvant sur le sopha un riche habillement européan... Elle court et saute dans le sallon, Badman, qui se montre de tems en tems, jouit du succès de son stratagême. Héa prend les habits, elle essaye de s'en couvrir; mais elle ne peut en venir à bout, elle se dépite, elle se fâche, et les jette sur le sopha comme si elle renonçait às'en servir.

SCENE V.

Des bayadères paraissent, conduites par Badman qui leur

ordonne de garder le silence, et se cache de nouveau ; les bayadères se grouppent autour de la toilette, appellent Héa, interdite de les voir, l'habillent à l'européané, et, dansant devant elle, lui donnent des leçons sur la manière de marcher, de se tenir, de danser, de se servir d'un éventail ; enfin sur tous les détails de la coquetterie. Héa reçoit d'abord gauchement ces leçons, ensuite elle essaye d'imiter, elle rit de sa propre maladresse ; et, après mille détails, elle parvient enfin à prendre un peu de la tournure des coquettes de l'Europe.

SCENE VI.

Le gouverneur se montre. Héa est effrayée à sa vue...... Les bayadères lui indiquent qu'elle a tort, qu'il faut le recevoir d'une manière aimable, qu'ainsi le veut l'usage ; Héa croit que c'est un nouveau jeu, et, déjà séduite par la coquetterie, elle se laisse conseiller, prend un air de dignité, reçoit le gouverneur, joue la petite maîtresse, le souffre à ses genoux, et lui donne sa main à baiser.

On entend un grand bruit au dehors.

SCENE VII.

Ohi qui a été recueilli dans le vaisseau et qui s'en est échappé, paraît se débattant au milieu de deux cipayes qu'il renverse. Il cherche Héa parmi les femmes ; il tourne plusieurs fois autour d'elle avant de la reconnaître ; la reconnaît enfin ; va pour courir dans ses bras qu'elle lui tend, et soudain s'arrête accablé.... Héa a pris le costume européan ! En a-t-elle pris les mœurs ? est-elle infidelle ? a-t-elle oublié son amant ? qui doit-il craindre ? que doit-il soupçonner ?... Un coup-d'œil d'Héa, un coup-d'œil énergique comme la nature qui le dicte, fait cesser son indécision ; il se jette dans les bras de sa maîtresse... Ce premier mouvement appaisé, il apperçoit le gouverneur ; une jalousie brûlante dévore son ame... Il accuse Héa de perfidie ; elle lui fait mille protestations ; elle veut l'appaiser ; il n'écoute rien ; ses bijoux, son habit, tout la condamne...

SCENE VIII.

Badman, toujours perfide, saisit cet instant; il fait apporter par ses soldats un habit militaire; il le présente à Ohi en le comblant de caresses, et en lui faisant entendre qu'il veut être son bienfaiteur, le mettre son égal, et le faire briller comme Héa avec un costume à la mode d'Europe. L'ame pure du sauvage ne peut soupçonner une trahison; d'ailleurs Héa le presse, l'encourage.... Il accepte; il prend l'habit, le chapeau, l'épée, et cherche à son tour, au milieu des explosions d'une gaîté bruyante, à singer le gouverneur.

(*Le fond du sallon s'ouvre, et laisse voir un jardin vaste et pittoresque terminé par un pavillon élégant.*)

SCENE IX.

Les femmes s'emparent d'Ohi; Badman fait sa cour à Héa.

(*On exécute différentes danses voluptueuses.*)

Les deux sauvages, marchant de surprise en surprise, n'ont pas le temps de soupçonner la bonne-foi du gouverneur. Un détachement de troupes anglaises et indiennes paraît, précédé d'un maître d'armes avec quatre élèves. On donne à Ohi la première leçon d'armes, et les élèves font assaut devant lui. Après l'assaut, le détachement fait diverses manœuvres. Ohi est frappé de ce qu'il voit; il voudrait pouvoir retenir ces évolutions pour les faire exécuter à ses guerriers, il cherche à les comprendre, à les exécuter lui-même; il compare son habit à celui des guerriers anglais, et s'imagine qu'on lui a fait un grand honneur en le lui donnant; il se mêle dans les rangs, et essaye de marcher comme eux.

On lui présente un fusil; il le prend; il cherche à faire les mêmes temps d'armes que le détachement. Un sergent s'approche de lui, et lui donne leçon.

(*Pendant ce temps, un caporal prend son signalement.*)

Le gouverneur donne des ordres à part à quelques officiers. Ils invitent Ohi à les suivre pour s'exercer plus à son aise dans la tactique européane. Ohi hésite un moment; enfin, décidé par l'amour de la gloire, il dit adieu à Héa, et sort au milieu de la troupe.

SCENE X.

Badman fait retirer les femmes, et reste seul avec Héa.

SCENE XI.

Badman recommence ses poursuites amoureuses; Héa le reçoit avec la même fierté. Après les plus vives sollicitations toujours rejetées, le gouverneur est prêt à se livrer aux dernières violences. Il veut conduire Héa dans un cabinet voisin. Déjà il l'enlève dans ses bras.

SCENE XII.

Ohi accourt; il est témoin de la perfidie du gouverneur; il lui arrache sa maîtresse, tire son épée, veut se jeter sur son rival, qui a mis aussi l'épée à la main. Héa se précipite entre les deux rivaux; elle est blessée au bras par son amant; elle tombe. A cette vue, la fureur des combattans est rallentie. Ohi jette ses armes, et se précipite sur son amie.

SCENE XIII.

(*Des officiers et des soldats accourent et peuplent la scène.*)

Aux ordres du chef, ils s'emparent d'Ohi. Héa se relève furieuse; elle accable Badman de reproches; elle déchire et jette loin d'elle les perfides ornemens qu'elle a reçus; elle se précipite dans les bras de son amant, qu'elle presse sur son cœur.

Badman fait signe aux soldats de saisir Ohi, qui, inscrit comme militaire, et en ayant accepté l'habit, a eu l'audace de tirer l'épée contre son chef. Il ordonne de le jeter dans un cachot, en attendant le jugement du conseil de guerre. On veut s'emparer d'Ohi; il renverse tout ce qui se présente; il veut emporter Héa; il va parvenir à se sauver; on l'entoure; on le désarme; on le garotte; on l'arrache à Héa, qui tombe accablée dans les bras des officiers, et on entraîne le malheureux sauvage, qui lutte en vain contre ses ennemis, et qui se trouve retenu par vingt bayonnettes croisées sur sa poitrine.

Fin du second Acte.

ACTE III.

Le théâtre représente un cachot. A gauche un banc de pierre, dans le fond la porte d'entrée ; au-dessus du banc, à dix ou douze pieds de hauteur, une lucarne avec une grille de fer fermée par un gros cadenat.

O miseri quorum gaudia crimen habent!
HORACE.

SCENE PREMIÈRE.

OHI dans les bras du sommeil repose sur le banc de pierre. Il semble rêver à sa douce amie; il sourit, il lui tend les bras, se lève, croit la presser sur son sein; ses chaînes le retiennent, il se réveille en sursaut; le rêve du bonheur s'évanouit. Il retombe accablé.

Après un instant de réflexion, il se lève de nouveau, accuse le sort, s'indigne de ses fers, les secoue, les détache: dans sa rage, il vole vers la porte, il l'ébranle avec force, il voudrait la briser en mille pièces; on entend le bruit des verroux.

SCENE II.

La porte s'ouvre. Quatre soldats, la bayonnette au bout du fusil, se présentent, ils enveloppent Ohi, il le pressent la pointe sur le cœur, et l'obligent de retourner sur le banc.

Un vieux geolier et un porte-clef sont entrés avec les soldats; ils rattachent les chaînes d'Ohi. A un geste du vieux geolier, les soldats se retirent.

SCENE III.

Le geolier referme sur eux la porte au verrou.

Ohi, stupéfait et dévorant sa rage, est assis sur la pierre, les coudes sur les genoux et la tête soutenue par ses deux poings. Le porte-clef le montre avec intérêt au geolier. Celui-ci fait signe au porte-clef de se contenir. Le porte-clef présente au geolier une grosse bourse, le geolier pèse la bourse et balance à l'accepter. Le porte-clef insiste, il demande à rester seul dans le cachot, et il exige la clef du cadenat de la lucarne qu'il indique du doigt, en annonçant le dessein de favoriser l'évasion du prisonnier. Cette clef est dans un trousseau à la ceinture du vieux geolier. Ce dernier paraît effrayé de la témérité de l'entreprise, il refuse et veut sortir. Le sensible porte-clef le prie le conjure et l'arrête enfin en lui présentant un riche colier de diamans, le même qui formait la parure d'Héa. A cet aspect, le vieux geolier ouvre de grands yeux, examine la bourse, frotte les diamans, et ranimé par la richesse de ce don, qui assure sa fortune, il cède la clef si désirée et sort doucement, en recommandant la plus grande prudence à son séducteur.

SCENE IV.

Le porte-clef, dès que les verroux de la prison sont refermés, s'avance et contemple Ohi avec un vif intérêt. Il s'approchent de lui et veut le consoler.

Ohi, revenant de sa longue stupeur, et voyant un de ses geoliers à ses côtés, se lève, saisit ses chaînes, et, furieux, veut en frapper le porte-clef. Celui ci fait deux pas en arrière, jette une perruque et une barbe postiches ; Ohi s'arrête et reconnaît sa chère Héa ; Héa qui a tout bravé pour sauver son amant (1).

Après les protestations d'amour et les caresses les plus vives, Héa annonce à son ami qu'elle vient pour le sauver. Elle lui montre la clef et lui indique la lucarne. Ohi saisit la clef, monte sur le banc de pierre, et, après de vains efforts, voit avec regret qu'il ne peut atteindre au cadenat.

---

(1) On me demandera sans doute comment Héa a pu se débarrasser de son persécuteur ? Mais ne sait-on pas que, dans les pays civilisés, avec de l'or on achète tout, même la vertu des autres ! Ne peut-on pas supposer qu'elle a promis plus de complaisance à Badman, et que ce gouverneur délivré de son rival et espérant tout désormais, a donné un peu plus de liberté à la belle sauvage, qui en a profité pour s'échapper du palais, et se faire ouvrir les prisons en répandant l'or que que lui a prodigué son séducteur ? D'ailleurs messieurs les critiques savent bien que ceci n'est qu'une pantomime, et que mes collègues et moi nous n'y regardons pas de si près....

Héa se dépouille de ses habits de geolier et paraît en soldat anglais, dans un costume tout-à-fait semblable à celui de son amant. Etonnement d'Ohi. Son ingénieuse amie lui indique qu'il va, en montant sur ses épaules, atteindre à la lucarne et s'évader; que pour elle, ne pouvant le faire, elle restera dans le cachot, et passera pour le prisonnier. Ohi l'écoute avec effroi. Ainsi, pour sauver sa vie, il exposerait celle de son amante! Non, non, jamais; plutôt périr de mille morts. Prières, larmes, supplications, tout est inutile; Héa persiste dans son dessein : elle veut lui persuader que le gouverneur, dès qu'il la reconnaîtra, n'osera pas la sacrifier. Enfin, ne pouvant déterminer Ohi, elle saisit un poignard caché sous sa veste, et menace de s'en frapper à ses yeux, s'il ne consent à sauver ses jours par la lucarne qu'elle lui indique.

Ohi, effrayé de cette menace, consent à tout; il prend le poignard, jure sur cette arme de sauver sa généreuse amie ou de périr; Héa l'embrasse et le presse de s'évader..... un instant plus tard, peut-être, ne sera-t-il plus tems, et Héa pourrait-elle survivre à son époux.

Un dernier baiser fait cesser toute incertitude, et d'ailleurs l'espoir de la vengeance lui reste; c'est assez, et le grand esprit ne laissera pas périr l'innocence.

La courageuse Héa monte sur le banc et s'appuie des deux mains sur le mur. Ohi s'élève sur les épaules de son épouse, il atteint au cadenat, l'ouvre, pousse la grille, s'élance et disparaît par la lucarne.

SCENE V.

Héa, palpitante d'espoir, de crainte et de fatigue, s'assied sur le banc, la main posée sur son cœur qui bat avec violence.... Elle se lève brusquement, écoute, respire à peine, croit entendre du bruit, se trompe, écoute encore, et, n'entendant rien, se jette à genoux avec une explosion de joie, et remercie le ciel.... On entend les verroux, elle se compose et et se met à la place du prisonnier, en tenant son mouchoir sur ses yeux.

SCENE VI.

Le geolier entre suivi d'un détachement, il apperçoit Héa qui se fait reconnaître à lui, indique que son amant est sauvé, et lui recommande le silence; le bas-officier, commandant le détachement, annonce au prisonnier qu'il vient le chercher pour le conduire à la mort.

Héa est frappée de terreur à l'idée de sa prochaine destruction; elle hésite, puis regarde la lucarne, et, certaine que son amant est sauvé, elle se décide à marcher au supplice, contente de se sacrifier pour celui qu'elle adore. Elle rabat son chapeau sur ses yeux, et sort avec fermeté au milieu des soldats.

SCENE VII.

(*Le théâtre change et représente une campagne. A droite, une estrade tendue de noir avec des sièges: dans les airs le nuage lumineux.*)

Les troupes défilent l'arme sous le bras gauche, au bruit d'une musique lugubre: les tambours sont voilés de crêpes. Tout annonce la mort.

SCENE VIII.

Le gouverneur arrive, et vient se placer sur l'estrade avec deux *schérifs*, qui portent à la main de longues baguettes blanches.

SCENE IX.

Le détachement amène le prisonnier; on le place vis-à-vis l'estrade. Le détachement se met en bataille en face de lui.

Le gouverneur fait un signal. Les schérifs laissent tomber leurs baguettes.

Le détachement met en joue le prisonnier; il va être fusillé. Il jette son chapeau, arrache son habit; on ne voit plus à sa place qu'une femme sauvage. On s'étonne; on s'arrête; et le gouverneur, descendant de l'estrade, reconnaît Héa.

Stupéfaction, rage de Badman: son ennemi est échappé, le sentiment de la vengeance étouffe dans son ame celui de l'amour. Il donne des ordres ; on s'apprête à les exécuter. La malheureuse Héa va payer de sa vie son généreux dévouement. Il n'y a plus entr'elle et le néant qu'un seul mouvement à faire par les soldats féroces, qui la tiennent en joue.

On entend des cris sauvages, et le bruit des armes et des tambours, les bourreaux sont forcés de suspendre la cruelle exécution.

SCENE X.

Ohi n'avait pas envain juré de tout tenter pour sauver sa libératrice, il a rassemblé les sauvages, culbuté les premiers postes anglais, pénétré jusques sur la place de l'exécution. Quel spectacle déchirant frappe ses yeux !

Il se précipite dans les bras de son amante. Le plomb meurtrier vôle. Le ciel, plus juste que les tyrans, le dirige loin des deux époux.

Mèlée, confusion générale. On se prese, on combat. Ohi se multiplie pour défendre Héa et fixer la victoire. Après de longs efforts, la cause de l'humanité est trahie par la fortune. Les braves sauvages, victimes de leur zèle, sont messacrés ou mis en fuite ; Héa est arrachée des bras de son ami ; Ohi est renversé et fait prisonnier.

SCENE XI.

Plus d'espérance, il faut périr, périr sans s'embrasser, sans se dire un dernier adieu. Le gouverneur triomphe. La mort plane sur les époux. . . . Mais à la voix des divinités protectrices de l'innocence, elle se détourne... On entend le mugissement du tonnerre, la foudre éclate, le tyran est frappé et englouti. Les soldats s'enfuyent épouvantés. Les deux époux se pressent mutuellement de leurs bras amoureux.

SCENE XII

Le nuage lumineux se développe et apporte les deux génies vers la terre.

Ohi et Héa tombent à leurs pieds.

Fin du troisième Acte.

ÉPILOGUE.

Nec deus intersit, nisi dignus vindice nodus.
HORACE.

SCENE PREMIERE.

LA SILPHIDE.

Vous les avez vu, jugez-les.

LE SILPHE.

Je m'avoue vaincu ; mais, d'après un fait particulier, n'établissons pas un principe général.

LA SILPHIDE.

Vous avez raison ; car s'il est partout des coupables, partout il est des hommes purs et généreux que nous devons protéger. Remplissons ces nobles fonctions en rendant ces deux époux à une famille et à des amis qui les croyent perdus pour toujours, et qui, dans cet instant, versent des larmes sur leur tombeau. Répandons partout les bienfaits et enseignons aux mortels, de tous les climats, qu'il existe une puissance éternelle et invisible qui protège les bons, et tôt ou tard punit les méchans. (*Ils enlèvent Ohi et Héa dans leurs nuages.*)

SCENE II

(*Le théâtre change et représente le site Indien du premier acte. Dans le fond, près de la mer, sont élévés, sur un tertre un gazon, deux tombeaux ombragés de cyprès et de saules pleureurs.*)

Matrhéa et toutes les femmes sauvages sont grouppées et pleurent autour des tombeaux.

SCENE III.

Les sauvages arrivent. Ils brisent leurs arcs et leurs flèches, et se réunissent aux femmes pour rendre des honneurs funèbres aux malheureux époux, qu'ils croyent tombés sous les coups des anglais.

SCENE IV ET DERNIÈRE.

Tout-à-coup deux météores étincelans se balancent dans les airs et tombent sur les deux tombeaux, qui se changent en un trône au milieu de nuages transparens : sur le trône, on voit les deux génies, et à leurs pieds les deux amans.

Les sauvages se prosternent.... Les deux époux les relèvent. Reconnaissance, joie, enthousiasme général. Ils sont unis de nouveau par Matrhéa, sous les auspices des génies, et une fête pure et simple, comme la nature termine la pièce, en exprimant tous les sentimens qui animent les bons et sensibles sauvages échappés pour jamais à la tyrannie de leurs voisins ambitieux et féroces.

FIN.

LE RENÉGAT,

OU

LA BELLE GEORGIENNE,

PANTOMIME CHEVALERESQUE

EN TROIS ACTES ET A GRAND SPECTACLE,

Tirée de la vieille Chronique des Croisades,

PAR J.-A.-G. CUVELIER;

Musique composée et arrangée par M. ALEXANDRE;

Ballet de M. MORAND; Costumes et Décors de M. ISIDORE.

Représentée, pour la première fois, à Paris, sur le Théâtre du Cirque Olympique, le 25 Novembre 1812,

Et reprise pour l'Ouverture de la nouvelle Salle de MM. FRANCONI, le 8 Février 1817.

NOUVELLE ÉDITION, CORRIGÉE.

A PARIS,

Chez BARBA, Libraire, Palais-Royal, derrière le Théâtre Français, n°. 51.

De l'Imprimerie de HOCQUET, rue du Faubourg Montmartre, n°. 4.

1817.

PERSONNAGES.	JRS.
CONRAD, marquis de Montferrat, roi de Jérusalem	M. *Bassin.*
SALADIN, soudan d'Egypte.	M. *Bunel.*
Le Grand Maître des Templiers. . .	M. *Delahaye.*
HUMFREY, chevalier Templier et Renégat.	M. *Franconi jeune.*
St.-AMAND, chevalier Templier français.	M. *Franconi aîné.*
SOLEIM, frère de Saladin, âgé de 18 ans.	M. *Amable.*
AROUN, émir d'Accon	M. *Justin.*
Un Commandeur des Chevaliers Teutons.	M. *Charles.*
MISOUF, chef des Eunuques blancs. .	M. *Melcourt.*
ALLABECK, chef des Eunuques noirs. .	M. *Ahn.*
RENAUD, jeune templier profès. . .	Mlle. *Céleste.*
Un Arabe de la Tribu des Assassins. .	M. *Ferrin.*
Deux Eunuques noirs et muets . . .	MM. *Dumouchel.* *Mangelaire.*
Barons et Comtes croisés.	
Officiers Sarrasins.	
ALDINA, jeune et belle Géorgienne. . .	Mme. *Franconi jeu.*
Deux vieilles esclaves Ethiopiennes.. .	Mlles *Fanchonnette* *Tigée.*
Odalisques du sérail.	

Dames européennes de la suite du roi de Jérusalem.

Chevaliers templiers, Soldats du Roi, soldats du Sultan.

La scène se passe en Palestine en 1191.

LE RENEGAT,

OU

LA BELLE GÉORGIENNE,

Pantomime Chevaleresque en trois Actes.

ACTE PREMIER.

Le Théâtre représente les jardins du sérail de Saladin. A droite de l'acteur, un pavillon formant l'entrée du harem ; à gauche, un bosquet. Dans le fond, des remparts flanqués de tourelles.

Les femmes du harem de Saladin s'amusent de différentes manières dans les jardins du sérail. Les unes cueillent des fleurs, d'autres les tressent en guirlandes.

Première ODALISQUE, *regardant au fond, et gaîment.*

On entre dans les jardins.

Deuxième ODALISQUE, *regardant avec humeur.*

C'est ce vieux avare Misouf, et ce fripon d'Allabech, chef des Eunuques noirs.

Première ODALISQUE, *souriant.*

Tu fais là en deux mots, un joli portrait de nos chers gardiens.

Deuxième ODALISQUE.

Dès qu'ils paraissent dans le sérail, adieu la gaîté.

Première ODALISQUE, *avec folie.*

Point du tout... Moi, je veux m'amuser aux dépens de ces aimables cerbères. (*aux Odalisques.*) Mes amies, secondez-moi.

Misouf et Allabech paraissent ; les Odalisques s'amusent à les tourmenter par leurs espiégleries et leurs folles caresses. Elles sautent autour de Misouf en criant : « Seigneur Misouf, seigneur Misouf. »

MISOUF.

Paix... paix... Eh! mon dieu! que de caresses!.. C'est une

vraie conspiration... elles vont m'étouffer! ... Cela finira-t-il?... Ah? je respire... Ecoutez-moi. (*Toutes les Odalisques l'entourent.*) Je vous annonce une nouvelle compagne; elle est du pays de la beauté... de mon pays, c'est tout dire. (*Les Odalisques se mettent à rire.*) Oui, riez, riez; peut-être dès demain, sera-t-elle la favorite du sultan Saladin, et par conséquent votre maîtresse... En un mot, c'est une belle Georgienne, achetée à grand prix au chef de la caravanne arrivée hier dans la Palestine. Allez la recevoir à l'entrée du sérail, vous la conduirez jusqu'ici... Allons, partez.

Les Odalisques sortent.

MISOUF, *à Allabech.*

Bravo, mon cher Allabech, voilà une nouvelle occasion de gagner de l'or... ça fait tant de plaisir à compter! Et puis il faut être vrai, nous autres pauvres diables, nous n'avons guères que ce plaisir-là. D'un autre côté, on vient de recevoir la nouvelle que le jeune et généreux Soleim, frère de notre Sultan, revient vainqueur, après avoir combattu, pour la première fois, ces Chrétiens, dont la bravoure nous a été si souvent fatale. Une nouvelle favorite, un vainqueur à recevoir!.. double fête, doubles cadeaux... Cependant, je te le dis en confidence, la vie du sérail ennuie le vieux Misouf: encore quelques sacs d'argent, je me retire du commerce, et je te cède ma place, cher Allabech, si jusques-là tu m'obéis aveuglément et avec zèle, comme tu l'as fait jusqu'à ce jour.

Allabech s'incline en jurant à Misouf un dévouement absolu.

Les Odalisques amènent Aldina. Elle est voilée, et conduite par deux eunuques noirs.

Les Odalisques font tous leurs efforts pour égayer leur nouvelle compagne; elles se groupent autour d'elle, et lui offrent les fleurs qu'elles ont cueillies.

Le son bruyant de la trompette se fait entendre.

MISOUF.

Ce signal annonce le retour du jeune frère de Saladin avec les trophées qu'il a conquis. Je cours prévenir le sultan, notre illustre maître. (*aux Odalisques.*) Vous, rentrez; et parées de vos plus élégans atours, tenez-vous prêtes à recevoir mes ordres.

Allabeck appelle les eunuques, et leur ordonne de faire rentrer les Odalisques dans l'intérieur du harem: Aldina suit tristement les autres femmes.

Le jeune Soleim s'avance à la tête d'un détachement de Sarrazins portant des trophées conquis sur les Chrétiens. Saladin vient à la rencontre de son frère et l'embrasse avec transport.

SALADIN.

Soleim, mon cher frère, tu viens de faire tes premières armes et tu as remporté la victoire. J'étais certain que le sang des Califes qui coule dans tes veines ne pouvait dégénérer. Sois le bienvenu dans le palais de Saladin; c'est aujourd'hui même que ta dix-huitième année vient de s'accomplir; notre loi te permet d'entrer, pour la première fois, dans le harem; de nouveaux plaisirs vont te faire connaître le prix de l'existence; on peut cultiver les roses, lorsqu'on a su cueillir le laurier. (*Au chef des eunuques.*) Ministre du sérail, donnez l'ordre à mes plus aimables Odalisques de venir embellir la fête de la gloire par les charmes de l'amour.

Allabeck salue, et s'empresse d'exécuter l'ordre du soudan. L'émir Aroun se retire avec respect à la tête des soldats et des officiers Sarrasins, pour ne pas troubler les plaisirs de son maître. Les femmes paraissent; elles sont voilées et sous la garde des eunuques.

SALADIN, *à Soleim.*

Tu vois ces jeunes esclaves, ornemens de ce harem! Suivant nos usages, tu peux choisir pour compagne celle qui aura le don de te plaire.

Les eunuques lèvent les voiles; Soleim est ébloui des charmes qu'il aperçoit, il hésite long-tems, enfin il choisit Aldina.

La belle géorgienne, dont le cœur n'a point encore parlé, ne connaissant que le devoir et la nécessité d'obéir, s'avance, les yeux baissés, avec mollesse et indifférence; elle reçoit, sans émotion, le schall que Soleim lui présente, en la proclamant sa sultane favorite. On la conduit dans le bosquet; elle est placée sur des coussins aux pieds du soudan; ses compagnes, quoique jalouses en secret de son bonheur, célèbrent cet événement par leurs danses: les unuques marquent la mesure en frappant sur des tambours turcs.

DIVERTISSEMENT.

L'émir Aroun s'avance en demandant la permission de paraître devant le sultan; elle lui est accordée.

AROUN.

Sublime commandeur des Croyans, un chevalier arrivant du camp des Croisés, sollicite la faveur d'être conduit en ton auguste présence.

SALADIN.

Dis-lui que Saladin consent à le recevoir.

Aroun se prosterne et sort.

Saladin fait rentrer dans le harem toutes les femmes et les eunuques.

Aroun reparaît avec un chevalier couvert d'un manteau brun, et accompagné par les gardes du sérail.

L'inconnu donne un écrit à Aroun ; celui-ci le pose sur sa tête, et le présente au sultan, en mettant un genou en terre.

Saladin déroule l'écrit et lit :

« Soudan d'Egypte, les Croisées, après s'être emparés de
» Saint-Jean-d'Acre, ont résolu de venir attaquer et surprendre
» ce harem, dans lequel ils savent que tu es enfermé avec tes
» trésors. Témoin depuis long-tems des hauts-faits du héros des
» Sarrasins, irrité de l'orgueil du grand-maître des Templiers ;
» mécontent des faveurs qu'il accorde aux chevaliers Français,
» et des injustices dont il abreuve ceux de ma nation, enfin,
» éclairé par la lumière de la religion de Mahomet, j'ai résolu
» de marcher désormais sous les étendards du grand Saladin ;
» mais avant de quitter les rangs de nos communs ennemis, je
» veux te donner une preuve authentique de mon dévouement,
» en livrant entre tes mains le grand-maître des Templiers avec
» les chevaliers chargés d'enlever cette forteresse, et qui espè-
» rent la trouver sans défenses. »

HUMFREY, *chevalier Templier de la langue anglaise.*

Le calife, surpris de ce qu'il vient d'apprendre, se retourne vers l'inconnu et l'examine avec attention.

SALADIN.

Où est le chevalier renégat qui a tracé cet écrit ?

L'inconnu laisse tomper son manteau; on voit un templier.

HUMFREY.

Il est devant toi.

SALADIN.

Si tu es fidèle à tes promesses, la fortune et les honneurs seront ta récompense.

HUMFREY.

Je le jure par Mahomet.

Le grand Saladin accueille le traître, quoiqu'il déteste la trahison.

Humfrey lui fait connaître le plan d'attaque des Templiers; il annonce qu'il va rejoindre les assaillans, pour n'exciter aucun soupçon; il est reconduit à l'extérieur par les gardes du sérail.

Aussitôt le sultan fait prendre les armes sans bruit à ses troupes; tout se prépare pour la défense.

Le jeune et impétueux Soleim, à la tête de la garde du soudan, se promet une nouvelle victoire.

Il fait cacher ses soldats sous les remparts et dans les tourelles.

Cependant les Croisés se sont avancés en silence; n'apercevant personne, ils escaladent les murs, guidés par le perfide Humfrey. Le grand maître descend dans l'intérieur du sérail; il est accompagné du jeune Renaud, portant l'étendard de l'ordre, et d'un petit nombre de chevaliers; il aperçoit l'entrée du harem, et croit y surprendre Saladin au milieu des plaisirs et sans défense.

Tout-à-coup les Sarrasins l'enveloppent en poussant de grands cris; l'intrépide grand-maître se fait jour à travers leurs rangs.

Une grosse tour roulante s'approche des murs à l'extérieur; elle porte des chevaliers qui viennent au secours du grand maître; une attaque plus sérieuse commence, les flèches et les feux volent de toutes parts; et les Sarrasins, garnissant les tourelles, font la plus vive résistance. Cependant l'impétuosité des chevaliers français rappelle la victoire sous les drapeaux des Croisés; un pont-levis s'abaisse sur les remparts; la tour mobile vomit de nouveaux combattans, et le croissant recule devant la croix.

Pendant cette action, le feu a pris au harem ; on aperçoit la réverbération des flammes ; les Odalisques s'enfuient et cherchent un refuge.

Aldina se trouve en face d'Humfrey ; ce scélérat est frappé de sa beauté ; il médite déjà les moyens de s'emparer de cette proie ; il cherche à rassurer la Géorgienne tremblante à son aspect ; il lui offre un asile, et l'entraîne malgré sa résistance.

Un nouveau groupe fixe l'attention des combattans, c'est le petit Renaud disputant la bannière des templiers au jeune Soleim : le frère du calife veut cueillir une nouvelle palme, en s'emparant de ce redoutable étendard : Renaud, plus faible, va succomber et l'ordre a perdu cette bannière glorieuse qui le dirigeait dans les combats.

Le brave Saint-Amand, templier français, l'ami, le compagnon de Renaud, paraît sur le pont-levis de la tour, s'élance en bas des remparts, arrache l'étendard des mains de Soleim, relève le petit profès, lui rend le signe de la victoire si justement nommé *Beauseau*. A la vue de ce superbe chevalier, le frère de Saladin reste frappé d'étonnement ; les Sarrasins ont aperçu le danger que le jeune prince va courir ; ils volent à son secours, guidés par Aroun. Les templiers accourent en foule de leur côté pour défendre Saint-Amand. Une nouvelle mêlée s'engage.

Au milieu de ce désordre, on distingue Humfrey, qui, déjà subjugué par la passion la plus effrénée, entraîne Aldina, veut lui faire violence et l'enlever...

Témoin de cette action, indigne d'un chevalier religieux, Saint-Amand le rappelle à l'ordre et aux combats.

L'instant de se replier est arrivé ; le grand-maître, voyant son expédition manquée, sans en connaître la véritable cause, donne le signal de la retraite ; les Sarrasins poursuivent les Chrétiens jusque sur la tour d'assaut. Le pont-levis se relève à l'instant où Saint-Amand, qui soutient la retraite en combattant corps à corps un des plus redoutables guerriers infidèles, va y rentrer.

Saint-Amand, se voyant prisonnier dans le sérail, sans espérance de franchir les murs garnis partout d'ennemis, redescend vers le harem pour y chercher une issue; il aperçoit Aldina évnouie et couchée sur la terre.

Le jeune templier, ému de compassion, la soulève dans ses bras et la porte dans le bosquet, en cherchant à lui donner tous les secours en son pouvoir.

La belle géorgienne reprend ses sens; elle baisse les yeux en rencontrant ceux de son aimable libérateur. Tous deux semblent frappés du même trait; tous deux, pour la première fois, sentent battre leurs cœurs, et restent étonnés du sentiment nouveau qu'ils éprouvent; un seul regard a décidé du sort de toute leur vie.

Conduit par Humfrey, Soleim paraît sur le rempart; le jeune musulman s'élance furieux; il veut venger son amour outragé, et acquérir une nouvelle gloire en combattant l'orgueilleux ennemi qui est en sa présence.

Saint-Amand, mesurant de l'œil son jeune et faible adversaire, ne le croit pas en état de combattre avec lui, et dédaigne un laurier trop facile à cueillir.

Soleim, indigné de ce mépris, tire son cimeterre, et attaque le templier avec fureur; Saint-Amand reçoit son attaque avec calme, et, du premier coup, fait voler en éclats le fer du téméraire musulman. Le jeune sarrasin n'en devient que plus furieux; il tire son poignard, il se précipite sur son ennemi; mais sa force trahit son courage; obligé de se défendre, le templier l'a frappé d'un coup mortel; Soleim chancelle, tombe... Aldina, épouvantée, conseille au chevalier de chercher son salut dans la fuite; il n'est plus temps... L'émir Aroun, les Sarrasins, les ennuques, les femmes sont accourus au bruit du combat; Saint-

Amand est enveloppé, désarmé, renversé; il va périr...

Le Sultan paraît; il arrête les glaives suspendus sur la tête du chevalier français :

Aroun montre à Saladin son frère expirant, en lui apprenant que c'est un prisonnier qui l'a fait tomber sous le tranchant de son sabre.

Le soudan, vivement ému, s'approche de son frère, le soulève dans ses bras, le presse sur son cœur, et cherche à retenir sa vie fugitive... Efforts inutiles!... L'infortuné Soleim retombe, désigne Saint-Amant comme son meurtrier, et ses yeux se ferment pour jamais à la lumière.

A cet aspect, Saladin ne se possède plus; il tire son cimeterre et veut s'élancer sur Saint-Amand; Aldina tremble pour les jours de celui qu'elle adore sans le savoir; elle retient le bras du sultan.

ALDINA, *dissimulant et troublée.*

Que vas-tu faire, soudan d'Egypte?... Ce n'est pas sous le cimeterre du grand Saladin que doit tomber le meurtrier de son frère Soleim; il faut un plus terrible supplice.

SALADIN, *se remettant.*

Tu as raison Aldina, et je veux que tout son sang coule sur le tombeau de mon frère... Quant à toi esclave fidèle, tu avais été choisie par le malheureux Soleim pour embellir sa vie par ton amour, tu étais l'épouse de son cœur, je sens combien ta situation est affreuse... Demande-moi tout ce que tu voudras, fût-ce même la permission de retourner en Géorgie, je suis prêt à te l'accorder.

ALDINA.

Sublime sultan, je n'exige pas une aussi haute faveur... Promets-moi seulement de m'accorder la première grâce que je te demanderai.

SALADIN.

J'en fais le serment au nom du prophète... (*Montrant Saint-Amand.*) Qu'on enferme ce misérable dans un cachot, il n'en sortira que pour recevoir la mort... (*Aux ennuques.*) Et vous, esclaves, rassemblez-vous dans la plaine de Ptolémaïs, et préparez tout pour rendre à mon infortuné frère les honneurs funèbres qui sont dus à son rang et à sa haute vaillance.

Saint-Amand est chargé de chaînes et entraîné par les gardes.

Les ennuques emportent le corps de Soleim; il est environné par toutes les odalisques en pleurs ; Aldina échange avec Saint-Amant un rogard d'intelligence; le sultan est plongé dans la plus profonde douleur; Humfrey, resté dans le sérail, et caché jusqu'à ce moment, se rapproche de Saladin, sans être aperçu par Saint-Amand ; il tourne vers la Géorgienne des yeux brillans de la passion la plus véhémente, et semble jouir d'avance du triomphe qu'il espère.

Fin du premier Acte.

ACTE II.

Le Théâtre représente une campagne ; à droite, l'entrée des sépultures des Califes ; dans le fond, la mer, et une vieille tour servant de phare ; elle est élevée sur un rocher au milieu des flots ; on entre dans cette tour par un souterrain creusé dans le roc.

Le corps de Soleim est placé sur une estrade ornée de tous les attributs militaires ; Aldina est à la tête des femmes ; elles sont toutes couvertes de voiles noirs ; plusieurs tiennent à la main des tambours turcs, garnis de crèpes funèbres.

Le Calife paraît plongé dans la plus profonde douleur ; les soldats, les eunuques, les eslaves forment autour de leur maître divers groupes ; partout règne la consternation, le deuil et la stupeur.

SALADIN.

Braves Sarrasins, compagnons d'armes de Soleim, calmez vos douleurs ; sa mémoire sera vengée ; nous reporterons bientôt dans le camp des Croisés la désolation et les alarmes : mais le meurtrier de mon frère va recevoir la mort sur cette tombe, comme une juste expiation de son forfait.

Il a parlé : Saint-Amand est amené chargé de chaînes ; il est conduit près du tombeau ; il va périr ; les glaives sont levés sur sa tête ; Aldina s'élance en s'écriant : *Arrêtez !*... A sa voix, les bourreaux suspendent leurs coups... Saladin reste frappé d'étonnement.

ALDINA, *au sultan.*

L'invincible Saladin ne peut oublier la promesse qu'il m'a faite ; je viens ici la réclamer.

SALADIN.

Tu peux parler avec confiance.

ALDINA, *avec embarras.*

Commandeur des Croyans, je renonce à la liberté, à tous les biens que ta générosité m'avait offerts ; je ne te demande qu'une seule faveur ; c'est d'épargner la vie de ce chevalier.

SALADIN, *avec colère.*

Moi ! épargner l'assassin de mon frère... Non, ne l'espère pas...

ALDINA.

Mahomet a reçu ton serment.

SALADIN.

Et tu exiges que je le tienne, toi, la favorite de mon infortuné frère!...quel motif peut justifier une pareille démarche ?

ALDINA, *avec crainte.*

Ah! seigneur, une mort prompte est plutôt un bienfait qu'un supplice. Pour que notre vengeance fût complète, il faudrait que ce Chrétien passât dans l'esclavage une vie longue et sans espérance....

SALADIN, *après un moment d'hésitation.*

Sultane, tu seras satisfaite : mais le noble sentiment qui a dicté ta demande, mérite une récompense... Gardes, la belle Aldina est libre; elle peut, dès cet instant, quitter le harem, et retourner dans sa patrie. J'ordonne qu'il lui soit compté cent bourses d'or, et que tout soit préparé pour son départ. (*Misouf sort.*) (*montrant Saint-Amand.*) Quant à cet infidèle, qu'il soit conduit dans cette tour...(*il indique le phare.*) Qu'il y soit gardé avec la plus grande sévérité...

On exécute les ordres du soudan. Saint-Amand s'éloigue au milieu des eunuques, en jettant sur Aldina un regard d'amour et de reconnaissance.

Aldina se jette aux genoux de Saladin qui prononce son affranchissement.

En même tems on voit passer, sur une gondole, Allabech et les eunuques, qui conduisent Saint-Amand dans la tour.

Dès qu'il y est renfermé, la gondole revient; Saladin sort à la tête de ses gardes.

Restée seule, Aldina gémit sur sa triste situation.

Misouf arrive avec une cassette qu'il dépose aux pieds d'Aldina.

Au moment où il va lui parler, Allabech revient et lui remet les clefs des souterreins qui conduisent à la tour. Misouf lui témoigne sa satisfaction; Aldina qui a remarqué cette action, espère bien en tirer avantage.

MISOUF, *à Aldina.*

Aimable sultane, je dépose à vos pieds les cent bourses d'or que le sultan vous a données. Vous savez les égards, les soins que j'ai eus pour vous depuis que vous êtes dans le sérail... et je ne doute pas que votre générosité...

ALDINA.

Elle sera sans bornes si tu veux me servir... Tu as les clefs des souterrains qui conduisent à cette tour... cet or t'appartient, si tu consens à délivrer le chevalier français confié à ta garde.

MISOUF.

Comment! ces cent bourses d'or!...

ALDINA.

Elles sont à toi.

MISOUF.

Il m'est possible de faire sortir le chevalier de son cachot... mais je ne réponds pas que les gardes du sultan...

ALDINA.

Fais ce qui dépendra de toi... (*à part.*) L'amour et la reconnaissance m'inspireront ce que je dois faire pour la délivrance de celui qui m'a sauvé l'honneur et la vie. (*à Misouf.*) Eh bien?

MISOUF.

Madame, je consens à tout.

ALDINA.

Il est sauvé!

Misouf fait approcher Allabech, lui remet les clefs du cachot pour en faire sortir Saint-Amand, et lui promet de partager avec lui l'or qui lui est donné, s'il exécute fidèlement ses ordres; Allabech jure de faire ce qu'il lui demande, et sort.

Misouf, satisfait, veut alors prendre les cent bourses d'or; mais Aldina l'arrête : il ne les aura que lorsque le chevalier sera délivré.

On voit Allabech gagner les souterrains sur sa gondole : il descend, monte à la tour. Le factionnaire l'arrête; mais s'étant fait reconnaître, il passe.

Bientôt il reparaît suivi de Saint-Amand, surprend le factionnaire, le poignarde, et le jette à la mer.

Il saute aussitôt, avec Saint-Amand, dans la gondole, qui se dirige vers la terre.

Misouf reçoit alors d'Aldina la récompense promise, et se retire tout joyeux.

Saint-Amand arrive; il est reçu par Aldina. Il tombe aux pieds de sa belle libératrice; elle lui tend les bras, il s'y précipite... Bientôt se rappelant ses vœux, et l'impossibilité d'être jamais à celle qu'il adore, il recule avec inquiétude. La Géorgienne ne peut deviner la cause de cette froideur, elle le presse vivement de fuir avec elle : le templier hésite; une lutte terrible s'est engagée dans son cœur; il sent tout le danger de sa situation; il voudrait qu'il fût possible de reprendre ses fers.

On entend la trompette; les amans découvrent de divers côtés des hommes qui s'avancent dans l'ombre de la nuit; Aldina s'aperçoit que le lieu des sépultures est entouré; elle conjure son amant de sauver ses jours. L'image du danger que va courir sa bien-aimée fait chanceler la rigide vertu du templier; il consent à se cacher, et ne trouvant dans la plaine d'autre endroit pour se mettre à l'abri des recherches, que la sépulture des califes, la Géorgienne l'y fait entrer en lui recommandant le silence. Quant à elle, s'imaginant qu'elle ne sera pas reconnue sous son déguisement, elle se place à genoux auprès de la tombe de Soleim, dans la posture d'une esclave fidèle qui verse des larmes sur les cendres de son maître. Vaine espérance! Pendant ce tems, Humfrey, suivi des Sarrasins qui lui sont vendus, paraît dans le fond; il reconnaît Aldina, la leur montre, leur ordonne de l'enlever, et se retire.

Les Sarrasins saisissent Aldina, elle tombe à leurs pieds, elle les supplie; ils sont sourds à ses prières; ils vont l'entraîner, lorsque soudain Saint-Amand soulève le voile qui couvre le cercueil de Soleim, et se montre à leurs yeux en les menaçant. A cet aspect, les ravisseurs se figurent qu'ils ont devant eux l'ombre de leur jeune maître, et qu'il vient défendre celle qu'il chérissait : frappés d'épouvante, ils tombent la face contre terre. Aldina, profitant de leur stupeur, entraîne le chevalier et tous deux disparaissent.

Humfrey revient pour savoir si ses ordres sont exécutés. Quel est son étonnement en voyant ses satellites prosternés dans la poussière! il cherche à les rassurer, à deviner la cause de leur frayeur; les esclaves lui racontent ce qui vient de se passer; le renégat soupçonne une fourberie, il tire son épée, il menace; Aroun paraît et l'arrête.

Le jour commence à poindre.

AROUN, *reconnaissant Humfred.*

Seigneur, le chevalier français qui était dans cette tour, a trouvé le moyen de s'échapper; je viens de le voir non loin de ces lieux, fuyant avec une esclave du sérail; c'est en vain que je les ai poursuivis; malgré tous mes efforts, ils ont gagné la route qui conduit aux premiers postes des Chrétiens.

La fureur d'Humfrey est à son comble, il veut courir sur les traces des fugitifs; le sultan s'avance avec ses gardes, le renégat se compose et aborde Saladin avec respect.

HUMFREY.

Commandeur des Croyans, on te trahit...

SALADIN.

Nomme-moi le coupable.

HUMFREY.

Aldina.

SALADIN.

Que dis-tu ?

HUMFREY.

La vérité... Oui, la perfide Géorgienne a fait évader de cette tour le chevalier français, assassin de ton frère.

SALADIN, *avec courroux.*

Que l'on courre sur leurs traces; ils paieront de leurs têtes...

HUNFREY.

Arrête, soudan d'Egypte, et laisse-moi le soin de te venger.

SALADIN.

Par quel moyen ?

HUMFEY.

On ne sait pas encore dans le camp des Chrétiens que je suis passé à ton service; c'est demain que Conrad, marquis de Mont-Ferrat, doit se faire couronner roi de Jérusalem : je vais retourner auprès de lui. Au milieu du tumulte occasionné par la fête, il me sera facile de te livrer tes ennemis. Je ne te demande, pour m'accompagner, qu'un seul homme dévoué, et à toute épreuve.

Saladin approuve le projet et fait un signe; un soldat s'avance.

Voici un Arabe de la tribu des Assassins; tu peux compter sur lui, il te servira au péril de sa vie.

L'Arabe en fait le serment.

SORTIE GÉNÉRALE.

(Le Théâtre change et représente le camp des Croisés ; au milieu, une tente riche et un trône ; à gauche de l'acteur, une autre tente plus élevée et fermée par des rtdeaux. Le jour paraît.)

Une marche pompeuse se déploie dans le camp en face de la tente royale. On y voit figurer les barons, les comtes, les chefs des Croisés des diverses nations, les députations des chevaliers de tous les ordres religieux militaires, le grand maître des Templiers, le duc d'Autriche, et les dames venues d'Europe à la suite de leurs époux et de leurs frères. On apporte, en cérémonie, le sceptre et la couronne.

Conrad, marquis de Montferrat, paraît sur un cheval richement caparaçonné ; il est précédé de ses pages, portant sa bannière et celle de l'armée, sur laquelle est tracé ce cri de guerre et de victoire. *Dieu le veut.* Il est suivi de ses deux grands officiers, sur leurs chevaux de bataille : plusieurs chevaliers des ordres religieux militaires sont montés sur des coursiers bardés de fer.

Conrad reçoit la couronne que le grand-maître des Templiers lui présente, sous la garantie du Roi de France Philippe Auguste, et au nom de l'armée, à la place de Guy de Lusignan, déchu de ses droits, d'après les malheurs de la bataille de Tibériade. Les barons et les comtes lui offrent le sceptre, et les dames lui ceignent l'épée, suspendue à une écharpe blanche.

Des Sarrasins faits prisonniers dans le dernier combat, sont amenés chargés de chaînes. Le roi ordonne qu'ils soient mis en liberté. Ils se prosternent, et demandent la permission de prendre part à la fête, en exécutant les jeux et danses de cimbales à la manière de leur pays.

Cette permission est accordée.

Les dames européennes dansent à leur tour, en s'accompagnant avec des lyres d'or. Ces divertissemens se terminent à l'arrivée d'Humfrey, accompagné de l'Arabe de la tribu des Assassins.

HUMFREY, *s'avançant au pied du trône.*

Sire, cet Arabe vient de remettre, aux gardes avancés du camp, ce message, qui paraît être de la plus haute importance.

Il présente un écrit au roi : l'Arabe regarde tout ce qui l'entoure avec un étonnement stupide. Conrad, après avoir fait éloigner tout le monde, à l'exception du grand-maître des Templiers et d'Humfrey, déroule le parchemin, et lit ce qui suit :

« Roi de Jérusalem, un ami fidèle des Chrétiens te fait connaître qu'un chevalier, resté prisonnier dans l'attaque du harem de Saladin, a racheté sa liberté en lui promettant de livrer ton camp aux infidèles. Ce chevalier déloyal est accompagné d'une belle Géorgienne qu'il vient d'enlever du sérail.

HUMFREY.

Sire, cette esclave s'avance vers les barrières du quartier royal, et j'ai reconnu St.-Amand dans le chevalier qui l'accompagne.

Saint-Amand paraît avec Aldina. Le renégat fait sortir l'Arabe et s'arrange de manière à ne pas être vu par la Géorgienne. Saint-Amand la présente au roi avec calme et dignité ; il va lui raconter l'événement qui a mis cette femme entre ses mains.

CONRAD, *sans l'écouter.*

Que ce chevalier soit arrêté et désarmé.

On désarme Saint-Amand. La Géorgienne, en voyant traiter ainsi son protecteur, se jette aux pieds du prince.

ALDINA.

Roi des Chrétiens, il n'est pas coupable ; c'est à son courage que je dois la vie : il m'était permis de quitter le sérail, et j'ai suivi volontairament mon généreux libérateur.

CONRAD, *montrant le grand-maître.*

Belle étrangère ne craignez rien, et apprenez que les chevaliers français ont toujours su respecter les dames et le malheur.

Le roi appelle deux de ses barons, leur dit que la Géorgienne est libre, et la place sous leur sauvegarde ; ensuite il remonte à cheval, et sort avec ses chevaliers.

Le grand-maître fait retirer tout le monde : le jour s'est écoulé. Saint-Amand reste sous la garde d'Humfrey ; Saint-Amand est dans sa tente ; les rideaux se ferment. Humfrey fait placer des sentinelles de divers côtés, en ayant soin de les éloigner du lieu de la scène, afin d'être libre d'exécuter son infernal projet.

La nuit est devenue très-obscure. Dès que le renégat se voit seul, il appelle l'Arabe, et lui indique la tente qui renferme son ennemi. Dans ce moment, Aldina, inquiète sur le sort de celui qu'elle aime, paraît dans le fond; étonnée de ce qu'elle voit, elle écoute en silence.

HUMFREY, *à l'Arabe.*

Lorsque les clairons et trompettes du camp sonneront la retraite, ce sera le signal pour frapper.

L'Arabe promet d'obéir; Humfrey se retire, l'Arabe se cache.

Aldina, épouvantée de ce qu'elle vient d'entendre, s'avance doucement vers la tente de son ami; elle soulève les rideaux, elle voit Saint-Amaut à demi-couché sur son lit de camp, et plongé dans la douleur la plus profonde.

Aldina l'arrache à cette rêverie; elle lui raconte le complot formé contre ses jours: l'impétueux chevalier demande des armes; il voudrait combattre et prévenir les scélérats qui les menacent; la Géorgienne le retient et l'appaise, en lui faisant entendre qu'un éclat le perdrait, qu'il ne pourrait donner les preuves de la trahison, enfin qu'il vaut mieux inventer quelques moyens pour faire tomber ses ennemis dans le piége qu'ils lui ont tendu.

Comment faire pour parvenir à ce but? L'amour inspire Aldina; les ombres de la nuit permettant difficilement de distinguer les objets, l'assassin ne peut se douter que le chevalier, qu'il vient de voir endormi dans sa tente, en est sorti; il n'est pas impossible de le tromper; elle détache le manteau du jeune Templier, elle l'étend sur le lit de camp, elle y place son casque dont elle ferme la visière, enfin elle a l'adresse de donner à cet appareil la forme d'une personne plongée dans le sommeil; elle referme les rideaux de la tente, et tous deux sortent avec mystère, dans l'intention d'aller trouver quelques chefs et de les amener dans l'ombre, pour les rendre témoins de la scélératesse d'Humfrey.

A peine ont-ils disparu, l'Arabe revient, il écoute, et semble attendre le signal avec impatience.

Les clairons et les trompettes annoncent la retraite. Le renégat paraît, il est bientôt entouré par un parti de Sarrasins qu'il a fait cacher pendant le jour, et qu'il introduit dans le camp ; le renégat leur donne ses ordres, ils sortent. Humfrey indique à l'assasin qu'il est tems d'agir : l'Arabe ouvre doucement les rideaux de la tente, et se réjouit d'avance en croyant apercevoir sa victime.

Dans cet instant, le roi, le grand-maître et les barons s'avancent dans la tente royale, et examinent avec attention ce qui se passe sous leurs yeux.

Humfrey qui n'a pas perdu de vue l'assassin, lui dit de frapper; l'Arabe obéit; son poignard s'enfonce dans le lit de camp; au même instant Saint-Amand le perce d'un coup de lance, et l'étend sans vie à ses pieds.

Le roi et le grand-maître s'avancent vers le renégat, ils l'accablent de reproches; celui-ci se voyant découvert, jette le masque, arrache le manteau de l'ordre et s'écrie avec force :

A moi, Sarrassins !

Les soldats du soudan accourent à la voix du traître, Les trompettes sonnent, les tambours battent, les Croisés courent aux armes; la confusion et le désodre règnent dans le camp. Au milieu de la mêlée, Aldina tombe entre les mains d'Humfrey, qui la fait enlever par ses satellites. Saint-Amand accourt, il veut la défendre, il est forcé de céder au nombre. Le renégat ayant obtenu ce qu'il désire, donne le signal de la retraite; mais le roi, ses barons, les chevaliers Croisés accourent de toutes parts. Bientôt ils reprennent l'avantage; les Sarrasins plient, ils sont en plein deroute.

Cependant on voit au fond Aldina au milieu de ses ravisseurs ; elle tend les bras à Saint-Amand. Celui-ci fait un mouvement pour voler à son secours; mais épuisé par la perte de son sang, accablé par la fatigue, il tombe, en jettant sur elle un dernier regard. Son ami, le jeune Renaud le soutient. Humfrey est triomphant.

Fin du second Acte.

ACTE III.

Le Théâtre représente une partie d'un parc tenant au sérail. A droite de l'acteur, un pavillon fermé; à gauche, une table, un divan.

Misouf entre avec mystère, il regarde de tous côtés; il fait un geste, Allabech paraît avec le jeune templier Renaud, déguisé en Mameluck circassien, et le chevalier St.-Amand, caché sous l'habit d'un vieux esclave Copthe.

MISOUF, *à St.-Amand.*

Vous voilà introduits dans les jardins. Avec les précautions que j'ai prises, et sous ces déguisemens, il est impossible, seigneur templier, qu'on reconnaisse ni vous, ni votre jeune compagnon... je crois donc avoir gagné loyalement l'or que vous m'avez compté. D'ailleurs je suis porté de cœur, vous le savez par vous-même, à servir cette malheureuse Aldina... elle récompense si bien!

RENAUD.

C'est là l'essentiel, n'est-ce pas?

MISOUF.

C'est ici, comme partout... Après le départ du grand Saladin, le Renégat va rester seul maître en ces lieux. Aldina est sa prisonnière, son sort ne dépend que de lui; et je ne puis vous cacher, que si elle résiste à ses volontés, elle sera enfermée dans ce pavillon, sous bonne et sûre garde. Je ne sais, à vous parler franchement, comment nous ferons pour la délivrer... Les circonstances nous décideront, je l'espère...

St.-Amand ôte de son doigt une bague, et la donne à Renaud.

RENAUD, *présentant la bague à Misouf.*

Et ce diamant pourra les faire naître, n'est-ce pas?

MISOUF, *regardant la bague.*

Il est d'une belle eau!.. Enfin comptez sur moi; mais surtout de la prudence, car si l'on découvrait... nous serions perdus... On vient... évitez tous les regards, et attendez en silence un instant favorable. (*Il les fait cacher.*)

Saladin paraît accompagné d'Humfrey, richement vêtu à la manière orientale, et suivi de toute sa cour.

SALADIN, *à Humfrey.*

Vaillant Humfrey, je dois la victoire à ton dévouement. Désormais ma confiance en toi sera sans bornes... En retournant dans mes états d'Egypte, je laisse à mon visir le soin de soutenir l'honneur de mes armes... Quant à toi, je te confie le commandement du corps d'Egyptiens campés sous les murs de Jérusalem, je t'élève au rang d'Émir. Ces esclaves, ce sérail, ces soldats restent sous tes ordres. Enfin ils t'obéiront comme à moi-même, après la cérémonie d'abjuration solemnelle qui doit lier ton avenir à l'empire glorieux du croissant.

Humfrey prête serment sur le coran, il est proclamé Emir à la tête des gardes, et l'étendart à trois queues flotte sur sa tête.

Après cette cérémonie Saladin sort avec ses gardes et toute sa cour.

Humfrey ordonne à Allabech d'amener devant lui la Géorgienne, dont il est plus épris que jamais.

Aldina entre accompagnée par deux eunuques muets et par deux vieilles Ethiopiennes.

Humfrey lui fait entendre qu'il n'est plus possible qu'elle échappe au sort qui lui est réservé; quant à lui, comblé des faveurs du sultan, il n'est aucune dignité à laquelle il ne puisse désormais prétendre, et celle qu'il adore partagera ses richesses et sa gloire. La Géorgienne l'écoute avec dédain.

HUMFREY, *impatienté.*

Il faut enfin que tu fasses un choix, la faveur de ton maître, ou une prison éternelle.

ALDINA, *avec ironie.*

Je te remercie, Humfrey, de la permission que tu me laisses de choisir... Un esclavage éternel est sans doute un supplice affreux; mais recevoir la main d'un lâche qui a trahi sa patrie et sa loi, ce serait un supplice plus horrible encore... Fais-moi donner des fers, je les accepterai comme un bienfait.

Humfrey est confondu... Supplications, menaces, tout est inutile, Aldina reste inébranlable dans sa résolution.

Le renégat commande qu'elle soit enfermée dans le pavillon, sous la garde des deux eunuques muets et des vieilles Ethiopiennes : en exécutant cet ordre, Allabeck trouve le moyen de faire un signe à la Géorgienne et de lui passer un billet que Saint-Amand lui a remis pour elle. Ce chevalier n'a pas eu de peine à gagner le chef des eunuques, déjà dévoué à la belle et malheureuse esclave. Humfrey, Allabech et les gardes du sérail se retirent.

Les deux vieilles gardiennes s'asseyent sur le divan, préparent quelques fruits pour leur repas, et y ajoutent une bouteille de vin de Chypre, qu'elles tenaient en réserve. Les eunuques voudraient bien partager cette bonne aubaine; ils en trouvent le moyen, en menaçant les Ethiopiennes de dénoncer leur infraction aux lois de Mahomet; celles-ci, pour les appaiser, les font mettre à table; tous les quatre s'égayent aux dépens du prophète.

Pendant qu'ils sont ainsi occupés, Allabeck reparaît mystérieusement en arrière avec Saint-Amand, qu'il a introduit dans le sérail sous l'habit d'un vieux esclave cophte; ils sont accompagnés du petit Renaud, déguisé en mameluck circassien.

Allabeck montre les eunuques aux chevaliers, et leur donne un petit flacon contenant une liqueur soporifique, puis il les laisse en leur recommandant la prudence, et après avoir indiqué le pavillon qui renferme Aldina. Le vieux cophte et le jeune Circassien s'approchent de la table; les esclaves se retournent avec crainte, en se croyant surpris.

RENAUD, *aux esclaves avec une feinte colère.*

Misérables! c'est donc ainsi que vous transgressez la loi du prophète en buvant de cette liqueur défendue? Je vais vous faire punir par notre maître.... (*avec gaîté*) à moins, pourtant, que vous ne consentiez à partager avec nous ce vin de Chypre.

Les esclaves n'on rien de mieux à faire, pour éviter la bastonade, que d'accepter la proposition : on passe la bouteille aux deux nouveaux venus; ils feignent d'en boire, mais ils ont l'adresse d'y verser la liqueur contenue dans le flacon soporifique; les deux muets reprennent la bouteille et la vident, au grand déplaisir des deux vieilles. Le petit Circassien aperçoit la clé du pavillon attachée à la ceinture de l'une d'elles; il entre dans son plan de s'en emparer : en conséquence, il leur propose de s'égayer en dansant et en chantant; le vieux cophte marquera la cadence avec un tambourin turc dont il est porteur, et le jeune mameluck accompagnera la vieille chanteuse avec une flûte circassienne qu'il lui montre.

RENAUD.

Aimable tulipe de l'Orient, une petite chansonnette sur le fruit défendu... L'instant est favorable, il faut en profiter.... et vive la gaieté!...

La partie est acceptée ; l'Ethiopienne chante, tandis que les muets écoutent dans une posture grotesque.

CHANSONNETTE ORIENTALE.

PREMIER COUPLET.

L'Alcoran, ce livre divin,
Qu'il faut respecter, qu'il faut croire,
Nous dit qu'Allah créa le vin ;
Et qu'il ne permit pas d'en boire.
A l'Alcoran qu'hommage soit rendu :
Mais on a beau dire et beau faire
Partout le sexe, né pour plaire,
Aime un peu le fruit défendu.
N'en disons rien.... C'est entendu.

Sur le refrain, les deux vieilles et les eunuques dansent au son du tambourin et de la flûte circassienne.

DEUXIÈME COUPLET.

Les plaisirs nous sont interdits,
Pauvres esclaves que nous sommes !
Lorsqu'il rêva son paradis,
Mahomet ne pensa qu'aux hommes.
A l'Alcoran qu'hommage soit rendu :
Mais on a beau dire et beau faire,
Partout le sexe, né pour plaire,
Aime un peu le fruit défendu.
N'en disons rien.... C'est entendu.

Pendant ce second couplet, les deux eunuques s'endorment.

TROISIÈME COUPLET.

Un seul époux doit tour à tour
Faire le bonheur de cent femmes ;
Au sentiment de notre amour,
On nous défend d'ouvrir nos ames.
A l'Alcoran qu'hommage soit rendu :

(Ici le Circassien enlève la clé du pavillon de la ceinture de la vieille, et la donne au vieux cophte).

Mais on a beau dire et beau faire,
Partout le sexe, né pour plaire,
Aime un peu le fruit défendu.
N'en disons rien.... C'est entendu.

Sur le refrain, Renaud occupe les deux vieilles en dansant avec elles, et Saint-Amand ouvre la porte du pavillon.

Les vieilles se retournent ; elles aperçoivent le chevalier dans les bras de la prisonnière ; elles veulent crier ; Renaud les contient en leur montrant un poignard.

Allabeck est accouru ; il va faire sortir du sérail ses protégés... O disgrace imprévue ! le renégat revient avec Aroun, les officiers et les gardes. Témoin de cette trahison, il fait arrêter le chevalier et Aldina; mais le petit Renaud se glisse, à la faveur de son costume, au milieu des gardes, et sort en faisant entendre qu'il va tenter un dernier effort pour sauver ses malheureux amis.

Le chef des eunuques accusé par les Ethiopiennes, et surpris en flagrant délit, se prosterne devant son maître.

HUMFREY, *avec fureur.*

Perfide Allabeck, tu vas recevoir la juste punition pue tu as méritée.

Il ordonne que le chef des eunuques soit étranglé : les muets le saisissent, l'entraînent dans le pavillon, et reviennent bientôt annoncer que l'ordre du maître est exécuté.

Le renégat prend Aldina par la main, et l'entraîne vers la porte du pavillon : elle recule épouvantée en voyant Allabeck expirant.

HUMFREY, *avec une fureur consentrée.*

Aldina, pour la dernière fois, veux-tu céder à mon amour!...

ALDINA, *avec force.*

Monstre!... Non, jamais....

HUMFREY, *avec rage.*

Eh bien!... je ne connais plus que la haîne..... Tremblez tous deux; ma vengeance sera épouvantable....

Il fait emmener Saint-Amand et la Géorgienne, en ordonnant de les séparer, et de préparer tout pour leur supplice.

*(Le théâtre change, et représente, en avant, un amphithéâtre ou cirque : c'est une ancienne construction romaine, réparée par les califes : le cirque est fermé de tous côtés par de fortes grilles ; à droite et à gauche se voient des loges qui contiennent des animaux féroces ; en face est une fontaine. Dans le fond, on aperçoit une partie de la ville et des murs d'*Elcods, ou Jérusalem, *tombée au pouvoir des Sarrasins. Au pied des remparts s'élève une estrade en forme de trône.*

On voit passer, dans le lointain, le jeune Renaud, qui court vers le camp chrétien pour chercher du secours et sauver son compagnon d'armes. Les Arabes, les troupes éthiopiennes et sarrasines prennent poste de différens côtés sous les murs de la ville et autour du cirque.

Saint-Amand et Aldina sont aperçus dans le fond au-delà des grilles; ils sont au milieu des muets qui les contiennent le cimeterre à la main.

Aldina est conduite dans l'intérieur du cirque. Humfrey la suit; il lui montre les apprêts de son supplice; il lui propose de monter sur le trône avec lui, ou de périr avec Saint-Amand, dévorés tous deux par les bêtes féroces.

Aldina demande la mort... Elle sera ton partage! s'écrie le traître, et je jouirai de tes tourmens. En disant ces mots, il la repousse et la laisse seule dans l'amphithéâtre.

La Géorgienne, se voyant abandonnée; cherche en vain à soutenir le caractère courageux qu'elle vient de déployer; elle frémit, elle frissonne lorsqu'elle entend les rugissemens des animaux; ses jambes chancellent, elle pâlit, elle tombe affaissée sous le poids de sa douleur.

Les Arabes conduisent Saint-Amand dans le cirque, et se retirent pour garder le passage souterrain par lequel ils sont entrés.

Le jeune templier aperçoit la belle Géorgienne; il a soulève dans ses bras, il la rappelle à la vie.

La mort est certaine, elle est là près d'eux, sous la forme la plus hideuse... Aldina se jète à genoux et invoque le ciel; Saint-Amand sanctifie ses vœux en les élevant par une prière fervente jusqu'au trône de l'Eternel; un rayon de la grâce divine semble descendre dans le cœur de la Géorgienne, et le nouveau Tancrède la consacre à Dieu avec les eaux de la fontaine recueillies dans son casque. Dans ce moment, Renaud et quelques templiers sont aperçus au sommet des monts, se glissant mistérieusement le long des murs. Alors on voit le peuple se répandre dans la campagne; les gardes se placent autour du cirque; tous paraissent avides d'un spectacle sanglant.

L'orgueilleux Humfrey monte sur le trône: les Arabes gardent les issues de l'amphitéâtre; les muets sont placés sur les loges des animaux; ils excitent leur fureur en les piquant avec de longs bâtons ferrés.

Le renégat donne le signal de la mort; les muets se baissent pour ouvrir les grilles mobiles qui retiennent les bêtes féroces.

Soudain la trompette sonne, le tambour bat, les Croisés conduits, par Renaud s'élancent de toutes parts, les muets sont poignardés, les troupes du renégat culbutées, le peuple Sarrasin fuit en désordre.

Saint-Amand prend par la main Aldina; il veut se sauver avec elle par le souterrain; il se trouve arrêté par les Arabes; il désarme, il tue leur chef; les autres l'entourent. Renaud et quelques templiers ont pénétré dans le cirque, et viennent porter secours à leur frère; ils repoussent les Arabes, ils les poursuivent dans le passage souterain; Saint-Amand disparaît, et Aldina, à moitié morte de frayeur, reste seule exposée à tous les dangers qui l'environnent.

Cependant la ville sainte a été surprise; on se bat avec acharnement dans les deux partis, les uns pour s'en emparer, les autres pour la défendre.

Hnmfrey, voyant ses Sarrasins ébranlés, et sa victime prête à lui échapper, se glisse dans le souterrain, parvient dans l'enceinte de la mort, ressaisit l'infortunée Géorgienne, et veut, dans son aveugle rage, lui plonger un poignard dans le cœur. Saint-Amand veille sur la nouvelle prosélite; il revient, il accourt, il pare le coup, et rougit son fer dans le sang du scélérat. Le renégat tombe; il se débat, il se relève, il s'agite, il menace.... Inutiles effort, l'heure de la vengeance a sonné.

Le roi de Jérusalem, accouru, avec un fort parti, pour reprendre la cité sainte et soutenir les braves chevaliers du temple, voit fuir, de toutes parts, les phalanges infidèles: il monte sur le trône, environné de ses pages et de ses officiers, et bientôt tous les ennemis de la croix, que le glaive n'a pas atteints, sont à ses pieds.

Le roi aperçoit le perfide Humfrey. Le renégat a rassemblé tout ce qui lui reste de force pour chercher son salut dans la fuite : il cherche, mais en vain, à s'échapper du cirque. Le scélérat rencontre partout les lances de ceux qu'il a trahis si indignement.

Du haut de son trône, Conrad fait un signal ; les chevaliers, postés sur les loges, lèvent les grilles ; les animaux s'élancent et renversent Humfrey expirant.

Saint-Amand et Aldina n'on pas eu le temps de sortir du cirque : ils montent sur les ruines pour échapper aux animaux. les chevaliers s'arment pour les défendre, s'il est n'écessaire. Dans cette position, les deux victimes dévouées à la mort, voient leur féroce ennemi périssant du même supplice qu'il leur destinait. Bientôt on vient les secourir et les conduire au pied du trône.

La belle Géorgienne vient d'apprendre, par l'exemple de celui qu'elle aimait, comment un sentiment profane et tumultueux peut se changer en paisible et sainte amitié ; et Saint-Amand trouve le dédommagement de ses sacrifices et la récompense de sa vertu, dans l'estime de ses frères, la reconnaissance de sa noble amie, la bienveillance de son roi, et la paix de sa conscience.

FIN.

LES CHEVAUX VENGÉS,

ou Parodie de la Parodie de FERNAND CORTEZ,

Folie de Carnaval, avec plusieurs Changemens à vue;

Par M. FRANCONI cadet;

Musique choisie par le même.

« Pégaze est un cheval qui porte
» Les grands hommes à l'hôpital. »

PARIS,
CHEZ BARBA, LIBRAIRE, PALAIS-ROYAL,
DERRIÈRE LE THÉATRE FRANÇAIS, N°. 51.
1810.

PERSONNAGES.

BONHOMME, fermier des environs de Pontoise.

MADELON, sa femme.

MALINOT,
DOUCIN,
BIBI, } ses trois fils.

APOLLON.

PEGAZE.

LES NEUF MUSES.

SANSPITIE, Maître d'auberge.

Le Régisseur du Théâtre du Vaudeville de Pontoise.

Toute la Troupe.

La Folie et sa suite.

Pluton.

Trois Furies.

La Cavalerie de Fernand Cortez.

La scène se passe à Pontoise.

ZÉPHIR, dit CAVALO-DIOS, et COQUETTE, chefs de file de l'Écurie,

AU PUBLIC.

Quand les mouches nous piquent, nous interdire la ruade, seuls moyens de les secouer, ce serait une injustice ; nous aimons à croire que le public, toujours indulgent, approuvera notre défense, sur-tout si elle sert à l'égayer, aux approches du carnaval.

Eh quoi! l'on déclare publiquement que le seul but de nos travaux, l'unique motif de notre émulation est un vil *litron* d'avoine (1).

(1) Le litron est inconnu à l'écurie. Nous soupçonnons qu'on a voulu dire picotin ; mais la mesure du vers n'y serait pas. Et d'ailleurs, comme dit Figaro, les chansonniers n'y regardent pas de si près.

On ose nous insulter en nous présentant au public, sous la peau de ces animaux ridicules dont le nom seul est une injure parmi les hommes ; et nous ne chercherions pas à rire un peu... (car tout Paris sait que nous rions) aux dépens de ceux qui se rient de nous ! Les superbes bipèdes sans plume, (suivant la définition de Platon), seraient incapables d'une modération semblable ; pourrait-on l'exiger de nous autres pauvres quadrupèdes? d'ailleurs s'il est des personnes qui aiment par-dessus tout les tableaux de Tennières, il est beaucoup d'amateurs qui s'écrient avec Louis XIV: *ôtez-moi ces magots*, et qui préfèrent les tableaux d'histoire et de batailles.

Il est donc à présumer que si le Vaudeville a ses partisans, le Cirque aura également les siens, et si nous avons besoin d'un puissant renfort, nous le trouverons sans doute à l'Opera.. Eh bien donc, bataille ! c'est notre fort... Nous prions seulement nos aimables et spirituels adversaires de ne pas trop s'approcher de nous dans la mêlée, n'étant pas souvent les maîtres, sur-tout, quand nous tournons le dos, de retenir l'expression de notre gaité.

Fait à l'écurie, sous la dictée pantomime de Zéphir et Coquette.

Pour copie conforme.

FRANCONI, cadet.

6

LES

CHEVAUX

VENGÉS,

ou Parodie de la Parodie de FERNAND CORTEZ.

Folie de Carnaval, avec Changemens à vue.

Le Théâtre représente l'intérieur d'une maison rustique.

Bonhomme, fermier des environs de Pontoise, se délasse de ses travaux champêtres en lisant le Journal de l'Empire.

Madelon, sa femme, vient près de lui; ils s'embrassent en bons époux.

Malinot, Doucin et Bibi, leurs enfans, arrivent; Bonhomme leur remet entre les mains des Abécédaires, et sort avec sa femme, en leur recommandant de bien étudier pendant son absence.

Les trois innocens ont promis ; mais à peine se voyent-ils seuls, qu'ils jettent là leur A B C, et se mettent à jouer.

Malinot qui sait déjà lire, s'empare du journal. Il y voit l'analyse et le brillant succès de l'opéra de Fernand Cortez. A cette lecture, son jeune cœur palpite, sa tête s'alume, et le voilà dévoré du désir d'être auteur. Il fait partager son enthousiasme à ses frères, et comme, lorsqu'on commence, le genre le plus facile est le meilleur, ils prennent la résolution de faire une parodie, la parodie de l'ouvrage qu'ils viennent de voir porter aux nues.

Aussitôt dit, aussitôt fait. Une gaze légère est bientôt taillée; il faut des années pour couler en bronze.

Bonhomme et Madelon reviennent ; les trois jeunes gens veulent cacher leur ouvrage ; le père le découvre : il gronde ses enfans ; il prétend les faire renoncer à cette entreprise.

La fumée de la gloire les a énivrés ; ils résistent pour la premiere fois à leur père. Celui-ci indigné, leur déclare que puis*qu'ils* sont assez imbécilles pour préférer choses *futiles* à choses *utiles*, il les *exile* de son domicile jusqu'à ce *qu'ils* soient plus dociles.

Malgré les supplications de la bonne mère, cet arrêt est exécuté sans appel.

Le théâtre change et représente une campagne. A un des côtés, la porte de la maison de Bonhomme ; à l'autre, une auberge.

Malinot, Doucin et Bibi sortent de la maison paternelle.

Comme il faut une monture en voyage, ils ont obtenu de leur complaisante mère, l'âne compagnon de leur enfance ; il les portera tous trois, (les gens d'esprit sont si légers) jusqu'au moment où ils seront parvenus à brider et sceller le brillant Pégaze. Què dis-je ! l'âne porte avec eux leur immortel ouvrage.

Un instant l'imagination des trois jeunes auteurs se berce de leurs succès futurs ; mais une voix secrète, un tiraillement d'estomach les avertit que la fumée est une mauvaise nourriture, et que le chemin de la cuisine vaut mieux pour eux que le sentier de la gloire ; ils sont tentés de revenir sur leurs pas!.. Fi donc ! dit Malinot, en parodiant ainsi deux vers du législateur du Parnasse :

> La table paternelle est une isle sans bords,
> On n'y peut plus rentrer dès qu'on en est dehors.

On voit par cet échantillon que Malinot, dès-lors, avait de notables dispositions pour devenir poëte.

Bibi apperçoit l'auberge.... ô bonheur ! dans

une auberge on dîne... frappons... Ils frappent à grands coups. Sans-Pitié, aubergiste, paraît.. Dans une auberge on dîne, lui dit Doucin en le saluant.... Sans-Pitié toise nos poëtes du haut en bas... Les aubergistes ont le nez fin; ils sentent d'une lieue à la ronde les auteurs et les Gascons.

Oui, reprend Sans-Pitié... dans une auberge on dîne, mais quand on a de l'argent, et il me semble, mes jeunes messieurs, que vous n'en avez guères. Pas un sou, repart modestement Bibi; mais nous avons du talent, et notre ouvrage, on le recevra, on le jouera, il réussira, le feuilleton le vantera, l'argent viendra... Alors l'on dînera, dit brusquement Sans-Pitié, en leur fermant la porte au nez. Pour le coup, ce serait bien le cas de se donner au diable... c'est ce que nos auteurs prudens ne font pas.

Malinot fait tête à l'orage, et contre fortune bon cœur; il prend dans le bissac une vieille croûte destinée au dîner de l'âne; les trois frères se partagent ce mets frugal et le mangent gaiement. Aliboron seul s'en afflige. *Primo mihi* est partout la devise des bêtes et des gens.

Heureusement la Folie veille sur eux, veille sur lui; elle s'avance avec ses suivantes. A ses ordres le Cheval-Génie apporte à l'âne une ample provision de chardons sur ce refrain jovial :

Encor des chardons,
Bel âne,
Encor des chardons.

Ce n'est pas tout : la Folie qui embrasse toujours le parti de ceux qui abandonnent la Raison pour la suivre, déclare aux trois jeunes gens enchantés, qu'elle les prend *sous sa marotte*; qu'ils n'ont qu'à se présenter au Vaudeville de Pontoise; que leur pièce sera jouée, et que, s'ils n'ont pas dîné, du moins ils souperont.

(Ici la Folie les touche avec sa marotte ; leurs blouses disparaissent, ils se trouvent en grand uniforme de rimeurs.)

Les trois poëtes tombent aux pieds de la déesse, la remercient, dans l'effusion de leurs cœurs, et sortent après avoir reçu d'elle trois petits talismans qui doivent leur donner l'entrée du théâtre de Pontoise, ce port à l'abri des orages, où graces à l'habileté des pilotes, leur vaisseau pourra jetter l'ancre, sans craindre le plus léger coup de vent.

Le Théâtre change et représente la place de Pontoise ; à droite, le hangard qui sert de salle de spectacle.

L'homme de peine du théâtre, celui qui affiche le matin les pièces qu'il applaudit le soir, vient coller l'affiche du spectacle du jour.

Les trois parodistes arrivent avec gaieté ; ils frappent à la porte du spectacle.

Le Régisseur sort gravement et les accueille d'abord avec froideur, suivant l'usage; mais graces aux talismans qu'ils ont reçus de la Folie, ils sont bientôt reconnus comme étant du nombre des plus fidèles adorateurs de cette déesse.

A la voix du Régisseur, la troupe accourt; chacun fait la *salamalech* aux nouveaux initiés. En les voyant sortir ainsi en masse par la porte du spectacle, on pourrait redire avec le poëte latin :

Mane salutantum, totis vamit ædibus undam.

La parodie est présentée, acceptée, distribuée : on va la répéter; mais on s'apperçoit qu'il manque des personnages pour figurer; la basse-cour du Régisseur y supplée; l'arrière-ban de la troupe est convoqué; il s'avance, le cou noblement tendu, la tête haute, le regard fixe, la crête enflammée.

On répète. Le grand-prêtre est en costume de Pluton, faute de mieux, et les suivans subalternes en Furies.

Tout va le mieux du monde; nos jeunes auteurs sont en extâse.

O disgrace, d'autant plus épouvantable qu'elle a été précédée par un rayon de bonheur!....

A l'instant où l'on fait paraître maître Aliboron pour figurer la cavalerie de Cortès, un bruit effrayant se fait entendre; la répétition est interrompue; tous les auteurs restent *médusés*....

Les nobles coursiers de Fernand, indignés qu'on ose les avilir en les transformant en ânes, se précipitent sur la scène; les cavaliers qui les montent font claquer leurs fouets, le désordre se met dans la troupe.

Tout fuit, et sans s'armer d'une audace inutile,
Dans le temple voisin chacun cherche un asyle.

C'est-à-dire que toute la troupe entre en tumulte sous le hangar.

Cependant la place de Pontoise a disparu ; on apperçoit, dans le fond, le mont Parnasse, et au sommet Pégaze.

Dans la bagarre, les jeunes fils de Bonhomme se sont cachés ; ils apperçoivent une montagne qu'ils ne connaissent pas encore ; ils veulent se mettre à l'abri de la fureur des coursiers en la gravissant ; Pégaze les repousse par une ruade ; ils roulent dans un marais.

La Folie les en retire par son pouvoir ; ils sont tremblans ; elle les rassure, elle les console en leur faisant entendre que Pégaze seul leur en veut, pour l'honneur du corps, mais que les Muses, qui sont venues se ranger sur le Parnasse, agréent leur hommage.

Aussitôt les cavaliers paraissent, les chefs mettent pied à terre, et viennent tendre aux trois poëtes une main amie, en leur disant qu'ils n'ont voulu faire qu'une plaisanterie innocente pour répondre à leur aimable et spirituelle production. En même-tems la Renommée balance dans les airs un drapeau sur lequel on lit ces mots :

Honny soit qui mal y pense.

Les auteurs et les cavaliers s'embrassent ; ces derniers déploient dans divers exercices l'intelligence et l'adresse de leurs dociles animaux.

MALINOT.

D'après ce que je vois, j'avoue franchement que des animaux de cette espèce ont vraiment du mérite.

UN SPECTATEUR.

Et ceux qui les ont dressés ?... M. le poëte....

VAUDEVILLE.

Air : *Femmes, voulez-vous éprouver ?*

COQUETTE, *aux Auteurs de la parodie du Vaudeville.*

Soyons unis, restons en paix ;
La paix est le bonheur sur terre ;
Un Héros la donne aux Français :
Pourquoi seuls ferions-nous la guerre ?
Quand vous nous verrez le front haut,
Porter nos braves dans les fêtes,
Tous trois vous chanterez bientôt
Ces bêtes sont de nobles bêtes.

LE GÉNÉREUX, *à l'Andaloux.*

J'ai vu le trop léger Damis,
Dans la misère et la détresse ;
Trahi par tous ses bons amis,
Abandonné par sa maîtresse,
Il s'élance sur son coursier ;
Parmi les périls il se jette :
Il lui doit la vie, un laurier...
Quel homme vaut pareille bête !

ZÉPHIR, *au Public, au nom de ses Camarades.*

Lorsque des dames de Paris
On voit ici la foule aimable ;
Par elles fêtés, applaudis,
Un peu d'orgueil est excusable ;
Aussi notre directeur dit,
En calculant sur ses recettes,
Ma foi beaucoup de gens d'esprit
Sont bien loin de valoir mes bêtes.

FIN.

FAYEL

ET

GABRIELLE DE VERGY;

MIMODRAME EN TROIS ACTES,

PAR MM. FÉLIX ET FRANCONI JEUNE;

Musique de M. FÉLIX.

Représenté, pour la première fois, à Paris, au Cirque Olympique, le 21 octobre 1820.

Prix : 50 centimes.

PARIS,

AU MAGASIN GÉNÉRAL DE PIÈCES DE THÉATRE,

CHEZ J.-N. BARBA, LIBRAIRE,

ÉDITEUR DES ŒUVRES DE PIGAULT-LEBRUN,

PALAIS-ROYAL, DERRIÈRE LE THÉATRE FRANÇAIS, N°. 51.

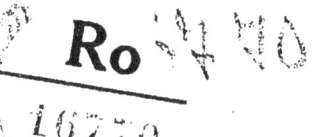

1820.

PERSONNAGES. — ACTEURS.

SIRE FAYEL, amant de Gabrielle. . M. Franconi j^e^.
SIRE VERGY, père de Gabrielle. . M. Bunel.
RAOUL DE COUCI, amant de Gabrielle, préféré. . . . . M. Paul.
MONLAC, son écuyer. . . . . M. Charles.
RINALDINI, homme de confiance de la comtesse. . . . . M. Victor.
STROZI, brigands subalternes. M. Férin.
MAURICE, brigands subalternes. M. Lagoute.
MARC, concierge des prisons . . . . M. Balliesté.
EDMOND, jeune jardinier du château de Fayel. . . . . M. Adolphe Franconi.
GABRIELLE, fille de Sir Vergy . . . Mad. Franconi j^e^.
La comtesse ALMAFIERA, italienne attachée à la maison de Sir Vergy, et réfugiée en France par suite des troubles de l'Italie. . . . . Mlle. Tigée.
CLOTILDE, fille de Marc, sœur d'Edmond. . . . . Mlle. Caroline.
ALIX, confidente de Gabrielle. . . . . Mlle. Baron.
Gentishommes, Dames, Ecuyers, Pages, Villageois, Soldats, Brigands.

La scène est à Autrey, dans le château de Sire Fayel, près Dijon; à la fin du 12e. siècle, sous Philippe-Auguste.

FAYEL

OU

GABRIELLE DE VERGY,

MIMODRAME.

ACTE PREMIER.

Le Théâtre représente une épaisse forêt.

SCÈNE PREMIÈRE.

CLOTILDE, EDMOND.

Les deux enfans entrent avec peur, l'obscurité les épouvante ; l'orage commence à se faire entendre.

CLOTILDE, *tremblante.*

C'est bien de ta faute, mon frère, si nous sommes attardés dans cette forêt, que l'on dit n'être pas sûre.

EDMOND.

Bah ! tu as toujours peur; est-ce que je ne suis pas là, moi ? Allons, allons, il n'y a rien à craindre.

CLOTILDE.

Quoi qu'il n'y ait rien à craindre, je donnerais tout au monde pour être au château, et près de notre bonne maîtresse Gabrielle.

SCÈNE II.

Pendant la scène précédente, deux brigands ont

paru dans le fond ; ils regardent les enfans à travers les arbres. Clotilde et Edmond vont pour s'en aller, les brigands les arrêtent : l'un s'empare de Clotilde, et l'autre d'Edmond. Clotilde jette des cris ; le brigand l'enlève.

SCÈNE III.

Au même instant, sir Raoul, attiré par les cris de la jeune personne, paraît, aperçoit le brigand qui l'enlève. A la vue du chevalier, celui qui a terrassé Edmond prend la fuite. Raoul le poursuit, ainsi qu'Edmond qui ne veut pas se séparer de sa sœur. Monlac traverse la scène un instant après son maître. L'orage continue toujours avec force.

SCÈNE IV.

Rinaldini paraît : l secoue son manteau et son chapeau.

RINALDINI.

O perdio ! si la providence a enrichi la Bourgogne d'excellens vignobles, il faut convenir aussi qu'elle ne la laisse pas pas manquer d'eau. (*Il examine autour de lui*) Me voilà bien au rendez-vous : voici la route qui de Dijon conduit au château de Fayel, et voilà le petit sentier.... Benissimo. Si je ne me trompe, c'est près de ces broussailles ; donnons le signal. (*Il frappe dans ses mains en avançant, et se trouve nez à nez avec Strozi qui écarte les branches... Aspect hideux.*

SCÈNE V.

RINALDINI.

Ohime ! quelle figoure !.... te voilà donc, mon pauvre Strozi ! embrassons nous. *Ils s'embrassent ; Strozi fait signe qu'il ne peut parler.*

RINALDINI.

Si, si, j'ai appris ta pitouse aventure ; je sais que pour avoir parlé quand il fallait te taire, on t'a mis dans le cas de ne plus rien dire quand il faudrait parler; mais il faut te consoler: tu n'y perds pas grand' chose, et nous y gagnons tous. Ainsi tout il est pour le mieux. Tiens, mets-toi là, vidons cette gourde de vin du pays, et du bon. (*Ils s'asseyent*) Comme j'ai besoin de ton courage et de ton intelligence, que je suis assuré que tu ne diras rien de ce que je vais te confier, écoute-moi. Sire Fayel, riche seigneur de canton, devenu veuf par un petit mouvement de colère et de jalousie, est dans ce moment passionnément amoureux de la belle Gabrielle, qu'il vient de recevoir dans son château, avec son père, le sir de Vergy, pendant les troubles qui agitent sta province. (*Strozi prend la gourde et boit*) Basta! basta, per dio! si tu as perdu la parole, il me parait que tu n'as ni perdu l'apétit ni le goût. Redouble ici d'attention. Désabusé des vanités de ce monde, et résolu de vivre honnêtement dans quelque province de ce pays, je quitte, un peu par force, ma patrie. A peine ai-je mis les pieds sur les terres de France, que j'y rencontre notre ancienne maîtrese, la signora comtesse Almafiera qui, ayant perdu tous ses biens en Italie, et dévorée d'un amour malheureux que lui a inspiré sir Fayel, a résolu par toutes sortes de moyens, de rétablir sa fortune et d'épouser son amant en perdant sa rivale. Per ces trois petits articles, elle a compté sur d'anciens et zélés serviteurs dont elle doit faire la fortune, quand elle sera mise en possession des biens du vieux sire de Vergy, auquel elle est alliée, et dont nous allons la faire hériter par un de ces moyens innocents dont nous savons nous servir si à propos dans les occasions importantes, il faut...

(*Strozi se lève et regarde au loin.*)

RINALDINI.

Quest-ce? O per il diavolo! deux cavaliers qui arrivent vers nous au galop; éloignons nous, et sitôt que la place sera libre, reprenons notre poste.

(*Ils se séparent; on les perd de vue.*)

SCÈNE VI.

RAOUL, MONLAC, EDMOND ET CLOTILDE.

Monlac prend les enfans par la main, les mène vers Raoul, qui, plongé dans une profonde tristesse, s'est assis sur un banc de gazon. Ils se jettent à ses pieds, l'accablent de caresses et de remercîmens; il les relève avec bonté, leur dit de s'éloigner un instant.

RAOUL, *à Monlac.*

C'est ici, fidèle Monlac, qu'il faut donner à ton ami une nouvelle preuve de ton attachement. Tu le sais, je perds à jamais ma Gabrielle, le barbare Vergy la sacrifie à son ambition, et Fayel m'enlève le seul bien qui m'attache à la vie.

Monlac témoigne qu'il est prêt à tout faire pour servir un si bon maître.

RAOUL.

Tu vas suivre ces enfans jusqu'à Autrey. D'après ce qu'ils m'ont dit, ils habitent le château de Fayel; par ce moyen, tu pourras voir Gabrielle (*il détache une chaîne d'or.*) Si ses regards tombent sur cette chaîne, elle ne doutera point que celui qui l'adore ne soit près d'elle. Une fois introduit, remets lui ces tablettes: elle y verra qu'au fond de la Palestine, Couci fugitif et proscrit des lieux qu'elle habitait, ne respirait encore que pour sa Gabrielle! (*s'approchant de Clotilde.*) Prenez cette chaîne, charmante enfant; elle vous rapellera le chevalier qui a sauvé vos jours.

CLOTILDE.

Quoi! seigneur chevalier!... ce présent devient inutile. Croyez bien que votre action généreuse ne sortira jamais de notre cœur. Fasse le ciel qu'une circonstance favorable nous mette à même de vous prouver notre reconnoissance. (*ils se jettent aux pieds de Raoul, qui passe la chaîne au cou de Clotilde.*)

Monlac l'assure de son zèle et le conjure de ne point s'exposer dans un pays où ses jours sont proscrits; Raoul le rassure; Monlac prend les enfans par la main: on place Clotilde en croupe, Edmond est à côté d'elle. Départ, adieux, tableaux.

Raoul les regarde partir, et après un moment d'incertitude, il dit:

RAOUL.

Ils s'éloignent... chaque instant les rapproche de Gabrielle. Heureux Monlac! tu vas la voir; et moi... ton Raoul, forcé de vivre loin de toi... et pourquoi céder à des conseils trop timides... ne puis-je, revêtu des couleurs de Fayel et de Vergy, m'introduire auprès d'elle : allons suivons leurs pas, je ne puis résister au désir de me rapprocher des lieux habités par celle que j'aime : La réunion des hauts barons à Dijon doit avoir éloigné son père et mon rival, profitons de cet instant... Infortuné Raoul! si tout est perdu pour toi, vois encore une fois ta Gabrielle, et meurs après s'il faut renoncer au bonheur de la posséder. (*Il s'élance sur son cheval et s'éloigne par le petit sentier.*)

SCÈNE VII.

Strozi regarde Raoul s'éloigner.

RINALDI, *accourant.*

Attention !.... la signora comtesse Almafiera.

SCÈNE. VIII.

La comtesse paraît, suivie de deux écuyers qui tiennent en main son palefroi.

Elle fait signe à son escorte de s'éloigner; il ne reste au fond qu'un écuyer enveloppé d'un manteau.

LA COMTESSE, *à Rinaldi.*

Rinaldi Maurice vous connoissez mes volontés. (*Apercevant Strozi.*) Cet homme est à vous? (*Strozi s'incline*) voilà pour lui (*Elle jette une une bourse à Rinaldini*) M. lui servira de second. (*Elle indique l'homme au manteau qui s'avance. On entend du bruit; elle remonte la scène rapidement et dit :*) Sire Vergy vient de ce côté, adieu.
(*elle sort.*)

SCÈNE IX,

RINALDINI, STROZI.

RINALDIIN.

Allons, mon cher Strozi, c'est ici le moment de montrer toute ton intelligence : la manière noble et généreuse avec laquelle la signora Comtesse paie ses serviteurs doit la rassurer.

Strozi lui fait signe qu'il garde la bourse.

Comment !... (*Signe de Strozi.*) Ce matin je comprenais tous tes signes, et dans cet instant je ne puis.

Strozi prend le bout du cordon de la bourse, Rinaldini le retient, et dit :

On a bien raison de dire que la perte d'un sens, il rend l'auplus sensible.., Qui se serait imaginé que sta grosse bête... Ho !... dio ! (*Il va pour puiser dans la bourse ; on entend du bruit ; il regarde et dit :*) Alerte voici nos gens.

Strozi lui demande de l'argent.

Oh ! pas de réflexions ! tu es ici pour agir... (*bruit.*) On approche, tu sais ton métier : je me charge de l'écuyer : débarassons-nous du vieux chevalier. (*Ils se mettent en embuscade derrière les arbres. Rinaldini se retire le dernier après avoir mis un masque.*)

SCÈNE X.

Le sire Vergy paraît à cheval, précédé d'un écuyer. Strozi et Maurice se jettent sur le premier ; pendant ce temps, Rinaldini abat l'écuyer, saute sur son cheval et disparaît.

Sir Vergy est armé ; son air est vénérable, sa visière levée laisse apercevoir une longue barbe blanche ; il se dégage de Maurice, prend son poignard et se défend mais faiblement ; il rompt jusqu'au pied d'un arbre auprès duquel il tombe à genoux ; il est prêt à succomber.

SCÈNE XI.

Sire Fayel, armé de toutes pièces, paraît à cheval, et d'un coup de lance terrasse Strozi ; pendant qu'il fournit sa carrière, celui-ci blessé se retire et s'enfuit. Deux des affidés de la comtesse reviennent sur sir Vergy ; mais Fayel reparaît et se jetant à bas de son cheval, d'un coup de cimeterre, en étend un mort à ses pieds, l'autre prend la fuite : sir Vergy reconnaissant son libérateur, se jette dans ses bras.

SCÈNE XI.

SIR VERGY.

Ah ! Fayel, quand je vous dois deux fois déjà la vie, je le sens bien, il n'est qu'un seul moyen de m'acquitter envers vous ; et ma fille...

Fayel lui exprime tout l'amour qu'il ressent pour elle ; Vergy vaincu par ses pressantes sollicitations lui dit :

Foi de chevalier, elle est à vous.

Fayel va pour se précipiter à ses pieds. Vergy le relève et l'embrasse. Les écuyers de sire Fayel sont arrivés ; il offre un cheval à Vergy : il s'y place, Fayel est à côté de lui.

(Tableau, marche, sortie.)

Le Théâtre change et représente le jardin et l'entrée du pavillon occupé par le sire de Vergy. Un des côtés donne sur la campagne. Une galerie et un rempart dans le fond, une petite porte attenante au rempart et donnant dans les fossés. Une statue placée obliquement est ajustée dans le jardin avec un petit autel au bas.

SCÈNE XII.

Gabrielle paraît ; elle est rêveuse... Elle s'assied en brodant une écharpe. On voit accourir Edmond et Clotilde ; ils aperçoivent la châtelaine, et encore tout émus, lui racontent leur aventure. Clotilde en parlant du bon chevalier qui les a sauvés, lui montre le don qu'elle en a reçu. Emotion de Gabrielle en reconnaissant la chaîne d'or : elle paraît lui plaire; Clotilde et Edmond s'empressent de l'offrir à une aussi bonne maîtresse ; elle l'accepte et veut leur donner une bourse en échange ; ceux-ci la refusent et s'éloignent. Edmond se promet bien de revenir, il aurait voulu parler à Gabrielle.

SCÈNE XIII.

GABRIELLE, *seule.*

Elle ne peut en douter : ce présent ne vient que de Raoul ; mais où est-il, et comment le voir ? Couvrant de baisers cette chaîne qui lui rappelle son ami, elle s'avance vers le petit autel, s'agenouille et prie le ciel pour son père et pour Raoul. Une flèche lancée par-dessus le mur tombe à ses pieds ; surprise, elle la ramasse, des tablettes y sont attachées ; elles les parcourt ; son trouble, son émotion s'accroissent par dégrés, elle court au balcon qui donne sur la campagne ; on entend les sons d'un luth : elle n'en doute plus, c'est Couci qu'elle voit au bas du rempart, elle exprime le plaisir et les craintes qui l'agitent, elle semble écouter les réponses et ne savoir que résoudre... A quel parti s'arrêter ? elle entend du bruit et se retourne vivement.

SCÈNE XIV.

C'est Edmond ; il tiend un arrosoir, il a quelque chose à dire à la châtelaine, il ne sait comment s'y prendre. Gabrielle se tenant toujours auprès du balcon cherche à deviner le motif qui l'amène ; enfin il s'avance et lui dit.

EDMOND.

Noble dame, vous qui avez le cœur si bon, oserai-je vous demander une grâce ?

GABRIELLE, *inquiète, ses regards se jettent souvent sur la campagne.*

Parle, mon ami.

EDMOND.

Ce bon chevalier à qui Clotilde doit l'honneur et moi la vie, est là (*il indique la campagne*); il m'a demandé si je ne pourrais pas lui donner un asile, pour le dérober un instant à des méchants qui en veulent à ses jours.

GABRIELLE, *vivement.*

Il le faut, Edmond; (*se remettant*) La reconnaissance, l'honneur, vous en font une loi... Mais où le cacher?

EDMOND.

J'ai pensé que pendant l'absence du sire Fayel et de votre père, je pourrais le loger dans cette chaumière d'où je veille sur le jardin.

GABRIELLE.

Fort bien; mais comment l'introduire secrètement?

EDMOND.

Par la petite porte qui donne dans le fossé, et dont je prends la clef tous les matins pour aller chercher de l'eau.

GABRIELLE, *avec émotion, lui donnant un anneau.*

Oh! bien, très bien! Edmond, écoute toujours la voix de l'humanité, et tu rendras heureux tout ce qui t'entoure.

EDMOND.

Merci, bonne châtelaine; cette bague ne me quittera jamais : elle me rappellera toujours vos bontés et vos conseils.

Il assure Gabrielle de son dévouement, et prenant son arrosoir, il ouvre la petite porte et descend.

SCÈNE XV.

GABRIELLE, *seule.*

Oh mon Dieu! veille sur les jours de Raoul. (*Elle s'avance vers le balcon.*) Ciel! quel est ce soldat portant sur sa dalmatique les armes de sire Fayel et qui semble retenir Raoul... Que vois-je? Couci l'embrasse et le rassure; il le quitte. Ah ! ce ne peut être que le fidèle Monlac... Ah ! mon cœur tremble et désire de te revoir ; mais si ce jour est le dernier pour toi, qu'il soit aussi celui de ta Gabrielle.

SCÈNE XVI.

EDMOND, COUCI, GABRIELLE.

(*Edmond introduit Raoul, (celui-ci est déguisé en simple ménestrel) il lui montre Gabrielle qui est tremblante; Raoul se précipite à ses pieds, il couvre sa main de baisers.*

RAOUL.

Oh ! ma bien aimée!

GABRIELLE.

Raoul ! cher Raoul !

EDMOND, *accourant.*

Ah ! noble dame, tout est perdu ! et vous, et sire chevalier, suivez-moi, vous n'avez pas un instant à perdre.

RAOUL.

Jeune homme, ma vie est dans tes mains ; promets-moi de garder le secret sur mon asile.

EDMOND.

Je le jure par Dieu, et cet anneau.

GABRIELLE.

Oh ! mon Edmond, songe qu'en le dérobant à tous les yeux, c'est ta châtelaine que tu sauves.

(*Raoul se cache dans la chaumière, et Gabrielle cherche à remettre ses esprits.*)

SCÈNE VII.

ALIX, GABRIELLE.

ALIX.

Madame, la comtesse Almafiera désire avoir l'honneur de vous être présentée.

Gabrielle à peine remise de son émotion se dispose, en exprimant aversion pour elle, à aller la recevoir.

SCÈNE XVIII.

GABRIELLE, LA COMTESSE.

A peine se sont elles saluées, qu'on voit entrer, Rinaldini; son air sombre effraie Gabriel qui l'interroge sur son père; il semble hésiter: les craintes de Gabrielle augmentent, elle lui ordonne de parler; il jette un regard sur la comtesse qui l'examine.

RINALDINI.

Vous l'exigez, signora, malgré tout ce que j'ai fait pour le défendre, votre malheureux père vient de succomber dans la forêt sous les coups...

Gabrielle jette un cri et tombe évanouie dans les bras de ses femmes. Joie de la comtesse, signe de Rinaldini.

SCÈNE XIX.

UN ÉCUYER.

Madame, le sire Vergy, votre père, entre dans le château.

On entend le cor du nain, les fanfares qui annoncent l'entrée de sire Vergy... Gabrielle, à peine remise de son émotion, court au-devant de son père.

SCÈNE XX.

La comtesse et Rinaldini sont restés seuls, celui-ci ne sait comment expliquer se qui ce passe; la première lui témoigne son mécontentement : Rinaldini l'apaise et lui montrant son poignard, lui dit que rien n'est perdu. Il jure de la servir avec zèle. Ils sortent tous deux.

SCENE XXI.

Entrée de Gabrielle dans les bras de son père. Deux écuyers l'ont précédé; il leur ordonne de s'éloigner.

VERGY.

Ma fille, si vous revoyez votre père, s'il vient encore jouir du bonheur de vous presser dans ses bras, c'est à Fayel que nous le devons; je ne parle pas de la noble hospitalité qu'il exerce envers nous, des honneurs qu'il nous fait rendre par ses vassaux, un lien plus fort, ma Gabrielle, vous attache à lui désormais; deux fois aujourd'hui sa valeur a sauvé la vie de votre père, et vous seule pouvez m'acquitter envers lui.

GABRIELLE.

Moi, seigneur! Par quel moyen?

VERGY.

En acceptant pour époux celui qui vous a rendu votre père.

GABRIELLE.

Qu'entends-je! Avez-vous oublié ce moment de douleur, où ma respectable mère, à son lit de mort, me permit de recevoir les sermens de Raoul, de l'infortuné Raoul! et me donnant ce gage de sa piété et de son amour (*elle montre une croix d'or*), elle me fit jurer de ne m'en séparer que pour le donner à l'ami que mon cœur avait choisi.

VERGY.

Ces nœuds sont rompus; Raoul, proscrit, ne peut être mon gendre, et celui à qui vous devez tout ne peut recevoir un refus devenu impossible... j'ai juré ma foi de chevalier.

GABRIELLE.

Malheureuse!

Gabrielle cherche à fléchir son père. Celui-ci la presse de se résigner; situation pénible de Gabrielle; elle se laisse aller sur un fauteuil. Son père lui dit qu'il ne survivra pas à son déshonneur; il rappelle son serment, la presse, la conjure, se laisse tomber à ses genoux en lui montrant ses cheveux blancs, en la priant de ne pas déshonorer sa vieillesse. L'émotion de Gabrielle est à son comble; elle cherche à relever son père, et jetant un regard douloureux sur la chaumière, elle promet de faire tout ce qu'on exigera. Son père est au comble de la joie, l'embrasse et lui donne sa bénédiction.

SCÈNE XXII.

Entrée de Fayel ; il est élégamment vêtu. Vergy lui présente sa fille, et lui annonce qu'elle consent a le nommer son époux. Fayel exprime à Gabrielle tout l'amour qu'il ressent pour elle ; il la prie de lui confirmer un si doux aveu. Effroi et pénible situation de celle-ci qui cherche à cacher ce qu'elle éprouve : signe de Vergy à Gabrielle.

Inquiétude de Fayel. La comtesse paraît au fond et exprime la fureur qui l'anime en voyant Fayel baiser la main de Gabrielle. On voit le fond du théâtre se garnir de tous les vassaux de sir Fayel. Rinaldini paraît auprès de la comtesse, il la rassure. Fayel renouvelle ses instances auprès de Gabrielle, qui pressée par un regard de son père, se dispose à obéir. Vergy apercevant la comtesse, va au devant d'elle et lui fait part de son bonheur. Celui-ci ordonne qu'on se mette en marche pour fiancer les deux amans. Fayel prend la main de Gabrielle. On part. La comtesse parle à Fayel. Celui-ci se retourne, dans ce moment Gabrielle jetant les yeux sur la chaumière, aperçoit Raoul retenu par Edmond ; elle s'évanouit, tout le monde s'empresse autour d'elle. Etonnement de Fayel. Rinaldini qui a vu tomber quelque chose du sein de Gabrielle, s'approche et met le pied dessus. La comtesse examine Fayel. TABLEAU.

Fin du premier Acte.

ACTE DEUXIÈME.

Le Théâtre représente une des salles du palais de Fayel, du premier au deuxième plan, côté cour, est l'entrée de l'appartement de Gabrielle, en face celui de Vergy; au fond il y a deux ouvertures: celle du côté jardin laisse voir une longue galerie, celle du côté cour une large fenêtre à travers laquelle on aperçoit une terrasse donnant sur les jardins et communiquant à la galerie; au milieu est une estrade sur laquelle sont des trophées.

SCÈNE I.

Au lever du rideau, la cérémonie est en marche pour le temple *(obliquement de la cour au jardin)*. Déjà les gardes, les écuyers sont dans la galerie; les pages précèdent Fayel entouré de chevaliers et de gentilshommes, les dames entourent Gabrielle; son père lui donne la main; elle est précédée par des gardes: des paysans terminent la marche qui se perd dans la galerie.

SCÈNE II.

A peine-a-t'on perdu de vue le cortége, que la comtesse entre et le suit des yeux. Sa fureur est a son comble, elle ne respire que vengeance. Enfin suffoquée par la rage et ne sachant comment se venger elle tombe anéantie sur un des fauteuils préparés du côté jardin pour la fête.

SCÈNE III.

RINALDINI, LA COMTESSE.

RINALDINI,

Ah! signora, remettez vos esprits, je tiens dans mes mains la perte de votre rivale.

LA COMTESSE.

Qu'entends-je?

RINALDINI.

Lisez ces tablettes.

(*La comtesse s'en saisit en exprimant sa joie, et les parcourt avidement.*)

RINALDINI.

Avec le caractère de sire Fayel, votre rivale est perdue.

LA COMTESSE.

Oui, mais il faut que ma vengeance soit affreuse.

RINALDINI.

J'en ai les moyens, un homme habite secrètement le palais.

LA COMTESSE.

C'est Raoul! où est-il?

RINALDINI.

Je l'ignore.

LA COMTESSE.

Je vais.....

RINALDINI.

O! per Dio arrêtez, il faut marcher doucement, pour arriver piou sûrement. (*mystérieusement*) Je sais qu'à minuit on doit conduire le chevalier sur le rempart, et là, le faire évader: vous conduirez sir Fayel dans sta salle....

LA COMTESSE.

J'entends; et le chevalier?

RINALDINI.

Attendu par quatre coquins de nos amis (*la comtesse lui jette un regard terrible; Rinaldini l'aqpaise.*), entouré, garroté, nous l'entraînons dans un cachot obscur, et là.....

LA COMTESSE.

Oui, que son cœur palpitant, offert par Fayel à mon odieuse rivale....

RINALDINI.

Obtenez surtout de sir Fayel un ordre, pour qu'on puisse s'en défaire en secret ; c'est l'essentiel ; si c'était un villain, on irait sans tant de façons, mais per un chevalier, il faut se mettre en règle, perche dans les choses les plus condamnbles, en ayant l'air de faire son devoir, la conscience est piou tranquille.

LA COMTESSE (*lui jetant une bourse*).

Scélérat !

RINALDINI (*s'inclinant*).

La riverisca, la signora, sono il servo umilis.

(*Il lui renouvelle ses instructions ; la comtesse l'assure de son exactitude. On entend le retour de la cérémonie ; la comtesse s'éloigne en s'occupant de ses projets de vengeance.*

SCÈNE IV.

Retour de la cérémonie. Sur des sièges, riches disposés du côté jardin, se placent Fayel, Gabrielle, Vergy, la comtesse qui paraît pendant la cérémonie, ainsi que les seigneurs, les dames etc.

Edmond, Clotilde, à la tête des vassaux de Fayel, viennent présenter à Gabrielle des corbeilles de fleurs. Gabrielle en apercevant Edmond, manifeste de l'inquiétude ; Edmond par un geste à la dérobée, lui fait entendre que Raoul est en sûreté : joie de Gabrielle.

Annonce du corps de ballet.

Pendant la fête on aperçoit Rinaldini aller et venir, animer la danse et servir d'introducteur ; il fait des signes d'intelligence à la comtesse et lui montre à la dérobée un billet qu'il vient remettre à Fayel. Musique pincée qui annonce l'arrivée des ménestrels,

Fayel ordonne qu'on les introduise. Aussitôt paraissent des troubadours; l'un d'eux chante la romance suivante.

1er. COUPLET.

Quand la rigueur d'une injuste puissance
Naguère encor pas ne pesa sur moi,
Passais mes jours auprès de ma Clémence,
Et de l'amour sentais le doux émoi.
Vous qui venez du beau pays de France,
Du pauvre Albert peignez-lui la souffrance.

2e. COUPLET,

L'altier Mainfroi fut épris de ma belle;
Par ses parens à moi fut préféré;
Me la ravit, et depuis, bien loin d'elle
Dans cette tour languis triste, ignoré.
Heureux Français, si voyez ma Clémence,
Du pauvre Albert peignez-lui la souffrance.

Après le troubadour chantant distribue ses couplets aux principaux personnages : au moment où il va en donner un à Fayel, Rinaldini, le lui fait tomber le et il y substitue son billet qu'il feint de ramasser, et le donne à Fayel en s'excusant de sa maladresse.

Annonce du pas de six.

Pendant le pas, Fayel à roulé dans ses mains le papier qu'on lui à remis : inquiétude de Rinaldini qui l'examine; enfin les regards de Fayel tombent dessus. *Étonnement*, il se lève et lit :

« On vous trahit !... Après la fête venez dans cette salle,
» et vous saurez... »

(*Edmond s'approche de Gabrielle, et lui dit vivement :*)

sire Raoul, avant de s'éloigner vous demande un dernier entretien.

La comtesse occupe sire Vergy en examinant tout ce qui l'entoure. Joie de Rinaldini.

Agitation de Fayel, espoir de la comtesse, incertitude de Gabrielle sur le que lui propose Edmond. On entend le béfroi sonner minuit, mais dans le lointain et sans interrompre l'action. Contredanse générale fin de la fête. Fayel congédie l'assemblée; le sire Vergy se retire dans son appartement; Gabrielle se retire avec ses femmes.

(Nuit.)

SCÈNE V.

Fayel reste seul; il est sombre, regarde encore la lettre, il ne sait à quelle pensée s'arrêter, la comtesse qui vient achever son ouvrage, suit les mouvemens de Fayel, elle jouit de son incertitude s'approche de Fayel qui s'est jeté sur un fauteuil, Fayel appercevant la comtesse se lève brusquement pour se soustraire à ses importunes marques d'amour. La comtesse perdant tout espoir l'arête et lui dit:

Fayel, vous êtes trahi!

Mouvement de surprise de Fayel qui la regarde avec soupçon.

La preuve?

La comtesse avec un air de douleur, lui remet les tablettes.

La voilà.

Fayel reçoit les tablettes avec crainte, il tremble d'y trouver la conviction de son malheur, il hésite, la comtesse le presse, enfin il ouvre les tablettes et les lit. Aussitôt la fureur se peint dans tous ses traits, il sécrie:

Perfide Raoul! tu périras sous mes coups, ainsi que ma coupable épouse.

La comtesse jouit du désespoir de Fayel et de la perte de sa rivale.

Fayel se livre à toute sa fureur, il tire son poignard pour aller frapper Gabrielle, mais la Comtesse qui brûle de parvenir à son but et rendre sa vengeance plus éclatante, l'arrête et dit.

LA COMTESSE.

Seigneur, confiez-moi le soin de votre vengeance, et c'est en vous livrant votre rival que je vais vous prouver combien vous m'êtes cher : apprenez que l'indigne Gabrielle, au mépris de votre amour, a osé donner un rendez-vous ici même, à votre audacieux...

FAYEL.

N'achevez-pas, montrez-moi quel est le cœur que je dois déchirer.

La fureur de Fayel est a son comble, la comtesse le calme un instant.

LA COMTESSE.

De grace, suspendez votre courroux, ou Raoul vous échappe.

FAYEL.

Raoul !... Je cours a l'instant le frapper.

LA COMTESSE.

Arrêtez, seigneur, tout serait perdu.

FAYEL.

Oui, pour quelques instans je suspends leur juste châtiment, pour qu'il soit plus terrible.

La Comtesse voyant le moment du rendez-vous qui s'approche, presse Fayel de sortir, s'est en faisant connaître l'excès de son indignation qu'il consent a s'éloigner.

(*Nuit très-profonde.*)

SCÈNE VI.

Edmond introduit Raoul, et lui dit qu'il a cédé

a ses instances, mais qu'il lui recommande sa bonne maîtresse.

Raoul le rassure ; il ne veut que lui dire adieu, et partir, ils écoutent, Edmond s'approche de la porte de Gabrielle et frappe doucement, on ouvre. Edmond dit à Raoul qu'il va s'éloigner, qu'il n'a plus la clef, mais il lui montre une échelle de corde qu'il va placer à la terrasse du fond, il lui recommande d'être prudent, et il s'éloigne.

SCÈNE VII.

RAOUL, GABRIELLE, *vêtue comme au 1er. acte.*

Gabrielle soutenue par sa bonne Alix paraît tremblante, Raoul se précipite à ses pieds, lui exprime son amour et le chagrin qui le dévore, il lui rend ses sermens, et lui jure d'aller mourir loin d'elle. Gabrielle lui donne l'écharpe qu'elle brodait pour lui ; le conjure de conserver ses jours et de l'oublier, Alix leur dit qu'il faut se séparer, ils ne peuvent s'y résoudre, Raoul craignant pour Gabrielle, fait un généreux efforts, mais avant de partir il lui en demande un gage qui ne le quittera jamais ; elle pense à la croix que lui a donnée sa mère, elle l'a détache, la couvre de baisers, et la donne à Raoul, qui la quitte désespéré. Gabrielle sur le devant de la scène tombe à genoux, invoque le ciel pour son amant, celui-ci s'éloigne la tête égarée. A peine est il sorti que la comtesse paraît dans le fond avec Rinaldini, voyant Gabrielle qui rentre, fait un geste de vengeance. Rinaldini lui montre Raoul au fond de la galerie, elle lui dit de le suivre, on les perd de vue.

SCÈNE VIII.

Edmond traverse le rempart et place l'échelle de

corde. Raoul paraît; Edmond lui montre l'endroit par où il pourra s'évader.

Rinaldini paraît avec ses hommes, et se place en embuscade.

La comtesse reparaît avec Fayel il aperçoit Raoul gagner le rempart; à cette vue il n'est plus maître de lui, il ne respire que vengeance : au même instant, on saisit Raoul sur le rempart. Joie de Fayel.

TABLEAU.

Pendant cette scène, Edmond caché derrière une colonne, a tout vu.

(Le théâtre change et représente une chambre, dans laquelle on aperçoit l'entrée d'un cachot : au fond en face est la porte d'entrée donnant sur la campagne.)

SCÈNE IX.

Clotilde est seule et travaille; elle va souvent à la porte exprimer son inquiétude et l'impatience qu'elle éprouve ne voyant pas revenir Edmond, elle l'aperçoit et court dans ses bras.

SCÈNE X.

La pâleur de d'Edmond effraie Clotilde; elle l'interroge, il la repousse doucement, et reste pensif : il exprime son inquiétude sur ce que sera devenu le bon chevalier. Clotilde cherche à le consoler.

SCÈNE XI.

Marc entre; il les gronde, ouvre la porte; il entre suivi de Clotilde portant des provisions.

SCÈNE XII.

Edmond est resté seul, Monlac vêtu d'une dalmatique aux armes de Fayel et la visière baissé entre vivement, il saisit Edmond par le bras et levant sa visière il lui adresse ces paroles :

MONLAC.

Mon maître t'a sauvé la vie ce matin ; la sienne en ce moment est entre tes mains : silence! intelligence !

(*Au même instant du bruit se fait entendre dans le cachot, Edmond reconnaissant fait aussitôt cacher Monlac.*

SCÈNE XIII.

Marc reparait sur la porte du cachot et rentre avec Clotilde. Du bruit se fait entendre à l'extérieur; Marc se doute que ce sont des prisonniers et fait sortir ses enfans ; Edmond prie son père de le laisser avec lui, on voit entrer quatre hommes portant Raoul, celui-ci est garotté, a un mouchoir sur la bouche et fait de violens efforts pour se délivrer. A la vue de Raoul Edmond est près de se trahir mais la réflexion l'arrête. Rinaldini est entré tenant dans sa main une épée brisée ; on amis Raoul dans le cachot, les hommes qui le portaient sont rentrés, Marc à refermé la porte et mis les verroux.

RINALDINI, *jetant une pièce.*

Subito, vieux Cerbère, une bouteille de ton vieux vin de Beaune, pour régaler les braves. (*On apporte du vin, il verse et dit :*) A la santé de nos maîtres, à leur prospérité, à la conservation de leur vie ; et toi, petit Edmond, tu ne bois pas ? (*Edmond s'excuse et remercie.*) Eh bien, sors. (*Edmond saisit un verre et boit.*) A la bonne heure, savez-vous, mes amis, que cet enragé de chevalier nous à donné bien de la tablature ; et vous sentez que ne voulant que l'arrêter, il répugnait à ma sensibilité de .. ah !... Buvons. (*Pendant qu'on boit, il dit à part :*) Mon ordre n'arrive pas, l'heure se passe (*Il regarde la bouteille.*) Rien ne vous retiens plus ici, vous pouvez vous retirer, mais tenez vous prêts au premier signal.

(*Les soldats sortent.*)

On entend du bruit dans le cachot, Rinaldini écoute Edmond parait inqniet, Marc qui a bu toute la journée et encore avec les soldats est ivre et couché sur la table.

Monlac paraît, Edmond lui fait aussitôt signe de ne pas se montrer, Edmon inspiré par le désir de sauver son libérateur, s'approche de Rinaldini, et lui demande la permission de porter au prisionnier une cruche d'eau qu'il tient à la main.

RINALDINI.

Bene, bene; mon petit, perché l'humanité doit toujours l'emporter... Va donner la cruche, mais n'entre pas seul... appelle un soldat, il est bon de prendre ses précautions.

Edmond saisit cette occasion, Rinaldini se met à réfléchir, Edmond fait un signe à Monlac, qui paraît, aussitôt Edmond s'approche de Rinaldini et lui montre le soldat.

RINALDINI.

Bene, bene; il a de l'intelligence, il fera son chemin.

Il s'approche de Marc, celui-ci veut se lever, mais il retombe sur sa chaise, Rinaldini impatienté lui reprend les clefs, et va lui-même ouvrir la porte du cachot, un bruit de chaines le fait reculer, effrayé il fait signe au petit d'entrer avec le soldat.

RINALDINI.

Mais cet ordre, ce maudit ordre per faire périr le chevalier n'arrive pas, la comtesse ne l'aurait-elle pas obtenu de sir Fayel?... C'est que pour lui plaire je ne voudrois pas me faire...

(*On entend le bruit d'une cruche qui se casse, aussitôt Edmond paraît avec l'anse.*)

RINALDINI.

Maladroit qu'as-tu fait ? tu ma fait une peur de tous les diables... Vas en chercher une autre, et de l'eau plus limpide... Ce ne sera pas pour longtemps.

Edmond s'empresse d'aller prendre une autre cruche et revient aussitôt il va pour entrer dans le cachot Rinaldini regarde dans la cruche et satisfait, il recommande au petit de ne pas la casser, Edmond entre dans le cachot.

Marc se lève, demande ses clefs à Rinaldini qui lui montre qu'elles sont à la porte. Bruit de chaînes. Rinaldini et Marc remontent, Edmond paraît avec le soldat, Marc repousse Edmond en le grondant de s'être permis d'entrer dans le cachot, il en ferme la porte et met les verroux; Rinaldini fait signe au soldat de se retirer, Raoul sort de la prison sous le costume de son écuyer, après avoir remercié à part Edmond, qui rend grâce au ciel de sa délivrance et l'accompagne.

SCÈNE XIV.

Un homme enveloppé d'un manteau, entre, et remet un papier à Rinaldini, celui-ci ~~l'a à peine~~ parcouru qu'il frappe dans ses mains, quatre hommes entrent. Rinaldini ordonne à Marc d'ouvrir de nouveau la porte du cachot, Marc hésite, Rinaldini lui fait voir l'ordre qu'il vient de recevoir, Marc ouvre. Rinaldini donne un poignard à l'un des soldats, ordonne à Marc de se retirer avec Clotilde, et les suit des yeux, quand il les a perdus de vue il dit :

RINALDINI.

Allez.

(Quatre hommes entrent... long silence... cri douloureux.)

RINALDINI.

La victoire est à nous.

Au même instant celui auquel il a remis le poignard paraît à la porte du cachot, tenant ce même poignard ensanglanté. Joie de Rinaldini.

TABLEAU.

Fin du deuxième Acte.

ACTE TROISIÈME.

Le théâtre représenté une des salles du palais ; on voit au fond une partie des jardins, et un rempart. Sur le devant une toilette fort riche, divers présent sont placés à l'entour.

SCÈNE PREMIÈRE.

FAYEL, *seul.*

Il est sombre, rêveur, deux des hommes de Rinaldini apportent une riche corbeille, et la posent contre la toilette; ils se retirent dans le fond Rinaldini paraît, il tient un vase d'or qu'il pose de même sur la toilette; à son aspect Fayel frémit, il jette une bourse à Rinaldini et ordonne que tout le monde s'éloigne. Moment de fureur et de désespoir enfin après avoir hésité, il donne l'ordre de faire venir Gabrielle.

SCÈNE II.

FAYEL, GABRIELLE.

La fureur et la jalousie que la présence de Gabrielle avaient suspendues, se raniment de nouveau dans le cœur de Fayel, la contenance noble et touchante de celle-ci, la fait monter au plus haut dégré; il lui reproche la scène de la nuit; elle se trouble, sa fureur augmente peu-à-peu; il lui présente les tablettes, elle pâlit, il lui reproche sa perfidie, elle veut chercher à se jutifier, mais la saisissant par le bras, il l'entraine vers la toilette, découvre les habits de Raoul et l'écharpe qu'elle a brodée; souillée de sang. Désespoir de Gabrielle, qui se jette sur ces débris. Fureur de Fayel a cette vue il dit :

FAYEL.

Tu pleures, Raoul! ce cœur que tu m'as préféré (*Il découvre le vase.*), regarde

Gabrielle croyant qu'il contient du poison, va pour le saisir.... cri terrible... silence... sa tête s'égare... profond silence... elle passe devant Fayel qui la regarde avec effroi. Elle s'assied et semble agitée d'un songe funeste; elle porte ses regards sur tout ce qui l'environne, même sur les objets qu'elle ne voit plus.

SCÈNE III.

Vergy s'avance vers sa fille, il est suivi de quelques personnes. Fayel recouvre les restes de Raoul; Vergy va pour embrasser Gabrielle, celle-ci le prenant pour Fayel, le repousse avec horreur, et dit :

GABRIELLE.

Monstre! ne m'approche pas, tu me fais horreur!

Elle se précipite dans les bras de Fayel qu'elle prend pour Raoul; elle lui prodigue les noms les plus tendres, et veut le dérober à son ennemi :

GABRIELLE.

Et toi, Raoul, fuis ce barbare, c'est Fayel, regarde, sa main est armée d'un poignard, il va frapper!!!... arrête, arrête, il est innocent..... seule je suis coupable.

Etat affreux de Fayel pendant cette scène, ou son amour et sa jalousie sont à leur comble : Vergy est déchiré. Les gens du château sont entrés; à la vue de tant de monde, Gabrielle a reculé vers la toilette, son père qui l'a suivie, aperçoit les habits de Raoul, tout est expliqué. Les objets affreux que Gabrielle a vue cur la toilette, quoique cachés se retracent à sa mémoire, elle aperçoit de nouveau la coupe fatale, s'en empare et s'enfuit en la pressant sur son cœur.

VERGY.

Ma fille ! ma fille ! suivez ses pas.

Désespéré, il la suit avec tout le monde. Fayel reste seul.

SCÈNE IV.

FAYEL, *seul.*

Scène de remords et de profond désespoir ; son amour pour Gabrielle, la scène de la nuit, se retracent à son aspect : il se résout à quitter la vie, il tire son épée.

SCÈNE V.

La comtese se precipite sur Fayel, lui arrache son épée et cherche à le calmer en lui peignant tout l'amour qu'elle ressent pour lui ; il l'a repousse et veut reprendre son épée.

SCÈNE VI.

Rinaldini paraît.

RINALDINI.

Seigneur, un chevalier inconnu demande à vous être présenté.

Fayel ordonne qu'on le fease entrer.

SCÈNE VII.

L'écuyer de Raoul entre suivi de quelques hommes d'armes et les yeux bondés, il présente un cartel à Fayel, qui, après l'avoir vu, fait approcher le chevalier ; et lui dit :

J'accepte le combat. Je serai exact au rendez-vous ; le son du cor lui fera connaître mon arrivée.

L'écuyer jette son gant, et porte le défi au nom de son maître, Fayel fait ramasser le gant et renvoie le chevalier. Il remet le papier à la comtesse qui le lit en tremblant.

A toi, Fayel. de la part de sir Raoul de Couci.

Tu m'as enlevé le cœur et la main de celle qui devait être mon épouse; je viens d'échapper aux fers dans lesquels ta déloyauté venait de me plonger; viens donc m'arracher une vie que je déteste, ou satisfaire ma vengeance, en périssant de ma main; je t'attends cette nuit, près des ruines du Val-Noir.

RAOUL.

SCÈNE VIII.

La comtesse tremblante pour les jours de Fayel, veut le dissuader d'aller à ce combat; mais Fayel, rendu à son noble caractère, accable la comtesse de reproches; il l'a repouss, et sort en la maudissant.

SCÈNE IX.

LA COMTESSE, RINALDI.

LA COMTESSE.

Raoul vivant..... par quel prodige?

RINALDINI.

Ma per Dio, tous les morts ont donc résolu de ressusciter aujourd'hui per ma damnation,

LA COMTESSE.

Misérable! est-ce ainsi que tu abuses de ma confiance? Ta vie me répond de celle de Fayel; sauve-le, achève de perdre mon odieuse rivale, ou crains ma vengeance.

RINALDINI.

Je vous entends, votre amour, ma fortune m'ordonnent de conserver l'un et de perdre l'autre. Soyez tranquille, au plus fort du combat; mes braves et moi.....

La comiesse lui recommande de tout mettre en œuvre, pour le déivrer de l'amant de Gabrielle. Ils sortent.

Changement.

Sombre forêt, ruines, arbres isolés. (Obscurité profonde.)

SCÈNE X.

Raoul plongé dons la plus profonde affliction, est assis au pied d'un arbre, son cheval est près de lui, les deux écuyers sont dans le fond.

RAOUL.

Ah! combien la douleur qui m'accable rend cette nuit longue et pénible. Infortuné Raoul! tu ignores le sort de tout ce que tu aimes; Gabrielle, Monlac, objets chéris, quel est en ce moment votre sort? toi surtout, digne et vertueux ami, soutien de mon enfance, qui, sacrifiant ta liberté pour sauver celui que tu nommes ton maître, et à qui tu prodigues les soins du plus tendre père, que vas-tu devenir? Tant de dévoûment n'aura-t-il pour récompense qu'une longue captivité... Que dis-je? Dieu... si Fayel dans sa fureur... ah! repoussons cette idée, Fayel est mon rival, mais brave et loyal chevalier; une telle action est indigne de lui.

L'écuyer de Raoul arrive et lui dit :

Seigneur, Fayel accepte votre défi; le son du cor vous annoncera son arrivée.

RAOUL.

Enfin l'heure de la veangeance va sonner. (*saisissant sa croix*) Gage chéri de ma noble amie, seul bien qui me reste d'elle viens, placé sur mon cœur! ah! je le sens, Fayel est vaincu. Marchons...... Dieux! que vois-je? une femme...... ses vêtemens en désordre...... je ne me trompe pas....... Gabrielle! ma Gabrielle!

SCÈNE XI.

LES PRÉCÉDENS, GABRIELLE.

Elle le regarde fixement, et après un court silence, elle dit lentement :

Que veux-tu?..... Tout..... tout est perdu..... jusqu'à l'espoir..... ces vêtemens sanglans..... cette écharpe...... et cet horrible vase...., (*elle le découvre*) tiens regarde.

A cette vue Raoul s'écrie :

Ah ! Moulac ! malheureux ami, Fayel, cruel Fayel.....

A ce nom, Gabrielle épouvantée s'enfuit ; Raoul va pour la suivre, un cor éloigné se fait entendre, il ne peut quitter cette place ; il hésite, son écuyer répond et reste.

SCÈNE XII.

RAOUL, FAYEL et ses Écuyers.

Arrivée de Fayel, suivi de deux écuyers, portant des flambeaux ; il les fait attacher aux arbres, et ordonne à ses écuyers de s'éloigner. Raoul veut renvoyer les siens, ceux-ci hésitent en le suppliant ; il l'exige ; les écuyers s'éloignent.

SCÈNE XIII.

Commencement du combat.

SCÈNE XIV.

On voit pendant le combat des hommes se cacher derrière les ruines ; ils se précepitent sur Raoul, au moment où il es forcé de rompre : il est terrassé, et va être sacrifié. Se croyant trahi, il s'écrie :

Perfide Fayel !

RINALDINI.

Seigneur, il est à nous.

A ces mots, Fayel indigné, se joint à Raoul, tous deux dispersent les assassins. Rinaldini est tué par Coucy.

SCÈNE XV.

Le combat commence. Raoul est près de succomber ;

Fayel lui porte un coup terrible; son cimeterre se trouve engagé dans l'arbre ; Raoul lui dit :

RAOUL.

Tu m'as sauvé la vie, je veux t'égaler en générosité; reprends tes armes.

Fayel, saisissant son sabre, et jetant loin de lui son bouclier, ne veut plus combattre, qu'armé de son poignard. Le combat reprend; Fayel rompt, tombe. Au moment où Raoul est prêt à le frapper, la comtesse se précipite entre eux, et reçoit la mort des mains de Raoul. A peine a-t-elle reçu le coup, elle tombe ; le combat est interrompu.

FAYEL.

Arrête, Raoul !

Il court à la comtesse, pour lui prodiguer des secours; elle l'arrête et lui dit d'une voix mourante :

LA COMTESSE.

Je meurs pour toi, Fayel, venge-moi. (*Elle expire.*)

Le combat reprend. Fayel tombe frappé d'un coup mortel.

SCÈNE XVI.

Au même instant Gabrielle paraît, égarée elle traverse la forêt avec rapidité. Couci l'aperçoit et s'écrie :

COUCI.

Gabrielle ! Gabrielle !

Voyant qu'elle ne l'entend pas, il s'élance sur son cheval et court sur ses traces.

SCÈNE XVII.

Sire Vergy arrive, apercevant Fayel, il dit :

VERGY.

Que vois-je! Fayel expirant! cruel où est ma fille?

FAYEL (*se soulevant avec peine, et d'une voix mourante*)

Vergy, ne m'accable pas, je meurs de la main de Raoul, vous êtes tous vengés.

Vergy est désespéré. Tout le monde s'empresse autour de lui, et lui montre Raoul qui revient avec Gabrielle.

SCÈNE XVIII ET DERNIÈRE.

Couci arrive et tient Gabrielle dans ses bras; il la dépose sur un banc de gazon.

TABLEAU.

Vergy, Raoul, Edmond lui prodiguent les plus tendres soins. Elle reprend lentement ses sens, ses yeux se portent sur tout ce qui l'environne, sa raison revient par dégré, reconnaissant et son amant et son père, elle se jette dans les bras de celui-ci, Vergy unit Raoul à Gabrielle tout le monde les entoure.

TABLEAU.

FIN.

De l'Imprimerie d'Éverat, rue du Cadran, No. 16

(36)

OUVRAGES NOUVEAUX

Qui se trouvent chez J.-N. BARBA, *Libraire, Éditeur de Pièces de théâtre et des Œuvres de Pigault-Lebrun, Palais-Royal, n° 1.*

HISTOIRE DE LA RÉVOLUTION DE FRANCE, depuis la première Assemblée des Notables, en 1787, jusqu'à l'abdication de Napoléon : par Fantin Désodoards. Septième édition, conforme à la précédente ; 6 vol. in-8° (Paris 1820). Prix : 25 fr.

LIGUE DES PRÊTRES ET DES NOBLES CONTRE LES PEUPLES ET LES ROIS, depuis le commencement de l'ère chrétienne jusqu'à nos jours, *ou* Tableau des conspirations, révolutions, détrônemens, actes arbitraires, jugemens iniques, violations des lois, etc. etc., dont les privilégiés se sont rendus coupables ; ouvrage où l'on trouvera des détails intéressans et des considérations nouvelles, sur le pouvoir absolu des Druides ; la conduite séditieuse des évêques anglais Wilfrid, Dunstan, Langton et Thomas de Cantorbéry ; le massacre de la Saint-Brice ; l'exil du Cid ; la donation de l'Angleterre au pape ; la querelle des investitures ; l'union d'Aragon ; la fondation de la liberté helvétique ; le serment de révolte des nobles de Castille ; Nicolas Rienzi, restaurateur de la liberté romaine ; la persécution des Lollards et des Réformés ; le soulèvement des Copyholders ; la Ligue et la Fronde ; la mort du Czarowitz Alexis ; les révolutions de Danemarck, de France, d'Espagne ; etc. etc. ; par M. Paul de P...., 2 vol. in-8°. Prix : 10 fr. Par la poste, 12 fr.

Le gouvernement féodal, dont la révolution devait extirper les dernières racines, était le résultat de l'orgueil des nobles, entenu par leurs richesses, et des impostures des prêtres, masquées par leur hypocrisie : ce sont les résultats de cette union de l'orgueil et de l'hypocrisie que l'auteur de la *Ligue* a recherchés jusque dans les vieilles fondations des monarchies. Remontant aux ténèbres de l'ère chrétienne, son travail, opiniâtre autant que savant, démêle les abus des usages, et signale les crimes commis par les lois mêmes destinées à les réprimer. Son ouvrage fait connaître les causes des malheurs des peuples et des tribulations des rois. Il est écrit avec méthode, clarté et énergie, fut inspiré par le patriotisme, et sera avoué par une saine philosophie. A l'ouverture d'un tel livre, les masques politiques tombent, et les forfaits se montrent dans toute leur laideur.

La censure n'en a permis ni l'analyse, ni même l'annonce

GENEVIEVE,

OU

LA CONFIANCE TRAHIE,

PANTOMIME

EN TROIS ACTES, A GRAND SPECTACLE,

Ornée de Costumes et Décors nouveaux, dans laquelle paraissent deux Cerfs, dressés pour cet Ouvrage;

PAR M. FRANCONI JEUNE,

Musique arrangée et composée par MM. *** et LEBLANC, Divertissement par M. MORAND, Décors par M. ISIDORE;

Mise en scène par M. FRANCONI jeune,

Représentée, pour la première fois, sur le théâtre du Cirque Olympique, le lundi premier Juin 1812.

PARIS.

Chez BARBA, Libraire, Palais-Royal, derrière le Théâtre Français, N°. 51.

Imprimerie de DELAGUETTE, rue Saint-Merry, N°. 22.

1815.

PERSONNAGES.	ACTEURS.
SIFFROI, duc de Brabant	M. Bassin.
GENEVIÈVE, son épouse	Mme. Franconi.
BENONI, son fils, âgé de trois ans .	M. Blin.
GOLO, intendant du duc	M. Franconi, jeune.
DAMES D'HONNEUR de Geneviève.	Mmes. Armand, Letellier.
LANFROI, compagnon d'armes de Siffroi.	M. Bunel.
MARCO, VALERIO, affidés de Golo . . .	MM. Baudot, Lagoutte.
UN CHEVALIER, dansant	M. Morand.
UNE DAME de la cour, dansant . .	Mlle. Aline.
UNE CANTATRICE	Mlle. Rosine.

Troupe de chevaliers, d'hommes d'armes, dames de la cour, peuple, enfants, chasseurs, piqueurs, gardes de Siffroi.

La scène se passe dans une principauté du Brabant, sous le règne de Charles Martel, au septième siècle.

Vu au ministère de la Police générale de l'Empire, conformément aux dispositions du Décret impérial du 8 Juin 1806, et à la décision de S. Exc., en date de ce jour. Paris, ce 1812.

Le Secrétaire-Général, Signé SAULNIER.

Vu l'approbation, permis d'afficher et représenter, ce 1812.

Le Conseiller d'Etat, Préfet de Police, Baron de l'Empire,

Signé PASQUIER.

GENEVIÈVE,

OU

LA CONFIANCE TRAHIE,

PANTOMIME.

ACTE PREMIER.

Le Théâtre représente l'appartement de Geneviève. A droite, un chevalet sur lequel est monté le portrait d'un guerrier.

SCENE PREMIERE.

Geneviève entre, accompagnée de ses femmes. Sa démarche lente annonce la douleur qui l'accable. Elle gémit de l'absence de Siffroi, son époux, qu'une guerre opiniâtre, contre les Sarrasins, retient depuis long-temps éloigné de ses états.

Elle s'approche du portrait: ce sont les traits de cet époux adoré, qu'elle a pris plaisir à peindre elle-même; après les avoir considérés un moment, elle dit:

Oui, cette toile respire!... O Siffroy! cher époux, j'ai dû rendre ton image telle qu'elle est gravée dans mon cœur! et c'est en la contemplant tous les jours que je trouve du soulagement aux maux cruels de ta longue absence!........... Dieu tout puissant, veille sur les jours et la gloire de mon héros; fais qu'il reparaisse bientôt à mes yeux, orné des lauriers de la ivctoire!

SCÈNE II.

Cependant, Benoni, son fils, accourt auprès d'elle. Cet aimable enfant lui prodigue ses innocentes caresses : il aperçoit le portrait, auquel il envoie des baisers ; il a su de sa tendre mère qu'il représente l'image de l'auteur de ses jours.

Geneviève le serrant avec émotion sur son cœur, lui adresse ces mots :

Fruit précieux du plus heureux hymen, toi qui fais l'espoir de la race illustre des Siffroi, apprends de ta mère à chérir celui dont tu es la parfaite image !

SCENE III.

Une marche guerrière se fait entendre ; une troupe de chevaliers s'avance : on distingue à leur tête le brave Lanfroi, l'un des plus illustres compagnons d'armes de Siffroi.

Après avoir salué respectueusement la duchesse :

Madame, nos ennemis sont vaincus; votre époux triomphant m'a chargé de venir déposer à vos pieds leurs dépouilles et les trophées de sa gloire : vous le verrez bientôt vous apporter lui-même le pacte sacré d'une paix glorieuse et durable.

Geneviève laisse éclater des signes de joie, mais cette joie n'est point parfaite ; elle semble desirer quelque chose. Lanfroi qui lit dans ses yeux, continue avec empressement :

Je vous devine, Madame...... le seigneur Golo, que je précède, s'est réservé l'honneur de vous remettre une lettre de votre auguste époux..... Le voici.

SCÈNE IV.

Golo entre. En voyant Geneviève, il éprouve un embarras qu'il peut à peine surmonter, et lui présente en tremblant la lettre de Siffroi. La duchesse s'empresse de l'ouvrir, et sa vivacité l'empêche d'apercevoir un billet que Golo vient de glisser dans le paquet. Le billet tombe à ses pieds. Lanfroi le voit, le ramasse et le remet à la duchesse, qui toute occupée de la lettre de Siffroi, le reçoit, sans trop examiner ce qu'on lui donne. Golo est dans la plus grande agitation. Il suit, d'un œil sombre, tous les mouvemens de Geneviève, qui dans le transport de sa joie, s'écrie :

Je vais donc bientôt revoir mon époux!

Puis s'adressant à Lanfroi, elle ajoute:

Brave Lanfroi, votre empressement et votre fidélité vous assurent à jamais mon estime et ma juste considération.

LANFROI.

Mon courage et ma vie sont entièrement à vous; trop heureux de pouvoir verser tout mon sang au service de la plus vertueuse et la meilleure des souveraines.

Golo peut à peine contenir sa rage; ce n'est pas à lui que Geneviève vient d'adresser des remercimens.

Cependant Lanfroi continue :

Madame, permettez que les compagnons d'armes de Siffroi vous présentent, dans une fête qu'ils vont préparer, les marques glorieuses du triomphe de votre auguste époux.

Tout le monde se retire, excepté Golo et la duchesse.

SCENE V.

Geneviève, sans le regarder, relit la lettre de son époux, dont elle prononce la dernière phrase.

Encore un jour et je suis aux pieds de ma Geneviève.

Elle ajoute:

Dis plutôt sur mon cœur.

Ces derniers mots font une impression terrible sur Golo, qui ne garde plus de mesures : il arrête la duchesse qui allait sortir, et la prie de prendre lecture du billet qu'il avait mis dans la lettre de Siffroi.

Geneviève, qui l'avait oublié, le parcourt rapidement. Quelle est sa surprise ! Le perfide ose lui déclarer un coupable amour ! Elle jette sur lui un regard d'indignation. Celui-ci se précipite à ses pieds ; la duchesse le repousse avec mépris ; il veut insister ; mais elle se retire, après lui avoir montré le portrait de son epoux.

SCENE VI.

Golo, resté seul, s'abandonne à toute la rage d'un amour méprisé.

Beauté cruelle ! ne crois pas m'échapper ; je saurai tout braver pour te soumettre.....Oui, te posséder ou te perdre !

Cependant il ne sait quels moyens employer. Tout à coup son génie infernal lui inspire une idée atroce, qu'il saisit avidement.

Heureuse inspiration ! Ecrivons à Siffroi que sa femme est infidèle. Sa crédulité naturelle et l'empire que j'ai su prendre sur lui, assurent la réussite de mon projet. Annonçons-lui même que déjà mon épée l'a vengé de l'infâme suborneur.

Après avoir écrit, il appelle un de ses affidés.

Porte cette lettre à Siffroi : qu'avant la fin du jour j'aie sa réponse. Songe qu'il y va de ta vie.

L'affidé part. Golo s'applaudit de son infâme projet, et sort triomphant.

Le Théâtre change, et représente un jardin magnifique, Un trône brillant est préparé pour Geneviève. Il est orné de médaillons portant son chiffre et celui de Siffroi.

SCENE VII.

Les chevaliers lui présentent les trophées de la gloire de son époux. Cette vue remplit son âme sensible d'émotions délicieuses.

La fête commence. Au milieu des jeux, l'affidé de Golo lui apporte la réponse de Siffroi. Golo ne peut cacher les transports de sa joie. La duchesse, qui ne le perd pas de vue, paraît surprise, et cherche à deviner quels peuvent en être les motifs. L'inquiétude s'empare d'elle. Cependant la fête continue. Mais Lanfroi s'étant aperçu du trouble toujours croissant de la duchesse, fait cesser les jeux, et ordonne qu'on se retire.

SCÈNE VIII.

Golo est sur le point de s'en aller; mais la duchesse l'arrête, et lui demande si la lettre qu'il vient de recevoir est de son époux. Le traître, dissimulant, lui répond que non, et ne craint pas de renouveler ses instances. La duchesse le menace de tout révéler à Siffroi. Alors Golo, outré de rage :

Puisque vous dédaignez mon amour, voyez si je sais me venger.

Il lui remet en même temps la lettre de Siffroi.

Qu'a-t-elle lu?... Sa condamnation écrite de la propre main de son époux!

Immobile de surprise et d'effroi, elle laisse échapper le fatal écrit. Bientôt ses larmes coulent en abondance. Golo se fait un plaisir féroce de son désespoir. En vain elle se précipite à ses pieds, et s'abaisse même jusqu'à la prière. Rien ne l'émeut : il veut qu'elle cède à ses desirs criminels, ou qu'elle périsse. La duchesse reprenant toute sa dignité, rougit d'avoir imploré un pareil monstre, et préfère la mort au déshonneur.

Golo la quitte brusquement, en lui faisant des gestes menaçans.

SCÈNE IX.

L'infortunée réfléchit à toute l'horreur de sa situation. Comment parer le coup fatal! Quels amis pourront la défendre! Golo commande en maître, Siffroi lui a confié tous les pouvoirs.

SCÈNE X.

Lanfroi paraît. Il examine la duchesse, et s'apercevant de l'altération de ses traits, il se hasarde à lui demander la cause de son trouble.

Pardonnez ma témérité, madame; mais j'ai cru m'apercevoir que pendant la fête, vous étiez agitée par un sentiment pénible. Quelque chevalier aurait-il pu vous déplaire?

GENEVIEVE.

Brave Lanfroi, j'étais loin de croire qu'aujourd'hui même l'occasion se présenterait de donner une nouvelle preuve de votre attachement à vos souverains. Vous seul méritez mon entière confiance.

Lanfroi met un genou en terre, et la main sur son cœur, il proteste à la face du ciel, qu'il est prêt à tout entreprendre pour servir la duchesse. Geneviève le remercie affectueusement.

SCÈNE XI.

Cependant Golo a paru dans le fond avec quelques chevaliers et affidés. Il a vu Lanfroi aux pieds de la duchesse. Sa fertile scélératesse tourne contre Geneviève l'action généreuse de Lanfroi. Il fait prendre le change aux chevaliers qui l'accompagnent. Lanfroi est aux pieds de Geneviève. Elle l'écoute sans colère, c'est son amant favorisé. Tous sont persuadés, et observent de loin avec Golo tout ce qui se passe.

Lanfroi se relève et continue:

Expliquez-vous, madame.

Geneviève lui remet le billet de Golo.

Lanfroi, après l'avoir lu, ne peut contenir sa juste indignation, et portant la main sur son épée, il veut de suite aller punir l'audacieux Golo: Geneviève l'arrête.

Chevalier, calmez cet emportement. Un éclat serait peut-être dangereux. J'ai besoin de votre sagesse et de votre prudence pour me soustraire aux persécutions du perfide Golo.

J'espérais ramener ce monstre à son devoir ; mais il s'irrite, et je vois que j'ai tout à redouter de sa coupable audace.

LANFROI.

Rassurez-vous, madame, je saurai mériter cette confiance qui m'honore. Le lâche ne réussira pas dans ses desseins criminels. Je vais tout disposer en secret, pour m'assurer du traître jusqu'au retour de votre époux.

Après avoir réfléchi un moment :

Oui, ce moyen est infaillible : Golo ne peut m'échapper, et bientôt il recevra le juste châtiment de son crime.

A peine Golo a-t-il entendu ces derniers mots, qu'il s'élance sur Lanfroi, le poignard à la main, et lui perçant le cœur, ajoute :

Et toi, ta récompense.

SCÈNE XII.

Geneviève jette un cri douloureux, et tombe évanouie. On emporte le corps du malheureux Lanfroi. Golo, poursuivant le cours de ses atrocités, ordonne que la duchesse soit enchaînée.

SCÈNE XIII.

En ce moment le peuple et les chevaliers accourent de toutes parts. Quel spectacle !... leur souveraine adorée, la vertueuse Geneviève chargée d'indignes fers !... Dans leur indignation, ils vont fondre sur Golo, et délivrer la duchesse. Celui-ci, que rien n'émeut, les arrête avec hardiesse, et aidé de ses affidés, cherche à leur persuader que Geneviève est infidèle à son époux. Eux-mêmes ont été les témoins de sa liaison criminelle avec Lanfroi. Tout le monde doute encore... Non, Geneviève ne peut être capable d'une pareille horreur !.. On veut des preuves. Alors Golo leur présente la lettre de Siffroi, et fait dérouler une légende sur laquelle on lit : *Que Geneviève soit chassée du palais : Golo seul est chargé de ma vengeance.* SIFFROI.

La consternation devient générale. En vain Geneviève proteste de son innocence : tous les chevaliers sont immobiles devant l'ordre de Siffroi, et sourds à ses supplications. L'impitoyable Golo triomphe. Il ordonne que Geneviève et son fils soient chassés à l'instant même. La malheureuse mère, dans le délire du désespoir, cherche partout son enfant. Elle le voit entre les mains des gardes, s'élance, et s'attachant à son corps, elle se laisse entraîner à la vue du peuple ému de pitié, mais que les satellites de Golo ont enveloppé et contiennent.

TABLEAU GÉNÉRAL.

FIN DU PREMIER ACTE.

ACTE II.

Le théâtre représente un lieu désert. La mer est dans le fond ; des rochers la bordent.

SCENE PREMIERE.

Marco, l'un des affidés de Golo, chargés d'immoler Geneviève et son fils, arrive. Il examine si les lieux ne sont pas habités. Il les trouve propres à l'horrible exécution. Marco n'est pas un scélérat consommé ; il sauverait les deux victimes, mais il craint son féroce camarade, qui paraît bientôt, traînant après lui Geneviève et son fils.

L'infortunée, qui a deviné leur affreux projet, les supplie de ne pas leur arracher la vie. L'arrêt est prononcé, il faut qu'elle le subisse.

Tout-à-coup un orage terrible se fait entendre. Le tonnerre, qui gronde avec fracas, effraye les deux assassins. Ils se consultent sur le parti qu'ils doivent prendre; mais se rappelant les promesses et les menaces de Golo, l'un d'eux se met en devoir de jeter l'enfant dans la mer. Geneviève le lui arrache des mains; furieux alors, il tire son poignard, il va frapper Geneviève, qui, les bras tendus, attend la mort, lorsque la foudre tombant, le frappe lui-même et l'écrase; Marco effrayé de cette espèce de vengeance du ciel, s'enfuit épouvanté.

SCÈNE II.

Geneviève sauvée, comme par miracle, prend son fils dans ses bras, et remercie le ciel de cette faveur inespérée.

Cependant l'orage continue. Geneviève parcourt les lieux, et cherche un asyle pour se réfugier. Elle aperçoit une barque abandonnée qui flotte au gré des flots. Elle monte sur un rocher. La barque qui a disparu un moment, est poussée de nouveau sur le bord de la mer, Geneviève, voulant profiter de ce secours pour fuir ces lieux déserts, s'élance dans la barque avec son fils, et s'abandonne à la grâce de Dieu.

L'orage diminue peu à peu, et le ciel reprend sa sérénité.

Le Théâtre change et représente l'intérieur du palais de Siffroi.

SCÈNE III.

Golo paraît, absorbé dans de sombres réflexions: l'inquiétude l'agite, le remords même se fait sentir dans le fond de son âme; il redoute l'arrivée prochaine de Siffroi.

SCÈNE IV.

Un homme, enveloppé d'un large manteau, s'approche de lui; c'est Marco. Golo, qui le reconnaît lui demande brusquement compte de sa mission. Celui-ci répond en tremblant :

Seigneur, vos ordres sont exécutés ; Geneviève et son fils ne sont plus... Mais au même instant, Valério fut frappé par la foudre.

Golo satisfait, lui remet une bourse, et le renvoie, en lui recommandant le plus profond secret.

SCENE V.

Golo, resté seul, frémit d'épouvante ; il croit voir errer autour de lui les ombres de ses victimes. Ses cheveux se hérissent ; il s'écrie sourdement :

Quel effroi s'empare de mes sens !

Enfin après une lutte pénible avec le remords qui le déchire,

Chassons cette terreur qui voudrait en vain m'effrayer.

Et le monstre devient insensiblement plus tranquille.

SCENE VI.

Un bruit d'allégresse se fait entendre ; on vient lui annoncer l'arrivée de Siffroi. A cette nouvelle, il reste interdit malgré lui ; mais un moment de réflexion lui rendant sa cruelle assurance, il court au-devant de son maître.

SCENE VII.

Le cortége entre, Siffroi paraît, Golo l'accompagne ; le duc est triste et abattu. Le souvenir de Geneviève qu'il adorait, le poursuit partout ; il ordonne qu'on le laisse seul. Golo reste.

SCENE VIII.

Le situation de Siffroi le trouble malgré lui. Ce n'est pas la pitié qui émeut son âme atroce ; il tremble pour lui-même. Siffroi peut demander des éclaircissemens, des détails sur la funeste aventure. Le traître prévoit tout; et en cherchant à le consoler, il enfonce le poignard plus avant dans le cœur du malheureux duc.

Pourquoi, Seigneur, vous abandonner à la plus affreuse douleur pour une infidèle qui n'est plus, et dont la mort vous a si justement vengé ?

A ces mots, Siffroi sent renaître toute sa fureur contre son ingrate épouse : mais bientôt l'amour vient plaider sa cause. Froissé par ces sentimens pénibles, il tombe, accablé, dans un fauteuil.

SCÈNE IX.

Golo, fidèle à son plan, donne un signal. Des accords mélodieux se font entendre dans la pièce voisine. Le charme de l'harmonie rend un moment le duc attentif. Mais bientôt il retombe dans son affaissement mélancolique. Sur un second signal de Golo, des danseurs et musiciens paraissent. Un de ces derniers chante le morceau suivant, pendant que les autres exécutent des danses légères.

AIR (1).

Quand la trompette appelle aux armes,
Un chevalier part sans effroi :
Il vole et brave les alarmes
Pour l'honneur, sa dame et son roi.
Rien ne résiste à son courage ;
Et bientôt, s'il revient vainqueur,
De sa dame il reçoit le gage,
Et de son roi le prix d'honneur.

Sous l'étendard de la vaillance,
Qu'un jeune guerrier a d'attraits !
Du fer meurtrier de sa lance
L'amour compose un de ses traits.
Rien ne résiste, etc., etc.

(1) Paroles de M. *Cuvelier*, musique de M. *Alexandre*.

Les danses, le chant ne peuvent charmer la douleur de Siffroi. Golo tente un dernier moyen. Des sons de trompe et de cors se font entendre. Il propose une partie de chasse, que le duc accepte enfin, espérant par là se distraire un peu.

Aussitôt plusieurs chevaliers arrivent, accompagnés de piqueurs. Siffroi part pour la chasse.

TABLEAU.

FIN DU DEUXIÈME ACTE.

ACTE III.

Le Théâtre représente une forêt épaisse; à droite, une grotte qui sert d'habitation à Geneviève et à son fils; à gauche, un petit autel surmonté d'une croix grossière.

SCENE PREMIÈRE.

L'aurore fait briller ses premiers feux. Des cerfs parcourent les bois. Ces animaux, oubliant leur timidité naturelle, viennent chercher leur nourriture auprès de la grotte qui renferme la malheureuse Geneviève et son fils; ils semblent deviner qu'ils n'ont rien à craindre de ces deux infortunés, abandonnés de la nature entière, et jetés dans leur triste solitude.

SCENE II.

Geneviève sort de la grotte, les caresse; les cerfs s'éloignent tranquillement. Après avoir cueilli des herbes et des fruits sauvages pour sa nourriture et celle de son enfant, elle jette un regard douloureux sur la forêt, et dit, en soupirant :

O généreux Siffroi !... est-il bien vrai que ta main ait signé l'arrêt de mort de celle qui te fut si chère et qui n'aima jamais que toi ?... C'est donc ici, dans cette triste forêt, que ta femme et ton enfant doivent terminer leur pénible existence !... Mon Dieu ! écoutez ma prière : Que jamais mon innocence ne parvienne jusqu'à mon époux ! sa vie entière s'écoulerait dans les larmes... Ah ! qu'elles soient toutes réservées pour la malheureuse Geneviève ! Faites qu'il n'ait jamais à regretter ma mort ni celle de son fils.

Perfide Golo ! c'est en abusant de ton pouvoir, que tu dévoues ton maître aux regrets les plus affreux !... Que t'ai-je fait, homme barbare, pour sacrifier à-la-fois trois victimes ?... Mon Dieu ! que ce misérable reçoive bientôt le juste châtiment de son crime !...

Elle tombe accablée sur un banc de pierre.

SCENE III.

Une biche sort de la grotte ; le petit Benoni la suit, l'appelle et gémit en la voyant s'éloigner. Mais bientôt apercevant sa mère, il s'en approche et l'embrasse, Geneviève surprise, mais charmée, lui rend ses caresses et le serre contre son cœur. L'enfant lui dit qu'il a faim. La mère sourit, en lui montrant les fruits qu'elle a préparés Il veut y courir, mais Geneviève l'arrête, et lui montre le ciel, auquel il faut, avant tout adresser une prière, Geneviève et son fils se mettent à genoux.

(Quel tableau ! La vertu et l'innocence persécutées, prosternées avec résignation devant l'Eternel !... Rassurez-vous, créatures intéressantes, vos prières, aussi pures que vos ames, sont entendues par un Dieu juste, et bientôt le terme de vos maux finira.

Après la prière, Benoni mange des fruits ; il demande à boire, Geneviève va puiser de l'eau dans une source qui jaillit des rochers, et la lui apporte.

SCÈNE VI.

Tout-à-coup un bruit de chasse se fait entendre; Geneviève étonnée, témoigne de la frayeur; elle prend son fils dans ses bras, et rentre dans sa grotte. Un cerf traverse la forêt. L'on aperçoit des piqueurs à pied et à cheval. Le bruit des cors diminue.

SCENE V.

Geneviève se montre avec précaution, et cherche à s'assurer si les chasseurs sont éloignés. Elle aperçoît l'un d'eux qui paraît égaré, et s'approche de ces lieux. Elle rentre aussitôt.

SCENE VI.

Ce chasseur est à pied: c'est Siffroi. Il tient son cheval en laisse. Le sentier qu'il a suivi le mène à l'entrée de la grotte. Il paraît épuisé de fatigue. L'ombre et un banc de gazon l'invitent au repos. Il s'assied, après avoir attaché son cheval à un arbre. Là il se livre à sa douleur. Il tire de son sein le portrait de Geneviève et le baise, en l'arrosant de ses larmes. Mais bientôt il semble se repentir de sa faiblesse pour cette femme infidèle. Au milieu de ces sentimens opposés, le sommeil le surprend. Il s'endort.

SCENE VII.

Geneviève sort de son asyle. Quelle est sa surprise en voyant le chasseur endormi! Elle s'approche doucement, l'examine et reconnaît son époux. Un cri lui échappe. Elle tombe à genoux, et remercie le ciel de ce bonheur inattendu.

SCÈNE VIII.

Au même instant l'enfant paraît. Il aperçoit le cheval, et un homme endormi. Il s'avance à petit pas, sans être vu de sa mère ; et reconnaissant les traits de Siffroi, il crie : *C'est papa ?*

Geneviève n'a que le temps de lui fermer la bouche pour qu'il ne dise plus rien. Benoni veut absolument embrasser son père. Genevieve a le même desir. Cependant elle se contient, ramasse un caillou, trace son nom sur un rocher, prend son fils dans ses bras, et tous deux vont embrasser le duc. Ce dernier fait un mouvement. Genevieve emmène son fils dans la grotte.

SCENE IX.

Siffroi se réveille. Un songe heureux lui a fait connaître la vérité. Il parcourt le bois avec agitation. Il semble demander partout son épouse et son fils. Ses regards s'arrêtent sur le rocher : il y lit le nom de Geneviève. Il reste immobile de surprise : il ne peut en croire ses yeux. Il s'approche de nouveau. Ce nom réveille sa tendresse et ses regrets. Hélas ! c'est peut-être ici que ces deux infortunés sont morts !... Il succombe sous le poids de la douleur.

SCENE X.

Cependant Golo, qui est à la recherche de Siffroi, a paru dans le fond. Il a lu le nom de Geneviève. Son étonnement est extrême. Par quel hasard inconcevable ce nom est-il gravé-là? N'importe, il saura tirer encore adroitement parti de cet événement. Siffroi, qui l'apercoit, se jette dans ses bras, et lui montre le fatal rocher. Golo, sans se déconcerter, lui dit avec une douceur hypocrite :

Seigneur, pardonnez à votre fidele sujet s'il a voulu flatter un moment votre imagination, en retraçant sur ce rocher le nom de celle qui vous fut si chère, et qui vous a si indignement trahi.

Siffroi se laisse persuader par ce nouveau mensonge : il lui sait gré de son intention, mais il veut qu'il efface le nom. Golo obéit.

SCENE XI.

Tous les chasseurs, inquiets de l'absence du duc, arrivent de tous côtés. Golo l'engage à remonter à cheval. La chasse s'enfonce de nouveau dans la forêt ; mais le nom de Geneviève a fait naître des soupçons dans l'esprit de Golo. Il se promet bien, en partant: de les éclaircir au plutôt.

SCENE XII.

Geneviève reparaît. Elle est inconsolable en voyant son époux s'éloigner. Elle se croit abandonnée à jamais. Son nom, qu'elle aperçoit effacé, la confirme dans cette idée désespérante.

Un cerf lancé, traversant rapidement la forêt, attire son attention. La chasse s'approche à grand bruit. Geneviève rentre précipitamment. Un autre cerf blessé, et réduit aux abois, vient se réfugier dans la grotte. Siffroi, qui le poursuit avec une troupe de chevaliers et de piqueurs, veut y pénétrer. Geneviève, effrayée, en sort tenant son fils. Les chasseurs ont à peine le temps d'arrêter leurs chevaux pour ne pas les écraser. Siffroi, étonné, saute à bas de son cheval, examine cette créature extraordinaire, et reconnaît son épouse.

SURPRISE GÉNÉRALE.

SCENE XIII.

Geneviève se regarde: ses vêtements sont délabrés et la couvrent à peine. Sa pudeur souffre d'être vue en cet état. Elle s'approche timidement de Siffroi, se jette à ses pieds et le supplie. Mais Siffroi la repousse avec colère: il lui montre la lettre dans laquelle Golo lui détaille son crime; et, sourd à la voix de l'amour qu'il ressent toujours pour elle, malgré les larmes de l'infortunée et les prières de son fils, il remonte à cheval et les abandonne.

SCENE XIV.

Geneviève tombe évanouie. Son fils lui prodigue ses caresses et les plus tendres soins. Il court chercher, à la source voisine, de l'eau, qu'il lui apporte dans ses petites mains, et parvient à lui rendre l'usage de ses sens.

SCENE XV.

Tout-à-coup Golo paraît. A la vue de Geneviève, il reste frappé d'étonnement. Plus de doute pour lui, il a été trahi. Il ne lui reste d'autre parti que d'enlever Geneviève. Celle-ci, en le voyant, recule épouvantée.

SCENE XVI.

Pendant cette scène, Marco arrive dans le fond. Son âme est déchirée par le remords. Geneviève est au pouvoir de Golo : il ne doute plus de la perte de l'infortunée et même de la sienne. Que fera-t-il ?... O bonheur! il reconnait Siffroi qui approche de ces lieux. Voulant sauver Geneviève aux dépens même de sa vie, il court au-devant de lui, et est assez heureux pour l'amener au moment où Golo va frapper ses deux victimes.

SCENE XVII.

Siffroi arrête le bras de Golo, et jette loin de lui le poignard dont il était armé. Tous les chevaliers arrivent au même instant. Cette action horrible étonne Siffroi, il va interroger Golo; mais Marco, sans lui en donner le temps, se jette à ses pieds et dit:

Seigneur, daignez m'entendre : ce n'est pas mon pardon que je demande : j'ai mérité la vengeance céleste et votre juste courroux. Mais mon cœur, peu habitué au crime, ne peut renfermer plus long-temps le secret atroce de votre infâme intendant... Apprenez, ô mon maître! qu'il a osé concevoir la passion la plus vive pour la vertueuse Geneviève; que furieux de ses mépris, il avait juré sa perte, en vous écrivant le plus affreux mensonge... C'est moi qui fus chargé du fatal message... C'est aussi ce monstre qui a trompé tous vos chevaliers, en leur faisant accroire que le brave Lanfroi avait porté des vues criminellessur votre auguste épouse ; que son amour était payé de retour; et c'est au moment où ce digne chevalier jurait de déjouer cet horrible complot, que Golo lui perça le cœur... Cette lettre que j'ai trouvée sur le corps expirant de l'infortuné Lanfroi, peut vous dévoiler toute cette trame criminelle, et attester l'innocence de la plus fidèle des épouses.

En même temps il remet au duc le billet que Golo avait osé écrire à la duchesse.

Que vient de lire ce malheureux époux ?... Comment il a pu croire un pareil scélérat ?... Il a pu croire Geneviève infidèle !.... Honteux de son coupable aveuglement, déchiré par le remords, il tombe aux pieds de son épouse et implore son pardon.

Geneviève le relève, le presse dans ses bras ; et lui remet son fils.

Que l'on juge de la confusion, de la rage de Golo. Il est désarmé : sans cela, quelles atrocités nouvelles n'aurait-il pas pu commettre ?

Cependant tous les chevaliers instruits par Marco de tous les détails de cette horrible aventure, s'élancent spontanément pour percer le scélérat de mille coups ; mais Siffroi s'opposant à leur juste vengeance, dit :

Arrêtez, chevaliers, ne souillez pas vos épées dans le sang de ce misérable : c'est à des bêtes aussi féroces que lui à purger la terre d'un pareil monstre (1).

Il donne ordre qu'on entraîne l'infâme. Le lâche ose demander grace. Geneviève, la compâtissante Geneviève, satisfaite du bonheur d'être rendue à son époux, sollicite elle-même en faveur de l'auteur de tous ses maux. Siffroi, tout en l'admirant, la refuse avec peine. La punition doit être aussi authentique que le crime ; il veut être obéi. Les gardes entraînent Golo.

SCÈNE XVIII ET DERNIÈRE.

Le bruit de l'innocence de Geneviève rendue à son époux, s'est promptement répandu : tout le monde accourt pour contempler cette auguste victime de la rage d'un scélérat. Siffroi qui lit dans tous les regards l'empressement que l'on témoigne de prouver à sa digne épouse, que jamais on ne l'avait cru coupable, donne l'exemple ; et tombe de nouveau aux pieds de Geneviève.

TABLEAU.

En même temps on élève le petit Benoni sur un pavois, aux acclamations unanimes des chevaliers, des soldats et du peuple, qui tous en même temps rendent hommage à la justice divine, qui tôt ou tard fait triompher l'innocence et la vertu.

TABLEAU GÉNÉRAL.

(1) Historique. Il fut écartelé par quatre bœufs sauvages.

FIN.

Matilde et ses filles lisent avec effroi, et toutes trois refusent les propositions du tyran. Gontrand veut leur faire sentir le danger de cette détermination ; mais Aglaure dit qu'elle préfère la mort à s'unir à Rodolphe. Sa mère et sa sœur approuvent cette réponse, la confirment, et montrent toute l'horreur que Barbe-Bleue leur inspire. Landri qui les entend se livre à la joie la plus vive : Gontrand part en faisant les plus fortes menaces.

SCENE XIII.

Landri encourage Aglaure, et dit qu'il va instruire son maître de tout ce qui se passe ; il s'éloigne rapidement entre les rochers.

La triste Aglaure se livre néanmoins à la plus vive inquiétude, et semble prévoir les malheurs qui vont l'accabler.

SCENE XIV.

Le bruit des instrumens de guerre annonce l'approche de Barbe-Bleue.

Il paraît bientôt, accompagné de ses hommes d'armes et d'une suite nombreuse. Barbe-Bleue déclare à Aglaure ses dernières volontés.

Aglaure et Anne cherchent à émouvoir sa pitié ; le tyran reste sourd à la voix de l'humanité, et, conduisant Aglaure vers ses écuyers, il lui montre l'un d'eux portant les fers dont sa mère sera chargée, si elle refuse de s'unir à lui, et plusieurs autres portant des trésors qu'il s'apprête à prodiguer à Matilde, si Aglaure consent à le nommer son époux. Aglaure d'abord est effrayée pour sa mère ; mais ensuite ne sent que la haine que lui inspire Rodolphe, et le repousse avec horreur. Aussitôt les écuyers entourent Matilde qu'Anne défend en vain, et commencent à la charger de chaînes. Anne court à sa sœur et l'entraîne vers leur malheureuse mère. Aglaure se jette à ses pieds, soutient les chaînes qu'elle porte déjà, et demande que la colère de Rodolphe tombe sur elle-seule ; mais les satellites du tyran la séparent de Matilde qui, entraînée par eux, élève encore ses faibles bras pour bénir ses enfans. Anne au désespoir, va, vient de sa mère à sa sœur. Celle-ci sort de la profonde stupeur où elle a été plongée quelques instans. Elle voit Matilde au milieu des soldats, et détachant tout-à-coup l'écharpe d'Arthur, elle la remet à Matilde, et dit à Rodolphe qu'elle se sacrifie pour sauver sa mère : aussitôt les fers de Matilde sont détachés. Anne est dans les bras de sa sœur, et Barbe-Bleue ordonne à ses écuyers d'offrir à Matilde les richesses qu'ils ont apportées. Elle les reçoit avec indifférence, et, toute entière à l'amour maternel, elle console la malheureuse Aglaure qui feint de sourire, tandis que tout son corps est agité d'un tremblement convulsif. Rodolphe présente la main à sa nouvelle épouse pour l'emmener : elle le regarde avec effroi et paraît prête à le repousser, lorsqu'un soldat voulant ramasser les fers dont Matilde a été chargée, les laisse retomber avec fracas. Ce bruit rappelle à Aglaure le danger de sa mère, et elle se résigne avec courage. Aglaure est placée presque mourante sur un palanquin.

Marche. Tableau général.

FIN DE LA PREMIÈRE ACTION.

LA MINE BEAUJONC,

OU

LE DÉVOUEMENT SUBLIME,

FAIT HISTORIQUE

En deux Actes, orné de Décors et Costumes nouveaux;

Par M. FRANCONI jeune;

Musique de M. ALEXANDRE, Divertissemens de M. MORAND;

Représenté, pour la première fois, à Paris, au Cirque Olympique, le 28 Mars 1812.

PARIS,

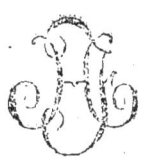

Chez BARBA, Libraire, Palais-Royal, derrière le Théâtre Français, N°. 51.

De l'Imprimerie de HOCQUET, rue du Faubourg Montmartre, n°. 4.

1813.

PERSONNAGES. ACTEURS.

PERSONNAGES.	ACTEURS.
Le Premier Magistrat de la ville de Liège.	M. *Franconi* aîné.
Un général.	M. *Bassin.*
HUBERT GOFFIN, chef des ouvriers.	M. *Franconi* j^{e}.
Son Epouse.	M. *Séraphine.*
Son Fils.	Mlle. *Adèle.*
La Femme LAMBERT.	Mad. *Franconi* j^{e}.
Ses deux Enfans.	
La femme MATHIEU.	Mad. *Bellement.*
Son Enfant.	
HENRI, 2e. chef des ouvriers, amant de Fanchette.	M. *Baudot.*
FANCHETTE, jeune ouvrière, amante de Henri.	Mlle. *Letellier.*
GERTRUDE, sa mère.	Mad. *Armand.*
PIERRE, niais, ouvrier, amoureux de Fanchette.	M. *Delahaye.*
Un militaire.	
Un Savoyard portant une lanterne magique.	
Sa Femme, son Fils et sa Fille.	
Un Auvergnat conduisant un ours et un singe.	
Ingénieurs, Militaires, Ouvriers, Mineurs, Femmes, Enfans, Bourgeois, Paysans, etc.	

La scène se passe à la Mine Beaujonc, près de Liège.

LA MINE BEAUJONC,

OU

LE DÉVOUEMENT SUBLIME,

Fait historique en deux actes.

ACTE PREMIER.

Le théâtre représente l'extérieur de la mine Beaujonc. Dans le fond, la rivière, sur laquelle flottent des bateaux chargés de charbon de terre. Sur le devant, à droite de l'acteur, un magasin de houille. Le milieu est occupé par la fosse, couverte par un hangard, surmonté d'une cloche. A côté est le moulin qui fait descendre et monter les paniers, par le moyen des chevaux.

SCENE PREMIERE.

(*Le jour commence à paraître.*)

Henri, un des chefs des ouvriers, arrive : il regarde de tous côtés, et s'étonne que personne ne soit encore à l'ouvrage. Il sonne la cloche d'appel.

SCENE II.

Les ouvriers se rassemblent de toutes parts.

Henri se plaint qu'ils arrivent trop tard ; les travaux devraient être déjà commencés. Les ouvriers s'excusent comme ils peuvent, mais promettent de réparer le tems perdu.

SCENE III.

Gertrude, et sa fille Fanchette, toutes deux ouvrières, arrivent aussi pour se mettre à l'ouvrage.

Celle-ci aperçoit Henri qui vient au-devant d'elle ; les deux amans se font de mutuelles protestations d'amour.

La bonne Gertrude, qui connait la pureté de leurs intentions, sourit et ne craint pas de les laisser seuls, pour appeler les autres ouvrières.

SCÈNE IV.

Toutes accourent, avec leurs enfans, de tout âge, qui déjà les aident dans leurs travaux.

SCENE V.

Goffin et son fils paraissent. Il commande à tous, mais il a su se faire aimer.

A sa vue, chacun s'empresse, et lui présente le bon jour d'un air franc et cordial. Il les remercie tous, et semble leur dire : *oui, je suis votre ami, votre père.*

Cependant l'heure commande : il les presse de se mettre au travail, et les exhorte à bien faire. Ils lui obéissent avec empressement.

(Tableau du travail.)

SCENE IV.

La seule femme Mathieu, avec son fils, arrête la bonne Gertrude, et lui témoigne qu'elle éprouve, en ce jour, une certaine répugnance à descendre dans la mine. Celle-ci, étonnée, la regarde, et ne sait que lui répondre.

SCENE VII.

Goffin fils, qui s'aperçoit que cette femme ne se met point en devoir de descendre dans la mine, vient lui dire que le tems presse : elle fait un pas, et hésite encore.

SCENE VIII.

Lorsque Goffin père arrivant, et la voyant encore, lui demande pourquoi elle ne se rend point à son poste.

Cette femme, troublée, laisse épancher devant lui le funeste effroi qu'elle éprouve : il la rassure avec bonté. Sa manière affectueuse lui rend le courage; on la descend avec son fils.

SCENE IX.

Goffin, après avoir tout examiné, recommande à Henri la plus exacte surveillance à l'extérieur, et s'élance aussitôt avec son fils dans le panier : ils sont descendus.

SCENE X.

Henri, en suivant de l'œil tous les ouvriers, s'aperçoit que Pierre n'est pas avec eux.

Pierre est un paresseux : il dort sans doute dans quelque coin du magasin. Il y entre ; et bientôt en sort avec Pierre, qu'il tire par les oreilles. Il lui reproche sa négligence, en lui faisant voir l'activité de ses camarades. Pierre n'a point cœur à l'ouvrage. Henri seul en est cause. Il est préféré par celle qu'il aime.

Celui-ci rit de ses plaintes, et l'abandonne à ses tristes réflexions.

SCENE XI.

Cependant Fanchette traverse, en traînant sa brouette. Elle voit Pierre qui ne fait rien ; elle s'approche, et lui fait honte de sa paresse.

Pierre se jette à ses pieds, la supplie de prendre pitié de ses tourmens, et de répondre à sa tendresse : Fanchette s'en amuse, et cependant l'encourage. Il demande un baiser, qu'elle refuse. Il insiste : elle finit par le lui promettre, s'il veut travailler comme les autres.

Encouragé par cet espoir, Pierre prend la brouette de Fanchette, et se rend au dépôt de la houille.

SCENE XII.

Henri survient. Fanchette lui raconte la scène de Pierre et le moyen qu'elle a employé pour s'en débarrasser. Ils rient aux dépens de l'imbécille.

SCENE XIII.

Mais celui-ci après quelques tournées, vient demander la récompense promise. Il est refusé. Quel est son désespoir, lorsqu'il aperçoit Henri, dans les bras duquel Fanchette se jette, en lui prodiguant mille caresses.

A cette vue, il menace, il veut s'élancer sur Henri, qui d'un croc en jambe le fait rouler par terre, et s'éloigne avec Fanchette.

Des femmes, des enfans, en le voyant dans cet état, se moquent de lui. Il entre en fureur, et brise tous les instrumens de travail qu'il rencontre.

La mère Gertrude qui voit tout ce fracas, le gourmande, lui donne quelques soufflets. On l'emmène. Pierre bafoué, consterné, reste seul abandonné à sa douleur.

SCENE XIV.

Les travaux continuent.

Un militaire paraît sur la grande route : il examine les lieux. Il paraît embarrassé.

Il s'approche de Pierre qu'il aperçoit à l'écart, et lui demande le chemin qu'il doit prendre. Pierre de mauvaise humeur, lui répond à peine. Le soldat se fâche. Pierre devient plus honnête et le conduit. Tout-à-coup il fait une réflexion : rebuté par celle qu'il aime, il veut quitter les lieux qu'elle habite, et renoncer au métier de mineur. Il préfère le parti des armes. Il appelle le militaire, et lui fait part de son dessein.

Celui-ci lui promet de le présenter à son chef. En attendant il lui propose de boire un coup. Pierre accepte.

Tout en buvant, ils se querellent, ils sont prêts à se battre. Les ouvriers accourent et les séparent. Neuf heures sonnent.

SCENE XV.

Les travaux cessent.

Plusieurs mineus sortent de la fosse par des paniers qu'on enlève.

On reconnaît parmi eux Hubert Goffin et son fils. Tout le monde se rassemble autour de lui.

Il examine les travaux, félicite les ouvriers et les engage à continuer de bien faire.

Il aperçoit Pierre avec une veste militaire que le soldat lui a donnée.

Voulant savoir ce qui s'est passé, il s'approche du militaire et le questionne : celui-ci lui répond franchement que Pierre lui ayant témoigné le desir de servir, il lui a promis de le présenter à son chef.

Alors il s'approche de Pierre qui commence à se repentir, et se lamente, et lui dit qu'il faut qu'il fasse son devoir et serve avec honneur.

Il monte à cheval avec son fils, et s'éloigne.

SCENE XVI.

Les ouvriers forment différens grouppes : leurs femmes, leurs enfans leur distribuent le déjeuner.

SCENE XVII.

Pendant le repas, un montagnard arrive avec une lanterne magique. Il propose de les amuser : on accepte gaîment.

Un autre survient avec un ours et un singe. Le premier lui cherche querelle : il est arrivé avant lui, Henri les appaise en leur donnant de l'argent à tous deux; ils feront voir leurs curiosités chacun à leur tour.

Premier divertissement; danse de l'ours.

L'imbécille Pierre qui a quelques coups de vin

dans la tête, s'approche du singe qui est attaché à un arbre, et le tourmente.

Le singe s'échappe, court après Pierre, et se jette sur lui.

Le maître du singe s'en empare avec peine et se retire avec ses animaux.

Second divertissement; danse des savoyards.

Chacun y prend part, on se mêle avec eux.

SCENE XVIII.

Tout-à-coup on entend un bruit souterrain qui se prolonge, et qui finit par fixer l'attention générale.

Les jeux, les danses cessent. Bientôt on voit sortir des flammes de la fosse, le ciel s'obscurcit, il semble annoncer un événement funeste. La terreur se répand.

On entend des gémissemens qui s'élèvent du fond de la mine. Des cris leur succèdent.

Des ouvriers regardent et font entendre avec effroi, que la mine vient d'être inondée. Alarme générale.

La cloche de détresse sonne; chacun court çà et là, et cherche les moyens de sauver les malheureux qui se trouvent engloutis. Le tocsin de la ville répond à la cloche de la mine.

SCENE XIX.

Goffin et son fils arrivent au grand galop.

On lui apprend l'événement : il s'élance au panier, en remonte des malheureux, qui lui confirment la chose : alors n'écoutant que son cœur et son courage, malgré les supplications de son fils, qu'il recommande aux ouvriers, il monte dans un panier et se fait descendre dans la fosse.

Tableau d'admiration.

SCÈNE XX.

Bientôt des paniers remontent avec des ouvriers, que Goffin a sauvés.

Les secours arrivent de tous côtés : ingénieurs, mineurs, militaires, bourgeois, tout le monde accourt.

On distingue à leur tète le premier magistat de la ville ; il encourage, il dirige les travaux, les secours.

SCENE XXI.

Tout-à-coup on remonte cans un panier, le brave Goffin lui-même, épuisé de fatigue.

Tout le monde l'entoure : on n'ose l'interroger.

Revenu à lui-même, il détaille le funeste événement : il indique la place où il faut contreminer. Il ne faut pas perdre une minute.

Il s'élance de nouveau, pour descendre. On veut l'arrêter : mais inutilement. » *Non*, dit-il, *je les sauverai tous, ou je périrai avec eux.* «

Il n'écoute rien, il est prêt à descendre ; sa femme accourt en criant, se précipite à ses pieds ; son fils le supplie de son côté. Quel assaut pour le cœur de ce brave homme! mais sa généreuse résolution l'emporte sur les affections les plus chères : il s'arrache des bras de son épouse, prend son fils avec lui, digne enfant qui veut partager les dangers de son père, et disparaissent bientôt ensemble.

Le premier magistrat, frappé de dévoûment héroïque, rassure tous les assistans qui le supplient en fondant en larmes autour de lui. Lui-même est prêt aux plus grands sacrifices, pour seconder le courage de ce héros. A sa voix, tout le monde se met au travail. l'espoir d'un heureux succès double les forces: pas un moment ne sera perdu.

Tableau final.

Fin du premier Acte.

ACTE II.

Le théâtre reprérente l'intérieur de la mine. Les eaux filtrent avec abondance. A gauche de l'acteur, un trou qui correspond à une fosse plus basse. Au-dessus du trou, une poulie et un panier pui servent à monter la houille.

SCÈNE PREMIÈRE.

Les ouvriers et mineurs sont entrés dans une bure avec leurs femmes et leurs enfans, pour chercher une issue et se sauver; mais toute issue est fermée. Ils en sortent bientôt, épuisés, désespérés, suivies de leurs malheureuses compagnes: ils examinent partout; plus d'espoir. Des cris plaintifs sortent du trou.

SCENE II.

On en remonte la femme Mathieu et son enfant, presque expirans. Cette vue les accable.

SCENE III.

Mais d'autres mineurs surviennent, les engagent à tenter avec eux un nouvel effort. Tous se raniment, et regagnent la bure.

SCENE IV.

La femme Lambert se traîne par le côté opposé en portant ses deux enfans, mourans presque de faim, et qu'elle dépose sur la terre humide.

Envain ils demandent du pain à leur mère : la malheureuse les voit tomber à ses pieds; son cœur est déchiré; elle est prête à se jeter sur leurs corps défaillans, et à mourir avec eux, lorsqu'elle aperçoit la femme Blandin qui a recueilli ses forces et est parvenue à ranimer son enfant, avec un peu de pain. Il lui en reste encore. Lambert se précipite à genoux, lui montre ses deux enfans, et lui demande pour eux ce faible secours.

Comment fera la femme Mathieu? privera-t-elle son propre fils de cette unique ressource? Elle hésite : le sacrifice est horrible; mais elle ne peut résister à la vue de deux innocentes victimes qui vont expirer : elle est mère elle-même, on lui rendrait sans doute le même service.

Animée par cet élan de tendresse maternelle, elle partage, en deux parties, le peu qui lui reste.

La femme Lambert accepte, ne remercie point. Occupée de ses enfans, elle oublie tout, ne voit que leur conservation. A peine les enfans ont-ils senti le pain que leur mère présente, qu'ils le dévorent. Tableau déchirant!

Les deux femmes pressentant leur sort futur et celui de leurs enfans, malgré ce secours momentané, se jettent dans les bras l'une de l'autre, et semblent prendre de nouvelles forces, pour supporter la destinée qui les attend. Leurs pauvres enfans se réunissent, se caressent encore, pendant que leurs mères vont examiner si le travail de leurs époux auront le succès qu'ils en attendent.

SCENE V.

Mais ceux-ci reviennent : ils n'ont plus de force, plus de courage. Leurs femmes se traînent après eux : elles leur présentent leurs enfans expirans.

Cette vue affreuse les terrasse ; les outils tombent de leurs mains défaillantes; ils se croyent abandonnés de la nature entière, ils tombent à genoux, ont à peine la force de lever les bras au ciel, et d'adresser leurs derniers vœux à l'éternel.

SCENE VI.

Leurs vœux sont exaucés : le ciel leur envoye un ami, un père, un libérateur : qui ? C'est le brave Goffin, son fils ne l'a point quitté.

Après avoir, dans la première bure, sauvé tous ceux qui s'y trouvaient engouffrés, il s'est emparé du panier qui communique au fond de la mine Beaujonc, panier que les eaux et les flammes n'ont point atteint.

Il n'est point d'obstacles pour le généreux Goffin : personne n'est là pour le descendre ; il se suffit à lui-même, et malgré ses premières fatigues, il trouve encore assez de forces pour diriger le panier qu'il porte avec son fils.

SCENE VII.

A sa vue, l'espoir renaît dans tous les cœurs : ils ont reconnu leur père, leur ami. Ils sentent la grandeur du sacrifice qu'il fait. C'est pour eux qu'il affronte une mort presque certaine.

Les femmes, les enfans l'accablent de bénédictions.

Goffin jette un coup-d'œil rapide autour de lui, il ne voit que des victimes. Un peu de repos dans ce moment terrible lui paraît un crime.

Il ranime ses forces épuisées, concentre sa peine, ne voit pas l'avenir affreux qui l'attend ; relève les femmes, les enfans, encourage les ouvriers, et, d'un élan presque surnaturel, il s'écrie :

« Amis, prenez courage, tout espoir n'est pas
» encore perdu ! je sais qu'au-dehors nos compa-
» triotes travaillent à notre délivrance : secon-
» dons leurs efforts et parcourons ces horribles
» voûtes. »

Tout le monde garde le silence : silence affreux du désespoir. La femme Lambert seule, déjà résignée, lui dit avec tranquillité :

» Généreux Goffin, je vois à l'altération de tes
» traits, que tu veux nous cacher une mort cer-
» taine, à laquelle nous sommes tous résignés.
» Quel espoir veux-tu nous donner ? Grand dieu !
» nous sommes expirans de fatique et de besoin.
» Vois ces malheureux enfans. Bientôt la mort
» va fermer leurs paupières... Sauves tes jours,
» s'il en est tems encore, et laisses-nous périr
» dans ces tristes lieux. «

Goffin, sans s'émouvoir, lui répond :

« Détrompez-vous, j'ai fait le serment de vous sauver tous : le ciel exaucera mes vœux. »

Des cris perçans se font entendre du fond du second trou.

Goffin s'élance à la corde et au panier. Il a le bonheur d'en remonter encore quelques malheureux prêts à rendre le dernier soupir.

Pendant cette scène déchirante, des sondes percent la voûtes ; elles sont bientôt aperçues.

L'air, des alimens légers coulent par ces sondes.

Goffin en fait prendre à tous, mais modérément, et pendant que les mères, par ce moyen, rendent des forces à leurs enfans, il ordonne la plus grande activité dans les travaux. Plusieurs essais sont infructueux.

La consternation recommence. Mais, ô bonheur ! le bruit des travailleurs à l'extérieur se fait entendre. A ce bruit un mouvement spontané, les ouvriers laissent tomber leurs outils, leurs genoux se ployent, leurs mains s'étentendent vers le ciel; ils remercie l'Etre tout-puissant de ce secours inespéré.

SCENE VIII.

Plusieurs explosions extérieures ont lieu.

Goffin et son fils, certains des secours qu'on leur prépare, veulent les seconder. Ils cherchent et trouvent enfin l'endroit par où l'on veut pénénétrer à eux. Tous les travaux sont dirigés de ce côté.

SCENE IX.

Une autre explosion plus forte se fait et produit une brêche. Le jour paraît dans la mine. Plusieurs mineurs s'élancent par cette brêche au secours de leurs camarades.

SCENE X.

Une dernière explosion fait crouler avec fracas tout un côté de la mine, et laisse voir une grande persée à travers laquelle s'élancent aussi les ingénieurs, militaires, bourgeois, paysans, et à leur tête l'infatigable et généreux premiers magistrat de Liège.

SCENE XI.

Des secours sont prodigués à tous, et cependant avec les plus grands ménagemens.

Quant au breve Goffin, les sensations qu'il éprouve en ce moment, sont trop fortes pour son cœur. Il tend ses mains vers le ciel, et tombe aussitôt épuisé, autant de fatigue que de plaisir et de bonheur.

Tout le monde jette un cri d'eff.oi : aurait-on

le malheur de perdre celui qui voulait périr ou les sauver tous ? Qui ne donnerait sa vie pour conserver des jours aussi précieux.

Les enfans se traînent sur ses mains presque glacées, et cherchent à le ranimer de leur haleine. Les mères groupées, relèvent et soutiennent sur leurs genoux, sa tête respectable. Son fils, au désespoir, embrasse le corps de son père, et demande la mort, s'il doit le perdre : son épouse est expirante à ses pieds ; le magistrat lui fait administrer les plus prompts secours. Il faut sauver, à tel prix que ce puisse être, ce héros de l'humanité, l'honneur de son pays. Goffin rouvre enfin les yeux. Un cri général deplaisir se feit entendre.

Goffin en versant des larmes d'attendrissement, presse contre son cœur son épouse et son fils.

Quel bonheur pour cet homme généreux ! tout le monde est sauvé.

Déjà la couronne civique couvre sa tête. Le magistrat lui tend les bras. Goffin veut se jeter à ses pieds; mais le magistrat le relève, l'embrasse et lui adresse ces mots : « Brave Goffin, j'admire ton » noble courage : tu n'as pas craint de sacrifier tes » jours, pour sauver tes semblables : le ciel te doit » sa plus belle récompense, et notre monarque » auguste qui veille sur les grandes actions, saura » distinguer la tienne. En attendant reçois cette » couronne : elle rappellera sans cesse à ton digne » fils et à tes compatriotes, ton dévoûment sublime. »

Au même instant, paraît un général accompagné de ses aides-de-cam : il perce la foule, s'approche de notre héros, et lui présente, de la part du monarque, la décoration glorieuse, destinée au courage de tous les français.

Tableau final.

FIN.

LES QUATRE FILS AYMONS,

SCÈNES ÉQUESTRES EN DEUX PARTIES,

Par M. FRANCONY cadet.

Représentée, pour la première fois, au Cirque Olympique de MM. Francony, le 11 avril 1808.

La musique est arrangée par MM. FRANCONY.

A PARIS,
Chez BARBA, Libraire, Palais-Royal, derrière le Théâtre Français, nº. 51.
1808.

PERSONNAGES. *ACTEURS.*

PERSONNAGES.		ACTEURS.
CHARLEMAGNE.		M. *Gouriet.*
ROLAND, chef de l'armée de Charlemagne.		M. *Francony c.*
Les quatre fils AYMONS.	Renaud.	M. *Francony a.*
	Allard.	M. *Dominique.*
	Guichard.	M. *Massé.*
	Richard.	M. *Victor.*
CLAIRE, sœur du roi Yon, et épouse de Renaud.		Mme *Francony j.*
AYMONET,	ses deux fils.	*Adolp. Franc.*
YONNET.		*Emile.*
BERTELOT, neveu de Charlemagne.		M. *Gougibus a.*
Le duc AYMON, père des quatre fils.		M. *Parisot.*

LES QUATRE FILS AYMONS.

PREMIÈRE PARTIE.

Le théâtre représente le palais de Charlemagne; au milieu est son trône.

SCENE PREMIERE.

UNE grande marche se fait entendre, et des chevaliers, barons, et autres personnages illustres se placent auprès du trône de l'Empereur Charlemagne; il paraît accompagné de son généralissime Roland, dont le courage, la sagesse dans le conseil et la grande expérience qu'il possède lui ont mérité l'amitié de Charlemagne.

SCENE II.

Tout à coup l'on voit paraître Berthelot, neveu très-aimé de l'Empereur; il est conduit par deux Barons; il s'avance près du trône de Charlemagne, qui le reçoit avec la plus grande bonté, et lui annonce qu'il va recevoir le Grand Ordre de Chevalier: tout se prépare pour sa réception ; lorsqu'il a reçu toutes ses dignités et l'accolade de Charlemagne, on entend un bruit de trompettes et de cors.

SCENE III.

Au même instant on annonce à Charlemagne l'arrivée du duc Aymon, qui lui demande un moment d'audience ; sa majesté ordonne qu'on l'introduise; il entre en scène, s'incline respectueusement aux pieds de Charlemagne, qui le relève avec bonté, et lui demande le motif qui l'amène près de lui ; le Duc lui explique que ses quatre fils, Renaud, Allard, Richard et Guichard, veulent lui jurer serment de fidélité ; mais surtout que Renaud, son aîné, par les belles actions qui l'ont distingué en différentes batailles, lui ont mérité le haut grade de chevalier; l'Empereur, instruit de plusieurs traits de bravoure de Renaud, ne peut lui refuser cette faveur.

SCENE IV.

Charlemagne fait tout disposer pour la réception de Renaud, tous les barons et les chevaliers montrent leur satisfaction, surtout Roland, qui a conçu pour Renaud la plus grande estime. Berthelot seul leur montre son mécontentement et sa jalousie de ce que Charlemagne accorde à Renaud la même faveur qu'à lui; il ose même en faire des reproches à l'Empereur, qui lui ordonne d'être le parrain de Renaud; Berthelot, s'y refuse ; Charlemagne lui lance un regard sévère ; aussitôt Roland s'apercevant de cet affront pour Renaud, prie l'Empereur de vouloir bien lui accorder la faveur de le présenter. Charlemagne l'accepte avec satisfaction ; on préside de suite à la réception de Renaud. Tous les barons et chevaliers donnent l'accolade à Renaud.

SCENE V.

Berthelot seul s'y refuse ; Renaud, indigné par cette seconde injure, porte la main sur son épée ; Berthelot en fait de même ; mais ils sont contenus par Roland et les Barons. Charlemagne, occupé avec le duc Aymon à examiner ses trois autres fils, ne s'aperçoit point du second affront que son neveu fait à Renaud.

SCENE VI.

Charlemagne invite le Duc, ainsi que ses quatre fils, à vouloir rester au tournois qu'il va faire célébrer en l'honneur des nouveaux reçus. Toute la cour se retire.

SCENE VII.

Berthelot, qui étouffait de jalousie, ne pouvant dissimuler sa fureur, se dérobe du tumulte de la cour et reste seul ; Roland qui n'a point cessé de l'observer va à lui et lui fait des reproches de sa conduite envers Renaud, et sort.

SCENE VIII.

Berthelot resté seul, se livre à toute l'impétuosité de son mauvais caractère, et jure de se venger d'une manière terrible envers Renaud; il ne peut mieux choisir, pour assouvir sa vengeance, que Donnald son farouche écuyer.

SCENE IX.

Donnald ayant observé son maître pendant toute la réception de Renaud, et ayant vu la haine qu'il lui porte, il se doute bien que son ministère lui est nécssaire, et se présente à lui. Berthelot lui fait part du projet qu'il a de le faire servir à la destruction de Renaud; le perfide écuyer l'approuve, et lui promet qu'il en sera bientôt débarrassé; ils aperçoivent Renaud qui s'approche; ils se retirent en indiquant qu'ils reparaîtront sitôt qu'il en sera tems.

SCENE X.

Renaud, n'ayant point aperçu Berthelot et désirant lui faire des reproches de sa conduite envers lui, le cherche partout le palais de Charlemagne.

SCENE XI.

Berthelot et Donnald paraissent menacer Renaud; mais Roland caché, qui n'a cessé d'observer l'action déloyale de Berthelot, promet de l'en punir, et de faire échouer ses odieux projets; Renaud se retourne et aperçoit Berthelot.

SCENE XII.

Renaud va droit à lui et lui demande un moment d'entretien ; Barthelot lui jette un regard méprisant, et veut sortir; Renaud indigné s'arrête et saisit vigoureusement par le bras le perfide Berthelot.

SCENE XIII.

Au même instant le farouche Donnald, avec trois de ses affidés, fondent sur Renaud pour le percer de coups, mais Roland, qui n'a cessé de veiller sur Renaud, perce de son épée le farouche écuyer de Berthelot, et met en fuite ceux qui l'accompagnent.

SCENE XIV.

Renaud, indigné de cette lâche trahison, fond, l'épée à la main, sur Berthelot; tous deux font une vigoureuse résistance, et après un combat très-opiniâtre, Berthelot reçoit le prix de sa déloyauté.

SCENE XV.

Roland entre, apercevant le corps de Berthelot, témoigne sa crainte pour Renaud, et lui dit que Charlemagne ne lui pardonnera jamais la mort de son neveu.

SCENE XVI.

Deux barons ayant été attirés par le bruit des armes, arrivent; Roland les apercevant, se dérobe à leurs vues. Les barons, voyant le corps du neveu de l'Empereur, menacent

Renaud de toute la colère du monarque, et sortent pour l'instruire de cet événement.

SCENE XVII.

Les trois frères de Renaud arrivent, effrayés de ce qu'ils viennent d'apprendre, disent qu'il faut fuir pour éviter la colère de Charlemagne; Renaud leur répond qu'il n'a rien à craindre, qu'en frappant Berthelot, il a puni un chevalier déloyal.

SCENE XVIII.

Roland entre, il presse Renaud de fuir avec ses frères, et l'assure que tout est prêt pour favoriser leur évasion. Renaud pensant à sa chère Claire, son épouse, et à ses enfans, se laisse entraîner.

SCENE XIX.

A peine sont ils sortis que Charlemagne, accompagné du duc Aymon et de toute sa cour arrive, il frémit d'horreur en apercevant le corps de son neveu, et jure de faire périr le meurtrier Berthelot : toute la cour partage son ressentiment, et fait des reproches au duc Aymon de la conduite de ses fils; celui-ci indigné, promet à Charlemagne de ne donner aucun secours à ce fils; l'Empereur ordonne à ses gens d'aller à la poursuite des fugitifs.

SCENE XX.

Roland entre, arrête les troupes, et dit à Charlemagne que les quatre fils Aymons, montés sur leur vaillant coursier, ont pris la fuite, de manière qu'il serait impossible de les attrapper ; Charlemagne devient encore plus furieux et jure de les poursuivre jusque dans leur châteaux de Montauban, et ordonne à tous ses barons et chevaliers de rassembler leurs Troupes, pour aller en faire le siège, et que lui-même se mettra à leur tête, et ils sortent. Roland béni le ciel de les avoir soustraits à la fureur de Charlemagne.

Le théâtre change et représente une forêt.

SCENE XXI.

Claire, inquiète de l'absence de son époux, se promène dans la forêt, accompagnée de ses enfans et de deux dames d'honneur.

SCENE XXII.

Un grand bruit se fait entendre, les quatre frères arrivent, leurs coursiers écumans d'impétuosité, Renaud se jette dans les bras de son épouse et de ses enfans. Une marche guerrière se fait entendre, Allard, Richard et Guichard, sortent pour voir ce que ce peut-être. Ils viennent annoncer à Renaud que ce sont les détachement de Charlemagne qui sont à leur poursuite.

SCENE XXIII.

Au même instant Roland arrive avec deux de ses écuyers, Renaud l'apercevant, va au-devant de lui ; Roland dit que Charlemagne va les assiéger dans leur château ; Renaud le prie de lui faire parler à l'Empereur, Roland craignant que Charlemagne ne puisse se contenir à sa vue, n'ose lui promettre cette satisfaction ; Renaud et ses frères renouvellent leurs instances et Roland se rend à leur désir.

Renaud le prie de lui faire parler à l'Empereur ; Roland de lui promet.

SCENE XXIV.

Charlemagne arrive, Roland lui montre Renaud, qui se jette aussitôt, ainsi que ses trois frères, aux genoux de l'Empereur, et le supplie de leur accorder la paix. Charlemagne, à qui la mort de son neveu Berthelot, tué par Renaud qui en avait été insulté grièvement et sans raison, est toujours présente, leur lance un coup-d'œil d'indignation et s'éloigne. Les quatre fils Aymons font les plus vives instances pour rentrer dans sès bonnes graces. L'Empereur persistant dans son ressentiment, porte tout-à-coup la main à son épée ; mais Roland l'arrête, et lui faisant observer que Renaud, ainsi que ces trois frères, étant sans armes, ce serait agir contre les lois de la chevalerie.

Alors Renaud s'approche de l'Empereur, et après l'avoir salué respectueusement, il lui dit que puisqu'il refuse de lui accorder son pardon, il va avec ses frères se préparer à se défendre en braves chevaliers.

Roland s'intéresse encore en leur faveur auprès de Charlemagne qui ne veut rien entendre.

SCENE XXV.

Comme Renaud et ses frères sont sur le point de sortir, Claire vient se jeter aux genoux de Charlemagne, et le supplier de faire grace à son époux. L'Empereur détonrne les yeux, en lui disant que rien ne sera capable de le fléchir.

Renaud, indigné de cette acte de mépris, relève son épouse qu'il fait passer entre ses frères et lui, et sort en assurant l'Empereur qu'ils sauront se défendre courageusement.

SCENE XXVI.

Charlemagne fait défiler devant lui son armée qui exécute différentes évolutions; après quoi elle continue sa marche du côté du château de Montauban.

Fin de la première Partie.

SECONDE PARTIE.

Le théâtre représente dans l'enfoncement le château de Montauban, avec un pont qui y communique.

Sur un des côtés, on aperçoit le tentes de l'Empereur et celles de Roland.

SCENE PREMIERE.

On voit Renaud, sa femme et ses enfans, suivis de Guichard, Allard et Richard, traverser le pont qui conduit au château, dont on lève ensuite les pont-levis, et on ferme les portes.

SCENE II.

On pose des sentinelles au-devant des tentes.

Charlemagne et Roland sortent pour examiner la place. Peu-à-peu on les perd de vue.

SCENE III.

Renaud et ses trois frères sortent du château avec précaution, et viennent fondre sur l'ennemi.

Renaud s'empare de l'escarboucle surmonté d'une boule d'or, qui couronne la tente de Charlemagne, et Richard du Dragon d'argent qui est au sommet de celle de Roland. (*La trompette sonne.*)

Un détachement se met à la poursuite des quatre fils Aymons, qui, après l'avoir repoussé, rentrent dans leur château, et placent au haut de la tour l'Escarboucle de Charlemagne, et sur le parapet, le Dragon de Roland.

SCENE IV.

L'Empereur et Roland rentrent dans le camp et examine le plan de la place.

L'officier qui commandait le détachement s'approche, et leur montre l'Aigle et l'Escarboucle que les quatre fils Aymons viennent d'enlever, et qu'ils ont placés au haut des murs du château.

Charlemagne en devient furieux.

Roland entre dans sa tente, et revient, un cartel à la main, par lequel il défie Renaud en combat singulier et a outrance. Il le fait voir à l'Empereur qui l'approuve.

On fait venir un Trompette. Roland lui remet le cartel pour le porter à Renaud.

Le trompette part, on baisse le pont-levis, et on le fait entrer dans le château.

SCENE V.

On place, dans l'endroit le plus élevé, le trône de l'Empereur.

Un officier fait avancer un détachement de soldats qui se rangent sur une ligne au-devant des tentes.

SCENE VI.

Le trompette revient, et rend à Roland la réponse de Renaud, par laquelle il accepte le défi.

Roland en avertit l'Empereur, et le conduit sur son trône, après quoi il rentre dans sa tente pour se préparer au combat.

SCENE VII.

Renaud à cheval, suivi de ses trois frères et d'une troupe de soldats, descendent en bon ordre du château.

SCENE VIII.

Roland, monté sur son cheval, et la lance en arrêt, paraît, et se range à côté de l'Empereur.

SCENE IX.

Renaud, ses trois frères et leur troupe défilent devant l'Empereur, et se rangent ensuite sur le côté opposé à celui des troupes de Charlemagne. *(On donne le signal.)* Roland et Renaud saluent l'Empereur, après quoi ils entrent en lice, et combattent à la lance.

Aussi forts l'un que l'autre, ils quittent la lance pour prendre le sabre; mais voyant que l'avantage est égal, ils descendent de cheval, et se disposent à se battre à pied, le sabre d'une main et le poignard de l'autre.

Après un combat vif et opiniâtre, Charlemagne, commençant à craindre pour Roland, se lève et ordonne aux deux champions de se séparer. Ils obéissent, et se retirent chacun de son côté.

L'Empereur donne le signal, et il se livre un combat entre les troupes de Charlemagne et celles des quatre fils Aymons.

Après s'être mutuellement attaqués et repoussés, la troupe de Renaud met en fuite celle de Roland.

L'instant d'après, celle de Renaud est mise en déroute. Les quatre fils Aymons battent en retraite, et sont bientôt environnés par les soldats de Roland. Ils soutiennent vigoureusement le choc adossés l'un contre l'autre, se font jour à travers l'ennemi, et se retirent. On les poursuit.

SCENE X.

Charlemagne paraît. Roland revient et lui présente Renaud qu'il a fait prisonnier.

L'Empereur, charmé de pouvoir enfin assouvir pleinement sa vengeance sur Renaud, fait assembler les Barons pour tenir un conseil de guerre.

SCENE XI.

Les Barons s'assemblent.

Renaud, debout et désarmé, attend, d'un air tranquille, sa sentence.

Roland supplie instamment l'Empereur de lui faire grace; mais envain. Alors il refuse d'assister au conseil et se retire.

SCENE XII.

On rassemble les voix, et Renaud est condamné à avoir la tête tranchée (1).

On le charge de chaînes. Tableau.

SCENE XIII.

On fait défiler un corps de troupes Impériales.

Renaud, enchaîné et conduit par des gardes, s'avance à pas lents, et la tête baissé, il paraît plongée dans une profonde et morne rêverie. Il lève enfin les yeux, les fixe un instant avec effroi sur l'échafaud, et témoigne, en les détournant, toute l'horreur dont il est saisi.

SCENE XIV.

Roland sort de la tente de Charlemagne, qu'il vient encore de solliter vainement en faveur de son prisonnier.

Renaud l'aperçoit, lui tend affectueusement la main pour lui témoigner qu'il meurt sans conserver aucun ressentement contre lui ; et après s'être plaint un instant de l'inflexibilité de l'Empereur, et de la rigueur de son sort, il marche tranquillement à l'échafaud.

SCENE XV.

Un bruit confus se fait entendre dans le

---

(1) Selon mon historien bleu, ce fut Richard qui fut condamné à être pendu. Un des barons de l'armée de Charlemagne commençait à l'accrocher lorsqu'il fut délivré par Renaud.

château. On baisse le pont-levis, et Claire éplorée, sort et accourt vers son mari. Roland en averti l'Empereur.

SCENE XVI.

Il sort de sa tente, et Claire, fondant en larmes, se jette à ses pieds, et le supplie, de la manière la plus touchante, de lui accorder la grace de son époux.

SCENE XVII.

A l'instant même, les trois frères de Renaud, à la tête d'un corps de troupes, paraissent au haut des murs, prêts à s'opposer à ce que l'on voudrait entreprendre contre lui.

Cette vue redouble la colère de l'Empereur. Il ordonne que l'on arrête Claire. Elle court se précipiter dans les bras de Renaud. On l'en arrache, et on les conduit tous deux dans le camp.

SCENE XVIII.

Dans le moment, Richard, Allard et Guichard fondent impétueusement sur les troupes de l'Empereur, qu'ils mettent d'abord en fuite; mais ils sont ensuite repoussés. Ils se rallient et pénètrent jusques dans le camp, où ils parviennent enfin à délivrer Renaud et sa femme.

Comme ils sont sur le point de rentrer tous ensemble dans le château, un corps de troupes ennemies les sépare, et Renaud perd de vue, dans la mêlée, son épouse, que l'on ramène dans le camp. Combat entre les quatre fils Aymons et Roland et ses gens.

On voit bientôt après passer le pont, et entrer dans le château les quatre fils Aymons, montés tous quatre sur le cheval Bayard.

SCENE XIX.

Charlemagne fait tout disposer pour livrer l'assaut.

On apporte des torches et des cerceaux couverts de bithume, que l'on lance tout enflammés, pendant l'attaque, sur le château qui prend feu de tems en tems.

Charlemagne donne ordre à Roland d'aller s'emparer du pont.

SCENE XX.

Renaud, suivi de quelques guerriers, paraît à l'entrée du pont pour en disputer le passage.

Pendant ce tems, il s'engage un combat très-vif sur le pont. Renaud fait prisonnier Roland, précipite du haut du pont dans les fossés quantités de soldats, et parvient à mettre en fuite le reste.

Les troupes de l'Empereur se retirent.

On relève les ponts-levis, et Renaud, ses trois frères et Roland désarmés, rentrent dans le château.

SCENE XXI.

On vient annoncer à Charlemagne que Roland est fait prisonnier de guerre, et que Renaud est délivré.

A cette nouvelle il devient furieux ; et ne pouvant plus satisfaire sa vengeance sur Renaud, il ordonne qu'à l'instant même, Claire, son épouse, soit conduite en sa place à l'échafaud.

L'Empereur rentre dans sa tente.

SCENE XXII.

On amène Claire, les cheveux en désordre et enchaînée.

Elle jette tristement les yeux sur les murs du château, et leur dit un éternel adieu; mais ne pouvant soutenir plus long-tems une situation aussi cruelle, elle détourne les yeux, se les couvre d'un mouchoir, et suit les gardes qui la conduisent à la mort.

L'Empereur paraît.

Claire se met à genoux, et un Baron s'approche pour frapper au signal que lui en donnera l'Empereur.

On entend au loin un bruit confus.

SCENE XXIII ET DERNIERE.

Charlemagne tourne les yeux et aperçoit sur les murs du château Renaud qui, tout hors de lui, y tient également Roland enchaîné, en disant à l'Empereur : *si vous frappez, Roland meurt.*

A cet aspect, Charlemagne, transporté de fureur, ordonne à son officier de frapper.

Le Baron tire le sabre et lève le bras. Au même instant, Renaud, ne se possédant plus, tire l'épée et en porte la pointe sur l'estomac de Roland.

L'Empereur partagé entre la crainte de perdre son neveu et le désir de se venger de Renaud par la mort de Claire, hésite un instant sur le parti qu'il prendra. Mais son amitié pour Roland, jointe à l'estime qu'il a pour la valeur et l'intrépidité de ce brave officier, l'emportant bientôt sur toute autre considération, il accorde la grace à Claire et donne le signal de paix à Renaud.

Renaud, dans le plus vif transport de la joie, jette son épée et embrasse Roland avec la franchise d'un brave guerrier, qui ne se portait à une action aussi cruelle, que par un motif bien pardonnable dans un homme qui chérit tendrement son épouse, et qu'il est sur le point de voir massacrer à ses yeux.

On rend à Roland ses armes.

Les troupes Impériales qui environnaient le château se retirent.

Pendant ce tems, Renaud, ses trois frères, ses deux fils et Roland descendent et viennent se jeter aux genoux de l'Empereur.

Les deux enfans courent dans les bras de leur mère.

Charlemagne les reçoit tous avec bonté, pardonne aux quatre fils Aymons, et témoigne à Roland le plaisir qu'il a de le revoir.

Renaud se précipite dans les bras de Claire, dont il ne s'arrache que pour supplier l'Empereur de venir se reposer au château ; il y consent.

FIN.

(1)

ROBERT-LE-DIABLE

OU

LE CRIMINEL REPENTANT,

PANTOMIME

En trois actes et à grand spectacle,

PAR M. FRANCONI jeune,

Mise en scène par lui-même,

Musique par M. DAUSSY;

Tournois et Carrousel, par M. FRANCONI aîné;

Divertissemens par M. JACQUINET;

Décors par M. GUÉ; Costumes par M. POT;

Représentée, pour la première fois, sur le théâtre du Cirque Olympique de MM. Franconi fils, le 23 novembre 1815.

PARIS,

Chez BARBA, Libraire, Palais-Royal, derrière le Théâtre Français, n°. 51.

De l'Imprimerie de HOCQUET, rue du Faubourg Montmartre, n°. 4.

1818.

(2)

AVANT-PROPOS.

Il ne faut pas confondre Robert, le héros de cette pantomime, avec Robert, duc de Normandie, qui vint au secours de Henri II, roi de France, contre les armées que Constance, sa mère, avait soulevées, pour le détrôner et mettre à sa place Robert, son cadet.

Vers l'an 830, il existait à Rouen, un duc de Normandie, nommé Hubert vaillant, courageux, et dont les hauts-faits d'armes se trouvent consignés dans les anciennes chroniques. Il épousa la fille d'un duc de Bourgogne. Au bout de dix-sept ans, il naquit de ce mariage, un fils qui fut nommé Robert. On rapporte que dans les premiers jours de sa grossesse, la Duchesse, de mauvaise humeur, en raison des souffrances qu'elle éprouvait, dit qu'*elle donnait au diable l'enfant qu'elle portait.*

En effet, soit punition du ciel, au dire des vieux chroniqueurs, soit toute autre cause naturelle, il était d'une structure extraordinaire. A mesure qu'il croissait en âge, il développait le caractère le plus atroce. Les enfans en avaient peur et criaient: *sauvons-nous, voilà le diable.* De-là, le surnom de *diable* qui lui est resté. A douze ans, il battit son instituteur; à quinze, il massacra plusieurs moines et égorgeat plusieurs chevaliers dans un monastère. Son père le chassa de la cour.

Alors, il se livra à toute la férocité de son

âme sanguinaire. Il brûla les monastères, égorgea, dans un bois, sept hermites, creva les yeux à l'envoyé de son père : il finit par s'associer avec une troupe de bandits, dont il fut élu le chef et avec lesquels il commit mille horreurs.

Un jour, dans ses courses vagabondes, Bobert rencontra la duchesse sa mère. Sa présence lui fit une impression si forte, que, vaincu par ses larmes et ses prières, il promit de se convertir et de faire pénitence.

De retour aupres de ses compagnons de débauche, il leur fit part de son projet et les exhorta à rentrer comme lui dans le chemin de la vertu. Mais indigné de leurs réponses infâmes, il entra dans une colère effroyable, prit une énorme massue et les assomma tous. Ensuite il quitta cet horrible repaire après y avoir mis le feu, et se dirigea vers Rome pour y consommer sa pénitence.

Ici l'auteur a commencé son action; il a cru nécessaire de donner ces détails pour mettre les spectateurs à portée de reconnaître la vérité des tableaux qui sont présentés au premier acte.

Dans la suite de l'ouvrage, il a tâché de conserver, le plus possible, tout ce qui a trait au reste de la vie de Robert, en retranchant toutefois les situations peu intéressantes, et tout ce qu'il eût été inconvenant de produire en scene.

PERSONNAGES.	ACTEURS.
L'Empereur de Rome . . .	M. *Bunel.*
ELMGARDE, sa fille . . .	Mad. *Franconi.*
ROBERT-LE-DIABLE. . .	M. *Franconi* jeune.
Le Sénéchal ALBÉRIC. . .	M. *Franconi* aîné.
Le Sir LÉONEL, son cousin.	M. *Bassin.*
LENTRUHT, capitaine des gardes d'Albéric	M. *Ferrin.*
THEOBALD, } Lieutenans d'Albéric.	MM. *Lebreton.*
ULRIC, } Lieutenans d'Albéric.	*Amable.*
Officiers de l'Empereur	MM. *Victor.* *Lespérance.* *Massen.*
Trois Brigands.	MM. *Vincent.* *Périn.* *Lefèvre.*
Un Geolier	M. *Ahn* père.
Un Pêcheur niais	M. *Chap.*
Un Ange parlant. . , . . .	Mlle. *Tigée.*

Troupe d'esprits célestes.
Troupe de démons.
Chevaliers, dansans et combattans.
Dames de la cour, dansant.
Sarrazins du parti d'Albéric.
Guerriers et soldats de l'empereur.

L'action se passe vers le milieu du VIIIe. siècle, sous le règne de Pépin-le-Bref.

ROBERT-LE-DIABLE

OU

LE CRIMINEL REPENTANT,

Pantomime en trois actes.

ACTE PREMIER.

Le théâtre représente une épaisse forêt. Dans le fond, à droite du spectateur, l'entrée d'une caverne, que Robert habite depuis qu'il a commencé sa pénitence. Une masse énorme de rochers s'élève au-dessus; une petite croix est placée sur le haut de la caverne.

SCENE PREMIERE.

Robert, revêtu d'une robe d'ermite, sort de la caverne qui lui sert d'asile. Son air affligé annonce la douleur dont son âme est pénétrée. Il gravit les rochers, et va se jeter au pied de la croix qui domine sa caverne. Là il invoque la miséricorde céleste. Mais sa prière semble repoussée. La croix devient en feu, il descend épouvanté, tombe sur une pierre; et, bientôt succombant sous le poids de ses peines, il s'endort. Mais un songe pénible vient le tourmenter.

SCENE II

SONGE.

Une voix effrayante prononce ces mots :
Robert, les enfers te réclament !

Un orage terrible s'annonce. Le tonnerre gronde avec fracas. La forêt se remplit de vapeurs noires. Satan s'élance du haut des rochers. La terre s'entr'ouvre et vomit du fond de ses abimes une foule de démons. Satan s'approche de Robert, fait un rire affreux, et craignant que celui qu'il regarde déjà comme sa victime, ne lui échappe par son repentir, il ordonne aux démons de le tourmenter. Les démons s'emparent de Robert. Ils sont prêts à le déchirer par morceaux. Mais Satan qui sait que plus l'aiguillon du remords s'enfoncera dans son cœur, plus ses tourments seront affreux, fait dérouler successivement devant lui le tableau de ses premiers crimes. A cette vue, Robert tombe dans un accablement semblable à la mort: Satan fait un signal : une colonne sort de terre: On y lit ces mots :

Crime, punition.

Les démons saisissent Robert par les cheveux, et sont prêts à le précipiter dans l'abîme.

Une musique douce se fait entendre; les démons étonnés, lâchent prise et écoutent.

Le tonnerre éclate, et force les démons à rentrer dans leur ténébreuse demeure. Satan fait d'inutiles efforts pour ressaisir sa proie ; il est lui-même repoussé par une force supérieure.

Les vapeurs noires se dissipent et font place à de légers nuages, sur lesquels sont groupés des esprits bienheureux. Un ange consolateur s'approche de Robert et lui adresse ces mots :

« Robert, le ciel dont tu as, par tes crimes, » irrité la colère, veut bien adoucir tes souf- » frances. Continue à marcher dans le sentier de la vertu. Que ton repentir soit sincère : à ce prix seul, tu pourras obtenir ton pardon.

La troupe des esprits célestes enchaîne Robert avec des fleurs, et se retire en exécutant des danses légères.

Bientôt les nuages couvrent peu-à peu les objets qui perdent leurs formes et s'évanouissent entièrement.

Fin du songe.

SCENE III.

Robert se réveille. Le songe se retrace à sa pensée: il est effrayé en se rappelant les tourmens que méritent ses crimes; mais il espère les expier par son repentir. Dans ce flux et reflux de réflexions douloureuses, il regagne lentement sa caverne.

SCENE IV.

Plusieurs brigands descendent du haut des rochers : ils cherchent à surprendre quelque voyageur égaré.

Un bruit lointain se fait entendre. Ils écoutent attentivement; et croyant apercevoir quelqu'un qui s'avance de leur côté, ils se mettent en embuscade.

SCENE V.

Léonel, cousin du Sénéchal Albéric, s'est égaré à la chasse. Il arrive harassé de fatigue Il aperçoit un banc de pierre, s'en approche et s'assied. Il entend du bruit à ses côtés: il tire son épée; mais il est tout-à-coup assailli par les brigands: il veut se défendre, il est désarmé, et est prêt à périr, lorsque Robert, attiré par les cliquetis des armes, sort de la caverne. Il voit le danger du chevalier: prendre son épée, qu'il a désormais consacrée à sauver les malheureux, et qui est suspendue à l'entrée de la grotte; se précipiter sur les brigands, les mettre en fuite, est pour lui l'affaire d'un moment.

SCENE VI.

Léonel, pénétré de la plus vive reconnaissance, prend la main de Robert, et lui dit: « Brave inconnu, je te dois la vie! Que puis-je » faire pour reconnaître un tel service?.. Parle. »

Robert refuse, mais d'un geste seulement.

(*Il lui était défendu de parler pendant le cours de sa pénitence.* Historique.)

Léonel continue: « Eh bien! si jamais je trouve » l'occasion de m'acquitter envers toi, tu peux » compter sur le cœur et le bras de Léonel, cou- » sin du sénéchal Albéric. Il sort en admirant le désintéressement du courageux ermite. Robert se jette à genoux, et remercie le ciel de lui avoir fourni l'occasion de faire une bonne action.

SCENE VII.

Les sons du cor annoncent l'approche d'une chasse.

Robert va pour entrer dans sa grotte, mais il aperçait une femme à cheval poursuivie par un lion. A cette vue, il reprend ses armes, et vole à son secours.

SCENE VIII.

Une foule de piqueurs arrivent : mais ils ont perdu les traces du lion qui s'est acharné après la princesse. Ils sont au désespoir.

SCENE IX.

Le Sénéchal Alberic qui a vu de loin le danger de la fille de l'Empereur, accourt au grand galop. Il demande la route qu'elle a pu suivre. Les chasseurs l'ignorent.

SCENE X.

L'Empereur et sa suite surviennent. On lui apprend le danger qui menace la princesse. Il ordonne que tout le monde vole à son secours, mais au moment où tous les chasseurs vont se lancer.

SCENE XI

Elmgarde accourt. L'Empereur la reçoit dans ses bras et la presse sur son cœur. Il lui demande par quel miracle elle a pu échapper au lion.

SCÈNE XII.

Robert paraît aussitôt avec la tête du monstre à la main.

Tout le monde s'étonne et ne peut s'empêcher de regarder avec admiration le brave hermite qui s'avance d'un pas modeste. Léonel a bientôt reconnu celui qui lui a sauvé la vie : il en donne particulièrement des marques d'une joie sincère.

Elmgarde raconte alors le danger quelle a couru, l'intrépidité de l'Hermite qui l'a sauvée d'une mort cruelle et presque inévitable.

L'Empereur adresse les paroles les plus obligeantes à Robert, qui, après l'avoir salué profondément, veut se retirer. Mais l'Empereur l'arrête et lui présente une chaîne d'or comme un gage de sa reconnaissance. Robert la refuse avec tout le respect qu'il doit au Souverain.

L'Empereur, tout en admirant son désintéressement, engage Elmgarde à faire elle-même une nouvelle offre à Robert. La princesse tire un anneau de son doigt, et semble dire, j'espère que mon libérateur ne me refusera pas. Robert s'incline, prend l'anneau, et baisse respectueusement la main d'Elmgarde, qui le regarde avec le plus vif intérêt. Témoin de cette action, le sénéchal Albéric laisse éclater des signes de mécontentement et de dépit.

L'Empereur donne ordre que tout le monde se remette en marche, et invite Robert à le suivre au palais : mais celui-ci s'excuse ; il ne peut quitter son humble retraite.

L'Empereur lui renouvelle ses remerciemens, et la Princesse le regardant encore avec un intérêt plus marqué, suit son père qui lui présente la main.

Mais le Sénéchal et son lieutenant Leutreht s'arrêtent un moment devant Robert, l'examinent avec une curiosité maligne, et s'éloignent en jettant sur lui des regards hautains et presque menaçans. Robert ne s'émeut point, et a l'air de ne pas y faire la moindre attention.

Quant au généreux Léonel, il vole à son ami, prend affectueusement sa main, lui dit qu'il n'a rien à craindre, et lui fait les adieux les plus tendres.

SCENE XIII.

Robert, resté seul, tombe dans une profonde rêverie. L'image d'Elmgarde se retrace à sa pensée; il presse de ses lèvres le précieux anneau qu'il a reçu d'elle. Un sentiment, jusqu'alors inconnu pour lui, s'élève dans son âme. Il ne sent que trop qu'il aime. Mais, tout-à-coup revenant à lui, il regarde ses habits d'ermite, se rappelle ses crimes, se livre au plus affreux désespoir, et tombe anéanti sur le banc de pierre.

SCENE XIV.

Tout-à-coup un nuage s'abaisse jusqu'aux pieds du chevalier, qui sort de son accablement et se prosterne.

L'ange consolateur lui adresse de nouveau ces paroles :

« Robert, ton repentir a désarmé la colère
» céleste; tes crimes sont expiés. Reprends tes
» armes. L'empereur de Rome, dont tu viens
» de sauver la fille, a fait proclamer un tournoi,

» ou les chevaliers les plus braves sont appelés.
» La main de la belle Elmgarde doit en être le
» prix : tâche de la mériter par ta vaillance. Va
» combattre les nombreux rivaux qui se présen-
» teront pour te disputer la victoire. ESPOIR et
» COURAGE. »

Tout-à-coup la robe d'ermite, dont Robert est enveloppé, disparaît : il est en habit de chevalier. Le fond du nuage s'évapore et laisse à sa place un cheval blanc superbement harnaché, monté sur un piédestal, et attaché à un trophée d'armes brillantes.

Les esprits bienheureux se montrent de nouveau sur leurs nuages radieux.

Robert tombe à genoux, lève les mains au ciel; et après avoir remercié la divinité, il prend l'écharpe et les armes qui sont sur le trophée, monte sur le coursier et part. Un ange plane sur sa tête, tandis que la troupe céleste, en étendant des palmes, semble lui indiquer la route qu'il doit prendre.

Tableau.

FIN DU PREMIER ACTE.

ACTE II.

SCÈNE PREMIÈRE.

Le théâtre représente un jardin magnifique ; à gauche du spectateur, un trône richement décoré.

Elmgarde entre seule ; sa démarche, son air, peignent la mélancolie. Le souvenir de son libérateur occupe sa pensée ; elle exprime le tendre sentiment qui l'entraîne vers le brave inconnu.

SCENE II.

Le sénéchal Albéric la surprend au milieu de ses réflexions ; il lui déclare l'amour qu'il ressent pour elle. Elmgarde lui dit que sa main n'appartiendra qu'au vainqueur dans le tournoi qui a été proclamé.

SCENE III.

En ce moment, Lentrecht arrive, portant une bannière sur laquelle on lit.

TOURNOI, CARROUSEL.
LE VAINQUEUR OBTIENDRA LA MAIN
DE LA BELLE ELMGARDE.

SCENE IV.

Le Sénéchal, comptant sur sa force, s'énivre de l'espoir de la posséder ; il ose même s'en flatter devant Elmgarde, qui sort en lui jetant un regard dédaigneux. Albéric, qui croit son succès assuré, la suit pour se préparer au tournoi.

SCENE V.

Une musique guerrière se fait entendre. Un cortége nombreux défile : les juges du camp et les hérauts d'armes le précèdent

L'empereur et sa fille viennent ensuite. Ils sont accompagnés d'une foule de dames et de chevaliers à pied et à cheval. Parmi ces derniers on distingue le sénéchal Albéric.

L'empereur et sa fille montent sur le trône.

L'empereur ordonne aux juges du camp de faire commencer la fête.

SCENE VI.

Au même instant on entend du bruit. Les hérauts d'armes sortent, et reviennent de suite annoncer qu'un chevalier inconnu demande à être introduit. L'empereur dit qu'il peut paraître.

SCENE VII.

L'inconnu entre, monté sur un superbe coursier et revêtu d'armes étincelantes. Sa visière est balssée. Sur son écu on lit ces mots : ESPOIR, COURAGE. Tout le monde admire la noblesse de son maintien.

Il salue avec grâce l'empereur, Elmgarde et toute la cour; et sollicite la faveur de prendre part aux joutes et aux jeux.

L'empereur lui dit de se faire connaître. Le chevalier demande la permission de rester inconnu ; l'empereur la lui accorde. Une fanfare brillante donne le signal. La barrière s'ouvre ; les concurrens descendent dans l'arène, pendant qu'on prépare une superbe estrade, sur laquelle montent l'empereur et sa fille. Les dames et les chevaliers prennent place autour d'eux. Les héraults d'armes se rangent de chaque côté du trône : l'un porte un grand livre doré, sur lequel doivent s'inscrire le nom des vainqueurs dans les différens jeux, et l'autre une couronne.

ORDRE DES JOUTES.

1°. Courses des bagues.

2°. Courses des têtes, à la Mauresque.

3°. Tire des dards au but.

4°. La double lance des dames.

5°. Enlèvement de têtes à la pointe de l'épée en franchissant la barrière.

6°. Grande contredanse par huit chevaux montés de leurs cavaliers.

Nota. A chaque course, les juges du camp indiquent le chevalier vainqueur aux héraults d'armes, qui inscrivent son nom sur le livre doré.

Plusieurs chevaliers sont vainqueurs dans différentes courses. Albéric se fait remarquer avec avantage ; mais le chevalier inconnu l'emporte sur tous par sa grâce, sa force et son adresse. Toute la cour a les yeux fixés sur lui. Elmgarde, surtout, suit toutes ses actions avec un intérêt qu'elle ne peut déguiser.

Après la contredanse, tous les cavaliers remontent et se placent en face du trône. L'inconnu et le Sénéchal sont à leur tête.

Les juges du camp consultent le livre où les noms ont été inscrits.

Elmgarde, pendant ce tems, éprouve une émotion visible; mais une joie douce et pure succède à son inquiétude, lorsque les suffrages des juges se réunissent en faveur du chevalier inconnu, et l'invitent à venir recevoir la couronne.

Albéric, furieux de voir que la main d'Elmgarde est perdue pour lui, s'approche brusquement du chevalier. et exige qu'il lève la visière de son casque. L'inconnu refuse. Albéric le menace insolemment. Les deux rivaux sont prêts à en venir aux mains. Toute la cour est indignée de la conduite du Sénéchal,

L'Empereur descend de son trône, et interpose son autorité.

Alors Alberic ne gardant plus de mesures, jette son gand aux pieds de l'inconnu, et le défie au combat à outrance.

Celui-ci, sans s'émouvoir, demande à l'empereur la permission de le ramasser. L'empereur le lui permet.

Le gant est relevé. Les deux rivaux saluent toute la cour, et vont prendre leurs armes.

La douleur d'Elmgarde est à son comble. Mais l'inconnu, avant de s'éloigner, la regarde, porte la main sur son cœur, et semble lui dire qu'il emporte la certitude de terrasser son odieux rival.

Cette noble assurance adoucit un peu les tourmens de la sensible Elmgarde.

Cependant toute la cour se place pour être

témoin de ce nouveau combat. Chacun forme en secret des vœux pour le brave inconnu.

Bientôt la trompette sonne. Les deux champions, couverts de leurs armes et montés sur des coursiers bardés de fer, se présentent dans la lice.

Un combat furieux s'engage. Le Sénéchal, guidé par une rage qu'il ne peut dissimuler, porte à son adversaire des coups terribles et multipliés. Celui-ci, plus calme, oppose une vigoureuse resistance. Bientôt leurs lances volent en éclats; ils tirent leurs épées. La lutte devient plus terrible; le feu jaillit de leurs armes. Enfin, malgré tous ses efforts, le Sénéchal est renversé. L'inconnu, aussi généreux que brave, lui tend la main, et l'aide à se relever. Ensuite il s'approche du trône pour recevoir la couronne des mains d'Elmgarde. Mais au même instant le déloyal Albéric prend son épée à deux mains, et en décharge un si furieux coup sur le casque du chevalier, qu'il le brise en morceaux.

Elmgarde reconnaît Robert et jette un cri. L'indignation se peint dans tous les regards.

Le Sénéchal, voyant la tête de son adversaire désarmée, s'apprête à lui porter un second coup; mais Robert se précipite sur lui, le saisit d'un bras vigoureux et lui fait crier merci. Tous les chevaliers veulent punir la déloyauté d'Albéric; mais l'Empereur rétablit le calme et ordonne au Sénéchal de fuir loin de sa présence. Celui-ci sort en jurant de se venger.

Robert s'avance avec respect vers le trône et se met aux genoux d'Elmgarde, qui lui donne le prix.

L'Empereur, qui a reconnu dans Robert, l'ermite qui a sauvé la vie à sa fille, lui prend la main et l'unit à celle d'Elmgarde.

Tableau.

FIN DU DEUXIÈME ET DERNIER ACTE.

LION DU DÉSERT

PIÈCE EN TROIS ACTES ET SIX TABLEAUX,

PAR MM. FERDINAND LALOUE ET F. LABROUSSE,

Représentée pour la première fois, à Paris, sur le théâtre national du Cirque-Olympique, le 27 novembre 1839.

DISTRIBUTION DE LA PIÈCE.

MAURICE, lieutenant............	MM. HENRI.	UN GÉNÉRAL DE DIVISION......	MM. ARNOLD.
VACOSSIN, soldat...............	LEBEL.	UN ARABE....................	ALPHONSE S.
BRISQUET, soldat...............	RAYMOND.	UN AUTRE ARABE..............	VEZIAN.
LE CHEICK BEN-ISMAEL.........	CHÉRI.	UN SERGENT...................	PRÉAULON.
MOADI..........................	DARCOURT.	UN OFFICIER	CHAMBET.
LAMBERT, sergent...............	PATONELLE.	FATMÉ, sœur d'Abdallah.........	Mlle FAIDY.
JOSUÉ, juif.....................	WILLIAMS.	OFFICIERS ET SOLDATS FRANÇAIS.	
ABDALLAH, Arabe...............	CARTER.	ARABES.	

ACTE PREMIER.

PREMIER TABLEAU.

A Alger. — La place du Marché. A droite, un corps-de-garde ; dans le fond, la rue qui conduit à la porte Babazoun.

SCÈNE I.

MAURICE, OFFICIERS, LE SERGENT, SOLDATS.

(Maurice et les officiers sont assis à la porte du poste, et fument.)

MAURICE.

Oui, mes amis, si j'ai subi toutes les rigueurs auxquelles doit s'attendre un prisonnier des Bédouins, j'ai trouvé parmi eux un homme admirable de dévoûment et d'humanité. Depuis que je suis revenu à Alger, je n'éprouve qu'un regret, c'est qu'il n'ait pu me suivre, lui et le brave sergent Lambert, que les Arabes Borgia firent prisonnier avec moi, dans cette excursion dont vous étiez comme nous.

UN OFFICIER.

Et c'est à ce digne Bédouin que vous avez dû la liberté, lieutenant Maurice ?

MAURICE.

La liberté et la vie, voilà ce que je lui dois, mon cher camarade... Et vous allez savoir comment... Sergent, le marché ne tardera pas à commencer ; des factionnaires sur la place !..

LE SERGENT.

Oui, lieutenant.

(Il sort avec un peloton de soldats.)

MAURICE, continuant.

Une fois au pouvoir des Arabes, Lambert et moi, il ne nous resta aucune incertitude sur la manière dont nous serions traités... Les menaces, les coups, les outrages, une course forcée, à pied, à la suite de leurs chevaux : tel fut notre apprentissage avant de parvenir au campement de la tribu... En y arrivant, nous tombâmes épuisés de fatigues et de désespoir... Ce que nous eûmes à souffrir depuis, Dieu le sait, et cela vous paraîtrait à peine croyable... Enfin, nous fûmes mis sous la surveillance d'Abdallah... C'est le nom de mon sauveur, messieurs... Abdallah nous conduisit sous la tente qu'il habitait avec sa sœur Fatmé...

UN OFFICIER.

Fatmé, j'en suis sûr, va se trouver jeune et jolie... et vous en êtes amoureux, n'est-ce pas, Maurice ?..

MAURICE.

C'est vrai... Abdallah et Fatmé nous traitaient avec une affection fraternelle... Un jour, la plus grande partie de la tribu se mit en marche pour une expédition, et on menaça de mort Abdallah s'il nous laissait échapper... Le lendemain, quelques Bédouins seulement revinrent... le reste avait péri... Ils arrivèrent furieux, et, à la suite d'une délibération, résolurent de me tuer, pour venger leurs camarades... Quant à Lambert, il était si malade, qu'ils ne jugèrent pas nécessaire de s'en occuper... Or, au milieu de la nuit, Abdallah, entrant avec précipitation dans la tente, éveilla Fatmé, et je les entendis parler vivement à voix basse... Puis Fatmé tomba aux genoux de son frère, et lui adressa des supplications...— Viens, me dit tout à coup Abdallah; elle veut te sauver, je le veux aussi, et que le prophète nous protége... — Et Lambert? lui dis-je. — On ne le menace pas, lui, tandis que ta tête doit tomber ce matin... D'ailleurs, il est si faible qu'il ne pourrait nous suivre; vous péririez tous deux... Viens!... Lambert se joignit à lui pour me décider... J'embrassai Fatmé, je suivis Abdallah qui me conduisit en vue des avant-postes français, et je le quittai plein de reconnaissance. Dieu veuille qu'il ait pu expliquer mon évasion, et qu'il n'ait pas été puni de son humanité!... Voilà ce qu'a fait Abdallah, messieurs, et puissé-je un jour m'acquitter envers lui!... Entre nous deux, c'est désormais à la vie et à la mort!... Les Arabes vont arriver pour le marché... il faut que j'aille m'assurer des postes... Au revoir!...

TOUS.

Au revoir!...

SCÈNE II.

LE SERGENT, SOLDATS, BRISQUET, VACOSSIN.

LE SERGENT.

Il paraîtrait que l'exercice est fini; voilà ce fringant de Brisquet qui se promène avec ses recrues...

BRISQUET, à ceux qui le suivent.

Venez, venez, jeunes conscrits; vous allez voir tout à l'heure le marché de la superbe ville d'Alger... Vous y verrez des sultans qui vendent des vaches, et des sultanes qui nous apportent des légumes...

VACOSSIN.

Ça doit être plus charmant à l'œil que le marché de Poissy, si je ne m'abuse...

BRISQUET.

Comme tu dis, Marcassin...

VACOSSIN.

Vacossin, s'il vous plaît; Vacossin de père en fils, né natif de Gonesse...

BRISQUET.

Vacossin est un nom peu suffisant pour devenir maréchal de France; mais, c'est égal, tu m'intéresses, jeune conscrit, et je te prends sous ma protection immédiate... J'ai vingt-trois mois et demi de service, dont dix-huit dans le pays ci-inclus... Je t'apprendrai la manière de jouir des voluptés de l'Afrique...

VACOSSIN.

Eh! eh! eh!... (Il rit niaisement aux éclats, s'arrête tout à coup, et sa figure prend une expression de gravité comique.) Sacristi, vétéran, ça fait mal de rire, quand on a marronné depuis la caserne de Courbevoye jusqu'en Alger, sans débrider!...

BRISQUET.

Marronné!... de quoi?...

VACOSSIN.

Dame! de beaucoup de choses et autres... Je m'étais laissé croire que je ferais mes six ans de guerre à me promener au Palais-Royal ou dessus le boulevart, et ça ne me paraissait pas trop lourd... Mais, bonsoir, voilà que je suis *incorquoré* tout de suite dans un régiment pour Alger, et qu'on nous fait mettre en route en nous disant: Allez toujours devant vous, mes enfans!...

BRISQUET.

Bien.

VACOSSIN.

Bien?... Merci! a fallu comme ça traverser la France, qu'est plus grande que toute l'Europe, comme vous savez. En fin finale, nous sommes arrivés dedans Toulon, avec les jambes raccourcies de deux pieds, et une langue à n'en plus finir, vu la chaleur.

BRISQUET.

Eh bien! conscrit, quand vous avez été sur la mer, vous vous êtes rafraîchi?

VACOSSIN.

La mer!... ne m'en parlez pas, de la mer... Je demanderai à prendre un autre chemin, quand j'irai en permission à Gonesse... Sacristi! il n'y a pas moyen de se tenir, sur ces gueux de vaisseaux de guerre... Ça vous ballotte comme une balançoire... et ça vous tourne sur le cœur comme si on avait tout une pharmacie dans l'estomac...

BRISQUET.

La mer est un élément perfide, comme on dit.

VACOSSIN.

La mer est une vraie médecine... et j'en ferais prendre à ma tante Gimbelette, si on pouvait la transporter à Gonesse... Sacristi!

BRISQUET.

Tu recevras ta récompense, conscrit; t'es sur la terre d'Afrique, où les plus belles femmes de l'Asie se battent en duel pour avoir celui de posséder un soldat français!

VACOSSIN.

Ah bah!

BRISQUET.

Tu jouiras d'un soleil oùs que tu pourras faire cuire la ratatouille sans allumer de feu, toutes fois et quantes tu seras de cuisine.

VACOSSIN.

Tiens! tiens! tiens!.. mais ça doit taper dur sur la cervelle?

BRISQUET.

Ça la brûle quelquefois.

VACOSSIN.

Ah!

BRISQUET.

Tu te battras avec les Bédouins, qui ont des mousquetons de quinze pieds de long.

VACOSSIN.

Ah ça! mais, avec ces outils-là, ils peuvent nous tuer d'une lieue!... C'est pas de franc jeu, ça!...

BRISQUET.

Ils ne manquent jamais leur homme, et voilà ce qui flatte le soldat français.

VACOSSIN.

De quoi?... de n'être pas manqué?... Mais, il me semble que je serais plus flatté si... vous comprenez?

BRISQUET.

Silence! conscrit... Faut ça pour devenir caporal.

VACOSSIN.

A propos: je me suis laissé dire que le Jardin-des-Plantes n'était plus rien du tout au prix d'Alger, pour les animaux farouches.

BRISQUET.

Quand tu seras en faction dans le désert, tu verras quelquefois des troupeaux de lions, de léopards, de crocodiles, de serpens boas, de rhinocéros et de baleines.

VACOSSIN.

Ah! et des baleines aussi?... Ils sont attachés, n'est-ce pas?

BRISQUET.

Libres comme l'air.

VACOSSIN, à part.

Sacristi!... sacristi!... Faut avoir la chance pour revenir de ce pays ici.

(On entend sonner la cloche du marché.)

BRISQUET.

V'là le marché qui commence... allons nous promener par là... De la tenue, Vacossin: il faut donner dans l'œil aux Bédouines.

VACOSSIN.

C'est ça, sacristi!

(Mouvement animé sur la place. Habitans d'Alger; Arabes qui apportent des provisions et les étalent. Marché. On voit un groupe se former au fond de la place et entourer un soldat et un Arabe. Tous deux s'avancent péniblement; ils sont pâles, défaits, accablés de fatigue.

SCÈNE III.

BRISQUET, VACOSSIN, LAMBERT, ABDALLAH, SOLDATS, HABITANS D'ALGER, ARABES.

BRISQUET, avec joie.

Le sergent Lambert!

LES SOLDATS.

Le sergent Lambert!

LAMBERT, tombant assis sur un banc.

Moi-même, mes enfans!... Je viens de faire une rude étape!... et je suis bien aise de vous revoir, vu que j'avais pensé que ça ne serait plus que pour l'autre monde... Grand merci au Père éternel et à ce brave Bédouin.

(On s'empresse autour d'eux; les soldats prennent les mains d'Abdallah et semblent le remercier d'avoir ramené Lambert.)

LE SERGENT DU POSTE, présentant une gourde à Lambert.

Un coup de schnick, camarade.

LAMBERT.

Volontiers, Picard!

(On offre à boire à Abdallah, qui refuse et remercie par un geste.)

LAMBERT, désignant Abdallah.

Mes enfans, vous me ferez plaisir de lui faire bon accueil, à celui-là... J'ai fait la guerre dans plusieurs contrées, je m'en vante; mais le diable m'emporte si j'ai jamais rencontré un ennemi comme lui!

SCÈNE IV.

LES MÊMES, MAURICE.

MAURICE, après avoir traversé la foule.

Lambert!

LAMBERT.

Mon lieutenant!

(Ils se jettent dans les bras l'un de l'autre.)

MAURICE.

Tu as pu t'échapper, enfin!

LAMBERT, montrant Abdallah qui n'a pas encore été vu de Maurice et qui est resté dans une attitude de désespoir.

Grâce à lui, mon lieutenant.

MAURICE.

Abdallah! (Courant à lui et l'embrassant.) Abdallah!

(Abdallah, à la vue du lieutenant, laisse échapper un cri de joie; il lui prend les mains qu'il serre dans les siennes.)

MAURICE.

Mon libérateur! mon ami!... Abdallah.. Oh! tu as bien fait de venir parmi nous!... Et ta sœur? Fatmé?... tu ne me réponds pas... Lui est-il arrivé malheur?

LAMBERT.

Non, mon lieutenant.

MAURICE.

Dieu soit loué!... Mais parle-moi donc, Abdallah?

LAMBERT.

Hélas! mon lieutenant... Ah! les brigands!... Impossible qu'il nous parle!...

MAURICE.

Pourquoi ?...

LAMBERT.

Muet !...

MAURICE.

Muet !...

(Abdallah est retombé assis ; il essuie des larmes.)

LAMBERT.

Eh! oui, nom d'un tonnerre !... Quand vous avez été parti...

MAURICE.

Eh bien ?...

LAMBERT.

Les triples gueusards de Bédouins vinrent à la tente comme des enragés, furieux, quoi !... Ils avaient su que vous n'étiez plus là... Quelques uns entraînèrent Fatmé, pour la conduire au cheick... Quant à ce pauvre malheureux... ils lui demandèrent où était le prisonnier qu'il devait garder. « Il est parti, qu'il répondit.—Seul?... — Seul. » Tu ne mentiras plus, se mirent-ils à crier... Et, là-dessus, ils l'entraînèrent hors de la tente... Je me cramponnais à lui pour le retenir... mais, bah! j'étais seul, brisé par la fièvre !... Je n'y pouvais rien... je l'entendais crier que ça me fendait le cœur... Et quand il rentra dans la tente, eh bien! c'était fini... il était sanglant, mutilé, muet !...

MAURICE.

Horreur !... (Mouvement général d'horreur et de pitié.) Et c'est pour m'avoir sauvé, moi !. . malheureux Abdallah ! Ah ! te venger !... te venger !...

LAMBERT.

Et moi donc, lieutenant !..... Savez-vous ce qu'il a fait pour moi, mes amis ?... Il n'a pas voulu quitter sa tribu sans m'avoir tiré d'entre les griffes de ces démons incarnés... Pendant un mois, je ne sais pas tout ce qu'il a imaginé pour en venir à bout, et il y a réussi... Mais c'était pas tout de s'esquiver; il fallait filer jusqu'à Alger et traverser un rude pays, où nous attendaient d'autres ennemis encore que les Arabes. Un jour, nous marchions péniblement... la chaleur était dévorante... et le désert silencieux comme une église. Tout à coup un cri terrible arrive jusqu'à nous ; c'était le cri du lion. J'étais sans armes... et, tout dur à cuire que vous me connaissez... ma foi... je sentis comme un frisson qui me courait partout... Les Prussiens, les Cosaques, connu... mais les lions !... En trois bonds, l'animal tombe à deux pas de nous... Abdallah se place aussitôt devant moi... et, là, je vis commencer un combat que je n'oublierai de ma vie, et qui, pourtant, dura peu ; car Abdallah renversa bientôt sous lui son effroyable adversaire... Honteux de ma faiblesse, je voulus au moins l'aider à le tuer ; mais d'un geste il m'arrêta... Le lion était demeuré aux pieds d'Abdallah ; le regard de l'homme avait achevé ce que le bras avait commencé : le lion n'était pas seulement vaincu, il était dompté... De ce moment, il devint presque l'esclave d'Abdallah... et c'est en nous apportant le produit de sa chasse qu'il nous a fait vivre... Cet étrange compagnon de voyage ne nous a quittés qu'à quelques lieues d'ici, et quand son secours ne nous était plus nécessaire.

BRISQUET.

V'là un modèle de lion ; il descend peut-être de quelque caniche.

VACOSSIN.

C'est égal... ce Bédouin est plus fort que la femme sauvage que j'ai vue à la foire de Gonesse !...

MAURICE, à ceux qui l'entourent.

Amis, vous savez maintenant ce qu'Abdallah a fait pour nous... Vous partagez, j'en suis certain, nos sentimens d'admiration et de reconnaissance ?.. C'est un camarade, c'est un frère de plus !...

TOUS.

Oui... oui !...

MAURICE.

Que notre amitié le console ; aidez-moi tous à lui prouver que la France sera pour lui une patrie, qu'elle l'adopte pour son enfant !...

TOUS.

Oui !...

(Tous entourent Abdallah, qui reçoit avec attendrissement leurs témoignages d'affection.)

SCÈNE V.

LES MÊMES, UN ARABE.

L'ARABE.

Abdallah est ici !... Gloire au Prophète, qui l'a sauvé... Dieu est grand !... Abdallah !... (Abdallah témoigne de la joie à voir l'Arabe ; il indique, par sa pantomime, que c'est un ami.) Français, les malheurs d'Abdallah ne sont pas finis..... Sa sœur, Fatmé...

MAURICE.

Eh bien ?... (Abdallah exprime une vive anxiété.)

L'ARABE.

L'ennemi mortel d'Abdallah, Moady, a dit à la tribu qu'il fallait faire mourir Fatmé, si son frère n'était pas revenu avant la fin du quinzième jour...

MAURICE.

Grand Dieu !...

L'ARABE.

La tribu le veut ainsi, et le cheick lui-même ne saurait sauver Fatmé de la mort !...

(Désespoir d'Abdallah : il embrasse Maurice et Lambert, et indique qu'il va repartir.)

MAURICE.

Partir!... mais tu mourras!... Et Fatmé, Fatmé!... Lambert, il ne faut pas qu'il parte seul; ce serait plus qu'un regret pour nous, ce serait un remords...

(Roulement de tambour: le poste prend les armes; entre le général, suivi de son état-major.)

SCÈNE IV.

LES MÊMES, LE GÉNÉRAL, ÉTAT-MAJOR.

LE GÉNÉRAL.

Lieutenant Maurice?...

MAURICE.

Général!...

LE GÉNÉRAL.

Le gouverneur, dans un but de pacification générale, veut tenter un rapprochement avec la tribu des Borgia... Vous avez été prisonnier parmi les Arabes, et mieux que personne vous pouvez remplir les vues du gouverneur... Vous avez été choisi pour cette mission... Retournez donc parmi les Arabes, mais cette fois comme envoyé, comme parlementaire, et revêtu d'un titre qui vous fera respecter... Une colonne expéditionnaire va se mettre en marche, pour user de la force, si les voies de conciliation demeuraient inutiles... Voici vos instructions. (Il lui remet un papier.)

MAURICE.

Général, je reçois cet ordre avec reconnaissance... Ce que cet Arabe, mon libérateur, a fait pour moi m'aurait imposé la loi de l'accompagner et de reprendre mes fers... car c'est pour le sergent Lambert et pour moi qu'il a souffert, et qu'il est peut-être destiné à souffrir encore!...

LE GÉNÉRAL.

Partez donc, lieutenant!...

LAMBERT.

Moi aussi, général, si vous le permettez?...

LE GÉNÉRAL.

Dites bien à ces chefs de tribus que si la France désire la paix, elle est prête pour la guerre, et qu'elle la fera terrible!...

(Le général a fait à Lambert un signe d'assentiment. — On s'empresse autour de Maurice, de Lambert et d'Abdallah, qui s'éloignent ensemble, à la tête de la colonne d'expédition.)

DEUXIÈME TABLEAU.

(L'intérieur d'une tente arabe.)

SCÈNE I.

MOADY, JOSUÉ, ARABES.

(La tapisserie qui ferme la tente du cheick est écartée par Moady, qui entre en scène.)

MOADY, aux Arabes.

Enfans du Prophète, voici l'ordre de notre cheick, Ben-Ismael... Veillez, et soyez prêts à combattre... (A Josué.) Juif maudit!...

JOSUÉ, s'inclinant.

Seigneur Moady!...

MOADY.

Et ta promesse?... tu devais retrouver Abdallah, le ramener à notre camp, éviter qu'il allât apprendre aux Français quels sont nos projets de guerre, quelles sont les forces de la tribu?...

JOSUÉ.

Redoutable Moady, j'ai vainement cherché ses traces...

MOADY.

Il fallait aller jusqu'à Alger, et si Abdallah est dans cette ville, l'attirer au dehors, le faire tomber dans un piége, nous le livrer enfin!...

JOSUÉ.

Seigneur, ma présence à Alger pourrait m'être funeste... On sait que le gracieux cheick daigne me permettre de faire mon pauvre commerce dans la tribu, et les Français...

MOADY.

Les Français!... Tu nous trompes comme eux, peut-être...

JOSUÉ.

Ah! seigneur, je vous jure par Mahomet!...

MOADY.

Silence, juif maudit, ne prononce pas le nom du Prophète!...

JOSUÉ, à part.

Fanatique! fanatique!...

MOADY, à un Arabe.

Que la sœur d'Abdallah, Fatmé, soit amenée dans cette tente... (A d'autres Arabes.) Suivez-moi, allons visiter nos frères qui veillent à la sûreté du camp... (Il sort avec des Arabes.)

SCÈNE II.

JOSUÉ, à part, défaisant un ballot.

Je ne comprends pas pourquoi ils tiennent à retrouver cet Abdallah, un misérable Bédouin qui ne possède pas un boudjou, qui n'a rien que de l'amour-propre!... Singulière fantaisie, de vouloir à toute force que je le ramène dans la tribu!...

vilaine race !... Par bonheur, ces mécréans se débarrassent de leur argent avec la même facilité qu'ils vous donnent un coup de bâton... Quand ils ne sont pas d'humeur à vous voler, on peut faire avec eux quelques affaires passables !... C'est égal, c'est bien véritablement ici la terre des tribulations !... (Haut.) Et bien ! braves enfans de la tribu Borgia, voulez-vous acheter des burnous... des pistolets richement travaillés... de moelleuses babouches ?... Voyez, voyez !...

(Les Arabes se lèvent et vont auprès du ballot ; ils examinent les marchandises, tandis que Josué inquiet veille à ce qu'on ne le vole pas.)

UN ARABE.

Sont-ils bons, ces pistolets ?...

JOSUÉ.

Un adroit tireur pourrait, sans crainte, s'en servir pour enlever un bouquet au sein d'une odalisque...

L'ARABE.

Je vais les charger ; prends ma pipe, place-toi là...

JOSUÉ.

Qu'est-ce que... vous... voulez donc ?...

L'ARABE.

Silence juif !... (Il s'éloigne de Josué et charge un pistolet.) Je suis bon tireur... ne crains rien si tu n'as pas menti !...

JOSUÉ, à part.

Miséricorde ! je lui ai donné ma plus mauvaise marchandise ! (Haut.) Mais, seigneur...

L'ARABE.

Si tu bouges, tu es mort !...

JOSUÉ, tremblant.

Att...en...dez un... peu... au moins...

L'ARABE.

Allons !... (Il fait feu.)

JOSUÉ.

Je suis mort !... non... Ah !... ah !... dieu de Jacob !...

L'ARABE.

Combien ces pistolets ?...

JOSUÉ.

Ce que vous... voudrez... c'est-à-dire, trente boudjous...

L'ARABE.

Voici...

JOSUÉ, à part.

Ils finiront par me dégoûter du commerce !... C'est égal, je gagne la moitié !...

UN ARABE, écartant la tapisserie.

Le cheick !... (A Josué.) Arrière juif !...

(Josué prend ses marchandises avec précipitation et se retire dans un coin.)

SCÈNE III.

LES MÊMES, LE CHEICK, FATMÉ, ARABES.

(Des esclaves noirs apportent des coussins et une longue pipe : les Arabes s'inclinent profondément, jusqu'à ce que le cheick se soit assis.)

LE CHEICK.

Laissez entrer les enfans de la tribu, et qu'on amène Fatmé !...

(La tente se remplit d'Arabes hommes et femmes ; Fatmé est introduite, se soutenant à peine.)

LE CHEICK.

Fatmé, hier a fini le quinzième jour depuis celui où tu fus condamnée pour avoir aidé ton frère à sauver l'officier français... Si ton frère avait reparu, tu redevenais libre... Où est Abdallah ?...

FATMÉ.

Je l'ignore, seigneur...

LE CHEICK.

Fatmé, la tribu t'a condamnée ; mais si des voix s'élèvent dans la tribu pour prolonger le délai expiré, tu vivras encore... (Silence parmi les Arabes.) Tu le vois, la sentence est confirmée...

FATMÉ.

Pitié, seigneur... j'ai dit la vérité, j'ignore où est mon frère... Et d'ailleurs, je bénis le ciel de ce qu'Abdallah ne sait pas le péril que je cours ; il serait venu et vous l'auriez tué !... (Allant aux Arabes.) Eh quoi ! pas une voix ne se fera entendre pour me protéger !... N'est-ce pas assez du supplice que mon frère a subi ? faut-il que je meure, moi qui seule pourrais adoucir son exil, si le Prophète nous réunissait ?... Si je demande à vivre, c'est pour mon frère si malheureux !... (Mouvement en faveur de Fatmé, qui continue.) Je fuirai la tribu, vous ne me reverrez plus, puisque vous m'accusez d'avoir sauvé un de vos ennemis... je m'éloignerai, maudite par vous, s'il le faut ; mais je reverrai peut-être encore mon frère, qui sans doute est retourné dans la tribu paternelle !...

(Murmures favorables parmi les Arabes.)

SCÈNE IV.

LES MÊMES, MOADY.

MOADY, entrant vivement.

Seigneur, point de pitié pour Fatmé !... (Aux Arabes.) Savez-vous où est Abdallah ?... parmi les Français, qu'il guide contre nous !...

(Murmures.)

LE CHEICK.

L'infâme !...

MOADY.

Un de nos frères l'a vu sortir d'Alger avec nos

ennemis!... Depuis deux jours ils sont campés aux environs de la tribu, attendant sans doute un moment favorable pour nous attaquer... Oui, Abdallah leur aura promis une victoire certaine!...

LE CHEICK.

Eh bien, s'il arrive jusqu'ici, que ce soit pour y trouver un premier et terrible châtiment!... (Désignant Fatmé.) Qu'elle meure!...

FATMÉ, qu'on se dispose à entraîner.

Grâce!... pitié!...

(Roulement de tambours; bruits confus au dehors; mouvement tumultueux; agitation sur la scène.)

UN ARABE, accourant.

Les Français!...

LE CHEICK.

Aux armes!...

TOUS.

Aux armes!...

(Une compagnie de voltigeurs a pénétré dans la tente; elle fait un premier feu sur les Arabes, qui ripostent. — Combats. — Josué cherche à n'être pas entraîné par la foule et se cache. — La scène se vide et Josué reste seul.)

SCÈNE V.

JOSUÉ, seul.

Dieu de Jacob, que devenir?... je vais être exterminé, j'y perdrai toute une pacotille!... Peut-on se battre avec un pareil acharnement?... Fou que je suis! je voulais apporter une boîte de pharmacie! j'aurais tout débité!... Miséricorde! ils sont là!... ils viennent!... mais, ils peuvent me tuer!... Où fuir?... où me cacher?... Ah!...

(Il soulève des peaux et s'y blottit avec son ballot.)

SCÈNE VI.

JOSUÉ, caché, BRISQUET, VACOSSIN, SOLDATS.

BRISQUET.

Enfoncé le Bédouin!... à nous, la boutique!... Ohé! Vacossin!...

VACOSSIN.

Présent, mon vétéran!... Sacristi! ça chauffait tout de même!... Excusez, que je m'assise un brin!... Ça vous fait un cocasse d'effet la première fois... (Il se laisse tomber assis sur les peaux dont est couvert Josué.) Est-ce que je ne suis pas blessé, que vous croyez?...

BRISQUET, lui donnant un coup de poing dans le dos.

Où as-tu senti le coup?...

VACOSSIN.

Dans le dos...

BRISQUET.

C'est une preuve que tu n'es pas blessé autre part... Allons, guerrier!... tu vas jouir de la victoire!... C'est ici oùs que le sultan a ses billets de banque et ses odalisques... Tout ça est à nous, fortuné vainqueur!...

VACOSSIN.

Ah! sacristi! j'en prendrai un peu des billets de banque et des odalisses!... eh! eh! eh!... Ah ça! mais, faut voir où tout ça s'est fourré...

BRISQUET.

Pour lors, bousculade générale!...

(Ils cherchent de divers côtés.)

VACOSSIN, remuant les peaux.

Ah! sacristi! on a remué là-dessous!... j'en tiens une, d'odalisse!...

BRISQUET.

Part à deux, Vacossin!...

VACOSSIN.

C'est-y bien gentil, une odalisse, hein?...

BRISQUET.

Comme trente-six mille amours!...

VACOSSIN.

Sacristi!... (Il écarte les peaux, Josué paraît.) Ah! qu'est-ce que c'est?... c'est le diable!...

JOSUÉ.

Français!... Français!...

(Roulement de tambours.)

LE SERGENT, entrant.

A vos rangs!...

SCÈNE VII.

LES MÊMES, LE GÉNÉRAL, ÉTAT-MAJOR.

LE GÉNÉRAL.

La tribu s'est dispersée... (Désignant Josué.) Quel est cet homme?...

BRISQUET.

Mon général, nous l'avons trouvé là, sous ces peaux...

LE GÉNÉRAL, à Josué.

Qui es-tu?...

JOSUÉ.

Je suis Juif...

LE GÉNÉRAL.

Que fais-tu ici?...

JOSUÉ.

Du commerce...

LE GÉNÉRAL.

Tu as dû voir deux Français?...

JOSUÉ.

Il y a un mois que je suis dans la tribu, aucun Français n'y est venu...

LE GÉNÉRAL, à l'état-major.

Allons, messieurs, toujours la même incertitude... ils se seront égarés sans doute... Si j'ai commandé l'attaque, c'est que, ne les voyant pas revenir, j'ai voulu les délivrer ou les venger... Qu'on envoie des détachemens à leur recherche... et nous, ne laissons pas à l'ennemi le temps de se reconnaître!... En avant!...

BRISQUET, à Vacossin.

Conscrit, prends-tu ton odalisque?...

VACOSSIN.

Merci, vétéran!...

(On entraîne Josué. Les troupes sortent, précédées du général. — Le théâtre change.)

TROISIÈME TABLEAU.

Un site aride au pied d'une montagne.

SCÈNE I.

MAURICE, LAMBERT, ABDALLAH.

LAMBERT.

C'est fini, mon lieutenant, j'ai idée que nous sommes égarés indéfiniment... plus de chances d'en sortir!...

MAURICE.

Allons, Lambert, est-ce que tu serais découragé, toi?...

LAMBERT.

Pourquoi donc ça?... Que je laisse ma peau ici ou ailleurs, ça revient toujours au même... C'est égal, j'aimerais mieux une balle dans la poitrine... C'est dur de crever de faim, de soif et de fatigue...

MAURICE.

Et cette maudite tribu des Borgia qui s'avise de lever le camp et de disparaître au moment où nous allions l'atteindre... La colonne expéditionnaire ne devait nous attendre que deux jours!...

LAMBERT.

V'là le Bédouin qui descend de dessus le rocher... Allons! il n'a rien découvert!...

MAURICE.

Brave Abdallah! que de chagrins il éprouve!... Et Fatmé... ils l'auront tuée, peut-être.

(Abdallah s'approche de Maurice et Lambert; il indique par sa pantomime que la soif le dévore.)

LAMBERT.

Il n'en peut plus de soif, c'est sûr...

MAURICE.

Et il n'a pas voulu toucher au peu d'eau qui nous restait!... Pour nous frayer un chemin, pour nous faire sortir de ces brûlantes solitudes, il a erré de tous côtés avec un admirable dévoûment.

LAMBERT.

Sacré nom! lieutenant, je me regarderais comme bien peu, si je n'essayais pas de lui trouver un peu d'eau...

MAURICE.

Oui, Lambert; il s'est oublié pour nous, à notre tour de lui venir en aide, dussions-nous mourir en nous traînant à la recherche d'une source!...

(Abdallah se lève comme par un effort convulsif, et prend le bidon de Lambert, en indiquant qu'il va chercher de l'eau.)

LAMBERT.

Minute! tu as fait plus que ta part!... et il y aurait de l'affront... Allons, lieutenant!...

MAURICE.

Abdallah, tu vas nous attendre, là, sous ces buissons...

(Adallah indique qu'il veut aller avec eux.)

MAURICE.

Non!... tu ne le pourrais pas! nous ne le voulons pas!... Obéis, si tu nous aimes!...

(A ce moment, Lambert, qui allait sortir, s'arrête tout à coup.)

MAURICE.

Qui t'arrête?

LAMBERT.

Pardon, lieutenant, mais j'ai cru entendre là-bas comme le rugissement du tigre.

MAURICE.

Eh bien! n'avons-nous pas nos armes?... Viens.

(Maurice et Lambert s'éloignent péniblement à travers la montagne. Abdallah, épuisé de fatigue, dévoré par la soif, essaie de gravir la colline, mais ses efforts sont impuissans, et il tombe accablé. Tout à coup on entend les rugissemens d'un tigre qui se montre à l'entrée d'une caverne placée au dessus d'Abdallah. Le tigre jette autour de lui des regards furieux qui semblent chercher une proie. Abdallah s'est réveillé de son assoupissement; il examine ce terrible animal qui ne tarde pas à l'apercevoir. A la vue d'un homme, le tigre redouble de férocité; il s'élance du haut du rocher qui couronne la caverne, et se jette sur Abdallah. Celui-ci cherche à recueillir ses forces pour ce redoutable combat. La lutte s'engage; Abdallah est traîné par le tigre qui s'acharne sur sa proie avec une fureur toujours croissante; mais Abdallah a retrouvé toute sa vigueur et toute son adresse. Il résiste à son ennemi, il égalise la lutte, il prend l'avantage, et le tigre finit par être vaincu. Terrassé par Abdallah, il reste immobile sous son genou qui le presse. Des Arabes paraissent et garnissent la colline; à la vue d'Abdallah, ils témoignent leur joie de le retrouver pour le punir d'avoir quitté la tribu. Abdallah se fait alors une arme, un défenseur du tigre qu'il a dompté; il le montre aux Arabes. A cet aspect, les Arabes reculent avec terreur. Dans le tableau final, Abdallah gravit la colline et menace encore du tigre les Arabes qui tentent de le suivre et qui à cette vue s'arrêtent.)

ACTE DEUXIÈME.

PREMIER TABLEAU.

La tente du cheick, ouvrant à droite et à gauche. — Au lever du rideau, le cheick est assis sur des coussins et entouré des chefs de sa tribu. — Fatmé est debout devant lui.

SCÈNE I.

LE CHEICK, FATMÉ, ARABES hommes et femmes.

LE CHEICK.

Enfans du Prophète, le chrétien nous a surpris et forcés à reporter nos tentes plus près de la ville de Tekedempt, où nous trouverons un asile sûr et imprenable... Bientôt nous irons tirer vengeance de l'affront fait à nos armes... Moady, avec plusieurs de nos frères, s'est chargé de porter la terreur dans les rangs ennemis, en faisant tomber la tête de leurs soldats égarés dans nos sables... Fiez-vous à lui pour commencer notre vengeance!... Fatmé, tu ne mourras pas seule; nous attendrons ton frère, dont le retour ne te sauvera pas désormais... Ramené parmi nous, il expiera deux fois sa trahison, car ton supplice précédera le sien!...

(Le cheick se lève. Les Arabes se rangent devant lui en s'inclinant profondément; il entre dans sa tente.)

SCÈNE II.

FATMÉ, ARABES.

FATMÉ.

C'est pour que ma mort soit plus horrible, qu'ils en ont retardé l'instant!... Abdallah!... pauvre frère!... Oh! si le Prophète t'avait conduit vers les Français, Maurice est généreux et reconnaissant; il veillerait sur toi, et je serais la seule à souffrir!...

(On entend un bruit et des cris éloignés qui grossissent en se rapprochant. Des Arabes accourent et garnissent le théâtre. Le cheick sort de sa tente et s'arrête à l'entrée.)

LE CHEICK.

Qu'y a-t-il?...

SCENE III.

LE CHEICK, FATMÉ, MOADY, MAURICE, LAMBERT, ARABES.

(Moady arrive à cheval, entouré d'Arabes qui portent, suspendus à leur selle, des uniformes français; Maurice et Lambert sont prisonniers au milieu d'eux.)

MOADY.

Cheick, j'ai tenu ma promesse, j'ai fait planter sur la barrière du camp des têtes de Français, et voici des prisonniers!...

LE CHEICK.

Gloire à toi, Moady!...

LES ARABES.

Gloire à Moady!...

MOADY, désignant Maurice et Lambert.

Tu dois reconnaître ces deux chrétiens... J'ai voulu qu'ils fussent conduits devant toi, cheick; un mot, un geste, et leur tête va tomber!...

MAURICE, avec énergie.

Ce mot qui nous tuerait, vous n'oserez pas le prononcer.

LE CHEICK.

Que dis-tu?

MAURICE.

Notre mort serait le signal de l'extermination de la tribu, car nous sommes les envoyés de la France!...

MOADY.

Tu mens!...

MAURICE.

Tu n'as pas voulu m'entendre, Moady... (Au cheick.) Regarde, voici mes pouvoirs...

MOADY.

Cheick, nous ne devons pas reconnaître la qualité qu'ils se donnent!... Songeons à nos frères dont les cadavres sans sépulture gisent dans le désert!... C'est une guerre à mort que nous avons jurée... que le Prophète maudisse les parjures!...

LES ARABES.

Oui! oui!

LAMBERT.

En voilà un d'enragé!

LE CHEICK.

Français, Moady a proclamé la volonté de la tribu, la mienne!... Vous périrez!...

MAURICE.

Soit donc!... nous ne descendrons pas à la prière... Mais, écoutez-moi!... creusez-nous une tombe, la vengeance en sortira terrible!... Toute l'armée française marchera pour vous punir!... Et vous savez si elle est puissante!... Résisterez-vous quand Alger l'imprenable n'a pu se défendre, lorsque Constantine a été foudroyée, elle qui se croyait abritée par une distance de cent lieues?...

MOADY.

Une durée éternelle est promise à l'empire des vrais croyans!...

MAURICE.

Regarde autour de toi, Moady; à chaque pas qu'ils font sur la terre d'Afrique, les enfans de la France prennent une ville ou gagnent des batailles!... Il y a long-temps, vos pères apprirent, aux Pyramides, qu'on se brisait à lutter avec eux!... et maintenant choisissez : ou le respect qui nous est dû et la paix... ou notre mort et la guerre!...

MOADY.

Cheick, à toi de prononcer!...

LE CHEICK.

Enfans des Borgia, j'appelle vos chefs au conseil. (Il entre dans sa tente, suivi des chefs arabes.)

SCENE IV.

MAURICE, LAMBERT, FATMÉ, Arabes.

LAMBERT.

C'est ça, lieutenant, je vous approuve de leur avoir débité ce petit bulletin!...

MAURICE, apercevant Fatmé.

Fatmé!... Fatmé!...

FATMÉ.

Maurice!... qu'est devenu mon frère?

MAURICE.

C'est avec lui que nous devions revenir ici; nous avons été séparés, et grâce au ciel nous sommes tombés seuls au pouvoir des Arabes.

FATMÉ.

Mais, vous, vous périrez peut-être!...

MAURICE.

Fatmé, nous l'arracherons au danger! ou notre mort précédera la tienne!...

(Josué paraît au fond du théâtre, bousculé par des Arabes.)

LAMBERT.

Qu'est-ce que c'est donc que ce pèlerin qu'on bouscule là-bas?...

SCÈNE V.

Les Mêmes, JOSUÉ.

JOSUÉ.

Je vous dis, mes chers amis, qu'il faut que je parle au grand cheick... (A un Arabe qui lève un bâton sur lui.) Prenez garde à mes marchandises!... Dites au redoutable cheick que je viens de la part d'Abdallah... pour affaire pressante!... Il m'admettra en son auguste présence!...

FATMÉ.

Tu as vu mon frère?...

JOSUÉ.

Je l'ai vu!...

UN ARABE.

Silence, juif maudit!...

(Il entre dans la tente du cheick.)

JOSUÉ, à part.

Tiens!... les deux Français!... Je pourrais bien leur rendre service... sans me compromettre... Les Français seront peut-être un jour maîtres de tout le pays, et il est bon d'avoir des amis partout... Eh! eh! eh!... (A voix basse.) Français, ne détournez pas la tête... ne me regardez pas!...

MAURICE.

Que veux-tu de nous?

JOSUÉ.

Que donneriez-vous en échange d'une nouvelle qui peut vous servir?

LAMBERT.

Notre amitié, notre estime...

JOSUÉ.

Vous donneriez bien encore quelque petite chose avec?...

MAURICE.

Je donnerais de l'or...

JOSUÉ.

Quand?...

MAURICE.

Lorsque je serai de retour parmi mes camarades...

JOSUÉ.

Tu peux rester en chemin... enfin, je cours la chance. Tes frères d'armes sont à quelques milles d'ici, derrière la colline de Sidi-Bayreuth...

MAURICE.

Ils vont venir?...

JOSUÉ.

Non... car ils ne savent pas que les Arabes sont si près d'eux...

MAURICE.

Tu les avertiras?...

JOSUÉ.

Impossible, car les Arabes vont m'escorter pour sortir du camp...

MAURICE.

Que faire alors?...

JOSUÉ.

Cherchez un moyen de les prévenir, mes enfans!... Et souvenez-vous plus tard du pauvre Josué!...

UN ARABE, sur le seuil de la tente.

Juif!...

JOSUÉ.

Me voilà... me voilà!...

(Il entre dans la tente.)

FATMÉ.

Cet homme est sans doute venu pour trahir mon frère, pour le livrer...

MAURICE.

Non, Fatmé, c'est Abdallah qui l'envoie, a-t-il dit!...

LAMBERT.

Et dire que les camarades sont près d'ici... et qu'il n'y a pas moyen !... Si on pouvait faire quelque tapage, quelque tremblement pour les avertir...

MOADY, sur le seuil de la tente.

Va donc, juif, et tremble de nous tromper !...

(Il fait signe à deux Arabes qui se placent aux côtés de Josué et sortent avec lui.)

JOSUÉ.

Attendez ! attendez ! Je ne veux pas laisser ici mon ballot... ça ne me quitte jamais.

(Tumulte dans la tente du cheick ; cris confus.)

SCÈNE VI.

LES MÊMES, LE CHEICK, MOADY, CHEFS ARABES, qui sortent en tumulte.

MOADY.

Non, nous n'écouterons pas les paroles de pitié !... Guerre à mort aux Français !...

PLUSIEURS ARABES.

Oui ! oui !

MOADY.

Si on suivait ces timides conseils, nous quitterions la tribu pour aller rejoindre Achmet. Achmet le bey de Constantine que sa défaite n'a pas dompté, et qui poursuit sa guerre d'extermination !...

LES ARABES.

Oui ! oui !...

MOADY.

Cheik, regarde... voici les tributaires qui viennent te rendre hommage !... Est-ce en leur présence qu'on oserait encore te conseiller la clémence et la peur ?... Demande-leur s'ils veulent sauver les prisonniers... ils te répondront par des cris de guerre !...

LAMBERT, bas à Maurice.

Ça va mal, mon lieutenant !...

MOADY, à part.

Je saurai bien rendre la paix impossible !...

(Les tributaires défilent ; en passant devant Maurice et Lambert, ils menacent du geste et font entendre des imprécations. Ils déposent des présens aux pieds du cheick.)

LAMBERT, pendant ce jeu de scène.

Mon lieutenant, j'ai une idée... mourir pour mourir, faut essayer...

MAURICE.

Quoi donc ?...

LAMBERT.

Nos camarades vont nous entendre... ils viendront à notre aide, et s'ils arrivent trop tard, ils nous vengeront du moins.

MAURICE.

Que veux-tu faire ?...

LAMBERT.

Mon lieutenant, tâchez de vous mettre à l'abri dans la bagarre, et maintenant, à la garde de Dieu !...

(Il se glisse près d'un canon, s'empare de la mèche et met le feu. Au bruit du canon, il se fait un violent tumulte, une agitation générale dans le camp. Un coup de canon répond au loin à celui qu'on a tiré. Bruit éloigné de tambours. Les Arabes s'agitent, courent à leurs armes et à leurs chevaux. Fatmé se trouve au milieu des femmes de la tribu. Lambert tombe atteint d'un coup de feu. Maurice se jette entre lui et les Arabes qui veulent l'achever. Les Français entrent dans la tente, bousculent les Arabes et enlèvent Lambert en criant victoire. Le lieutenant a pris une épée et s'est remis à la tête d'une compagnie.)

(Le théâtre change au moment où les Français se mettent à la poursuite des Arabes.)

DEUXIÈME TABLEAU.

La lisière d'un bois.

SCÈNE I.

UN SERGENT, BRISQUET, VACOSSIN.

(Un sergent, à la tête d'un peloton, vient placer deux sentinelles ; c'est Brisquet et Vacossin.)

VACOSSIN.

Je vous demande pardon, sergent, si je vous fais une observation... mais il me semble que vous nous placez bien loin du régiment.

LE SERGENT.

Tu es en sentinelle perdue ?...

VACOSSIN.

Comment, perdue ?...

LE SERGENT.

En sentinelle avancée.

VACOSSIN.

Oui, je suis joliment avancé... merci, de la préférence, sergent...

LE SERGENT.

Laisse donc, conscrit, ça forme le soldat... (A son peloton.) Par file à gauche, pas accéléré, marche !

VACOSSIN.

Ça forme le soldat !... je trouve moi que c'est plutôt propre à le déformer... J'aimerais mieux monter la faction dans la garde nationale de Gonesse. Est-ce que vous êtes content, là, vous, vétéran ?

BRISQUET.

Dire que je n'aimerais pas mieux être à la barrière du Maine à pincer mon rigodon à raison de deux sous le cachet, serait une figure de rhétorique que je ne veux pas employer... Mais enfin, Vacossin, nous devons ce poste à la confiance de nos chefs...

VACOSSIN.

Je ne sais pas pourquoi ils ont de la confiance en moi... c'est injuste, ça... Qu'est-ce que je leur ai fait?...

BRISQUET.

Comment! mais tu as très bien soutenu le feu...

VACOSSIN.

J'ai bien soutenu autre chose... j'ai soutenu trois grands coups de pied dans le dos, que m'a donnés un gueusard d'Arabe...

BRISQUET.

Comment, conscrit, tu ne lui pas passé la baïonnette au travers du ventre?

VACOSSIN.

Non, je lui ai passé la jambe... çà m'a mis un peu en train, c'est vrai... aussi j'ai moins peur du Bédouin maintenant que de l'animal féroce qui marche par troupeaux, comme vous me l'avez dit, vétéran.

BRISQUET.

N'aie pas peur... Le lion, vois-tu, celui qu'ils ont fait passer roi entre eux, parce qu'il a une bonne tête et de fameuses griffes, le lion lui-même ne peut pas soutenir le regard de l'homme.

VACOSSIN.

C'est donc ça qu'ils ont mangé un caporal du cinquième.

BRISQUET.

Justement!... N'entends-tu pas dire tous les jours : quatre hommes et un caporal?... Tu vois donc bien qu'un caporal n'est pas un homme... alors.

VACOSSIN.

C'est juste!... pourtant, quoique je sois un homme, je ne serais pas charmé de me trouver nez à nez avec ces messieurs-là... (A ce moment, un lion traverse lentement la forêt.) Ah! mon Dieu! regardez donc, vétéran, ce qui vient là!...

BRISQUET.

Où ça?...

VACOSSIN, tremblant de tous ses membres.

Là... là... dans la forêt... Vrai, c'est un lion comme j'en ai vu au Jardin-des-Plantes... Vétéran, il faut filer...

BRISQUET.

Filer!... pour nous faire fusiller!... Formons plutôt le bataillon carré...

VACOSSIN.

A nous deux?...

BRISQUET.

Rien n'est impossible au soldat français... Mais, diable... le voilà qui nous regarde... Arme ton fusil, conscrit...

VACOSSIN.

Une idée, vétéran... Vous dites qu'il est roi... je vais lui présenter les armes... ça le flattera peut-être. (Vacossin, tout en tremblant, présente les armes. Le lion le regarde un instant et disparaît dans la forêt.) Il s'en va... il paraît satisfait de cette marque de respect... Ce que c'est que la vanité!

BRISQUET.

Tu vois bien, conscrit, qu'il ne faut jamais avoir peur.

VACOSSIN.

Vous voyez bien que si... Si je n'avais pas eu peur, je n'aurais pas pensé à rendre les honneurs militaires à ce roi quadrupède, et nous serions peut-être maintenant dans son auguste estomac...

BRISQUET.

Sentinelle, garde à vous!

VACOSSIN.

Pardine! j'y prends assez garde, à moi!...

BRISQUET.

Sentinelle, garde à vous!

VACOSSIN.

Aurez-vous bientôt fini de me faire des souleurs comme ça?

BRISQUET.

Un Bédouin!...

VACOSSIN.

Un Bédouin! c'est autre chose... (Il arme son fusil.) Tiens! c'est le Bédouin muet.

SCÈNE II.

LES MÊMES, ABDALLAH.

(Abdallah semble attendre quelqu'un et désirer être seul.)

BRISQUET.

Salut, fils de Mahomet!...

VACOSSIN.

Bien le bonjour, Bédouin!... Sacristi, vétéran, je serais flatté de m'en aller... V'là plusieurs fois que le Bédouin s'est battu en duel avec les animaux farouches!... Il a peut-être bien un rendez-vous avec eux... (Criant d'une voix perçante.) Qui vive?...

BRISQUET.

Qu'est-ce que c'est donc?...

VOCASSIN.

Ah! bon, on vient nous retirer de la sentinelle perdue...

LE SERGENT, qui est entré avec quelques soldats, à Brisquet et à Vacossin.

Suivez-nous!...

VACOSSIN.

C'est pas de refus, sergent !... ça nous va !...

LE SERGENT.

On ne parle pas sous les armes !...

VACOSSIN.

Bon !...

SCÈNE III.

ABDALLAH, puis JOSUÉ.

(Abdallah regarde de tous côtés avec inquiétude et semble impatient de voir arriver quelqu'un. Josué paraît ; Abdallah court à lui et l'interroge vivement par sa pantomime.)

JOSUÉ.

Un moment !... un moment !... Es-tu seul par ici !... Il n'y a aucun danger pour moi ?... (Réponse d'Abdallah par signes. Josué s'assied sur son ballot.) Tu sais ce que tu m'as promis lorsque je t'ai rencontré dernièrement ?... Tu le jures encore ?... Bien !,.. Je suis allé de ta part trouver le cheick... Mon pauvre Abdallah, il en coûte quelquefois à un homme généreux pour rendre service !...

(Impatience d'Abdallah qui indique qu'il attend une nouvelle avec anxiété.)

JOSUÉ.

Le cheick...

(Impatience croissante d'Abdallah.)

JOSUÉ.

Qu'est-ce qu'il a donc ?... Ah ! j'y suis !... Fatmé...

(Abdallah témoigne que c'est de Fatmé qu'il voulait entendre parler.)

JOSUÉ.

Ta sœur existe !... (Joie d'Abdallah.) J'ai dit au cheich que, puisqu'elle vivait encore, si on voulait te promettre de respecter ses jours, tu rentrerais dans la tribu... On m'a répondu qu'on y consentait, qu'on t'attendait, mais que tu n'aurais pas le courage...

(Mouvement d'Abdallah qui indique avec énergie que cette injure l'affecte péniblement. Il fait entendre à Josué qu'il ira dans la tribu, mais qu'il n'ira pas seul.)

JOSUÉ.

Qu'est-ce qu'il veut dire ?... Qu'il n'ira pas seul ?... Avec les Français ?

(Abdallah fait un signe négatif ; il prend Josué par la main, le conduit près de la grotte et lui montre le lion qui a paru.)

JOSUÉ.

Dieu de Jacob !... Dieu de Jacob !...

(Abdallah lui fait signe de garder le secret.)

JOSUÉ.

Tout ce que tu voudras, tout ce que tu voudras !... mais laisse-moi partir !... Miséricorde !... Mon ballot !... où est mon ballot ?... Je n'aurai plus la force de le porter !... Par où vais-je m'en aller ?... Par là ? Non !... Par ici ?... Non pas !... De ce côté !... Ah ! maudit pays !...

(La vue d'un tigre, qui s'approche, redouble la terreur de Josué qui fuit en tremblant. Abdallah va au lion qu'il a soumis, au tigre qu'il a vaincu. A son approche, les animaux semblent reconnaître sa domination. Ils donnent tous les signes de l'obéissance et se couchent humblement devant lui. Des léopards, des panthères s'avancent et se groupent autour d'Abdallah, imitant le tigre et le lion. On voit la puissance de l'Arabe sur ces animaux. Il se couche sur le lion, le tigre lui sert de coussin pour reposer sa tête. Les léopards, les panthères se roulent et jouent à ses pieds. A la fin de ce tableau, des Arabes paraissent dans la forêt ; ils cherchent Abdallah ; celui-ci se montre entouré de ses redoutables esclaves qui sont tout prêts à le défendre. Leurs regards, leurs rugissemens, leur terrible aspect jettent l'épouvante parmi les Arabes qui prennent la fuite et disparaissent.)

ACTE TROISIÈME.

Les remparts de la ville de Tékédempt.—Au fond, deux révolutions d'une voie romaine conduisant à un temple.

SCÈNE I.

LE CHEICK, MOADY, ARABES, sur les remparts.

MOADY, entrant.

Cheick, toute la tribu est entrée dans la ville sainte de Tékédempt !... les portes en sont fermées, et si les Français y pénétrent, ce sera pour y trouver leur tombeau !...

LE CHEICK.

Enfans des Borgia, nos ennemis nous ont repoussés ; nos deux prisonniers et Fatmé, la sœur d'Abdallah, ont été délivrés... je jure que, désormais, je n'hésiterai plus à frapper ceux que le sort de la guerre pourrait jeter entre mes mains !...

MOADY.

Cheick, Abdallah est le mauvais génie de la tribu ; depuis qu'il l'a quittée, sa trahison n'a cessé d'armer la fatalité contre nous !... je jure moi, de le punir, et de ne céder à personne le droit de le frapper de mort!... C'est un serment que j'ai fait en invoquant le nom sacré du Prophète!...

SCÈNE II.

LES MÊMES, JOSUÉ.

PLUSIEURS ARABES.

Le juif!... le juif!...

JOSUÉ.

Faites-moi donc place!... laissez-moi passer!... il faut que je parle au gracieux cheick...

(Un Arabe lui prend son ballot et le jette à quelques pas.)

JOSUÉ.

Hé! mon ballot!...

(Les Arabes le poussent vers le cheick, en retenant son ballot.)

LE CHEICK.

Eh bien! que veux-tu?...

JOSUÉ.

Redoutable cheick... (A part.) Où ont-ils mis mon pauvre ballot?...

LE CHEICK.

Parleras-tu, juif maudit?...

JOSUÉ.

Oui, gracieux cheick, oui... J'ai trouvé Abdallah.. (Regardant du côté du ballot.) Il est perdu pour moi, Dieu de Jacob!...

MOADY.

Misérable!...

JOSUÉ.

Oui, seigneur!... Abdallah a promis... de me le rendre!... de venir parmi vous... espérant que sa sœur sera sauvée...

LE CHEICK.

Sa sœur est avec les Français...

JOSUÉ.

Ah!...

MOADY.

Et lui, Abdallah, où est-il?...

JOSUÉ.

Il s'avance vers les portes de la ville...

MOADY.

Il n'y entrera pas, car un traître parmi les enfans du Prophète, c'est le génie infernal qui attire les désastres!...

JOSUÉ, à part.

De plus en plus fanatique!...

MOADY.

Juif, guide-moi au devant d'Abdallah...

JOSUÉ.

Eh quoi! vous voulez...

MOADY.

Viens!... (Il lui saisit vivement le bras.) Viens donc!...

JOSUÉ.

Mais, redoutable Moady, je vous conseille... en ami...

MOADY.

Viendras-tu?...

JOSUÉ.

Si vous saviez comment il est accompagné...

MOADY, tirant son yatagan.

Marcheras-tu, maintenant?...

JOSUÉ.

Je cours... je vole!... Mais, prenez bien garde, redoutable Moady... (Aux Arabes.) Je mets ma marchandise sous la protection du Prophète!...

SCÈNE III.

LES MÊMES, moins MOADY et JOSUÉ.

(On entend au loin un cri qui se répète et qui se rapproche.)

LE CHEICK.

Le cri de guerre!...

DES ARABES, du haut des remparts.

Les Français!...

LE CHEICK.

Les Français!... Enfans des Borgia, ils vont se briser contre les remparts de la ville sainte!...

(Coups de feu du haut des remparts et du dehors. — Attaque des Français; combat sur les remparts, combat dans la ville et sur la place. — Maurice et Lambert ont arboré un drapeau sur les créneaux pendant le combat.)

BRISQUET.

Allons, Vacossin, tape d'aplomb!...

VACOSSIN.

Sacristi! vétéran, j'en ai des ampoules dedans les mains!... Me voilà passé guerrier!...

SCÈNE IV.

LE GÉNÉRAL, MAURICE, LAMBERT, BRISQUET, VACOSSIN, LE CHEICK, ARABES, FATMÉ.

LE GÉNÉRAL.

La ville est prise!... (Élevant son épée. Roulement prolongé de tambours.) Lieutenant Maurice, sergent Lambert, c'est vous qui les premiers avez arboré le drapeau français sur les remparts... quelle récompense...

MAURICE.

Général, ordonnez que le généreux Arabe qui nous a sauvés soit amené parmi nous!...

LAMBERT.

Voilà ma récompense, à moi aussi!...

LE GÉNÉRAL.

Cheick, je t'avais fait proposer la paix; tu ne l'as pas voulue... tu as éprouvé la puissance des armes françaises; la paix encore pour ta tribu!... mais il nous faut Abdallah... le sauveur de Maurice et de Lambert... sans lui, point de pitié pour les vaincus!...

LE CHEICK.

Abdallah!... (A part.) Moady l'aura tué!..

FATMÉ.

Malheur!... Le cheick a pâli... c'est que mon frère a été leur victime... Mon frère!...

MAURICE et LAMBERT.

Abdallah!...

LES FRANÇAIS.

Abdallah!...

LE GÉNÉRAL.

Tué, sans doute!... Soldats, je vous livre la ville!...

SCÈNE V.

LES MÊMES, JOSUÉ.

JOSUÉ, accourant tout pâle et tremblant.

Français, cheick, Arabes!... Ah!... Dieu de Jacob!...

TOUS.

Qu'y a-t-il?...

JOSUÉ.

Abdallah...

TOUS.

Eh bien?...

JOSUÉ.

Vous allez le voir!... (Murmures de satisfaction.) Il va venir... il vient!... Moady m'avait forcé à le guider au devant de lui... En l'apercevant, il se précipite furieux!... Dieu de Jacob!... Abdallah lance contre son ennemi un terrible lion dont il est accompagné... et... et... Moady est dévoré... je suis accouru... et Abdallah a repris son chemin vers la ville...

LE GÉNÉRAL.

Cheick, et vous Arabes, cet homme que vous avez cruellement mutilé, préparez-vous à le recevoir comme un libérateur, car il sauve Tékédempt de la destruction!...

LE CHEICK.

Seigneur, la ville sainte est en ton pouvoir; la tribu des Borgia sera soumise à la France si puissante!... Enfans du Prophète, Dieu est grand, et Abdallah nous a sauvés!...

(Mouvement; le peuple arabe forme des groupes animés; l'armée française prend ses lignes. Abdallah, monté sur un char traîné par un lion, paraît sur une des voies romaines; étonnement général: Abdallah disparaît pour reparaître bientôt sur l'autre voie romaine. Les Arabes témoignent leur admiration par des cris prolongés. Parvenu au point le plus élevé, Abdallah détèle le lion, pose la main sur sa crinière et regarde la foule qui le salue de ses acclamations. — Le rideau tombe sur ce tableau.)

FIN.

Paris. — Imprimerie de Boulé et Cᵉ, rue Coq-Héron, 3.

(16)

NOTICE

SUR M. CARTER ET SES ANIMAUX.

Tout Paris connaît déjà M. Carter, cet homme, sans contredit, si extraordinaire, et qui l'emporte incontestablement sur ceux qui ont jusqu'à ce moment voulu passer pour ses rivaux.

Nous avons encore présente à notre esprit la profonde impression qu'il produisit sur nous, lorsque nous assistâmes pour la première fois, il y a six ans, à la pièce dans laquelle étaient encadrés les exercices de ses animaux.

Lorsque M. Carter nous quitta, en 1839, il n'avait qu'à se louer de la manière dont le public parisien avait récompensé ses efforts; mais il partit, songeant à revenir et à prouver qu'il pouvait mieux faire encore.

En effet, les animaux que M. Carter a amenés cette fois avec lui ne sont plus les mêmes que ceux qu'il avait lors de son premier séjour à Paris. Son magnifique tigre et son lion sont tous deux jeunes et pleins d'énergie; leur éducation lui a donné la plus grande peine, et ce n'est pas sans avoir couru les plus grands dangers qu'il a pu les rendre obéissans et soumis à ses moindres volontés.

Il faut assister au repas de ces animaux pour se faire une juste idée du naturel sanguinaire de ces habitans des forêts; c'est une chose vraiment effrayante que de voir la voracité avec laquelle ils engloutissent les 80 kilogrammes de viande plus ou moins fraîche que leur budget leur alloue tous les matins.

C'est à ce moment qu'il est plus dangereux de les approcher, et, souvent, il se passe quelque tragique aventure. Tout récemment, une lionne n'avait pas trouvé sa part assez forte et elle avait jugé à propos de la parfaire au moyen du bras d'un gardien, qui avait eu la bonhomie de la laisser promener trop près de la cage. Le pauvre homme, heureusement, en a été quitte pour la peur.

On a répandu plusieurs versions sur M. Carter; chacun a prétendu connaître le secret du procédé dont il se sert pour faire passer les tigres, les lions et les panthères pour des caniches obéissans. Tout le monde indique un moyen : suivant les uns, c'est en prenant ses bêtes par la famine qu'il les a rendues aussi souples et qu'il les fait humblement ramper à ses pieds; suivant les autres, la baguette magique qui a fait tomber les ongles des griffes du tigre et qui a arraché les dents du lion et de la lionne, n'est autre chose qu'une vigoureuse tringle en fer que ces animaux connaissent à merveille. A entendre ceux-ci, M. Carter a une puissance de regard qui a fait envie à plus d'un disciple de Saint-Simon; il a un œil vitreux avec lequel il fascine, il magnétise ses animaux, tout en annihilant ainsi leurs forces, en assoupissant, pour quelques instans, leur féroce énergie. Il y a bien encore un quatrième parti; c'est celui de ceux qui soutiennent, et qui seraient presque disposés à vous prouver, si vous le vouliez, que ce n'est pas par la faim, que ce n'est pas par les coups, que ce n'est pas par la magie de son regard que M. Carter vient à bout de tout son monde quadrupède; ils prétendent pouvoir, dans des circonstances données, en faire autant que lui; maintenant, si vous les questionnez, ils ne vous répondront pas, et vous diront que vous devez comprendre!!! Nous comprenons, en effet; mais ce que nous ne pouvons pas comprendre, c'est que l'on puisse accréditer de semblables erreurs. Nous connaissons, nous, les moyens employés par M. Carter, et renvoyons le public au théâtre du Cirque-Olympique, pour qu'il puisse juger par lui-même : nous ne serons pas indiscrets; personne ne nous en saurait gré.

M. Carter a traité avec l'administration de M. Gallois pour 30 représentations; chaque soir il lui est compté la somme de 800 fr., qui lui est allouée par son traité.

Nous n'avons pas besoin de faire remarquer que M. Carter est taillé en Hercule, et qu'il passe pour un des plus beaux hommes que l'on connaisse. Nous savons plus d'une jolie femme qui regrette de ne pouvoir lui devoir que des rêves agréables.

P. S. E.

RÉPERTOIRE

DRAMATIQUE

DES AUTEURS CONTEMPORAINS.

N. 288.

Théâtre du Cirque-Olympique.

LES

ÉLÉPHANTS DE LA PAGODE,

PIÈCE EN TROIS ACTES A GRAND SPECTACLE.

50 CENTIMES.

PARIS.

Chez l'Éditeur du RÉPERTOIRE DRAMATIQUE ;
34, Boulevart du Temple,

Et chez TRESSE, successeur de J.-N. Barba, Palais-Royal.

1845.

LES ÉLÉPHANTS

DE LA PAGODE,

PIÈCE EN 3 ACTES A GRAND SPECTACLE,

DE MM. V. DE SAINT-HILAIRE ET A. BOURGEOIS,

Représentée pour la première fois au théâtre national du Cirque-Olympique, le 9 décembre 1845.

Personnages.	*Acteurs.*
M. THOMAS, fabricant de babouches	M. DUPUIS.
CATHERINE, sa femme	Mme CLORINDE.
OMICHOUD, apprenti de Thomas	M. BOURDIER.
DJELMI, jeune prince indien	M. DUCROW.
MADOURA, sa mère	Mme USANNAZ.
NADIR	Mlle C. BRUNSWICK.
LE GRAND BRAMINE	M. PATONNELLE.
MISSOURI, ministre	M. HOSTER.
GAZY, gardien des femmes	M. THÉOL.
HISSEN, derviche	M. SALLERIN.
SAHAB, DEUXIÈME BRAMINE	M. ARNOLD.
TROISIÈME BRAMINE	M. MARTIN.

BRAMINES, GUERRIERS, BAYADÈRES, VEUVES, DANSEURS, JONGLEURS ET ESCLAVES NÈGRES.

La scène se passe à Nagpour, dans l'Inde, en 1740.

ACTE PREMIER.

Premier Tableau.

(Le théâtre représente une pagode souterraine; au troisième plan, la statue de Brama et un autel.)

SCÈNE I.

MADOURA, seule.

C'est bien ici que le saint derviche m'a dit de venir le trouver!.. Dans cette sombre pagode, nul ne pourra nous surprendre!.. Qu'ai-je à craindre, d'ailleurs... sous ces humbles vêtemens, qui pourrait reconnaître la veuve du noble Mohadir?.. Quelqu'un vient! c'est Hissen, sans doute!.. Que va-t-il m'apprendre?..

SCÈNE II.

HISSEN, MADOURA.

HISSEN.

Salut à vous, veuve de Mohadir... salut à vous, mère de notre roi!..

MADOURA.

Hissen, oubliez ce que je fus, comme je l'oublie moi-même, et ne me parlez que de Djelmi, de mon fils! Chaque jour, je regrette davantage d'avoir cédé à vos instances!.. Après avoir échappé, par miracle, aux poignards des assassins de Mohadir, pendant douze ans je vécus heureuse entre vous et mon fils ; condamnée à ne pas sortir de la profonde retraite où vous m'aviez cachée, je ne regrettais rien de ce monde, puisqu'il me restait mon Djelmi!.. Il y a six mois, vous êtes venu, et vous m'avez dit : L'usurpateur Holkar, le meurtrier de Mohadir, est frappé par le pouvoir invisible de Brama!.. Le sceptre qu'il eût été impossible d'arracher de sa main forte et terrible, va tomber de lui-même de cette main affaiblie par la douleur et bientôt glacée par le trépas!.. il faut, qu'à ce moment, le fils de Mohadir soit là pour ressaisir ce sceptre et remonter sur le trône de ses pères!.. En vain, je voulus combattre, résister, Djelmi, entraîné par vous, rentra dans le palais de Nagpour, où la mort était partout suspendue sur sa tête!.. Ce que j'ai souffert depuis six mois, Brama seul le sait, une mère seule peut le comprendre!.. Pourquoi m'avez-vous appelée?.. Que s'est-il passé?.. Que dois-je espérer?.. Que dois-je craindre?..

HISSEN.

Holkar est allé rendre compte à Brama du meurtre de Mohadir!..

MADOURA.

Il est mort!..

HISSEN.

Cette nuit; et déjà le grand bramine, son complice, et Missouri, son ministre, s'apprêtent à se partager ses dépouilles!.. Mais leur coupable espoir sera trompé!.. Aux termes de notre sainte loi, et à défaut d'héritier direct, c'est au merveilleux instinct de l'Éléphant sacré, que le peuple de Nagpour remet le soin de désigner le nouveau souverain. C'est auprès de l'éléphant Kelly, c'est sous sa protection que j'ai, depuis six mois, placé votre fils!.. Et, tout-à-l'heure, quand le moment sera venu, pour Kelly, de donner la souveraine puissance, c'est à Djelmi qu'il remettra le sceptre, c'est Djelmy qu'il ramènera triomphant dans les murs de Nagpour!..

MADOURA.

Ah! je n'ose croire à ce que vous dites!..

HISSEN.

Ne doutez pas, Madame : l'esprit de Brama est descendu sur Kelly, il lui a donné l'intelligence de l'homme!.. Kelly se souvient encore de Mohadir; Kelly n'a jamais voulu se laisser approcher par Holkar le meurtrier, et Djelmi, l'orphelin, est au contraire l'objet de sa plus tendre sollicitude; il obéit à sa voix si douce, il se courbe sous sa main si faible!.. Croyez-en ma parole, Madame, croyez-en Brama!.. Kelly va faire votre fils roi de Nagpour! Mais voici Djelmi lui-même, et son ami d'enfance, le jeune Nadir.

SCÈNE III.

LES MÊMES, DJELMI, NADIR.

(Djelmi entre pâle et défait, et va se jeter dans les bras de sa mère.)

MADOURA.

Djelmi, mon enfant, comme te voilà pâle et défait!.. Qu'est-il donc arrivé, grand Dieu!.. (Djelmi exprime par ces gestes qu'il ne peut parler, mais que Nadir parlera pour lui, et il se jette de nouveau dans les bras de sa mère.) Que signifie?

NADIR.

Hélas! bonne Madoura, Brama nous abandonne... Kelly ne pourra plus rien pour vous, et Djelmi, mon pauvre Djelmi!..

MADOURA.

Achève donc... achève!..

NADIR.

Tout-à-l'heure, et sur l'ordre du grand bramine, chargé de la garde des éléphants de la pagode, Kelly avait été conduit vers le bois sacré; il avait résisté d'abord à tous ses serviteurs, mais à la voix de Djelmi, il avait cédé!.. Oh!.. pourquoi lui a-t-il obéi?.. pourquoi ne l'a-t-il pas repoussé comme les autres?.. Arrivé au plus sombre du bois, Kelly sent tout-à-coup la terre manquer sous ses pieds... Un piège lui avait été tendu, sans doute; un précipice l'engloutit!.. Djelmi avait été entraîné dans sa chute, et il allait périr aussi, lorsque, rassemblant le peu de forces qui lui restait, Kelly le soulève et le rejette sur le bord de cet abîme qu'il essaye en vain de franchir lui-même!.. Djelmi était là, près de moi, frappé de terreur... je pleure, j'appelle Kelly, mais il retombe dans l'abîme, et y reste sans mouvement et sans vie!..

MADOURA.

Juste ciel!.. Au moins tu m'es rendu, toi, mon Djelmi!.. Mais parle-moi donc, enfin, mon enfant, et remercie Brama avec ta pauvre mère!

NADIR.

Hélas! il a voulu appeler et prier comme moi, sur le bord du précipice...

MADOURA.

Et bien?

NADIR.

L'effroi, la douleur, sans doute... Djelmi ne pouvait plus prier... Djelmi ne priera plus!..

MADOURA, avec désespoir.

Ah!.. c'est horrible! (Serrant Djelmi sur son cœur.) Mon pauvre enfant!.. Mais non, non, Brama ne t'aura pas sauvé à demi... Je le prierai tant, moi!.. Un jour, bientôt je l'espère, je pourrai entendre encore ta douce voix!.. Oh! oui, oui, Brama me fera cette grace!.. Mais viens, suis-moi.

HISSEN.

Que voulez-vous faire?..

MADOURA.

Fuir loin de ce pays!..

HISSEN.

Attendez encore, croyez moi... A l'extrémité de cette galerie souterraine est une issue dont Nadir connaît le secret... cette issue conduit à la forêt d'Iglou, et de là dans la grotte sainte de Beckanir ; c'est là qu'apparaît Witsnou, dans ses jours de colère, et nul n'oserait vous poursuivre dans cet antre redouté... Demeurez dans cette retraite, seulement jusqu'à ce soir... aucun danger ne pourra vous y atteindre !..

NADIR.

Hissen a raison, bonne Madoura... Je vous guiderai tous deux.

MADOURA.

Vous le voulez, je vous obéis... Viens donc, mon enfant, et que Brama nous protège !..

(Elle sort à gauche avec Djelmi et Nadir.)

HISSEN, seul.

Courons maintenant au bois sacré et voyons si tout espoir est désormais perdu !.. (Fausse sortie.) Je ne me trompe pas... deux hommes se dirigent de ce côté... l'un de ces hommes est le grand bramine et l'autre, Missouri, le ministre... Qui les amène ici ?.. Oh ! je le saurai !..

(Il se cache derrière un rocher.)

SCÈNE IV.

HISSEN caché, LE BRAMINE, MISSOURI.

MISSOURI.

Que viens-je d'apprendre ! Kelly, l'éléphant sacré n'est pas rentré dans la pagode ?..

LE BRAMINE.

Il n'y rentrera plus !..

MISSOURI.

Ah ! bah ! tu viens pourtant d'envoyer à sa recherche.

LE BRAMINE.

Certain que je suis qu'on ne le trouvera que mort.

MISSOURI.

Mort ! Kelly !.. Mais qu'allons-nous devenir ? A défaut d'héritier direct d'Holkar, et par suite de l'extinction de la race de Mohadir, c'était Kelly qui devait désigner le nouveau Rajah !.. Qui remplacera Kelly ?..

LE BRAMINE.

Zédha.

MISSOURI.

Ce jeune éléphant que ton crédit a fait admettre dans la pagode ?

LE BRAMINE.

Zédha ne compte-t-il pas parmi les éléphans sacrés, Zédha n'a-t-il pas la première place après Kelly ?

MISSOURI.

C'est [illegible], il a obtenu un tour de faveur.

LE BRAMINE.

Ecoute bien, Missouri... Je subissais la puissance d'Holkar, mais je ne veux plus souffrir personne au-dessus de moi.

MISSOURI.

Cependant nos lois ne permettent pas qu'un ministre de Brama ceigne la couronne.

LE BRAMINE.

Aussi, ne tenterai-je pas de m'asseoir sur le trône ; mais je veux régner du fond de ma cellule... Il faut que le roi choisi, tout-à-l'heure, par Zédha, me doive sa fortune ; il faut qu'il s'engage à n'agir, à ne penser que par moi, son seul maître.

MISSOURI.

Je comprends.

LE BRAMINE.

Et ce rajah docile, j'ai décidé que ce serait toi.

MISSOURI.

Moi ? Oh !

LE BRAMINE.

Oui. On te sait, ambitieux, mais on te croit incapable et pusillanime ; on te verra donc sans crainte t'emparer d'un sceptre qu'on te supposera trop faible pour porter longtemps.

MISSOURI.

Rajah de Nagpour, moi !..

LE BRAMINE.

Tu sais à quelles conditions tu peux l'être... Les acceptes-tu ?

MISSOURI.

Certes !

LE BRAMINE.

Tu connais, comme moi, l'attachement profond que Kelly avait voué à Mohadir, tu as remarqué aussi l'instinct étrange qui lui faisait repousser les caresses d'Holkar et les miennes... Kelly était donc un obstacle à l'accomplissement de mes projets ; il a dû mourir pour faire place à Zédha, qui connaît ma voix comme Kelly connaissait la voix de Mohadir.

MISSOURI.

Brama lui-même t'inspire !..

LE BRAMINE.

On vient... ce sont les bramines et chefs des Bosillas... Dans une heure, tu seras souverain de Nagpour... mais, songe que ce que j'aurai fait, je saurais le défaire...

MISSOURI, à part.

C'est ce que nous verrons plus tard !..

SCÈNE V.

LES MÊMES, BRAMINES, CHEFS DES ROSILLAS.

LE BRAMINE.

Serviteurs de Brama, vous savez quel nouveau malheur vient de nous frapper... Kelly, l'éléphant sacré a disparu de la pagode, et cependant nos lois ordonnent qu'avant le lever du soleil, le successeur d'Holkar soit désigné. Par mes ordres, Zédha, appelé à remplacer Kelly, va être amené... Le sceptre d'Holkar sera remis par lui, au plus digne de succéder au noble maître que nous pleurons. Bramines, et vous, guerriers, donnez les ordres nécessaires, et que la cérémonie commence.

(A un signal donné, le tam-tam se fait entendre et appelle le peuple et les guerriers. Un cortège, composé de bramines et de femmes, précède et annonce l'éléphant Zédha. A son arrivée chacun se prosterne. Puis, sur un signe du bramine, on apporte un coffre d'or renfermant le sceptre).

LE BRAMINE.

Avant que Zédha vous fasse connaître votre souverain, rappelez-vous que son choix, quel qu'il soit, doit être respecté par nous... Rappelez-vous que c'est Brama lui-même qui va l'inspirer.

MISSOURI, bas.

Es-tu bien sûr qu'il ne va pas se tromper?.. Il paraît très intimidé, très ému...

LE BRAMINE.

Sois tranquille : il remettra le sceptre à celui qui sera à ma droite.

MISSOURI.

Je ne te quitte pas.

LE BRAMINE.

Placez le coffre d'or devant Zédha, il en va tirer le sceptre, et nous désigner le rajah de Nagpour.

(Au moment où on place le coffre devant Zédha, un grand bruit se fait entendre).

SCÈNE VI.

LES MÊMES, HISSEN.

HISSEN.

Arrêtez!.. au nom de Brama, arrêtez tous!

LE BRAMINE.

Téméraire!

HISSEN.

Bramine, c'est à Kelly qu'appartient le droit de désigner le successeur d'Holkar, et Kelly, sauvé par Brama lui-même, Kelly sort du bois sacré!

TOUS.

Kelly!

LE BRAMINE.

C'est impossible!

HISSEN.

Regarde!

SCÈNE VII.

LES MÊMES, KELLY.

(Kelly entre en scène et repousse Zédha qui s'incline devant lui et se retire).

TOUS.

Kelly! c'est Kelly!..

LE BRAMINE.

Malheur!

MISSOURI.

Me voilà détrôné!

HISSEN, bas au bramine.

Ton abominable projet n'a pu s'accomplir, et ce n'est pas Missouri que Kelly choisira!... (Haut.) Peuple de Nagpour, c'est à présent que ton sort va se décider... Prions tous Brama de faire descendre sur Kelly un rayon de sa divine intelligence.

(Tout le monde s'agenouille autour de Kelly, qui s'agenouille aussi).

CHŒUR.

Brama, daigne entendre nos vœux,
Veille sur nous du haut des cieux!
En toi seul tout un peuple espère :
Daigne exaucer notre prière,
Et de Siva désarmer le courroux!
Qu'en ton nom Kelly nous désigne
Et le plus noble et le plus digne
De régner aujourd'hui sur nous.

HISSEN.

Bramine, le peuple attend ton ordre.

LE BRAMINE, à part.

Allons... il le faut! (Haut.) Kelly prends le sceptre dans le coffre d'or, et, au nom de Brama, donne-le au plus digne.

(Kelly ouvre le coffre, prend le sceptre et passe devant les chefs. Missouri sort de son rang et avance la main).

MISSOURI.

Essayons.

(Kelly, qui s'est arrêté un moment, passe devant Missouri).

MISSOURI, à part.

J'en étais sûr!.. Et on dit que ces animaux-là sont intelligens!

(Kelly élevant en l'air le sceptre, écarte tout sur son passage. Retrouvant Missouri, qui s'incline en avançant la main, il lui donne un coup du sceptre sur la tête et s'éloigne. — Tout le monde se précipite à la suite de Kelly).

Deuxième tableau.

Le théâtre représente une chamière indienne. — Au fond est une porte et une petite fenêtre un peu élevée. — A gauche de l'acteur, une autre porte. — Dans la chaumière, un établissement de cordonnier de campagne. — Au fond, des pièces de maroquin sont accrochées au mur; on y voit aussi des babouches de différentes couleurs. — Cette habitation étant celle d'un Français, le mobilier doit-être à l'européenne.

SCÈNE I.

THOMAS, seul, Il va ouvrir le volet de la croisée, et y accroche la cage de la pie.

Ah! ah! déjà grand jour... Diable! j'ai dormi tard aujourd'hui... C'est beau, le ciel de l'Inde!.. oui, c'est bien beau; mais c'est égal, j'aime encore mieux mon vieux ciel gris de Paris... Dieu sait maintenant quand nous le reverrons... Ah! bah! travaillons toujours. (Il se place à la petite table.) Ici comme ailleurs, à chaque jour son pain... Où est donc mon tire-pied?.. Ah! le voilà... (Prenant une babouche.) Quelle façon vous a cette babouche!.. Ce ne sont pas ces imbéciles de savetiers indous qui vous en trousseraient comme ça!.. (Il travaille en chantant.) C'est singulier, je me sens là un tiraillement... Je ne sais pas ce que c'est, mais ça ressemble comme deux gouttes d'eau à une faim... de Boa! (Il appelle.) Catherine! (La pie saute et répète.) Tiens, la pie s'en mêle... T'as donc des tiraillemens aussi, ma pauvre fille?.. Patience, patience... Madame Thomas!.. (La pie répète encore.) Tiens, v'là ma soie qui casse... Je voudrais bien savoir ce qui retient mon apprenti Omichoud à Nagpour... Il se sera encore amusé peut-être à voir brûler quelque veuve... il aime ça, ce garçon... chacun son goût... Catherine!.. Je suis bien sûr que cette femme-là ne se brûlera jamais pour moi, par exemple!.. Voyez seulement si elle se dérange. (Il prend son tire-pied et va vers la porte.) Madame Thomas!

SCÈNE II.

THOMAS, CATHERINE.

CATHERINE.

Un instant donc, un instant, monsieur pressé!.. Voyons, qu'est-ce qu'il te faut!

THOMAS.

Il me faut à déjeuner, ma colombe.

CATHERINE.

A déjeuner; c'est ça, paresseux, gourmand!.. à peine levé, il faut que ça mange. Je crois, Dieu me pardonne, qu'il ouvre la bouche avant les yeux... Si c'est comme ça que tu comptes faire une bonne maison, et gagner de quoi retourner à Paris!.. (Apportant la table.) Il me semble que tu aurais bien pu patienter jusqu'à l'arrivée d'Omichoud... Il n'a pas déjeuné non plus, ce garçon.

THOMAS, se mettant à table.

Et depuis quand un maître se gêne-t-il pour son apprenti?.. Prends-y garde, Catherine, tu t'occupes un peu trop du jeune Indou... Cela commence à m'offusquer.

CATHERINE.

Imbécille! Est-ce que tu serais jaloux, par hasard?

THOMAS.

Dame! quand on a un petit trésor de femme, comme toi... Vous ne mangez pas, ma tourterelle?

CATHERINE.

Je n'ai pas faim.

THOMAS.

A ton aise... Verse, alors. (Catherine lui verse à boire.) Le fait est que le jeune Indou se développe... On a le sang très chaud dans l'Inde... Enfin, je ne suis pas tranquille.

CATHERINE.

Sur quelle herbe avez-vous donc marché aujourd'hui, monsieur le mauvais plaisant?

THOMAS, lui prenant la taille.

C'est toi qui m'as mis de belle humeur, oiseau de Paradis!

CATHERINE.

Laissez-moi, vous êtes un monstre.

THOMAS.

Est-ce que tu me boudes, ma bichette?.. Eh bien! je t'aime beaucoup dans ces momens-là, je t'aime... Va donner à manger à la pie.

CATHERINE, sèchement.

Elle en a...

THOMAS.

Alors donne-moi mon tabac, et pendant que je fumerai ma pipe, tu me liras ta lettre à notre sœur de la rue Mouffetard... As-tu écrit?..

CATHERINE.

Oui, j'ai écrit, monsieur j'ordonne... Ne dirait-on pas un sultan?

THOMAS, fumant.

Certainement, je suis ton sultan, ma mignonne sultane.

CATHERINE.

Vous! laissez-moi donc tranquille.

THOMAS.

J'écoute, madame Thomas.

CATHERINE, lisant une lettre.

« Ma chère sœur, mon imbécile de mari...

THOMAS.

Plait-il?

CATHERINE.

Pardine! faut-il pas que je me gêne avec ma sœur?

THOMAS.

Mais c'est avec moi que tu ne te gênes pas... N'importe, continue.

CATHERINE.

« Mon imbécile...

THOMAS.

J'ai fort bien entendu, et je n'ai pas demandé bis.

CATHERINE.

« N'ayant pas trouvé à s'établir à Calcutta, où » il espérait faire fortune, comme vous savez, a » voulu partir avec une caravane pour une au- » tre ville de ce damné pays. Nous nous som- » mes donc mis en route, la pie, monsieur Tho- » mas et moi, en compagnie d'une troupe de » jongleurs et de trois belles femmes qui allaient » se faire brûler plus loin, parce que c'est dé- » fendu maintenant à Calcutta... Trois femmes » superbes se brûler pour un seul homme, tan- » dis que toute l'espèce...

THOMAS.

Hein?

CATHERINE.

« Enfin, chacun prend son plaisir où il le » trouve. Nous avions déjà fait pas mal de che- » min, quand un beau soir, au milieu d'un bois, » nous avons été attaqués et pris par une bande » de brigands indigènes, qu'on appelle les Ro- » sillas. J'ai vu le moment où deux de ces in- » fâmes coquins allaient me manquer de res- » pect.

THOMAS.

Allons donc, tu te flattes... Ils sont très auda- cieux, certainement, mais...

CATHERINE.

Mais, quoi?

THOMAS.

Va toujours.

CATHERINE.

« Arrivés près de la grande ville de Nagpour, » un petit jongleur, nommé Omichoud, a eu » pitié de nous, et nous a emmenés dans une » vieille chaumière habitée autrefois par les Pa- » rias. Voilà bientôt un an que nous y sommes » avec notre petit sauveur, qui est bien gentil » et qui fait des babouches avec le père Tho- » mas, et va les vendre pour nous à la ville. » Nous ne sommes pas heureux, mais nous vi- » vons, et j'espère, Dieu aidant, que nous pour- » rons bientôt aller vous embrasser dans votre » vieille rue Mouffetard, avec laquelle nous » sommes... etc. »

THOMAS.

Est-ce tout?

CATHERINE.

Oui, c'est tout.

THOMAS, se levant.

Eh bien, il ne reste plus maintenant qu'à trou- ver un moyen de faire partir et arriver la lettre.

CATHERINE, emportant la table.

Oh! Omichoud cherchera, et il finira par trouver. Il est si adroit!.. Ce n'est pas comme vous, qui n'êtes bon à rien.

THOMAS.

Encore; il paraît que tu me gardes rancune, ma gentille bayadère... (La pie saute dans la cage et crie : Omichoud! Omichoud!) Tiens, voilà ton protégé qui revient... Jacqueline l'annonce.

SCÈNE III.

LES MÊMES, OMICHOUD.

(Omichoud arrive lentement, les bras croisés et la tête baissée. Il s'arrête pensif, au milieu du théâtre.)

THOMAS.

Qu'est-ce qu'il a donc?

CATHERINE.

Serait-il arrivé un malheur?

OMICHOUD.

Oui, un grand malheur, à Nagpour.

CATHERINE.

Conte-nous ça bien vite.

THOMAS.

Conte-nous ça bien vite... Et il mourra de faim, n'est-ce pas?.. Voyons, donne-lui à dé- jeuner.

OMICHOUD.

Non, Omichoud ne doit pas manger... Brama l'ordonne; le grand bramine l'a dit...

THOMAS.

Laisse-nous donc tranquilles. Brama ordonne de manger quand on a faim...

CATHERINE.

Pourquoi le tourmenter?.. Il a sa croyance comme nous, respecte-là.

OMICHOUD, tristement.

Brama a ordonné à Omichoud de cacher père Thomas quand les Rosillas voulaient le tuer avec bonne Catherine... et Omichoud a obéi avec plaisir.

CATHERINE.

Au fait, où en serions-nous, sans lui ?... Eh bien, garçon ! ce malheur ?

OMICHOUD.

Omichoud tremble encore quand il y pense.

THOMAS.

Nous allons peut-être trembler aussi... c'est égal, va toujours.

OMICHOUD.

La nuit dernière, le grand Siva a soufflé un orage sur Nagpour.

THOMAS.

Oui, le vent était sud-est... Où est donc ma soie rouge ?...

OMICHOUD, lui passant la soie.

Ici, dans la chaumière de Thomas, pas de sommeil... là-bas... dans le palais, au milieu de la tempête... mort !...

CATHERINE.

Miséricorde ! qui est-ce qui est mort ?

OMICHOUD.

Le rajah de Nagpour... Brama l'a rappelé.

THOMAS.

Oui, j'entends... et comme il ne se pressait peut-être pas assez, on l'a sans doute aidé à partir... comme le dernier... Soyez donc rajah !.. Merci, j'aime mieux faire des babouches...

(Un coup de vent fait tomber la cage de la pie et ferme violemment la fenêtre. Catherine pousse un cri. Le tonnerre gronde ; on entend la grêle et le vent.)

THOMAS.

Qu'est-ce que c'est que ça ?

OMICHOUD.

Père Thomas ne veut pas croire, et Brama gronde...

(Les éclairs se succèdent rapidement. La porte est agitée par le vent, les arbres se brisent en dehors.)

CATHERINE.

Quel orage épouvantable !...

(Elle va fermer la fenêtre. Omichoud se prosterne.)

THOMAS.

Eh ! eh !.. on n'y voit plus... Il paraît qu'en effet Brama se fâche tout de bon... il me fera ort d'une babouche... c'est sûr...

CATHERINE.

Mais, tais-toi donc... tu nous feras arriver malheur... (On frappe à la porte.) Ah ! mon Dieu !

THOMAS, effrayé à son tour.

Oh ! oh ! qui peut frapper ici ?

(On frappe de nouveau.)

CATHERINE.

On a découvert notre retraite... les Rosillas, peut-être... Nous sommes perdus !...

THOMAS.

Chut !...

CATHERINE, tremblante.

Faut-il ouvrir ?

THOMAS.

Es-tu folle ?.. Tant que Brama... Siva, etc... étaient seuls de la partie, ça m'était égal ; mais si ces enragés de Rosillas s'en mêlent, c'est différent... Ils n'auraient qu'à te manquer tout-à-fait de respect, cette fois-ci !

MADOURA, en dehors.

Au nom de Brama, ouvrez...

CATHERINE.

Une voix de femme...

MADOURA.

Ayez pitié d'une pauvre mère...

THOMAS.

Tu as raison, ça ne peut être qu'une femme... ouvre donc bien vite.

SCÈNE IV.

LES MÊMES, MADOURA, DJELMI.

MADOURA.

L'orage nous poursuit, la fatigue nous accable... accordez-nous l'hospitalité.

CATHERINE.

De tout mon cœur, ma bonne dame.

MADOURA.

Vous n'êtes pas de ce pays ?

THOMAS.

Non, belle Indouse... je suis de Paris, rue Tiquetonne, n° 27 bis... Que je suis bête... elle ne connaît pas ce quartier-là... Je suis de France, département de la Seine... C'est plus clair.

MADOURA.

Des étrangers ! nous sommes sauvés... Êtes-vous les maîtres de cette habitation ?

THOMAS.

Oui, les maîtres, tant qu'on ne nous en chassera pas...

(Il va s'assurer à la porte que les nouveaux venus n'ont pas de suite.)

MADOURA.

Consentez donc à nous recevoir dans votre retraite : il y va de la vie, si nous sommes découverts... les jours de cet enfant sont surtout menacés...

CATHERINE.

Pauvre petit!

THOMAS.

Je vous préviens que vous ne serez pas ici dans un palais... les coussins de nos lits sont un peu durs, et la pitance est modeste... Thomas le cordonnier n'est pas riche... mais c'est égal, dans le peu qu'il a, il trouve encore la part de plus pauvre que lui.

MADOURA.

Excellent homme!

OMICHOUD.

Oui, oui, père Thomas n'a pas toujours bonne parole, mais toujours bon cœur!

THOMAS.

La cabane n'est pas grande... on se serrera; quand les provisions seront courtes, on fera les morceaux plus petits... Tenez; asséyez-vous là; toi, Omichoud, va chercher quelques fruits dans le verger.

(Omichoud sort.)

CATHERINE, bas.

Regarde donc, Thomas, comme il est gentil, le petit...

THOMAS.

Pas mal; mais j'étais encore mieux que ça à son âge.

CATHERINE.

Toi?...

THOMAS.

Certainement, puisqu'on m'appelait le Chérubin de la rue Tiquetonne... Figure-toi une petite pelotte rose... c'était moi.

MADOURA, bas à Djelmi.

Ces chrétiens ne nous trahiront pas... Nous attendrons ici la nuit, et nous partirons ce soir, pour rejoindre Nadir au rendez-vous qu'Hissen nous a donné.

OMICHOUD, rentrant.

Voilà des fruits.

(On entend dans le lointain un appel de clairons.)

THOMAS.

Qu'est-ce que c'est que ça, encore?.. Nous ne serons donc pas un instant tranquilles aujourd'hui... (A Omichoud qui écoute attentivement.) *Que fais-tu là?*

OMICHOUD.

J'écoute.

THOMAS.

Je le vois bien... Mais, qu'est-ce que tu entends?

OMICHOUD.

Les Rosillas...

THOMAS.

Hein?

CATHERINE.

Sainte Vierge!...

THOMAS.

Pour cette fois, nous y sommes!

MADOURA.

Viens, Djelmi, fuyons...

OMICHOUD.

Pas bouger... les Rosillas bien loin encore; eux pas voir la cabane et avoir peur des arbres des Parias... eux pas venir ici, sans doute.

THOMAS.

Va t'en assurer, mon garçon, va, et reviens vite nous tirer d'inquiétude.

OMICHOUD.

Oui... père Thomas... Restez, vous autres... Pas peur, Catherine... (Allant à l'enfant qu'il caresse.) Pas peur, petit, les Rosillas tuer Omichoud avant d'arriver ici...

(Il sort en courant.)

SCÈNE V.

MADOURA, DJELMI, THOMAS, CATHERINE.

CATHERINE.

Ah! si nous en réchappons encore cette fois, je ne reste pas un jour de plus.

MADOURA.

Ecoutez : un ami, un protecteur avait prévu ce danger, il m'a donné rendez-vous dans la grotte de Beckanir, près du torrent de Siva; là nous serons en sûreté.

THOMAS.

Attendez donc, je connais ça, moi! Omichoud m'y a conduit... Et, tenez, par cette porte on arrive à un petit sentier qui y mène tout droit... Il y a tout au plus une lieue, mesure de France, d'ici là, et une fois que nous y serons, comme *vous dites, nous n'aurons plus rien à craindre...* C'est notre coureur qui revient... Comme il a l'air effrayé...

(Omichoud arrive en courant, il ferme la porte et reste collé contre, tout haletant.)

SCÈNE VI.

LES MÊMES, OMICHOUD.

THOMAS.

Eh bien!..

OMICHOUD, essoufflé.

Pas causer... vite partir.

THOMAS.

Ils viennent donc par ici?..

OMICHOUD.

Oui, tous!..

THOMAS.

Mais qui, enfin?..

OMICHOUD.

Les ennemis de bon père Thomas, les Rosillas, les bramines...

CATHERINE.

Mais qu'est-ce que cela signifie?..

OMICHOUD.

Je sais pas, mais partir vite, vite... Vous, Catherine. (A Madoura.) Toi aussi... Et moi, porter l'enfant pour passer la rivière... Venez... venez...

(Il fait signe aux deux femmes de le suivre.)

THOMAS.

Attendez-moi donc?..

OMICHOUD.

Non, vous rester encore un peu...

THOMAS.

Tout seul; allons donc...

OMICHOUD.

Rester pour fermer, amasser les provisions pour vivre là-bas... Les Rosillas encore un peu loin... (Montrant les femmes.) Elles pas bien courir, et moi tout de suite reviendrai... chercher père Thomas...

CATHERINE.

Il a raison... Comment ferions nous sans provisions?.. Dépêche toi, mon bon Thomas...

THOMAS.

Laisse-moi donc tranquille, toi...

(Il ramasse à la hâte quelques objets.)

CATHERINE.

Si tu étais surpris tu pourrais te cacher dans la vieille citerne, il n'y a presque plus d'eau...

THOMAS.

Presque plus... Merci... je serais gentil là-dedans!..

(On entend de nouveau et plus près les appels de clairons.)

OMICHOUD.

Vite... vite...

(Il sort avec les deux femmes et l'enfant.)

SCÈNE VII.

THOMAS, seul, il met une barre à la porte.

Là... dépêchons-nous de faire quelques paquets... C'est la mort de leur Radjah, qui les met en révolution comme ça... Je crois que je n'oublie rien... Ah! et ma pauvre pie donc, qui m'a suivi de la rue Tiquetonne ici, je ne peux pas l'abandonner... elle nous aime tant, cette pauvre bête!.. et puis, quand par hasard ma femme se tait, ça fait toujours une compagnie...

(Il monte sur le petit banc pour décrocher la cage. — A ce moment, l'éléphant Kelly pousse la fenêtre avec sa trompe et laisse tomber le sceptre dans la cabane.)

THOMAS, laissant échapper la cage.

Ah! mon Dieu! qu'est-ce que c'est que ça?.. Je n'ai plus une goutte de sang dans les veines... (Les clairons font un nouvel appel tout près de la cabane.) Ah! ah! les voilà!.. (Il court à la porte de droite.) Plus moyen d'échapper, ils ont cerné la chaumière... (Refermant vivement la porte et courant du côté opposé.) Vite, à la citerne... je suis mort!..

(On frappe à la porte à coups redoublés, on entend le mouvement de la foule qui entoure la chaumière.)

SCÈNE VIII.

LE GRAND BRAMINE, MISSOURI, SAHAD, DEUXIÈME BRAMINE, BRAMINES inférieurs.

LE BRAMINE, en dehors.

Arrêtez!.. que pas un de vous ne pénètre dans cette enceinte avant que l'air en soit purifié... Retirez-vous, vous dis-je... ou craignez la colère de Brama... Vous, retenez Kelly... Vous, brisez cette porte!..

(On enfonce la porte, et le grand Bramine entre suivi de Missouri et de plusieurs autres bramines inférieurs. Ils portent chacun un rameau vert.)

LE BRAMINE.

Personne... Cherchez partout...

(Les autres bramines sortent par les deux portes latérales.)

MISSOURI, voyant le sceptre et le ramassant.)

Que penser de tout cela?.. Ne serait-il pas temps d'annoncer au peuple que Kelly est frappé de vertige; il ne fait que des sottises depuis hier...

LE BRAMINE.

La crédulité de la foule nous est trop néces saire pour la compromettre ainsi... Faillible su un seul point aux yeux de ces fanatiques, je le serais bientôt sur tous, et ma puissance s'écroulerait aussitôt... Le résultat des recherches que je fais faire dictera ma résolution... Elle peut varier selon le caractère et l'origine de l'habitant de cette cabane..., mais quoique je dise, quoi que je fasse, songe à ne pas me démentir, il y va du succès ou de la ruine de nos projets.

MISSOURI, à part.

Voudrait-il déjà me sacrifier ?..

SCÈNE IX.

LES MÊMES, THOMAS, SAHAD, DEUXIÈME BRAMINE, et BRAMINES inférieurs.

(Sahab entre d'un côté avec quatre bramines et Thomas. De l'autre côté paraissent en même temps les autres bramines.)

SAHAB.

Nous n'avons trouvé que cet homme, caché dans une vieille citerne.

MISSOURI, au grand bramine.

Un étranger !..

(Le grand bramine lui fait signe de se taire.)

LE GRAND BRAMINE, aux autres.

Et vous, qu'avez-vous découvert?

DEUXIÈME BRAMINE.

Rien, seigneur.

LE GRAND BRAMINE.

Il suffit. Laissez-nous, et gardez toutes les issues.

(Les bramines sortent.)

SCÈNE X.

LE GRAND BRAMINE, MISSOURI, THOMAS.

THOMAS, à part.

Qu'est-ce qu'il vont faire de moi?..

LE BRAMINE.

Approche... et si tu tiens à la vie...

THOMAS.

J'y tiens... par habitude, seigneur !

LE BRAMINE.

Tu répondras donc sans détour aux questions que je vais te faire.

THOMAS, tremblant.

Oui, seigneur !

LE BRAMINE.

Songe bien qu'on ne peut me tromper, que l'esprit de Brama m'éclaire.

THOMAS, à part.

S'il n'y a que Brama pour me démentir !..

LE BRAMINE.

Que dis-tu?

THOMAS.

Je dis que vous devez être parfaitement éclairé, seigneur Bramine.

LE BRAMINE.

Ton pays? ton nom?

THOMAS.

La France, Thomas.

LE BRAMINE.

Que faisais-tu dans cette cabane?

THOMAS.

Je travaillais pour vivre... et, tenez, seigneur, je crois reconnaître à vos pieds de mon ouvrage... Oui, c'est bien ça... comme c'est conditionné et comme ça vous chausse !.. Oh ! en fait de babouches, je ne crains personne.

LE BRAMINE.

Assez !..

MISSOURI.

Assez !

THOMAS, à part.

Dieu ! qu'il est laid, celui-là !

LE GRAND BRAMINE.

Depuis quand habites-tu ce pays?

THOMAS.

Il y aura un an, vienne la Pentecôte.

LE BRAMINE.

Tu n'étais pas seul, sans doute?

THOMAS, à part.

Aïe ! aïe ! pauvre Catherine !

MISSOURI.

On te demande si tu était seul?

THOMAS.

Oui... j'ai bien entendu.

LE BRAMINE.

Eh bien?

MISSOURI, de l'autre côté.

Eh bien?

THOMAS.

Seigneur, j'avais Catherine, ma femme... parce que... quand on a une femme... on est bien forcé de la garder.

LE BRAMINE.

Et puis?

THOMAS.

Oh! je n'en avais qu'une... Chez nous, on trouve que c'est assez.

LE BRAMINE.

Mais n'y avait-il aucune autre personne avec cette femme?

THOMAS.

Faites excuse, il y avait encore mon apprenti... un garçon bien naïf et bien laborieux, et qui est incapable de faire du mal à personne, seigneur.

LE BRAMINE.

Où sont-ils, maintenant?

THOMAS.

Ils sont... partis...

LE BRAMINE.

Partis?

THOMAS.

Oui... depuis plus de huit jours, pour Calcutta, où je devais aller les rejoindre avec la première caravane. (A part.) Je les sauve au moins comme ça. Ils n'auront pas l'idée de courir après.

LE BRAMINE.

Et tu n'étais connu d'aucun habitant de Nagpour?

THOMAS.

Non, seigneur. Naturellement, j'aime très peu la société, et puis ces enragés... non, je veux dire ces braves Indous ne nous auraient pas fait un bon parti, à nous autres Français.

LE BRAMINE.

C'est bien; éloigne-toi.

THOMAS.

Oui, seigneur.

(Il se retire dans le fond de la cabane.)

LE BRAMINE, à Missouri.

Cet homme est simple, inconnu du peuple, isolé dans le pays, trop timide pour essayer de s'affranchir de notre autorité; il pourra nous servir.

MISSOURI

Quel est ton projet?

LE BRAMINE.

Tu vas le savoir.

(Il va à la porte, fait un signe à Sahab qui s'approche, et lui donne un ordre à voix basse.)

THOMAS, à part, pendant ce jeu.

Ils vont me brûler, c'est sûr... ils ne connaissent que ça, les malheureux!.. C'est drôle, comme de penser au feu, ça me fait froid.

LE BRAMINE, à Sahab.

Vas, et que dans un instant tout soit prêt.

THOMAS, à part.

C'est ça, mon affaire est arrangée...

LE BRAMINE, revenant à Missouri.

Je te l'ai dit, Missouri, sur toute chose, aux yeux du peuple, il ne faut pas que Kelly se soit trompé. Ne perds pas un mot de ce que je vais dire à cet homme. Tu comprendras alors mon dessein, et tu jugeras toi-même que c'est le seul moyen de sortir du mauvais pas où nous sommes. (A Thomas.) Approche-toi.

THOMAS.

Oui, seigneur. (A part.) Je suis mort!

LE BRAMINE.

Tu auras la vie sauve.

THOMAS.

Vraiment!...

LE BRAMINE.

Mais écoute à quelles conditions.

THOMAS.

Oh! tout ce que vous voudrez!

LE BRAMINE.

D'abord, tu n'es pas Français.

THOMAS.

Je vous demande bien pardon, je suis de la paroisse Saint-Eustache, 4e arrondissement.

LE BRAMINE, sévèrement.

Tu n'es pas Français!

THOMAS.

Ah! bon, je comprends, c'est-à-dire vous ne voulez plus que je le sois. Bien, bien..... ça me va..... Je serai Indou, faquir, marabou... tout ce que vous voudrez.

LE BRAMINE.

Ecoute-moi sans m'interrompre, et grave-bien dans ta pensée tout ce que tu vas entendre, un seul oubli te coûterait la tête!

THOMAS.

Oh! j'ai très bonne mémoire!

LE BRAMINE.

Silence! Tu es du plus noble sang de l'Indoustan, le seul rejeton de l'illustre Mohari. (Thomas répète le mot à voix basse.) Tu as été préservé par miracle de la ruine de ta race.

THOMAS.

Oui.

LE BRAMINE.

Et Kelly, l'éléphant sacré, t'a désigné comme le plus digne de succéder à Holkar-Rajah!

THOMAS.

Plaît-il? Je succède à quoi? à qui?

LE BRAMINE.

Au rajah de Nagpour.

THOMAS.

Celui que Brama a rappelé l'autre nuit? Merci ! Je succède à son bottier... à son baboucheur si on veut... mais à lui, du tout! Brama s'occupe beaucoup trop des rajahs !

LA BRAMINE.

Aimes-tu mieux mourir ?

THOMAS.

Oh ! non, non ! A la rigueur, d'un trône, on en revient; au lieu que de la mort...

MISSOURI, bas au bramine.

Y songes-tu ?

LE BRAMINE, de même.

Ecoute jusqu'au bout avant de blâmer. (Haut.) Esclave, tu seras rajah de Nagpour, notre souverain maître.

THOMAS.

Mais...

LE BRAMINE.

Je le veux !

THOMAS.

C'est différent, du moment que vous tenez absolument à ce que je sois votre maître, j'obéis. (A part.) Je rêve, bien sûr.

LE BRAMINE.

Aussitôt investi de l'autorité souveraine, tu nommeras Missouri ton premier ministre, et ton successeur à défaut d'héritier direct; il choisira les personnes qui doivent t'entourer; tu ne diras, tu ne feras rien sans le consulter. Il veillera sans cesse sur toi. Tu règneras enfin, mais Missouri gouvernera.

THOMAS.

Oh ! pour ça, très volontiers, il s'y entendra mieux que moi. S'il s'agissait de babouches, par exemple !...

LE BRAMINE.

Tu seras donc rajah, jusqu'à ce qu'il plaise à Brama de te rappeler à lui.

THOMAS, à part.

C'est ça, comme l'autre... On me fait déjà faire mon testament! (Haut.) Dites-moi donc, bramine : pourquoi ne pas prendre tout de suite le seigneur Missouri?.. ça m'irait mieux !

LE BRAMINE.

C'est impossible, puisque c'est toi que Kelly a désigné.

THOMAS, à part.

Qu'est-ce que je lui ai fait, à cet animal-là ?

LE BRAMINE, bas à Missouri.

Tu seras son successeur... Comprends-tu, maintenant?

MISSOURI.

Oui.

THOMAS, à part.

Qu'est-ce qu'ils ont donc à parler bas? il a une bien mauvaise physionomie, mon premier ministre !...

(Les bramines entrent avec le costume du rajah. Le grand bramine leur donne des ordres et les fait ranger dans le fond.)

LE BRAMINE.

On va te revêtir du khélat et te proclamer; tu seras conduit ensuite en triomphe à Nagpour.

THOMAS.

C'est très bien... mais ma femme ?

MISSOURI.

Tu en trouveras d'autres au palais.

THOMAS.

D'autres!.. Ça me changera... je ne dis pas non... mais vous savez, l'habitude... Puis-je emporter au moins ma pie ?

MISSOURI.

Y songes-tu? un animal impur !

THOMAS.

Ah ! c'est impur... Excusez, je ne savais pas...

(Les clairons se font entendre avec éclat. Grande fanfare. Les bramines entourent Thomas et lui mettent le costume complet de rajah. Pendant qu'on habille Thomas, l'éléphant paraît à la porte, et, comme elle est basse, il entre en se baissant).

THOMAS.

Ah ! mon Dieu ! qu'est-ce que c'est que ça ?

MISSOURI.

C'est Kelly qui vient rendre hommage à son nouveau maître.

THOMAS.

Il devrait attendre qu'on l'appelle, au moins.. C'est indiscret... il est mal élevé, cet éléphant-là..

MISSOURI.

Comment ! l'éléphant sacré ?

THOMAS.

C'est juste, c'est juste !

LE GRAND BRAMINE.

Bramines, que les trompettes retentissent !.. Annoncez au peuple le choix de l'éléphant sacré, et proclamez trois fois le sublime Mohari, rajah !

THOMAS.

Allons, il n'y a plus à en revenir !

MISSOURI.

C'est sur ce noble animal que tu dois faire ton entrée dans la ville.

THOMAS.

A la bonne heure! (L'éléphant s'incline et on fait monter Thomas sur sa riche housse.) Tiens, au fait, on n'est pas trop mal là-dessus.

LE BRAMINE, à Missouri.

Maintenant, donne l'ordre à tes guerriers de livrer cette chaumière aux flammes, aussitôt que nous l'aurons quittée! (Avec intention.) Il faut qu'il n'en reste aucun vestige.

MISSOURI.

Tu seras obéi.

(On entend au lointain une marche triomphale).

THOMAS, se baissant sur l'éléphant.

Un instant, un instant!.. seigneur Missouri, mon ministre... j'y tiens beaucoup, moi, à la cabane!

MISSOURI, bas.

Ne vas-tu pas avoir un palais?

THOMAS.

Sans doute, mais on ne sait pas ce qui peut arriver, et si le palais venait à me manquer, je ne serais pas fâché de retrouver la chaumière!

MISSOURI.

Brama ne le veut pas!

THOMAS.

C'est différent! Allons, me v'là rajah... mais ça me coûte déjà ma cabane, ma femme et ma pie! Ah! ça, mais comment sortirons-nous d'ici, à présent?

MISSOURI.

Oh! Kelly saura bien s'ouvrir un passage.

L'éléphant touche le fond de la cabane avec sa trompe; puis il se retourne, et en s'appuyant il fait tout écrouler.)

Troisième tableau.

Un magnifique paysage. — Le peuple de Nagpour et les guerriers sont placés sur des collines en amphithéâtre. Ils portent, les uns des bannières, les autres des rameaux verts, d'autres des instrumens dorés. Le peup'e crie : Vive Mohari! — Marche triomphale. Les bramines sont devant Kelly. Missouri le suit. Aussitôt qu'ils sont hors de la chaumière, le peuple agite ses étendards et ses rameaux verts, en criant de nouveau : Vive Mohari! vive Kelly! La lueur de l'incendie éclaire ce tableau.)

ACTE II.

Quatrième tableau.

(Le théâtre représente une salle du Palais du rajah. A gauche de riches coussins sur une estrade recouverte d'un tapis de cachemire. Au fond, une arcade fermée par une portière en tapisserie. A droite, au premier plan, une autre arcade, également fermée par une portière.)

SCÈNE I.

THOMAS, DEUX JEUNES FILLES, DEUX GARDES.

(Thomas est assis sur des coussins de l'Estrade, le menton appuyé sur ses deux mains; les deux jeunes filles l'éventent avec des écrans de plumes. Les gardes sont en faction à la portière du fond, et se promènent extérieurement.)

THOMAS, aux jeunes filles qui lui chatouillent le nez avec leurs écrans.

Vous êtes bien gentilles, mes petites colombes, mais ce que vous faites là est un peu monotone... et puis ça me chatouille, et ça m'empêche de réfléchir.... Assez, assez.... retirez-vous un peu.... il faut que je songe au bonheur de mon peuple. (Il se lève. Les petites filles se retirent dans le fond.) Mon peuple!... J'ai pardieu! dit mon peuple, et ça ne m'a pas gêné du tout.... A propos de mon peuple, je me suis occupé de lui. — Oui, j'ai fait une petite loi pour signaler mon avènement... (Il tire un rouleau de parchemin de sa ceinture, et y jette les yeux.) Eh! eh!.. je suis assez content de moi... (Il lit.) « A tous les Indous et Indouses, qui les présentes verront, salut. » Voilà pour la forme... moi, d'abord, j'ai toujours tenu aux formes... Passons au fond. « Au nom de Brama, il est ordonné, sous peine » de mort, à mes affectionnés sujets de porter » tous les huit jours des babouches neuves et de » brûler les vieilles. » Il me semble que cette mesure-là doit mettre mon gouvernement sur un bon pied... Oh! là! esclaves... (Deux petits négrillons paraissent à la portière de droite.) Ma pipe! je veux fumer! (Les négrillons s'inclinent et sortent.) Que dirait ma pauvre Catherine, si elle voyait tout cela; dame, elle dirait comme moi, c'est un rêve... ce qui n'en est pas un, par exemple, c'est que je commence à avoir une faim de tous les diables... Pourvu qu'il ne leur prenne pas fantaisie de me faire jeûner comme ce pauvre Omichoud.

(Un jeune Indou paraît portant une pipe sur un riche coussin, et met un genou en terre, pour la présenter à Thomas. Un négrillon porte un petit réchaud doré, un autre porte une superbe blague à tabac.)

SCÈNE II.

THOMAS, OMICHOUD, DEUX NÉGRILLONS.

THOMAS, reconnaissant Omichoud.

Qu'est-ce que je vois-là ?

OMICHOUD.

Chut !

(Il lui fait signe de renvoyer les négrillons.)

THOMAS.

Ah ! bon ! (Aux Négrillons.) Allez-vous-en, esclaves !.. (Aux jeunes filles,) Vous aussi, mes petites biches, vous pouvez vous retirer... et qu'on me serve à déjeuner le plutôt possible !.. Allez !

(Les petites filles et les négrillons sortent par l'arcade du fond, dont les portières se referment.)

OMICHOUD, sautant de joie.

Ah ! bon père Thomas ! bon père Thomas !

THOMAS, lui mettant la main sur la bouche.

Veux-tu bien te taire, malheureux, et ne pas m'appeler comme ça !.. si on l'entendait, on m'aurait bientôt... (Il fait le signe d'étrangler.) Je te prie même de ne pas seulement avoir l'air de me connaître.

OMICHOUD.

Oui, père Thomas.

THOMAS.

Encore !.. je te dis qu'il n'y a plus de père Thomas ici, que je suis le grand, le sublime Mahari.

OMICHOUD.

Oh ! oui, Omichoud le savait bien.

THOMAS.

Ah ! tu le savais ? Eh ! bien, alors, tâche de ne pas l'oublier... Voyons, ne parle pas trop haut, et dis-moi vite comment tu as fait pour parvenir j'usqu'ici ?

OMICHOUD.

Oui, père Tho... non... oui, Mohari... Omichoud revenait chercher son bon père Thomas à la chaumière... Tout brûlé, plus de chaumière, plus de père Thomas...

THOMAS.

Et plus de pie ! Pauvre bête !.. brûlée aussi, n'est-ce pas ?

OMICHOUD.

Oh ! oui.

THOMAS.

Comme une veuve, absolument... Après?

OMICHOUD.

Après !.. On a dit à Omichoud que sublime Mohari, trouvé par les bramines dans la chaumière brûlée... Alors, Omichoud deviné tout de suite que Mohari était bon père Thomas, qui, comme le grand Witsnou, s'était métamorphosé en cordonnier.

THOMAS.

Moi, métamorphosé !.. Écoute, mon garçon... c'est bon à dire pour les autres, ça... mais, entre nous, je ne suis toujours que le pauvre père Thomas.

OMICHOUD.

Non !

THOMAS.

Comment, non ?..

OMICHOUD.

Le grand bramine a parlé, faut croire le grand bramine.

THOMAS.

Imbécile, puisque je te dis... que je suis Thomas !

OMICHOUD.

Non, vous Mohari.

THOMAS.

Ah ! ça, mais je connais bien mon père, peut-être.

OMICHOUD.

Non.

THOMAS.

Non !.. Ah ! c'est trop fort !.. Mais je ne veux pas me disputer avec toi, car, quand une fois tu t'es fourré quelque chose dans la caboche, tu es presqu'aussi entêté que ma femme... A propos, de ma femme, est-elle en sûreté, au moins, cette pauvre Catherine?

OMICHOUD.

Oh ! oui, oui... dans la grotte de Beckanir avec petit Djelmi et Madoura.

THOMAS.

Ah ! Dieu soit loué !.. dès que nous pourrons nous sauver, nous irons les rejoindre... En attendant, explique-moi un peu comment tu es devenu mon porte-pipe ?

OMICHOUD.

Bien facile... Tous les serviteurs d'Olkar chassés comme impurs... Omichoud présenté lui au palais, prié beaucoup, et obtenir de servir bon Mohari.

THOMAS.

Eh ! bien, tu peux te flatter d'avoir eu là une fameuse idée... au moins, j'aurai quelqu'un à qui parler... Avec tous ces mamamouchis, je ne peux pas placer un mot, vois-tu.

OMICHOUD.

Mais toi, Mohari, leur maître à tous.

THOMAS.

Sans doute, je suis leur maître, à condition de faire toutes leurs volontés. Ainsi, mon garçon, fais y bien attention, ne vas pas bavarder. . ils te tueraient et moi aussi.

OMICHOUD.

Non, faut pas.

THOMAS.

Je crois bien qu'il ne faut pas !

OMICHOUD.

Père Thomas pas heureux donc d'être rajah ?

THOMAS.

Oh ! non, j'aimais bien mieux mon autre état... Tiens, à chaque instant, il me prend des démangeaisons, des crampes dans les bras... (Il fait le geste de tirer le fil.) Ecoute, petit, quand nous serons seuls et que nous aurons le temps, tu m'apporteras du maroquin, un bon tire-pied, et des alènes, nous fermerons bien les portes, et nous ferons des babouches.

OMICHOUD.

Rajah Mohari faire des babouches !

THOMAS.

Pourquoi pas? Tout ça ne peut pas durer, vois-tu bien, et en cas d'évènement, je ne suis pas fâché de m'entretenir la main... j'ai même fait une petite loi à mon intention... Mais chut ! on vient... c'est mon premier ministre... mon cauchemar...

(Omichoud se prosterne comme pour lui baiser les pieds.)

SCÈNE III.

LES MÊMES, MISSOURI.

MISSOURI.

Que fais-tu là, misérable? tu importunes le sublime rajah.

THOMAS.

Mais non.

MISSOURI.

Je suis convaincu qu'il doit t'importuner.

THOMAS.

Si vous en êtes sûr... Allons, mon garçon, mon ministre est sûr que tu m'importunes.

MISSOURI.

Relève-toi... Qu'osais-tu dire à notre puissant maître ?

THOMAS.

Oh ! je crois qu'il regardait mes babouches... il disait qu'elles n'étaient pas très bien cousues, et au fait, il a raison.

MISSOURI.

Qu'il s'en aille.

THOMAS.

Oui, c'est ça, va-t-en.

(Au moment où Omichoud s'éloigne, Thomas lui fait signe de revenir quand Missouri sera parti. Missouri se retourne, et Thomas fait semblant de se moucher.)

SCÈNE IV.

MISSOURI, THOMAS.

THOMAS, à part.

Dieu ! que ce ministre-là me déplait !

MISSOURI.

Rajah, je viens prendre tes ordres.

THOMAS, à part, avec ironie.

Mes ordres !

MISSOURI, avec impatience.

Je viens prendre tes ordres.

THOMAS.

J'entends bien, mes ordres... Eh bien ! quels ordres voulez-vous que je vous donne, voyons ?

MISSOURI.

D'abord celui de poursuivre et de mettre à mort le derviche Hissen, la jongleuse Madoura, et tous ceux qu'on surprendra près d'eux.

THOMAS.

Miséricorde ! qu'ont-ils donc fait ?

MISSOURI.

Ils veulent mettre à ta place un faux héritier du rajah Mohadir.

THOMAS.

Oh ! si ce n'est que ma place qui les tente...

MISSOURI.

Tu dois la garder jusqu'à ce qu'il plaise à Brama de t'en retirer.

THOMAS, à part.

Quelle perpective !

MISSOURI.

Que dis-tu ?

THOMAS.

Je dis qu'il sera peut-être bien difficile de les trouver.

MISSOURI.

Rien n'est difficile pour l'éxécution de tes ordres.

THOMAS.

Ah ! par exemple, je vous arrête là !.. il y a plus d'une heure que j'en ai donné un de la plus haute importance, et je n'en ai pas encore de nouvelles.

MISSOURI.

Qu'est-ce donc ?

THOMAS.

J'ai ordonné qu'on me serve à déjeuner tout de suite, et rien n'arrive.

MISSOURI.

C'est que tes humbles esclaves n'ignorent pas qu'il y a grand jeûne en honneur de ton couronnement, et que tu dois à ton peuple, l'exemple de la tempérance.

THOMAS.

Je dois jeûner pour mon peuple.

MISSOURI.

Il n'en sera ainsi que pendant les huit premiers jours de ton règne.

THOMAS.

Huit jours de jeûne ! (A part.) J'y suis, c'est de faim que ces coquins-là veulent me faire mourir !..

MISSOURI, entendant trois sons de cor.

Voici l'heure du Durbar, ton audience solennelle... Songe à bien l'observer, rappelle-toi ce que t'a dit le grand bramine, et que ta vie tient à ta discrétion.

THOMAS.

Soyez tranquille, je ne l'oublierai pas. (A part.) Décidément ce ministre-là est insupportable !

SCÈNE V.

LES MÊMES, CAZY, GUERRIERS et NÉGRILLONS.

THOMAS, à Missouri.

Qu'est-ce que c'est que ce petit vieux ?

MISSOURI.

C'est le maître des bayadères et le gardien des femmes... Il se nomme Cazy.

THOMAS.

Cazy quoi ?

CAZY, s'inclinant.

Cazy...

THOMAS.

Ah ! très bien, Cazy... Au fait, le nom est bien approprié à la chose... Et bien ! qu'est-ce que tu me veux ?

CAZY.

Sublime rajah, je viens prendre tes ordres pour la cérémonie du bûcher.

THOMAS.

Quel bûcher ?

CAZY.

Celui des douze veuves de ton prédécesseur.

THOMAS.

Comment ! on va vraiment les brûler, ces pauvres veuves ?

CAZY.

La loi le veut... si tu le permets.

THOMAS.

Si je le permets ? J'ai donc le droit de l'empêcher ? (Descendant de l'estrade.) Un instant, alors... éteignez le feu bien vite... je ne veux pas avoir douze femmes brûlées sur la conscience.

MISSOURI, vivement.

Tu ne peux cependant les sauver qu'à une condition que tu ne saurais remplir.

THOMAS, bas.

C'est donc bien difficile ?

MISSOURI.

Il faudrait les épouser toi-même.

THOMAS.

Epouser les douze veuves !

MISSOURI.

J'étais bien sûr que ça t'effrayrait. (A Cazy.) Va.

THOMAS.

Pauvres femmes !.. Attendez !.. (A part.) Au fait, Catherine ne le saura pas...

MISSOURI.

Tu hésites ?

THOMAS.

Non, j'épouse... Eteignez le feu, et qu'on m'amène les veuves.

(Cazy sort pour exécuter cet ordre.)

MISSOURI.

Imprudent !

THOMAS.

Oui... je ne dis pas le contraire...

MISSOURI.

Assez.

THOMAS.

Oui, je crois que j'en aurai assez... par exemple !

SCÈNE VI.

LES MÊMES, LES DOUZE VEUVES voilées.

CAZY.

Rangez-vous là, veuves désolées, et inclinez-vous devant l'aborable maître qui vous appelle à lui.

(Elles s'inclinent.)

THOMAS.

Très bien.

MISSOURI.

Tu sais, rajah, que chacune de tes douze épouses aura droit d'être rajahde à son tour, pendant une lune entière.

THOMAS.

Soit.

MISSOURI.

Choisis.

THOMAS, à part.

Hé! hé! ça devient plus amusant. (Haut.) Qu'elles ôtent leur voile.

MISSOURI.

Tu n'ignores pas, rajah, que cela est impossible.

THOMAS.

Mais, cependant, pour choisir...

MISSOURI.

Il faut choisir sans voir. La loi l'ordonne.

THOMAS.

C'est absurde!

MISSOURI.

Si cela t'embarrasse trop, quelqu'un se chargera de choisir à ta place.

THOMAS.

Qui?

MISSOURI.

Celui-là qui a déjà fait tant pour toi.

(Missouri fait un signe.)

THOMAS.

Mais, qui donc?

MISSOURI.

L'éléphant sacré.

THOMAS.

L'éléphant!.. Du tout... je ne veux pas qu'il se mêle de mes affaires... il m'a joué déjà un assez vilain tour... Je ne veux pas.

MISSOURI, bas.

Et moi, je le veux.

THOMAS.

Ah!... si vous m'aviez dit ça tout de suite.

MISSOURI, haut.

Tu consens?

THOMAS.

Comment donc!... avec plaisir.

(Kelly paraît.)

MISSOURI, à Kelly.

Tu vas désigner l'épouse de ton nouveau maître.

THOMAS.

Parbleu! je suis curieux de voir comment il s'y prendra.

(Les veuves passent gracieusement l'une après l'autre devant l'éléphant.)

THOMAS, au moment où l'une passe devant Kelly.

Oh! le joli pied!.. Celle-là m'irait assez. (Kelly la laisse passer.) Allons, ce n'est pas celle-là que je choisis. (Enfin Kelly soulève le voile de la dernière.) Enfin, je vais donc voir ma lune de miel!.. (Apercevant une vieille femme.) Que vois-je! c'est une affreuse lune rousse!.. (Kelly vient prendre le mouchoir à tabac de Thomas, et le présente à la veuve.) Mon mouchoir!.. mon mouchoir!..

CAZY.

C'est le gage de ton consentement.

THOMAS.

Mais c'est un abus de confiance!... Cette vieille n'est pas la veuve du rajah, c'est sa grand'-mère.

MISSOURI.

Durant un mois, cette femme sera ta compagne inséparable.

THOMAS.

Est-il permis de choisir comme ça?.. Décidément cet éléphant-là n'a pas la trompe heureuse. Je le soupçonne d'avoir triché. (Il prend sa tabatière en soupirant et l'ouvre. Au moment de fourrer ses doigts dans la tabatière, il y trouve la trompe de l'éléphant.) Qu'est-ce que c'est que ça? Que le diable t'emp... que Brama te bénisse!.. (Montrant sa tabatière vide.) Il a tout pris.

MISSOURI.

Cazy, tu vas emmener ces femmes à la Pagode jusqu'au moment des fiançailles, et Kelly va annoncer au peuple la fête qui lui est donnée pour célébrer le couronnement et le mariage de Mohari.

THOMAS.

Il se mêle donc de tout, ce gros intrigant-là?.. Comment va-t-il faire son annonce?

MISSOURI.

A son de trompe.

THOMAS.

C'est juste.

(On apporte une longue trompette d'or à Kelly, qui sort en soufflant dedans. Cazy et les femmes le suivent.)

THOMAS, apercevant le bramine.

Mon autre cauchemar!

SCÈNE VIII.

THOMAS, OMICHOUD, MISSOURI, LE GRAND BRAMINE, DEUX CHEFS DE GUERRIERS, QUATRE BRAMINES INFÉRIEURS.

LE GRAND BRAMINE.

Magnanime Mohari, la protection de Brama s'étend visiblement sur toi.

THOMAS, tremblant.

Tant mieux bramine, tant mieux; ça commence pourtant bien mal.

LE GRAND BRAMINE.

Tes fidèles guerriers ont découvert la retraite des misérables qui conspiraient contre ta puissance.

THOMAS, bas à Omichoud.

Elle est jolie ma puissance!

LE GRAND BRAMINE.

Ils vont paraître devant toi, et c'est du haut de ton trône, rajah, que ta justice doit prononcer.

THOMAS, à part, en allant s'asseoir.

Quelle journée! quelle journée!

SCÈNE IX.

LES MÊMES, CATHERINE, DJELMI, NADIR; GARDES,

(Ils sont enchaînés, et chacun d'eux est conduit par deux gardes.)

CATHERINE, avant d'entrer.

Mais laissez-moi donc tranquille, méchans marabouts! je vais lui parler, moi, à votre rajah!

THOMAS.

Une femme qui crie... ça doit doit être la mienne.

OMICHOUD, bas.

Oui, maître, c'est bonne Catherine.

THOMAS.

Par Saint-Crépin! il ne me manquait plus que ça! Si elle me reconnaît... Brama va me rappeler... c'est sûr.

LE BRAMINE à Catherine et à Djelmi.

Approchez.

CATHERINE, repoussant les nègres.

A bas les pattes, marabouts! je suis assez grande pour marcher toute seule.

THOMAS.

Où mettre ma figure, mon Dieu!

(Omichoud lui passe un écran.)

CATHERINE.

Où est-il votre rajah? il ne me fera pas peur, à moi.

THOMAS, à part.

C'est elle qui me fait peur.

CATHERINE.

Ah! mais... c'est que...

MISSOURI, à Catherine.

Tais toi.

CATHERINE.

Me taire!

THOMAS, à part.

Oui, tâchez d'obtenir ça.

CATHERINE.

Me taire!

MISSOURI.

Sinon on te coupera la langue.

CATHERINE

Me couper la langue!

THOMAS, à part.

Je n'vois guère d'autre moyen...

CATHERINE.

Me couper la langue!.. J'aime mieux qu'on me tue tout de suite.

NADIR, bas à Catherine.

Rassure-toi, Hissen et Madoura sont libres; ils veilleront sur nous.

LE BRAMINE.

Silence!... Sublime rajah, cette femme et ces enfans ont été saisis aux environs de la grotte de Beckanir. L'un de ces deux enfans est celui qu'on prétend faire passer pour le fils de de Mohadir, et qui en veut à ton trône.

THOMAS, à part.

Je ne lui en veux pas.

LE BRAMINE.

C'est à toi de prononcer leur arrêt de mort.

THOMAS, sautant sur son trône.

De mort!

MISSOURI, bas.

Sans retard!

THOMAS, vivement.

Plus tard!

LE BRAMINE.

Hein?

THOMAS.

Mon ministre a dit plus tard. Ces enfans seront conduits en prison... et cette femme... dans mon sérail.

CATHERINE.

Au sérail... au sérail... moi!... Mais je suis une honnête femme, entendez-vous!

THOMAS.

Pauvre Catherine !... elle a peur pour sa vertu...

CATHERINE.

Je ne sais pas ce qu'on a fait de mon pauvre Thomas... mais certainement je ne le ferai pas... Vous ne connaissez pas le mot dans ce pays-ci.

THOMAS, se levant avec transport.

Très bien, Catherine, très bien.

CATHERINE, se retournant.

Hein ?

THOMAS, poussé par Missouri, retombe sur son trône.

J'ai manqué me trahir.

(Dans son trouble, il veut prendre sa pipe et met la main sur le réchaud.)

MISSOURI.

Emmenez cette esclave !

CATHERINE.

Une femme comme moi dans un sérail, et dans le sérail d'un magot pareil !

THOMAS, à part.

Magot ! Elle ne m'a pas reconnu.

(On entraîne Catherine d'un côté, et Djelmi et Nadir de l'autre.)

CAZY, entrant.

Sublime rajah ! tout est disposé pour la cérémonie du couronnement et des fiançailles.

THOMAS.

Les fiançailles... avec la vieille... Voilà les désagrémens qui vont recommencer,

(Thomas est placé sur un palanquin, et sort suivi de tout le monde.)

Cinquième tableau.

(Au premier plan, à droite, la prison.—Au deuxième plan, à gauche, l'entrée du sérail.— Deux fenêtres grillées. Au quatrième plan, une grille dorée.

SCÈNE I.

CAZY, ESCLAVES BLANCS ET NOIRS.

(Au changement à vue, — des gardes conduisent Djemi et nadir dans la prison, à droite, — d'autres gardes amènent Catherine, qui, toute en larmes, entre dans le sérail.

CAZY.

Allons, esclaves, dépêchez-vous de tout disposer ici pour la fête; notre sublime maître ne peut retarder à revenir de la pagode, et il ne faut pas qu'il attende.

(Les esclaves apportent des siéges, des tables dorées, des cassolettes et des vases. Ils placent un riche divan au premier plan, à droite.)

CAZY.

Je crois que le sublime rajah sera content de moi, la fête sera suberbe : des danseurs chinois, des jongleurs, des lutteurs, des bayadères; si on avait brûlé les veuves, c'eût été complet. Voici le cortège : la fête va commencer.

SCÈNE II.

LES MÊMES, THOMAS, MISSOURI, RUBISCA, OMICHOUD, LE CORTÈGE.

Thomas et Rubisca marchent sous un riche parassol porté par un chef. Missouri les précède. Les bayadères, des esclaves nègres et blancs et des gardes les suivent.

MISSOURI.

Sublime rajah, pendant que tu vas présider à la double fête de ton couronnement et de tes fiançailles, je vais, moi, de concert avec le grand bramine décider du sort des prisonniers (A part.) et du tien ?

(Il sort.)

THOMAS, à Omichoud.

Me voilà toujours débarrassé de celui-là ! si je pouvais me débarrasser aussi de ma vieille veuve !.. elle me tire l'œil. (Regardant la vieille.) Il n'est pas Dieu possible que mes douze femmes soient aussi laides que ça !

CAZY.

Te plaît-il, sublime rajah, que les danses et les jeux commencent ?

THOMAS.

J'aime mieux qu'on me serve à dîner, vu que je meurs de faim.

CAZY.

Il n'est pas encore l'heure, et tu as trop de piété pour manquer à la sainte loi du jeûne.

THOMAS.

Fais ce que tu voudras, alors, ça m'est bien égal... (A part.) Ah ! si je n'avais pas si peur, comme je ferais bâtonner tous ces gaillards-là !

(Il va se rasseoir; la vieille lui fait de nouvelles agaceries; il lui tourne le dos.

BALLET. — TOURS, JEUX, LUTTES ET DANSES.

(A la fin du ballet des serviteurs apportent une table dorée couverte d'un riche tapis, et sur laquelle il y a trois couverts. Missouri entre en même temps).

SCENE III.

LES MÊMES, THOMAS.

THOMAS, se levant.

Ah! enfin, voilà donc la table! (S'approchant de la table.) Tiens, pourquoi avez-vous mis trois couverts?

CAZY.

Pour deux nobles convives, que la loi t'oblige d'admettre le premier jour de ton règne, à ton premier festin.

THOMAS.

Ce sont donc des personnages bien puissans?

CAZY.

Les plus puissans de ton royaume. Les voici.

(On voit arriver les deux éléphans. L'un à droite, l'autre à gauche.)

THOMAS.

Comment, je vais dîner avec des éléphans?

CAZY.

C'est l'usage.

THOMAS.

Pourvu que ça ne m'ôte pas l'appétit!..

CAZY.

Vous êtes servis, Messeigneurs,

THOMAS.

A table... Bah! mieux vaut manger avec des bêtes que ne pas manger du tout. (Les deux éléphans arrivent et se mettent à table, vis-vis l'un de l'autre; les serviteurs leur attachent leurs serviettes autour du cou. Thomas occupe la place du milieu, face au public.) Voulez-vous me faire un peu de place, s'il vous plaît... Je n'ai jamais dîné en si haute compagnie... Esclaves... allons donc... (Un des éléphans sonne.) Merci... Il est aimable ce petit là... Les serviteurs présentent successivement plusieurs plats à Thomas; mais chaque éléphant, à son tour, prend ce qu'on place devant lui, au moment même ou il veut y toucher. Thomas est furieux.) Et moi! Mais ils mangent tout, les voraces... je ne peux seulement pas attraper une bouchée... Voyons, à boire au moins.

(Au moment où il tend sa coupe, et où un esclave approche la bouteille, un des éléphans s'en empare et boit.)

THOMAS.

Ah! c'est trop fort!.. il n'y a pas moyen de vivre avec ces animaux-là!..

(Il se lève de table et jette sa serviette avec colère. Ici, les éléphans sont emmenés et on enlève la table. On danse autour de Kelly, qui prend des poses gracieuses, et il sort, tenant dans sa trompe les guirlandes des danseuses.)

OMICHOUD, présentant la pipe à Thomas.

Grand Mohari, fumer après son dîner?

THOMAS.

T'appelles ça un dîner, toi! Va-t-en au diable!..

SCÈNE IV.

LES MÊMES, MISSOURI.

MISSOURI.

Maintenant, sublime rajah, que ton dîner est fini, comme tu dois à ton peuple...

THOMAS.

Qu'est-ce que je lui dois encore, à mon peuple?..

MISSOURI.

L'exemple du courage, aussi bien que de la piété et de l'abstinence... L'usage veut que tu diriges en personne...

THOMAS.

Quoi?

MISSOURI.

Une grande chasse aux tigres!

THOMAS.

Une chasse aux tigres, bonté divine!.. et à jeun, encore. (A part.) Voilà mon coup de grâce!

MISSOURI.

Placé sur le dos de Kelly, tu n'as rien à craindre.

THOMAS.

Permettez, je n'ai pas encore assez l'habitude de monter sur ces choses-là.

MISSOURI, bas.

Il le faut.

THOMAS, à part.

Hum! s'il s'agissait de te chasser, toi!..

(On lui donne une pique, des serviteurs arrivent avec des lanternes, et des guerriers avec des lances, et on emmène Thomas qui suit piteusement ses gardes.)

SCÈNE V.

MISSOURI, SAAB, OMIÇHOUD, caché.

MISSOURI.

Nous voilà maîtres d'agir... Je vais prévenir le bramine... toi, va chercher les hommes... Il ne faut pas donner le temps à Kelly de nous jouer quelque nouveau tour... Une fois débarrassés du petit Mohadir, nous serons tranquilles... car le rajah ne nous gênera pas longtemps.

(Ils sortent tous deux.)

SCÈNE VI.

OMICHOUD, DJELMI NADIR et CATHERINE.

OMICHOUD.

Oh ! Djelmi perdu, si pas sortir bien vite de prison... Mais où l'ont-ils enfermé ?

(Il va à la fenêtre grillée.)

NADIR.

Omichoud! Omichoud !

OMICHOUD.

Nadir !.. Et Djelmi... Ah ! c'est toi, bon petit Djelmi... pas peur, pas peur, Omichoud veut te sauver.

NADIR.

Hélas ! tu ne le pourras pas...

OMICHOUD.

Attends ! attends !

(Il cherche les moyens de parvenir à lui et fait le tour du pavillon pour s'assurer qu'il n'y a pas d'issue.)

CATHERINE, à l'autre fenêtre.

Des verroux et des grilles partout ; c'est une vraie prison, que leur sérail... Qui est-ce qui marche là ?.. Ohé ! petit !..

OMICHOUD, la reconnaissant.

Bonne Catherine !

CATHERINE.

Omichoud !.. Oh ! tire-moi d'ici, mon garçon.

OMICHOUD.

Vous pas pressée... eux pas tuer vous.

CATHERINE.

Oh ! je sais bien ce qu'il veulent, mais je ne veux pas...

OMICHOUD.

Djelmi mort si lui pas pouvoir fuir...

CATHERINE.

Pauvre petit... Sauve-le vite, alors.

OMICHOUD.

Pas moyen... fenêtre trop élevée, grille trop solide...

NADIR.

Que la volonté de Brama soit faite !

OMICHOUD.

Du bruit... Les assassins, venir bien sûr... (Courant au fond.) Non, c'est Kelly... Kelly qui vient délivrer toi.

(Kelly paraît dans le fond ; il s'empare de la lance du garde qui fuit épouvanté, puis il se promène comme s'il l'avait relevé de faction.)

NADIR.

Ici, ici, mon bon Kelly... viens à mon aide !

(Kelly ouvre la grille et l'approche.)

CATHERINE.

Oh ! le bel animal !

(Kelly est au pied de la prison, avec sa trompe il arrache les barreaux, puis se place de manière à ce que Djelmi puisse descendre sur son dos.)

CATHERINE.

Et moi !.. et moi !.. il y aura de la place pour deux.

OMICHOUD.

Vite, Kelly, toi partir... vite, bien vite... Le bramine et Missouri !..

(Kelly part au trot avec l'enfant au moment où Thomas et le cortège paraissent au fond avec les lanternes. Le grand bramine, Missouri et d'autres bramines entrent vivement en scène par la gauche. Ceux-ci courent à la prison, et, la trouvant démolie et vide, ils demeurent interdits. Catherine est à la fenêtre. Kelly reparaît au-delà de la grille, portant une grande lanterne avec sa trompe et Djelmi sur son dos.)

ACTE III.

Sixième tableau.

(Le théâtre représente un site sauvage dans la fôret d'Iglou. Au fond, le torrent de Siva qui tombe entre deux roches. A l'extrémité d'une de ces roches, un gros tronc d'arbre, dont la foudre a abattu et brûlé le branchage. Au premier plan, à droite, un gros palmier, et un banc de pierre, recouvert de mousse.

SCÈNE I.

(Au lever du rideau, il fait nuit. Zédha paraît portant cinq esclaves blancs et noirs. Il s'arrête et se couche au milieu du théâtre. Un des esclaves se détache pour aller à la découverte. Les autres, assis sur le dos, sur le cou et entre les jambes de l'éléphant couché, mangent, boivent. Celui qui avait été à la découverte revient et dit aux autres qu'il faut partir. L'éléphant se relève. Un des esclaves est ivre, on ne peut parvenir à le réveiller, et l'on part sans lui avec l'éléphant.

SCÈNE II.

OMICHOUD, DJELMI, NADIR, L'ESCLAVE couché, et KELLY.

(Omichoud entre d'abord, et après avoir été jusqu'au torrent, il retourne à la coulisse, et fait signe à Kelly d'approcher. L'éléphant, portant Djelmi et Nadir, entre et passe sur l'esclave endormi sans le toucher, puis il se retourne et relève cet homme avec sa trompe. L'esclave remercie Brama, puis Kelly, et s'éloigne.)

NADIR.

Pauvre homme ! je l'ai cru mort !..

OMICHOUD.

Oh ! Kelly bien vu de suite que lui pas ennemi de bon Djelmi, et pas vouloir faire mal.

NADIR.

Où sommes-nous, ici ?

OMICHOUD, montrant le fond.

Là, torrent de Siva... plus loin, grotte de Beckanir... Mais petit Djelmi trop fatigué... faut arrêter ici un peu.

(Djelmi fait signe qu'il veut continuer sa route.)

NADIR.

Il dit qu'il a encore des forces, et qu'il veut retrouver sa mère.

OMICHOUD.

La trouveras, la trouveras... Mais moi aller seul pour voir si Rosillas et méchans bramines pas cachés autour de la grotte pour prendre lui, et tuer pauvre petit.

NADIR.

Mais c'est toi alors, qu'il tueront, s'ils te prennent.

OMICHOUD.

Oh ! non, non, pas prendre, et puis égal de mourir, si enfant à bon Mohadir sauvé !.. Allons, restez ici, et reposer... n'est-ce pas, Kelly ?

(L'éléphant paraît comprendre; et se met à genoux pour que Djelmi et Nadir puissent descendre.)

OMICHOUD.

Là, voilà bien... Kelly bonne tête... penser comme moi.

(Il aide Djelmi et Nadir à mettre pied à terre.)

NADIR.

Merci pour nous deux, mon ami... (Montrant Djelmi.) Ah ! si le ciel lui rend sa mère, et si les prédictions du saint derviche Hissen se réalisent, tu verras que Djelmi n'est pas ingrat.

(Djelmi serre la main d'Omichoud en signe de gratitude.)

OMICHOUD.

Moi, besoin de rien, petit... quand toi, roi, et père Thomas détrôné, donneras cabane à nous, pour faire des babouches, et heureux comme avant... Toi, mets-toi ici, sur banc de mousse, avec Nadir... Kelly gardera, et moi revenir tout de suite... Adieu, adieu.

(Il s'éloigne après avoir fait signe à l'éléphant de bien veiller sur Nadir et Djelmi.)

SCÈNE III.

DJELMIR, NADIR.

NADIR.

Eh bien ! mon bon Kelly, tu es bien content, n'est-ce pas, d'être avec ton petit Djelmi ?.. (A Djelmi.) Omichoud avait raison, tu paraît fatigué... Et puis, tu dois avoir faim aussi, (Djelmi fait signe que oui.) Il y a bien là-bas des fruits... mais les arbres sont si élevés, nous ne pourrions les atteindre... Kelly peut-être... Oui, c'est ça... Kelly, mon bon Kelly... Djelmi a faim. (L'éléphant va cueillir une branche chargé de fruits, et l'apporte à l'enfant.) Oh ! que tu es bon, mon Kelly !.. Tiens, à nous trois... (Après le repas, Djelmi va s'asseoir et s'endort.) C'est singulier... le sommeil me gagne... Il fait si chaud !.. (Regardant Djelmi.) Il dort déjà, lui... Veille sur nous, Kelly, entends-tu, veille bien... (Il va s'asseoir près de Djelmi. On entend le tonnerre au lointain.) L'orage !.. heureusement, sous cet arbre nous ne serons pas mouillés... Je... Brama... protège nous !

(Il s'endort, l'orage augmente. L'éléphant abaisse avec sa trompe plusieurs longues et larges feuilles du bananier, et en forme une sorte de toit au-dessus de la tête des enfans; puis il se promène comme une sentinelle, derrière l'arbre, et après deux tours, disparaît.)

SCÈNE IV.

LES MÊMES, LE GRAND BRAMINE, SAHAB, QUATRE ESCLAVES NÈGRES, puis KELLY.

LE BRAMINE.

Es-tu bien certain, Sahab, que ce soit de ce côté qu'ils aient dirigé leur fuite ?

SAHAB.

Ogib a vu Kelly... Il portait encore les deux enfans, et était guidé par un jeune esclave, que Missouri croit secrètement dévoué au misérable étranger qui règne aujourd'hui sur Nagpour.

LE BRAMINE.

Qui règne, oui, comme régnera bientôt Missouri lui-même... J'avais donné ordre de se servir de Zédha, pour suivre la trace de Kelly.

SAHAB.

Zédha lui-même a disparu de la pagode, peu d'instans après la fuite de l'éléphant sacré, et on ne sait ce qu'il est devenu... Mais je ne me trompe pas...

LE BRAMINE.

Qu'est-ce donc?

SAHAB.

Là-bas... endormis sous cet arbre... Oui, c'est Djelmi et Nadir...

LE BRAMINE.

Djelmi!.. Et c'est bien ce Djelmi qu'Hissen veut présenter au peuple comme fils de Mohadir?..

SAHAB.

C'est lui.

LE BRAMINE.

Qu'il meure donc, ou nous sommes perdus nous-mêmes. (Donnant un poignard à un nègre.) Tiens, frappe! (Le nègre hésite.) Frappe, te dis-je, au nom de Brama, je te l'ordonne!

(Le nègre s'approche de Djelmi et va le frapper, quand Kelly paraît, saisit ce misérable avec sa trompe et l'emporte dans la coulisse du côté opposé. Le bramine, Sahab et les autres nègres fuient épouvantés. — L'orage augmente, les éclairs se succèdent rapidement. Un énorme serpend noir descend du haut de l'arbre et va atteindre Djelmi, quand un coup du tonnerre le réveille en sursaut.)

NADIR, poussant un cri.

Ah!.. un serpent noir!.. Djelmi, Djelmi, nous sommes perdus!

(Le serpent a continué à descendre et poursuit Djelmi et Nadir jusqu'au torrent. Au moment où Djelmi arrive au milieu du pont, ce pont s'écroule, et Djelmi tombe dans le torrent. Omichoud accourt, attiré par les cris de Nadir.)

SCÈNE V.

DJELMI, NADIR, OMICHOUD, puis KELLY.

OMICHOUD.

Ah! malheur! malheur!.. Kelly!.. moi, pas nager... lui, perdu!.. Kelly! Kelly!.. sauver l'enfant!.. Là... là... dans gouffre de Siva!

(Kelly s'approche du torrent, et en retire Djelmi avec sa trompe.)

OMICHOUD.

Sauvé! sauvé!

DJELMI, revenant à lui.

Ma mère!..

NADIR, à Omichoud.

Il a parlé!.. Brama pardonne... Ah! que sa mère sera heureuse!.. (On entend les clairons.) Quel est ce bruit?

OMICHOUD, qui a couru voir.

Bosillas, bramines, venir de tous côtés... Vite Kelly, vite!.. fuir encore!

(Kelly se met encore à genoux, pour recevoir l'enfant sur son dos; puis il abat, avec sa trompe, l'arbre qui est sur le bord du torrent et en fait un nouveau pont, et sort par la droite. Au même instant, le grand bramine, Sahab, d'autres bramines et des guerriers entrent par la gauche, avec des torches et des armes, et s'arrêtent stupéfaits, en voyant Zédha traverser le pont en courant.

Septième tableau.

(La salle du trône du palais du rajah. Au fond, une colonnade fermée par des draperies. A droite, un trône. Dans le dossier du trône, une porte secrète. Sur l'estrade, de riches coussins. A gauche, un grand coffre très riche, servant d'entrée au caveau du trésor, et plusieurs autres coffres richement ornés.)

SCÈNE I.

ESCLAVES; puis OMICHOUD, CATHERINE.

(Au lever du rideau, des esclaves apportent une petite table richement servie, et sur laquelle il n'y a que deux couverts. Ils placent cette table près des marches du trône, ils approchent des sièges, puis ils sortent. Omichoud, pendant ce temps, a ouvert la porte secrète cachée derrière le trône, mais il l'a refermée en voyant ces gens. Quand ils sont partis, il l'ouvre de nouveau et paraît sur le marche-pied du trône avec Catherine, habillée en odalisque.)

OMICHOUD.

Par ici, bonne Catherine... toi suivre Omichoud...

CATHERINE.

Où me conduis-tu donc?.. Oh! c'est superbe, tout ça! (Apercevant une table dressée.) Dis donc; est-ce que c'est la salle à manger?

OMICHOUD.

Non... salle du trône et trésor du rajah...

CATHERINE.

Pourquoi m'amène-tu ici, alors?

OMICHOUD.

Pour sauver toi encore et bon père Thomas!

CATHERINE.

Thomas! ils l'ont donc pris aussi, les coquins?

OMICHOUD.

Oui... quand Djelmi rendu hier à Madoura, derviche Hissen a dit à Omichoud comment rentrer avec Kelly dans le palais, et donné ordre de sauver tout de suite Catherine et le rajah...

CATHERINE.

Le rajah... mais je n'en veux plus, moi, de ton rajah!

OMICHOUD.

Mais pas le faute à père Thomas, si lui rajah.

CATHERINE.

Hein? comment dis-tu ça? Thomas, rajah!..

OMICHOUD.

Oh! trop long à dire... toi savoir plus tard.

CATHERINE.

Ainsi, le magot d'hier, c'était mon homme.

OMICHOUD.

Oui... et lui bien triste d'être rajah, comme ça!..

CATHERINE.

Je crois bien... se voir séparé de sa pauvre femme!

OMICHOUD.

Oh! pas pour ça.

CATHERINE.

Plaît-il?

OMICHOUD.

Lui, autres femmes.

CATHERINE.

Il a pris une autre femme?

OMICHOUD.

Oh! non... douze.

CATHERINE.

Douze femmes!.. Le monstre!.. où est-il, où est-il?..

OMICHOUD.

Lui revenir ici bientôt du sérail... et quand sera seul, bien seul, bonne Catherine l'embrasser.

CATHERINE.

L'embrasser!.. par exemple, je le battrai, je l'égratignerai, je lui arracherai les yeux!.. le scélérat!.. Un sérail!.. un sérail à monsieur Thomas! un homme marié!.. Un sérail, je vous demande un peu pourquoi? Et quand je pense que c'est à son intention qu'on m'a attifée de l'uniforme de l'endroit... qu'on m'a mise en odalisque!.. Un costume d'un clair que j'en rougis, quoi!.. Viens, viens tout de suite, faut que je l'étrangle!

OMICHOUD.

Mais non... pas de colère, pas de bruit... si lui connu, tué tout de suite.

CATHERINE.

Comment?

OMICHOUD.

Chut!.. quelqu'un venir là, dans la galerie...

CATHERINE.

Ah! le cœur me bat, et la main me démange! Est-ce lui?

OMICHOUD.

Oui... mais pas seul... cacher, cacher vite... et puis venir quand les autres partis.

CATHERINE, se laissant entraîner.

Oui, allons-nous-en... mais sois tranquille, va, il ne perdra rien pour attendre!

(Elle suit Omichoud qui referme vivement la porte secrète quand Thomas paraît.)

SCÈNE II.

CATHERINE, cachée; THOMAS, CAZY.

CAZY, montrant la table.

Tu vois, seigneur, qu'on a exécuté tes ordres.

THOMAS.

Oui, le couvert est mis... c'est bien, je suis content. (A part.) J'ai essayé d'avoir du caractère et ça m'a réussi. (Haut.) Ah ça! mais ce n'est pas tout, je ne veux pas souper seul... je veux mes douze veuves... c'est-à-dire, non... mes onze veuves... j'en supprime une... la doyenne, je te la donne...

CAZY.

Mais...

THOMAS.

Silence!.. qu'on les amène toutes les onze... je choisirai moi-même, cette fois-ci.

CAZY, fait un signe à un esclave qui sort.

Seigneur, faut-il amener aussi la femme que tu as fait conduire au sérail?

THOMAS, à part.

Catherine!.. elle ferait un beau tapage!.. (Haut.) Hum!.. non, c'est aujourd'hui dimanche, je garde celle-là pour vendredi... Eh bien?

CAZY.

Seigneur, tes ordres sont exécutés... voici les veuves demandées...

(On les amène.)

THOMAS.

Très bien!.. va-t'en!

CAZY.

Mais...

THOMAS.

Si tu raisonnes, je te chasse; car décidément je te trouve trop laid, même pour ton emploi... Ah! fais-moi chercher Omichoud, mon porte-pipe.

CAZY.

Personne ne sait où il est, depuis hier, sublime rajah!

THOMAS, l'imitant.

C'est pour ça que je t'ordonne de le chercher... sors, et ne laisse plus entrer ici... (Très haut.) Je n'y suis pour personne. (Cazy sort.) (A part.) Tant que je n'ai affaire qu'à ce Cazy-ministre!.. je parle haut... quand le bramine et ce sournois de Missouri s'en mêlent, je ne peux plus trouver une parole... heureusement, ils me laissent tranquille... et je vais profiter de ça pour faire un petit souper... de sultan...

(Il se place sur un coussin. Sur un signe de lui, les onze veuves s'approchent et forment un groupe autour de lui. N'entendant plus rien, Catherine entr'ouvre la porte.)

SCÈNE III.

LES MÊMES, CATHERINE.

CATHERINE.

Il a dit: je n'y suis pour personne... Il doit être seul... Qu'est-ce que je vois là?..

(Elle se cache à moitié derrière la draperie.)

THOMAS.

Maintenant, mes petits amours, nous allons causer tout à notre aise. Voyons, laquelle de vous soupera aujourd'hui avec son petit mari, hein?

CATHERINE, à part.

Attends, attends, je te ferai souper, va, moi!

THOMAS, à une des veuves.

Tiens, toi, tu me plais... Comment te nommes-tu?

LA VEUVE.

Zily.

THOMAS.

Zily! Diable, ton nom est presqu'aussi joli que toi.

CATHERINE.

J'étouffe!

THOMAS.

Place-toi là, près de moi, essence de rose... Quant à vous, mes jolis colibris, pour ne pas rester à rien faire, si pendant que nous souperons, vous vous amusiez à danser, ça me serait agréable.

CATHERINE, à part.

C'est toi qui vas danser tout-à-l'heure!

(Deux des veuves ont des lyres d'or, les autres composent des groupes gracieux.)

THOMAS.

C'est délicieux! (A part.) Ah! si Catherine était là, elle en ferait une maladie, bien sûr... Pauvre femme, va! (Catherine lui donne un soufflet.) Aye!

(Les danseuses s'arrêtent et s'approchent pour savoir ce qu'il a.)

THOMAS.

Ne faites pas attention, ce n'est rien... seulement, j'avais cru entendre tomber quelque chose... Voyez donc un peu là-bas... Toi aussi, Zily.

(Toutes les femmes vont regarder dans le fond et à toutes les portes.)

THOMAS, à part.

Il me semble que c'était une main de connaissance... (Il soulève la draperie.) Ma femme! J'ai vu le diable!

CATHERINE.

Voilà donc comme tu t'affliges de mon absence, scélérat!

THOMAS.

Chut!

CATHERINE.

Tu vas me faire le plaisir de renvoyer toutes ces pie-grièches là, j'espère!

THOMAS.

C'est impossible, ma chère amie, ça serait malhonnête.

CATHERINE.

Veux-tu que je m'en charge, moi?

THOMAS, faisant retomber la draperie.

Non, non, ce n'est pas la peine. (A part.) Quel dommage, ça allait si bien! (Aux veuves qui reviennent.) Mes petites biches... je suis désespéré... mais c'est... une communication de Brama que je viens de recevoir... un objet assez triste que j'avais oublié et dont il faut que je m'occupe à l'instant... Vous pouvez vous retirer.

(Les femmes paraissent contrariées et s'éloignent en le regardant avec inquiétude.)

SCÈNE IV.

CATHERINE, THOMAS.

THOMAS.

Pauvres petites! elles sont furieuses!

CATHERINE.

Et moi donc, est-ce tu crois que je ne le suis pas, par hasard? libertin, débauché.

THOMAS.

Pas si haut... si on t'entendait!..

CATHERINE.

Pourquoi donc que je me gênerais?.. Puisque tu es rajah!.. je dois et veux être rajahte!

THOMAS.

Mais...

CATHERINE.

Je veux m'asseoir avec toi sur le trône, je veux régner avec toi, souper avec toi... Enfin, je veux rentrer dans tous mes droits, et pour commencer, soupons... la colère m'a rendu l'appétit.

THOMAS.

La voilà qui s'attable!.. Quelle bonne idée j'ai eue de défendre ma porte!.. (Ici, Missouri entre.) Miséricorde!.. mon ministre!

SCÈNE V.

LES MEMES, MISSOURI.

MISSOURI.

Que vois-je!

THOMAS.

Je suis pincé!

CATHERINE.

Tiens! c'est le gros vilain qui voulait me faire couper la langue!

THOMAS, bas.

Tais-toi donc! c'est mon ministre.

MISSOURI.

Quelle est cette femme?

CATHERINE.

Cette femme?.. Il ne sait donc pas à qui il parle!.. Eh! dites-donc, là-bas, je suis madame la rajahte, entendez-vous!.. Et si vous n'êtes pas plus poli, vous vous ferez supprimer, mon cher!

THOMAS.

Qu'est-ce qu'elle dit?

CATHERINE.

Quand les apprentis de mon homme me manquent de respect, je les flanque à la porte... Et si vous m'ennuyez, vous aurez du balai, mon gros.

THOMAS.

La voilà partie!

MISSOURI, furieux.

Rajah!.. comment n'as-tu pas ordonné déjà la mort de cette femme?

THOMAS.

Permettez...

MISSOURI.

M'insulter, moi, ton ministre... ton successeur!

THOMAS.

Oui... elle a tort.

CATHERINE.

Qu'est-ce que tu dis?.. j'ai tort... moi?

MISSOURI.

Je veux que cette femme soit... brûlée vive!..

THOMAS.

Ah! un moment, Missouri!.. Vous mettez trop de feu dans la discussion!

CATHERINE.

Vous croyez donc que je me laisserait faire?.. Mais je ne suis pas une poule mouillée, comme mon rajah de mari, moi!..

THOMAS.

Qu'appelez-vous poule mouillée?.. Je sais me montrer quand il le faut, entendez-vous?.. Ah! mais c'est que le sang me monte aux oreilles, à la fin!

CATHERINE.

A la bonne heure!.. Tu es le maître ou tu ne l'es pas!

THOMAS.

On m'a dit que je l'étais.

CATHERINE, appuyant.

Tu l'es.

THOMAS, appuyant plus fort.

Je le suis!

MISSOURI.

Sans doute! mais ton devoir est de faire justice.

THOMAS.

Dans ce cas, j'aurais dû déjà te faire pendre, toi!

MISSOURI.

Pendre!

THOMAS.

Pour attentat à mes jours!.. Oui, il a voulu me faire mourir de faim... rien que ça!.. Mais je ne veux pas la mort du pécheur, moi, je me contenterai de le destituer... Je te destitue, ministre.

MISSOURI, à part.

Oh ! si je ne me retenais !..

CATHERINE, bas.

C'est ça... ferme !.. Tu vois comme il file doux !

THOMAS.

Et puis, comme je ne peux pas tout faire par moi-même, je te charge de donner, à ma place, l'exemple de la tempérance... à mon peuple... Tu prendras donc pour ton compte mes huit jours de jeûne.

MISSOURI.

Oh !.. mais je...

THOMAS.

Brama le veut ! !

MISSOURI, avec colère.

Rajah ! tu oublies que tu parles à celui que tu dois, aujourd'hui même, désigner pour ton successeur.

THOMAS.

A propos de succession, j'ai encore fait une petite réflexion là-dessus. Une fois mon héritier, tu t'inquiéterais peut-être beaucoup trop de l'état de ma santé... Je te déshérite !

MISSOURI.

Cependant, ta promesse... Tu dois tenir ta promesse...

THOMAS.

Brama ne le veut pas !.. A présent, tu peux t'en aller... Mais avant, tu vas te prosterner devant madame, que je nomme ici rajahte et ma lune favorite... à perpétuité.

MISSOURI, à part.

Ah ! c'est trop fort !..

(Bruit au dehors.)

THOMAS.

Qu'est-ce que c'est que ça ?

MISSOURI, regardant à droite.

La foule qui envahit la place du palais.

THOMAS.

Je devine... c'est mon peuple qui veut me voir... Le fait est que je le néglige un peu, ce pauvre peuple !

MISSOURI.

Mais le grand bramine avait défendu...

THOMAS.

Oui, ton bramine voulait me tenir sous cloche, comme un... Mais ça ne prend plus... je m'insurge, je veux être rajah absolu... à présent ! Viens, Catherine, allons nous montrer à nos fidèles sujets... Oh ! là, esclaves !.. marchez devant et suivez-nous !.. (Donnant la main à Catherine.) Oh ! si on pouvait nous voir de la rue Tiquetonne !

(Il sort avec Catherine, suivi d'esclaves.)

SCÈNE VI.

MISSOURI, puis CAZY.

MISSOURI.

Comment, ce misérable fabricant de babouches veut jouer au tyran !.. Oh ! que le grand bramine arrive, et il nous le paiera cher !.. On vient... c'est lui, sans doute.

CAZY, tout effaré.

Ah ! seigneur Missouri...

MISSOURI.

Qu'as-tu donc ?.. le rajah t'a-t-il destitué aussi, toi ?

CAZY.

Si ce n'était que ça !

MISSOURI.

Qu'est-il arrivé ?..

CAZY.

Le grand bramine...

MISSOURI.

Eh bien ?

CAZY.

Mort... foulé aux pieds... écrasé par Kelly...

MISSOURI.

Miséricorde !

CAZY.

Hissen s'approche de Nagbour, suivi de troupes nombreuses qu'il a rassemblées au nom de Djelmi, qu'il va faire reconnaître pour le fils de Mohadir... Le rajah est perdu !

MISSOURI.

Ça m'est bien égal !

CAZY.

Tout-à-l'heure, il s'est présenté au peuple avec sa favorite... mais il a été fort mal accueilli, et quand je suis parti, la foule lui jetait à la tête tout ce qu'elle avait sous la main.

MISSOURI.

Qu'il s'arrange... Mais cette foule nous ferait encore un plus mauvais parti, à nous !.. il ne faut pas l'attendre...

CAZY.

Vous avez raison ! allons-nous-en !

MISSOURI.

Oui... mais il faudrait au moins nous bien lester pour le voyage... Tu as la clef de ce coffre dont le fond s'ouvre sur le caveau du trésor...

CAZY.

Oui, seigneur.

MISSOURI.

C'est là que sont renfermées toutes les pierreries, les perles, faisons nos provisions pour la route...

CAZY.

Vous avez raison... Aidez-moi, car le couvercle de ce coffre est bien lourd à soulever.

(Il se mettent tous deux à soulever le couvercle.)

MISSOURI.

Descends, et prends-en pour deux.

CAZY.

Soyez tranquille...

MISSOURI.

Attends, non... je préfère descendre moi-même... je choisirai mieux... toi, tu feras le guet.

CAZY.

Oui, seigneur, dépêchez-vous.

(Missouri descend dans le coffre.)

MISSOURI.

Tiens !.. voilà déjà les perles.

(Il sort le bras du coffre et tend un petit coffre d'or à Cary; au moment où celui-ci va le prendre, Kelly paraît et s'en empare. Cazy, muet de terreur s'enfuit à toutes jambes.)

MISSOURI, même jeu.

Tiens... voilà les rubis... (Kelly s'empare également de ce second coffret.) Surtout mon petit Cazy, ne t'en vas pas sans moi, entends-tu?.. Ah ! voilà le meilleur !.. la couronne !.. Tiens c'est pour moi, ça ! ah !..

(Au moment où il tend la couronne, il aperçoit Kelly; il laisse tomber la couronne et redescend vivement dans le coffre. Kelly, en ferme alors le couvercle, et le charge de plusieurs objets massifs, puis il prend la couronne avec sa trompe et s'éloigne par la gauche.)

SCÈNE VII.

THOMAS, CATHERINE,

THOMAS, entrant vivement par la droite.

C'est une infamie !

CATHERINE.

Il est gentil ton peuple ! tiens, vois donc ce qu'il m'a jeté.

THOMAS.

Une patate !.. Oui c'est la pomme cuite du pays.

CRIS au dehors.

Mort au rajah ! mort à l'usurpateur !

THOMAS.

Les entends-tu, les enragés ! ils veulent nous tuer à présent ; sauvons-nous !.. Pourvu que ce gros sournois de Missouri ne soit pas là pour nous couper la retraite !..

MISSOURI, dans le coffre.

Au secours ! au secours !

CATHERINE.

Qu'est-ce donc?

THOMAS.

C'est lui... c'est son horrible voix... je la reconnais... Mais où diable s'est-il fourré ?

MISSOURI.

Ici ! ici !

THOMAS.

Dans le coffre du trésor... Il aura voulu me voler le coquin... et il se sera pris dans quelque piège... Eh ! bien ! qu'il y reste... Mais par où fuir, nous autres?..

CATHERINE, montrant le trône.

Par cette petite porte secrète... viens vite...

THOMAS.

Allons, que Saint-Crépin nous conduise ?.. Adieu les grandeurs, et vivent les babouches !

(Au moment de sortir par la petite porte du trône, ils jettent un cri d'effroi; quelqu'un arrive par cette porte.)

SCÈNE VIII.

THOMAS, CATHERINE, OMICHOUD.

CATHERINE.

C'est Omichoud !

THOMAS.

Mon apprenti !.. tant mieux ! il partira avec nous.

OMICHOUD, les arrêtant.

Non, père Thomas, plus partir !

THOMAS.

Mais tu ne sais donc pas que mon peuple m'a lapidé !..

OMICHOUD.

Fait rien, fait rien.

THOMAS.

Comment, ça ne fait rien !

OMICHOUD.

Non, plus de peuple à vous... Djelmi, fils de Mohadir, Djelmi, vrai rajah... lui faire son entrée triomphale dans Nagpour avec Hissen et Madoura, et lui nommer père Thomas...

THOMAS.

Ministre ? Je refuse...

OMICHOUD.

Non... premier marchand de babouches de la cour...

THOMAS.

A la bonne heure ! ça me chausse mieux... Baboucheur de la cour !.. c'est encore une espèce de royauté qu'il me laisse là !.. il régnera sur les têtes, lui, et moi sur les pieds !

Huitième tableau.

(L'entrée triomphale de Djelmi sur un char traîné par les deux éléphants. Au moment où le char approche du trône, Djelmi tend la main à Thomas. On ouvre le coffre, Missouri en sort épouvanté; les gardes le saisissent. Tableau général.)

FIN.

Impr. de Mme DE LACOMBE, r. d'Enghien, 12.

En vente : Les 4 premiers volumes du Répertoire Dramatique, formant la collection de l'année 1840.
Ils sont ornés de portraits des principaux auteurs et acteurs. Prix : 6 fr. le volume.

PIÈCES DU RÉPERTOIRE DRAMATIQUE EN VENTE.

[illegible], comédie en un acte.
Miss Kelly, comédie en un acte. 50
Le Chevalier de Créqui, comédie. 40
Breteuil, comédie mêlée de vaudev. 50
Un Neveu, s'il vous plaît, folie-vaud. 50
La Grisette et l'Héritière, comédie. 50
La Belle Limonadière, coméd.-vau. 50
Les Avoués en vacances, vaudeville. 50
Au bout du monde, coméd.-vaud. 50
Les Trois Huletiers, mélodrame. 50
Fregoletta, comédie-vaudeville. 50
Le Lion du désert, en trois actes. 40
Ma Bête noire, vaudev. en un acte. 30
L'Amour d'un ouvrier, drame. 40
Le Bigame, drame en trois actes. 50
Le Prince d'un jour, vaudev. un acte 50
Les Premières armes de Richelieu, comédie en trois actes. 50
La Folle de Waterloo, drame. 30
Le Marchand de Bœufs, vaudeville. 50
Un Cas de conscience, comédie. 50
Giuseppo, drame en cinq actes. 40
Les Pêcheurs du Tréport, vaudev. 30
Le Rapin, comédie en un acte. 30
Le Paradis de Mahomet, vaudeville. 50
Ève, drame lyrique. 50
Paul Darbois, drame en cinq actes. 50
Sa[illegible], opéra en quatre actes. 50
La Première ride, vaud. en un acte 50
Les Maquignons, vaudeville 40
Le Grand-Duc, proverbe. 30
L'an Quarante, revue en un acte. 50
La Famille Fauferluche, vaudeville. 50
Mignonne, comédie en deux actes. 40
Je m'en moque comme de l'an 40. 50
Le Tremblement de terre de la Martinique, drame en cinq actes. 50
Les Iroquois, revue en un acte. 50
Premier début de Dazincourt. 30
L'Habit de grenadier, vaudeville. 30
Le Maître à tous, comédie. 50
Trois Épiciers, vaudeville. 50
Un Souper tête-à-tête, comédie. 50
La [illegible], comédie. 50
La Cardeuse de matelas. 30
Deux Filles de l'air, puff en 2 actes. 50
L'Orangerie de Versailles, comédie. 40
Le Mari de la Favorite, vaudeville. 50
La Fille du régiment, opéra-com. 30
Le Dernier Oncle d'Amérique, v. 30
Bianca Contarini, drame en 5 actes. 50
Le Chevalier de Saint-Georges, c. 50
Les Rouerles du marquis de Lansac 50
Le Zingaro, opéra. 50
L'Abbaye de Penmarc'h, drame. 40
Carline, opéra-comique trois actes. 50
Vi[illegible] Tasse, scène en vers. 30
Les Pages de Louis XII, comédie. 30
Att[illegible] Courir, vaudeville. 30
Delphine, drame-vaudeville, 2 ac. 30
Indiana et Charlemagne, vaudeville 50
Le Dompteur de bêtes féroces. 30
Francesco Martinez, drame. 40
Les Parens d'une danseuse, vaudev. 50
La Ferme de Montmirail, pièce milit. 50
Une femme sur les bras, vaudeville. 50
L'Enfant de la Pitié, drame. 40
La Grand'Mère, comédie, trois act. 50

[illegible] sous une porte cochère, [illegible]
À la vie, à la mort, vaudeville. 30
La Mère Gadichon, vaudeville. 50
Les Trois cousines, vaudeville. 30
L'Homme heureux. 30
Un jeune caissier, drame. 40
Denise, drame. 50
Mazagran, pièce militaire. 40
Un bal aux Vendanges de Bourgogne 30
Une Femme charmante, comédie. 30
La Dame du second, vaudeville. 30
Louisette, vaudeville. 30
Une Révolution d'autrefois, tragédie 40
La Meunière de Marly, comédie. 30
Les Enfans d'Adam et d'Ève. 30
Misère et Génie, drame. 50
Un Service d'ami, vaudeville. 30
La [illegible], opéra-comique. 40
Les Merluchons, comédie. 50
L'Élève de Presbourg, opéra-comiq. 40
L'École du monde, comédie. 50
Ango, drame en cinq actes. 50
La Marchande à la toilette, comédie 40
Zanetta, opéra-comique, en 3 actes 50
Le nouveau Bélisaire, vaudeville. 30
Les Garçons de recette, drame. 50
L'Autre, vaudeville. 30
La Guerre de l'indépendance, drame 50
Jean-Bart, vaudeville. 30
Mercelin, comédie-vaudeville. 50
Iphigénie, comédie-vaudeville. 50
Jarvis, drame 50
Dinah l'égyptienne, drame. 40
Rifolard, vaudeville. 40
La Servante du curé, vaudeville. 40
Les Paveurs, vaudeville. 40
La Calomnie, comédie. 50
Cyprien le Vendu, vaudeville. 50
Les Mystère d'Udolphe, vaud. 40
L'Honneur d'une femme, dra. 50
Le Cent-Suisse, opéra-comiq. 50
La Grisette romantique, vaud. 30
Marco, comédie-vaudeville. 40
La Croix de Malte, drame. 40
La journée aux éventails, comédie 40
Mon Gendre! vaudeville. 30
L'Opéra à la cour, opéra. 50
Japhet, comédie. 50
Bob, comédie. 50
La mort de Gilbert, drame 40
Eudoxie, comédie. 60
Les Caprices, vaudeville. 40
Montbailly, drame. 50
La Grisette au vert, vaudeville. 60
Le Chevalier de Kerkaradec. 80
Grisette de Bordeaux, vaudeville 50
Matelots et Matelottes, vaudeville 30
Mégani, comédie. 60
La Fille de Jacqueline, comédie. 40
L'Automate de Vaucanson, opéra-c. 30
L'Enfant prodigue, comédie-vaud. 50
Le Mari de la Reine, comédie-vaud. 30
Le Chevalier du Guet, comédie. 60
Treize à table, vaud. 80
Le Mirliton, féerie. 50
Rosita, comédie-vaudeville. 40
Toby le Sorcier, comédie-vaud. 50
Trianon, comédie. 40

[illegible] secrète, drame. 30
Juliette, comédie. 40
Reine [illegible], opéra-comique. 40
Souvenirs et regrets. 30
Flagrant délit. 30
L'Amour en commandite. 30
Brigand et Philosophe, drame. 50
Comte de Mansfeld, drame. 50
Les Guêpes, revue. 30
Ralph le bandit, mélodrame. 50
Charlot, comédie. 50
36 moins un, vaudeville. 30
Si nos femmes savaient, comédie. 30
Le Tailleur de la Cité, comédie 40
Mme de Croustignac, vaudeville. 30
Paulus, drame. 50
Montansier, vaudeville. 30
Madame Camus et sa demoiselle 30
Les Pombé. 30
En pénitence. 30
Tyran d'une femme. 30
Maître d'école. 50
Trois [illegible]. 50
Le Pendu 30
Un second mari. 50
La Mère et l'Enfant se portent bien. 50
Le Conscrit de l'an 8. 50
Les Deux Serruriers, drame 60
Mlle Sallé, comédie. 50
Trois Étoiles. 30
Lucrèce, comédie. 50
Un grand Criminel, vaud. 40
Les Amours de Psyché, pièce faut. 60
La Mère de la Débutante, com. 40
Le Jettator, comédie. 40
Le Père Trinquefort, comédie. 30
Bob et Jean, vaud. 30
Zizine, com.-vaud. 30
Les Blancs-Becs, com.-vaud. 50
Jeannic-le-Breton, drame. 60
1841 et 1941, revue. 50
Les Chevau-Légers, com. vaud. 50
Le Sire de Baudricourt, com. vaud. 40
Les Maçons, tab. popu. 40
Gringalet, com. parade 50
Cédric, drame héroïque. 60
Les Mémoires du diable, vaud. 60
Mon Parrain de Pontoise, com.-v. 40
Richard-cœur-de-lion, op.-com. 50
L'Audience secrète, drame. 50
La veille de Wagram, drame. 50
Le Tambour-Major, vaud. 40
Le Nourrisson, vaud. 40
Les 2 Sœurs de charité, drame-v. 50
Fargeau le nourrisseur, com.-v. 60
Manoël le soldat, drame. 50
Ma Maîtresse et ma femme, c.-v. 40
Le Bonheur sous la main, c.-v. 40
Mystères de Paris, vaud. 50
Chasse du roi, com.-vaud. 40
Mariage au tambour, com. 60
Buses Graves, parodie. 50
Cuisines parisiennes, v. popu. 50
La perruquière de Meudon, vaud. 50
Les Nouvelles à la main, vaud 60
Trombonne du régiment. 60
Sur les Toits. 40
Voyage en Espagne. 60

Brelan de Troupiers. 50
Roquefinette. 50
Paris dans la Comète. 50
Les Comédiens Ambulans. 50
Trim, vaud. 50
Les trois Polka, vaud. 40
Fleur-de-Genêt, com-vaud. 60
Le père Turlututu, com-vaud. 50
Les Sirènes, vaud. 40
Le Chevalier de Grignon, com. 60
Les Anglais en voyage. 60
La Famille Grandval, drame. 50
Le Tailleur de la place royale. 50
Les Quatre Fils Aymon. 60
Le Vampire, vaud. 40
Les Bédouines de Paris. 40
L'École d'un Fat, com. 50
La Raison propose. 50
Les Deux Perles, com.-vaud. 50
Les Avent. de Télémaque. 50
Les deux Gentilshommes. 50
Un Enfantillage, com. 50
La Corde de Pendu, féerie. 50
Une Parisienne, com.-vaud. 50
Emma, ou Un Ange gardien. 60
Point-du-Jour. 40
La Mazurka. 40
Le Chamboran. 40
M. Lafleur. 40
Un Conte de Fée. 40
La Tête de Singe. 50
Le Mannequin du Prince. 50
Les voilà bien tous. 40
Boquillon. 60
Le Bal d'enfans. 50
L'Empire. 50
Les deux César. 50
Le Lansquenet. 50
L'École Buissonnière. 50
Les sept Merveilles [illegible] Monde. 50
Émile ou le Chien [illegible] contrebandier. 40
Madame Panache. 60
La Vie en Partie D[illegible]ble. 50
L'Île de Robinson. 50

PIÈCES EN VENTE DE LA MOSAIQUE.

Une Chambrée de Savoyards. 50
L'Homme qui tue sa femme. 50
Le Garçon d'écurie. 40
La descente de la Courtille. 50
La paix ou la guerre. 50
Hassan, drame. 40
Tonino le savetier drame. 40
La Mère Saint-Martin, prologue 30
Le Retour de Sainte-Hélène, à-prop. 20
Les vieilles amours. 30
C'est ma chambre. 30
Un premier ténor. 30
Le docteur de Saint-Brice, drame. 40
Les Invalides, vaudeville. 30
L'habit fait le moine. 30
Un jeu de dominos. 30
L'Esclave. 30

Mazarin, comédie. 50
Le Lierre et l'Ormeau. 50
Dernier vœu de l'Empereur. 30
Premières et dernières amours. 40
La belle Tourneuse. 50
Le Boulevart du crime. 40
Anita la Bohémienne. 50
Le Bourreau des crânes. 40
Les Bains à quatre sous. 50
Mariette, com.-vaud. 40
Le Piège à loup. 30
Les Grisettes en Afrique. 50
Le Début de Cartouche, com.-v. 40
L'auberge de Chantilly, vaud. 40
Benoît, drame. 50
Le Lazaret, vaudeville 50
Une Leçon d'actrice, comédie. 50

Les Noces de Jocrisse, fo. vaud. 40
Un Secret de femme, dra.-vaud. 40
La peur du mal, com. 30
L'Opium et le Champagne, chinoi. 40
Le tribun de Palerme, drame. 50
Qui se ressemble se gêne, c.-v. 40
L'Écuyer tranchant, com. 40
Les deux Joseph, com.-vaud. 40
Les Comédiens et les Marionnettes. 50
Les quatre quartiers de la Lune. 50
Les fables de la Fontaine, vaud. 50
Au Vert galant, com. 40
Arlequin, pantomime. 50
Mon Rival, com.-vaud. 40
Farine et Charbon, com.-vaud. 40
Un Droit d'Aînesse, com.-vaud. 40
Un Rêve de mariée, com.-vaud. 40

Un ménage de garçon, com.-vaud. 40
L'acte Mortuaire, drame. 50
Abd-el-Kader à Paris, vaud. 40
Jean de Bourgogne, drame. 50
Éloi l'innocent, drame. 50
L'amour à l'aveuglette, vaud 40
La mère Gigogne, vaud. 40
La belle Françoise, vaud. 40
La Sainte-Catherine 60
L'École des Fauvettes. 50
Le Roi des Goguettes. 60

ON TROUVE A LA MÊME ADRESSE :

Le Corrégidor de Pampelune. 50
Le Saut périlleux. 50
L'Étudiant marié. 50
Un Miracle de l'Amour. 50
Les Femmes et le Secret. 50
Le Zéro. 50
Les trois Femmes. 50
Lady Henriette. 50
Les Caravanes d'Ulysse. 50
Estelle et Némorin. 50
Les jolies Filles du Maroc. 50
Mlle Bruscambille. 50

Chez le même éditeur, une édition de LA BIBLE, de Lemaistre de Sacy, 3 vol. in-8°, avec 60 grav. sur acier. Prix : 24 f.
Œuvres complètes de Camille Bernay, 1 vol. format Charpentier. Prix 3 fr.

Imp. de Mme de Lacombe, rue d'Enghien, 12.

FRANCONI (famille)

18 pièces

① Dynastie Franconi

Antonio F.

né à Udine 8 Aout 1737. début Paris 20 Nov 1783.
ouvre th. P. 21 Mars 1793. décédé Paris 6 Decemb. 1836

Laurent F. ép. Catherine Coury + 1816
né à Rouen 6 Mars 1776
décédé Londres 15 Mai 1849.

Victor F. ép. Virginie Kembel
(1810-1897).

Charles F.
(1846. 1910)

Henri F. ép. écuyère.
né à Lyon 4 Nov 1779. spécialisé dans pantomime
décédé Londres 19 Juillet 1849.

Adolphe F.
(1803.
succède à son père en 1827
→ 1838 associé ê Dejean
→ sa mort 1855

Elisa F. ép. Paul Laribeau

Laurence ép. F Bastien Gillet
rivalise avec son beau frère

1

FRANCONI (famille)

16777

Extrait du Dictionnaire des comédiens Français

Mme Francisque, Namur 1844.

Mlle Francisque, rôles d'enfants, Namur 1844.

Francisque, Louis, Amédée Lemoine, dit. De la Société des artistes depuis 1842, La Rochelle 1843-54, Paris 1855-59, Douai 1860, Sézanne 1861, Sedan 1862, Auxerre et Arras 1868. En 1861, Francisque Lemoine avait 62 ans et 33 ans de th. Il obtint une pension de 200 fr. de la Société. Son nom disparut en 1864.

Francisque, jeune premier, Madrid 1851, Lisbonne 1852, Lille 1855.

Francisque, premier rôle marqué, Dijon 1851-52.

Mlle Francisque, 13 fév. 1852, Fol. dram., représentation au bénéfice de la petite Francisque.

Francisque, amoureux. Lille 1860, Liège 1866.

FRANÇK. — Sous ce nom :

Franck, Odéon, 25 mai 1846, *Echec et mat.*

Franck, premier amoureux. Marseille 1852.

Mme Franck, Marie, P.-St-Martin 1854-56.

Franck. Iconographie : Bibl. nat., salle Duplessis 16,507. En pied, de face, rôle de Paillasse, lith. par Baric, 1864.

Mlle Franck, Pauline, th. Déjazet 1873.

Franck, Jean, Nicolas, Nancy 1875-77, Versailles 1878, Nancy 1879, 81, Rouen 1882-84.

Franck, Beaumarchais 1876.

Mme Franck-Mell, duègne, Liège 1881.

Franck, Paul. Odéon 1895-98.

FRANÇOIS. — Sous ce nom :

François, Charles, troisième rôle, Lyon 1825-26, deuxième rôle, Rouen 1834, 5.000 fr. d'appointements.

François, Fol. dram. 1834.

Mme François, Caroline, Calais 1840.

François, utilités, Mons 1851.

François, Philippe, Louis, Bayonne 1854-1856.

François, grime, Odéon 1873, le *Docteur sans pareil*, le *Troisième larron*, un *Drame sous Philippe II*, la *Demoiselle à marier*. 1875, le *Bonhomme misère*, le *Procès de Racine*. 1877, *Joseph Balsamo*, la *Coupe enchantée*, une *Mission délicate*, *M. Chéribois*, la *Mort civile*. 1878, le *Trésor*, le *Voyage de M. Perrichon*, le *Mariage de Figaro* (Antonio), la *Fausse Agnès*, le *Célibataire et l'homme marié*, les *Châteaux en Espagne*, 1879. Artiste non sans mérite et jeune encore, dont le nom disparut tout à coup des affiches parisiennes.

FRANÇOISE. — Sous ce nom :

Mme Françoise (Baron), duègne, Vendée 1826.

Mlle Françoise, utilités, Metz 1834.

FRANCONI, famille. — Les nombreux membres de cette famille, dont le nom est si populaire, ne furent pas précisément des comédiens, mais des mimes, et c'est à ce titre qu'ils nous appartiennent aussi bien que Deburau. Ils furent plus encore : des écuyers, des auteurs de scènes jouées dans le manège et de scènes équestres, des montreurs de gymnastes, de disloqués, de danseurs et de danseuses de corde, de dresseurs de chiens et de singes savants, de dompteurs, bref, ils furent de grands amuseurs publics.

Antonio Franconi, né à Udine le 5 août 1737 (ou à Venise 1738?) fut le chef de cette tribu. Venu en France sans ressources, à la suite d'on ne sait quelle aventure — une rencontre, dit-on, où son adversaire aurait succombé — il commença par montrer des oiseaux savants. Ayant rencontré sur son chemin le duc de Duras, celui-ci lui fournit les moyens de s'établir à Rouen, où il chercha à introduire les courses de taureaux. Son fils aîné, Laurent Franconi, naquit en cette ville le 1er mars 1776; son père est qualifié sur l'acte de baptême « maître du combat au cours Dauphin ». Deux ans plus tard, Antonio Franconi se trouve à Lyon, où naquit son second fils Henri, plus connu sous le nom de *Minette*. La mère légitime de ces enfants est Elisabeth Massucati. En 1783, première apparition à Paris, où il s'associa avec Astley, célèbre écuyer anglais qui avait importé à Paris les exercices de voltige et d'équitation (d'abord rue des Vieilles-Tuileries, ensuite à l'entrée du faubourg du Temple). Ses oiseaux savants ne plurent pas. Il fallut retourner à Lyon. En 1791, il reparaît à Paris, comme écuyer ; à Lyon, il avait fait construire un cirque aux Brotteaux, mais au moment où il attirait la foule, sa maison, ses meubles, ses équipages devinrent la proie des flammes pendant le siège de cette ville. Il réclame alors une indemnité, et le gouvernement l'évalue à 83,866 francs. Mais, dès lors, commence un calvaire pour le pauvre écuyer ; les commissions et les comités se le rejettent de l'un à l'autre. En 1798, il n'est pas encore payé. Entre temps, il a repris l'établissement d'Astley au faubourg du Temple, le 21 mars 1793. Le cirque Franconi est créé. Par intervalles, il va donner des représentations en province. C'est alors qu'il compose des scènes mimiques, avec ou sans chevaux, et c'est ainsi que l'on arriva insensiblement à l'idée de représenter de grandes pantomimes sur un théâtre. A cet effet, un vaste terrain fut acheté dans l'ancien enclos des Capucines (58 et 60, rue Neuve des Augustins), une scène vaste fut élevée, indépendamment du manège, et les pantomimes de Franconi, dans lesquelles figuraient des chevaux, attirèrent une affluence considérable de public. En 1805, Franconi père cédait son exploitation en plein succès à ses deux fils.

Expropriés par le percement de la rue de la Paix, les Franconi firent construire une nouvelle salle sur l'emplacement où l'on vit plus tard le bal Valentino (28 déc. 1807). Ce fut l'origine du *Cirque Olympique*, dont le nom remplaçait celui d'*Amphithéâtre*, employé jusqu'alors. Le Cirque Olympique entonna l'hymne à Napoléon. Ses pantomimes y célébrèrent toutes ses victoires. Les deux frères s'y faisaient valoir comme écuyers habiles et Minette (le plus jeune) particulièrement comme mime. Leurs femmes, remarquablement belles, s'y signalèrent aussi, Mme Laurent Franconi par sa souplesse et son agilité, Mme Henri-Minette Franconi par son jeu dans la pantomime.

Mme Laurent Franconi, Marie, Catherine, née Cousy, était née à Paris le 1er janvier 1784, s'y était mariée le 31 mars 1803 et y mourut le 20 mars 1816. Mme Henri Franconi, Marie, Jeanne, Emilie Lequien, avait été actrice au th. des Arts, à Rouen. Elle avait un réel talent, fait d'expression et de grâce. Elle mourut à Paris le 2 mars 1832. Son mari se remaria le 14 juillet 1842, à 63 ans.

Les chevaux, les pantomimes, le cerf Coco eurent un succès inouï, auquel assistait chaque soir le vieil Antonio dans un fauteuil qui lui était spécialement réservé. L'été, la troupe allait en province. Puis, à la suite de discussions d'intérêts avec leur père, les deux frères avec leurs femmes abandonnèrent la place pendant un an, et parurent pendant cet intervalle aux Jeux Gymniques (Porte-St-Martin) 8 février 1811.

Cependant l'installation imminente du Trésor dans le quartier du Mont Thabor força encore les Franconi à déménager (27 mai 1816). Cette fois, ils revinrent à leur berceau primitif, au faubourg du Temple, et l'inauguration de cette nouvelle salle restaurée se fit le 8 février 1817. Dans la nuit du 15 au 16 mars 1826, le feu consuma tout. La famille royale, la faveur publique, rien ne fit défaut aux sinistrés. Des représentations s'organisèrent à leur bénéfice. La représentation de l'Odéon (2 mai) produisit 6200 fr. : le duc d'Orléans envoya en outre 500 fr. et Madame 500 fr. : la Comédie Française elle-même avait donné une représentation le 29 mars : des souscriptions publiques furent ouvertes par les journaux ; bref, un arrêté ministériel autorisa les Franconi à émettre 855 actions et à élever leur nouveau cirque sur le boulevard du Temple, entre l'hôtel Foulon et l'ancien Ambigu-Comique. Telle fut l'origine de la salle du Cirque-Impérial, démolie en 1862. Les Franconi l'avaient fait construire de telle sorte que les spectateurs des galeries, même les plus élevées, pouvaient voir ce qui se passait dans le cirque, tandis qu'après le spectacle équestre deux rampes mobiles mettaient le cirque en communication avec la scène. De cette époque date le mimodrame militaire : tambours, musique militaire, artillerie, cava-

Madame Laurent FRANCONI

Antonio FRANCONI

Laurent FRANCONI

Madame Minette FRANCONI

lerie, infanterie défilaient sur la scène, descendant dans le cirque par une rampe et remontant par l'autre ; et le tout se terminait par une éclatante victoire des armes françaises à la lueur des feux de Bengale! Le nouveau théâtre fut inauguré le 21 mars 1827. L'incendie n'en avait pas moins ruiné les deux frères associés qui cédèrent leur nouveau privilège à leur fils et neveu, Adolphe Franconi, moyennant 120,000 francs et une prime annuelle de 5000 francs attribuée à chacun des vendeurs.

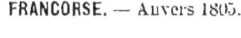

Vue intérieure du Cirque Olympique, faubourg du Temp

Laurent Franconi alla ouvrir sans succès un manège au Pecq, puis s'attacha au nouvel Hippodrome établi à l'entrée du Bois-de-Boulogne. Il mourut du choléra le 15 mai 1849, et son frère Minette, emporté par le même mal, le suivit dans la tombe le 23 juillet suivant. Ce dernier avait composé pour le théâtre un grand nombre de pièces dont MM. E.-D. De Manne et Ménétrier ont donné la liste (1808 1830).

Adolphe Franconi passa la main en 1835 à M. Louis Dejean qui mena de front, au boulevard du Temple, la pantomime, le mimodrame, le mélodrame, les exercices de manège et la féerie (les *Pilules du Diable*. 16 février 1839). Ce fut le créateur du cirque des Champs-Elysées et plus tard du Cirque d'Hiver (11 déc. 1852).

Henri dit Minette FRANCONI

Henri-Adolphe Franconi, fils de Minette Franconi, né en 1801, était resté attaché à l'entreprise. Il succomba le 2 novembre 1855, et Victor Franconi, un autre descendant du fondateur en ligne directe, dirigeait encore les destinées du Cirque-d'Hiver en 1875. Il avait épousé Mlle Maria Kennebel. Il y eut aussi une demoiselle *Rosine* Franconi, Cirque-Olympique 1822.

Biographie : E.-D. De Manne et C. Ménétrier, la *Troupe de Nicolet*, Lyon, Scheuring, 1869. — Le *Cirque Franconi*, Lyon, A.-L. Perrin et Martinet, 1875.

Bibliographie : Brazier, *Hist. des petits théâtres*, t. II, p. 84 et suiv. — *La Rampe et les Coulisses*, p. 276 et suiv. — Bouffé, *Mémoires*, p. 67.

Iconographie : Bibl. nat., catal. Duplessis 16,577. *Franconi Laurent*. Antoine. A cheval, dirigé à droite, lith. par V. Adam, 1845.

— 16,578. Mme *Franconi Minette*. En buste, de 3/4 à droite, photogr.

— 16,579. Mme *Franconi Victor*, née Maria Kennebel. 1. A mi-corps, de 3/4 à droite, rôle de la Cachucha, lith. par [illegible] 1840, tiré de l'*Entr'acte lyonnais*.

2. En pied, de profil à gauche, lith. de Charpentier, 1841.

3. En pied, de profil à gauche, lith. de Légé, 1840.

4. En pied, de profil à gauche, lith. de Paul Petit, 1842.

— Collection Martinet, 357, Mme Franconi, rôle de *Geneviève de Brabant*. 361, Franconi jeune, rôle de Mérovée dans *Frédégonde et Brunehaut*. 362, Franconi aîné, rôle de Landry, même pièce. 363, Mme Franconi, rôle de Brunehaut, même pièce. 388, Franconi jeune dans le *Renégat*. 402, Mme Franconi et Franconi aîné, rôles de la belle Géorgienne et de St-Amand, même pièce. 410, Franconi jeune et Franconi aîné dans les *Bédouins*.

— Le *Cirque Franconi*, eaux-fortes par Fr. Hillemacher : Antonio Franconi, en buste, de profil à droite, costume de th. — Laurent Franconi, en buste, de 3/4 à droite. — Mme Laurent Franconi, en buste, de face. — Henri, dit Minette Franconi, tête de profil à droite. — Mme Minette Franconi, en buste, de face. — Adolphe Franconi, en buste, de face. — Victor Franconi, en buste, de face.

— La *Troupe de Nicolet*, Laurent Franconi, en buste, de profil à droite, cost. de th.

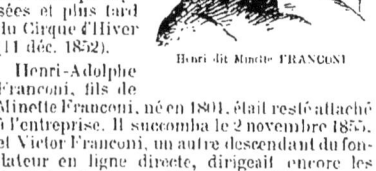

FRANCORSE. — Anvers 1805.

FRANCOZ. — Gand 1835, Douai 1840, Liège 1841-46.

FRANCQ (De). — Amiens 1835.

FRANCVILLE. — Liège 1799.

FRANDON, Louis. — Lyon 1850, Milan 1852-53, Marseille 1854-55, Turin 1856-65, Lyon 1866-75.

FRANGIN, Jean, Paul. — Vaudeville 1835, Variétés 1854-55, Paris 1856-68.

FRANIAT, Alix. — La Haye 1861-64, Paris 1865-67, New-York 1868-69.

FRANK, Henry. — Fol. dram. 1849, Délass. com. 1850-53, Lyon 1854-55, Rouen 1856-57, Lyon 1858-61, Paris 1862, La Haye 1863, Paris 1864.

FRANK, François, Edouard Demougeot dit. — Montparnasse 1861-67. V. Mme Demougeot.

FRANSAC, Mlle. — Th. Beaumarchais 1852.

FRANTZ, Mlle Appoline. — Débuta par le rôle de Dorine de *Tartufe*, à l'Odéon, le 12 mai 1847, Vaudeville 1849-50, Paris 1852-62.

FRANTZ, Ernest, Désiré Cayeux, dit Gabriel. — Chaumont 1863-64.

FRANTZI, Mlle. — Fol.-Dram. 1888.

FRANTZIA, Mlle Defrance dite. — Th. Montparnasse 1845, débuta comme tragédienne à l'Odéon en 1846, l'*Univers et la Maison* (1846); *Alceste*, *Spartacus*, les *Atrides*, succès personnel (1847); le *Collier du Roi*, *Werner*, les *Femmes fortes*, *Macbeth*, *Henri III et sa Cour* (1848); le *Bourgeois des Métiers*, le *Trembleur* (1849); en 1848, Mlle Frantzia avait été maintenue sociétaire avec un fixe de 250 fr. (la part entière était de 400 fr.), Porte-Saint-Martin 1852-53.

FRANVAL, Despierres dit. — Père noble, Bayonne 1840. Vivait en 1848.

FRANVAL. — Premier amoureux, Lille 1885.

FRANVILLE. — Sous ce nom :

Franville, troisième amoureux, Gand 1789, Bruxelles 1799, peut-être le même, père noble, Nancy 1826-28, Avignon 1829, Liège 1830-31, Metz 1831, Liège 1834, Arras 1835, Anvers 1845, Tournay 1846.

Mme Franville, Montpellier 1825, Avignon 1826. V. aussi ci-dessous Mme Franville-Bouillon.

Franville, jeune premier, Brest 1825.

Franville, Laurent, Floridor Cheniaux, appartint pendant 43 ans au th. de Lyon. En 1859, il demeurait à Villebonne et obtint une pension de 300 fr. de la Société des artistes. Son nom disparut vers la même époque. Nous croyons qu'il mourut vers 1860-61.

Mme Franville, née Rimbert, femme Bouillon dite, Boulogne 1829, Nimes 1852-56, Paris 1858-91. En 1883, Mme Bouillon-Franville avait 81 ans et 20 ans de th. Elle obtint une pension de 300 fr. de la Société des artistes. Sa mort fut annoncée au Rapport de 1893. Elle avait institué la Société sa légatrice universelle.

FRASEY, Mlle Estelle, Marie, Julienne. — Première femme de Berthelier. Elève d'un certain Bizot, agent dramatique, puis du Conservatoire, Mlle Frasey entra à la Gaîté où elle joua le rôle de la princesse Lélia dans *Peau d'Ane* (1863). Engagée aux Bouffes, elle joua *Avant la Noce* (avril 1864) avec son camarade Berthelier (v. ce nom), pièce de circonstance, puisque tous deux se marièrent en réalité le 24 juin suivant. Elle parut alors sous le nom de Mme Frasey-Berthelier, comme dans *Croquefer*. Elle créa encore avec succès la marquise des *Bergers* (11 oct. 1865). Sa mort prématurée est expliquée de deux façons : les uns disent qu'elle eut une grande frayeur à la suite d'une explosion de gaz survenue pendant une répétition, d'autres qu'elle périt brûlée à la suite d'un accident survenu au théâtre. Elle mourut le 26 décembre 1865, à peine âgée de 23 ans, laissant la réputation d'une femme charmante, gracieuse, douée d'une fort jolie voix.

FRAY (de) Mlle. — Bruxelles 1714.

FRÈCHE, Jean, Eugène, Gilbert. — Nouvelle-Orléans 1870.

FRÉCHON, Mlle Marie, Philippine, âgée de 17 ans en 1798, parut à Angers, Laval, Le Mans. De 1804 à 1812, nous la trouvons jeune première à Rouen, où elle était très aimée. Elle mourut le 17 janvier 1813, des suites d'une longue maladie de poitrine. Les obsèques eurent lieu le 19 dans l'eglise Notre-Dame de cette ville.

FRÉDÉRIC. — Sous ce nom :

Mlle Frédéric, Douai 1773, 1800 fr. d'appointements.

Frédéric, la petite, rôles d'enfants, Lyon 1781.

Frédéric, Henry, Th. franç. lyr. de la rue de Bondy, 1792.

Frédéric, « acteur maussade », Vaudeville 1793-1807. Un rapport de police du 16 janvier 1796, signé Boissay, commissaire, accuse cet acteur de chanter la *Marseillaise* avec insolence, et de façon à insulter le parterre.

(5)

Franconi (Antonio) le père

(né en 1738)

+1836.

1) Associé d'Astley (1783)

Directeur établissement d'Astley (1793) sous le nom

2) de Cirque Franconi (Fg Temple)

enclos des Capucines, directeur

3) du Théâtre Franconi (pantomimes)

Cède son exploitation à ses fils

1805

(6)

FRANCONI, nom bien connu depuis longtemps des amateurs d'exercices équestres, et qui appartiendrait, selon certains biographes, à une famille noble d'Italie. Quoi qu'il en soit de cette origine fort contestable, ce qu'il y a de positif, c'est que le premier écuyer auquel il est redevable de la célébrité européenne dont il a joui, *Antoine Franconi*, était né à Venise, en 1738. A en croire les chroniqueurs en question, il aurait été obligé de fuir sa patrie par suite de la condamnation à mort de son père, qui avait tué en duel un sénateur. C'est à vingt ans qu'il apparaît pour la première fois en France. Comment y vivre? Il avait cultivé la physique dans sa jeunesse : il s'offre au public comme physicien, et joint bientôt à cette profession une nouvelle industrie : il montre des oiseaux savants, puis divers animaux, qu'il dresse avec un art merveilleux. Lyon, Bordeaux l'applaudissent, et c'est dans cette dernière ville qu'il a le bonheur de connaître le duc de Duras, qui le met à même d'introduire dans notre patrie les courses de taureaux, si chères aux Espagnols.

Après avoir exploité Lyon et Bordeaux, il arrive en 1783 à Paris, où il s'associe à l'Anglais Astley, qui depuis trois ans a ouvert un manége au faubourg du Temple; mais les Parisiens prennent moins de goût à ses animaux savants qu'aux exercices de son associé. Au bout de deux ans, il revient à Lyon, où l'écuyer Balpe, à qui il a loué son cirque, fascine tellement le public par ses manœuvres, que là encore la ménagerie du Vénitien *fait four* comme à Paris. Loin de perdre courage, Antoine déclare qu'il luttera contre son heureux compétiteur : il achète des chevaux, les dresse lui-même, et un mois après il recueille en abondance les bravos et l'argent des Lyonnais. La révolution y interrompit le cours de ses prospérités; plus tard son cirque fut détruit pendant le siége. Il revint à Paris vers la fin de 1792, et reparut au faubourg du Temple, entouré de sa famille, qui composait sa *troupe d'écuyers et d'écuyères*.

Le théâtre de la Montansier, rue Richelieu, vis-à-vis la Bibliothèque, et celui de la Cité se l'adjoignirent momentanément en 1793 et 1799, et il figura, ainsi que sa troupe, sur ces deux scènes, avec ses chevaux, dans plusieurs ballets et pantomimes. En 1802 il transporte son établissement dans l'ancien jardin des Capucines, entre le boulevard de ce nom et la place Vendôme. Devenu aveugle, il venait de le céder à ses deux fils, *Laurent* et *Minette*, lorsque le percement de la rue de la Paix les força, en 1806, à quitter la place. Ils firent une tournée en province, tandis qu'on leur bâtissait, rue du Mont-Thabor, le Cirque Olympique, dont l'ouverture eut lieu en décembre 1807. Les dimensions vastes de cette nouvelle enceinte leur permirent de varier leurs exercices d'équitation par des pantomimes, montées avec une pompe jusque là sans exemple. Laurent dressait non-seulement des chevaux, mais d'autres animaux, des cerfs, des éléphants, etc.; Minette mettait en scène les mimodrames, dont plusieurs étaient composés par lui. Leur sœur et leurs femmes se distinguaient comme écuyères et comme actrices. En 1816 ils abandonnèrent encore ce local pour retourner au faubourg du Temple. Chassés de là en 1826 par un incendie, Minette Franconi et son fils adoptif *Adolphe* réunirent, à l'aide de nombreuses souscriptions, les fonds nécessaires pour rebâtir leur cirque. Durant vingt-cinq ans, à Paris et dans leurs tournées annuelles en province et à l'étranger, ils attirèrent la foule par leurs exercices et surtout par leurs grands drames militaires. En 1833, la famille, à l'exception d'Adolphe, avait renoncé à l'exploitation du berceau de sa gloire. Puis le cirque lui-même avait disparu, pour faire place au *Théâtre National*, tandis que plusieurs cirques nouveaux s'élevaient sur divers points de la capitale.

Antoine Franconi, souche de cette intéressante famille, mourut à Paris, le 6 décembre 1836, à l'âge de quatre-vingt-dix-huit ans. Il avait recouvré la vue, et assistait presque tous les soirs aux représentations du Cirque, dans un fauteuil qu'on lui plaçait aux premières galeries, et d'où il essayait d'applaudir de ses débiles mains aux triomphes de ses successeurs. Le jour du convoi, d'après ses dernières volontés, son vieux cheval suivit son corbillard.

16777

Le cirque Franconi [illegible]

LES FRANCONI

UNE [illegible] dernier des Franconi est allé dans quelque Wa[illegible] [illegible] les Walkyries [illegible] [illegible]

[illegible] Franconi [illegible] quatre générations de Franconi [illegible]

[illegible] Antoine [illegible] à Paris [illegible] Vénitien [illegible] mort.

Antoine avait [illegible] trente [illegible] ans [illegible] dans la science [illegible] [illegible] Paris il courut la province, exhibant des animaux dressés faisant [illegible] [illegible] organisant des courses de taureaux dans le Midi.

Il était devenu citoyen lyonnais et avait fait souche de petits Franconi [illegible] M. Franconi citoyen de Lyon [illegible] ses élèves [illegible] trente chevaux [illegible] amphithéâtre Astley [illegible] faubourg du Temple.

L'Anglais Astley avait établi ce manège depuis onze ans à l'entrée du faubourg [illegible] Franconi lui succédant. Les affaires prospérant, il transporta bêtes et gens dans le [illegible] l'ancien couvent des Capucines. Aujourd'hui rue de la Paix [illegible] le cirque du Mont-Thabor était fondé. C'était un [illegible] [illegible]

Le dernier Franconi.

Cliché aimablement prêté par l'Illustration.

(8)

mime à grand spectacle ; elle réussit au delà de ses espérances. Il savait trouver le *clou* qui décide du succès. Quand en 1807, il donna *la Lanterne de Diogène*, tout Paris envahit sa baraque. Le sujet de la pantomime était bien simple, mais elle avait le *clou*.

Diogène cherchait un homme et ne le trouvait pas. On lui montrait tous les héros des siècles passés, il secouait la tête, dédaigneux, ravivait la mèche de sa lanterne et poursuivait sa course. Tout à coup !... On lui présentait le buste de Napoléon, alors à l'apogée de sa fortune. L'effet était prodigieux ! Diogène éteignait son lumignon et s'écriait : « Enfin ! je l'ai trouvé ! » Et la salle hurlait d'enthousiasme. Cependant il revint au faubourg du Temple.

Le père Franconi arrivait à dresser ses chevaux d'une façon incroyable. A cette époque une danse, la gavotte, faisait fureur. Dans tous les salons sur toutes les scènes, on réclamait la gavotte de Vestris. Il l'avait apprise à ses quadrupèdes qui allaient, en *représentations*, au théâtre de la Cité, l'exécuter dans une pantomime intitulée *la Fille hussard*. Succès fou !

Un soir, un des chevaux, sans doute emballé, grisé par les applaudissements du public, voulut se surpasser et s'élança trop en dehors du cercle assigné à ses ébats chorégraphiques. Il tomba dans l'orchestre, écrabouilla la contrebasse, blessa le cornet à pistons et l'ophicléide et s'enfonça une clarinette dans les naseaux. L'autorité défendit ce spectacle dont l'effet devenait trop écrasant.

Antoine, à soixante-douze ans, ayant constaté que ses jarrets demandaient grâce, céda la direction à ses deux fils, Laurent et Minetti, qui élargirent leur programe. Ils fondèrent le Cirque Olympique où l'on joua les grandes féeries et les pièces militaires. Pendant quarante années, Bonaparte, Marceau, Kléber, Hoche, tous les héros de la Révolution et de l'Empire y gagnèrent des batailles chaque soir, et s'y couvrirent de gloire et de lauriers. Chaque soir, trente volontaires de l'an II ou trente grenadiers de la garde, taillèrent en pièces mille Prussiens, Russes, Autrichiens ou Anglais, aux applaudissements d'une foule en délire.

Le cirque avait brûlé de fond en comble en 1826, mais il était reconstruit l'an d'après et un nouveau Franconi le dirigeait. C'était Adolphe, fils de Minetti, qui, avec Ferdinand Laloue, fonda le Cirque d'Eté dont la vogue devait être si grande sous le second Empire.

Il mourut jeune encore, à cinquante-cinq ans, et ce fut un oncle, Victor Franconi, qui assura la direction du cirque.

Ce fut la grande époque de la haute école des chevaux dressés en liberté et aussi des gymnastes. Les coulisses et les écuries du Cirque d'Eté étaient fréquentées par les hauts personnages, la cour bombardant de bouquets et propositions dorées les belles écuyères de l'établissement. Mais ces acrobates, ces danseuses de corde, ces dames de la voltige et du cerceau forment le plus honnête des mondes. A part une escapade par-ci par-là, qui fait l'exception à la règle, les accrocs à la vertu sont rares. Les hommes mêmes sont des chastes. Le travail qu'ils ont à fournir éloigne d'eux la tentation des plaisirs. Il faut que les muscles soient toujours en bon état et le petit Eros a la réputation de les passer dans son van, les pauvres muscles.

Victor se retira des affaires, pour cause de vieillesse, et laissa la direction à Charles, son fils, qui vient de mourir à soixante-cinq ans.

C'était un cavalier élégant, impeccable, qui perfectionna encore la maîtrise de ses aïeux ; un friand de la lame, affable, courtois et doux comme un mouton.

Français et patriote, il fit bravement son devoir en 1870.

Avec lui s'est éteinte cette pléiade d'écuyers hors de pair qui furent la gloire des cirques du XIXe siècle, des cirques qui n'existent plus guère aujourd'hui.

Octave PRADELS.

FRANCONI (Antoine)

Udine 5 Août 1737 - † Paris 6 Décemb. 1836

16777

INAUGURATION DE LA SALLE MUSARD.

Il est bien de la spécialité du *Monde Dramatique* de rendre compte des concerts. C'est encore de la musique lyrique, et par conséquent elle nous appartient. D'ailleurs, nous ne devons pas seulement envisager le théâtre sur le théâtre, nous devons l'examiner dans ses effets et dans ses causes, et de même que nous annonçons la mise en scène d'une pièce, nous devons la suivre hors du théâtre, si hors du théâtre elle produit quelques effets. Or, c'est la musique lyrique qu'on exécute chez Musard, c'est la musique que vous avez entendue dans nos théâtres qui est transportée dans un vaste salon, et qui, après avoir servi à faire danser les figurans et les danseurs, fait danser les spectateurs. Nous regardons donc comme un devoir de rendre compte des concerts de Musard.

Hier des lettres d'invitations ont été adressées à tout ce qu'il y a d'artistes et d'hommes de lettres dans Paris, pour assister à la soirée particulière qui a eu lieu dans les nouveaux salons de Musard, pour faire l'inauguration des concerts. Jamais concours plus brillant de toutes les célébrités, jamais plus belles toilettes et plus jolies femmes n'ont encombré salle plus vaste et mieux décorée. Chaque spécialité avait là son représentant. C'était Jules Janin, pour le feuilleton; Roger de Beauvoir, pour les hommes de lettres; Georges Sand, pour le roman; Meyerbeer, pour la musique; Camille Roqueplan, pour la peinture; Musset, pour la poésie, Pauline Leroux, pour la danse.

Musard, conduisant avec sa verve ordinaire son orchestre de quatre-vingt-dix musiciens, s'est surpassé dans son exécution. Il a offert à l'assemblée les prémices d'un nouveau quadrille intitulé *l'Étoile*, qui a été couvert d'applaudissemens, et a long-temps retenti dans l'oreille charmée des auditeurs; puis est venue *la Fille du Danube*, de M. Adam; puis l'orgie de Meyerber, le choral de Luther et les couplets militaires des soldats huguenots. Le duo du quatrième acte des *Huguenots*, exécuté par MM. Dufresne et Forestier, a été unanimement applaudi. Enfin, *Dublin*, de Musard a couronné dignement la première partie du concert. Dans la seconde, *le Postillon de Lonjumeau*, le galop de *la Fille du Danube*, et un solo de violon, composé et exécuté par M. Singer, ont enlevé tous les suffrages.

La salle est magnifique de décorations et de lumières. L'histoire de la musique et de la danse est écrite sur les murs et les plafonds, enchassée dans des ornemens arabes. Nous lui consacrerons un article spécial. Musard a obtenu un vrai triomphe. L'hiver qui se prépare pour lui est une pluie d'or. Nous le suivrons dans ses nouvelles compositions, et dirons tout ce qui sera susceptible de piquer la curiosité.

NÉCROLOGIE.

ANTOINE FRANCONI.

Antoine Franconi est né à Venise en 1738, d'une famille noble. Son père eut un duel avec un sénateur, fut condamné à mort et vit saisir tous ses biens. Le jeune Antoine, forcé de s'expatrier, arriva en France à l'âge de vingt ans. Sans ressources, sans argent, sans recommandation, il chercha à se créer une industrie qui pût le faire exister. Dans sa jeunesse il s'était principalement adonné à l'étude de la physique; il parut la première fois en public en qualité de physicien. Bientôt il éleva des oiseaux savans et y joignit une ménagerie d'animaux, qu'il dressait admirablement. Il exploita Bordeaux et Lyon, les deux villes de France les plus considérables après Paris. Ce fut dans cette première ville qu'il fit la connaissance du duc de Duras et qu'à l'aide de sa protection il parvint à montrer en France un spectacle inconnu jusqu'alors, le combat des taureaux espagnols. Franconi alla lui-même chercher en Espagne des taureaux et des tauréadors, et les amena à Bordeaux. Les combats eurent lieu devant un public très nombreux, et bientôt on prit tant de goût à ces sortes de spectacle qu'on accourait de 30 lieues à la ronde. Mais les tauréadors espagnols, jaloux et envieux de l'argent que gagnait Franconi et qu'ils prétendaient lui faire gagner, refusèrent de jouter plus long-temps et menacèrent de donner des combats à leur propre compte. Franconi ne s'effraya pas de cette menace, et voyant qu'un jour de représentation les Espagnols refusaient le service, il se présenta lui-même dans le cirque, seul, en bas de soie, sans cuirasse, la poitrine découverte, et dans cet état piqua le taureau. Les Bordelais furent effrayés de tant d'audace et de courage. Dès ce jour Franconi fit seul les combats de taureau et la foule ne cessa d'encombrer le cirque. Il passait la moitié de la saison à Bordeaux, l'autre moitié à Lyon. Il avait loué son cirque de Lyon au fameux Balpe, un des premiers écuyers français. Balpe avait tellement imprimé aux Lyonnais le goût de son spectacle qu'ils affluaient lorsqu'il jouait et désertaient lorsque Franconi montrait ses animaux savans. Franconi résolut de lutter avec Balpe. Balpe le défia de l'égaler: Franconi s'engagea à le surpasser. En effet, dès ce moment il acheta des chevaux, les dressa lui-même, passa un mois à travailler avec eux, et au bout de ce temps ouvrit son manége aux cris et aux bravos des Lyonnais. Depuis cette époque Antoine Franconi s'est adonné exclusivement à l'équitation. Il a été professeur du roi actuel, comme ses enfans le sont aujourd'hui des jeunes princes français; il a fondé le Cirque-Olympique, et est resté le type des chevaux, comme Martin est le type des bêtes féroces.. Ruiné à la révolution, il vit son cirque détruit au siége de Lyon, vint à Paris, où il établit un manége dans le faubourg du Temple, et succéda à Asseley, autre écuyer célèbre. Là il parut avec toute sa famille, qui composait sa troupe d'écuyers et d'écuyères. Il ne resta pas long-temps au faubourg du Temple et fit bâtir un nouveau cirque aux Capucins; il y fit pendant long-temps de brillantes affaires, et céda enfin son établissement à ses enfans Laurent et Minette, qui furent l'exploiter à Monthabor. De là date la véritable origine du théâtre du Cirque-Olympique, long-temps dirigé par les deux frères et abandonné par eux depuis dix ans.

Antoine Franconi devint aveugle dans un âge encore peu avancé et resta atteint de cette infirmité pendant sept années. Le baron de Forlens lui fit une opération qui lui rendit la vue. C'est pendant qu'il était encore aveugle que Franconi construisit une de ses trois voitures nomades. Elles sont connues de tout Paris, qui a pu les admirer dans le temps. Elles se composaient d'une salle à manger, chambre à coucher et galerie. Il construisit encore un corsaire qui a été promené dans tout Paris aux fêtes du consulat.

Antoine Franconi n'avait plus d'autre plaisir que d'assister presque tous les soirs au spectacle du Cirque-Olympique. Il y avait un fauteuil placé exprès pour lui à la première galerie. Tout le monde a pu voir ce beau vieillard dont les mains débiles essayaient encore d'applaudir en voyant les voltiges du manége. Il est mort le 6 décembre, à l'âge de quatre-vingt-dix-huit ans, quatre mois, un jour. Son convoi a eu lieu le 8, et suivant ses dernières volontés, un cheval suivait immédiatement son corbillard.

Ed. Alboize.

CHRONIQUE THÉATRALE DE LA SEMAINE.

Cette fois il n'a été joué que deux pièces nouvelles dans la semaine. Elles sont de peu d'importance et nous en dirons quelques mots dans cette chronique lorsque nous parlerons des théâtres sur lesquels elles ont été représentées. Ce mois-ci, du reste, paraît devoir être moins chargé que le mois dernier, dont voici le résultat :

Vingt-sept nouveautés ont été jouées en novembre (deux opéras, quatre drames ou mélodrames et vingt-un vaudevilles); quarante-trois auteurs y ont coopéré. Il y a eu, en outre, sept reprises, six représentations extraordinaires, quatre débuts et cinq rentrées.

Incertaine relativement à la manière dont elle terminera l'année qui n'est pas celle des théâtres, la Comédie-Française croyait, hier, qu'elle ferait la clôture par une seule pièce nouvelle, *le Maréchal de l'Empire*. Si elle ne change pas d'avis d'ici à la Saint-Sylvestre, *la Camaraderie* ouvrira brillamment 1837.

En attendant, ce théâtre va donner la reprise *des Facheux* de Molière.

L'Opéra-Comique prépare son *Ambassadrice* à laquelle doivent succéder *les États de Blois*.

Le Vaudeville nous donne Arnal avec *la Dame de Chœur*, et la plaisante caricature d'une danseuse de l'Académie-Royale, qui date du Directoire; Mme Albert sous les traits de la sensible Champmeslé. Le Gymnase fournira son contingent avec *les Deux Frères*, que l'on dit très intéressans.

Après *Scipion ou le Beau-Père*, qui promet à Frédérick-Lemaître un rôle brillant et comique, le théâtre des Variétés fera jouer un drame-vaudeville en quatre actes, dont le titre est piquant, *Michel ou Amour et Menuiserie*, une parodie, la première et la dernière sans doute de l'année 1836, une imitation burlesque *de Marie ou Marie honnête*, à laquelle on prédit un succès de gaîté.

La pièce en répétition au théâtre de la Porte-Saint-Martin, et qui succèdera au nouveau drame de M. de Rougemont, a pour titre: *Antoine*. Cet ouvrage de M. E. Souvestre est tiré de son roman: *Riche et Pauvre*.

Le succès *de Léon* se continue à ce théâtre.

A l'Ambigu, c'est d'une revue qu'il est question et d'un grand drame moyen-âge, qui, provisoirement, s'appelle *le Gondolier*.

Mlle Théodorine a définitivement quitté ce théâtre. On parle d'une demoiselle qui vient de Versailles, dont les débuts ont été assez heureux.

C'est à l'Ambigu-Comique que MM. Chabot et Lubize ont égayé leur public en fesant filer *Deux étoiles*, et en développant deux caractères opposés qui arrivent l'un à la fortune, l'autre à la misère par les contrastes; c'est une bouffonnerie des plus philosophiques, et qui a complètement réussi.

La Gaîté fait toujours de l'argent avec *El Gitano*. Ce mélodrame convient aux petites places par sa mise en scène et aux grandes par son drame. MM. Barthelemy et Filliot ont donné dimanche dernier à ce théâtre la première représentation *du Camarade de Chambrée*. La pièce a réussi.

Le Cirque-Olympique est maintenant en présence de la commission des auteurs pour conclure un traité avec elle.

E. A.

NÉCROLOGIE.

ANTOINE FRANCONI.

Antoine Franconi est né à Venise en 1738, d'une famille noble. Son père eut un duel avec un sénateur, fut condamné à mort et vit saisir tous ses biens. Le jeune Antoine, forcé de s'expatrier, arriva en France à l'âge de vingt ans. Sans ressources, sans argent, sans recommandation, il chercha à se créer une industrie qui pût le faire exister. Dans sa jeunesse il s'était principalement adonné à l'étude de la physique; il parut la première fois en public en qualité de physicien. Bientôt il éleva des oiseaux savans et y joignit une ménagerie d'animaux, qu'il dressait admirablement. Il exploita Bordeaux et Lyon, les deux villes de France les plus considérables après Paris. Ce fut dans cette première ville qu'il fit la connaissance du duc de Duras et qu'à l'aide de sa protection il parvint à montrer en France un spectacle inconnu jusqu'alors, le combat des taureaux espagnols. Franconi alla lui-même chercher en Espagne des taureaux et des tauréadors, et les amena à Bordeaux. Les combats eurent lieu devant un public très nombreux, et bientôt on prit tant de goût à ces sortes de spectacle qu'on accourait de 30 lieues à la ronde. Mais les tauréadors espagnols, jaloux et envieux de l'argent que gagnait Franconi et qu'ils prétendaient lui faire gagner, refusèrent de jouter plus long-temps et menacèrent de donner des combats à leur propre compte. Franconi ne s'effraya pas de cette menace, et voyant qu'un jour de représentation les Espagnols refusaient le service, il se présenta lui-même dans le cirque, seul, en bas de soie, sans cuirasse, la poitrine découverte, et dans cet état piqua le taureau. Les Bordelais furent effrayés de tant d'audace et de courage. Dès ce jour Franconi fit seul les combats de taureau et la foule ne cessa d'encombrer le cirque. Il passait la moitié de la saison à Bordeaux, l'autre moitié à Lyon. Il avait loué son cirque de Lyon au fameux Balpe, un des premiers écuyers français. Balpe avait tellement imprimé aux Lyonnais le goût de son spectacle qu'ils affluaient lorsqu'il jouait et désertaient lorsque Franconi montrait ses animaux savans. Franconi résolut de lutter avec Balpe. Balpe le défia de l'égaler: Franconi s'engagea à le surpasser. En effet, dès ce moment il acheta des chevaux, les dressa lui-même, passa un mois à travailler avec eux, et au bout de ce temps ouvrit son manége aux cris et aux bravos des Lyonnais. Depuis cette époque Antoine Franconi s'est adonné exclusivement à l'équitation. Il a été professeur du roi actuel, comme ses enfans le sont aujourd'hui des jeunes princes français; il a fondé le Cirque-Olympique, et est resté le type des chevaux, comme Martin est le type des bêtes féroces.. Ruiné à la révolution, il vit son cirque détruit au siége de Lyon, vint à Paris, où il établit un manége dans le faubourg du Temple, et succéda à Asseley, autre écuyer célèbre. Là il parut avec toute sa famille, qui composait sa troupe d'écuyers et d'écuyères. Il ne resta pas long-temps au faubourg du Temple et fit bâtir un nouveau cirque aux Capucins; il y fit pendant long-temps de brillantes affaires, et céda enfin son établissement à ses enfans Laurent et Minette, qui furent l'exploiter à Monthabor. De là date la véritable origine du théâtre du Cirque-Olympique, long-temps dirigé par les deux frères et abandonné par eux depuis dix ans.

Antoine Franconi devint aveugle dans un âge encore peu avancé et resta atteint de cette infirmité pendant sept années. Le baron de Forlens lui fit une opération qui lui rendit la vue. C'est pendant qu'il était encore aveugle que Franconi construisit une de ses trois voitures nomades. Elles sont connues de tout Paris, qui a pu les admirer dans le temps. Elles se composaient d'une salle à manger, chambre à coucher et galerie. Il construisit encore un corsaire qui a été promené dans tout Paris aux fêtes du consulat.

Antoine Franconi n'avait plus d'autre plaisir que d'assister presque tous les soirs au spectacle du Cirque-Olympique. Il y avait un fauteuil placé exprès pour lui à la première galerie. Tout le monde a pu voir ce beau vieillard dont les mains débiles essayaient encore d'applaudir en voyant les voltiges du manége. Il est mort le 6 décembre, à l'âge de quatre-vingt-dix-huit ans, quatre mois, un jour. Son convoi a eu lieu le 8, et suivant ses dernières volontés, un cheval suivait immédiatement son corbillard.

Ed. Alboize.

Le Cirque dans l'Univers 15 – 3e trimestre 1954

Antonio Franconi dans l'Enclos des Capucines

Mme Laurent Franconi, gravure de Carle Vernet

M. Tristan REMY, *le romancier de Porte Clignancourt, de l'Homme du Canal et du Cirque Bonaventure, est aussi un historien passionné du cirque et du théâtre. On connaît son important ouvrage sur les Clowns, livre de base pour l'étude du comique de la piste. On lira prochainement sa biographie de Gaspard Deburau, le mime génial. Les lecteurs du Bulletin ne manqueront pas d'apprécier l'étude qu'il a bien voulu nous donner d'une période fameuse de l'histoire des Franconi, celle qui inspira les célèbres tableaux de Carle Vernet, sur laquelle il a su découvrir des précisions inédites.*

D. Marie, le biographe des Franconi, assure qu'Antonio Franconi, le fondateur de la dynastie, se rendit acquéreur en 1795 d'un terrain de l'Enclos des Capucines pour y édifier un manège. Cette acquisition procède de l'imagination. En vérité, Antonio Franconi sous-loua, à partir de 1802, à la principale locataire Mme Vacher Lacour, un logement dans la Maison des Capucines et une parcelle de terrain pour y installer un manège, car l'Enclos, Bien National, ne fut morcelé qu'en 1806 (1). Jusqu'en 1802, Antonio Franconi occupa l'amphithéâtre construit par Philip Astley, rue du Faubourg-du-Temple.

Les alentours de l'Enclos sont alors assez déserts. Le jardin, sur le boulevard, mesure environ huit hectares, plantés d'arbres fruitiers et d'essences diverses, contient différents aménagements auxquels les sous-locataires avaient procédé, notamment deux édifices circulaires à usage de panoramas, un café contigu à un bâtiment dénommé l'Ermitage... (1).

Le public, en raison de ces établissements, est admis dans cette propriété nationale, toute la journée et le soir jusqu'à onze heures. L'endroit, dit un rapport du commissaire de la division de la Place Vendôme, est favorable aux prostituées et aux malfaiteurs. Le Préfet proteste souvent auprès des administrateurs des Biens Nationaux et les engage à prendre les moyens de prévenir les désordres commis journellement contre les mœurs et la sûreté publique. Il indique un cul-de-sac devant un panorama et un corridor menant à la salle où Robertson tient une « fantasmagorie ». Ce sont des refuges pour ce qu'on devine. C'est à ce sujet qu'un architecte de la Régie enquête et décrit l'Enclos. Si le manège des Franconi existait, il n'eût pas manqué de le signaler.

En 1801, Antonio Franconi se trouve en Belgique où le hasard des pérégrinations de son *Amphithéâtre d'Exercices d'Équitation de Voltige et de Danses sur les chevaux* l'ont conduit avec sa troupe. On fête alors dans toute la France la Paix de Lunéville avec l'Autriche. Les habitants de Mons, devenus français, se montrent jaloux de l'emporter dans les démonstrations publiques de leur allégresse sur les anciens Français qui se trouvent parmi eux. Tel est du moins le ton des dépêches officielles (2). Antonio Franconi

(1) Le Décret du 19 février 1806, rendu au Palais des Tuileries, porte que les terrains de l'ancien Couvent des Capucines seraient divisés en 32 lots et mis en adjudication. Le décret du 11 Germinal an XIII affecta le produit des terrains des Capucines à l'achèvement du Louvre.

1. Rapport de l'architecte de la Régie des Domaines et des Biens Nationaux, 21 Prairial an VIII-10 juin 1800.

(2). *Journal des Débats*, 22 Germinal an IX - 12 avril 1801.

s'associe à la fête et s'empresse de fournir ses plus beaux chevaux au cortège que la municipalité de Mons organise.

Philip Astley est de retour à Paris au début de 1802, dès la Paix d'Amiens signée avec l'Angleterre. La police consulaire signale chaque jour l'arrivée des personnages importants à Paris et, le 1er Germinal an X (22 mars 1802), elle mentionne l'écuyer Astley. Il se prépare, dit-elle à reprendre son manège occupé par les Franconi. Il doit y faire beaucoup d'embellissements et espère y attirer tous les Anglais qui viennent à Paris. « Cet homme est signalé comme un ennemi du gouvernement. On le surveillera » (1).

C'est alors qu'Antonio Franconi sous-loue un terrain dans l'Enclos et érige son manège. Un petit ouvrage *Le Coup de fouet* ou *Nouvelle Revue de tous les Théâtres de Paris* (2) nous indique son nom. C'est le *THEATRE DE L'EQUITATION*. On voit dans ce spectacle « un jeune Romain » et un « danseur de corde saxon ». On connaît plus précisément le travail des Franconi donné pendant sa tournée.

« Exécuté par les plus célèbres écuyers « qui aient encore paru (*sic*) le travail de « leurs chevaux, dit un programme, est un « exercice utile et agréable aux deux sexes. »

Les frères Franconi feront « assaut de talents, montant leurs chevaux et exerçant tous les deux ensemble », possédant « le genre de spectacle qui n'a jamais été rendu que par eux seuls. »

« Ces exercices seront variés par différentes « scènes entre autres, celle du cheval qui doit « faire recherche d'une dame pour la compli- « menter de la part de son maître ».

« Le spectacle sera suivi du cheval que « Laurent Franconi a rendu obéissant, de « manière à surprendre les hommes les plus « approfondis dans l'art de l'Equitation.

« Cette représentation sera terminée par le « grand *chef-d'œuvre* des citoyens Laurent « et Henri Franconi, du Cheval Infernal, do- « cile à toutes les épreuves de feux d'arti- « fices les plus ardents. »

L'installation des Franconi dans l'enclos est des plus modestes et des plus précaires. Le loyer du logement dans l'ancien couvent où habite Henri et le terrain de leur manège, s'élève annuellement à cinq cents francs (3).

Des spectacles du Jardin des Capucines jugés plutôt sévèrement par les auteurs des *Guides et Tableaux de Paris*, le seul qui ait bonne presse est celui des fils Franconi, mais la cécité d'Antonio Franconi et la grâce de Mlle Franconi semblent surtout toucher les chroniqueurs.

« En face (des Panoramas) est le manège du citoyen Franconi : ses fils et ses élèves y font sur leurs chevaux des tours surprenants qui méritent l'attention et les applaudissements du public », écrit en 1803, l'auteur du *Tribunal Volatile*.

Beauvillain, dans son *Paryséum* paru l'année suivante, est plus précis :

« Ce sont des chevaux dressés et appris « à divers exercices très curieux. Le citoyen « Franconi qui a perdu la vue, a deux fils « très habiles qui se sont réunis pour adoucir « le sort de leur père... Chacun admire le « cheval savant qui se couche, qui fait le « mort, ramasse un fouet, un mouchoir, etc... »

Quant aux spectacles offerts au public, le soir à sept heures sauf parfois les mardis et jeudis, c'est la scène du *Paysan des Vosges*, du *Tailleur*, de la *Métamorphose du superbe Tableau*, variés par différents exercices nouveaux et terminés par le menuet et la contredanse (1).

Ou bien c'est la mort du *Général Malborough*, « pantomine burlesque », une reprise de ce qui a été joué à l'amphithéâtre d'Astley pour la première fois, le 10 mai 1794.

L'hiver, les Franconi paraissent sur des théâtres le 29 Frimaire, an XIII (21 décembre 1803) ils jouent dans la *Femme vindicative* ou *Damoisel et Bergerette*, pantomine en trois actes avec combats et évolutions à pied et cheval, au théâtre près la Porte Saint-Martin, où leurs chevaux ont déjà paru en 1793.

En 1805, les Franconi sont toujours locataires dans l'Enclos. Leurs affaires n'ont pas été plus brillantes que celles des autres entrepreneurs de spectacles de l'endroit. Prud'homme, dans son *Miroir de l'ancien et nouveau Paris*, a laissé un tableau de l'enclos lors de son morcellement. « Le Jardin des Capucines, depuis 1795, a été loué à différents particuliers qui en ont fait une macédoine de spectacles de curiosités : Fantasmagorie, ombres chinoises, marionnettes, théâtres de puces, ménageries, familles de géants et de nains, cabinet de portraits de cire, magiciens, escamoteurs, marchands d'orviétan, panoramas, amphithéâtre de Franconi, cafés, restaurateurs, bals d'été et d'hiver, bastringue, jeux de Siam. »

Il ne restait plus en 1806 dans l'enclos que le Théâtre des Jeunes Comédiens, un panorama et Franconi. Le Théâtre de l'Equitation subsista quelque temps comme édifice. Le percement de la rue Napoléon qui devint la rue de la Paix à la Restauration et les travaux de voirie furent terminés le 6 décembre 1806.

Le 3 avril 1807, les frères Franconi signèrent avec François Delpont négociant enrichi dans les fournitures aux armées et dans la vente des biens nationaux, un bail aux termes desquels celui-ci leur louait pour 3, 6 ou 9 ans, l'établissement qu'il se proposait de construire sur la partie d'un terrain situé dans l'ex-couvent des Capucines de la rue Saint-Honoré. Tout ce qui put servir à Delpont des matériaux provenant de la démolition du Théâtre de l'Equitation fut utilisé pour la construction du nouveau bâtiment. Delpont ne se borna pas au théâtre. Il ne se gêna pas pour enlever tout ce qui lui convenait dans les propriétés voisines. M. Aubert, architecte de la Régie, signale que ses ouvriers favorisent les vols dans les bâtiments des Capucines. Maximilien Heurtault, architecte, inspecteur des travaux des Tuileries et Jean-Baptiste Goignet, aussi architecte, chargés par Delpont de l'édification du manège ornèrent la façade d'un bas-relief qui décorait celle des écuries du roi. C'était une tête de cheval d'un beau caractère, œuvre de Maître Ponce, selon Sauval, ou de Germain Pilon, comme l'assure Collet, sans trop de raison, dit Robert Hénard, l'historien de la rue Saint-Honoré.

Tant il est difficile, aussi bien pour le cirque que pour toute chose, de connaître la vérité.

Tristan REMY.

---

(1) Arc. Nat. F. 7 3830.

(2) Chaumi, éditeur, Paris. Fin de l'an X (1802).

(3) La maison des Capucines, c'est-à-dire l'ancien couvent, construit par Franconi d'Orbay en 1688 a servi, de 1792 à 1797, d'atelier de fabrication des assignats. Laurent Franconi habite, avec Antonio, rue du Mont-Blanc, la maison d'un grainetier.

(1) *Journal de Paris*, 23 Nivose an XI (13 janvier 1803).

(18)

Les Franconi

16777

Fin de dynastie

En annonçant la disparition prochaine du Cirque d'Hiver, Un Domino prêtait à son directeur actuel, M. Charles Franconi, ces paroles mélancoliques :

« La dynastie des Franconi s'éteindra avec nous ! »

Ce n'est pas seulement la fin d'une dynastie, c'est aussi la fin, à Paris du moins, d'une institution séculaire, la fin du Cirque dans l'acception classique du mot, — c'est-à-dire d'un spectacle où les exercices équestres constituaient la base solide du programme et où M. Loyal — vous vous rappelez l'illustre Léopold, le Paganini de la chambrière, cet homme superbe, au thorax majestueux, à la chevelure d'ébène savamment bouclée, à la moustache triomphante, véritable bourreau des cœurs, type de don Juan en habit à la française ? — où M. Loyal, dis-je, tenait avec une suprême distinction l'emploi des ténors.

Avec un regret à l'institution qui s'en va, donnons un souvenir à ceux qui l'ont illustrée pendant deux siècles.

⁂

Le fondateur de la dynastie des Franconi, Antoine, « le premier écuyer de l'Europe », né sous le règne de Louis XV, à Venise, la ville sans chevaux, mourut centenaire à Paris, en 1836. Le cheval, ça conserve.

Le fils aîné d'Antoine eut, avec son frère Minette, la gloire d'inaugurer le travail équestre sans selle, les *Mimodrames*, et ces exercices vertigineux, connus sous le nom de la *Poste*, de *Fra Diavolo*, etc., qui firent la joie de notre enfance, et où nos enfants, à nous, prennent encore un plaisir extrême. On leur doit aussi le travail des chevaux en liberté, à travers un cercle d'artifice et des détonations d'artillerie.

Le fils de Minette, Adolphe Franconi, corsa le répertoire de ses prédécesseurs en inaugurant, avec la collaboration de Ferdinand Laloue, les pièces militaires où les grandes pages de notre histoire nationale étaient traduites avec un solennel éclat. Napoléon Ier fut son héros de prédilection, et son thème favori l'épopée impériale. Aussi peut-on dire que les Franconi n'ont pas moins contribué que Béranger avec ses romances à la restauration du second Empire par leurs nombreuses apothéoses du premier.

S'il est vrai que le cheval est la plus noble conquête de l'homme, rien n'ennoblit l'homme comme le commerce quotidien du cheval. Dès la deuxième génération, les Franconi, au début pauvres artistes nomades, étaient devenus de véritables gentlemen. A telles enseignes que Laurent, professeur d'une expérience consommée, un des plus habiles éducateurs de chevaux qu'on ait jamais vus, fut choisi par le roi Louis-Philippe pour apprendre l'équitation au prince de Joinville, au duc de Nemours, au duc d'Aumale et à la princesse Clémentine. Son fils Victor, le père de Charles, le dernier du nom, accompagnait souvent son père au château de Neuilly, où, lui-même, cavalier excellent, il le secondait dans sa tâche.

⁂

Plus tard, sur la recommandation expresse du général Fleury, grand écuyer, Victor entrait à la maison de l'Empereur, pour le dressage des chevaux personnels de Napoléon III. Mission extrêmement délicate, car l'Empereur, qui, dans sa jeunesse, passait à juste titre pour un vrai centaure, avait, avec les ans et la fatigue, perdu beaucoup de sa souplesse et de sa virtuosité. La main était toujours exquise, mais la jambe s'était affaiblie, et l'action de la jambe ne correspondait plus à celle de la main. Il fallut donc que le dresseur trouvât un biais pour amener un certain équilibre, qu'il s'ingéniât pour conserver au cheval tout son brio, en le ramassant sous lui, et rendre les réactions impossibles. Il fallait aussi que, sur l'approche des deux jambes, le cheval s'embarquât toujours au galop à droite et pût être toujours maintenu sur le même pied. Préparation d'autant plus délicate, je le répète, que les chevaux destinés à l'Empereur étaient des bêtes superbes, de premier choix, d'un tempérament fier et rétif, recrutés à grands frais en Angleterre par le général Fleury. Combien, en raison de l'excès même de leurs qualités, de leurs allures trop ardentes, de leur sang trop généreux, sont allés finir obscurément à Compiègne, dans les écuries de la vénerie impériale !

La guerre de 1870 releva naturellement Victor Franconi de ses fonctions. C'est alors qu'il prit la direction des deux cirques, dont il fut l'âme pendant vingt-cinq ans, et où, d'un bout de l'année à l'autre, malgré l'âge, qu'il domptait avec la même maëstria que les bêtes, il déploya des prodiges d'activité.

A voir ce robuste octogénaire, fièrement campé dans sa taille bien prise, sec et nerveux, le geste vibrant d'énergie, la moustache et les cheveux à peine grisonnants, on eût dit un d'Artagnan après la première neige.

⁂

Ces héroïques traditions, M. Charles Franconi, le dernier du nom, les avait pieusement conservées. Et, si les circonstances le forcent à abdiquer, il aura, du moins, la satisfaction de se voir rendre et de se rendre à lui-même cette justice.

Tout-Paris

(49)

8

Au jour le jour.

Laurent FRANCONI
Écuyer et comédien.

PC

Mort le 15 mai 1849.

On ne sait, au juste, à quelle date vint d'Italie en France, Antonio Franconi, souche de cette nombreuse famille dont le nom fut si populaire à Paris. Il se trouvait à Rouen lorsque naquit en cette ville (1er mars 1776) son premier fils, Laurent. Il exhibait alors, sans grand succès, des oiseaux savants et cherchait à introduire les courses de taureaux. Laurent suivit son père à Lyon ; là, naquit (1778) un autre fils, Henri. La famille revint à Paris en 1783, et s'associa avec Astley, célèbre écuyer anglais ; mais, les oiseaux savants ne réussirent pas mieux ; elle retourna à Lyon où un incendie causé par les événements révolutionnaires détruisit le cirque élevé à grand peine ; meubles, équipages, tout fut consumé : 84 000 francs de dégâts. Deuxième retour à Paris et reprise de l'établissement d'Astley (1793), faubourg du Temple. On réussit ; un terrain dans l'ancien enclos des Capucines et, en 1805, le vieil Antonio cède l'établissement à ses deux fils. Laurent Franconi est devenu un écuyer habile ; il utilise son frère Henri — sous le nom de Minette — comme mime ; le public accourt, mais on exproprie l'établissement (percée de la la rue de la Paix). Une nouvelle installation est édifiée ; c'est le *Cirque Olympique* ; là on chante la gloire de l'empereur, on célèbre ses victoires ; écuyer et mime — et le cerf Coco — sont applaudis. En 1816, nouveau déménagement forcé ; on revient faubourg du Temple ; ouverture en février 1817. Neuf ans après, un incendie consume tout ; les sinistrés, devenus très populaires, sont l'objet d'unanimes sympathies ; la famille royale, le public, la presse, les grandes scènes de Paris leur viennent en aide ; un nouveau cirque est élevé, ce sera plus tard le Cirque Impérial ; néanmoins les deux frères sont ruinés. Ils cèdent leur entreprise à leur fils et neveu et se séparent. Laurent Franconi ouvre un manège au Pecq ; il échoue. Il revient à Paris, paraît au nouvel hippodrome (à l'entrée du Bois de Boulogne). Puis, meurt du choléra le 15 mai 1849. (Son frère Henri mourut du même mal le 23 juillet suivant.)

(Almanach National R. 1932)

(20)

~~9~~

FRANCONI (les)

Voir Généralités

16777

Thétard (Henry)

Coulisses et secrets du cirque

p. 33. 36

Ro

LE CIRQUE DANS L'UNIVERS

UN GLORIEUX CENTENAIRE

LE Cirque d'Hiver a cent ans. Ou plutôt, à l'heure où j'écris il les aura dans trois mois, ayant été inauguré à peu près en même temps que le Second Empire.

Sa naissance ne fut pas sans quelques péripéties dont on retrouve l'écho dans la correspondance de son créateur, Louis Dejean, qui, de 1835 à 1844, avait dirigé les deux cirques parisiens (le Cirque Olympique du boulevard du Temple, le Cirque des Champs-Elysées). Après un interrègne de trois ans, Dejean avait repris en 1847 la direction de la troupe et la gérance de la Société par actions (1) du Cirque des Champs-Elysées, le Cirque Olympique étant devenu — à l'indignation de Théophile Gautier — un opéra populaire. N'ayant plus de cirque hivernal à Paris, Dejean avait emmené sa troupe passer l'hiver en Angleterre, en Belgique, à Berlin. Cependant, des concurrents s'agitaient pour créer des spectacles équestres pendant la mauvaise saison dans la capitale française. Dès le printemps de 1851, Dejean demanda l'autorisation de construire un cirque d'hiver « sur la ligne des boulevards ».

L'autorisation fut d'abord refusée par lettre ministérielle du 4 juillet 1851. Dejean insista et obtint, grâce surtout à l'appui de M. de Morny, de créer son cirque, mais seulement dans l'espace compris entre La Madeleine et la Porte-Saint-Denis. Cela contrariait ses intentions, car il avait jeté son dévolu sur un vaste terrain vague situé à l'extrémité du boulevard du Temple, en face de la rue des Filles-du-Calvaire, dit « le Chantier du Grenadier », où la ménagerie de Huguet de Massilia avait séjourné pendant une partie de l'été de 1851, Dejean ayant réussi à l'évincer du Carré Marigny sous le prétexte que les rugissements des lions du dompteur Charles effrayaient les chevaux du cirque. Dejean insista auprès du ministre de l'Intérieur et, avec l'appui de Morny et de l'architecte Hittorf, obtint de pouvoir construire sur ce terrain, en novembre 1851. Les travaux commencèrent au printemps suivant. En huit mois, Hittorf acheva son œuvre conçue dans le même style que le Cirque des Champs-Elysées qu'il avait construit dix ans auparavant. Toutefois, le Cirque d'Hiver avait un fronton moins imposant que celui du Carré Marigny. C'était néanmoins un élégant édifice et Dejean pouvait écrire : « Je possède, je ne crains pas de le dire, un nouveau cirque modèle ». Il obtint l'autorisation de le dénommer : Cirque Napoléon et la Société par actions devint Société des Deux Cirques.

Comme le Cirque des Champs-Elysées et contrairement au Cirque Olympique du boulevard du Temple, le Cirque des Filles-du-Calvaire ne comportait qu'une piste et point de scène accolée, étant consacré aux « exercices équestres », à l'exclusion des pantomimes. Dejean, qui avait gagné la majeure partie de sa fortune avec les « gloires militaires » du Cirque Olympique, savait qu'il ne pouvait plus lutter en matière de pantomime avec son nouveau concurrent, l'Hippodrome de l'Etoile, créé par Laurent et Victor Franconi et Ferdinand Laloue en 1845. Cet hippodrome, que dirigeait en 1852 Arnault, pouvait, de par l'ampleur de son cadre, donner des reconstitutions historiques, des carrousels, des courses de chars qui éclipsaient les défilés et les batailles pour rire de l'ancien Cirque Olympique. Dejean avait l'intention de se cantonner dans ces exercices équestres alors en pleine vogue — c'était l'époque de la grande polémique entre le comte d'Aure et Baucher, le plus illustre pensionnaire des deux cirques — et les exercices acrobatiques qui faisaient le fond de son privilège. Il militait, au surplus, pour interdire à l'hippodrome de les présenter.

« L'article 3 de mon privilège, écrivait-il au Préfet de Police, le 4 octobre 1853, porte que j'ai, de préférence à toute autre entreprise théâtrale, la faculté de faire figurer dans mon cirque les exhibitions d'animaux dressés ou domptés, les exercices gymnastiques de force ou d'agilité des clowns sauteurs. »

Cette longue supplique où Dejean se plaint au Préfet de la concurrence, selon lui déloyale, faite au Cirque Napoléon et au Cirque de l'Impératrice par l'Hippodrome (*sic*), se termine ainsi :

« Je vous demande, M. le Préfet, de vouloir bien obliger M. Arnault à retrancher du programme de ses représentations la haute école, sous quelque forme qu'elle se présente, les chevaux dressés, les manœuvres, les poses et les attitudes en équilibre sur le dos des chevaux, telle par exemple que celles des exercices dits des hercules ou encore du trapèze

(1) Créée en mai 1847.

à cheval par le jeune Brisseiay, les exercices gymnastiques de force ou d'agilité réservés au cirque comme une spécialité par mon privilège — ceux, par exemple, du tremplin, du trapèze, de la perche (1), de la fourche, de la promenade au plafond, des jeux icariens, de la danse de corde, les exercices des clowns sauteurs, comme aussi de lui défendre de jamais annoncer aucun sujet de sa troupe sous le titre de clown. »

Dejean ne devait pas obtenir gain de cause complètement. Ce fut l'Hippodrome d'Arnault qui révéla aux Parisiens les dompteurs Hermann, Faimali, Lucas, ainsi que le funambule Blondin et beaucoup d'autres grands numéros. Cependant, Dejean et son fils Eugène qui l'assista et le remplaça même à la direction en 1856, soutinrent victorieusement la concurrence. Secondés par de grands régisseurs, Adolphe Franconi, Léonard Houcke, Henri Maitrejean, Théodore et Léopold Loyal, ils réussirent à maintenir leur troupe d'équestriens et de gymnastes au premier rang de toutes les compagnies de cirque d'Europe. Jusqu'à son accident de 1855 (2), le grand Baucher devait aussi collaborer avec Dejean.

Malgré le prestige de l'Amphithéâtre Astley de Londres, du Cirque Renz de Berlin, du Cirque Impérial de Saint-Pétersbourg, un artiste n'acquérait sa consécration qu'en obtenant le titre de pensionnaire des Deux-Cirques — au prix même de sacrifices matériels.

Le 1er juin 1851, un célèbre clown, Ludovico Viool, écrivait à Dejean, de Moscou où il était en représentation :

« Monsieur, connaissant depuis longtemps la manière toute paternelle avec laquelle vous agissez envers vos employés, j'attendais que mon engagement fût terminé avec le Cirque Impérial pour vous demander s'il vous serait agréable de m'employer sous votre direction... Mes conditions seraient un contrat de trois ans et de recevoir, pour ma femme et pour moi, mille francs par mois et, chaque année, un demi-bénéfice placé en été. Nous gagnons ici 1.200 francs par mois et deux demi-bénéfices. Si je fais cette concession, c'est que je sais que les dépenses sont moindres en France qu'ici et que je désire travailler à Paris où j'espère avoir quelque succès et faire honneur à votre troupe, déjà si renommée. »

La compagnie Dejean avait, en effet, un renom mondial. Les Londoniens en 1848, les Berlinois en 1850 avaient été stupéfaits de la qualité de ses artistes et de la splendeur de sa présentation, avec un luxe de costumes, de figuration, de musique et de lumière jamais atteint jusque-là : soixante musiciens, employés en frac et gantés de blanc, etc...

En 1852, le créateur du Cirque d'Hiver avait déjà soixante-six ans, étant né en 1786. Il avait fait fortune dans la boucherie et devint fortuitement directeur de cirque à cinquante ans, surtout parce que propriétaire du terrain sur lequel, en 1827, les frères Franconi avaient édifié le Cirque Olympique. Adolphe Franconi, fils et neveu des fils d'Antonio, n'avait pas fait de brillantes affaires : il céda son privilège à Dejean en 1835 et demeura son collaborateur. En peu de temps, par son habile administration, Dejean, bien que n'ayant jamais travaillé lui-même dans la piste, n'étant ni écuyer ni acrobate, rétablit la prospérité du Cirque Olympique et de sa succursale d'été aux Champs-Élysées. L'hiver, il montait de grandes pantomimes militaires qui aidèrent puissamment à l'essor de la légende napoléonienne ; au printemps, la troupe se transportait au Carré Marigny pour y donner ces spectacles où le cheval — alors en vogue depuis la création du Jockey Club — était à l'honneur. Baucher et ses fameuses élèves, Caroline Loyo, Pauline Cuzent, s'offraient à l'admiration de la gentry et du grand public. Et Dejean, avec sa longue barbe et sa redingote de demi-solde, devint l'une des figures célèbres du Tout-Paris (1). Fait chevalier de la Légion d'honneur par Louis-Philippe, il fut promu officier par le prince président. Il vivra jusqu'en 1879, dépassant l'âge de 93 ans.

LOUIS DEJEAN

Pendant le Second Empire, la troupe des Dejean demeura ce qu'elle avait été de 1845 à 1850, l'élite des artistes de cirque. Seules, celles d'Ernest Renz à Berlin et de Gaetano Ciniselli à Saint-Pétersbourg, pouvaient lui être comparées. Les plus sensationnelles attractions y furent révélées... Notamment le créateur du trapèze volant, Léotard, qui débuta au Cirque Napoléon en 1859, les dompteurs Crockett et Batty. Cependant, à partir de 1865, on peut noter un léger fléchissement. L'effectif de la cavalerie tombe à moins de quarante chevaux, alors que Renz en compte plus du double dans ses écuries. Baucher, qui vieillit dans son appartement de la rue Amelot, à quel-

---

(1) Dans une autre lettre, Dejean se plaint que M. Arnault ait pillé l'exercice de la perche, dès sa création au Cirque des Champs-Élysées.

(2) Le lustre du Cirque Napoléon s'écroula sur lui.

(1) Il avait marié sa ~~fille~~ Louise à l'écuyer Corty. Lièle

ques pas du cirque (1), ne fait plus d'élèves. Adolphe Franconi est mort depuis longtemps. Léonard Honcke est parti pour la Scandinavie. Henri Maîtrejean et les frères Loyal sont restés fidèles au poste. Paris est encore la capitale du cirque.

1870. Eugène Dejean demeure encore en titre à la direction et à la gérance. En 1872, la Société des Deux-Cirques le remplace par Victor Franconi qui entre en charge le 1er janvier 1873, à l'ancien Cirque Napoléon devenu Cirque d'Hiver, tandis que le Cirque de l'Impératrice se dénomme Cirque d'Eté.

Le nouveau directeur est le fils de Laurent Franconi. Il est né en 1810. Marié avec l'écuyère Virginie Kuebel ou Kenebel (la sylphide qui fut l'étoile du Cirque des Champs-Elysées de 1837 à 1840) (2), il a secondé le vieux Laurent pour la création de l'Hippodrome de l'Etoile. En 1856, il a été monter un établissement du même genre à New-York. Sous l'Empire, il a dirigé les écuries de Napoléon III et écrit un opuscule sur la haute école où il est passé maître, sans toutefois égaler Laurent « La majesté à cheval ». Avec lui, un cirque équestre semble avoir le directeur idéal.

Cependant, Victor Franconi ne fut pas vraiment un grand directeur. C'était un grand écuyer mais le cirque l'intéressait évidemment moins que le manège. Et il déplorait l'éloignement croissant du public pour les exhibitions de haute école, souvent peu spectaculaires : « Un mulet récalcitrant remplit ma salle, disait-il avec chagrin à Ernest Molier, alors que mes chevaux d'école ne l'ont pas remplie ! » Il oubliait que le cirque est un spectacle et non point une académie d'hippiatrie. Il eut, d'ailleurs, de redoutables concurrents : l'Hippodrome de l'Alma, dont les fastueuses pantomimes éblouissaient le grand public ; le Nouveau Cirque, l'élégante bonbonnière qui attirait le public mondain. Mal secondé par son fils Charles, encore moins homme de spectacle que lui, Victor Franconi laissa péricliter les Deux-Cirques. Cependant, vers 1880, il comptait encore une troupe excellente : les écuyères Virginie Léonard, Emilie Loisset, Clotilde Loisset, Newill, les écuyers James Fillis, Gaultier, le fil-de-fériste Océana, les clowns Chadwick, Billy Hayden, les frères Lockhard, etc., etc...

Dix ans plus tard, le niveau était moindre. James Fillis était allé au Nouveau Cirque ; Emilie Loisset, morte, et Virginie Léonard, mariée à un banquier, n'avaient pas été remplacées par des artistes de même valeur, si l'on ne tient pas compte des engagements éphémères d'une Elvira Guerra ou d'une Thérèse Renz. Et, à la mort de Victor Franconi, en 1897, c'était la pleine décadence du cirque équestre, en France comme en Angleterre, tandis qu'à Berlin des directeurs comme Busch et Albert Schumann maintenaient encore brillamment la tradition, donnant des spectacles fastueux et des pantomimes grandioses.

Charles Franconi, le dernier de la dynastie, laisse démolir le Cirque des Champs-Elysées et prolonge pendant quelques années l'existence du Cirque d'Hiver. Années sans gloire. Le Cirque des Filles-du-Calvaire, créé par Strehly en 1902 (3), a généralement un programme satisfaisant à l'ouverture de la saison.

(1) Il y mourra en 1873, à l'âge de 76 ans.

(2) Un fier contre le gré de son père qui lui reprochait parfois d'avoir épousé une « bohémienne ».

(3) Les vedettes à cette époque étaient l'écuyer François, les clowns Paul et Louis Fratellini.

Dès le milieu de l'hiver il baisse sensiblement et tombe presque au niveau des cirques de province.

C'est la fin en 1907. Charles Franconi, qui mourra trois ans plus tard, met la clef sous la porte et, pour plus de quinze ans, l'édifice élevé par Hittorf abritera des spectacles de théâtre ou de cinéma, des concerts dont nous n'avons pas à parler dans ce Bulletin. L'éclipse durera jusqu'au moment où le public parisien va démontrer qu'il a repris goût aux spectacles de la piste, aux années d'après guerre.

ADOLPHE FRANCONI (1801-1855)

VICTOR FRANCONI (1810-1897)

Ce changement de spectacle avait entraîné naturellement une transformation de la salle et de ses annexes. En 1923, quand il fut résolu de rendre le cirque à sa destination première, la Société du Cirque d'Hiver, alors présidée par M. Michelet, chargea son architecte, M. Louis Gagey, de la reconstitution. Le nouveau directeur était M. Desprez, bien connu déjà dans le monde du spectacle de variétés.

CHARLES FRANCONI (1846-1910)

Gaston Desprez ouvrit le cirque le 12 octobre 1923. Sa direction débuta brillamment. Il avait engagé par un contrat de longue durée les trois Fratellini et la cavalerie de Carré et sut les entourer des meilleures attractions du moment. C'est ainsi qu'il présenta aux Parisiens les grandes vedettes du cirque américain, notamment les Codonas, Lilian Leitzel, Maximo. Toutes les étoiles de la piste défilèrent au Cirque d'Hiver à qui la faveur des foules semblait revenue.

Mais les frais d'entretien d'un cirque stable sont aujourd'hui si élevés qu'ils ne peuvent s'amortir en une saison. N'ayant plus, comme jadis Dejean et Victor Franconi, les Champs-Elysées à sa disposition pour sa saison estivale, Gaston Desprez résolut de faire voyager sa troupe avec un chapiteau et créa le Cirque Fratellini. L'expérience ne fut pas plus concluante pour lui qu'elle ne devait l'être plus tard pour M. Médrano. D'autre part, une piste nautique fut aménagée au Cirque d'Hiver en vue de donner des pantomimes. Les frais furent considérables, une première tentative un peu hâtivement risquée ne réussit pas. En 1934, M. Desprez céda la place à MM. Bouglione père et fils qui l'occupent depuis dix-huit ans, présentant avec succès et souvent même avec éclat des programmes de cirque pur et des pantomimes dont les plus remarquables furent la « Reine de la Sierra », la « Perle du Bengale » et « Blanche-Neige ». En vue de ces derniers spectacles, il a été édifié, en 1940, une scène au-dessus de l'entrée des artistes, dans les derniers rangs de gradins. Ne communiquant pas avec la piste comme celles du Cirque Olympique et de l'Amphithéâtre Astley, cette scène ne peut être d'une grande utilité pour les « pièces de cirque », comme l'aurait désiré le metteur en scène Géo Sandry.

En 1942, M. Bouglione père mourut. Ses quatre fils, Alexandre, Joseph, Firmin et Sampion continuèrent d'assumer la direction et nous présentèrent, dans la période d'après guerre, des programmes d'une excellente tenue. La plupart des grandes vedettes du cirque international se sont succédé depuis sept ans dans la piste du Cirque d'Hiver où nous avons vu notamment les Carolis, la cavalerie de Franz Althoff, les Alizés, Rose Gold, Gilbert Houcke, etc... Seule, la haute école a été peu représentée : c'est dommage dans l'ancien fief des Loisset, des Fillis, des Franconi...

Tel quel, notre vieux Cirque d'Hiver demeure le glorieux centenaire à qui le véritable amoureux du cirque ne rend jamais visite sans émotion... Tant de souvenirs... Sous cette coupole le jeune et athlétique Léotard créa « les volants »... dans cette piste on véhiculait la petite voiture-cage où le prestigieux Batty, en dolman hongrois, faisait la « chasse aux lions » devant Théophile Gautier ébloui... A l'entrée de cette écurie, voici le rideau de fer devant lequel se cabra *Pour Toujours* avant de se renverser sur son écuyère, écrasant ainsi la « petite Loisset », fiancée au prince de Hatzfeld.

Et l'annexe de la rue de Crussol, où notre Club a installé son modeste petit musée... Dans cette longue salle basse où les actionnaires du Cirque d'Hiver, présidés par notre collègue Maxime Morin, délibèrent sous les portraits de Dejean et de Victor Franconi, voici « l'immense table couverte d'un tapis vert », dont il est question dans les *Frères Zemganno*, au chapitre où les deux acrobates signent leur contrat. C'est ici que le roman fut enfanté... Dans un « fauteuil d'acajou à la forme archaïque », Edmond de Goncourt écoutait Victor Franconi lui dévoiler ces « documents humains qui font les bons livres », dont il parle dans sa préface. Malheureusement, certains de ces documents ne peuvent être compris par celui à qui manque l'*erlebnis*, l'expérience vécue... Mais le chef de l'école réaliste a deviné la dure et splendide vie des banquistes, précisément parce qu'il était alors « dans un état de l'âme où la vérité trop vraie lui était antipathique » et il l'a laissé voir, tout en se reprochant bien à tort « d'avoir fait de l'imagination dans du rêve mêlé à du souvenir ».

Des souvenirs, de beaux et glorieux souvenirs, nous les trouvons, nous aussi, en venant parfois rêver sous le portrait de Dejean dans ce « long salon bas » où Victor Franconi signa leur fatal contrat à Gianni et Nello.

HENRY THÉTARD.

Franconi (Henri):

"Pantomimes (1808-1830)

voir également

Ro 10392 à 10423.

Le bras d'un écuyer. — Une nombreuse société sortait, il y a quelques jours, des Vendanges de Bourgogne pour se rendre au bal, et M. Adolphe Franconi, qui faisait partie de cette réunion, présenta la main à une dame pour l'aider à monter en voiture; mais celle-ci jeta tout à coup un cri de surprise et d'effroi en sentant le bras du cavalier fléchir sous elle et rester pendant comme si c'eût été un bras d'automate qui viendrait à se démonter. Aussitôt, grand émoi dans toute la société, que l'air calme et souriant de celui qu'elle plaignait finit pourtant par rassurer. Cet accident avait, en effet, une cause fort simple; M. Franconi, dans le cours de ses exercices d'équitation, s'est luxé fort souvent l'épaule droite, dont l'os, par suite de ces blessures réitérées, en est venu à se déboîter avec une extrême facilité; mais il a été tant de fois remis, qu'il reprend sa place tout aussi facilement, et que cette opération chirurgicale devenue si simple, et pour ainsi dire mécanique, est aujourd'hui à la portée de quelques amis de M. Franconi, et même de son domestique. Cependant, lorsque cet accident est arrivé en dernier lieu, il ne s'est trouvé personne qui osât se charger de remettre le bras en place, et on a eu recours à un docteur du voisinage. Le lendemain celui-ci envoya sa note, il portait à 60 fr. le prix d'une cure opérée en quelques minutes. M. Franconi qui ne paie habituellement que 10 fr. au médecin dont il se sert, a trouvé le prix exorbitant. Le débat s'est terminé devant le juge de paix, et le docteur, homme fort honorable du reste, s'est exécuté de fort bonne grâce en acceptant la somme payée d'habitude par M. Franconi.

1840

26

15

Victor Franconi,
par Parisis,
v. Recueil S.D Coupures Strullig
Tome I (1880-84) p. 475.
extr. du Figaro 14.2.1884.

27

Les Directeurs de Théâtres Parisiens

Courrier français
21 juin 1891

CIRQUE D'ÉTÉ

VICTOR ET CHARLES FRANCONI

Jeudi dernier, au Cirque d'Été, pendant les débuts de la Bonita, la nouvelle danseuse espagnole qui va faire courir tout Paris, qui dansait l'autre jour dans le somptueux atelier du peintre Humphre Moore et que M. Eusebio Blasco, du *Figaro*, a découverte.

M. Charles Franconi, qui dirige avec son père les deux cirques, me reçoit avec son amabilité habituelle, ses allures dégagées de gentilhomme de sport et d'épée. Sa silhouette, elle est trop connue pour essayer de la dessiner...

« Ce n'est pas moi que vous auriez dû voir, me dit-il, mais mon père, car je ne suis ici que le bras; la tête, c'est lui. Et je m'incline avec joie devant tout ce qu'il fait, devant son passé : il a été, comme vous le savez, écuyer particulier de l'empereur pour les chevaux de selle. De 1840 à 1850, il fonda le premier hippodrome de Paris avenue d'Eylau, où est l'ambassade de Turquie. En 1848 on y mit le feu par malveillance. Il eut alors l'idée de transformer le Champ de Mars en hippodrome. Le succès fut immense. C'est là qu'eurent lieu les fameuses ascensions de Poitevin et de sa femme qui enlevait en ballon un phaéton tout attelé, avec toujours cet étrange lord anglais qui leur servait de groom en costume, derrière eux, et payait les frais de l'ascension. Bizarre maniaque!

« Autant que moi, plus que moi si je puis dire, qui ne m'occupe du cirque que depuis la guerre, il est l'héritier de la dynastie des Franconi qui, comme vous le savez, remonte au dix-huitième siècle. Une vraie monarchie équestre qui compte quatre générations de directeurs de cirque, d'hommes de cheval. Et comme noblesse oblige, nous avons tenu à ne pas démériter des ancêtres. Aussi, le cirque Franconi est-il le seul cirque vraiment digne de ce nom, c'est-à-dire que nous nous efforçons de conserver à ce genre de spectacle son caractère primitif : équitation, dressage des chevaux, haute école, exercices de force, gymnastique, lutte, etc. D'ailleurs il n'est pas d'époque plus florissante que la nôtre pour l'art hippique et la gymnastique. Si Léotard revenait, il serait tout étonné des progrès de la gymnastique. C'est lui qui a tenté le premier le travail de la gymnastique volante. Avant lui la gymnastique fixe était seule en honneur.

« Quant à la haute école, vous n'ignorez pas combien c'est un art difficile, qui demande le plus patient labeur. Je ne vois guère aujourd'hui que Fillis qui reste dans les grandes traditions des maîtres. Sans doute, il y a à ses côtés des hommes de valeur, mais personne ne peut rivaliser avec lui. Il a apporté en outre une technique toute spéciale : ses effets d'arrière-main sont vraiment surprenants pour des hommes du métier. »

Des applaudissements éclatent. La Bonita achève sa danse.

« Ce sera le clou de notre saison, reprend M. Franconi.

— Avez-vous en vue de nouveaux numéros?

— Oui, et de fort curieux, entre autres une troupe de Chinois, les *Alaskas*, qui sont arrivés de Londres où ils ont remporté un succès fou. Puis, les *Désopilants disloqués*; l'*Equitation au dix-huitième siècle*, une reprise d'école finissant par un carrousel. Enfin d'ici un mois, une parodie-pantomime de la pantomime de l'Hippodrome, *Nez rond*, avec les clowns-martyrs, les lions et autres animaux qui pour la circonstance joueront l'emploi de lions à s'y méprendre. C'est seulement ainsi que nous comprenons ce genre de spectacle : rappelez-vous *Cachalo-ball* et l'hiver dernier *Kléopate d'Italie*, qui eut tant de succès. On a tort d'enlever au cirque le côté drolatique, grosse farce, clowneries, exercices hippiques. »

Encore des salves d'applaudissements. C'est la Bonita que l'on rappelle pour la troisième fois.

GABRIEL MOUREY.

VICTOR FRANCONI

Mort de Victor Franconi (?) 1897

AU JOUR LE JOUR

22 Juin

UNE DYNASTIE

1897

M. Victor Franconi, ou « le père » Franconi, comme on dit familièrement de tous ceux que l'âge et la célébrité ont consacrés, vient de mourir à quatre-vingt-six ans. Son nom est, à lui seul, toute une biographie, et petits et grands le connaissent, car les jeux du cirque sont de tous les âges. Le cirque est un théâtre où l'on n'a pas besoin de penser : c'est ce qui lui assure un éternel public.

Victor Franconi avait un cirque d'été et un cirque d'hiver, et s'il y avait eu, à Paris, des cirques pour chaque saison, c'est encore lui qui les aurait eus. Il était né là dedans, et l'on peut dire aussi qu'il y est mort, car jusqu'à ses derniers jours ce vigoureux vieillard, toujours vert et toujours droit, a conservé, sur toutes ses entreprises, l'œil et la main du maître, se déchargeant sur son fils Charles de la direction effective, mais ayant toujours un bon conseil à donner, une sage résolution à dicter, une idée originale à suggérer.

Il trouvait tout cela dans son propre fonds, mais il aurait eu, le cas échéant, de qui tenir. Il appartenait, en effet, à une dynastie ; il nous en reste encore, quoique nous soyons en République. Victor Franconi était le troisième du nom et il descendait en droite ligne d'Antoine Franconi, qu'on avait surnommé le premier cavalier d'Europe et qui, né à Venise dans la première moitié du siècle dernier, mourut en 1836 à Paris, couvert d'ans et de gloire.

A sa mort, la royauté « équestre » se partagea entre ses deux fils, Laurent et Minette, qui donnèrent une impulsion nouvelle à l'art du cheval, inaugurant le travail sans selle, les pantomimes à trois et quatre personnages et ces vertigineux « numéros » de haute école, exercices de corde raide, sauts de carpe et cabrioles, d'où nous sont venus, sans contredit, les premiers éléments du régime parlementaire.

Minette eut pour fils Adolphe, et Laurent fut le père de Victor. Sous chacun d'eux, les jeux du cirque ne firent que se développer, et, en même temps qu'ils gagnaient en force, ils gagnaient aussi en élégance. Noblesse oblige, en effet, et les Franconi étaient d'autant plus tenus à la correction et aux belles manières que leur célébrité s'était étendue, en un clin d'œil, de la ville jusqu'à la Cour. Laurent Franconi, cavalier accompli, professeur émérite, avait été choisi par le roi Louis-Philippe pour apprendre l'équitation aux princes d'Orléans, et on le voyait, tous les matins, dans les allées du château de Neuilly escortant fièrement, en homme très pénétré de sa mission, le prince de Joinville, le duc de Nemours, le duc d'Aumale, la princesse Clémentine.

Son jeune fils, Victor, l'accompagnait très souvent dans ses promenades et il lui arrivait même de le suppléer à l'occasion. Aussi se trouva-t-il tout préparé plus tard, lorsqu'en 1860, sur la recommandation du général Fleury, il entra à la maison de l'Empereur pour le dressage des chevaux personnels de Napoléon III. Mission de confiance et particulièrement délicate, car l'Empereur, qui avait toujours été un excellent cavalier, se montrait fort difficile sur ce chapitre. Victor Franconi, cependant, remplit sa tâche à la satisfaction du souverain, car il ne fut dépossédé de sa charge qu'à une époque où bien d'autres que lui perdirent la leur, en 1870, au moment des tristes événements de l'année terrible.

Il revint alors, non pas à ses moutons, mais à ses chevaux de cirque, et depuis lors, il n'y a plus à rappeler ce que fut sa carrière, car tout le monde, soit au Cirque d'hiver soit au Cirque d'été, a pu le suivre dans ses inventions, dans ses trouvailles, dans ses innovations dont l'une des plus réussies fut la création de ces « samedis », habile concession faite au snobisme boulevardier, petit piège très parisien tendu à la mode qui nous mène tous par le bout du nez, mais qu'il n'est pas non plus très difficile de mener !

Durant ces trente dernières années, Victor Franconi a passé sa vie entre ses deux cirques. L'hiver, on ne voyait que lui aux Filles-du-Calvaire ; l'été, il ne sortait pas des Champs-Elysées. Toujours le premier levé, il assistait à toutes les études, faisait manœuvrer, avec la même sûreté, les écuyères, les écuyers, les clowns, suivait de près le dressage des chevaux, les essayant quelquefois lui-même, s'occupant avec la même sollicitude des bêtes et des gens. Il était, suivant la vieille formule, sévère mais juste, n'adressant de reproches qu'à bon escient et de compliments que lorsqu'on les méritait.

A cette existence qu'on peut vraiment appeler une existence de cheval, il avait gagné u tempérament exceptionnel et une extraordi naire vigueur. Il y a trois mois à peine, il fal lut, pour une douleur toute locale du larynx, lui faire une opération des plus pénibles. Une opération est toujours chose grave sur un vieillard de quatre-vingt-six ans. Les médecins crurent devoir avertir son fils :

— Surtout pas de syncope, ou nous ne répondons de rien !.

Charles Franconi prévint son père :

— Tu entends, papa ; il ne s'agit pas de s'évanouir.

— Sois tranquille, mon fils ; je suis sûr de moi !

Et l'opération se fit, en effet, sans qu'il eût seulement bronché. Mais quatre-vingt-six ans sont un bel âge, et le vieillard était atteint de cette maladie à laquelle les médecins ne peuvent plus rien, et que Fontenelle appelait « une certaine difficulté de vivre ». Il est mort debout, ayant fait son temps, et transmettant à son fils Charles, comme lui-même l'avait reçu de son père et de son grand-père, le «sceptre» de l'équitation, inséparable de la dynastie des Franconi.

Nos fils pourront donc continuer d'aller où nous allâmes. Le cirque n'a pas fini d'amuser les générations, et les Franconi de se repasser, de père en fils, les secrets de la haute école. Le roi du cheval est mort, vive le roi! Cette dynastie-là, plus heureuse que les autres, ne connaît pas les révolutions.

Brummel.

Bloc-Notes Parisien

LE DOYEN DES ÉCUYERS

Le monde des cirques vient de perdre sa plus haute personnalité. M. Victor Franconi s'est éteint hier matin dans son appartement de la rue du Faubourg-du-Temple, qu'il habitait depuis plus d'un demi-siècle.

M. Franconi était âgé de quatre-vingt-six ans. Les Franconi forment une véritable dynastie. Depuis la fin du dix-huitième siècle, ce nom a été attaché à toutes les manifestations hippiques dont la France a été le témoin.

Celui que la mort vient de surprendre avait, durant sa longue carrière, continué les impeccables traditions de ses aînés.

Les deux cirques — le cirque d'Hiver et le cirque d'Eté — qu'il dirigeait n'ont jamais voulu sacrifier aux acrobaties qui ont aidé à la fortune de leurs concurrents. L'art équestre y dominait et l'on peut dire que M. Victor Franconi en a été le solide champion.

Grand, mince, portant haut, on le voyait, ces derniers temps encore, à l'entrée de sa piste, surveillant les allées et venues de ses artistes, les encourageant de la voix et du geste, les aidant de ses conseils éclairés et leur imposant toujours sa volonté que chacun, le plus célèbre comme le débutant, subissait avec docilité.

— Violent, disait-on, mais si bon!

En effet, M. Victor Franconi était un autoritaire, mais derrière son autocratie apparaissait bientôt une inaltérable bonté. Il a été pendant plus de cinquante ans, non le directeur, mais le père de ses artistes et employés. Et plus d'un doit se souvenir des actes de générosité que dans des cas difficiles M. Franconi leur a démontrés.

Le père de ses artistes et de ses employés, disons-nous; oui, certes, car nombreux sont ses pensionnaires qu'il a unis en légitime mariage, complétant quelquefois de sa bourse l'humble dot des épousées.

De 1860 à 1870, M. Victor Franconi, qui était né à Strasbourg en 1811, fut chargé de dresser les chevaux personnels de Napoléon III. Il remplit sa mission à la satisfaction du souverain, qui, grâce à l'habileté de son dresseur autant d'ailleurs qu'à son adresse dans l'art équestre, n'eut jamais à subir une chute de cheval. Napoléon III tenait M. Franconi en grande estime, et de façon pressante il lui conseilla d'écrire un ouvrage qui fût une sorte de manuel hippique dont les officiers et les sportsmen eussent certainement tiré profit.

Ce livre parut en 1860, sous ce titre : l'*Ecuyer*. Il avait été précédé, quelques années auparavant, d'un autre ouvrage spécial, plein d'intérêt également : le *Cavalier, cours d'équitation*.

C'est au lendemain de la guerre de 1870 que M. Franconi l'élève de son oncle et de son père, à côté desquels il s'était fait remarquer dans des exercices au cirque Olympique, boulevard du Temple, devint directeur des deux cirques des Champs-Elysées et des Filles-du-Calvaire, le premier, construit en 1844, le second en 1852. Il y déploya une merveilleuse activité. Dans ces établissements, on vit tour à tour Léotard, les Fillis, les Loisset, les Loyal, tous artistes qu'il avait créés pour ainsi dire et qui trouvèrent chez lui la célébrité. Sous l'Empire, le cirque d'Eté fut le rendez-vous de toutes les personnalités mondaines ; le samedi, notamment, on y rencontrait tout ce que Paris comptait d'illustrations dans tous les mondes. Avoir son fauteuil, ce soir-là, au cirque des Champs-Elysées, équivalait à un brevet d'élégance.

A cette époque, les deux cirques étaient sans rivaux. Il en fut ainsi jusqu'en 1886, époque à laquelle, sur l'emplacement de l'ancien Valentino, — un bal qui eut son heure de célébrité, — vint s'établir un nouveau cirque, qui prit d'abord le nom de cirque Oller, puis celui qu'il a conservé de Nouveau-Cirque. Le Nouveau-Cirque prospéra et amena une nouvelle concurrence, le cirque Fernando, situé boulevard Rochechouart. Le public spécial des cirques se partagea, et la vogue des deux cirques d'Eté et d'Hiver en fut légèrement atteinte. Mais il faut croire à la vérité de l'axiome populaire : la concurrence est l'âme du commerce, car bientôt les deux cirques Franconi reconquirent la faveur du public sans que ses concurrents en fussent touchés.

Il est bon de dire que les genres de ces divers établissements diffèrent sensiblement entre eux. Les cirques d'Eté et d'Hiver, nous le répétons, sont presque exclusivement consacrés aux exercices équestres. M. Victor Franconi n'avait jamais voulu oublier que ses aïeux furent les premiers écuyers qui produisirent dans un cirque le travail sans selle, les exercices extraordinaires de la « Poste » et de « Fra Diavolo » qui consistent à conduire huit chevaux à la fois en les faisant passer alternativement entre les jambes de l'écuyer ; le travail des chevaux en liberté à travers un cercle enflammé ; tous exercices aussi curieux, dont le cheval était le principal pivot.

Observateur religieux des traditions, M. Franconi avait laissé à ses concurrents le spectacle où la fantaisie jouait un rôle essentiel, pour se confiner, pour ainsi dire, dans une exhibition toujours intéressante, il faut le constater, des produits de la race chevaline.

Les chevaux, du reste, ont été la passion dominante de sa vie.

Il les traitait toujours avec une extrême douceur, prétendant qu'il est maladroit et inutile de brutaliser un cheval.

« Le plus entêté finit toujours par céder. » C'était sa formule favorite.

Aussi, quand il dressait un cheval, n'employait-il jamais la cravache.

Ce moyen, qui peut servir d'enseignement aux dresseurs de chevaux, lui réussit à merveille, car tous ses chevaux — sans doute reconnaissants de ses bons procédés, lui obéissaient à la parole et venaient joyeux frotter leur tête contre la poitrine de leur maître.

La mort de M. Victor Franconi n'entraînera pas la disparition de ce nom célèbre. Son fils, M. Charles Franconi, un écuyer remarquable doublé d'un escrimeur habile et d'un gentleman parfait, continuera la tradition paternelle. Depuis quelques années, d'ailleurs, M. Charles Franconi était le véritable directeur des deux cirques.

A

21

Victor Franconi a succombé aux suites de l'opération de la trachéotomie qu'il avait subie, il y a environ deux mois. Cette cruelle opération lui avait complètement ôté l'usage de la parole, si bien qu'il avait recours à une ardoise pour exprimer sa pensée. Depuis quelques jours, le malade ne reconnaissait plus personne, sauf ses enfants. Il y a une semaine environ, il avait demandé des nouvelles de son chien danois favori *Turc*, et s'était montré particulièrement heureux en apprenant que la bonne bête était en excellente santé. Hier, même, c'est-à-dire quelques heures avant que la mort vînt le surprendre, on lui amena *Turc*. En apercevant sa bête préférée, le moribond eut un sourire épanoui... Ce fut le dernier.

Les obsèques de Victor Franconi seront célébrées demain.

Tout-Paris

(32)

LE DERNIER DES FRANCONI

16 Mars 1910

Charles Franconi vient de mourir! C'est un parfait gentleman, un homme charmant qui disparaît et qui rappelle une génération élégante, fière sans pédanterie et aimable, qui passa de la fin de l'Empire sur les premiers temps de la République athénienne.

Et, de fait, ce fut une famille presque historique que celle des Franconi qui date, pour la chronique, d'Antoine Franconi, né à Venise en 1738, lequel, forcé de s'expatrier à la suite d'un duel, vint en France acquérir une nouvelle naturalisation et profita de ses talents d'écuyer pour y fonder l'un des premiers cirques dont on ait conservé le brillant souvenir.

La généalogie devait continuer : avec son fils Laurent, le fils de celui-ci, Victor Franconi, demeuré justement célèbre, non seulement comme homme de cheval d'une rare autorité, mais encore comme directeur habile et heureux du Cirque d'hiver et du Cirque d'été; enfin avec celui qui vient de s'éteindre, Charles, digne descendant sur tous les rapports d'une glorieuse famille.

Victor Franconi avait été appelé à dresser certains chevaux destinés à Napoléon III, et la faveur impériale lui était demeurée acquise, aussi Charles, en grandissant, se lia tout naturellement avec la jeunesse bonapartiste qui entourait le chef de l'Etat et notamment avec Paul de Cassagnac qui le tenait en grande estime.

De haute taille, de stature élancée, beau et solide cavalier, rompu à tous les exercices du corps, notamment à l'escrime, Charles Franconi était encore séduisant par son affabilité naturelle et son caractère de réelle droiture et de loyauté qui le rendaient sympathique à tous ceux qui l'approchaient.

Patriote convaincu, il s'était engagé en 1870 dans les éclaireurs à cheval de Franchetti qui déployèrent une si noble bravoure à Champigny où ils furent des plus éprouvés.

Sous la direction Victor et Charles Franconi, le Cirque d'Hiver et le Cirque d'Eté acquirent une réputation européenne. La haute école et tous les exercices équestres y furent tenus au premier rang et la vogue des deux établissements fut à son apogée.

Puis Victor Franconi disparut, et son fils, demeuré seul, abandonna peu à peu la direction des cirques pour se retirer, mélancolique, avec ses regrets de toutes sortes, parmi quelques amis fidèles.

Nous ne reverrons plus le beau cavalier — il avait si peu vieilli — à la moustache blonde, aux yeux bleus, à l'allure martiale qui arpentait volontiers solitaire le boulevard et les Champs-Elysées. Bien des regrets vont le suivre à sa demeure dernière.

Et en écrivant « le dernier des Franconi », il me semble que j'écris : le dernier des mousquetaires.

A. Delilia.

Ceux qui s'en vont.

Charles Franconi, le dernier descendant de la célèbre dynastie d'écuyers italiens Franconi, vient de mourir, à Paris, en son domicile du 121, boulevard Haussmann.

Le fondateur de la dynastie avait été Antoine Franconi, originaire de Venise, qui, pour avoir blessé en duel un patricien, avait émigré en France, au commencement du dix-huitième siècle.

Charles Franconi, qui vient de s'éteindre, avait dirigé tour à tour le cirque Franconi, le cirque des Champs-Elysées et celui du Château-d'Eau. Pendant le siège de Paris, il s'était particulièrement distingué dans les éclaireurs de Franchetti.

Encore une gloire du Second Empire qui disparaît!

(33)

Bloc-Notes Parisien

16 Mars 1910

CHARLES FRANCONI

Deux fois « bien parisienne » la physionomie qui vient de disparaître. Charles Franconi appartenait à une famille parisienne d'adoption de père en fils, depuis un siècle et demi. Les premiers Franconi étaient venus, sous Louis XV, d'au delà des Alpes.

Vraisemblablement à cheval. On ne peut guère s'imaginer un membre quelconque de cette alerte lignée autrement que campé, comme le disait familièrement de lui-même le dernier, sur « un poulet d'Inde ».

Les vieux Parisiens se rappellent encore le père de celui qui a disparu hier. De taille moyenne, mince, sanglé dans sa redingote, promenant sa moustache grise et sa jolie figure de vieux beau dans ses écuries, après avoir, dans la journée, fait son allée des cavaliers autour du Lac, aux heures chics d'alors, de deux à quatre en hiver, et de quatre à six en été. Ils revoient le fils au fond de leurs souvenirs, exhibant, lui, le soir, l'habit noir impeccable dans ses deux établissements des Champs-Elysées et des Filles-du-Calvaire, souriant, un peu goguenard, toujours à son affaire professionnelle, surveillant, sans en avoir l'air, l'exécution conforme de tous les numéros du programme, relevant discrètement du péché de paresse ou de gaffe non l'irréprochable M. Loyal, mais les écuyers novices, ou se laissant distraire de leur reprise de manège par la contemplation des belles souveraines de l'équitation, une Loisset, une Elisa, une Océana.

Franconi père avait reçu du ciel en partage un don qu'il transmit fidèlement à son fils. Il croyait au cheval. Franconi fils n'admettait pas la plaisanterie sur le chapitre hippique. Il prêtait à la science des Boscher et des d'Aure la vertu d'être la source de toutes les qualités nobles. « Chevaleresque vient de cheval », déclarait-il péremptoirement, un jour, devant deux sous-officiers fantassins trop à cheval, eux, à son gré, sur l'adage : « L'infanterie est la reine des batailles », et dont l'un paya cher le propos appuyé d'une provocation. Un coup d'épée prestement donné le cloua au lit pour quinze jours.

Car, après son cheval, ce que Franconi aima au suprême degré, ce fut son fleuret. En peu d'années il avait acquis sur le boulevard la réputation d'un tireur avec lequel il valait mieux ne pas se frotter. Certes, il n'avait pas la correction académique d'un Ezpeleta, d'un Féry d'Esclands, d'un Saucède, mais il était prodigieux de souplesse serpentine; il échappait par un bond ou un mouvement de corps aux plus classiques attaques. En revanche, ses coups d'allonge ont émerveillé les salles d'armes des Mimiague, des Mérignac, des Robert et des Gâtechair. Les escrimeurs d'alors, tenants convaincus des méthodes académiques, ne revenaient pas de ce jeu aux surprises aussi incorrectes que foudroyantes. Mais si quelques-uns, non parfois sans quelque mauvaise humeur, insinuaient que « ce n'était pas dans les règles », le narquois Protée ripostait à son tour par le mot de Gil Perez, pendant le siège, adressé à un concierge qui lui montrait dans sa cour un tas de sable « pour amortir les obus » :

— Alors, quand l'obus ne tombe pas là-dedans, cela ne compte pas !

Ça comptait presque toujours avec Franconi, et l'on peut dire que ça comptait double, car son impétuosité cassa plus d'un fleuret sur la poitrine de l'adversaire. Alfonso de Aldama le savait bien :

— Vous entreriez dans mon ventre, lui disait-il, si je vous laissais faire, comme vos écuyers dans leurs ronds de papier.

Il va de soi qu'un homme aussi « sport », doublé d'ailleurs d'un brave à trois poils, ne s'ennuya pas pendant la guerre franco-prussienne. Si le perfectionnement de la portée dans les armes à feu le mit à une distance plus respectable de l'ennemi qu'il ne l'eût souhaité en ne lui permettant pas de placer un joli coupé dégagé à quelque officier prussien, sa connaissance admirable du cheval lui fut d'un grand secours. Il s'était engagé comme simple cavalier dans le brillant escadron formé par Franchetti, officier démissionnaire depuis peu de temps, qui recrutait son monde dans l'élite de la jeunesse parisienne sachant monter et que ne séduisait pas la garde nationale à cheval, un peu mêlée comme composition. Franconi prit part non seulement à toutes les affaires où son escadron donna et à l'une desquelles son commandant tomba glorieusement, mais il fit des services d'estafette et de reconnaissance très efficaces sur des bêtes bien en mains, sélectionnées par son expérience et son habileté.

Puis il retourna, comme il disait, « à sa boîte ». Et ce fut une rentrée mélancolique. Il n'y retrouva pas après la guerre ces charmants samedis du cirque qu'il avait organisés avec le concours de beaucoup de jeunes gens du monde, amis du cheval et aussi des écuyères. On venait passer là deux heures avant d'aller à Mabille, s'étaler dans des fauteuils de l'usine Tronchon pour voir s'épanouir les crinolines les plus désignées à l'admiration, et quelquefois, « comme le jour du premier Grand Prix de Paris », prendre d'assaut l'orchestre, en chasser les musiciens pour donner le *la* aux entrechats des Rigolboches.

Mais si Franconi ne prit pas tout de suite son parti du démodage de ses samedis, il avait un fond de belle humeur qu'il tenait de famille, n'ayant pas été élevé, comme le lui dit un jour Lambert Thiboust, « à la haute école du malheur ». Il se résigna à ne pas attendre un retour de faveur qui ne s'annonçait pas à l'horizon des Champs-Elysées. Le jour où il fut bien convaincu que le public s'écartait définitivement du cirque tel qu'il l'entendait, pour aller soit aux ménageries, soit aux sports, comme la boxe et le foot-ball, il passa tranquillement la main... et la suite de bail. Double avantage. Il ne reperdit pas le fruit de ses peines et il fut regretté par beaucoup de Parisiens.

A vrai dire il l'est encore, non seulement de ceux auxquels il rappelle un lambeau de jeunesse, déchiré, lui aussi, comme un papier de rond de cerceaux par la faux du temps, mais d'une partie de la jeune génération qui aimerait à retrouver une aimable distraction de l'œil autour d'une rotonde où ressortent en égale valeur la beauté et l'élégance des femmes dans la salle comme sur la piste.

Tout-Paris

Charles Franconi vient de mourir! C'est un parfait gentleman, un homme charmant qui disparaît et qui rappelle une génération élégante, fière sans pédanterie et aimable, qui passa de la fin de l'Empire sur les premiers temps de la République athénienne.

Et, de fait, ce fut une famille presque historique que celle des Franconi qui, date, pour la chronique, d'Antoine Franconi, né à Venise en 1738, lequel, forcé de s'expatrier à la suite d'un duel, vint en France acquérir une nouvelle naturalisation et profita de ses talents d'écuyer pour y fonder l'un des premiers cirques dont on ait conservé le brillant souvenir.

La généalogie devait continuer : avec son fils Laurent, le fils de celui-ci, Victor Franconi, demeuré justement célèbre, non seulement comme homme de cheval d'une rare autorité, mais encore comme directeur habile et heureux du Cirque d'hiver et du Cirque d'été ; enfin avec celui qui vient de s'éteindre, Charles, digne descendant sur tous les rapports d'une glorieuse famille.

Victor Franconi avait été appelé à dresser certains chevaux destinés à Napoléon III, et la faveur impériale lui était demeurée acquise, aussi Charles, en grandissant, se lia tout naturellement avec la jeunesse bonapartiste qui entourait le chef de l'Etat et notamment avec Paul de Cassagnac qui le tenait en grande estime.

De haute taille, de stature élancée, beau et solide cavalier, rompu à tous les exercices du corps, notamment à l'escrime, Charles Franconi était encore séduisant par son affabilité naturelle et son caractère de réelle droiture et de loyauté qui le rendaient sympathique à tous ceux qui l'approchaient.

Patriote convaincu, il s'était engagé en 1870 dans les éclaireurs à cheval de Franchetti qui déployèrent une si noble bravoure à Champigny où ils furent des plus éprouvés.

Sous la direction Victor et Charles Franconi, le Cirque d'Hiver et le Cirque d'Eté acquirent une réputation européenne. La haute école et tous les exercices équestres y furent tenus au premier rang et la vogue des deux établissements fut à son apogée.

Puis Victor Franconi disparut, et son fils, demeuré seul, abandonna peu à peu la direction des cirques pour se retirer, mélancolique, avec ses regrets de toutes sortes, parmi quelques amis fidèles.

Nous ne reverrons plus le beau cavalier — il avait si peu vieilli — à la moustache blonde, aux yeux bleus, à l'allure martiale qui arpentait volontiers solitaire le boulevard et les Champs-Elysées. Bien des regrets vont le suivre à sa demeure dernière.

Et en écrivant « le dernier des Franconi », il me semble que j'écris : le dernier des mousquetaires.

A. Delilia.

167 16 mars 1910

LE DERNIER DES FRANCONI

Une autre physionomie curieuse disparaît avec le dernier des Franconi.

Le Cirque d'Hiver fut longtemps leur royaume, un royaume que gouvernait à la cravache — au bon sens du mot — la célèbre dynastie Franconi. Là, défilèrent toutes les illustrations du trapèze, de la barre fixe, de la dislocation, du cheval. Puis, lentement, la mode changea, les exercices équestres cessèrent de passionner le public, les numéros d'acrobatie figurèrent au programme d'une foule d'établissements consacrés jusqu'alors au concert, et c'est ainsi que l'héritier de tout un siècle de gloire, le dernier des Franconi, abandonna le sceptre, non sans mélancolie.

Le siècle y est, en effet, et largement compté, puisque le chef de la famille, Antoine, le grand Franconi, amusait déjà les Parisiens, ou, plutôt, essayait de les amuser, aux environs de 1783, en leur montrant des animaux savants dans une arène du faubourg du Temple.

Cet Antoine, venu d'Italie en France, ignorait encore sa véritable vocation. Il avait eu du succès à Lyon comme prestidigitateur. A Bordeaux, il s'était avisé d'organiser des courses de taureaux. Enfin, il exhiba à Paris des bêtes habilement dressées, mais dont les talents furent méconnus des spectateurs d'alors, ce qui le détermina à s'éloigner de la capitale.

Ce départ n'était qu'un faux départ. Le garçon énergique qui se nommait Antoine Franconi entendait avoir sa revanche. Il reparut un peu en 1789, écuyer consommé, et tout Paris l'applaudit. A dater de ce moment, ses entreprises réussirent à merveille. Toutefois, il n'atteignit la pleine vogue que sous le Consulat et l'Empire, quand il s'installa sur des terrains où passe, aujourd'hui, la rue de la Paix, ou lorsqu'il créa le fameux Cirque Olympique entre la rue Saint-Honoré et celle du Mont-Thabor.

On peut dire qu'à partir de cette époque son nom devint célèbre, non seulement à Paris et en province, mais aussi dans le monde entier.

Le spectacle équestre proprement dit tenait la place la plus importante, chez Franconi. Maintenant, il n'apparaît guère dans les cirques qu'à titre de simple intermède, et il n'est pas toujours très réussi. En cet âge reculé, les sauteurs, équilibristes, jongleurs, etc., se trouvaient, au contraire, relégués au second plan.

L'équitation était pratiquée avec un art parfait, au Cirque Olympique; ce qui n'empêchait pas Antoine Franconi de chercher à retenir le public par d'autres attractions. Ce fut lui qui nous dota de pantomimes à grand spectacle, montées luxueusement, et l'on vit certaines de ces pièces atteindre le chiffre, jugé fantastique, de deux cent cinquante représentations.

Sous ce rapport, un de ses successeurs,

CHRONIQUE DU LUNDI

Charles Franconi. — Le dernier de la race. — Le Vénitien Antoine Franconi. — "Le plus bel Écuyer de l'Europe". — Comment naquit le Cirque Olympique. — Victor Franconi. — Adieu, le cirque! — L'anniversaire du 18 Mars. — Les généraux Chanzy et Langourian. — L'inconnu. — Les Allemands à Tours. — Patriotisme utilitaire.

Vendredi dernier, nous avons enterré Charles Franconi, le dernier des Franconi. Car c'est, aujourd'hui, race éteinte, cette famille qui, depuis plus de deux siècles, a tenu sa place dans l'histoire de Paris.

Le premier de la dynastie, tout au moins celui qui en fonda la célébrité, Antoine Franconi — « le plus bel écuyer de l'Europe », ainsi l'appelait-on — était né à Venise en 1738.

Comment le citoyen d'une ville où il n'y a guère de chevaux, et où on ne circule qu'en gondole, devint-il l'écuyer fameux ? Voilà ce que je ne saurais expliquer. On naît peut-être « écuyer » comme on naît « rôtisseur » ? Il y a, sans doute, des affinités mystérieuses qu'on ne peut expliquer. N'y a-t-il pas un proverbe qui dit : « les officiers de cavalerie montent quelquefois à cheval ; les officiers d'infanterie, très souvent ; les officiers de marine.... toujours ! »

Je n'ai d'ailleurs pas vérifié la vérité de l'adage.

Toujours est-il qu'Antoine Franconi vint en France vers 1770, et qu'après avoir exhibé des animaux savants, tant à Lyon qu'à Bordeaux, et organisé des combats de taureaux, il gagna Paris vers 1783. Là, s'associant avec des Anglais, les frères Astley, incomparables en l'art de dresser les chevaux, il fonda une sorte de cirque — le premier, je crois, que connut la capitale — au faubourg du Temple.

L'association ayant été rompue, il retourna à Lyon où, passionné pour le cheval, il se perfectionna dans la voltige équestre, devint un équilibriste sans pareil, et rentra triomphalement dans sa bonne ville de Paris où il créa, sur l'emplacement de l'ancien cirque Astley, le Théâtre de Pantomimes équestres qui, pendant bien des années, porta son nom.

Entouré de ses enfants, qu'il avait dressés à l'art de l'équitation et de la voltige, il se transporta, en 1801, dans un nouveau bâtiment construit non loin de l'ancien couvent des Capucines, où se trouve maintenant la rue de la Paix. Là, par génération spontanée, s'étaient élevés des baraques de saltimbanques, des cafés et des bals publics. La vogue du théâtre des Franconi fut singulière. On venait de toutes parts voir ses mimodrames avec ballets et exercices équestres.

En 1808, le vieil Antoine qui, malgré ses soixante-douze ans, caracolait encore, passa la main à ses deux fils Laurent et Minetti, et ce sont eux qui fondèrent le Cirque Olympique du boulevard du Temple où, pendant tant d'années — jusqu'au percement du boulevard du Prince-Eugène, devenu depuis boulevard Voltaire — on célébra les victoires de la République et de l'Empire, en variant le spectacle, de temps à autre, avec quelques féeries célèbres : *Bijou, les Pilules du Diable, le Mirliton enchanté*, voire *le Pied de Mouton*.

Le théâtre qui ouvrit en 1817 fut détruit par un incendie en 1826, et rouvrit après reconstruction en 1827. Il était alors dirigé par Adolphe Franconi, fils adoptif de Minetti.

En 1835, Adolphe, associé avec Ferdinand Laloue, créa le Cirque d'Eté des Champs-Elysées, dont on sait la prospérité, qui a duré pendant plus d'un demi-siècle. Sous le second Empire, ce fut un succès de vogue inouï, qui se continua jusqu'il y a une vingtaine d'années.

Artiste et professeur d'une expérience consommée, Adolphe Franconi, qui passait pour un des plus habiles éducateurs du cheval qu'on ait jamais connus, est mort en 1855, relativement jeune encore, car il n'avait guère que cinquante-deux ans.

Avant la mort d'Adolphe Franconi, le théâtre du Cirque Olympique était sorti, depuis longtemps déjà, des mains de la famille. Seul, le cirque des Champs-Elysées était resté son domaine, lequel s'agrandit, par la suite, du Cirque d'Hiver du boulevard des Filles-du-Calvaire.

Victor Franconi, un descendant d'Antoine, avait assumé la direction qu'il avait ensuite repassée à son fils Charles, celui qui vient de mourir.

Celui-là, c'était un très aimable homme qui, lui aussi, fut cavalier élégant et impeccable — cette famille Franconi était vraiment une tribu de centaures — il portait beau, comme l'on dit, et, tout jeune, pendant la guerre de 1870, s'était bravement engagé dans les éclaireurs de Franchetti.

Avec Charles Franconi s'efface un nom qui eut son quart d'heure de popularité, et disparaît une sorte de tradition. Il y a encore des cirques, mais le « Cirque Olympique », que c'est loin, déjà presque oublié !

✂

Et je pensais à part moi, vendredi, alors qu'on disait les dernières prières, que nous étions, ce jour-là, le 18 mars, c'est-à-dire, jour pour jour, à trente-neuf ans de la Commune, à l'anniversaire du lâche assassinat de Clément Thomas et du général Lecomte.

Et je me souvenais que le lendemain 19, j'étais à Tours, arrivant de Bordeaux et me disposant à regagner Paris, lorsque je rencontrai le maire de la ville, le brave M. Gouin, qui me dit : « Croyez-moi, restez quelques jours ici, car je crains qu'il ne soit dangereux de rentrer dans Paris... »

On était assez mal renseigné. On savait qu'il y avait eu des « troubles », on parlait même vaguement de collisions, de morts, mais on ne savait rien de précis.

Sous le péristyle de l'Hôtel de l'Univers, il y avait conciliabule entre voyageurs indécis, se demandant s'ils devaient rester ou partir. J'aperçus là les généraux Chanzy et Langourian, Gabriel Delessert, Alphonse Royer (l'auteur de *la Favorite* et de *Lucie*, l'ancien directeur de l'Opéra), quelques autres que j'ai oubliés, et, dans un coin sombre, un monsieur, à la barbiche grisonnante, taciturne, ne disant mot, les bords d'un feutre mou presque rabattus sur les yeux...

Après bien des pourparlers, ces messieurs semblèrent prendre leur parti et se dirigèrent vers la gare. — « Venez-vous avec nous, me dit Alphonse Royer, venez, nous ferons route ensemble. Vous savez, ça ne va pas vite, nous sommes pour pas mal d'heures en wagon, j'ai un plateau dans ma valise, nous ferons un whist... » Je le remerciai, j'avais donné rendez-vous à un ami pour le lendemain. Les renseignements de M. Gouin ne me rassuraient d'ailleurs qu'à moitié.

Je mis les voyageurs en wagon.

On se souvient qu'à leur arrivée en gare à Paris, ils furent entourés par les communards, qui entraînèrent les généraux Chanzy et Langourian, qui furent frappés, bousculés, les habits mis en lambeaux par les communards, qui faillirent bien en faire des otages, et ne les relâchèrent que quelques heures après.

Ils laissèrent aller le monsieur au feutre rabattu. Dame, simplement parce qu'ils ne l'avaient pas reconnu. Car, celui-là eût été, pour eux, la plus belle des proies... c'était le duc d'Aumale ! —

Il put s'échapper dans un groupe sans être inquiété, grâce à Delessert et à Alphonse Royer.

Bien curieuse, n'est-ce pas, serait l'histoire de cette époque, avec tous ses petits détails de pittoresque. Seulement qui donc pourrait l'écrire ? Je regrette bien, quant à moi, de n'avoir pas tenu mon « journal » jour par jour. Que de choses curieuses j'aurais pu y consigner !

Je passai quelques journées à Tours, alors occupé par les Allemands, ceux-ci y étaient installés comme chez eux, vivant en paix avec les habitants, auxquels ils imposaient leurs habitudes familiales. Il y en avait même qui faisaient la vente, comme commis, dans les magasins, balayaient le devant de la porte et menaient promener les enfants.

J'allai, un jour, visiter le patron d'un hôtel où j'avais séjourné quelques mois auparavant. C'était un brave homme, qui n'aurait certes pas inventé l'imprimerie si Gutenberg n'avait pas pris les devants.

— Eh bien ! lui dis-je, mon pauvre ami, vous avez dû beaucoup souffrir de l'occupation allemande ?

— Oh ! oui, monsieur, me répondit-il, nous avons bien souffert, nous avons été bien tourmentés.....

Il était gras et vermeil, il me parut qu'il avait repris le dessus avec avantage, et cuvé, aisément, sa douleur. Il reprit :

— Ah ! monsieur, il y a eu, entre autres, un jour où j'ai bien cru que tout était perdu !

— Que vous est-il arrivé ?

— Imaginez-vous que nous n'avions plus une seule bouteille de vin de champagne. Les officiers en consommaient terriblement et je me demandais comment nous allions faire ? C'est ma femme qui nous a tirés de peine : elle a eu une idée de génie, nous avions du vin de Saumur, à 1 fr. 50 la bouteille, alors on a enveloppé les bouchons avec du papier d'argent, on a gratté les étiquettes et au lieu de 1 fr. 50 on a vendu chaque bouteille 15 francs... on a supprimé le zéro..., hein, nous avons bien fait ?

— Certes !

— C'est autant de pris... sur l'ennemi!

Chacun entend le patriotisme à sa manière. Notre homme le comprenait « utilitaire ». Il est mort, il y a quelques années, laissant une assez jolie fortune.

Félix DUQUESNEL.

Adolphe Franconi, le dépassa en créant des pièces militaires, qui obtinrent un triomphe colossal et dont la mode se perpétua jusqu'à nos jours, car je me souviens d'avoir assisté, à l'Hippodrome de l'avenue de l'Alma, à un spectacle de ce genre, qui enthousiasmait les spectateurs.

Ce fut un Franconi qui ouvrit, aux Champs-Elysées, le Cirque d'Eté, auquel, plus tard, on adjoignit le Cirque d'Hiver, sous la protection spéciale de Napoléon III. J'ai dit plus haut que cet établissement avait joui d'une prospérité de premier ordre. Il faut ajouter que de nombreux artistes y virent se fonder leur réputation, à commencer par Léotard, qui y débuta le 12 novembre 1859 avec un tel succès que ses camarades lui offrirent un banquet, manifestation peut-être unique en son genre.

L'ancien cirque a vécu. Franconi est mort.

(38)

Gil Blas? — 13.3.1910.

16777

Ces histoires de clowns et ces légendes me sont chères. J'aime beaucoup ces derniers aventuriers de l'art, et comme Rodier j'irais volontiers, si j'en avais le temps, passer quelques heures devant ce guignol dont M. Tancrède de Visan vient de nous conter les origines. Guignol lyonnais devenu Parisien et qui pour père eut ce Laurent Mourguet dont on va fêter, ou dont on a fêté le centenaire (tout comme celui de Musset). J'avais connu (et la dernière fois que je le vis c'était à un assaut d'armes) ce beau cavalier et ce très galant homme qu'était M. Charles Franconi, le dernier d'une dynastie qui fut illustre.

Franconi! Quand on nous disait dans notre enfance « *Je te mènerai à Franconi* », c'était une joie que seuls nos petits-enfants connaissent lorsqu'on leur parle de Footit ou de Chocolat. Franconi! C'était l'ancien cirque du boulevard du Temple et ç'avait été le Cirque Olympique devenu un théâtre, un théâtre où l'on jouait des féeries et des drames militaires et où défilaient tour à tour Bonaparte en Egypte et Masséna, l'enfant chéri de la victoire! Et comme on les aimait ces « mélos » patriotiques, invariablement terminés par la rougeur et la fumée des feux de bengale. Apothéoses lointaines, oubliées, évanouies! En ce temps-là, M. Raymond Poincaré n'eût pas eu à parler comme il l'a fait hier si éloquemment de « l'idée de patrie », et il n'y avait point d'antimilitaristes pour assister aux défilés et « au combat du drapeau ».

C'était pourtant Franconi, le vieil Antoine Franconi, qui avait mis à l'ordre du jour ces spectacles devenus classiques: *l'Ours et la Sentinelle*, *le Cheval du trompette*, *l'Arabe et son coursier*, *la Mort de Poniatowski* ou *la Mort de Kléber!* Vénitien venu en France à la fin du dix-huitième siècle, l'aïeul de tous ces Franconi que plusieurs générations applaudirent était arrivé chez nous pour y faire des tours de physique et y montrer des oiseaux savants. La chronique voulait qu'il eût fui Venise parce que son père ayant tué, place Saint-Marc, un sénateur, la sentence de mort devenait pour l'enfant un décret d'exil. On ne croit pas qu'il y ait un mot de vrai dans ce récit. Mais il est dit que Venise doit servir de cadre à tous les romans réels ou imaginaires d'amour et de sang.

C'est à Lyon tout d'abord qu'Antonio Franconi montrait ses oiseaux familiers. Après les oiselets il dressa des chevaux. C'était un cavalier admirable. Où ai-je lu que le duc de Duras, le rencontrant à Bordeaux, lui demanda s'il pouvait organiser des courses de taureaux? Franconi installa chez nous des *corridas*.

L'Anglais Astley avait ouvert à Paris un cirque fameux. Il devait le transporter à Londres où il existe encore, ce me semble. C'était l'heure où l'anglomanie fleurissait en France. L'Italien vient faire concurrence à l'Anglais. Il échoue, repart pour Lyon, voit son cirque canonné et rasé pendant le siège, rentre à Paris, s'établit faubourg du Temple, et pendant qu'on s'accuse et se décime à la Convention nationale, Franconi triomphe, Franconi galope et ses écuyers célèbrent, à cheval, des drapeaux tricolores dans les mains, les victoires républicaines ! Hop ! en avant et vivent les soldats de Jemmapes !

C'est peut-être de là que datent les mimodrames que nous reverrons, plus ou moins dialogués, au Cirque Olympique. Après avoir fait le prestidigitateur chez la Montansier, Franconi s'était établi près de la place Vendôme, dans le jardin des Capucines. Il y avait là un panorama, un établissement de physique et de fantasmagorie (tenu par Robertson et installé dans le couvent même où Mme de Pompadour avait été enterrée). Le percement de la rue Napoléon, en 1806, chassa le panorama, le cabinet de physique et le cirque Franconi. Et Franconi émigra rue du Mont-Thabor, pour s'établir bientôt faubourg du Temple. Et les Parisiens suivaient. Ils suivaient les écuyers, Franconi et ses fils, ils suivaient les éléphants savants, les chiens éduqués, les chevaux dressés, les cerfs érudits. Un incendie dévora le cirque et mit éléphants, chevaux, cerfs, écuyers sur le pavé. Mais pas plus que Frégoli « sinistré » Franconi ne se désespéra. *Avanti !* En avant contre le sort !

Et reprenant le travail, la famille Franconi recommença, à travers les cerceaux de papier, la course à la fortune.

Entre temps, Antonio Franconi — le citoyen Franconi de la Révolution — était devenu aveugle. On l'opéra, et très vieux, presque centenaire, à quatre-vingt-dix-huit ans passés, il venait chaque soir, assis sur un fauteuil spécial, voir si ses fils et petits-fils avaient bien profité de ses leçons. Burgrave de la voltige et prince de la haute école il regardait, critiquait, applaudissait. Tel le vieux Job groupant autour de lui ses descendants.

Comme les funérailles de Deburau, de Béranger, de Déjazet, les obsèques de Franconi furent une manifestation populaire. Paris a de ces admirations, de ces idoles. Franconi n'avait jamais trompé personne. Déjazet avait charmé des générations. On n'avait pas à leur reprocher d'avoir été infidèles à leurs programmes. « Franconi est mort ! » On vint une dernière fois voir passer Franconi. Derrière le cercueil marchait, boitant et tête haute, le vieux cheval qu'avait monté pour la dernière fois Antonio Franconi. Tel le cheval de bataille, le cheval de Waterloo, suivant le char funèbre du duc de Wellington.

Ah ! il ne l'aimait pas, Wellington, le vieux Franconi, et on peut dire que l'écuyer, le directeur du Cirque Olympique fit pour la gloire du vaincu de Waterloo et la renommée du martyr de Sainte-Hélène autant que les chansons de Béranger et les anecdotes de Marco de Saint-Hilaire. Napoléon III pouvait bien faire dresser ses chevaux par le galant homme qui vient de mourir et donner, s'il m'en souvient, à Charles Franconi le privilège d'un théâtre, alors qu'il fallait une autorisation, un « privilège » (c'était le mot) pour ouvrir un théâtre. Les Franconi avaient assez fait pour l'Empire.

Depuis le Consulat, où le vieux Franconi montrait Bonaparte passant le Saint-Bernard, « calme sur un cheval fougueux » jusqu'aux pièces bonapartistes du temps de Louis-Philippe, le cirque de Franconi avait exalté, célébré, popularisé la légende napoléonienne. La redingote grise faisait partie de toutes les représentations. On la brossait, la rebrossait, l'époussetait et l'éclairait de lueurs apothéotiques. Franconi avait jadis, avec ses vestes à brandebourgs et ses plumets fantastiques, caracolé sous les applaudissements de la foule, si bien que l'on accusait Murat de se costumer comme Franconi (en attendant qu'on vît Bernadotte s'enpenner et se vêtir tout comme Murat), Murat

Héros que ses rivaux appelaient Franconi!...

Maintenant c'était l'homme de Sainte-Hélène qu'il faisait acclamer par la foule. On ne saura jamais tout ce que ces spectacles populaires ont d'influence sur les masses. Il y aurait une jolie thèse à écrire (sans paradoxe aucun) : *De l'influence de Franconi sur le retour de l'Empire.* Le retour de l'île d'Elbe précisément faisait, au cirque, verser des larmes aux grognards et même aux jeunes spectateurs qui n'étaient point des grognards. Sous la Restauration, Franconi avait même trouvé une fois le moyen de faire réapparaître aux yeux du public le fantôme du drapeau tricolore. Les Bourbons proscrivaient les trois couleurs comme Napoléon Ier avait proscrit les cordons bleus et les croix de Saint-Louis. L'histoire est une suite de proscriptions dont l'avenir s'étonne. Lorsqu'on représentait la bataille de Valmy il fallait que les soldats républicains combattissent avec un drapeau blanc. Sous le drapeau blanc on montait, en ces mimodrames, à l'assaut de Saragosse comme à l'assaut du Trocadéro. On eût dit que le duc d'Angoulême avait gagné toutes les batailles de la Révolution et de l'Empire.

Franconi finit par s'arranger de telle façon que les feux de bengale, mariant leurs couleurs, projetassent sur le drapeau blanc obligatoire des lueurs rouges et bleues, et les spectateurs du cirque eurent la joie de voir ce spectre tricolore, tout en fredonnant comme les chanteurs de Béranger buvant au *Vieux drapeau*, dans les guinguettes.

> Quand secouerai-je la poussière
> Qui ternit tes nobles couleurs ?

Et voilà comment un cirque appartient à l'histoire, et comment une dynastie d'écuyers se mêle à une autre. J'ai vu passer à cheval, sous le feu des batteries de Champigny, le dernier de ces Franconi, élégant et souriant toujours, à la bataille comme à la parade. Il portait joliment cet uniforme des éclaireurs Franchetti qui n'allait point sans coquetterie.

Et il était auprès de mon camarade de collège Crémieux, bon cavalier, lui aussi, et éclaireur résolu, lorsque, près de la gare, — je le vois encore, — mon camarade me dit, désespéré :

— Le commandant! notre commandant!

— Eh bien?

— Il vient d'être tué. On le rapporte.

Il y aura plus d'un compagnon de Champigny sans doute aux funérailles de Charles Franconi. Et puisque je rappelle ce souvenir, je dirai un mot (et j'y reviendrai) de cette médaille commémorative de l'année terrible dont la Chambre a voté le principe et que la commission des finances du Sénat hésite à ratifier. Lorsqu'on parla pour la première fois de ce memento de la défaite, j'avoue que l'idée me parut inquiétante. Le marquis de Vogüé s'élevait naguère avec énergie devant le monument de Malplaquet, contre ce cri de « Gloire aux vaincus! » qui ne peut être un cri de ralliement. Mais en vérité on oublie si vite et si profondément non seulement les désastres, mais l'histoire même et la date de nos épreuves qu'il n'est pas mauvais, qu'il est bon même de rappeler par un signe quelconque aux générations nouvelles qu'il y eut une heure où de braves gens firent leur devoir. C'est le moyen d'apprendre à ceux qui ne savent pas que si les efforts et les sacrifices furent vains ils n'en furent pas moins honorables. Il y a trop de rubans et de signes distinctifs sans doute. Mais cette très humble médaille signifierait tout simplement que le vieillard qui la porte fut un de ceux qui supportèrent le poids de l'heure douloureuse.

Point d'inscription. Peut-être ces deux mots seuls : *Défense nationale*. Ou encore cette date qui dit tout, hélas! *1870-71*.

Ce ne serait qu'un souvenir. Mais n'est-il pas utile de le rappeler, ce souvenir, à l'heure où (non pas chez certains, comme ces jeunes étudiants qui portaient l'autre jour des couronnes à la statue de Strasbourg) s'efface la mémoire du passé?

Cela ne voudra pas dire que les pauvres vieux qui survivent furent tous des héros. Cela signifiera qu'ils firent de leur mieux, à leur rang. Il y a d'ailleurs héroïsme et héroïsme. Je trouve un exemple d'un héroïsme particulier à la première page de la brochure de la *Forêt*. M. Laurent Tailhade a osé dédier son rêve musical « *A Pedro Gailhard, son admirateur et son ami* ». Je dis qu'un auteur, joué par un autre directeur que celui qui reçut sa pièce, et qui pourtant dédie son œuvre à ce directeur absent, disparu, celui-là est un héros, un héros d'un genre spécial, mais un héros. Le courage de la dédicace fait partie d'une variété rare du courage civique, le courage littéraire. J'ai dit : héros, je ne m'en dédie pas. Le cas est rare. Ce qui est le plus fréquent en ce monde n'est-ce pas, en effet, l'ingratitude et l'oubli?

Oubli des bienfaits, oubli des désastres,..

JULES CLARETIE.

CIRQUE OLYMPIQUE

1820 – 1850

72 pages

(1)

Cirque Olympique

1817 - 1826

16773

voir Le Cirque dans l'Univers

1er Trimestre 1953 pp. 22.23

Le Cirque Olympique du Faubourg du Temple (1817-1826) par M.-J. Vesque

Ro

(3)

CIRQUE-OLYMPIQUE.

19 - 4 - 1826

Première représentation du Cuirassier.

Lorsque les autres théâtres nous donnent nouveautés sur nouveautés, on aurait pu croire, à la lenteur de MM. Franconni à varier leur répertoire, que l'imagination des auteurs *à cheval* de ce spectacle, saisie par les dernières gelées, était morte de froid. Mais *le Cuirassier* nous arrive avec le dégel pour soutenir *Poniatowski*. Ce grand général, avec tout son mérite, commençait à passer de mode, parce que tout le monde le connaît, et qu'à Paris surtout on aime beaucoup le changement et les nouvelles connaissances.

Ce *Cuirassier* ne peut manquer de plaire aux spectateurs instruits des mœurs militaires, et accoutumés à porter de la réflexion jusque dans leurs amusemens.

On peut reconnaître à l'esprit des pièces qu'on nous offre aujourd'hui, depuis le Cirque jusqu'aux Français, une époque nouvelle dans nos fastes, depuis quelques années surtout, que des intérêts graves nous ont amené à des réflexions solides, tout ce qui se rattache, même par le fil le plus léger à notre gloire, à notre honneur national, nous amuse, nous occupe, nous intéresse et nous émeut.

La gratitude d'un brave soldat, pour son officier, qui lui a sauvé la vie, fait tout le sujet de la pièce nouvelle; et M. Franconni jeune en a décidé le succès, et comme auteur, et comme acteur, par la vérité étonnante de manières, de langage et de sentimens qu'il a déployé dans le personnage du cuirassier.

Un cheval entre les jambes, six billets de mille francs dans la poche, le Cuirassier accourt, à franc-étrier, pour épouser à l'heure même une jolie paysanne. Dans le canton, habite son ancien colonel. Après avoir perdu un bras au service de son pays, cet officier estimable a acheté une petite maison, où il mangera tranquillement sa retraite au coin d'un petit feu de propriétaire. La maison a été vendue six mille francs payables en deux termes. Un retard de fonds empêche le paiement du second billet au jour convenu : et le soldat arrive avec sa dot et son espoir, à l'instant même où les huissiers viennent signifier au propriétaire de la maisonnette de vider les lieux, faute de les pouvoir payer. Il reconnaît son colonel et son sauveur, et lui saute au cou; il apprend l'état des choses, rosse les huissiers et les recors, les envoie, avec des soufflets à ajouter au procès-verbal, griffonner ailleurs; et, tandis que le colonel les suit pour les appaiser. *En avant* (c'est le nom de guerre du cuirassier), tire de son magot trois billets de mille francs, suppose une lettre du général Saint-Hilaire, dont les fonds attendus n'arrivaient point, et fait remettre le tout à son colonel, par l'adjoint du maire.

Cependant, à l'heure de signer le contrat, la dot écornée devient un obstacle. Une maraine, tutrice de la future, ne veut plus entendre parler d'union, et l'épouseur ne sait comment sortir d'embarras.

La venue du valet du général Saint-Hilaire, porteur de la somme véritable, et d'un brevet de commandant de place pour le colonel, *évente la mèche*. La générosité d'*En avant* brille dans tout son jour; la noce est remise sur le tapis, et le nouveau commandant ajoute à la dot sa petite maison qu'il est forcé d'abandonner, en se rendant à son nouveau poste. Succès brillant et sans contestations. Les auteurs sont M. Franconni jeune et compagnie.

CH.

CIRQUE OLYMPIQUE.

Première représentation du *Cuirassier*, mimodrame en un acte.

Un trait de reconnaissance sert de fonds à cette petite pièce; et, d'après le caractère des soldats français, je ne serais pas étonné que ce sujet fût historique. Le cuirassier Doucet revient dans son village pour épouser Thérèse, à laquelle sa marraine a fait cadeau d'une somme de six mille fr. Doucet apporte la même somme en mariage. Tout est prêt pour la fête; mais, au moment où le cuirassier descend de cheval, il retrouve M. de Sarville, son ancien colonel qui, dans un combat, lui sauva la vie aux dépens d'un bras qu'il a perdu. M. de Sarville a acheté dans ce village une petite maison de la valeur de deux mille écus; il a payé moitié comptant, et il doit payer l'autre moitié dans la journée, sous peine de se voir exproprier. Le vendeur, vieil avare, profite de l'occasion; il fait signifier à l'acquéreur de vider les lieux ou de payer les trois mille francs. M. de Sarville, qui attendait le remboursement d'une somme pareille, prêtée par lui à un colonel de ses amis, se trouve dans le plus grand embarras. Le cuirassier, témoin de l'embarras où se trouve son bienfaiteur, lui fait remettre trois mille francs, sous le nom du colonel. Mais, lorsqu'il faut exhiber la dot, il ne peut plus en montrer que la moitié; la marraine de Thérèse parle déjà de rompre le mariage. Heureusement un courier envoyé par le colonel apporte la somme dont il était débiteur envers M. de Sarville. La générosité du cuirassier est alors reconnue; M. de Sarville s'empresse de s'acquitter, et les deux amans sont unis.

Pour prix de ce service, le colonel Sarville, que la bonté du Roi rappelle au commandement d'une place, exige que le cuirassier Doucet et sa femme aillent s'installer dans sa maison.

Beaucoup de grands ouvrages n'obtiennent trop souvent qu'un petit succès, tandis que par compensation sans doute, ce mimodrame en a obtenu un très-mérité. Les auteurs, qui ont été demandés, sont MM. Louis Ponet et Franconi jeune. Les sentimens généreux qu'ils ont prêtés à leur cuirassier sont ceux de tout vrai soldat français, puisque Doucet termine la pièce en disant qu'il donne son cœur à sa petite Thérèse, mais que sa vie appartient au Roi et à la patrie.

M. Franconi jeune remplit le rôle principal avec un naturel et une vérité parfaite. *Le Cuirassier* sera vu avec plaisir avant la pantomime de *Poniatowsky*; il complète un tableau militaire qui rappelle les plus honorables souvenirs.

Courrier des Spectacles - 7 Mars 1820

CIRQUE - OLYMPIQUE.

Actéon; la Montre d'or; Poniatowski.

La salle était pleine; les rangs de spectateurs doublés, et entassés les uns sur les autres aux galeries, ne permettaient pas aux personnes qui n'avaient pas avancé l'heure du dîner, de placer la tête ou même l'œil entre deux épaules ou deux cornettes, pour attraper quelque bribe de la représentation. Heureusement, un de mes amis m'offrit un coin dans sa loge, en mettant à la gène sa famille qui l'entourait, et je pus voir le gentil Acteon, brillant de sa souplesse accoutumée, enchanter la compagnie par ses bonds rapides, sa docilité extraordinaire, et son audace imperturbable.

Il m'a semblé que M. Cuvelier avait arrangé le ressort de sa *Montre d'or;* elle va beaucoup mieux qu'à la première représentation. Comme je l'ai dit dans un premier article, l'œuvre ne péchait point par le manque d'intérêt, mais par le manque d'arrangement. Un événement dont les journaux ont parlé il y a quelques mois, a sans doute fourni le sujet à l'auteur. Voici comment il l'a disposé pour la scène :

» Le fermier Gervais est allé à la ville pour faire de l'argent afin de payer ses ouvriers. Il revient sans avoir pu trouver un écu. Tourmenté par ses travailleurs et par le régisseur du château voisin, il prend le parti de mettre en gage une montre d'or. En traversant une forêt qui conduit à la ville voisine, Gervais, attaqué par trois brigands, est dépouillé de sa montre, de ses vêtemens, et jeté dans une espèce de citerne. A peine les voleurs achevaient leur expédition, lorsque le fils Gervais, sergent de cavalerie, qui venait en sémestre chez son père, passe par le même endroit. Les trois coquins se réjouissent de l'espoir d'une nouvelle proie. Le sergent essuie, sans être atteint, trois coups de feu presque à bout portant. A son tour il décharge sa carabine sur le plus voisin des assaillans qu'il tue. Il court passer son sabre à travers le corps du second, envoie le troisième, d'un autre coup de feu, tenir compagnie aux deux autres; et, le porte-manteau sur l'épaule, se remet tranquillement en route.

Il trouve, en arrivant, sa mère dans les plus vives inquiétudes sur le sort de Gervais, qui n'a point reparu depuis la veille au soir. C'est alors que le Régisseur vient annoncer qu'on a trouvé trois hommes tués dans la forêt que le jeune militaire conte son aventure, et que le Régisseur s'écrie : En ce cas, vous avez tué votre père ! car, l'un des trois cadavres, trop défiguré pour qu'on pût le reconnaître au visage, était couvert des vêtemens du fermier Gervais. On conçoit tout ce qu'offre de dramatique une pareille situation. Le fils demeure anéanti, la mère tombe sans mouvement dans les bras de ceux qui l'entourent, tandis qu'on emporte, dans une autre pièce, l'innocent meurtrier. Revenu à lui, troublé à la fois par l'idée que son père était associé à des bandis et qu'il lui a porté le coup mortel, ne se sent pas le courage de survivre à son opprobre. Dans son affreux désespoir, il arrache le signe de l'honneur qui brille sur sa poitrine, charge sa carabine avec ce gage de sa valeur et de sa bonne conduite; il va se brûler la cervelle, lorsque l'arrivée de Gervais, dont les gémissemens ont été entendus par un passant qui le ramène, change la douleur en joie, et rend la famille au bonheur. »

L'acteur, chargé du rôle de fils, est fort touchant dans les deux scènes pathétiques de la fausse nouvelle et de la croix. Il a fort bien rendu les combats d'une âme honnête déchirée par les remords d'un crime involontaire; et son égarement, lorsqu'il est sur le point de se donner la mort, est exprimé avec un naturel qui fait frémir les spectateurs. En général, la pièce est jouée avec beaucoup d'ensemble et d'une manière très-satisfaisante.

La Mort de Poniatowski a toujours la vogue d'une nouveauté. Les charges du lancier Tapage, joué de verve par Minette-Franconi; la noble résignation de Poniatowski, si bien représenté par Laurent; le beau mouvement de retraite, opéré avec une exactitude et une tristesse qui serre le cœur; *sans oublier* la rondeur de la vivandière, les gentillesses de sa fille, et les niaiseries de *Vol-au-vent*, rival malheureux de Tapage, tout contribue au succès constant de cet intéressant mimo-drame.

CH.

P. S. Les étrangers qui désirent se placer commodément, et les parisiens gastronomes qui n'aiment à rien changer dans leurs habitudes *dinantes*, sans cependant acheter cette jouissance par un service forcé de leur jambes, ou par la privation de la vue d'un spectacle qui devait leur procurer un vrai plaisir, lorsqu'ils n'y assistent qu'avec un dépit et un mécontentement qui les poursuit encore après être sortis de la salle, peuvent se rendre chez le traiteur *Boittel* successeur du célèbre *Yardin*, au coin du boulevard et de la rue du Faubourg-du-Temple. Ils y feront aussi bonne chère qu'ils le pourront désirer, et à des prix modérés. Les gourmets sont assurés que l'*Hébé* du lieu, Mme Boittel, les recevra avec l'accueil le plus gracieux, et leur servira des vins de tous les pays, *non fabriqués à Paris*, soit dans le salon commun dont les croisées donnent sur le boulevard, soit dans des chambres ou cabinets particuliers dont la vue va devenir délicieuse à la renaissance des feuilles.

1821

(9)

Journal des théâtres 26 9 1821 16778

— MM. Franconi ont terminé le cours de leur voyage ; ils ont quitté Bordeaux le 12 pour se rendre à Paris. Ces célèbres écuyers ont reçu de MM. les Bordelais tous les témoignages de satisfaction possibles ; ils ont emporté de Bordeaux honneur et lucre. L'ouverture de leur Cirque se fera dans les premiers jours d'octobre. MM. Franconi, jaloux de mériter toujours les suffrages du public, ont fait faire pendant leur absence des changemens dans leur salle. Ils l'ont distribuée de manière que les spectateurs puissent jouir avec plus de facilité de leur genre de spectacle, qui a toujours attiré la foule.

10

THEATRE DE LA GAITÉ.
Le Faux Mentor. — Femme à vendre. — Le Mont Sauvage.

THEATRE DE L'AMBIGU.
Les Mines de Pologne. — La Laitière Prussienne. — Fréderic duc de Nevers.

TH. DE LA PORTE S. MARTIN.
Les Frères invisibles. — Quinquina. — Le Mandarin Hoang-Pouf.

CIRQUE OLYMPIQUE
de MM. *Franconi* fils, directeurs privilégiés, à l'entrée du Faub. du Temple.
Incessamment l'Ouverture.

PANORAMA DRAMATIQUE.
Le Savetier de la rue Charlot. — Le Temple de la Mort.

TH. DU MONT-PARNASSE.
Les Moissonneurs. — Frontin mari garçon. — L'Auberge du Grand Fréderic.

SPECT. DU PETIT LAZARI,
M. Maffey, boul. du Temple, n. 58.
Le Bombardement de Gibraltard.

SPECTACLE DE Mme SAQUI.
La Fee Lionne — Les Deux Georgette. — Danse de corde.

SPECTACLE DE PHYSIQUE
expérimentale et Physico-Magie, suivie du Cosmo-Mécanicos.
Tous les jours à huit heures du soir, passage des Panorama, n. 24, salle neuve.

SALON COSMOGRAPHIQUE
et Panorama en grand relief,
au Palais-Royal, Galerie de Pierre, N. 55, près le Café de Foy.
L'Île Ste.-Hélène. — La Ville de Babylone. — L'Entrée d'Henri IV à Paris. — Le Siège d'Huningue. — Le Château de Chambord.

DIAPHANORAMA, ou Vues et Costumes transparens de la Suisse, Palais-Royal, n. 3, et rue Montpensier, n. 8.

(13)

CIRQUE OLYMPIQUE.

Réouverture. 12 oct 1821

Suivant leur antique usage les frères Franconi ont été parcourir la province, montrer aux amateurs de leurs surprenans exercices qu'ils avaient fait de nouveaux progrès, formé de nouveaux élèves, et qu'ils étaient toujours dignes des applaudissemens qu'on leur accordait : riches de lauriers et de bonnes recettes, ils sont revenus, au jour fixé, tenter de nouveau la curiosité des Parisiens.

Cette année, justice doit leur être rendue ; ils ont redoublé d'efforts pour plaire au public, qui les accueille toujours si bien. Ils avaient remarqué quelques incommodités dans la distribution de la salle, toutes ont aussitôt disparues, et maintenant on voit de toutes les places avec une égale facilité. Leur présence a été très-applaudie ; les écuyers ont prouvé qu'ils n'avaient pas oublié leur adresse et leur légèreté dans les départemens ; les chevaux, qu'ils étaient bien remis de leurs fatigues ; chacun, dans son rôle, a fait merveille. Enfin, tout a parfaitement disposé les spectateurs à la représentation de l'*Attaque du Convoi*, dont la soixantième apparition a fait autant de plaisir que la première.

Pour ne pas laisser refroidir la curiosité, quelques autres pièces sont prêtes à être représentées : on parle aussi d'un spectacle extraordinaire qui aurait lieu cet hiver. Enfin, les frères Franconi n'ont rien oublié de ce qui pouvait servir à satisfaire les désirs des spectateurs. L'intérêt qu'ils inspirent est assez vif pour que nous puissions leur prédire de longs succès et des assemblées aussi nombreuses que celle qui assistait hier à leur réouverture, qui a été des plus brillantes.

151

Journal des Théâtres

CIRQUE OLYMPIQUE.

Réparations à la salle. 14 10 1821

Les frères Franconi devinaient sans doute que de nombreuses et brillantes sociétés viendraient les visiter, car ils ont disposé la salle de réception de la manière la plus commode et la plus agréable. Tout a été repeint à neuf, le plafond, le rideau, les devantures de loges et de galeries ; des bas-reliefs analogues aux exercices et aux pièces du répertoire y sont peints avec beaucoup de goût, toutes les banquettes sont neuves, larges et moelleuses ; les galeries de côté sont changées en loges ; on a fait disparaître celles de l'avant-scène, et on a mis à leur place deux grandes draperies vertes qui font un bel effet. La galerie qui sépare les spectateurs du manége a été rehaussée, et l'on a jeté dans l'enceinte un sable d'une couleur plus claire que celui qui y était auparavant : les lustres éclairent mieux. De sorte que tout y gagne dans la salle, acteurs et spectateurs : on voit mieux, et l'on est mieux vu.

On avait aussi reproché à la salle d'être froide, et conséquemment dangereuse; cet inconvénient n'existe plus : deux énormes tuyaux de cuivre portant des bouches de chaleur, et placés à chaque côté de la galerie, doivent rassurer contre les rhumes et les fluxions. De plus, les ouvreuses de loges sont, jusqu'à présent, honnêtes et polies, et elles ont promis de l'être toute l'année. Avec de pareils moyens, on doit obtenir des succès, et les frères Franconi ne sont jamais embarrassés quand il s'agit de les attraper au galop.

Courrier des Théâtres

THEATRE DU CIRQUE-OLYMPIQUE.

Le Cheval *Chéri*. — M. Guertner. — L'*Attaque du Convoi*.

Les nombreux spectateurs qui se portent au Cirque-Olympique, depuis son ouverture, prouvent combien ils sont satisfaits des exercices exécutés par les habiles écuyers de cet établissement. *Diversité* est la devise de MM. Franconi. Aux admirables exercices d'équitation, se joignent les chevaux dressés, non moins remarquables encore. Entr'autres le cheval *Chéri* qui, doué d'une intelligence particulière, sert de jockei à son maître avec une grâce charmante. Ce cheval est un de ceux qui figurent avec distinction dans *la Diligence attaquée*, dont la reprise doit avoir lieu incessamment.

On assure que *Chéri* aura bientôt un rival. M. Laurent Franconi a dressé, pendant son voyage, un cheval arabe, de la plus grande beauté. Il se nomme l'*Aboukir*; il paraîtra sous peu au Cirque. 6 Oct. 1822

Les exercices d'équitation, si bien exécutés par MM. A. Franconi et Paul, sont encore variés par les tours de souplesse d'un grotesque très-comique et d'une agilité surprenante. Il a nom Guertner. Ce n'est pas sur des chevaux qu'il se montre, mais sur le sable du Cirque, où il roule son corps en mille sens divers. Il est facheux que le language étranger que parle ce grotesque l'empêche de se faire entendre du public, il n'en serait que plus amusant.

En attendant *le Roulier*, qu'on monte avec le plus grand soin, *l'Attaque du convoi* succède à ces exercices. Nous engageons l'actrice qui remplit le rôle de Rosalba dans ce mimodrame, à ne pas étendre aussi souvent les bras; elle pourrait faire croire qu'elle cherche à imiter le grotesque Guertner, lorsqu'avec son corps il imite lui-même les signaux télégraphiques. Le ballet et les évolutions du premier et du second acte de *l'Attaque du convoi*, font toujours le plus grand plaisir, et l'on applaudit chaque jour, dans le ballet, Mme Jacquinet, Mlle Grassienne, et M. Crombé.

18

— Les fêtes brillantes qui doivent être données en l'honneur des braves de l'armée d'Espagne, auront lieu à la Porte-Saint-Martin ou au Cirque-Olympique.

— La polichinellomanie tire à sa fin, la voilà courant bride abattue dans le Cirque-Olympique, qui ne lui laisse plus de refuge dans un autre théâtre puisque celui de M. Comte a payé son petit tribut. Il y a donc lieu de croire que le pantin bossu ayant passé par tous les trous de la filière de la vogue, va retourner à son clou dans les salles de spectacle en toile que l'on trouve sur les places publiques, et que les Parisiens vont faire changer d'objet à l'occupation de leurs loisirs. Paul, l'étonnant écuyer que l'on ne saurait trop voir chez MM. Franconi, vient de se travestir en *polichinelle-voltigeur*, et sous cette nouvelle forme, a opéré, sans selle ni bride, des miracles qui contribueront à l'accroissement des recettes, déjà si fortes depuis quelque temps.

— Une indisposition de M. Laurent Franconi, qui n'aura pas de suites dangereuses, empêche cet habile écuyer de monter *l'Aboukir*. C'est une grande privation pour les amateurs, mais elle ne sera pas de longue durée. En attendant que le superbe animal soit livré de nouveau aux regards avides des curieux, l'administration de cet établissement va redoubler de zèle pour mériter la bienveillance du public. On a lu aux acteurs *la Fausse aveugle*. Le talent de l'auteur de ce mimodrame, que nous ne nommerons pas, car ce serait trahir le secret de la comédie, est un garant de succès.

VARIÉTÉS. — *Repas dans les casernes.* — *Représentations du Cirque-Olympique.*

Le vendredi 12 de mois, et jours suivans, auront lieu les fêtes offertes par la ville à l'armée. Elles consisteront en repas qui auront lieu dans les casernes, et en représentations d'une pièce à grand spectacle et à évolutions, intitulée *les Pyrénées, Cadix et la France*, qui seront données sur le théâtre du Cirque-Olympique. Tous les militaires composant la garnison de Paris, et ceux de l'hôtel royal des Invalides, assisteront à ces représentations, à raison de 1300 hommes par jour. Quant au repas, on y fera participer les corps de la garde royale qui sont casernés à Saint-Denis, Ruel, Courbevoie et Vincennes, leur éloignement ne permettant pas de les faire assister aux représentations théâtrales. Le premier jour, le spectacle sera destiné aux invalides de l'hôtel royal; le lendemain et jours suivans, aux sous-officiers et fusilliers vétérans, aux régimens d'infanterie de la garde royale, aux régimens de cavalerie, d'artillerie de la garde, aux troupes de ligne et autres de la garnison, à la gendarmerie royale des départemens, de la ville, et aux sapeurs-pompiers. Les représentations commenceront à quatre heures, pour finir à huit. Les repas dans chaque caserne auront lieu le lendemain du jour où la troupe qui l'occupe aura été au spectacle. Des députations du corps municipal se transporteront dans les casernes, pour porter, avec les soldats, la santé du Roi.

Courrier des Théât. 20. 2. 1825

THEATRES SECONDAIRES.

Cirque-Olympique.

Il ne manque à la revue que nous avons faite des théâtres secondaires, qu'un coup-d'œil sur le Cirque-Olympique, celui dont l'examen ne demande ni une grande attention, ni beaucoup d'importance. Ce n'est pas que sa modestie fasse tout son mérite, il s'en faut, et, dans un autre genre, bon nombre d'entreprises appellent ambitieusement les regards, sans en être aussi dignes que celle-ci. Mais l'estimable famille qui dirige ce spectacle sait au juste les rapports qu'il a même avec la Melpomène et la Thalie du second ordre; elle ne témoigne qu'un désir, c'est celui de plaire au public, sans prétendre lutter, selon les règles d'Aristote, avec les théâtres consacrés à la culture, au maintien des doctrines dramatiques.

Les moyens que le Cirque-Olympique emploie pour atteindre ce but, sont à lui, à lui seul, et c'est par cela même que, moins solennels que les autres, ils offrent un attrait, un piquant d'autant plus curieux qu'on ne les trouve pas ailleurs. Considéré sous cet aspect, le seul en effet qui puisse lui convenir en l'envisageant comme un théâtre, le Cirque est plus qu'un établissement agréable, il est utile, nécessaire même. Le long-temps de sa fondation, ses succès soutenus depuis qu'on l'a associé à un spectacle moins monotone que ses seuls *Exercices*, nous pourrions dire même les services qu'il a rendus en popularisant des idées, des souvenirs à la fois militaires et monarchiques, sont autant de preuves de sa nécessité que nous alléguions tout à l'heure. Il en est encore une du bien qu'il produit en répandant et servant de tout son pouvoir le goût des chevaux, de l'équitation et de toutes les choses utiles qui s'y rattachent. On n'a pas encore, que nous sachions, émis cette dernière idée dont les développemens seraient tout à l'avantage de l'entreprise qui nous occupe, en même temps qu'ils révéleraient des possibilités dont le gouvernement tirerait peut-être grand parti. Nous jettons cette pensée, dans le dessein d'y revenir, et comme, après elle, tout autre considération serait mesquine, nous finissons là aujourd'hui, en nous engageant à revenir sur l'aspect théâtral que présente cet établissement.

22 24

La Mère du soldat, tel est le titre du premier mimodrame qui sera représenté au Cirque-Olympique, au prochain retour des habiles écuyers Franconi. 20.7.1824

Pandore. 12.7.1827

THÉATRE DU CIRQUE-OLYMPIQUE.

LES ACTEURS. — LE RÉPERTOIRE. — LES ÉCUYERS. — LES CHEVAUX.

La fable du Phénix qui renaît de sa cendre, et brille après sa mort d'un nouvel éclat, pourrait presque s'appliquer aux acteurs de ce théâtre. Avant l'incendie du Cirque, on retenait plus aisément les noms de la jument *Coquette* et de l'*Aboukir*, que ceux des principaux sujets bipèdes de la troupe. Aujourd'hui tout est bien changé; si les acteurs ne sont pas précisément des Phénix, tous se font remarquer par un zèle à toute épreuve, beaucoup par d'heureuses dispositions, et quelques-uns par du talent. La jeune direction s'est attachée plusieurs actrices ou acteurs déjà fort avantageusement connus, en tête desquels nous placerons Mlle. Millot, Mmes. Bussy, Valmont, MM. Signol, de l'Odéon, Delhommé, Thibouville, Dubois, Lussan et Demouy. Ce dernier, malgré sa noble origine (il vient du Théâtre-Français), a beaucoup à faire pour se mettre au niveau de ses camarades. Parmi les sujets de l'ancienne troupe qu'on voit avec plaisir, il faut mettre en première ligne MM. Edmon, Paul, Chéri, Mme. Tigée, et plusieurs autres dont les noms nous échappent ou ne sont pas venus jusqu'à nous.

C'est à la représentation des deux dernières nouveautés jouées à ce théâtre, *les Cavaliers et les Fantassins* et *le Garde et le Bûcheron*, qu'on a pu signaler les progrès qu'a faits la troupe en général; plusieurs scènes du *Marché aux Chevaux* sont aussi fort bien exécutées. Sans doute les progrès iront *crescendo*, et *le Vétéran*, mélodrame en trois actes, à très grand spectacle, dont on s'occupe actuellement, ne laissera que fort peu à désirer sous le rapport du jeu des acteurs.

Le Cirque conserve, malgré les chaleurs, l'avantage dont il a joui dès les premiers jours de son ouverture, de faire chaque soir, à lui seul, une recette qui surpasse de beaucoup les recettes réunies de l'Ambigu et de la Gaîté. Déjà *l'Avocat* plaide devant les banquettes, ou plutôt il ne plaide plus; sa cause est perdue. L'administration du premier de ces deux théâtres, qui semble vouloir marcher à reculons, est revenue à *l'Homme à trois visages* et à *la Bataille de Pultawa*. A la Gaîté, le chef de la tribu du Serpent, le vénérable Chactas, déclame dans le vide; les bords du Mississipi ne se peuplent que de curieux en très petit nombre. On annonce heureusement un mélodrame nouveau, dont le sujet est emprunté au roman de M. Merville, publié par Ladvocat sous le titre des *Deux Apprentis*.

Mais revenons au Cirque. Dimanche prochain, jour de Saint-Henri, la troupe équestre ira réjouir les royaux habitans du Palais de Saint-Cloud; l'*Aboukir*, le petit cheval dressé par M. Laurent Franconi pour le jeune duc de Bordeaux, l'incomparable écuyer Paul, l'amusant sauteur Guertener s'essaieront dans les jardins de cette résidence, et sauteront pour d'augustes spectateurs. Cette flatteuse distinction a déjà produit l'effet qu'on en devait attendre : écuyers et chevaux, tous portent déjà la tête plus haute; fiers de l'honorable mission qu'ils vont remplir, ils rasent plus légèrement que jamais la surface du sol, et ne touchent que par instans, à de longs intervalles, une terre devenue indigne de les porter.

29

— On annonce pour samedi 23 juillet, sur le théâtre du Cirque, une représentation au bénéfice de Mme Deschamps, veuve de l'ancien directeur du théâtre de la Cité. Les acteurs de l'Odéon y représenteront la tragédie des *Templiers*; ceux du Vaudeville y transporteront leurs *Singes*; et le spectacle sera terminé par un ballet; entres les pièces on entendra M. Guillou et le jeune Alkan. 20-7-1825

1827 (31)

THÉATRE DU CIRQUE-OLYMPIQUE.

Pandore VISITE DE L'INFANT DON MIGUEL. 27.12.1827

Le prince de Portugal a daigné, comme on dit, honorer hier de sa présence le théâtre où tous les soirs les Grecs secouent le joug ottoman à grands coups de fusil et de canon. S. A. R., dont les principes généreux ne sauraient être révoqués en doute, a paru prendre un très grand plaisir au triomphe des Hellènes. Le prince occupait la loge où, quelques jours avant, s'était assis le duc d'Orléans et sa famille. Cinq ou six personnes l'accompagnaient. Un assez grand nombre de laquais, portant la livrée du roi de France, formaient la suite de S. A. R., et des gendarmes défendaient l'accès de sa loge.

La foule, comme de coutume, était considérable, et la curiosité parisienne, qui s'alimente de tout, se portait pendant les entr'actes vers l'auguste spectateur. Le costume de S. A. R. est de la plus grande simplicité : rien n'indiquait assurément un grand personnage.

Le spectacle a fini très tard ; il était près de neuf heures quand les exercices équestres qui précèdent le mélodrame ont été terminés. La hardiesse et l'élégance des poses de l'écuyer Paul ont constamment fixé l'attention de don Miguel. Peut-être aurait-on pu traduire par une épigramme le sourire malin qui animait la figure de ce prince, alors que Paul feignait de perdre l'équilibre et semblait près de tomber : S. A. R songeait peut-être à cet autre équilibriste qui feint aussi d'être prêt à tomber, et qui, tous les matins, mystifie les abonnés du *Moniteur*.

CIRQUE OLYMPIQUE.

Irène. — Les Bouviers. — La Course. — Le Carnaval. — La Lutte. — MM. Henri, Félix. — Mme Varnier. — Le Grotesque.

THÉATRE DE M. COMTE.

Le jeune Grec.
Les Trois Souhaits.
La Fille du condamné.

MONT-PARNASSE.

Le Coin de Rue.
Henri IV en famille.
Gluilaume-Tell.

MONTMARTRE.

Le Futur de la Grand'Maman.
L'Auberge du Grand-Frédéric.
Le Comte Ory.
Le Vieux Mari.

Cirque Olympique

30 - 3 ART DRAMATIQUE. 1830

Journal des Artistes

CIRQUE-OLYMPIQUE. — *Le Déluge.*

Il y avait peut être de la témérité à vouloir présenter sur un théâtre le spectacle de la grande et effrayante catastrophe du déluge. Des peintres ont pu, par la magie des couleurs, réussir à donner une idée de cette scène terrible ; mais au théâtre, il est fort difficile de représenter avec vérité les eaux en mouvement, et le public pouvait être exigeant dans une salle qui est aussi près du *Diorama*, où un pinceau habile a fait un si beau déluge. Cependant l'administration du Cirque, malgré ses embarras particuliers, a tenté l'entreprise; *audaces fortuna juvat.*

Avant le tableau du déluge, la pièce du Cirque en offre un remarquable : c'est le chantier qui apparaît tout à coup, et dans lequel l'arche qui doit sauver Noé est en construction, sur les bords d'un fleuve. Les divers travaux de charpente sont exécutés par des légions d'anges et de chérubins, qui sont groupés avec art. Ce tableau animé, où la lumière est habilement distribuée, est d'un bel effet. Il disparait un instant, pour montrer ensuite l'arche entièrement achevée, que bientôt les flots soulèvent et entraînent majestueusement.

Le tableau du deluge reproduit le site des tableaux de Martine et de Bouton ; et M. Filâtre, qui en est l'auteur, a su y reproduire une partie des beaux effets trouvés par ces habiles peintres. Le théâtre est ouvert; on est sur la cime d'une masse de rochers. Les hommes, les chevaux gravissent les monts en arrivant de dessous le théâtre. Au fond, dans le lointain, on aperçoit l'arche sur laquelle brille un reflet lumineux. Des scènes intéressantes occupent successivement les yeux du spectateur. Partout, on voit l'homme lutter contre le torrent destructeur, qui grossit progressivement. Le tableau de Girodet est mis en action. Peut être ferait on bien de supprimer la lune qu'on voit dans le fond. On s'étonne qu'elle ne soit pas cachée par les nuages épais qui couvrent l'horison.

Les eaux tombant du ciel, sont représentées par une gaze peinte, qui descend du ceintre : l'effet en serait mieux, si cette gaze ne s'arrêtait pas dès qu'elle a atteint le plancher. Il eut été facile, au moyen de cylindres placés en haut et en bas, de lui donner un mouvement de rotation continu. Les eaux augmentent peu à peu; enfin un second rideau descend sur celui de gaze; mais dans la partie du bas, où les eaux sont figurées par un chassis transparent dans toute la largeur du théâtre, on aperçoit comme des ombres, plusieurs cadavres flottans dans l'abîme. Il est fâcheux que le peintre n'ait pas trouvé des couleurs plus vraies pour représenter les eaux sur ce chassis, où d'ailleurs elles manquent de mouvement. Le rideau se lève, on aperçoit l'arche de Noé, qui s'est avancée; elle n'a pas assez de relief, on sent trop que ce n'est qu'une toile. Enfin, l'horison s'éclaircit, l'arche devient une estrade magnifique, le ciel s'ouvre, des anges paraissent, éclairés par une lumière vive, qui donne au tableau un effet magique.

Nous n'avons pu donner qu'une idée assez imparfaite du spectacle curieux qu'offrent ainsi plusieurs parties de cette pièce. Les artistes ne manqueront pas d'aller la voir, d'autant plus que, par une mise en scène souvent bien conçue, le grand nombre de personnages et de figurans y dessinent des tableaux bien composés.

Les costumes ne sont pas ceux du temps. Ils offrent des anachronismes impardonnables.

En résumé, l'administration du Cirque a acquis de nouveaux droits à la reconnaissance des amateurs, et ce ne sera pas en vain qu'elle aura fait de si grandes dépenses pour cet ouvrage.

G. D. F.

ART DRAMATIQUE.

CIRQUE OLYMPIQUE. *La prise de la Bastille.* — *Le passage du mont Saint-Bernard.*

Dans les tableaux successifs de la premièere de ces pièces, on a reproduit assez heureusement les différens épisodes de notre étonnante révolution de juillet. La mise en scène s'est un peu ressentie du peu de temps qu'on y a employé. Elle est un peu confuse, et surtout trop bruyante. Les cris des figurans sont trop continuels et fatiguent l'oreille. Nous avons vu, d'ailleurs, plus de calme dans le peuple de Paris.

Le *Passage du mont Saint-Bernard* est un épisode d'un vif intérêt, et parfaitement rendu au Cirque. On y a revu l'acteur Chevalier qui, il y a environ 25 ans, avait donné une si grande vogue à cette pièce, en représentant l'empereur avec tant de vérité. Napoléon alla lui-même le voir et applaudir à sa fidèle imitation.

La décoration de la fin, représentant le mont Saint-Bernard, est d'un bel effet, ainsi que le tableau final. On avait eu l'heureuse idée, à la Porte-Saint-Martin, lorsque toutes les troupes défilent à la fin de la pièce et sur toutes les parties du mont, de représenter en perspective, dans les frises du théâtre, les troupes de l'avant-garde figurées par un tableau mouvant. Cette machine, qui faisait beaucoup d'effet, aurait dû être adoptée au Cirque.

THÉÂTRE DU CIRQUE OLYMPIQUE.

Cabinet de lecture 10.6.1831

Jeudi pour la première fois trois Bédouins de la tribu des Cabyles, fraîchement arrivés des sommets de l'Atlas, ont paru dans le cirque de Franconi. Après en avoir fait le tour deux ou trois fois de manière à ne pas nous donner une haute idée de leurs talens en équitation, ils ont salué l'assemblée avec accompagnemens de cris et de gestes assez bizarres, sont venus se placer au balcon de droite, et ont assisté à la représentation des Lions de Mysore. Leur taille est moyenne, leur peau cuivrée, et leur chevelure rase; de longue couvertures blanches, drapées avec assez de symétrie, composent tout leur vêtement. Leurs traits ne manquent pas d'expression et même d'une certaine beauté. Ils prononcent assez distinctement quelques mots, tels que *bierre*, *rhum*, *tabac* et *Bedouins*. Ils ont été amenés en 48 jours par un ancien soldat fait prisonnier en Grèce à la suite du colonel Fabvier et de là rendu à Tunis. Le spectacle a paru leur faire peu d'impression, excepté au plus jeune, âgé de 22 ans, qui a regardé assez attentivement, les danseuses surtout, et qui montraient du doigt les figurans vêtus à peu près comme lui, en répétant *Bédouins, Bédouins*. Deux dames s'étant présentées dans leur loge, il en a embrassé une sans cérémonie, aux grands applaudissement de la multitude: les deux autres, et cela s'explique, paraissaient beaucoup plus indifférens à tout ce qui les entourait : l'un a, dit-on 36 ans; il porte une belle barbe, et une physionomie qui annonce qu'il connait toute sa dignité d'homme; l'autre, à qui l'interprète attribue 94 ans, est resté presque tout le temps accroupi comme un singe, à boire de la bière, à croquer du sucre et à éplucher des oranges dont il laissait tomber l'écorce sur les spectateurs placés au dessous de lui. Le plus jeune, à qui l'on demandait ce qu'il pense des lions de Martin, a répondu, en montrant le ciel, que c'était des *lions envoyés d'en haut comme ça*. Leurs noms sont Had Belguesseur, Hadel Begi et Mara Belguesseur.

Ils paraîtront encore trois fois dans le Cirque.

V. R.

40

1834

— C'est samedi que le Cirque-Olympique doit ouvrir par un prologue de circonstance et un drame en quatre actes, intitulé *Thadéus le ressuscité*. M. Gobert remplira le rôle de Thadéus. Cherubin - Dec (?) 1834

Le manége s'est recruté en province de plusieurs sujets distingués, parmi lesquels on cite le fameux *Clown Auriol*, *Paul Cuzani*, *Octave Lesard* et les demoiselles *Jolibois*.

Quoique la salle ait reçu des modifications qui rendent les places meilleures, l'administration en a réduit le prix ainsi qu'il suit :

Stalles de premier rang, loges grillées de face et avant-scène.	4 f.	» c.
Premières loges et stalles d'amphithéâtre. . .	3	»
Balcons de face et de coté.	2	50
Première galerie.	2	»
Deuxième galerie.	1	80
Deuxième amphithéâtre.	1	25
Troisième amphithéâtre.	»	60

CHRONIQUE THÉATRALE.

26 avril 1835 — Cabinet de lecture

C'est vendredi, en l'honneur peut-être du nègre de feu Robinson, que le Cirque-Olympique nous a montré sa *Traite des noirs*. On a fort bien traité la traite.

Ce que c'est, je ne me charge pas de vous le dire : je sais seulement ce que ce n'est pas. Ainsi ce n'est ni un vaudeville, ni un drame, ni un opéra, ni un ballet; et pourtant on y danse, on y chante, on y pleure, on y rit; on s'y amuse surtout. Comme vous voyez, ce n'est pas une pièce ordinaire. De sujet, il ne m'a guère semblé qu'il y en ait, mais en revanche il y a des vaisseaux de toutes les façons, vaisseaux de guerre, vaisseaux marchands, vaisseaux négriers; il y a orage, sauvetage, abordage et naufrage, toutes les manœuvres maritimes du monde.

Les machines surtout ont excité d'unanimes applaudissemens; c'est à elles que revient tout l'honneur du succès. Elles ont parfaitement joué leur rôle : je n'en dirai pas autant de tous les acteurs.

Aux premières loges on remarquait M. le directeur de l'Académie royale de musique, venu là pour chercher sans doute de quoi monter *économiquement* son ballet ou son opéra. J'ignore ce qu'il a pu trouver, mais le fait est que, si pauvre que soit son théâtre en recettes, il ne l'est pas moins qu'en talens. En revanche l'Opéra-Comique acquiert chaque jour un pied plus respectable; chaque jour c'est un nouveau talent qu'il ajoute à ceux qu'il possédait déjà : à madame Casimir, à mademoiselle Prévot, à la charmante madame Riffaut, à la gentille mademoiselle Fargueil, voici que vient se joindre mademoiselle Camoin, une des prima-donna les plus en faveur dans la province. Lemonnier part, mais Chollet arrive, et si, comme quelques uns le prétendent, cet ensemble déjà si satisfaisant se complétait encore de madame Damoreau, la transfuge de l'Opéra, où en serait, hélas! ce pauvre M. Véron? nous verrons.

A propos! le *Chevalier noir* qu'on disait démonté, galope toujours de plus belle. Il arrivera incessamment. On s'occupe activement aussi du *Portefaix*, de MM. Scribe et Gomis. Au surplus, on peut dire qu'en ce moment l'activité est générale. Cinq pièces, faites toutes les cinq sur une nouvelle du *salmigondis*, se montent en différens théâtres. Le Palais-Royal va donner la première sous le titre de la *Croix d'or*. L'Ambigu prépare *Jeanne de Flandres*, et la Porte-Saint-Martin le *Meurtrier*. C'est à peu près dans trois semaines que le *Meurtrier* se montrera. D'ici là, la *Nonne sanglante* et *Latude* se chargeront de remplir la caisse. Et puisque nous parlons de *Latude*, voici, à ce sujet, un curieux document. C'est une lettre de mademoiselle Louise Legros, fille de l'héroïne du drame que tout Paris a applaudi.

« Monsieur, absente depuis long-temps de la capitale, et fort peu au courant des ouvrages nouveaux, ce n'est qu'avec le plus grand étonnement que je viens de lire, quelques mois après sa publication, un drame intitulé *Latude* ou *trente-cinq ans de captivité*, drame dont ma mère est l'héroïne. Les faits y sont tellement défigurés, que je dois à sa mémoire, à moi-même, de les rectifier. Madame Legros, ma mère, est née le 20 avril 1740. M. de Latude fut arrêté la même année. Elle était mariée depuis huit ans, lorsque, passant près de la Bastille, elle trouva un placet que M. de Latude adressait à M. le président de Gourgue. Ce placet était signé : *Mazer de Latude, prisonnier depuis trente-deux ans à la Bastille, à Vincennes, et maintenant à Bicêtre, au pain et à l'eau, dans un cachot à dix pieds sous terre.*

» Ma mère avait donc alors trente-deux ans. Elle était née le jour même où le hasard fit entendre à M. de Latude la révélation de ces hommes qui parlaient d'empoisonner madame de Pompadour, révélation qui fut long-temps la cause mystérieuse de sa détention.

» Ma mère résolut de rendre M. de Latude à la liberté. De concert avec mon père, elle écrivit lettres sur lettres, mémoires sur mémoires. Enceinte de sept mois, elle allait elle-même à pied, de Paris à Versailles, les porter aux gens titrés de la cour, puis elle revenait pour passer les nuits à écrire. Le lendemain, elle recommençait. A force de démarches, elle trouva des amis d'abord, puis des protecteurs. Ceux-ci promirent beaucoup, mais tinrent peu; ce ne fut qu'au bout de dix-huit mois qu'elle parvint enfin à voir M. de Latude. Mais il lui avait été défendu de lui adresser la parole. Pour s'en faire connaître, au moment où il viendrait à passer dans la cour de Bicêtre, elle lui écrivit qu'elle tiendrait à la main une branche de buis. A la vue de ma mère, M. de Latude oublia toute prudence, et se jeta en pleurant dans ses bras. Les gardes attendris leur permirent de se parler quelques minutes. Telle fut la première entrevue de M. de Latude et de ma mère.

» Ici je m'arrête; il me suffit d'avoir rétabli la vérité, altérée au profit de deux auteurs peut-être, mais au détriment de la réputation d'une femme dont le dévouement obscur, mais sans bornes, pur de toute passion, de tout intérêt autre que ceux de l'humanité, eût dû rester sacré pour tous. Au reste, ma mère n'obtint la liberté de l'homme qu'elle n'avait connu que par ses malheurs, qu'au bout de trois ans de soins et de démarches. Lorsqu'il sortit de prison, elle le recueillit chez elle jusqu'au moment où il eut acquis assez de fortune pour se suffire à lui-même, ce qui n'arriva qu'après la révolution. Ma mère obtint le prix de vertu en 1784, du roi une pension de 1,200 fr., de la reine un logement aux Petites-Écuries. A la révolution, elle perdit tous ces avantages.

» Agréez, etc. Henriette-Élisa LEGROS. »

15

TH. DU CIRQUE-OLYMP.
On commence à 6 h. 1/4

31-1-1836

L'EMPEREUR, évén. histor.

Bonaparte	Edmond
le prieur	Beurg
Lannes	Fontalard
Desaix	Chéri
Jacques Bontems	Gautier
l'inquisiteur	Darcourt
Junot	Junot
Regnier	Auguste
Ropstochin	Charlet
Patrice	Signol
Catherine	mlle Virginie

EXERCICES d'EQUITATION

Exercices de MM. Fleuri et Rozet, Athlètes Lyonnais
Chevaux vaincus par l'homme
Le Traineau
Groupe de Luxor
Nacelle Aerienne
La Girouette
Jumeaux Athletiques
Promenades d'Hercule

31/1/1836

ZAZEZIZOZU, féerie 4 a. 7 tab

Zazezizozu	Gabriel
Grasbec	Beurg
Codadad	Signol
Tablettini	c. Fontalard
le roi d'Ivoire	Auguste
le roi d'Ebène	Edmond
le roi de Cœur	Stockleit
le roi de Carreau	Chéri
le roi de Trèfle	Jules
le roi de Pique	Adolphe
le valet de Carreau	Ferdinand
le fou d'Ebène	Pain
le fou d'Ivoire	Fontelin
un monstre	Alin aîné
la fée Miroufla	Desgrand
Zizi	mesd P. Jolibois
Zozo	Laurent
Zuzu	Adèle
Zaza	Lamberti
la reine Tant-à-tant	Raymond
la reine d'Ivoire	Virginie
la reine d'Ebène	Ogée
la dame de Cœur	Aimée
la dame de Carreau	Esther
la dame de Pique	Clementine
la dame de Trèfle	Pauline

Jeux d'échecs, jeux de cartes jeux de dominos.
Le Moulin d'Auriol.

Follet. 10 Nov. 1839

Le Cirque-Olympique vient d'engager le célèbre Américain Carter, dont les représentations à Londres ont produit une si vive impression. Carter a laissé bien loin derrière lui tous les dompteurs de bêtes féroces. Les plus beaux de ses exercices se font sur le théâtre, sans cages ni barreaux; ses animaux sont libres au milieu des acteurs, et ils participent à l'action de l'ouvrage qu'on représente. Le lion, par exemple, précédé de peuple, de Bayadères, traine dans un cortège le char du triomphateur; le tigre, dans une forêt en plein théâtre, se précipite du haut d'un rocher sur un homme endormi sur le revers d'une montagne. Le combat est terrible; l'homme est traîné du fond du théâtre à l'avant-scène, mais il se relève bientôt et le tigre est vaincu.

Carter ne se sert de cages que quand il a un grand nombre d'animaux ensemble; ainsi, quand il tombe dans la caverne, douze bêtes féroces rugissent autour de lui. A un geste, à un regard tout s'apaise et rentre dans la soumission.

Ce magnifique spectacle fait courir tout Londres au Cirque de Ducrow, dont la saison finit dans les huit premiers jours de novembre. On répète au Cirque, à Paris, la pièce qui servira à encadrer Carter et ses terribles acteurs.

Quoique *les Pilules du diable* aient encore une grande vogue, elles seront interrompues le 15 novembre, époque fixée pour les débuts de Carter.

49

—On donne ce soir samedi 9, la 1re représentation, au Cirque-Olympique, du *Dernier Vœu de l'Empereur*. La mise en scène de cet ouvrage est, dit-on, magnifique. L'administration n'a épargné ni soins ni dépenses pour y retracer avec une scrupuleuse exactitude toutes les phases de la translation du cercueil de Napoléon, de Sainte-Hélène aux Invalides. On évalue à 80,000 francs le montant des frais qu'elle a faits pour réaliser ce splendide panorama. Voleur. 10.1.1841

CIRQUE-OLYMPIQUE.—*Le Dernier Vœu de l'Empereur*, pièce en cinq tableaux et à grand spectacle. Calmet lecture 15-1-1841

Le théâtre du Cirque-Olympique vient de justifier son nom. Nous n'avons point connaissance d'un succès pareil à celui qu'il a obtenu. A cette étonnante représentation, nous avons appris tout ce que peut l'art du machiniste et celui du décorateur.

Cela mérite d'être vu.

Au premier tableau, le théâtre représente l'île Ste-Hélène ; MM. Gourgaud, Bertrand, de Las Cazes et Bertrand viennent au tombeau. Le cercueil est enlevé du caveau.

Au second tableau, on voit l'entrepont de la frégate et les cérémonies qui eurent lieu à bord quand on y reçut le cerceuil.

Le troisième tableau représente le voyage de la frégate à travers l'Océan, que sillonnent d'autres vaisseaux ; le voyage de la flottille entre les rives de la Seine, Cherbourg, Le Hâvre, Rouen, l'arc de triomphe, le cortége et la marche du char funèbre jusqu'aux Invalides,

Au quatrième tableau, on est transporté au milieu d'une chambre de l'hôtel des Invalides. On y entend de touchans propos, on y voit le soldat centenaire qui réclame l'honneur de mettre le feu à la première pièce de canon dont l'explosion annoncera l'arrivée du cerceuil.

Le cinquième tableau représente l'intérieur de l'église, la chapelle ardente. On apporte le cercueil, etc., etc.

Tout cela fait illusion.—Les dépenses dépassent, dit-on, 600,000 fr. Nous le croyons sans peine. Nous nous étonnons seulement qu'on puisse obtenir de tels effets même avec une telle somme, et nous nous étonnerions bien davantage si la recette ne doublait pas les avances.

—

Janv. 20 .. 184 — Cirque-Olympique

THÉATRE DU CIRQUE OLYMPIQUE.

Le Dernier vœu de l'Empereur.

Des décors admirables, des tableaux d'une incomparable fidélité, des vues prises sur nature et supérieurement rendues, le rocher et le tombeau de Sainte-Hélène; l'exhumation, le cercueil même de l'empereur, et Napoléon couché dans son linceul; le sarcophage et la chapelle ardente dans l'entrepont de *la Belle-Poule*; l'Océan, la traversée des navires qui rasent la mer de leurs ailes blanches, comme de grands oiseaux marins; Cherbourg, le Havre, Rouen, Courbevoie, Neuilly, la barrière de l'Etoile, les Champs-Elysées, le cortége, les vétérans de la vieille armée, le cheval de bataille et le char funèbre traîné par seize chevaux blancs caparaçonnés de draps d'or; en un mot l'histoire exacte, la représentation fidèle, brillante, animée, de la translation des restes de l'empereur depuis le tombeau de Sainte-Hélène jusqu'à la chapelle ardente des Invalides; voilà la pièce. Il n'y a rien à analyser, pas un mot à dire: c'est un rêve, un enchantement, une féerie; on ne peut rien se figurer de plus éblouissant; en un mot, l'administration du Cirque-Olympique s'est surpassée elle-même.

55

CIRQUE-OLYMPIQUE.

On commencera à 6 h. 1/2.

La Vivandière et le bossu, v. en 2 actes.

Le Dernier vœu de l'Empereur, pièce en 5 tableaux.

TH. DES J. COMÉDIENS.

Le pot au lait.
Un bal d'enfans.
La Nacelle.
Si j'étais fée!

THÉATRE-SÉRAPHIN.

3 représ. à 1 h., à 6 h. et à 8 h.

Exercice de la chienne Flora.
Le chat botté, pièce féerie en 3 actes et 8 tableaux.
Le magicien Rothomago.
La danse de corde.
Mort tragique de Mardi-Gras.

21-2-1844

56

57

COURRIER DES THÉATRES 18-5-1841

— Il y a quelque temps, il fut question d'un procès au sujet du magnifique cheval connu, au Cirque-Olympique, sous le nom de *Partisan* (nom, par parenthèse, qui ne signifie rien, comme presque tous ceux que l'on donne aux chevaux chez ce bon peuple anglo-français qui ne sait prendre de ses voisins que les ridicules. (*Voir plus bas*). Depuis lors, l'affaire n'occupa plus personne. Cependant on la poursuivait, et en voici le résultat, tel qu'on le publie après les plaidoyers : « Un procès était engagé au tribunal de première instance de la Seine, par M. Alloard contre MM. Baucher et Dejean. Il s'agissait de savoir si *Partisan*, beau cheval anglais pur sang, se montrerait encore au Cirque qui va s'ouvrir aux Champs-Elysées, ou si nous devions être condamnés à le voir partir pour l'Afrique avec M. Alloard, capitaine de spahis. A l'audience, Me Boinvilliers a été entendu pour M. Alloard, Me Baroche pour M. Dejean et Me Adolphe Debelleyme pour M. Baucher. — Me Ad. Debelleyme a rappelé le contrat passé entre M. Alloard et M. Baucher. Aux termes de ce contrat, M. Alloard pouvait, dans le délai de six mois, à partir de la vente faite à M. Baucher, revendiquer son cheval à de certaines conditions, et encore, dans le cas où le cheval ne serait pas vendu à un autre par M. Baucher lui-même. Or, M. Alloard n'est venu réclamer *Partisan* que longtemps après le délai expiré, et lorsque M. Baucher, qui avait fait de cet animal un phénomène d'intelligence et de souplesse, l'avait vendu à M. Dejean. Ce double moyen a été trouvé bien fondé par le tribunal, qui a débouté M. Alloard de sa demande et l'a condamné aux dépens. Ainsi, nous reverrons bientôt ce noble et beau *Partisan* au Cirque des Champs-Elysées. Et nous y verrons bien d'autres choses !

CIRQUE-OLYMPIQUE.

(Champs-Élysées, carré Marigny.)

On commencera à 7h 1/2

Grands exercices d'équitation, haute-école, manœuvres de cavalerie, danse et voltige à cheval, chevaux dressés, scènes comiques.

Première partie.

M. Alfred.
La Noce.
Mme Gautier.
Le cheval Zéphir.
MM. Van et Francisque.
La joute.
M. Cinizelli.

Deuxième partie.

Les 2 chinois.
M. et Mme Denis.
La Cachucha.
Les bouteilles.
Mme Cinizelli.
Le cheval Partisan.
Le poussah.
Les 2 athlètes.

Pourtour, 2 fr. Amphithéâtre, 1 f.

TH. DES J. COMÉDIENS.

(Passage de l'Opéra.)

L'Oiseau bleu, pièce féerie en 15 tableaux.

13 X 1841

THÉATRE-SÉRAPHIN.

Le chat botté, pièce féerie en 3 actes et 8 tableaux.
Le magicien Rothomago.
Le port d'Amsterdam.
Les deux voleurs.
Le point de vue mécanique de la forêt de Fontainebleau pendant une partie de chasse.

61

[illegible]

CIRQUE NATIONAL.

Boulevard du Temple.

On commencera à 6 h. 1/2.

(Ordre du spectacle.)

MONSIEUR MORIN,
v. 1 a F. Laloue, F. Labrousse.

DON QUICHOTTE
ET SANCHO PANÇA,
pièce en 13 tabl., F. Laloue,
A. Bourgeois.

Don Quichotte, Dupuis—Sancho Pança, Lebel—Carasco, Edmond—Nicolas, Hoster—doct[r], Hiellard — Perez, Ferdinand — Montez, barbier—Bazile, Henri —archer, Sallerin—Ginès, Williams—Latro, Mayer—chèvrier Signol—cuisinier, Lambquin — Gamache, Arnold—alcade, Patonnelle—Pluton, Arnold— un vieillard, Henri—alcade, Roussel—Pédro, Lambquin— médecin, Sallerin—le chevalier de la Mort, Chéri-Meinau — paysan, Banet—huissier, Préaulon — écuyer, Metteau — garde, Saint-Charles — Dulcinée, Varin — Nicette, mesd. Guilbaut—dame Rodriguez, Dumont — Thérèse Pança, Clorinde — Sanchette, Roussel— Maritorne, Pélagie — Juana, Antonia—Aldonza, Elise — Quitterie, Davenay — la duchesse, Mélanie—page, Sophie —demoiselle d'honneur, Laudier—fée, Vernon—comédienne, Adrienne.

Danse : Le jeune Laurent ; mesd. Laurent, Camille, Sophie, Francesca, Marmet, Ferdinand.

63

Le CIRQUE-OLYMPIQUE, lui, n'a point la prétention de peindre les mœurs; mais, sans viser aussi haut que MM. les dramaturges, il n'en trouve pas moins le moyen d'amuser chaque soir, malgré la pluie et le vent glacial, une population de quatre ou cinq mille personnes. C'est que M. Ducrow est un jeune écuyer bien leste et bien gracieux, — que M. North, le nouvel athlète américain, aux formes élégantes et belles, surpasse en équitation souple et agile tout ce que nous avions vu jusqu'à présent;—c'est que Mmes Leroux et Kennebel sont toujours charmantes,—qu'Auriol a toujours cette gentillesse, cette aisance et cette adresse prodigieuse que vous lui connaissez. Et puis, ce n'est pas tout, il y a le nouveau cheval *Mayfly*, le plus intéressant quadrupède que nous ayons encore vu obéir au genou nerveux de M. Baucher. Mayfly danse et marque tous les pas avec une mesure parfaite, il fait le rond de jambe avec autant de précision que les meilleures danseuses de l'Opéra ; — et encore le petit singe *Jim*, le premier et le moins extraordinaire des trois singes écuyers que M. Gallois a rapportés de Londres. Jim monte à cheval aussi bien que M. Baucher lui-même ; il se tient debout ni plus ni moins que M. North pendant que le coursier, lancé au grand galop, franchit des barrières. C'est déjà un drôle fort intéressant que ce M. Jim; que devons-nous donc attendre des autres? — Outre les singes, M. Gallois tient encore en réserve de nouveaux écuyers et de nouveaux divertissemens; — Quant à Mlle Caroline, la jolie et élégante écuyère qu'une indisposition de son cheval Mahmoud a, pendant près d'un mois, enchaînée au foyer de l'hippodrome, elle a fait sa rentrée, jeudi dernier, aux applaudissemens de tous les habitués.

1845 Sylphide

créé le 14 Septembre.

65

Charivari 17 sept 1850

THEATRE NATIONAL DU CIRQUE.

Le *Sac à malices*, féerie en 25 tableaux, par M. Henry.

On ne croirait jamais combien il est quelquefois difficile de n'avoir pas le sens commun.

Voici une pièce qui aurait été beaucoup plus amusante si les auteurs n'avaient pas voulu y mettre une idée philosophique. Où diable la philosophie va-t-elle se nicher !

Plusieurs tableaux font concurrence aux livres de Sénèque, je ne sais pas même si en cherchant bien on ne trouverait pas dans le ballet quelques passages de Montesquieu.

Je n'ai pas pu trop y prendre garde parce que je n'avais d'yeux et de lorgnette que pour une charmante danseuse que de l'Opéra je retrouvais tout à coup au Cirque. — Mlle Galby aime mieux être la première au boulevard du Temple que la seconde rue Lepelletier ; c'est être de l'avis d'un fameux empereur romain. — Mille symptômes nous annoncent ainsi que l'ère des Césars s'approche de nouveau.

La pièce du Cirque a donc trop de sagesse et pas assez de folle gaîté ; mais, sauf ce reproche qui ne doit pas étonner les auteurs de la part d'un journal aussi frivole que le *Charivari*, nous constatons avec plaisir que cette féerie a suffisamment de décors, de costumes et de trucs pour faire courir tout Paris :— le royaume de la Lumière offre surtout un aspect éblouissant.

Le jeu des machines nouvelles a quelque peu laissé à désirer l'autre soir, mais il faut faire la part de l'émotion inséparable d'un premier début.

Nul doute qu'à l'heure qu'il est ces machines n'aient repris courage, et rien ne viendra plus contrarier le succès de la pièce.

TRAITÉ
du
Théâtre du CIRQUE OLYMPIQUE

26 Décembre 1854

(1)

TRAITÉ

DU

THEATRE

DU

CIRQUE-OLYMPIQUE,

Du 26 Décembre 1834.

CONVENTIONS

Faites entre les Auteurs dramatiques & les Directeurs

DU THÉATRE DU CIRQUE-OLYMPIQUE.

Vû l'art. 3 de la loi du 19 Janvier 1791, dont la teneur suit :

« Les ouvrages des Auteurs vivans ne pourront être représentés sur aucun « Théâtre public dans toute l'étendue de la France, sans le consentement formel et par écrit des Auteurs, sous peine de confiscation du produit total des « représentations au profit des Auteurs. »

« Vû la loi du 19 Juillet 1793 ;

« Vû les art. 428 et 429 du code pénal ; »

Les Auteurs dramatiques représentés par MM. :

Népomucène Lemercier, demeurant à Paris, rue de Lille, N. 43 *bis* ;

Marie Fontan, demeurant à Paris, rue du Faubourg St-Martin, N. 4 ;

Alexandre Dumas, demeurant à Paris, rue Bleu, N. 30 ;

Ferdinand Langlé, demeurant à Paris, rue Bleu, N. 34 ;

Frédéric Soulié, demeurant à Paris, rue Hauteville, N. 3 ;

Pierre-François Camus-Merville, demeurant à Belleville ;

Julien Mallian, demeurant à Paris, rue du Faubourg Montmartre, N. 61 ;

Philippe Dumanoir, demeurant à Paris, rue Bergère, N. 15 ;

Victor Hugo, demeurant à Paris, Place Royale, N. 6 ;

Alexandre de Longpré, demeurant à Paris, rue des Bons-Enfans, N. 29 ;

Alexandre Piccinni, demeurant à Paris, rue du Faubourg du Temple, N. 17 ;

Edouard Alboize du Pujol, demeurant à Paris, Passage Violet, N. 7.

Auguste Arnould, demeurant à Paris, rue de Vaugirard, N. 116 ;

Tous membres de la Commission dramatique, stipulant en vertu des pouvoirs qui leur ont été conférés par les Auteurs signataires de la délibération prise en Assemblée générale, le 7 Mars 1829, et pour régler l'exercice des droits desdits Auteurs, ... d'une part ;

Et MM. *Ferdinand* Laloue, demeurant à Paris rue des Fossés du Temple N. 63;

Adolphe Franconi, demeurant à Paris rue du faubourg du Temple N. 16;

Pierre Sergent, demeurant à Paris rue des Fossés du Temple N. 66;

Tous trois Directeurs administrateurs du Théâtre du Cirque Olympique, pour tenir desdits Auteurs, l'autorisation légale de faire représenter leurs ouvrages anciens et nouveaux, ... d'autre part.

Ont arrêté et consenti mutuellement les conventions suivantes :

CHAPITRE PREMIER.

Comité de lecture. — Réception ou refus des Ouvrages. — Leur inscription sur le registre. — Frais de copie. — Distribution des rôles. — Tours de droit et de faveur. — Retrait des Ouvrages.

Art. 1er. Le Comité de lecture sera composé :

1° Des directeurs;

2° De quatre personnes au moins à leur choix.

Art. 2. Ne pourront faire partie du comité :

1° Les auteurs qui travaillent pour la scène dramatique;

2° Les membres de comités de lecture près d'autres théâtres de la Capitale.

Art. 3. Après la lecture d'un ouvrage, les directeurs feront connaître le soir même à l'auteur, la décision du comité.

La réception ou le rejet d'un ouvrage aura lieu à la majorité des voix.

Art. 4. Toute pièce reçue sera immédiatement inscrite sur un registre à ce destiné; ce registre portant la date de la réception et le numéro d'ordre d'enregistrement, sera signé de l'auteur et des directeurs.

Le registre, énoncera le nombre d'actes et de tableaux, dont se composera l'ouvrage reçu.

Art. 5. Les directeurs ne pourront sous aucun prétexte, refuser de faire jouer une pièce définitivement reçue, ni en retarder la représentation à son tour de numéro d'enregistrement.

ART. 6. Les directeurs ne pourront exiger la remise d'un manuscrit avant la lecture, quand l'auteur aura eu un ouvrage représenté sur l'un des théâtres de Paris, accrédités près la Commission dramatique; dans le cas contraire, les directeurs seront tenus de faire connaître à l'auteur, et dans le délai d'un mois, si son ouvrage est admis ou non à la lecture.

ART. 7. Les auteurs seront tenus de fournir aux directeurs du théâtre du Cirque-Olympique, deux manuscrits de leur pièce, ainsi que les rôles. Toutes autres copies, même celles des changemens, seront à la charge des directeurs.

ART. 8. Les rôles seront distribués conjointement par l'auteur et les directeurs.

ART. 9. Si deux ouvrages reçus ont été composés sur le même sujet, ou offrent des ressemblances frappantes, le premier admis sera joué avant l'autre, sauf un arrangement entre les deux intéressés.

S'il y a contestation, chacun des deux auteurs nommera deux arbitres choisis parmi les membres de la Commission des auteurs dramatiques; en cas de partage d'opinion, les quatre arbitres s'en adjoindront un cinquième; les directeurs seront tenus de se conformer à leur décision.

ART. 10. Après une pièce jouée en vertu de son *tour de droit*, les directeurs auront la faculté de faire représenter deux ouvrages par *tour de faveur*, sauf le cas prévu par le second paragraphe de l'article précédent.

ART. 11. Dans le cas où un ouvrage ne serait pas représenté à son tour de droit, l'auteur rentrera dans la propriété de sa pièce, et recevra en outre de l'administration du théâtre, une indemnité qui est fixée à *cinq cents francs* pour un ouvrage en quatre ou cinq actes; *trois cents francs* pour un ouvrage en trois actes; *deux cents francs* pour un ouvrage en un ou deux actes.

L'auteur peut toutefois rentrer dans la propriété de son manuscrit, si les directeurs retardent la première représentation de sa pièce reçue, plus d'un an à dater de sa réception.

Les auteurs ont aussi le droit de retirer les ouvrages faisant partie du repertoire, quand ces ouvrages n'auront pas été représentés trois fois dans l'espace de trois cent soixante-cinq jours.

ART. 12. Hors le cas prévu en l'article précédent, les auteurs ne pourront retirer, ni manuscrit ni pièce du répertoire, à moins d'infraction au présent traité de la part des directeurs.

Art. 13. Les pièces jugées de circonstance par le comité de lecture, n'auront aucun tour déterminé, et devront être mises en répétition aussitôt après leur réception. Il en sera de même dans le cas où une pièce, composée sur un sujet semblable à celui d'un ouvrage déjà reçu au théâtre du Cirque-Olympique, serait reçu plus tard à un autre théâtre.

Art. 14. Personne ne pourra assister à la répétition d'un ouvrage, qu'avec l'assentiment écrit de l'auteur ou des directeurs.

Art. 15. Toute pièce jouée jusqu'à la fin, sera représentée trois fois si l'auteur l'exige, et ce, dans les trois semaines qui suivront la première représentation.

Art. 16. Les directeurs ont droit d'exiger que les auteurs dont les ouvrages seront imprimés, en remettent cinq exemplaires à l'administration du théâtre.

CHAPITRE II.

Rétribution des Auteurs. — Entrées qui leur sont réservées. — Billets qu'ils ont le droit de donner.

Art. 17. La rétribution ou part des auteurs est fixée ainsi qu'il suit, savoir :

1° Pour *un acte*, douze francs;

2° Pour *deux actes*, dix-huit francs ;

3° Pour *trois et quatre actes*, trente-six francs pendant les vingt-cinq premières représentations, et vingt-quatre francs à toujours ;

4° Pour *cinq actes*, quarante francs pendant les vingt-cinq premières représentations, et trente francs à toujours.

Ce droit sera perçu pour toutes les pièces *anciennes* ou nouvelles jouées au théâtre du Cirque-Olympique.

Art. 18. Les pièces tombées dans le *domaine public* seront payées au *même prix* que les autres, d'après le tarif ci-dessus, et, les sommes en provenant, ap-

4

partiendront aux héritiers, ou à leur défaut à la Caisse de secours des auteurs dramatiques.

Art. 19. En conséquence, le paiement des sommes ainsi dévolues à la Caisse de secours, devra être effectue directement entre les mains des Agens des auteurs, et le recouvrement pourra en être poursuivi à la requête de MM les membres de la Commission comme administrateurs de ladite caisse.

Art. 20. Les droits et sommes ci-dessus énoncés sont exigibles chaque soir, et seront prélevés par les deux agens, ensemble ou séparément, ou sur leur simple quittance, sauf arrangement contraire, momentané et de gré à gré entre l'administration du théâtre et les agens des auteurs, sous la responsabilité de ceux-ci.

Art. 21. Les auteurs à compter du jour de la réception définitive de leur ouvrage, auront droit d'entrée personnelle au théâtre et dans la salle, ils pourront se placer partout, sauf dans les loges louées ou au parterre.

La durée desdites entrées, sera :

1° De trois ans, pour une pièce en quatre ou cinq actes;

2° De deux ans, pour une pièce en trois actes;

3° D'un an, pour une pièce en un ou deux actes.

Art. 22 Les auteurs jouiront du droit *d'entrée* personnelle *à vie* pour dix actes représentés. Lesquelles entrées ne pourront dans aucun cas être converties en valeur d'argent sur les valeurs mobiliaires du Cirque-Olympique.

En conséquence des dispositions ci-dessus, les auteurs des pièces représentées sur le théâtre du Cirque-Olympique sous la présente administration, auront la jouissance des entrées momentanées ou à vie, gagnées comme il est dit ci-dessus, et les pièces ou fractions de pièces jouées antérieurement au présent traité, toujours sous la même administration, compteront à l'avenir pour compléter l'entrée à vie.

Art. 23. MM. les membres de la Commission, jouiront de leur entrée personnelle au théâtre et dans la salle pendant la durée de leurs fonctions.

MM. Guyot et Jules Michel ou *leurs successeurs*, jouiront de leur entrée au théâtre et dans la salle.

Art. 24. Les billets que les auteurs auront le droit de donner sur leur signature à chaque représentation, seront divisés ainsi qu'il suit :

Pendant les *trois premières représentations* :

1° Pour *un acte*, le premier jour, dix places de première galerie, deux premières loges, huit deuxièmes amphithéâtres.

Les deux jours suivans; huit places de première galerie, une première loge, sept deuxièmes amphithéâtres.

2° Pour *deux actes*, le premier jour; dix places de première galerie, quatre premières loges, dix deuxièmes amphithéâtres, deux stalles ou premières loges

Les deux jours suivans; six places de première galerie, deux premières loges, une stalle ou première loge, dix deuxièmes amphithéâtres.

3° Pour *trois actes*, le premier jour; vingt places de première galerie, dix premières loges, quatre stalles ou premières loges, treize deuxièmes amphithéâtres.

Les deux jours suivans; quinze places de première galerie, quatre premières loges, deux stalles ou premières loges, dix deuxièmes amphithéâtres.

4° Pour *quatre et cinq actes*, le premier jour; vingt-cinq places de première galerie, huit premières loges, six stalles ou premières loges, huit deuxièmes amphithéâtres.

Les deux jours suivans; quinze places de première galerie, quatre premières loges, cinq stalles ou premières loges, huit deuxièmes amphithéâtres.

A la *quatrième représentation*, ce droit sera réduit :

1° Pour *un acte*; à deux places de premières loges, deux premières galeries, deux deuxièmes amphithéâtres.

2° Pour *deux actes*; à trois places de premières loges, deux premières galeries, quatre deuxièmes amphithéâtres.

3° Pour *trois actes*; à quatre places de premières loges, trois premières galeries, deux stalles ou premières loges, trois deuxièmes amphithéâtres:

4° Pour *quatre actes*; à quatre places de premières loges, deux premières galeries, deux stalles ou premières loges, cinq amphithéâtres.

5° Pour *cinq actes*; quatre places de premières loges, trois premières galeries, trois stalles ou premières loges, cinq amphithéâtres.

5

Les dispositions du présent article seront exécutées, quelque diminution qui puisse advenir dans le prix des billets achetés au bureau.

Les directeurs pourront exiger des auteurs le remboursement des billets signés par eux au-delà des places fixées par le présent article.

Les billets signés par les auteurs, ne pourront sous aucun prétexte, être refusés; ils jouiront des mêmes avantages et prérogatives que les billets pris au bureau, et seront comme eux échangés contre les contre-marques du jour, sans pouvoir jamais être frappés d'aucun impôt, ni assimilés aux billets de faveur et d'administration.

Quand une pièce aura été affichée pour la représentation du soir, les billets signés par l'auteur, seront reçus quoique l'affiche ait été changée.

Art. **25**. Dans le cas où une pièce serait jouée le dimanche pendant ses trois premières représentations, l'auteur ne donnera ce jour-là que son droit ordinaire, et signera le droit des trois premières représentations pendant la semaine.

Art. **26**. L'administration du Cirque-Olympique, se réserve le droit de racheter aux auteurs les billets à moitié prix; dans ce cas, elle devra effectuer ce remboursement aussitôt l'ouverture de son théâtre, et pendant un an, pour toutes les pièces qui seront représentées. Ce remboursement sera perçu par les Agens comme les droits d'auteur. Néanmoins, les auteurs se réservent deux places qu'ils s'engagent sur l'honneur à ne pas vendre.

Art. **27**. Les directeurs ne pourront conclure avec les auteurs faisant partie de l'association, aucun traité particulier au-dessous du présent traité, ou entraînant achat de répertoire ou stipulant pour les pièces anciennes, un nombre fixe de représentations.

En conséquence, les agens des auteurs sont autorisés à toucher directement à la caisse du théâtre, le montant intégral des droits fixés par le présent traité, dans tous les cas, et sans réserves aucunes.

Art. **28**. L'administration est autorisée à passer avec les auteurs, des traités suivant *un droit proportionnel sur la recette*; mais ce *droit proportionnel* sera remplacé par le *droit fixe* déterminé à l'article 17, toutes les fois que le *premier* ne s'élèvera pas au taux du *dernier*.

CHAPITRE III.

Représentation au Bénéfice de la Caisse de Secours.

Art. **29**. Il sera donné chaque année sur le théâtre du Cirque-Olympique, une représentation dite au profit de la Caisse de secours.

Cette représentation aura lieu, du premier octobre au premier mai de chaque année.

La répartition de la recette se fera ainsi qu'il suit :

1° On prélèvera le droit d'auteur sur la recette entière;

Ce droit sera perçu d'après le tarif de chacun des théâtres auxquels appartiendront les pièces données dans cette représentation.

2° Une somme de   francs pour l'administration; dans laquelle somme sont compris les frais ordinaires et extraordinaires de la représentation.

Ces prélèvemens faits, la recette sera partagée par moitié entre l'administration du théâtre du Cirque-Olympique et la Caisse de secours. Cette dernière moitié sera perçue par les agens des auteurs, pour être versée à la dite caisse.

Toutes les sommes envoyées en don, appartiendront intégralement à la Caisse de secours, et seront perçues par les mêmes agens.

Il est bien entendu que dans le cas où la recette ne couvrirait pas les frais et prélèvemens ci-dessus désignés, l'administration n'aura aucune action à répéter contre la Caisse de secours.

CHAPITRE IV.

Dispositions Générales.

Art. **30**. En cas de non-exécution de tout ou partie des présentes conventions, laquelle inexécution serait prouvée et *reconnue par arbitres*, et proviendrait du fait des directeurs du théâtre du Cirque-Olympique, lesdites conventions seront regardées comme nulles et non avenues, et le répertoire sera censé retiré à l'instant, sans qu'il soit besoin pour effectuer ce retrait, d'autre procédure qu'une simple mise en demeure extrà-judiciaire, et sans que la présente clause soit regardée comme comminatoire, ayant été au contraire stipulée de toute rigueur.

Art. 31. Toutes contestations qui pourront s'élever entre les auteurs et les directeurs du théâtre du Cirque-Olympique sur des objets non prévus par les présentes conventions, seront jugées par quatre arbitres, dont deux nommés par les auteurs et deux par les directeurs; en cas de partage d'opinion, tant sur l'objet en litige, que sur le choix d'un cinquième arbitre, cet arbitre sera nommé par le Président du Tribunal civil de première instance du département de la Seine, et le jugement qui sera rendu par lesdits arbitres, sera souverain et sans recours en cassation.

Art. 32. Les présentes conventions transcrites en tête du registre d'inscription des pièces reçues, seront signées audit registre par les auteurs dont les ouvrages seront admis à l'avenir au théâtre du Cirque-Olympique, ce qui vaudra de leur part la ratification de toutes les clauses y contenues.

Art. 33. Dans le cas où les directeurs céderaient par vente ou autrement l'exploitation du théâtre du Cirque-Olympique, durant l'empire du présent traité, ils seront tenus, sous peine de tous recours contre eux, de faire accepter par leur successeur ou cessionnaire, les clauses du présent traité, et de faire reconnaître et respecter les droits acquis à des tiers en vertu de ces dites clauses.

Art. 34. *et dernier.* Le présent traité n'est valable que pour un an à dater du jour de la signature des présentes conventions. Dans le cas où l'administration du Cirque-Olympique ne voudrait pas continuer le présent traité, elle est tenue d'en avertir par écrit, trois mois avant la fin de l'année, la Commission des auteurs qui s'engage aussi à prévenir par écrit à la même époque, l'administration du Cirque-Olympique, si elle ne voulait pas prolonger au-delà d'une année le présent traité; dans l'un de ces deux cas, il est bien convenu que les auteurs auront le droit de retirer les pièces reçues et le répertoire du théâtre.

Fait triple entre les parties pour rester entre les mains de :

1° MM. les directeurs administrateurs du théâtre du Cirque-Olympique

2° De M. Guyot ;
3° De M. Jules Michel;
Tous deux Agens généraux des Auteurs dramatiques.

Paris, le vingt-six décembre mil huit cent trente-quatre.

ARTICLE SUPPLÉMENTAIRE.

Il est bien entendu qu'à l'article 21, par ces mots *loges louées*, on veut désigner toutes places louées; de même qu'à l'article 23, par la désignation du mot *premières loges*, on entend places de premières loges.

Approuvé par MM.

Ferdinand Laloue.
E. Alboize du Pujol.
Sergent.
Ph. Dumanoir.
A. Arnould.
Alex. de Longpré.
N. L. Lemercier.
L. M. Fontan.
A. Franconi.
Ferd. Langlé.
P. F. C. Merville.
Piccinni.
J. Mallian.

Enregistré à Paris le 23 mai 1835, folio 85, V. C. 2 et 3, reçu 3 fr. 30 c., le dixième compris.

Signé : T. CHAMBERT.

Imprimerie de GONDELIER, passage du Caire, N. 110.

CIRQUE OLYMPIQUE

1857 - 1931

M. Billion, directeur du Cirque Impérial, nou adresse le petit mémoire suivant, sous ce titre :

Négociations entre MM. Billion et Hostein, au sujet de la cession du bail du théâtre impérial du Cirque.

Il y a deux ans, et dernièrement surtout, les bruits relatifs à la cession du Théâtre Impérial du Cirque ont donné lieu à tant de conjonctures, que je crois utile de raconter nettement et franchement les choses telles qu'elles se sont passées.

En mai 1856, M. Dennery venait me trouver, et me demandait si je serais disposé à céder à M. Hostein l'exploitation du Théâtre du Cirque. Je résistai d'abord ; mais, vaincu par les sollicitations de ces Messieurs, ou, plutôt, désireux d'être agréable aux personnes qui les protégeaient, je me décidai : des pourparlers s'engagèrent, et le 2 octobre 1856, je reçus de M. Hostein la lettre suivante :

Paris, ce 2 octobre 1856.

» Mon cher Billion,

» Voici, aux termes de notre entretien d'hier, ce qui pourrait se faire :

» 1° 160,000 *comptant* ; étant observé que la reprise en espèces de votre cautionnement d'acteurs de 30,000 fr. est naturellement comprise dans ce chiffre de 160,000 fr.

» 2° 50,000 fr. payables dans trois années, garantis par diverses *hypothèques* de pareille somme, dont le détail vous sera fourni par Me Bujeon, avoué.

» 3° 50,000 fr. en billets de deux mille francs par mois, pour commencer, à partir de la fin de la première année d'exploitation, et pour continuer ainsi, de mois en mois, jusqu'à parfait paiement desdits cinquante mille francs. Les billets seraient naturellement endossés par moi et faits par mon successeur.

» Enfin, suivant votre proposition, il serait convenu qu'au cas d'expropriation on reprendrait la totalité de la somme qui vous aurait été versée, plus les intérêts, et que vous auriez droit à la moitié du surplus.

» Voilà, mon cher Billion ; maintenant agissez suivant votre désir, et, en tout état de cause,

» Croyez-moi votre dévoué,

» Hostein. »

J'acceptai ces propositions, et l'on prit jour pour terminer. Le 5 octobre suivant, M. Hostein m'écrivait ceci :

« Mon cher Billion,

» Dennery vous instruira de ce qui vient de se passer de contraire à vos projets et aux miens. Je demeure heureux de l'occasion qui m'a permis de vous serrer la main avec cordialité.

» A vous,

» Hostein. »

Et le soir de ce même jour, M. Dennery me remettait un autographe ainsi conçu :

» Mon cher Billion,

» Comme vous le savez, Hostein ne pouvait acheter votre théâtre que s'il vendait le sien à M. Harmant. Ce dernier m'ayant fait dire par M. Taigny que ses commanditaires se retiraient et partaient pour un long voyage, je viens, de la part d'Hostein, vous rendre votre parole, et reconnaître, pour mon compte, la loyauté que vous avez toujours mise dans cette négociation qui n'échoue que par un fait indépendant de votre volonté.

» Votre bien dévoué,

» Ad. Dennery.

» 5 octobre 1856. »

Il est donc très clairement démontré par les lettres ci-dessus qu'en 1856, si je n'ai pas cédé mon exploitation à M. Hostein, ce n'est pas parce que je n'ai pas voulu, mais bien parce que M. Hostein n'a pu réaliser les conditions offertes.

L'événement de 1856 devait se reproduire en 1858.

En avril dernier, des protecteurs de M. Hostein me font prier de vouloir bien prendre la peine de passer chez eux pour une communication importante. Je m'empresse à me rendre chez ces protecteurs, qui me reçoivent de la façon du monde la plus cordiale. Après quelques mots échangés, les protecteurs parlent de leur protégé, des capacités de celui-ci comme directeur de la scène ; bref, ils en viennent à me proposer une association avec M. Hostein. Pour me faire mieux goûter ce brillant projet, il n'est pas d'éloges dont on ne m'accable. Mon intelligence et mon habileté sont sans égales, mon expérience est infaillible ; aussi serai-je, seul, chargé de la partie active de l'administration, seul je réglerai l'emploi des finances, je serai titulaire du privilége, rien ne se fera que par mes ordres, je serai tout enfin ; car M. Hostein est d'une telle modestie qu'il se contentera d'être simplement directeur de la scène.

Malgré tant de promesses séduisantes, je refusai l'association. Voyant que j'étais invulnérable de ce côté, on renouvela les offres concernant la cession de mon exploitation ; je demandai jusqu'au lendemain pour réfléchir, et le lendemain j'écrivis cette lettre :

« Cher Monsieur,

» Vous m'avez proposé, au nom de M. Hostein deux choses :

» La première consistait à former, dès aujourd'hui avec lui, une association d'après les bases que vous m'avez communiquées, et qui n'aurait pour but d'exploiter en commun le privilége que du jour où le Gouvernement l'aurait accordé de nouveau, soit à l'un, soit à l'autre.

» La seconde proposition était de lui céder mon exploitation du Théâtre Impérial du Cirque, qui doit durer jusqu'au 17 décembre 1859, ainsi que le droit à mon bail, qui expire le 10 octobre 1860, le tout moyennant un prix à débattre.

» M. Hostein m'ayant déclaré en votre présence que, dans le cas où nous ne tomberions pas d'accord sur l'une de ces deux combinaisons, son intention était de se mettre, dès aujourd'hui, sur les rangs pour obtenir le privilége que j'exploite depuis près de neuf ans ; M. Hostein est donc libre de commencer ses démarches, comme moi je me réserve de faire valoir les droits que je crois avoir.

» Je répondrai d'abord, cher Monsieur, à la proposition d'association de M. Hostein ; par des raisons qui me sont personnelles et qui résultent de mon expérience de l'administration théâtrale, *je refuse*, après y avoir mûrement réfléchi.

» Quant à la question de la vente, pour en finir avec les débats qui peuvent survenir par suite de notre concurrence, *je suis prêt à céder de suite* mon exploitation aux conditions suivantes, qui, du reste, sont celles qui m'ont été déjà faites par M. Hostein lui-même, en octobre 1856. Ces conditions les voici :

» 1° Cent soixante mille francs comptant, y compris le cautionnement de 30,000 fr. ;

» 2° Cinquante mille francs, payables en trois années, garantis par les diverses hypothèques, dont le détail devait être fourni par Me Bujeon, avoué ;

» 3° Cinquante mille francs de billets de 3,000 fr., payables par mois, à partir du 1er septembre prochain. Total général : 260,000 fr.

» Il est bien entendu que dans ce chiffre total se trouvent compris les six mois d'avance de la location et le cautionnement.

» Vous voyez donc, cher Monsieur, que, pour prouver ma bonne volonté, je réduis de 10,000 fr. le chiffre que je demandais hier, puis qu'en voulant 200,000 fr., il restait encore 70,000 fr. à débourser par M. Hostein pour entrer en jouissance, et que, par ce fait, ce n'est plus que 190,000 fr. que je lui demande.

» Je consens donc à la cession immédiate d'après les conditions exposées ci-dessus ; mais il est expressément convenu que, si d'ici au 15 mai prochain, ma proposition n'a pas été acceptée, ces pourparlers seront considérés comme nuls et non avenus. Vous comprendrez d'autant mieux le but de cette réserve, que j'ai fait, de mon côté, une proposition accueillie favorablement par l'autorité compétente.

» Je vous remercie, cher Monsieur, de l'intérêt que vous m'avez témoigné en intervenant officieusement dans cette affaire.

» Votre tout dévoué serviteur,

» Billion.

» 28 avril 1858. »

Les propositions contenues dans cette lettre furent agréées par M. Hostein ; et rendez-vous fut pris pour conclure. Au jour dit, je me présentai, accompagné d'un de mes amis, qui voulut bien, en cette circonstance, me prêter l'appui de ses conseils. Nous étions convaincus que c'était une affaire terminée ; mais pas du tout. M. Hostein déclara que, malgré les conventions stipulées, il était impossible qu'il prît le théâtre pour le 15 mai, ses commanditaires s'opposant formellement à ce qu'il se chargeât de cette exploitation avant le 1er septembre. C'était une rupture. Nous demeurâmes, néanmoins, en d'assez bons termes.

Le jour suivant, je m'empressai d'aller retirer ma lettre du 28 avril. On ne me la rendit pas ; mais on m'informa qu'on avait décidé les commanditaires à prendre possession sur le champ. Seulement on ne se trouvait pas complétement en mesure. Je compris qu'on désirait un délai, et j'accordai jusqu'au 20 mai.

Le 14 mai M. Hostein m'avertit qu'il était prêt. Je l'invitai à se trouver le lundi, 17, à 7 heures précises du soir, muni de ses fonds et de ses titres, dans le cabinet de Me Prunier-Quatremère, agréé, où nous devions signer la transaction. M. Hostein arriva au rendez-vous avec son conseil. Nous discutâmes les clauses de l'acte cession. Une seule nous arrêta, ce fut la responsabilité du bail, responsabilité qui, primitivement, avait été offerte par M. Hostein. Toutefois, cet incident ne parut pas un obstacle insurmontable. On se sépara même, en se promettant, de part et d'autre, d'aviser au moyen d'aplanir cette difficulté.

Depuis ce moment je ne revis plus M. Hostein. Mais le mercredi 19 mai je reçus de ses nouvelles par le ministère de Me Fumet, huissier, qui me signifia le refus positif de M. Hostein de se soumettre aux conditions établies. Dans la journée du 20 Me Prunier fit rechercher M. Hostein et son conseil, pour leur demander l'explication de cette conduite assez incompréhensible. Les recherches ayant été infructueuses, Me Prunier se rendit le 21 mai chez les personnes qui, les premières, avaient proposé l'association: ces personnes déclarèrent que tout était rompu. Me Prunier répondit qu'en présence de cette déclaration, il aurait le regret d'avoir recours au papier timbré. On le supplia de n'en rien faire, en lui promettant de tenter de nouveaux efforts pour renouer la négociation.

En apprenant cette rupture ma surprise fut d'autant plus grande, que les journaux annonçaient que nous avions signé l'acte de cession. Qui donc avait envoyé cette note aux journaux si ce n'était une des parties intéressées? Et je puis affirmer que ce n'était pas moi.

Le samedi 22 mai j'ai dû faire donner à M. Hostein sommation d'avoir à se trouver le mardi 25 mai, à sept heures du soir, en l'étude de Me Jozon, notaire, rue Coquillière, pour réaliser les conventions stipulées entre nous. Personne ne s'étant présenté, je fis dresser procès-verbal pour m'en servir si besoin était.

Voici les faits dans toute leur simplicité: il en résulte évidemment que M. Hostein n'avait pas, cette fois, la résolution bien arrêtée d'acquérir mon exploitation, et que le seul but qu'il poursuivait en réalité, c'était une association avec... mes capitaux.

Je reste donc, comme par le passé, directeur du Théâtre Impérial du Cirque. La conscience et le zèle que j'apporte dans l'accomplissement de mes devoirs envers l'autorité et vis-à-vis du public me donnent une entière confiance dans l'avenir, et me rendent fort des droits que je puis être appelé à faire valoir un jour.

BILLION,

Chevalier de la Légion d'Honneur, directeur du Théâtre Impérial du Cirque.

Lettre de M. HOSTEIN en réponse à la note de M. BILLION, directeur du Cirque impérial.

Juin 1858.

Monsieur Billion, ce n'est pas deux, mais bien trois fois que j'ai cherché à traiter avec vous, et sauf bien entendu, l'agrément de S. E. M. le ministre, de vos droits à la direction du théâtre du Cirque impérial.

La première fois a eu lieu lors du célèbre procès que fit et que gagna contre vous M. Menissier..,

Après l'éclat de ce procès, on pensait que vous ne voudriez point rester directeur du Cirque, et cela me donna, comme à d'autres, l'idée de chercher à vous remplacer. Dans votre note, vous avez omis cette circonstance. Souffrez que je la rappelle!

Plus tard, en 1856, nous eûmes de nouveaux pourparlers. A ce moment là, vous désiriez vous retirer parce que vous étiez las, disiez-vous, d'être l'objet d'une sorte de critique universelle.

Or, ces deux fois j'ai échoué. A tout bien considérer, c'est plus votre faute que la mienne; car, enfin, il faut convenir que vous avez toujours exigé de moi un prix fabuleux pour une exploitation que vous avez obtenue uniquement en qualité de créancier de votre prédécesseur.

Je sais bien que vous avez formulé des conditions moins dures, lors de votre traité avec MM. Dupuis, Varner et Cr; mais cela leur a, malheureusement peu profité, puisque vous, si riche, vous avez eu le triste courage de les poursuivre devant les tribunaux pour obtenir le déficit de 20,000 fr. qu'ils vous ont payé!

Enfin, en avril 1858, nous nous sommes encore rapprochés. Mais, cette fois, l'initiative de ce rapprochement vous appartient, à vous et à un intermédiaire, dont je parlerai tout à l'heure.

L'ayant rencontré, par l'effet du hasard, vous lui avez exprimé des désirs de retraite. Alors, saisissant l'occasion, il prit sur lui de vous parler de moi, et il vous donna, chez lui, rendez-vous auquel je fus convoqué, le 23 avril dernier, sans savoir que je me trouverais en face de vous.

Là, dans son zèle, notre intermédiaire improvisa un programme de fusion de vos intérêts avec les miens; il eut pour vous les bons procédés et les compliments que lui commandait son rôle d'hôte et de conciliateur.

Mais vous savez bien que ni vous ni moi n'avons attaché d'importance à ces projets d'association, et nous sommes arrivés sur-le-champ au seul point sérieux que nous eussions à traiter, c'est à dire à la vente de vos droits sur le Cirque.

Notre intermédiaire vous invita à formuler vos conditions, et il *exigea* que vous le fissiez par écrit, car, malgré les dispositions les plus bienveillantes à votre égard, il tenait à avoir cette garantie entre ses mains.

C'est alors que vous avez écrit votre lettre du 28 avril: elle est adressée à notre intermédiaire qu'il est temps de nommer.

C'est M. le comte de Rouville.

Ici commencent dans votre note les altérations de la vérité.

D'abord, vous donnez à entendre que c'est uniquement pour complaire à mes protecteurs que vous avez bien voulu traiter avec moi.

Insinuation perfide, ou flatterie calculée, je repousse également votre assertion. Si vous avez voulu traiter, c'était uniquement, on le croira sans peine, afin de recevoir de moi 260,000 fr. pour prix des dix-huit mois d'exploitation que vous me cédiez.

D'ailleurs, les seules personnes qui soient intervenues entre nous sont, de mon côté, M. de Rouville; du vôtre, M. le directeur de l'Imprimerie impériale.

Maintenant, qu'on prenne la peine de relire les conditions de vente exprimées dans votre lettre du 28 avril, — cette lettre qui va nous servir désormais de base et de règle de conduite. On y verra que vous demandiez:

160,000 fr. comptant;
50,000 fr. par hypothèques;
50,000 fr. de billets à votre ordre:

En échange de quoi vous me cédiez:

18 mois environ d'exploitation:
2 ans et demie de bail;
Et point de matériel.

De plus, vous me donniez jusqu'au 15 mai pour accepter ou rejeter vos conditions.

Voilà qui est clair.

Or, au bout de trois jours employés à installer à la Gaîté mon loyal successeur, je réunis les 160,000 fr. demandés et l'hypothèque de 50,000 fr. Je portai le tout chez M. de Rouville, qui vous donna rendez-vous chez lui, afin de justifier en votre présence, de mes fonds.

J'avançais: vous deviez reculer.

En effet, le lendemain, au lieu de votre personne, je trouvai chez M. de Rouville une lettre de vous, dans laquelle vous retiriez votre parole, « *sous prétexte*, disiez-vous, *qu'il n'était question dans les cafés du boulevard (sic) que du bruit de votre cession, et que ce bruit venait de moi!...* »

Ici se place l'intervention de M. le directeur de l'imprimerie impériale.

Ayant eu connaissance de votre lettre, il vous blâma et vous ramena chez M. de Rouville.

Le concours de ces deux hommes honorables me détermina à reprendre avec vous les négociations sur les bases de votre lettre du 28 avril, et je procédai, sans retard, à la justification des fonds.

C'est alors que je vous produisis 160,000 *fr. en espèces et* 150,000 *fr. en bonnes hypothèques*. M. de Rouville, toujours prudent, demanda que vous reconnussiez formellement par écrit que cette justification vous était faite.

Nous avons votre déclaration écrite en date du 14 mai; votre note la passe à dessein sous silence!

C'est naturel: Votre procédé constant a été d'insinuer que je venais à vous sans argent. Naturellement aussi, vous profitez toujours de l'occasion pour parler *de vos capitaux*, de ces capitaux dont il serait bien temps que vous fissiez un peu moins d'étalage dans les journaux et un peu plus dans vos mises en scènes!

Je poursuis:

Acculé devant la justification de mes fonds, vous avez prorogé de cinq jours, c'est-à-dire jusqu'au 20 mai, le délai précédemment imparti jusqu'au 15.

Votre note laisserait ici supposer que cinq jours m'ont été octroyés parce que je n'étais pas prêt. Mais cela n'est pas exact, puisque j'avais déposé, dès le 14 mai, la somme et les titres exigés!

La raison du délai de cinq jours est celle-ci:

Avant de réaliser la cession, vous avez voi

le temps de vous renseigner à la préfecture de la Seine sur l'imminence ou les retards éventuels de la démolition des théâtres du boulevard. Au cas d'imminence, vous teniez à stipuler que vous seriez pour quelque chose dans la reconstruction du Cirque, ce qui prouve bien que toutes les fois que vous paraissez décidé à sortir de ce théâtre, vous cherchez une porte pour y rentrer.

Au surplus, nous avons encore une lettre de vous qui mentionne ce détail.

Les renseignements obtenus à la préfecture de la Seine vous ayant fait pencher en faveur de la cession définitive, nous avons pris rendez-vous le 17 mai au soir, chez votre agréé, à l'effet de libeller, en un acte régulier, les termes de votre lettre du 28 avril.

Votre note ne fait pas mention de ce qui s'est passé ce soir-là!

Et pourtant, vous ne pouvez pas avoir oublié mon étonnement et la stupéfaction de mon conseil en entendant la lecture des premières clauses de votre acte.

1° Vous me demandiez un supplément de prix de 12 à 13,000 francs; et, 2° vous vouliez être déchargé par le propriétaire de toute responsabilité concernant la fin du bail cédé par vous; ou bien, à défaut de cette décharge, vous exigiez que je rapportasse un cautionnement de 180,000 fr.

Additionnons : 180,000 fr. de garantie et 12,500 fr. de prix supplémentaire! plus 260,000 fr. de prix principal, *en tout 450,000 fr. à débourser pour acquérir vos dix-huit mois d'exploitation!*

Et vous appelez cela les conditions d'un homme sérieusement disposé à vendre? Et votre note passe légèrement sur cette difficulté survenue à l'occasion du bail!

Pour nous, nous avons vu dans cette exigence exorbitante et imprévue un empêchement absolu à la conclusion de nos projets, et c'est alors que je vous ai fait signifier par huissier, à la date du 19 mai, le rappel pur et simple aux conditions de votre lettre du 28 avril.

Cette signification, vous n'en avez point tenu compte. Le 20 mai, terme fatal, s'est écoulé sans aucune réponse de vous.

Nous avons conclu de votre silence que vous persistiez dans vos exigences imprévues et impossibles. J'ai annoncé aux miens que tout était rompu, et, le 21 mai, j'ai été remercier M. de Rouville pour ses bons soins et pour les ennuis qu'on lui avait causés.

Or, vous apprenez cela le 22; mais alors vous vous ravisez, et le 22 au soir, vous me signifiez que *vous renoncez à me réclamer* la décharge en garantie du bail, ainsi que la caution de 180,000 fr. Puis, vous me faites sommation de me trouver chez M. Jozon, notaire, à l'effet de réaliser les termes de la lettre du 28 avril.

On devait s'attendre à cette comédie.

Vous étiez bien assuré que je me retirais; donc vous avanciez.

Eh bien! non, M. Billion, ni mes amis ni moi nous n'avons voulu aller chez le notaire, où nous appelait votre retour tardif, et où d'ailleurs nous ne voulions pas être exposés à éprouver de nouvelles déceptions.

Nous étions résolus à ne plus continuer avec vous des rapports qui aboutissent toujours, de votre part, à des revirements subits, à de l'hostilité et à des récriminations pénibles.

Cette sage résolution, j'aurais dû la prendre dès l'origine. J'en conviens.

Mais que voulez-vous? Je ne puis oublier nos grandes mises en scène du Théâtre-Historique. Or, M. Billion, chaque fois qu'au Cirque vous étouffez quelque auteur dans l'étau de vos économies, alors, je l'avoue, la pensée de ressusciter votre théâtre me mord le cœur comme une tâche glorieuse à remplir, et malgré mes défiances, je me laisse aller au projet chimérique d'une transaction amiable avec vous.

Là est mon tort. Je n'en ai point d'autre.

Au résumé, il faut que vous soyez bien à court d'arguments contre moi, puisque le trait final que vous décochez à mon adresse consiste à me reprocher malicieusement d'avoir voulu m'associer... *à vos capitaux!*

Ah çà! mais, après tout, quelle opinion avez-vous donc de vous et de ces terribles capitaux, M. Billion, que vous considériez comme une circonstance aggravante contre moi la pensée, si je l'avais eue, de m'associer soit à votre personne, soit à vos fonds?

Mais trêve de railleries!

Tenez, M. Billion, le but réel de votre note, le voici :

Vous avez voulu jeter de la défaveur sur moi, dans l'espoir d'augmenter ainsi vos chances personnelles au renouvellement de votre privilége.

Vous avez, toujours dans ce but, évoqué vos capitaux, comme si l'argent que vous avez pouvait, dans le domaine de l'art dramatique, remplacer ce que vous n'avez pas!

Enfin, vous vous êtes présenté habilement, mais perfidement, comme une sorte de victime qui, en négociant avec moi, cédait à la pression de mes protecteurs, calomniant ainsi d'un seul coup, et ces protecteurs, s'ils avaient existé, et moi, qui les aurais employés à cet indigne usage!

J'ai dit votre but et vos manœuvres. Maintenant, défendez-vous, répliquez, attaquez-moi encore. Puisque vous m'avez forcé à rompre le silence, soyez assuré que mes réponses ne se feront pas attendre.

HOSTEIN.

A M. le rédacteur en chef de la Revue et Gazette des Théâtres.

Monsieur,

Vous annoncez dans votre numéro de jeudi dernier que M. Hostein est désigné pour me succéder à la direction du théâtre impérial du Cirque, à l'expiration de mon privilége.

Mon privilége expire, en effet, en décembre 1859; mais mon bail ne finit que le 10 octobre 1860. Or, je suis en instance pour obtenir de Son Excellence monsieur le ministre d'Etat cette prolongation de dix mois qui ne saurait m'être refusée après sept années d'une gestion honorable.

D'ailleurs, M. Hostein est un homme trop loyal, trop digne, et je lui ai rendu naguères un trop grand service pour qu'il puisse avoir l'intention de prendre possession d'un établissement pendant que j'en suis encore le locataire.

(2)

Veuillez être assez bon, monsieur le rédacteur, pour accueillir ma lettre dans votre prochain numéro, afin de mettre un terme immédiat aux conjectures qui pourraient m'être défavorables ou qui seraient de nature à porter atteinte à l'honorabilité de M. Hostein.

Agréez, monsieur le rédacteur, avec l'expression de mes remerciements, l'assurance de ma considération la plus distinguée.

BILLION,

Directeur du théâtre Impérial du Cirque.

Paris, le 5 novembre 1858.

[illegible]

—

[illegible]

[illegible]

—

[illegible]

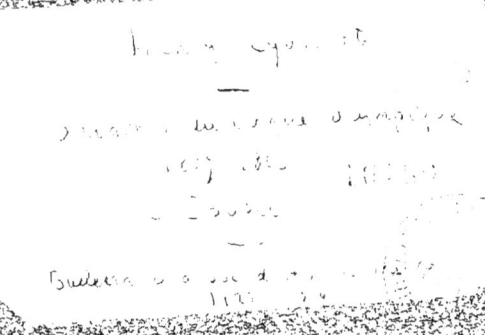

Origines du Cirque Olympique

1807-1816

L'ÉPOPÉE

LE CIRQUE OLYMPIQUE. — SON OUVERTURE. — LA FAMILLE FRANCONI. — UNE ARÈNE ET UN THÉATRE DANS UNE MÊME SALLE. — PREMIER CIRQUE DANS L'ANCIEN ENCLOS DES CAPUCINES. — LE VIEIL ANTONIO FRANCONI PASSE LA MAIN A SES DEUX FILS. — EXPROPRIATION ET INSTALLATION DE LA NOUVELLE SALLE RUE DU MONT-THABOR. — SA DESCRIPTION. — CUVÉLIER PROMOTEUR DE LA PANTOMIME ÉQUESTRE. — LA **Lanterne de Diogène.** — LES JEUX DU CIRQUE REPRODUITS PAR LA GRAVURE. — LA TROUPE FRANCONI PARTICIPE AUX RÉJOUISSANCES PUBLIQUES. — LE MARIAGE DE L'EMPEREUR ET LE BAPTÊME DU ROI DE ROME. — LES FRÈRES FRANCONI AUX JEUX GYMNIQUES. — ABANDON DE LA SALLE DU MONT-THABOR.

BATTEZ tambours ! Sonnez clairons ! Défilez « soldats du cirque » si souvent plaisantés pour avoir voulu — toujours les mêmes — un peu trop passer et repasser devant nous afin de nous donner l'illusion du nombre. Revivez, généraux de l'Empire, panachés et galonnés d'or ! Apparaissez grenadiers épiques, chasseurs héroïques, grognards et « Marie-Louise ». Nous voulons évoquer en votre honneur les beaux jours du Cirque Olympique, devenu par la suite le Théâtre national puis impérial du cirque. Que l'odeur de la poudre nous accompagne ! Pif ! Paf ! Boum ! Et vive l'Empereur !

Ce fut pour le 28 décembre 1807 que fut annoncée l'ouverture d'un nouvel établissement dénommé le *Cirque Olympique* avec une nouvelle pantomime équestre, toute à la glorification de Napoléon, et dénommée la *Lanterne de Diogène*.

Cette qualification « d'Olympique » peut aujourd'hui nous paraître un peu prétentieuse. Le mot était dans l'air. Au temps où Molière faisait ses premiers pas sur le théâtre, tout était « illustre ». On allait à « l'Illustre Théâtre » pour y applaudir « d'illustres », pièces, dont les héros étaient tous pour le moins « illustres ». En 1807, on est « Olympique ». La Société d'artistes et d'amateurs qui s'occupait particulièrement de musique et tenait ses séances au Palais-Royal, s'appelait la Société « Olympique », et lorsqu'après la tourmente révolutionnaire elle vint s'installer rue Chantereine (rue de la Victoire actuelle), pour y occuper la jolie salle bâtie en 1796 par l'architecte Damême, elle baptisa aussitôt ce théâtre le « Théâtre Olympique » [1].

Quels furent les promoteurs du *Cirque Olympique* ?

Les frères Laurent et Henri (dit Minette) Franconi.

La dynastie des Franconi— car ce fut une véritable *dynastie* pendant plus d'un siècle dans l'histoire des cirques, remonte à Antonio Franconi [2]. Passé en France sans ressources, — on a parlé d'un exil volontaire à la suite d'une rencontre — Antonio avait gagné sa vie en montrant des oiseaux savants. Protégé par le duc de Duras qu'il avait rencontré sur sa route, il établit un premier cirque à Rouen, où il essaya d'introduire les courses de taureaux. C'est ainsi que son fils aîné, Laurent, naquit en cette ville [3], tandis que le second, Henri, vint au monde à Lyon [4]. Entre temps, Antonio le père, désigné d'abord comme « maître du combat » à Rouen, est passé « entrepreneur de spectacles à Lyon ».

Les terribles événements survenus en cette ville en 1793, allaient avoir pour effet de détruire complètement par le feu son établissement des Brotteaux, ses meubles, ses équipages, son matériel ; et c'est ainsi qu'il fut amené à quitter tout à fait les bords du Rhône et de la Saône, pour reprendre l'ancien « amphithéâtre » d'Astley [5], faubourg du Temple. Mais il ne s'agissait toujours que

1. Le Théâtre de la Société Olympique, ou Théâtre Olympique, rue de la Victoire, exista du 25 juin 1803 au 21 juin 1804. On trouve une très complète description de cette salle dans l'*Architectonographie des Théâtres de Paris* par Alexis Donnet, p. 235 à 246. Paris, P. Didot l'aîné, 1821. L'auteur en fait le plus bel éloge. La vue en a été reproduite dans l'*Album* du même ouvrage, planche XVI. Après avoir servi à diverses entreprises, ce théâtre fut démoli en 1816 jusqu'à la hauteur des péristyles; sur ces colonnades on éleva des corps de bâtiments à trois étages, qu'on destina à l'usage d'un établissement de bains, et de maison à loyer.

2. Antonio Franconi, né à Udine, le 5 août 1737, fils légitime de Blaise Franconi et de Julie, son épouse, baptisé en l'église Saint-Jacques de cette ville.

3. Laurent-Antoine, né à Rouen, le 1er mars 1776, fils légitime de Antonio Franconi « maître du combat », cours Dauphin, et de Elisabeth Massucati, son épouse, baptisé en l'église Saint-Paul de cette ville.

4. Jean-Gérard-Henri, né à Lyon, le 4 novembre 1779, fils légitime d'Antonio Franconi, « directeur de spectacles » et d'Elisabeth Massucati, son épouse, baptisé en la paroisse d'Ainay, de cette ville.

5. Astley, John-Philipp, né en 1742 à Newcastle-Under-Line comté de Stafford, avait été successivement tourneur, soldat de cavalerie, directeur de cirque à Londres. Il importa en France les exercices de voltige et d'équitation. En avril 1790, il avait acquis pour 16.300 francs un terrain à l'entrée du faubourg du Temple, et sur lequel il fit bâtir un cirque (Nos 18 à 24 du faubourg du Temple actuel).

d'exercices d'équitation, tours de manège et danses de chevaux. Les intermèdes étaient joués dans l'arène.

Franconi père avait pourtant d'autres ambitions. Il voulait substituer aux pantomimes exécutées dans le manège, des actions sur un théâtre, et, pour ne pas renoncer aux jeux équestres, il lui fallait dans la même salle un cirque et un théâtre.

Ce projet fut tout d'abord exécuté sur un terrain qu'il acheta dans l'ancien enclos des Capucines [1]. Ce fut la première entreprise, croyons nous, qui réunit les deux genres. C'est l'embryon du *Cirque Olympique*, dernière conception du vieil Antonio, qui, âgé à présent de 68 ans, ne songeait qu'au repos. Il céda en 1805 à ses deux fils cette affaire des plus florissantes [2].

Ce ne fut pourtant pas en cet endroit que fut fondé le *Cirque Olympique* dont nous allons nous occuper. Un décret signé au Palais des Tuileries le 19 février 1806, ordonnait la division en 32 lots des terrains de l'ancien couvent des Capucines, et leur adjudication immédiate dans le but d'ouvrir une rue dans l'axe de la place Vendôme. Cette rue, qui s'appela d'abord rue Napoléon, jusqu'en 1814, n'est autre que la rue de la Paix.

Il fallait trouver un autre emplacement dans les environs. Les frères Franconi jetèrent alors leur dévolu sur un terrain situé entre la rue Saint-Honoré et la rue du Mont-Thabor [3]. C'est là que le cirque nouveau fut bâti par l'architecte Guinet.

Originairement, dans son ensemble, le *Cirque Olympique* ou *Cirque du Mont-Thabor* formait un rectangle appuyé à la rue du Mont-Thabor, d'environ 66 mètres de long sur 33 de large, soit 2178 mètres carrés. Sur cet espace, une portion sur la rue fut changée en maison à loyer, mais sans nuire à la distribution intérieure du théâtre, disposition qui priva seulement celui-ci de l'isolement dont il jouissait entre la rue et de vastes cours particulières.

Sa façade ? Bien insignifiante, car elle donnait sur un passage couvert allant de la rue Saint-Honoré à celle du Mont-Thabor, passage à peine large de trois mètres !

Si encore il n'y avait eu que le passage extérieur de cette étroitesse ! Le vestibule, extrêmement resserré, donnait accès à trois escaliers où deux personnes avaient peine à passer de front. Celui du milieu conduisait à l'amphithéâtre et dans l'arène, et, par deux retours, dans le corridor desservant toutes les loges de cet amphithéâtre, et de là au foyer du public placé au-dessus du

1. Emplacement qui fut occupé par les maisons qui portèrent les Nos 58 à 60 de l'ancienne rue Neuve-Saint-Augustin.

2. *Le Cirque Franconi*, par une chambrière en retraite, avec portraits de Frédéric Hillemacher, Lyon, Louis Perrin et Marinet, 1875.

3. 251, rue Saint-Honoré. Devenu tout à tour Bal Valentino, Arènes nautiques, actuellement Nouveau Cirque.

vestibule ; les deux autres escaliers menaient aux secondes et aux troisièmes loges. Quant à l'espace compris entre le vestibule et la rue du Mont-Thabor, il était occupé par un café ayant trois portes sur le passage.

Le périmètre extérieur de la salle constituait un polygone régulier de dix-huit côtés, dont cinq occupés par l'ouverture de la scène. Sur deux cercles concentriques, s'élevait une double colonnade de 14 colonnes très déliées, laissant au centre une arène de 17 mètres 16 de diamètre.

Un amphithéâtre de six gradins est compris entre les deux colonnades ; au-dessus, entre le deuxième rang de colonnes et le périmètre, règnent deux étages de galeries partagées chacune en quarante-cinq loges, dont les neuf du fond sont séparés par un petit ordre de pilastres et grillées comme celles de l'avant-scène. Les devantures des loges sont décorées de draperies, les soffites de la galerie circulaire le sont de couronnes. La corniche architravée qui règne sur la colonnade porte la calotte de la salle, où l'on a figuré un rang de loges en voussure qui n'existe pas.

La hauteur de la salle ? Trente-trois pieds (10 m. 89). Douze cents spectateurs tiennent dans les loges et l'amphithéâtre, et huit cents assis au parterre, c'est-à-dire dans l'arène qui peut se garnir de banquettes au besoin. Quant au théâtre proprement dit, il a près de 20 mètres de profondeur, y compris l'avant-scène, et 22 mètres de large. Les dessous n'ont que 2 m. 30 ; au fond de la scène, une descente en pente douce conduit dans une cour de 7 mètres de large, où se trouve une écurie pour 36 chevaux ; attenant au théâtre sont les loges d'acteurs, les magasins, etc.

Enfin, lorsque les chevaux doivent venir dans l'arène, ils y parviennent non par le théâtre, mais par deux entrées latérales, à droite et à gauche, ménagées dans l'amphithéâtre.

Lorsque nous aurons dit que la rue du Mont-Thabor était en bordure à gauche de la salle où l'on ne parvenait que par le passage que nous avons décrit, et que les acteurs en scène tournaient le dos à la direction de la place de la Concorde, nous aurons donné une idée à peu près exacte de ce *Cirque Olympique* réunissant tout à la fois une arène et un théâtre ; construction excessivement légère, en bois, en plâtre et en toile, n'ayant aucun mérite sous le rapport de l'architecture, et où l'architecte n'avait oublié qu'une chose : la possibilité d'un incendie.

Nous croyons intéressant de donner ici le prix des places au *Cirque Olympique* du Mont-Thabor en 1815 :

Location : 6 loges grillées, 30 francs ; 6 loges de côté, 20 francs.

Prix au bureau, par place : Loges d'avant-scène, 5 francs. Loges grillées et en face, 4 francs. Premières, 3 francs. Loges de côté, 2 fr. 40. Secondes et pourtours, 1 fr. 80. Troisièmes, 1 fr. 20. Les enfants au-dessous de 7 ans ne paient que demi-place.

La pièce choisie pour l'ouverture du 28 décembre 1807 fut la *Lanterne de Diogène*, pantomime équestre, disait l'affiche « formant quatre petits tableaux de quatre grands siècles », par J.-G.-A. Cuvélier. Un type assez curieux, soit dit en passant, que ce Cuvélier qui va devenir pendant 20 ans l'un des fournisseurs de l'endroit ; de ce Cuvélier qui, sur toutes ses pièces, tant imprimées que manuscrites, faisait suivre son nom, sous l'Empire, de la qualité « d'ancien officier de cavalerie », et signera, sous la Restauration « Cuvélier de Trie, capitaine de cavalerie pensionné, et ancien commissaire de Louis XVI dans les départements de l'ouest » ; de ce Cuvélier qui gardera toujours à la ville l'extérieur de son ancien état, sanglé dans une redingote militaire à brandebourgs, boutonné du col à la ceinture, et qu'on vit pendant de longues années arpenter le boulevard en compagnie de sa maîtresse qu'il obligeait à se costumer de la même façon [1].

Cuvélier fut en réalité le promoteur de la *pantomime équestre* ; ce fut un innovateur en son genre, et le vaste « plateau » du *Cirque Olympique* se prêtait admirablement à ses projets. Mais pour le moment 1807-1808, l'on ne pouvait songer encore à mettre en action « l'Epopée ». Il fallait se borner à l'« Apothéose ». C'est à quoi Cuvélier et les frères Franconi ne vont pas manquer de s'employer.

Que fallait-il en somme ? Déployer une somptueuse mise en scène, trouver une variété de tableaux, présenter des époques différentes, donner lieu à des défilés, exhiber des costumes étincelants, mettre des chevaux sur le théâtre, porter aux nues le dieu du jour.

Telle fut la raison d'être de la *Lanterne de Diogène*, dont le sujet est assez banal : Diogène a consulté l'oracle de Delphes pour trouver un homme. La Pythie lui conseille de chercher dans les siècles à venir.

Premier tableau : Entrée triomphale d'Alexandre le Grand à Babylone.

Deuxième tableau : La clémence d'Auguste.

Troisième tableau : Charlemagne préside le Champ de Mai, près d'Aix-la-Chapelle.

Diogène a-t-il trouvé son homme ? Que non pas. Le livre des destins s'ouvrant sur un signal du chef des prêtres, accuse Alexandre de l'incendie de Persépolis ; Auguste de proscriptions ; Charlemagne du partage de son Empire...

Quatrième tableau : Inauguration de la statue équestre de Napoléon le Grand, environnée des Muses, des Arts, du Commerce, de l'Abondance, de la

1. Jean-Guillaume Cuvélier de Trye, né à Boulogne-sur-Mer le 5 (ou 15) janvier 1766. Mort à Paris le 5 mai 1824, collaboré avec Bouilly, H. Chaussier, Barouillet, Coffin-Rony, Augustin Hapdé, Franconi Cadet, Martin, F. Varez, Villiers, Théodore, Hubert, Léopold, Brazier, de Meun (Hélitas), Caron, sans parler d'une soixantaine de pièces qu'il signa seul, et dont la liste figure au Catalogue Soleinne, Vol. II.

Victoire et de la Paix... Toute la gamme! Trompettes, poses plastiques, défilés, chevaux empanachés qui caracolent, évolutions militaires, rideau! Les spectateurs du *Cirque Olympique du Mont Thabor* en ont eu pour leur argent.

***

La pantomime équestre, acclimatée sur le théâtre du *Cirque Olympique* ne doit pas toutefois nous faire oublier que cet établissement possède une arène; et que les jeux du cirque y sont en faveur surtout lorsque les directeurs sont des écuyers de premier ordre comme les frères Franconi.

Le cirque d'abord ! Les pantomimes et les féeries ensuite.

Comment savoir, à plus de cent ans de distance, quels étaient les travaux du cirque ? Car les journaux de l'époque n'en parlent guère. Nous aurons recours aux gravures, en tirant de nos cartons quelques planches, à commencer par celle intitulée :

EXERCICE (*sic*) DE CHEZ LE SIEUR FRANCONIE (*sic*)

Nous y voyons l'*Eléphant merveilleux Baba*, qui eut pour successeur Kiouny, et le *Cerf Coco*, dressé par Laurent Franconi. Ces deux animaux firent courir tout le Paris d'alors.

Nous voyons *Baba* conduit par un cornac habillé en sauvage, boire sa bouteille de vin, recevoir dans sa trompe les pommes qu'on lui lance, frapper sur une planche avec un marteau, etc. Quant à *Coco*, dont la tête est surmontée de cinq bois, c'est un sauteur émérite qui franchit tous les obstacles. Sur la même planche, figure encore la « Pyramide des deux grands voltigeurs », et le « grand feu d'artifice par l'intrépide », exercices équestres.

Voici une autre grande planche lithographiée représentant « le grand écart sur deux chevaux sans selles, exécuté pour la première fois au Cirque Olympique de MM. Franconi frères, par M. Paul L. de Bordeaux», gravée par A. B.

M. le Baron de Vaux, dans son ouvrage *Ecuyers et Ecuyères*, a reproduit quelques exercices du *Cirque Olympique* :

Le cheval aéronaute. Un ballon soutient une nacelle en forme de plate-forme sur laquelle se tient un écuyer en selle et son cheval.

Le cheval sauteur franchit plusieurs chevaux et passe dans un triple cerceau suspendu à une potence.

Le dressage en liberté nous montre un cheval à genoux, ou couché, ou assis sur les pieds de derrière, ou franchissant une barrière.

Le pas de deux, le pas du châle, sont des exercices qui se font encore dans nos cirques.

(8)

Quant à *Coco*, qui n'est pas oublié non plus dans cet ouvrage, nous le voyons sauter un groupe de huit hommes, à genoux, puis debout, et ne pas s'effrayer des coups de pistolet que l'on tire au-dessus de sa tête.

Deux grandes planches (lith. de Turgis) nous font assister enfin à *quarante-deux* exercices de Franconi, dessinés d'après nature par V. Adam, et nous prouvent qu'en fait de tours de voltige équestre, on ne fait pas mieux aujourd'hui.

Pendant ce temps, la pantomime équestre s'acclimate sur la scène. Ce sont les *Centaures* ou l'*Education d'Achille*, pantomime équestre représentée le 23 mai 1808 avec un succès prodigieux. L'auteur était Jean-Baptiste-Augustin Hapdé [1]. L'année suivante, c'est encore la *Belle Espagnole* ou l'*Entrée triomphale des Français à Madrid*, scènes équestres, militaires et historiques en trois parties, par J.-G.-A. Cuvelier (14 janvier 1809).

Saint-Alme, commandant français, a pris sous sa protection Don Alvarès, ancien général espagnol et sa fille Rosina qu'il a pu arracher aux insultes des spadassins. Don Tartuffos, familier de l'Inquisition, poursuit Rosina de son amour, et le Français de sa haine. Il fait incendier la maison du commandant, massacrer les Français, et s'empare de Saint-Alme. Rosina, déguisée en duègne, délivre le commandant, tandis que les Français entrent à Madrid. Don Alvarès, inquiet sur le sort de Rosina, promet une forte somme et la main de sa fille au Français qui la sauvera du déshonneur. Saint-Alme refusera l'argent, mais conduira la belle à son père, puis à l'autel. Don Tartuffos est tué, comme il convient, les Français sont vainqueurs, ce qui fait plaisir à tout le monde, et l'empereur amnistie les coupables.

Tout cela n'est pas méchant, mais ce ne sont que des essais. La même année, les habitués assisteront à la *Prise de la Corogne* ou les *Anglais en Espagne*, pantomime en 2 actes de Franconi.

Le 2 avril 1810, les frères Franconi sont invités à faire leur partie dans les réjouissances populaires données à l'occasion du mariage de l'Empereur et de Marie-Louise. Un théâtre est dressé à leur intention au Carré Marigny, théâtre sur lequel la troupe du *Cirque Olympique* au grand complet représente *le génie de la Paix* ou la *France et l'Autriche réunies*, pantomime militaire et allégorique par***. Tambours, trompettes, canons, évolutions militaires, portraits de Napoléon et de Marie-Louise unis par le génie de la Paix.

Mais quelle singulière idée, au moment où le mot d'ordre semble être le rapprochement de la France et de l'Autriche, d'aller donner au *Cirque Olym-*

---

1. Dans le répertoire du Cirque Olympique à ses débuts, nous relevons pour l'année 1808 (catalogue Soleinne) : le *Calife généreux* ou le *Tableau turc* par A. C., l'*Equitomanie*, folie pantomime, 3 actes par Moussard, *Bisaldini* ou le *Fugitif*, par Franconi et Desorme. Les annuaires dramatiques n'en font pas mention.

pique le 14 avril de la même année, *le Passage du Pont de Lodi*, action mémorable en une partie par Franconi cadet, façon un peu brusque de rappeler aux Autrichiens la pile mémorable que nous leur avions donnée en cette occasion [1].

Bientôt il faut fêter la naissance du roi de Rome. Les frères Franconi ont en poche une scène allégorique toute prête, commandée à leur fournisseur Augustin Hapdé : l'*Enfant de Mars et de Flore* ou le *Camp de Cythère* [2].

L'Amour, l'Hymen, Lucine, Flore, Mars, Vulcain, les Cyclopes, Jupiter, toute la mythologie y passe. Hébé verse au fils de Mars le nectar et lui transmet l'immortalité ; Hercule lui donne la force, Minerve la sagesse, Apollon le goût des arts, Thémis la justice.

Du reste, les frères Franconi, pour bien se mettre dans les bonnes grâces impériales cultivent l'à-propos, et la veille du baptême de l'impérial héritier [3], ils offrent à leur public *Achille plongé dans le Styx* ou l'*Oracle de Calchas*, scène allégorique du même Augustin Hapdé, un spécialiste. « Il sera le premier héros du monde, il soutiendra la gloire de son père ! » Pauvre enfant que guette Schoenbrunn !

Quant au père, si l'on n'ose le mettre en scène directement, on recherche des sujets qui puissent offrir des allusions, comme la *Jeunesse de Duguesclin* ou *l'Aurore d'un grand homme*, pantomime en 3 actes, par William et Magniaudé [4].

---

1. Voici les pièces nouvelles données par le *Cirque Olympique* en 1810, et mentionnées au Catalogue Soleinne, T. III, p. 232 : La *Meule de foin* ou *Arlequin partout*, pantomime en 2 actes, par P. Lafargue, *Soubakoff* ou la *Révolte des cosaques*, pantomime en 3 actes, par Frédéric (Dupetit-Méré), les *Chevaux vengés*, pantomime-parodie, par Franconi.

2. La naissance du roi de Rome est du 20 mars, et la scène allégorique ci-dessus fut représentée le 26. On n'avait pas perdu de temps.

3. Le 8 juin 1811. Le baptême eut lieu le 9. Ces allégories flatteuses sont bien du temps. Le sujet pour le concours du Prix de Rome de cette année n'avait-il pas été : « Lycurgue présente l'héritier du trône aux Lacédémoniens », et l'une des nombreuses gravures de l'époque nous représente « Hercule et Hébé remettant leur fils dans les bras de Cybèle ».

4. Voici les pièces figurant au répertoire du *Cirque Olympique*, mentionnées pour les années 1811-1815 au Catalogue Soleinne, T. III, p. 232 : 1811. La *Jeunesse de Duguesclin* ou l'*Aurore d'un grand homme*, pantomime en 3 actes, par William et Magniaudé. — 1812. *La Mine Beaujonc* ou le *Dévouement sublime*, fait historique, écho d'une catastrophe arrivée à Liége le 28 février, pantomime en 2 actes par Franconi. — 1813. *Arsène* ou le *Génie Maure*, pantomime en 3 actes par Franconi et Mme Bellement, actrice au *Cirque Olympique*. *Guliver* ou la *Manie des voyages*, folie-pantomime en 3 actes par Moussard. *Les Bédouins* ou la *Tribu du Mont Liban*, pantomime en 3 actes, par Frédéric (Dupetit-Méré). La *Dame du lac* ou l'*Inconnu*, pantomine en 3 actes par Franconi. — 1814. *Lolotte et Fanfan* ou les *Flibustiers*, pantomime en 3 actes par Frédéric (Dupetit-Méré). *La Mort du Capitaine Cook* ou les *Insulaires d'O-Why-e*, pantomime en 2 actes par Franconi. — 1815, 18 février. *Diane et les satires* ou la *Vengeance de l'amour*, pantomime en 2 actes et prologue dialogué par Franconi. — 11 mars. *Orsino*, pantomime dialoguée (trad. de l'anglais) par Franconi. 26 mars. Le *Pic terrible* ou la *Pauvre mère*, pantomime en 3 actes et prologue en prose par Frédéric (Dupetit-Méré). 22 novembre. *Robert le diable* ou le *Criminel repentant*, pantomime en 3 actes par Franconi (publiée dans notre Bulletin en 1912).

A ces pièces, il convient d'ajouter les suivantes, non citées par Soleinne : 1815, 28 janvier. *Isoline des Cyprès* ou *Malheur, Beauté, Vertu, Persévérance* (et avec ça ?), 2 actes par Franconi jeune. — 25 septembre, le *Chef écossais* ou la *Caverne d'Ossian*, 2 actes par Cuvélier.

La pantomime vraiment militaire réapparaît le 8 août 1812 avec les *Trois Aigles* ou les *Mariages lithuaniens*, pantomime historique et militaire en 2 actes, par Cuvélier et Franconi jeune, inspirée par l'entrée des Français en Pologne. Entre l'aigle français et l'aigle de Pologne a pris place l'aigle russe, trophée de victoire.

Enfin les frères Franconi ne se contentaient pas de paraître dans l'arène et sur la scène. Ils donnaient aussi, toutes les matinées, des leçons d'équitation, et Laurent a raconté dans une lettre adressée à un ami, en août 1808, que, fort jeune encore, il avait mis en selle Mme de Beauharnais et ses enfants, Eugène et Hortense. Il ajoutait qu'Eugène avait été un de ses élèves les plus distingués dans l'art de l'équitation et de la voltige.

Mais il était donné au Cirque Olympique de changer encore une fois de place, et d'émigrer dans un tout autre quartier, à l'extrémité de Paris.

Pourquoi ce changement ?

La vogue s'était attachée à ce spectacle ; les deux frères associés jouissaient d'une réputation d'excellents écuyers ; le plus jeune, auteur de pantomimes dont nous avons cité quelques-unes, passait pour un bon mime. Leurs femmes, dont les portraits nous ont été conservés, travaillaient à côté de leurs maris. C'était d'abord Mme Laurent Franconi, belle, souple, agile, gracieuse, qui faisait valoir tous ses avantages dans la scène équestre de la *Jeune américaine* [1]. C'était Mme Minette Franconi, au port majestueux, mime remarquable, qui appartenait à une famille de comédiens, et se souvenait d'avoir joué avec succès sur le théâtre des Arts, à Rouen [2]. Mais n'allait-on plus voir dans la salle du Mont-Thabor, le vieil Antonio, assistant chaque soir à la représentation, dans un fauteuil placé au pourtour de face, et qui lui était spécialement réservé [3] ?

On allégua, comme motif de ce départ, l'installation imminente du Trésor public dans ce quartier. Mais le Ministère des finances qui occupa l'emplacement de l'Hôtel Continental et fut incendié en 1871, ne fut construit que bien des années plus tard. Nous chercherons la vraie cause de ce départ dans quelques raisons qui n'ont pas été dites.

Le *Cirque Olympique* ne restait pas ouvert toute l'année. Les représen-

---

1. Marie-Catherine Cousy, née à Paris le 1er janvier 1781, mariée à Laurent Franconi le 10 germinal an XI (31 mars 1803) et décédée le 20 mars 1816, à la suite d'une longue et douloureuse maladie.

2. Marie-Jeanne, Emilie Lequien, femme de Henri, dit Minette Franconi, morte à Paris le 2 mars 1832. Au sujet des Lequien, v. le Dictionnaire des comédiens français par H. Lyonnet, T. II, p. 356, c. 1. Les portraits de ces deux artistes ont été gravés à l'eau forte, en buste, par Fréd. Hillemacher.

3. Détail fourni par l'auteur du *Cirque Franconi*. Antonio Franconi, devenu aveugle dans les vingt dernières années de son existence, mourut à l'âge de 98 ans, quatre mois et un jour, le 6 décembre 1836. Il fut inhumé le 8, et d'après le vœu exprimé par lui, un cheval caparaçonné suivit le char funèbre. M. André Martinet, dans le supplément du *Figaro* du 26 mars 1910, a publié un article sur les débuts du vieil Antonio, sous le titre : *Franconi Ier*

tations cessaient habituellement dans le courant d'avril, vers Pâques, et la troupe s'en allait alors pour courir les départements, et ne revenir qu'en octobre comme cela arriva en 1810, et même en novembre, en 1809. D'autre part un événement avait forcé les deux frères à émigrer pendant un an au boulevard Saint-Martin, dans la salle d'une entreprise rivale, les *deux Gymniques* installés depuis 1810 au Théâtre de la Porte Saint-Martin. Là se retrouvaient Augustin Hapdé, comme administrateur, et Magniandé comme inspecteur du théâtre. Des discussions d'intérêt avaient surgi entre Franconi père et ses deux fils. Ces derniers fermèrent momentanément leur salle, et passèrent armes et bagages à l'ennemi.

Franconi jeune se mit à l'œuvre, et sur le vieux canevas de *Gérard de Nevers* bâcla avec Cuvélier le *Jugement suprême* ou l'*Innocence sauvée*, tableau en 3 actions, comptant parmi ses interprètes Franconi aîné, Franconi jeune et la femme de ce dernier.

Cette désertion dura un peu plus d'un an, exactement du 27 décembre 1810, date de clôture de la salle du Mont-Thabor, au mois de février 1812, époque à laquelle les frères Franconi, réconciliés avec leur père, reprirent la direction de l'entreprise. Mais cet espace de temps avait fait comprendre aux Franconi qu'il y avait intérêt pour eux à se rapprocher du boulevard du Temple, centre de toutes les attractions théâtrales, et que si la pantomime équestre avait été fort bien accueillie aux Jeux gymniques, c'est-à-dire dans la salle de la Porte Saint-Martin, elle ne le serait pas moins au faubourg du Temple, près du boulevard.

L'abandon de la salle du Mont-Thabor qui n'eut lieu définitivement que quatre ans plus tard, était en principe résolu, et la dernière représentation y fut donnée le 27 mai 1816.

Henry LYONNET.

Cirque - Olympique
1857 - 1931

10 pièces

(11)

16780

Cirque olympique.

Le Cirque a repris hier *Perrinet Leclerc*. A l'occasion de cette solennité, M. Billion a tenté l'expérience d'un système d'éclairage tout à fait nouveau. S'il cherche un nom pour le faire breveter S. G. D. G , je lui propose celui de *clair de lune*. C'est charmant. M. Woestyn n'y verrait pas aussi loin que son nez ; dans les couloirs on n'aurait pas reconnu un ennemi de vingt ans à trois ouvreuses de distance. — Madame Anaïs Rey a dit le rôle d'Isabeau de Bavière de façon à être entendue tout au plus par le chef d'orchestre. Quant à Perrinet Leclerc, l'acteur chargé de le représenter est si jeune, mais si jeune, qu'il a tout l'air d'un échappé de nourrice.

26 nov. 1857

(12)

Théâtre Impérial du Cirque

(34)

vente du privilège du Cirque

(Juin 1858)

16780

[nous n'avons vu que la bande]

(26)

Juin 1858.

Billion & Hostein,

Vente du privilège du Cirque.

(très curieux)

(13) Cirque olympique. Cricri. 15 août 1859

4

On parlait à toutes les audiences d'une pièce nouvelle que le Cirque prépare pour les enfants en vacances, ou plutôt pour ce grand enfant qui se nomme tout le monde, *Cri-cri*.... Puisse le *Cri-cri* avoir la longue et fructueuse existence de son aînée les *Pilules du Diable*, qui, à l'heure actuelle, est huit fois centenaire. Quelle œuvre sérieuse a jamais atteint un pareil succès?

Dans une féerie, l'auteur des machines est à l'auteur des paroles ce que le musicien est au *librettiste* dans un opéra.

Il y a trois écrivains qui se partagent l'honneur et le profit d'avoir mis au monde *Cri-cri;* survient un quatrième qui prétend aux mêmes droits sur l'œuvre : c'est celui qui a écrit les *trucs*.... Ainsi se nomment les ingénieuses inventions au moyen desquelles on fait parler le carton et on transporte sur la scène les phénomènes terrestres et maritimes. M. Raygnard (voilà certes un nom de bon augure pour le théâtre) est un simple ouvrier qui est né avec le génie du *truc*. Il trouve des *trucs* comme M. Alexandre Dumas fils trouve les mots.

On a pris ses *trucs* qui assurent, dit-on, une réussite énorme à la pièce, et on a refusé cependant de lui donner accès aux répétitions générales. Il a réclamé !... Et M. le président en référé lui a donné gain de cause. Il aura des droits égaux aux auteurs. N'est-ce pas justice?... C'est ainsi que l'inventeur des merveilleux *trucs* des *Pilules du Diable*, M. Laurent, est désigné sur l'affiche à côté des auteurs des paroles.

16780

Autre procès occasionné par les répétitions de *Cri-cri*.

Une jeune et jolie actrice du théâtre de M. Billion, mademoiselle Baudriller, se refuse à jouer le rôle de la *Sagesse*, rôle que veut lui imposer son directeur.

Mademoiselle Baudriller prétend qu'elle n'a été engagée que pour jouer le rôle de l'*Amour*. Elle était très-satisfaite de son rôle, pour lequel elle montrait une très-grande aptitude, quand il a plu à la direction de lui enlever un aussi charmant rôle et de le donner à une grande dame de cinq pieds six pouces, qui représentera un Amour géant. Au lieu du rôle de l'*Amour*, on lui donne le rôle de la *Sagesse*, rôle ennuyeux, un rôle sacrifié!... dont elle ne veut pas

Me Schayé, le spirituel agréé qui défendait mademoiselle Baudriller, avait eu soin de se faire escorter à l'audience de sa jolie cliente. En effet, il y avait là pour la cause un argument *de visu*. C'était la meilleure preuve pour établir que la beauté de l'actrice pouvait convenir au personnage. « Ma cliente, disait Me Schayé, veut bien représenter la *Sagesse* au dehors; mais au théâtre elle veut faire l'*Amour*. »

Me Prunier-Quatremère, l'agréé de M. Billion, ne s'est pas laissé émouvoir par cet argument. Il ne croit pas que la question artistique ait inspiré mademoiselle Baudriller dans sa résistance. C'est une question de couturière et non une question d'art. La *Sagesse* porte une robe fort longue, tandis que l'*Amour* est fort décolleté dans sa tenue. De là viendrait la préférence de mademoiselle Baudriller pour le rôle de *Vénus*.

Le tribunal a été de l'avis de Me Prunier-Quatremère, et mademoiselle Baudriller est condamnée à jouer le rôle de la *Sagesse*.

La féerie est un genre de pièces qui suppose une foule de mésaventures. On dirait que les procès dont je viens de parler forment le prologue de la pièce, et qu'une espèce de dieu malin, la mauvaise fée, a tourné la tête de tous ceux qui collaborent à cette œuvre : auteurs et mécaniciens, directeur et artistes....

Ces débats ne feront qu'allécher le public. On ira voir les *trucs* pour savoir s'ils méritaient une place importante à leur inventeur dans la perception de la recette; on ira voir la grande femme qui, suivant Me Schayé, fera du petit dieu *Amour* un dieu géant; on ira voir la *Sagesse* malgré elle, représentée par la gentille mademoiselle Baudriller.... Ah! vivent les procès pour les pièces! c'est la meilleure réclame qu'elles puissent avoir.

A PROPOS D'ŒDIPE, ROI DE THEBES

Le premier Cirque Olympique à Paris

Ce fut pour le 28 décembre 1807 que fut annoncée l'ouverture d'un nouvel établissement dénommé le *Cirque Olympique*, avec une pantomime équestre, toute à la glorification de Napoléon.

Cette qualification « Olympique » peut nous paraître un peu prétentieuse pour l'époque. Le mot était dans l'air. En 1807, on est « olympique ». La société d'artistes et d'amateurs qui tient ses séances musicales au Palais-Royal, est « Olympique ». Rue Chantereine, aujourd'hui rue de la Victoire, le joli théâtre bâti en 1796 par l'architecte Damême, s'appelle le Théâtre Olympique.

Quels étaient les promoteurs du Cirque-théâtre Olympique, comportant arène et plateau? Les frères Laurent et Henri (ce dernier dit Minette) Franconi, dont la dynastie, dans l'histoire des cirques remontait au siècle précédent. Franconi père, dont l'établissement avait été incendié à Lyon en 1793, s'était d'abord fait connaître à Paris dans l'ancien amphithéâtre d'Astley, faubourg du Temple. Mais il ne s'agissait alors que d'exercices exécutés dans l'arène.

Cet adroit écuyer avait pourtant d'autres ambitions. Il voulait substituer aux pantomimes jouées dans le cirque, des actions sur un théâtre, et, pour ne pas renoncer aux jeux équestres, réunir dans une même salle un cirque et un théâtre.

Un tel projet fut d'abord réalisé sur un terrain qu'il acheta dans l'ancien enclos des Capucines. Ce fut la première entreprise qui réunit les deux genres. Ce fut l'embryon du Cirque Olympique et la dernière conception du vieil Antonio Franconi, qui céda son affaire en plein état de prospérité, à ses deux fils, en 1805.

La création de la rue de la Paix, décidée en 1806 — on l'appela d'abord rue Napoléon — vint exproprier les deux frères. Il fallait trouver un autre emplacement dans les environs. Les Franconi jetèrent alors leur dévolu sur un terrain situé entre la rue Saint-Honoré et la rue du Mont-Thabor. C'est là que le Cirque Olympique fut bâti par l'architecte Guinet.

Sa façade? Bien insignifiante, car elle donnait sur un passage couvert allant de la rue Saint-Honoré à celle du Mont-Thabor. Or, on se souciait alors si peu de la sécurité des spectateurs, que ce passage, seul débouché public pour ce théâtre, avait à peine trois mètres de large.

A titre de curiosité, les loges y coûtaient 5 et 4 francs, les premières 3 francs, les secondes et le pourtour 1 fr. 80 et les troisièmes 1 fr. 20. Douze cents spectateurs tenaient dans les loges et sur les six gradins de l'amphithéâtre, et huit cents au parterre, les jours où l'on n'utilisait pas l'arène. Dans les actions combinées, les chevaux y accédaient par deux ouvertures latérales, mais jamais directement par le théâtre.

La pièce choisie pour l'ouverture du 28 décembre 1807 était une pantomime équestre de J. G. A. Cuvélier, le créateur du genre. Un type bien curieux, soit dit en passant, que ce Cuvélier qui faisait toujours suivre son nom d'auteur du titre « d'ancien officier de cavalerie », et qui garda toujours l'allure de son ancienne profession, se promenant sur le boulevard, sanglé dans une redingote à brandebourgs, boutonné du col à la ceinture, suivi de sa maîtresse qu'il obligeait à se costumer pareillement.

Pendant le Premier Empire, le Cirque Olympique se borna aux apothéoses du « grand homme », comme on disait alors, déployant une mise en scène somptueuse, exhibant de très beaux décors; ce ne sont que trompettes, poses plastiques, défilés, évolutions militaires, chevaux se cabrant sur la scène.

L'Empire tombé, la troupe Franconi se trouvait en mauvaise posture dans le voisinage des Tuileries. Le retour au faubourg du Temple fut décidé (1816) et c'est là qu'elle restera jusqu'au jour de l'incendie du 16 mars 1826. Désormais, le Cirque Oylmpique aura sa salle, construite exprès pour lui, boulevard du Temple (dans l'axe actuel de l'avenue de la République). 1830! C'est la belle époque de l'épopée. Pendant trente ans, tous les noms de généraux, tous ceux de batailles vont servir de titres pour les pièces. Entre dix heures et minuit, les habitants du boulevard du Temple entendront chaque soir le canon... du cirque, que celui-ci s'appelle Théâtre du Cirque Olympique, Théâtre National, ou Théâtre Impérial du Cirque, jusqu'au jour de la démolition, en 1862.

Le Théâtre du Cirque devait revivre au Théâtre du Châtelet. Il lui a légué la tradition des défilés, des grands ballets et des mises en scènes grandioses.

Saluons à présent la résurrection des spectacles olympiques à l'ancien Cirque d'hiver.

Décidément, rien ne disparaît tout à fait. Tout se transforme.

HENRY LYONNET.

LE CIRQUE-OLYMPIQUE

Figaro 26/10/01

Le Cirque-Olympique était le voisin des Folies-Dramatiques ; il n'y avait entre eux que deux cafés. C'était la plus vaste salle non seulement des théâtres du boulevard, mais de tous les théâtres de Paris, sauf l'Opéra, qui était alors rue Le Peletier — et encore !

Il eut plus tard, comme je l'ai dit, la gloire de s'appeler Théâtre-Impérial.

Sa quasi spécialité était de jouer des pièces militaires et des féeries, qu'il montait avec un grand luxe de mise en scène et qui attiraient la foule.

Il eut pourtant des revers ; mais n'anticipons pas et procédons par ordre : l'ordre est la politesse des historiens, a dit Michelet ou Siraudin — je ne sais pas au juste lequel ; je crois que c'est plutôt Siraudin.

***

Antonio Franconi, le chef de la grande famille des Franconi, après une existence assez cahotée par la Révolution, vint s'installer dans un manège vacant du faubourg du Temple et y ouvrit un cirque qui fit courir tout Paris. Il y donnait des représentations équestres, y montrait des animaux savants et intercalait dans ce spectacle des scènes comiques de son invention telles que *Rognolet et Passe-Carreau*, que l'on joue, je crois, encore.

Le manège, devenu trop petit, Antonio Franconi acheta dans l'enclos des Capucines un terrain sur lequel il construisit une salle assez grande pour y représenter des pantomimes à grand spectacle.

En 1805 — comme le temps passe, tout de même ! — il céda son établissement à ses deux fils. Ceux-ci, expropriés un an après pour le percement de la rue de la Paix, qui s'appelait alors la rue Napoléon — ce qui n'est pas la même chose — installèrent leur théâtre sur l'emplacement où se trouve aujourd'hui le Nouveau-Cirque, un emplacement prédestiné, comme on voit.

Leur succès ne se démentit pas et il s'accrut encore lorsqu'ils eurent la bonne fortune d'exhiber le cerf Coco, un cerf fort intelligent qui amusa longtemps la foule par ses grâces et sa gentillesse.

***

De nouveau expropriés pour faire place au Trésor public, ils revinrent au manège du faubourg du Temple, qu'ils transformèrent en une salle confortable et élégante.

Là, outre leurs grandes pantomimes, ils jouèrent de véritables pièces, entremêlées d'exercices équestres ; Frédérick-Lemaître et Bouffé, jeunes débutants, y interprétaient des petits rôles.

En 1826, ce cirque, qui, depuis l'enclos des Capucines, portait le titre pompeux de « Cirque-Olympique », brûla pendant la représentation d'un mélodrame intitulé justement et malheureusement *l'Incendie de Salins*.

Dans cette pièce, dont le hasard m'a fait retrouver la brochure, Frédérick-Lemaître jouait un personnage qui se nommait Macaire. Est-ce cela qui lui a donné l'idée de se servir plus tard du nom et du même personnage pour sa création merveilleuse de Robert-Macaire ?... Je l'ignore.

Un an après, — on bâtissait vite dans ce temps-là, — les frères Franconi, très encouragés, du reste, par le monde des théâtres et même par les ministres et la Cour, inauguraient une nouvelle salle sur le boulevard du Temple, celle qui nous occupe en ce moment.

***

Le rez-de-chaussée de cette salle était occupé par une piste communiquant avec la scène par deux chemins mobiles latéraux.

Les défilés, les batailles commencés sur le théâtre se continuaient sur cette piste, pour ainsi dire parmi les spectateurs, ce qui avait au moins l'avantage de réveiller ceux qui dormaient.

Les frères Franconi cédèrent leur direction à leur neveu, Adolphe Franconi, qui s'adjoignit deux auteurs dramatiques : Ferdinand Laloue et Vilain de Saint-Hilaire. Les trois directeurs, après quelques années d'exploitation, cédèrent à leur tour le théâtre à Dejean, lequel était déjà propriétaire du terrain.

M. Dejean, qu'on appelait le père Dejean, et que j'ai beaucoup connu, était un brave et excellent homme : il avait une longue barbe blanche qui lui descendait sur la poitrine, tel un patriarche oriental, et portait des lunettes d'or.

C'était un ancien boucher qui n'entendait rien au théâtre, mais qui, fort intelligemment, garda comme lieutenants ses deux prédécesseurs : Adolphe Franconi, pour la direction du Cirque équestre des Champs-Elysées, et Ferdinand Laloue pour celle du cirque du boulevard. Ferdinand Laloue était un metteur en scène hors ligne et même un auteur dramatique très habile.

***

Le père Dejean fit une grosse fortune dans l'exploitation de ses deux cirques. Quand il en avait pris, fort témérairement, disait-il, la double direction, il était déjà riche, du reste.

Il avait commencé à dix-huit ans par être simple garçon boucher; à vingt-neuf ans, il achetait à crédit le fonds de son patron ; à quarante ans, il se retirait du commerce et liquidait sa situation ; il avait cinquante mille francs de rente !

Alors, quand il se vit à « l'abri de la misère », il se décida à changer de mobilier — celui qu'il possédait lui venait de feu son patron. Il le fit vendre aux enchères publiques et la vente rapporta 17 fr. 50 !...

C'était par l'ordre et l'économie que le père Dejean avait réussi. Il n'aimait pas à jeter l'argent par les fenêtres, bien entendu, mais il savait être large quand il le fallait. Lorsqu'il s'agissait de monter une pièce militaire ou une féerie, il dépensait sans compter.

Ferdinand Laloue venait lui dire :

— Il me faudra tant pour la mise en scène.

— C'est bien, répondait le père Dejean ; et il ouvrait son secrétaire et remettait la somme à son régisseur général.

Il avait le billet de faveur en horreur — haine plus ou moins discutable ; — personne sur le boulevard n'a jamais pu se vanter de lui en avoir extorqué un. Quand un ami lui demandait à voir son spectacle, il tirait tranquillement sa bourse de sa poche, y prenait trois ou quatre francs et les remettait au quémandeur, en lui disant :

— Allez prendre une place au bureau.

***

Il avait aussi la récompense excentrique. Une année, les deux entreprises ayant donné des bénéfices fabuleux, grâce à l'activité et à l'intelligence de ses lieutenants, ceux-ci s'attendaient à une sérieuse gratification.

En effet, la veille du premier de l'an, le père Dejean leur dit :

— Je vous dois une indemnité ; demain, vous me ferez le plaisir de venir dîner avec moi !

Les deux régisseurs se regardèrent :

— Un dîner comme gratification, c'est maigre !

Le lendemain, le père Dejean les emmena dans un restaurant borgne : l'addition du festin s'éleva à 4 francs !

Les deux régisseurs étaient atterrés. Seulement, au dessert, en levant leurs assiettes, ils trouvèrent dessous un acte par lequel M. Dejean leur donnait un tiers dans les bénéfices futurs.

L'année suivante ce tiers se monta, pour chacun d'eux, à la somme de cent mille francs !

***

Je dois aussi à la mémoire du père Dejean un souvenir de reconnaissance.

Nous nous voyions souvent, pour ne pas dire tous les jours, au café du théâtre, le café du Cirque.

Nous jouions souvent ensemble au bésigue, qui n'était pas chinois alors. L'enjeu habituel était de 25 centimes. Ce n'était pas cher, comme on voit.

Le père Dejean, qui possédait des millions et qui n'hésitait pas à mettre cent ou deux cent mille francs sur la carte d'une féerie nouvelle ou d'une pièce militaire, devenait furieux quand il avait perdu ses cinq sous, et il injuriait volontiers l'adversaire.

Un soir, j'eus une chance folle... je gagnai quatre parties de suite, et le désolé directeur dut m'allonger un franc! Il s'était déjà retenu pour ne pas me flanquer les cartes à la tête, et en me remettant les vingt sous, il me traita de grec!

Je pris néanmoins les vingt sous et je dis en riant au père Dejean :

— Qu'est-ce que vous voulez! ces vingt sous-là m'aideront à m'acheter un homme, si demain je tombe au sort!

En effet, j'avais vingt ans, et le lendemain je tirais à la conscription!

— Et ces vingt sous-là, c'est tout ce que vous avez pour payer un remplaçant? me demanda le père Dejean.

En ce temps-là, on pouvait s'offrir un remplaçant, mais pour une somme que j'étais loin d'avoir.

— Ma foi, à peu près! répondis-je, et il est probable que je vais être forcé de servir cinq ans — peut-être était-ce sept ans alors? Je ne me souviens plus.

Et cette perspective, qui me rendait depuis quelque temps plutôt mélancolique, assombrit sans doute fortement mon front printanier à ce moment-là, car le père Dejan, après m'avoir regardé, se pencha à mon oreille et :

— Ne vous attristez pas, me dit-il, si vous tombez au sort, je vous prêterai la somme et vous me la rendrez quand vous pourrez.

J'eus la chance, le lendemain, de tirer un bon numéro!

Mais avouez que le père Dejean était un drôle d'être?... Un bon et brave homme, tout de même, et généreux à ses heures... quoique mauvais joueur!...

LE CIRQUE-OLYMPIQUE (*Suite*)

L'ex-Cirque-Olympique, élevé à la dignité de Cirque-Impérial, retrouva sous l'intelligente et artistique direction de Hostein sa splendeur et son public d'autrefois.

Les succès succédèrent au succès; le plus grand fut celui de la *Prise de Pékin*, de d'Ennery et Mocquart — toujours lui — dont la mise en scène émerveilla et émerveillerait encore aujourd'hui.

Pour la première fois, on vit sur un théâtre des Chinois qui n'avaient pas tous des longues moustaches pendantes et saluaient avec les deux doigts en l'air. On s'était donné la peine de feuilleter des livres et de regarder des estampes, et on avait offert au public un spectacle vraiment curieux.

On joua la pièce deux cents fois de suite; les droits d'auteur furent considérables, ce qui dut, probablement, réjouir le cœur de Mocquart.

***

La dernière pièce représentée au Cirque-Impérial du boulevard du Temple fut une féerie : *Rothomago*, de d'Ennery et Clairville.

Cette féerie eut un sort privilégié : elle commença par avoir, au boulevard, une très longue carrière, puis elle inaugura le théâtre du Châtelet, où elle revécut une carrière non moins longue; le public allait voir la nouvelle salle et probablement juger de l'effet que faisait la pièce dans un cadre plus grand et plus neuf.

Cette féerie fut la seule chose à qui la démolition du vieux boulevard profita.

Quand il eut fait bâtir en pierres le cirque des Champs-Elysées pour y donner, l'été, des représentations équestres, l'heureux directeur supprima la piste du théâtre du boulevard et la remplaça par des stalles d'orchestre et un parterre, ce qui augmentait le chiffre de la recette possible.

Cela n'empêcha pas le Cirque-Olympique d'être fidèle à son programme; il continua à donner des pièces militaires et des féeries... Généralement, les pièces militaires avaient l'Empire pour sujet. Un acteur, nommé Gobert, qui ressemblait à Napoléon, avait la joie de le représenter dans toutes les pièces impériales. Il lui ressemblait tellement qu'il lui arrivait de s'y tromper lui-même, disaient les farceurs du boulevard. On le surprenait quelquefois devant sa glace, demandant à son image de lui raconter la bataille d'Austerlitz.

***

On pouvait le voir chaque jour se promener devant la façade du théâtre, les mains derrière le dos, ou prenant dans la poche de son gilet une prise du tabac, tel son glorieux modèle!

On ne put jamais le décider à jouer un autre rôle que celui de l'Empereur! Il ne consentait même pas à représenter le général Bonaparte! Quand un jour, Ferdinand Laloue, embarrassé, lui demanda d'accepter un rôle dans une féerie, Gobert refusa obstinément.

— J'aime mieux résilier mon engagement, dit-il, que de faire de Napoléon un histrion !...

***

Le père Dejean contribua pour beaucoup, à force de grandes pièces napoléoniennes, à propager la légende impériale. Aussi, quand Napoléon III monta sur le trône de son oncle, un de ses premiers soins fut de nommer le père Dejean officier de la Légion d'honneur. Il avait été fait chevalier par Louis-Philippe.

La féerie qui eut le plus de succès sous sa direction fut les fameuses *Pilules du Diable*, qui eurent plus de 2,000 représentations.

La pièce avait pour auteurs Anicet Bourgeois et Ferdinand Laloue, qui était de toutes les pièces qu'il montait, et Laurent, un Anglais francisé, qui venait des Funambules et jouait lui-même un rôle dans la pièce.

***

Laurent avait bourré la féerie de trucs qui faisaient depuis soixante ans les délices des Anglais et qu'on revoyait toujours religieusement à chaque Christmas.

Ce qu'il y a de curieux, c'est que ces mêmes trucs avaient déjà fait le succès d'une pantomime des Funambules, où l'ingénieux auteur-acteur les avait intercalés ! Ils firent de nouveau celui des *Pilules du Diable* où ils parurent très neufs au public de l'endroit, et cela pendant vingt ans de suite !

Notez que des Funambules au Cirque-Olympique, il y avait tout au plus une quarantaine de pas ; mais quarante pas entre deux théâtres, c'est presque la distance de plusieurs départements ! Je dirai même de deux patries !

***

En 1844, le père Dejean se retira pour se consacrer entièrement à son Cirque d'Été, qu'il chérissait, et il céda la direction du Cirque-Olympique à Gallois. Ce Gallois trouva moyen — et il fallut qu'il se donnât du mal pour cela — de désachalander presque subitement le théâtre.

Il le désachalanda si bien qu'un an après il était obligé de le vendre à Adolphe Adam, le compositeur, dont depuis longtemps le rêve était de fonder un troisième théâtre lyrique, rêve commun, si on le remarque, à tous les compositeurs de musique.

Adolphe Adam débaptisa le Cirque-Olympique et l'intitula l'Opéra National. Il l'inaugura avec *Gastibelza*, un opéra-comique en trois actes d'Aimé Maillard, l'auteur des immortels *Dragons de Villars*.

Ce ne fut pas sans étonnement, ni même sans un gros désespoir, que les enfants du quartier virent leur scène préférée disparaître, — celle où on les menait, quand ils avaient été sages et même quand ils ne l'avaient pas été, voir des féeries et des pièces à batailles.

On me conduisit à *Gastibelza*, pour tout me montrer, et je me rappelle qu'au milieu du premier acte je m'endormis avec une telle ardeur, qu'on put me rentrer à la maison et me coucher sans arriver à me réveiller.

***

L'Opéra National qui, pourtant, donna de fort jolies choses interprétées et chantées par des artistes de valeur, ne dura pas longtemps : Paris n'était pas encore mûr pour un troisième théâtre lyrique.

Au bout de quelques mois, Adolphe Adam dut se retirer et l'Opéra National aussi.

Le théâtre reprit son ancienne étiquette et redevint le Cirque-Olympique sous la direction de Mayer, qui s'empressa de monter une féerie.

Il passa ensuite la main à Billion, déjà directeur des Funambules.

Billion, le fameux Billion, célèbre par son économie légendaire, mena le Cirque comme il menait les Funambules ! Son chagrin était de ne pouvoir faire servir les décors d'un théâtre dans l'autre : ils étaient trop petits ou trop grands. Mais il fit souvent resservir les mêmes costumes.

C'était un homme intelligent, pourtant, mais qui avait une façon à lui de comprendre l'*industrie dramatique* : pas de dépenses et beaucoup de recettes ! Cette conception n'est déjà pas si bête, le tout est d'arriver à l'appliquer.

***

Billion montait donc les pièces dites à spectacle avec une parcimonie enragée : il n'était pas rare de voir dans un drame du moyen âge des personnages habillés en vieux grognards de l'Empire.

— Ils devancent leur époque, voilà tout ! disait le directeur ordonné.

Il tenait le contrôle lui-même, pour économiser les appointements d'un contrôleur en chef.

Son instruction avait été des plus négligées et on citait sur le boulevard, — je crois même qu'on en cite encore, — des mots de lui. L'histoire des neuf Muses a traîné partout, c'est pourquoi je n'hésite pas à la reproduire ici :

Dans une féerie, les neuf Muses devaient paraître ; à la répétition générale il n'en parut que trois. Etonnement de l'auteur. Il en demanda la raison.

— Mais les neuf Muses n'ont jamais été que trois, répond Billion ; est-ce que ce n'est pas elles aussi qu'on appelle les trois Parques ?

***

Ce théâtre, qui avait surtout réussi par une mise en scène luxueuse, fut bien vite délaissé du public, surpris et déçu ; les recettes devinrent tellement modiques que le directeur, mal inspiré, y perdit sa fortune.

A la fin de son privilège, le ministère s'empressa de ne pas le lui renouveler, et l'infortuné Billion, qui avait déjà abandonné les Funambules, erra, désemparé, dans la vie. Il prit quelques années plus tard, associé avec l'artiste Dumaine, la direction de l'Ambigu-Comique, où il continua son système d'économie à outrance ; il n'y réussit pas davantage.

Totalement ruiné, il eut une triste fin et mourut dans un coin isolé de la province. Sa femme, pour vivre, fut obligée de se faire ouvreuse du théâtre des Arts de Rouen.

Ceci prouve que l'ordre et l'économie ne sont pas toujours un sûr moyen de réussir. Ecoutez donc les préceptes de saine morale, tout de même !

***

C'est à Hostein, directeur de la Gaîté, que le privilège du Cirque-Olympique fut donné, grâce à l'influence de son ami d'Ennery, comme je l'ai déjà dit.

D'Ennery, en effet, était tout-puissant de par sa collaboration semi-mystérieuse avec Mocquart, le secrétaire particulier de l'Empereur.

Je dis semi-mystérieuse, car cette collaboration devint bientôt le secret de Polichinelle.

Mocquart s'était, un beau jour, on ne sait pourquoi, senti la bosse du théâtre. Il avait déjà jadis collaboré avec Benjamin Antier à un drame intitulé : *Le Masque de poix*, et qui n'avait eu qu'un sort quelconque. Il eut un réveil, grâce à d'Ennery, avec lequel il fit, ou crut faire, la *Fausse Adultère*, que Hostein représenta à la Gaîté.

La pièce réussit beaucoup. Mocquart fut de nouveau alléché par ce succès et devint fou du théâtre.

La légende veut qu'il ait entraîné parfois son maître, l'empereur Napoléon III, à travailler à quelques-uns de ses drames, notamment ceux qui furent joués au Cirque-Impérial.

***

D'Ennery, aussi habile à la ville qu'à la scène, exploita à son profit et à celui de ses amis la passion de Mocquart pour l'art dramatique.

Il était admirable, d'ailleurs, pour lui faire croire qu'il avait un talent supérieur et collaborait véritablement aux pièces que d'Ennery faisait jouer.

Quand l'auteur de la *Grâce de Dieu* voulait obtenir une faveur quelconque pour lui ou pour ses amis, il s'y prenait comme un dramaturge de premier ordre.

Mocquart, très occupé, n'avait pas beaucoup de mémoire. Un jour, d'Ennery, qui avait promis à un des parents de Hostein de lui faire donner un commissariat de police, alla trouver Mocquart et, après quelques paroles vagues sur le théâtre, lui dit tout à coup :

— Au fait ! et mon ami Chose ? Avez-vous pensé à écrire au préfet de police, au sujet de la place qu'il désire ?

— Votre ami Chose ?... Qu'est-ce que je devais écrire pour lui au préfet et quelle place désire-t-il ?

— Là ! j'en étais sûr ! vous l'avez oublié ! Et ce pauvre garçon croque le marmot depuis trois semaines, comptant sur vous et sur moi ! Vous êtes vraiment terrible avec votre négligence ! permettez-moi de vous le dire ! Hostein va être furieux !

— Mais, rappelez-moi ! Cette affaire-là m'est complètement sortie de la tête !

— Je vous avais prié de faire nommer Chose commissaire de police, et vous m'avez répondu : c'est entendu ! j'écrirai ce soir même au préfet.

— J'ai dit cela ?

— Evidemment, et vous n'avez pas écrit !

— Je suis désolé ! J'ai beaucoup d'occupations, vous le savez. Ce pauvre garçon doit n'y rien comprendre, en effet ; j'écrirai aujourd'hui !

6

— Non! écrivez tout de suite! vous êtes capable de l'oublier encore, et avouez votre oubli au préfet pour qu'il le répare et signe la nomination de mon ami le plus tôt possible!

— Soit! j'écris, vous avez raison!

Et Mocquart écrivit sous les yeux de d'Ennery qui fit partir la lettre lui-même.

Vingt-quatre heures après, Chose était nommé commissaire de police. Il va sans dire que d'Ennery n'avait jamais ouvert la bouche de l'affaire à Mocquart et que c'était la première fois qu'il lui en parlait.

C'était un rude homme que l'auteur des *Deux Orphelines*, allez! et l'école des ficelles dramatiques est une bien bonne école!

(19)

Cirque Olympique .16780

Origines du Cirque Olympique

1807-1818.

par Henry Lyonnet.

pp 105-114.

extr. du Bulletin de la Société de l'Histoire du Théâtre. 15e année Nov. 1918 - Déc. 1919. Nos 1.2.

Paris, M. Fréidet, 1920.

Cirque olympique

(20)

2

Historique.

depuis 1783 à 1860

[Amphithéâtre d'Astley, faubourg du Temple, au Château]

Henry Lyonnet

16730

H. Lyonnet.

Origines du Cirque Olympique

(1807-1816)

voir Bulletin Soc. Histoir. Théâtre

(N° 3-4)

1920-1922

(pp 105 à 115)

(21)

Cirque Olympique

Un anglais nommé Astley établit le premier en Fr. ce genre de spectacle et en 1783

~~1786~~ un Th. destiné aux Scènes équestres à l'entrée du ~~dans le~~ faubourg du Temple

plus à l'époque de la révolution de 1789 Astley voulant s'en retourner chez lui

vend à son ~~le Cirq~~ ~~fonda~~ ~~plus tard~~ à ~~le~~ Antoine Franconi père ~~Franconi~~

Cirque

~~d'Astley était situé faub. du Temple~~ —

transporta Du faubourg du Temple au faub. des Capucines le Père Franconi laissa son entreprise à ses 2 fils Laurent et Minette

Le 28 X[bre] 1807 il ouvrit comme Théâtre ~~rue Mont Thabor~~ rue Mont Thabor des pantomimes ou mimodrames équestres

Le manège devenant trop exigu par l'extension de la

partie dramatique M. M. Franconi ~~l'établit pendant~~

~~quelques années~~ firent bâtir une nouvelle salle rue

Mont-Thabor ~~où il restera~~ quelques ~~temps~~. —

1807, 28 ~~9bre~~ X[bre] puis rue St Honoré 355 —

le Cirque établi faub. du temple put devenir Th. et après des encouragements

~~depuis le 8 9bre 1809~~ ils firent ~~retourner~~ exécuter quelques améliorations

à la salle du faub. du Temple et l'ouverture eut lieu

le 8 9bre 1809.

La Nuit du 15 au 16 M. 1826 un incendie consuma

l'édifice

On le rétablit immédiatement sur le boulevard du

Temple × le 31 M. 1827 Ferd. Laloue,

Vilain St Hilaire et Ad. Franconi furent

chargés de l'administration. 2259 places

× entre l'ambigu et l'hôtel Chenton, sur les terrains occupés par les cafés Chinois, de Périgord, le Th. de la Malaga, d'Hespérie, des Nouladours et le Café de l'Épine!

~~Ils eurent pour successeurs~~

26 mai 35 Une décision autorise le Cirque à donner des représentations équestres aux Champs Elysées

En 1837 Dejean se fait adjuger la propriété de l'édifice et par suite le privilège — la salle contient 3500 personnes

Le 1er Juillet 1844 Gallois — ~~acquit~~ le tout

En 1846 Gallois cède à la Société Mirecourt Morin, Pommier et Cie

Puis Meyer leur succède

Le 1er 8bre 47 Dejean reprend les rênes puis vient Meyer qui dirigea jusqu'en 49 —

Le 15 9bre 49 Ad. Adam s'y installe et transforme tout en Opéra National

Meyer le remet presque aussitôt en Théâtre National —

le 16 Juin 49 il est mis à prix 300,000 fr. qu'il n'occupait
le 1er Xbre 49 Meyer expose le privilège qu'il provisoirement
le 6 Xbre 50 Billion est nommé Directeur et Meyer reste directeur de la Scène — et mis en faillite —

Le 18 Xbre 52 la propriété de l'immeuble passe des mains de la Société Mirecourt dans celle de Dejean et de Mme la Marquise de Porter par adjudication moyennant 725,000 fr.

En Xbre 59 le Privilège de Billion expire et Hostein lui succède.

La démolition de l'édifice a lieu pour construire le Bd du Prince Eugène et l'administration Hostein va exploiter au Th. du Châtelet

En août 60 la ville achète à Dejean au prix de 2,140,000 fr.

(23)

A l'époque gallo-romaine Lutèce eut ses arènes ; elles étaient situées sur la rive gauche de la Seine, sur le versant oriental de la montagne Sainte-Geneviève. Mais les siècles s'écoulèrent sans que Paris connût un autre cirque, et avant la fin du XVIIIe siècle, jamais aucun spectacle équestre n'avait eu lieu, si ce n'est au Champ de Mars où se faisaient annuellement les courses de chevaux et les fêtes avec défilés militaires. Et il n'y avait là, ni portiques, ni gradins, ni piste réellement limitée, aucun monument n'était consacré à ces exercices.

Ce n'est que le 7 juillet 1782, qu'un cirque, l'« Amphithéâtre anglais », fut fondé, au faubourg du Temple, par un Anglais du nom d'Astley. Ce spectacle était tout à fait nouveau pour les Parisiens ; en effet, on y représentait « les grandes ombres, les feux pyrrhiques, plusieurs exercices équestres par le sieur Astley fils et la troupe angloise » ; puis, quelques années après : « Le cochon savant et le pont équestre, pont porté par huit chevaux ». Ces représentations, où les animaux jouaient un grand rôle, avaient pour cadre une salle circulaire, formant jardin, avec un bosquet au centre et entourée de deux rangs de loges.

Pendant la Révolution, Astley fuyant au moment de la coalition européenne, Franconi lui acheta l'Ampithéâtre équestre. Les Franconi, de père en fils, furent les premiers écuyers du monde, ce qui a fait dire d'eux par M. Frichet : « L'écurie de M. de Franconi était pour les quadrupèdes ce qu'est pour nous l'Académie française ; c'était le foyer de la lumière animale, le centre du pas classique, le réservoir du trot antique, le sanctuaire du beau galop. »

Franconi fit réparer et agrandir la salle trop exiguë, et il annexa à la piste une petite salle de théâtre. Par la forme bizarre du terrain, ce cirque ne possédait de gradins que sur un côté de la piste, vis-à-vis de la scène. Des colonnes grêles surmontées de chapiteaux corinthiens supportaient le plafond légèrement bombé, figurant un vélum retenu par des trophées et des lances. Cinq lustres éclairaient cette salle, dont la piste sablée était tantôt réunie à la scène par des plans inclinés, tantôt couverte de fauteuils ; on ajoutait alors une avant-scène montée sur des tréteaux. Les dégagements étaient étroits et insuffisants, et la circulation des figurants très difficile dans des coulisses étranglées. Le bâtiment sur le côté, réservé aux écuries et aux cages des animaux, était d'un service très défectueux. La réouverture de cette salle eut lieu le 25 novembre 1795 et indépendamment des exercices équestres et des exhibitions de bêtes féroces, on représenta un intermède comique signé de Franconi lui-même : *Ragnolet et Passe Carreau*, pantomime où les animaux jouaient un grand rôle. Franconi, plus d'un siècle avant M. Rostand, pressentait le succès que devaient avoir des animaux sur la scène.

Le manège étant encore jugé trop petit, après une courte station sur l'enclos des Capucines, il vint prendre place rue du Mont-Thabor sous le nom de « Cirque Olympique », sur l'emplacement actuel du Nouveau-Cirque. Ce Cirque Olympique fut construit par l'architecte Guinet; la façade donnait sur un passage reliant la rue Saint-Honoré à la rue du Mont-Thabor. Il y avait une scène reliée à la piste pour les parades militaires, et toutes les loges encadrant cette piste, ornées de draperies, étaient dirigées vers la scène. Une colonnade supportait la calotte de la salle dans laquelle pouvaient prendre place de 1200 à 2700 spectateurs, suivant que le public se tenait ou non sur la piste. Tout ce cirque était construit en matériaux légers : bois, plâtre, toile. Le 28 décembre 1807, eut lieu l'inauguration avec le « Cerf Coco » que les affiches représentaient montant sur une corde tendue et avec « la lanterne de Diogène ». C'est dans ce Cirque Olympique que débuta en 1817 Frédérick Lemaître.

(24)

« Après avoir joué les quadrupèdes aux Variétés Amusantes et les traîtres aux Funambules, il fut engagé par Franconi aux appointements de 80 francs par mois. » Il interpréta, avec un immense succès, différents drames militaires jusqu'en 1820, époque où il entra à l'Odéon.

Enfin, la salle ayant été détruite par un incendie le 16 mars 1826, après une représentation de *l'Incendie de Salins*, l'établissement fut reconstruit près de l'Ambigu. Pour subvenir aux frais qu'entraîna l'édification de cette grande salle, les théâtres, le roi, la cour souscrirent des sommes importantes, on organisa des représentations à bénéfice, tout le monde apporta son obole, Paris voulait son cirque. Le Cirque Olympique, encore une fois composé d'une piste et d'une scène très vastes, reliées entre elles par des rampes ajustées aux parois et des planchers mobiles, ouvrit ses portes le 21 septembre 1827, avec une pièce à la fois héroïque, populaire et militaire : *le Palais, la Guinguette et le Champ de bataille*.

Peu à peu, vers 1830, le goût du public se transforma, les exercices d'équitation cédèrent le pas aux pièces militaires et ne devinrent qu'un accessoire d'un spectacle dramatique où l'on déploya « toute la magnificence de l'appareil équestre et militaire ». Presque toutes les pièces étaient consacrées à la gloire de Napoléon ; quelques titres suffiront à donner une idée des sujets représentés : *le Passage du mont St-Bernard, l'Empire et les Cent-Jours, les Pages de l'Empereur, Austerlitz, Murat Bonaparte en Egypte, Masséna l'enfant chéri de la Victoire, le Prince Eugène et l'Impératrice Joséphine*. C'est alors que Tailladc débuta dans *Bonaparte*, engagé pour sa ressemblance avec le premier consul. Ces drames étaient joués sur la scène, et la salle y était réunie pour les défilés militaires. Le Cirque Olympique devint en 1835 le « Cirque National » et donna naissance en 1840 au « Cirque d'Eté », situé aux Champs-Elysées, au carré Marigny, et en 1848 au « Cirque d'Hiver » actuel, boulevard des Filles-du-Calvaire. En 1862, le Cirque National, devenu le « Théâtre Impérial du Cirque », ferma ses portes et se transporta dans un immeuble neuf pour être le théâtre municipal du Châtelet, où il devait trouver la place nécessaire pour une nombreuse figuration et une machinerie perfectionnée.

Telles sont les différentes phases par lesquelles passa le Cirque Franconi, et lorsqu'on assiste, au Châtelet, à une de ces somptueuses féeries aux décors éblouissants se transformant subitement, il est amusant de se reporter au début, au petit cirque du faubourg du Temple, simple et modeste, avec sa construction en planches et sa piste de sable.

ROB MALLET-STEVENS.

(25) 1826

17 4 1

Opinion 17-4-26

Le Cirque-Olympique

Il y a cent ans, le 15 avril 1826, un incendie détruisait le Cirque-Olympique, au grand désespoir de ses spectateurs habituels. Ne souriez pas. Le Cirque-Olympique tenait alors une place considérable dans la vie parisienne ; nous aurions tort, en effet, de croire que nous avons inventé l'amour de la piste, des clowns et des acrobates, exaltés maintenant par bon nombre de gens qui peuvent être soupçonnés, sans méchanceté, de quelque snobisme, me semble-t-il. Relisons les chroniqueurs de l'époque et nous constaterons qu'ils ne perdent pas une occasion de célébrer les fastes de l'établissement fameux où ils étaient assidus. Puisque cet anniversaire nous y engage, pourquoi ne pas les rappeler à notre tour ?

Et d'abord, au Cirque-Olympique, on voyait Auriol, le clown le plus spirituel et le plus charmant que l'on puisse imaginer, dont la popularité égalait celle de Footit, hier, ou de Grock et des Fratellini, aujourd'hui. Le talent d'Auriol était d'une merveilleuse souplesse et il se révélait encyclopédique dans son art. Sauteur, jongleur, équilibriste, danseur de corde, écuyer, acteur grotesque, il joignait à toutes ces qualités des forces prodigieuses : un Hercule mignon avec de petits pieds de femme, des mains et une voix d'enfant. Il était impossible de voir des muscles mieux attachés, un cou plus athlétique, une structure plus légère et plus forte ; le tout surmonté d'une tête jovialement chinoise, dont une seule grimace suffisait pour exciter l'hilarité de la salle. Les lois de la pesanteur paraissaient être complètement inconnues à Auriol. Il grimpait, comme une mouche, le long des parois vernissées d'une haute colonne ; il aurait marché contre un plafond, s'il l'avait voulu ; et s'il ne volait pas, c'était par coquetterie. Jamais l'effort ne se faisait sentir dans les tours du merveilleux clown. Il exécutait les choses les plus difficiles avec une sûreté, une facilité et une grâce parfaites. D'une témérité et d'une folie à donner de l'appréhension aux gens les plus sûrs de lui, il se précipitait du haut des frises, s'enlevait dans des roues d'artifice, franchissait l'armée du Cirque-Olympique, composée de vingt-quatre hommes, et se livrait à toutes sortes d'essais infructueux pour se casser le cou. Auriol était inimitable, vous dis-je, et ses admirateurs reconnaissants ne plaçaient personne au-dessus d'Auriol.

Lawrence et Redisha, moins gracieux et moins pétulants qu'Auriol, avaient un cachet bien distinct et bien remarquable. Plâtrés et silencieux, ils mettaient à leurs tours une précision, un flegme, une conscience britannique poussée jusqu'aux dernières limites. Tout ce qu'un homme est capable d'obtenir de ses muscles et de ses nerfs, ils l'avaient obtenu ; ils s'écartelaient, se fendaient, s'aplatissaient, se roulaient en cercle, plaçaient leurs cuisses en bandoulière, nouaient leurs jambes en rosette ; ils se coupaient en deux, et les deux morceaux dansaient ; ils devenaient crapauds et sautaient sur le ventre avec les pattes ployées au rebours des articulations, comme de vrais et naïfs crapauds qui sortiraient d'une mare pour aller humer le frais ; ils se doublaient, s'augmentaient, se diminuaient à ravir. Avec cela des costumes d'un comique ébouriffant. Le premier était moitié rouge et moitié noir, accompagné d'une perruque écarlate d'un côté et brune de l'autre ; le second était blanc, relevé et passementé de boutons gros comme des oranges, et des sourcils circonflexes extravagants accentuaient la figure enfarinée et pommelée de rose. Ce maquillage et cet ajustement fantaisiste convenaient exactement à la démarche silencieuse et discrète du personnage. Aussitôt qu'ils avaient achevé un tour, ils exécutaient un petit pas destiné à exprimer leur joie. Ce pas consistait à tendre le dos comme un chat qui veut être caressé, à remuer deux ou trois fois la tête en singerie de mandarin chinois et à se dandiner sur une jambe. Rien n'était plus bouffon, pantagruélique et superlatif.

Au Cirque-Olympique triomphait le dompteur Carter, dont les lions, les tigres et les panthères étaient si parfaitement dressés qu'il n'hésitait pas à les exhiber en pleine liberté, sans que rien les séparât des spectateurs. Ni le visage ni les manières presque efféminées de Carter ne s'accordaient avec l'idée d'un Hercule néméen et dompteur du monstre. Cependant, il retournait ses bêtes comme des oreillers ou des traversins et obtenait d'elles une obéissance absolue. Mais les exploits de Carter étaient peut-être moins goûtés que les exercices au bâton des frères Lecourt et les combats de boxe que le Cirque-Olympique eut, le premier, l'idée d'organiser. Les journaux du temps témoignent d'un vif enthousiasme pour ce genre de distractions. « Un charmant combat, lisons-nous, est celui qui a eu lieu entre Thomas Kay, le colosse aux formes athlétiques, et Charles Latois, jeune homme élégant et mince, et, en apparence, beaucoup moins robuste que son adversaire. D'un côté, c'était la force, et, de l'autre, l'adresse. Ici, la pureté classique ; là, un jeu hardi, imprévu, étincelant. Thomas Kay porte des coups terribles, mais Charles Latois n'en reçoit jamais. Vous voyez un coup de poing arriver en plein sur sa figure fine et distinguée ; vous croyez qu'il va avoir le nez aplati, ou l'œil poché ; pas du tout. Avec une légère inflexion du corps en arrière, le coup est évité et le poing ne frappe que l'air. L'antagoniste a beau se fendre, Latois a l'échine plus flexible que l'autre n'a le bras long. D'ailleurs, ses muscles déliés ont, quand ils se détendent, la roideur de ressorts d'acier, et ce lutteur élégant, qui semble jouer et voltiger, ne touche pas au corps sans y laisser toutes les couleurs de l'arc-en-ciel. » Ces lignes ne rappellent-elles pas, curieusement, le jeu de Carpentier et son match avec Dempsey ?

Il va sans dire que le Cirque-Olympique prodiguait au public pièces et pantomimes à grand spectacle, riches de tambours, de fifres, d'ophicléides, de pétards et de feux d'artifice, de décors mirifiques et de glorieuses apothéoses. On applaudissait tour à tour, et avec une égale ardeur, *La ferme de Montmirail* ou *la Déroute de Moscou*, *Mazagran* ou *123 contre 12.000*, *Murat*, *Eugène Beauharnais*, et quantité d'autres visions héroïques où les coups de fusil remplaçaient, heureusement, le dialogue tandis que le tapage et la fumée tenaient lieu d'intrigue. Bien entendu, la France triomphait invariablement et inévitablement en ces luttes valeureuses. A ce propos, consignons un petit fait assez amusant. Les figurants se divisaient en deux armées, l'armée victorieuse et l'armée battue ; ceux qui faisaient partie des vainqueurs touchaient un franc de solde ; les autres, qui représentaient des nations humiliées, dévouées à la honte d'une défaite immanquable, touchaient un franc vingt-cinq centimes ; les vingt-cinq centimes supplémentaires étaient destinés à compenser le désagrément d'un rôle toujours pénible pour un Français, et plus laborieux que celui de vainqueur à cause des horions et des coups qu'il fallait subir. Quelquefois, il arrivait que les Bédouins, les Autrichiens et les Prussiens, martyrs ordinaires de notre gloire, regimbassent, outrés des applaudissements donnés à leurs ennemis, et résistassent davantage qu'il ne convenait. La position de l'armée à un franc était alors très critique ; la bataille devenait consciencieuse et se poursuivait dans les coulisses ; l'intervention d'un garde municipal venait seule rétablir l'harmonie entre les camps rivaux.

Non content d'illustrer d'héroïques épisodes, le Cirque-Olympique organisait des féeries aux multiples tableaux, n'épargnant ni la magnificence des costumes ni la beauté des décors, vraiment remarquables, paraît-il. *David et Goliath*, *Les pilules du diable*, *Don Quichote et Sancho Pança*, *Le Vengeur*, *Les éléphants de la Pagode*, *La poule aux œufs d'or*, obtinrent l'approbation bruyante des foules accourues. Théophile Gautier lui-même se plaisait infiniment à ce genre de spectacles et il ne manquait pas d'en rendre compte fort longuement dans ses feuilletons de critique dramatique. Cela le reposait, disait-il, des couplets scrofuleux, des honteuses équivoques, des calembours à double face, des plaidoyers contre le mariage, des beaux messieurs et des belles dames mélancoliques qui parlent d'âme méconnue, de passion incomprise et d'existence étouffée. Bien mieux, poussant l'enthousiasme à ses dernières limites, il souhaitait que le gouvernement accordât au Cirque-Olympique, une subvention de trois ou quatre millions, lui donnât Victor Hugo, Lamartine ou Châteaubriand pour directeur, Ingres, Delacroix, Decamps, Dupré, Isabey, pour décorateurs, et qu'il fît exécuter les gigantesques épopées nationales ou des mimodrames épiques traduisant, par des suites de décorations grandioses, les poèmes anciens ou étrangers. *L'Iliade*, *L'Odyssée*, *Le Paradis perdu*, *Roland furieux*, *Les Lusiades*, *Les Mystères* de Byron, *Le Feu du ciel*, d'Hugo, *La Chute d'un ange*, de Lamartine. Gautier souhaitait encore que l'on évoquât les existences démesurées qui ont jeté le monde dans les épouvantes et les étonnements : Sardanapale, Néron, Cléopâtre, Alexandre le Grand, etc. L'auteur des *Emaux et Camées* avait, vous le voyez, très bonne opinion du Cirque-Olympique.

A. DE BERSAUCOURT.

(28)

16

12

16 *Mars* 1826 PC

INCENDIE DU CIRQUE OLYMPIQUE DES FRANCONI

Forcée de quitter son installation dans le quartier du Mont-Thabor, la famille Franconi revint à son berceau primitif, au faubourg du Temple où en 1783, elle s'était montrée aux Parisiens avec le célèbre écuyer anglais Astley comme associé.

L'inauguration de cette nouvelle salle restaurée se fit le 8 février 1817. C'était le Théâtre du Cirque Olympique. Les Franconi déjà très connus et très appréciés s'acquirent une réputation considérable. Chez eux, on jouait le mimodrame, ou pantomime dialoguée, petite pièce à grand spectacle, mêlée de couplets et d'exercices de voltige et d'adresse. La réussite fut complète et rapide. Tout paraissait sourire à ces sympathiques comédiens-écuyers lorsque, dans la nuit du 15 au 16 mars 1826, un incendie vint anéantir leur théâtre et compromettre la plus grande partie d'une fortune si légitimement et si péniblement acquise.

La France entière vint au secours des sinistrés, de nombreuses souscriptions furent ouvertes en leur faveur; des représentations s'organisèrent à leur bénéfice; celle de l'Odéon produisit 6.200 fr.; le duc d'Orléans envoya 500 francs. Madame envoya aussi 500 francs. La Comédie Française, elle-même, avait donné une représentation. Des journaux ouvrirent des souscriptions publiques; enfin, les Franconi furent autorisés à émettre des actions et à élever leur nouveau cirque sur le boulevard du Temple, entre l'hôtel Foulin et l'ancien Ambigu Comique. Un an après (le 21 mars), ce nouvau théâtre était inauguré. Néanmoins, l'incendie du 16 mars avait presque ruiné les frères Franconi. Leur entreprise passa entre les mains de leur fils et neveu, Adolphe Franconi, et le cirque, consacré au genre lyrique, de novembre 1847 à avril 1848 devint Opéra National; redevenu Cirque en novembre 1848, sous le nom de Théâtre National, — Impérial sous Napoléon III —, il ferma, comme beaucoup d'autres, en juillet ~~[illegible]~~ 1862. — R. (Almanach National 1931)

www.ingramcontent.com/pod-product-compliance
Lightning Source LLC
Chambersburg PA
CBHW050418240426
43661CB00055B/2197
9782019562670